《当代中国人物传记》丛书

陈赓传

《陈赓传》编写组　著

当代中国出版社
Contemporary China Publishing House

图书在版编目(CIP)数据

陈赓传 /《陈赓传》编写组著 . -- 北京 : 当代中国出版社 ,
2007.7（2013.10 再版）（2025.10 重印）
（当代中国人物传记丛书）
ISBN 978-7-80170-211-1

Ⅰ . ①陈… Ⅱ . ①陈… Ⅲ . ①陈赓（1903~1961）—传记 Ⅳ . ① K825.2

中国版本图书馆 CIP 数据核字（2007）第 101988 号

出 版 人 蔡继辉
责任编辑 陈 莎 周显亮
责任校对 康 莹
责任印务 刘艳平
封面设计 北京华子图文设计公司
出版发行 当代中国出版社
地 址 北京市地安门西大街旌勇里 8 号
网 址 http://www.ddzg.net
邮政编码 100009
编 辑 部 （010）66572180
市 场 部 （010）66572281 66572157
印 刷 北京润田金辉印刷有限公司
开 本 720 毫米 × 1060 毫米 1/16
印 张 40.75 印张 3 插页 插图 91 幅 602 千字
版 次 2013 年 10 月第 3 版
印 次 2025 年 10 月第 6 次印刷
定 价 148.00 元

《陈赓传》编写组

组　　长　王云泰

组　　员　苏　策　马京生　沈文魁　张鹏飞

　　　　　韩效平　王兆琪　刘凤伍

撰 稿 人　苏　策　马京生

出版说明

1982年，中共中央书记处讨论通过、中共中央宣传部发文布置在全国范围内编写出版《当代中国》丛书。根据编写计划，《当代中国》丛书依内容共分为五类，人物传记是其中之一。由于人物传记涉及方方面面，情况繁杂，且编写时间长，1991年人物传记从《当代中国》丛书中分立出来，确定为《当代中国人物传记》丛书。

《当代中国人物传记》丛书编辑委员会在丛书总序中说：

“二十世纪的中国，是一个风云际会、英杰辈出的时代。正是伟大的时代造就出灿若群星的历史伟人；也正是历史伟人们艰苦卓绝的奋斗历程和忘我建树的光辉业绩，才能充分地体现着潮流之所趋、人心之所向，才最深刻最生动地反映着奔腾前进的伟大时代。他们一生的业绩，恰恰构成了从旧中国到新中国这一旷古未有的历史性大变革的缩影。正因为这样，修撰作为中华人民共和国缔造者的一代杰出历史人物的传记，其意义自是远远超越记述个人身世的范围。这套传记丛书，无疑应当看作是，当代中国千百万爱国志士、革命先驱的杰出代表用毕生的血和汗谱写出的挽救祖国、振兴中华的可歌可泣的历史画卷，它将是永远矗立于世世代代人民心中的革命丰碑。《当代中国人物传记》丛书中的每一部传记，都可读作当代中国的救国史，中华人民共和国的开国史、建国史；每一部传记都可读作结束中国苦难危亡命运的革命史，披荆斩棘建设社会主义的奠基史、创业史。”

“《当代中国人物传记》丛书，首批编撰的是中华人民共和国建国时期的开国元勋和各方面的最杰出人士的传记。这批传记的主人公将包括：党和国家的主要领导人（其中毛泽东、周恩来、刘少奇、朱德、邓小平、陈云的传记，将由中共中央文献研究室编写、出版）、人民军队中功勋卓著的元帅、参与新中国创建大业的各民主党派的领导人和各方面的著名爱国人士、贡献突出的著名科学家、文学家和艺术家，以及为中国民主革命事业和社会主义事业做出重大贡献的国际主义战士，等等。毫无疑问，他们既是当代中国最卓越的代表，同时也是彪炳千秋青史的历史巨人。当然，如同一切历史人物一样，我们时代的杰出代表也不可能不受到历史条件的限制，也必然会具有这样那样的弱点、短处，一生中也不免会发生这样那样的某些过失。但是，所有这些，当如日月之蚀，堂堂正正公之于众亦无损于他们形象的光辉。他们为中华民族创建的功业，他们的革命精神、高尚情操，他们的鸿才睿智、嘉言懿行，无不震古铄今，垂范后世。这是中华民族一份永远值得倍加珍摄的宝贵精神财富。”

“愿人们从这部《当代中国人物传记》丛书中，以这些历史人物的光辉业绩为典范，学习他们的革命献身精神、爱国主义情操和坚定的社会主义信念，为中华民族的历史伟业做出更大的贡献。”

我社有幸承担了《当代中国人物传记》丛书的编辑出版工作，自1991年以来陆续出版了一批中华人民共和国开国元勋的传记，获得很好的社会影响。我们将继续按照丛书的编辑出版方针，把《当代中国人物传记》丛书编辑出版工作做好，以飨读者。

书中图片绝大部分为本书编写组提供，因时间仓促等，有的图片未能注明著作权，特致歉。请相应著作权人知晓后，与当代中国出版社总编室联系（电话：010-66572131），以便我们再版时准确署名及支付稿酬。

当代中国出版社

2021年11月

陈　赓（摄于 1957 年）

目　　录

第一章　将门之后

一、陈家宅院

湖南省湘乡县龙洞乡有个名叫羊吉安的小村（旧称二都柳树铺），坐落在青山绿水的丘陵地带，东西两面对峙排列着绵延起伏的山峦，中间是一块绿色的谷地，有条小溪自北向南把这片谷地切为两半。溪上有个小水坝，拦截水流而形成一个小湖，湖东端的小山脚下，有一幢白墙青瓦房，房屋四周绿树翠竹，浓荫覆盖……这就是陈家宅院。

陈知非[①]的《陈赓祖居图记》开头就说："家父陈赓生于 1903 年，殁于 1961 年。湖南省湘乡县龙洞乡羊吉安村人。村中陈家宅院为曾祖父陈翼琼所有，家父陈赓即在此出生。"

所以叫"陈家宅院"，是因为这房子在当地比较大。根据陈知非的描述：它有两进六间，"以堂屋和倒厅为中轴线。堂屋内，正中悬挂曾国荃手书'大树常荣'匾额。匾下有供奉祖宗牌位之神龛。据六叔陈问心言，堂屋内高悬曾祖父所用'陈'字大旗及八十斤大刀一把。倒厅内正中悬挂曾国藩手书'功德无量'匾额，其下挂有'变'字中堂一轴。据六叔言，为何书一'变'字，人皆不解"。2000 年 6 月，陈知非曾说："有人传说那个'变'字是当时的皇帝御笔。"显然，如果是御笔，肯定不可能挂在曾国藩的匾额下面。

陈知非写道："倒厅之左为祖父母卧室，右为（亲戚）谭甲松卧室。谭政年轻时曾在此住过。堂屋右曾是祖父为家父陈赓准备之结婚用房。"

这个宅院是陈赓祖父陈翼琼修建的。很多书和报道陈赓大将生平事迹的文章中，谈到他童年时，都不能不提到他的这位不同凡响的祖父，但毫无例外地都把他的名字写成陈益怀。

不久前查到《陈氏族谱》，才得知这位祖父的名字是陈翼琼，字仑西，号培

---

① 陈赓长子，为王根英所生。

陈赓祖居图

芝，官名益怀。生于1846年，殁于1916年，享年71岁。

很明显，陈翼琼这样文雅的名字，在他青少年时代是没有的，或者没有这么复杂。陈赓1944年5月在延安写的《我的自传》中，一开头就提到：“祖父出身贫寒，甚至衣不能掩羞。”衣服既然不能穿整齐，吃饭当然困难不少。所以他在年纪很小的时候就去给别人家当长工，干苦活，混碗饭吃。他从小喜爱武术，劳动之余，总要舞枪弄棒，因此力气过人，干活是一把好手，受到主家称赞，但是饭量太大，又使主家头疼，希望他全心全意地干活，而不要练武了。有一天，他干完活，拿起棍棒又照例在房前屋后的空地上“唰唰唰”地练了起来，主人就嘲笑说：“成天练个啥？黄鼠狼变猫，变也变不高。”意思是叫他认命吧。

陈家宅院大厅中挂的那个“变”字的中堂，首先就应在了陈翼琼身上。他练就的一身武艺和过人的体力，就说明这不是给地主当长工用的。因此听到这种伤人的嘲讽话时，终于忍耐不住了，一怒之下，撂挑子不干了，走上了投军当兵的路。

陈知非在《陈赓祖居图记》中也说：“曾祖父不堪其辱，愤而出走，投奔湘军，发誓要干一番大事业。从军后，骁勇善战，历粤、闽、燕、辽，积功至官拜花翎副将（相当于师长），御封‘武显将军’。光绪乙未年（1895年）防倭后遂解甲归田。”在风景秀丽的老家置了田产，修了房屋，“此后，日与渔农为伍。热心公益慈善诸事”。显然，他那文雅名字的完成，是从军以后得到擢升时的事了。

陈赓在《我的自传》中也提了一句：祖父“幼从戎为官致富，善战闻于当时”。至于陈翼琼是怎么解甲归田的，陈赓没有说，资料也缺乏。有人说他是效忠大清朝廷的，但在转战各地时，看到社会动荡、民不聊生的情况，使他产生了隐退之心；有人估计，他是看到朝廷腐败，对签订丧权辱国的《马关条约》等事不满，再加上军中倾轧，而自己虽然勇武过人，却无力挽狂澜于既倒；也有人认为，他是觉得长期征战杀戮并非他穷苦出身人的初衷。所以也有了这样的传说：他在和太平军的征战中，就曾手下留情，放过一些太平军的官兵……也许上述的因素都在起作用，他才在甲午战争后放弃了军职，回到老家，过起了隐居生活。

陈赓祖父陈翼琼像

当年嘲讽他的地主老财当然不会想到，那句侮辱陈翼琼的话，成了他建功立业的催化剂。当年的“黄鼠狼”，不仅能长高，并且变成了一个能擒虎捉蛟的传奇人物。

陈翼琼有两个儿子，二儿子出生不久，妻子就病故了。此后，他和原先自己军中的一个熊姓女子结了婚。这个女人也富有传奇色彩。《陈赓祖居图记》中写道：“继曾祖母熊氏（1870—1930），四川重庆人，原为曾祖父军中一名骑士。美貌豪侠，雍容贤淑，精武艺善骑射。嫁与曾祖父后即按当地习俗改姓刘。继曾祖母刘，视儿孙若亲生，常于宅前教孙辈习武，深得后辈敬重。”

赫赫有名的武将军陈翼琼，放下旌旗战刀回到家中，“热心公益慈善诸事。灾荒之年不惜卖田贷粮与本乡饥民。族中有窘于生计者贷以金，虽不偿亦不较也。老而无依者养之于家，直至安葬。乡里称其子孙之兴系曾祖父厚德之故”。陈知非这一叙述，其实说得还不够，《陈氏族谱》中写道：“他如社会育婴、桥梁、道路、慈善等捐，（陈翼琼）靡不尽赞助”，“乡之西有宝华庵者，为古刹，势将陊，公倡募重修，得以不圮”。

现在修复庙宇庵堂，更多是为了发展旅游业，而在封建的旧时代，从事这一工作，系弘扬佛法，普济众生，是惠及一方的大善事。没有料到的是，这个尼姑庵后来还成了陈家逃难的住所。

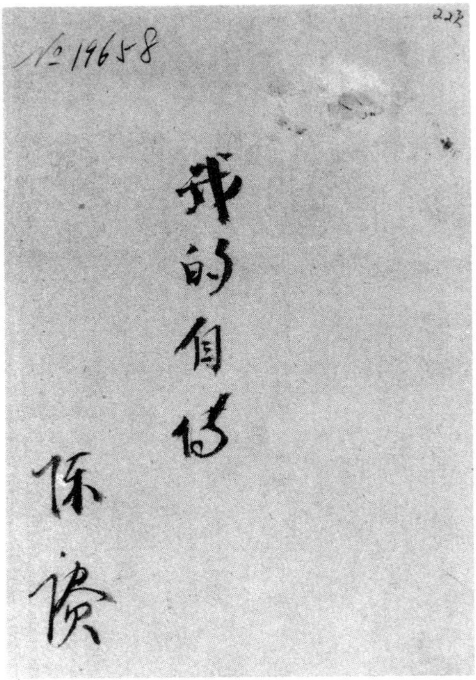

陈赓1944年在延安写的自传

陈家宅院中的那个“变”字也应在了陈翼琼儿子身上。陈赓在《我的自传》中说：“父亲袭祖业，乡间微有声望。”因为陈翼琼有个训示：“令二子今后可读书，但不得从军，不得为官。”这就是说，陈家门庭在这一代改观了，开启了书香之风。

《陈赓祖居图记》中也曾提到：“祖父陈道良，字绍纯（1882—1945）秉承曾祖父正直、豪爽、乐善，但事农桑，常解囊济贫助困，享誉乡梓。”

究竟陈绍纯如何“享誉乡梓”？如何在“乡间微有声望”？陈赓父子都没有举出具体事例，但曾经是陈赓妹夫的谭政在回忆时提到了一件事。

那是谭政在1927年9月11日参加湘赣边的秋收起义后，跟随毛泽东上了井冈山。有一天，他接到通知，到“前委”报到，见到毛泽东之后，毛的第一句话就问他：“你的老岳父陈绍纯先生还好吗？”这令谭政很惊奇。毛泽东解释说：“你原来的名字不是叫谭世铭吗？这是调你到前委来，从你的入党志愿书上看到的。你那老岳父可是个对社会、对革命有贡献的人！去年上半年，我在湖南家乡搞农民运动考察的时候，也到湘乡去了。见到陈绍纯先生，他说得很痛快：‘这个世道得乱透了才能分出个高低。’陈先生对我说：‘我把大儿子陈赓打发出去了，二儿子、三儿子也去搞革命了。这不，女婿谭世铭近日也去汉口投奔国民革命军了。’”毛泽东接着说：“这以后，我就注意了你的行动。就从卢德铭警卫团名单里找谭世铭，只看到有个谭政，没想到谭政就是你这个谭世铭。这一次，我要宛希先推选个前委秘书。宛希先说，前不久入党的那个谭政，是个知识分子，湖南湘乡东山学堂毕业的，从军前是个小学教员。参加秋收起义，上井冈山来了，表现很不错，革命很坚决，政治上很可靠。他古文基础好，字也写得工整，很适合协助我毛泽东做前委工作。随后，我叫把你的入党志愿书拿来看，看到你的现名和原名，这就对拢了。现在的谭政就是陈绍纯先生的女婿谭世铭。看到你也就想起你的老岳父了。哈，哈！”

从毛泽东这一席话中，可以看出陈老先生在陈赓出走后的思想变化和社会影响了。

二、福哥传奇

陈绍纯长子夭折，所以二子陈赓的降生，理所当然地受到了全家的喜爱，何况他长得又白又胖，苹果似的面颊，又黑又亮的大眼睛，清澈的目光表现出过人的聪明伶俐。没有生过孩子的继祖母更是异常地喜爱，常抱着他说："这孩子一脸福相。"这样，他的乳名就被定为"福哥"了。

降生在这个幸福家庭的"福哥"，却没有降生在一个平静的中国。

他出生前，发生了八国联军进攻中国的"庚子事变"，京城被外国军队占领，慈禧太后带着她的小朝廷逃到西安；无数珍贵文物及财产遭掠夺、被焚毁，人民遭屠杀……中国落入了空前的灾难，面临被列强瓜分的危险。

大灾难促成了大觉醒，沦落到半殖民地半封建社会的中华民族迅速行动起来，爱国运动一浪高过一浪。1911 年，伟大的民主革命先行者孙中山领导的辛亥革命终于推翻了清政府。

辛亥革命推翻了腐朽的清王朝，使中国社会前进了一步，但并没有解决其根本矛盾，反帝反封建任务远未完成，中国的内忧外患可以说是愈加严重……

陈赓家乡湖南省，是当时最富有朝气的省份之一。从清朝的变法维新时起，浏阳县就出了个名士谭嗣同，他品格杰出，为变法把生死置之度外。他的犀利文章毫无畏惧地直指封建君主专制制度，他不仅大力推动湖南的变法运动，还怀揣光绪皇帝密诏至袁世凯家，劝说袁世凯举行兵变。不料袁世凯卖友求荣，竟到慈禧面前告密，造成光绪皇帝被囚，维新志士惨遭杀戮。谭嗣同在临刑前高呼："有心杀贼，无力回天，死得其所，快哉快哉！"他的壮烈行为，对湖南对全国都产生了极为深刻的影响。加上湖南的仁人志士前仆后继的斗争，给这里革命思想的传播提供了肥沃的土壤。

辛亥革命之后，谋求中华民族获得彻底解放的先进人士，继续沿着艰难困苦的道路寻找革命真理，谋求国家民族的出路。另一方面，帝国主义、买办资产阶级和封建势力在极力阻挡历史的进程，妄图扑灭人民革命的烈火。这两种势不两立的社会力量，在进行着曲折复杂的生死搏斗。

1917 年俄国革命的一声炮响，给中国送来了马克思列宁主义，给在黑暗中摸索前进的中国人民送来了光芒万丈的灯塔。在伟大的十月革命的影响下，1919 年中国爆发了震动全国的"五四运动"，使中国革命的面貌为之一新。

陈赓就降生在这样一个时代，他的青少年就生活在这个时代，这个时代又促进了陈家的"变"。

陈赓 6 岁开始读书，爷爷给他起的学名是陈庶康，字传瑾。先是在私塾里读了 5 年，学到了一些文化知识，但性情活泼的他对那一套呆板的教学方式，死啃《四书》《五经》书本的学习方法不感兴趣，对教师动辄体罚学生的那套更

东山高等小学堂旧址

是不满，所以常搞一些恶作剧。传说他曾把蛤蟆嘴里填上盐粒，放在老师屋里；把泥鳅塞进先生的夜壶中；又把老师厕所里的脚踏木板锯断一半……这样，蛤蟆不停地发出令人烦躁的叫声，使老师无法入睡；小便时，夜壶中的泥鳅在翻腾；上厕所，踏上木板，板子断裂，老师险些掉进茅坑……

陈赓1944年在延安中央党校一部三支作自己历史概况的《报告》中就说过："我幼年读书，调皮捣蛋。""我的浪漫，不修边幅，从小就如此。"

长到13岁，陈赓到离家20来里路的东山高等小学堂读书。这是一个崭新的环境，坐落在县城东郊树木葱茏的东台山麓：宽宽的大门，粉白的墙壁，清澈的池水，繁盛的花木……这里原是负有盛名的东台学院，清廷废除科举制度后才改为高等小学堂的。不仅学校新，校长、老师中不少人还具有新思想；学校里教经书，也教自然、英语、音乐等课程；还订了些有新思想的书报，供学生阅读。学校注重西方新学，注重传播新的思潮。有些教员常慷慨激昂地给学生讲帝国主义侵略、欺侮中国的事；校长每天早上集合点名时，也常讲中国日益贫穷落后，屡遭外敌侵略的情况……这些"富国强兵"的爱国思想，在陈赓的幼小心灵中深深扎下了根。

来到这里学习，陈赓感到心情愉快，所以学习很用功，很受师长称赞，也就激起了他不可抑制的学习热情。正课外，他充分利用业余时间和学校提供的条件，如饥似渴地阅读书刊，读了《春秋》《纲鉴》和梁启超的《饮冰室合集》；还读了《富国强兵之道》及《中国魂》等类书报文章，萌发了初步的民族意识和忧国忧民思想。

如果这样发展下去，陈赓很可能会一步步地上中学，读大学，即或将来成为一个革命者，也是个戴眼镜的学者式的人，不会成为一员武将。但这时发生了一些令少年陈赓不能接受的事：首先是父亲又把他叫回家里，请来两个老师在家中教他。陈赓虽然在东山高等小学堂学习得好，但改不了“不修边幅”的“浪漫”性格。他在《报告》里曾说自己“高小我没毕业，因一切东西都卖掉，假说是寄于朋友家”。父亲知道后，当然不满意，但听说他在学校爱打抱不平，还参加过反对学校当局压制学生举行的罢课等活动，才感到问题严重。如何能继承好家业？才决心将没毕业的陈赓叫回家，由自己亲自管束。可是一只准备翱翔长空的鹰隼，怎能被抓起来关在鸟笼里呢？

其次是家庭包办婚姻，强迫他和一个比自己大两岁的富家女子结婚。这在当时陈氏这样的有钱人家中本是理所当然的事，给他找年纪大的媳妇也不奇怪，长辈们认为大媳妇可以好好照顾自己的儿子。陈赓的父亲就是12岁结的婚，然后生儿育女，承担起主持家务的重任。父亲当然也希望陈赓能走这条路，像自己一样，支撑起陈家门户。

性格倔强又受到新思想影响的陈赓，当然不能接受这种安排。陈赓在《我的自传》中写道：“我幼受祖父影响，时思弃读从戎。”陈翼琼虽然离开了军队，身上却留下了许多征战时的伤疤，所以常指着伤疤，给儿孙们讲述打仗中的故事，常使陈赓听得入迷，祖父成了他幼年心目中最崇敬的英雄。加上当过兵的继祖母，经常教他打拳踢腿，拿大顶，翻跟头……增强了他对当兵的无限憧憬。

由于陈赓淘气，干些调皮捣蛋的事，老师常到家里来告状，所以陈绍纯常斥责他：“哼！到了16岁的时候，一定把你从家里赶出去！”

但是，陈赓没有等到16岁，在1916年底，就偷偷离开了家，走上了祖父选择的道路，跑到湘军招募处报名投军了。为了使家庭追寻不到，他才改名为陈赓。不过，陈赓祖父投军，是因为穷困潦倒、走投无路去的；陈赓参军却是口袋里装着钱、身上穿着羊皮袍子而来。陈赓祖父投军后，以自己的勇武过人而得到升迁；陈赓参加湘军后，虽然坚持了几年，却是一场白辛苦。

因为时代不同了。1916年至1920年，军阀们为争夺湖南的领导权进行着混战。辛亥革命后，北洋军阀企图夺取湖南省作为制服两广的基地；南方军阀则认为控制湖南省才能有进攻北方的跳板。于是湖南就成了历届统治者角逐的战场。

陈赓在《我的自传》中写道：“高小未毕业，即毅然投军，隶鲁涤平部下之第六团二营为兵。时年仅十四五，荷德造套筒步枪（不上刺刀），枪高几与头齐。由二等兵依次连升至上士。民国六年至民国九年，湖南连年战争（打张敬尧、护法、湘鄂之战），我几无役不从。”

陈赓在《报告》中也提到这事：从家里“逃出来当兵，下了3个月操就去打仗。当 2 年兵后，一身生疮，糊里糊涂，家里也找不到我”。

那时湘军的二等兵月饷是 5 元 5 角，但军官克扣，长期不发。1917 年后，湘军曾积欠士兵军饷长达 23 个月，当兵的每月只能拿到 5 角零用钱；部队终日长途跋涉，行军打仗，士兵体质极差，生病的人很多，“少爷”出身的陈赓也不例外。有一次，陈赓所在部队打了败仗，退到郴州，他长了一身疮，病倒在床。他的同连士兵回到湘乡告知家里，家里就来部队找他，他仍然坚持不回。

1918 年，皖系军阀张敬尧与湘军经过数月大战进入湖南，烧杀抢掠，无恶不作，给人民造成空前浩劫。据说醴陵地区经南来北往的军阀部队拉锯战后，全县“仅遗二十八人，此二十八人每对人云：‘我们妻离子散，零丁孤苦，并不想活。’”报纸披露：“株洲一镇，商户数千家，同遭浩劫，攸县黄土岭一役，被奸而死者，致于女尸满山，杀人之多，动辄数万。”“岳州、宝庆各处，大半烧残，十室九空，不忍目睹。”……湖南全省怨声载道，湘军终于集结力量，在 1920 年 6 月将张敬尧赶出了湖南。但湘军内部又起冲突，争夺地盘，战事不断。

陈赓生活在军阀部队的最底层，亲眼目睹了连年混战给人民大众带来的灾祸，又深刻体验了军队中打骂士兵的痛苦。当了上士后，连长经常要他造军饷册子，使他看到军官弄虚作假、克扣士兵、贪污腐化的情况，引起心中强烈不满；同时又看到军阀们为扩充实力、争夺地盘，不惜勾结帝国主义，引狼入室……深感在这样的军队里，不能实现自己的爱国理想，更谈不到完成“富国强兵”的夙愿了。追随他投军的三弟陈尊三在军中病死，使他对湘军彻底绝望了，感到在这种祸国殃民的军队中当兵，简直是耻辱，于是产生了离开湘军的思想。

陈赓在《自传》中提到了这个问题：“目睹连年战争惨状，战场遗尸遍野，民家则十室十空。对军阀战争深表怀疑，遂萌退志。”

他在《报告》中也谈到了那时的思想变化：“打败仗后，我思想改变不愿当兵了。因为，一、军阀混战，为了什么？二、当兵究竟为谁而死？三、当兵没有出路。同时，看到五四学运膨胀……积极想去进学校。”

这里要讲讲何谓“当兵没有出路”这个问题。在军阀部队中，凡属行伍出身的人，都不能被提升为军官。部队里军官缺额，都得由军官学校出来的学生补充。部队到了广东省韶关，陈赓想去投考讲武堂，可是讲武堂有规定，士兵一律不能报考。这对于一个在“五四运动”影响下，求知欲极为强烈的陈赓来说，自然是个严重的打击。加之其他原因，陈赓就想离开旧军队了。

1921 年 7 月，湖北省发生宜武兵变，鄂军团长夏斗寅等密谋趁机驱逐湖北省督军王占元。湖南省督军赵恒惕以“援鄂自治”为借口出兵进攻鄂南，在打到武昌附近时，受到敌军痛击惨败，陈赓所在团伤亡过半。

战场上的失败激化了湘军内部的矛盾：日本士官学校出身的“士官系”与保定军官学校出身的“保定系”结成联盟，极力排斥“行伍系”的军官。陈赓的团长曾君聘就是行伍出身的人，自然遭到排斥。他就设法谋得粤汉铁路湘局局长的职务，离开了湘军。1921 年秋，曾君聘前往上任时，是陈赓护送他到长沙的。曾君聘了解陈赓也想离开军队的心愿后，就给陈赓在铁路局安排了个办事员的差事，月薪 60 元，比在军队拿的上士军饷高出了许多倍，使陈赓有能力在工作之余去完成继续学习的心愿。

陈赓的童年是幸福的，而不幸的是从少年到青年这段时间。但这段艰难困苦的生活，给他提供了锻炼及认识生活的机会。人长大了，思想水平提高了，才有可能迈开大步向前走。

三、光明之路

陈赓在《报告》中说：“我所以富有爱国思想，因受黄克强（黄兴）影响。”

前面说过，那时的湖南省是各路军阀角逐的战场，你争我夺，硝烟四起。反映在思想战线上，湖南也是个激烈争斗的场所，两军对垒，各显神通。在 19 世纪七八十年代以谭嗣同为首的维新派，和当地的封建地主阶级的卫道者，展开了你死我活的争斗。1900 年唐才常自立军起义失败后，维新派被杀了百余人。但是求进步的烈火并未因此熄灭，各地的反清起义此起彼伏，像滚雪球似的越滚越大，形成了波澜壮阔的雄伟气势，而黄兴（字克强）就是这个伟大运动的代表人物，自然会对朝气蓬勃的陈赓这一辈湖南青年产生积极影响。

为此，陈赓抓紧一切可利用的时间，报考中学和到各种补习学校读书，如饥似渴地学习，使自己的知识有了长足的进步，其中英语也学得不错。解放战争中，他曾回忆这段学习生活说，自己在黄埔军校第一期毕业后，被留校任第二期入伍生连连长。那时才 22 岁，个子矮，而学员大都比他长得高，很多人还比他年纪大，并且都有较好的学历，看不大起他。他知道后，作了充分准备，第一天上台讲课一句话不说，用英文把讲义写了一黑板，叫学员解释，大家都傻了眼，从此再也不敢轻看这位年轻的连长了。这个故事就是他在长沙英语学得好的明证。

时代在迅猛地向前发展。1921 年中国共产党成立，马列主义思想和俄国十月革命经验的迅速传播，使革命形势有了很大发展。同年，长沙成立了中国共产党湖南支部和中国劳动组合书记部湖南分部。从此，湖南的工人运动、农民运动、学生运动及各方的工作都有了很大的进步。中共组织还创办了青年图书馆、自修大学等，组织青年进行学习；还经常举办讲演会、学习会、讨论会等活动，广泛宣传马克思主义和培养党团干部。

长沙的这些进步组织及其活动，像香花吸引蜜蜂一样，紧紧吸引着年轻有强烈求知欲的陈赓。1922 年他进入毛泽东创办的自修大学学习，聆听了一些著名革命家的讲课和演说，和革命团体有了密切的接触，看到了《新青年》等革命书报，读到了陈独秀、李大钊等人的文章，并具体得到了湖南著名共产党人何叔衡、郭亮、姜梦周等人的帮助，使他的思想产生了飞跃，使怀有黄兴救国救民思想的陈赓，看到了更为光明的前景，开始懂得了中国革命的必由之路。

《我的自传》中写道："民国十年离开行伍，复又插考中学，受'五四'思潮之激励，愿献身革命，乃于 1922 年加入 S.Y.（社会主义青年团），从事反帝运动。"同年 12 月，陈赓转入中国共产党，入党介绍人是易礼容[①]。从此，这位旧时代地主家庭的叛逆，成为一个自觉的革命者，走上了为人民解放而奋斗的光明大道。后来，陈赓和人们谈起入党事时，爱说："第一年有党，第二年有我。"其实，这话应该是"第一年就有我"的。他在军事工程学院曾和张衍说："我的党龄应该是与党同龄。1921 年我就在湖南党的小组工作，提出入党请求，可当时党的负责人说，陈赓是出生于地主家庭，是个大少爷，应该多考验一个时期再说，就这样才批准我 1922 年入党。"

此后，陈赓为了学到更多的东西，曾经请假由武汉乘船沿着长江去上海，沿途看到了湖南以外的世界。在反动统治者的压榨下，这里的人民过着和湖南同样贫困而痛苦的生活，也看到了反动统治者的残暴和奢华糜烂的情景，看到了帝国主义在中国领土上飞扬跋扈的种种活动……更坚定了他革命的信念。到了上海，陈赓进入共产党直接领导的上海大学听课。当时主持校务的是恽代英和瞿秋白等人，陈独秀、李大钊、萧楚女、蔡和森、张太雷等著名共产党人都来学校讲过课。校中政治氛围很浓，思想很活跃，学生中有不少共产党员和青年团员。陈赓在这里受到了马列主义进一步的熏陶。

由于生活问题不好解决，自己带的钱花光了，假期也快到了，陈赓不得不离开上海重新回到长沙。

长沙的群众运动风起云涌，日趋高涨，使统治阶级惊恐万状。省长赵恒惕残酷镇压，1922 年 1 月就制造了"黄庞惨案"，杀害了劳工领袖黄爱和庞人铨。消息传出，群情激愤，工人罢工，学生罢课，长沙掀起了反帝反封建的斗争高潮。陈赓在长沙积极参加了这一斗争。

1923 年 2 月，陈赓又积极参加了湖南各界声援平汉铁路大罢工所进行的游行示威等活动。

---

① 中共湘区执行委员会委员，毛泽东为中共执行委员会书记。

同年，全国人民掀起了反对日本帝国主义侵略的运动高潮，湖南各地也纷纷举行游行示威加以响应。陈赓积极参加了要求收回旅顺、大连等反帝反封建的群众运动。4 月 5 日，长沙成立了“湖南各界外交后援会”，共产党员郭亮被选为该会主席，陈赓也当选为执行委员。他们的首要任务是掀起对日经济绝交运动。那时日本帝国主义商品正在中国内地大量倾销，使中国轻工业、手工业者及农民受到严重打击。陈赓带领群众日夜守在湘江码头上，禁止日本人从船上卸货。为了监视日本洋行的活动，陈赓曾连续几夜不睡，把守着小西门一家日本洋行的后门。

5 月 31 日晚，外交后援会得知日本轮船“武陵丸”载运日货来长沙，6 月 1 日派出调查员上船去检查，日本人不干，唆使水手挥舞棍棒殴打调查员及示威群众，打伤 3 人。下午 1 时，又有日轮“金陵丸”驶来，外交后援会又派人到码头检查该轮的日货，再次与船上水手发生冲突。坚持不下时，日本人又呼叫来一艘日本军舰，水兵向示威群众开枪，当场打死工人王绍元和小学生黄汉卿，重伤 9 人，轻伤数十人，造成了震惊全国的大惨案。一直奋战在最前列的陈赓也不幸负伤，但他坚持带伤领导群众斗争到底。

陈赓为自己的共产主义理想，献出了自己的鲜血，这汪鲜血使他明白了一些道理：国内外敌人营垒是强大的，斗争是残酷无情的，要想取得斗争胜利，没有钢枪在手、没有自己的军队是不行的。

第二章　他救过蒋介石的命

一、到黄埔去

1943 年，周恩来在《关于 1924 年至 1926 年党对国民党的关系》一文中曾说："开办黄埔军校应该说是孙中山军事上失败的结果。辛亥革命时，孙中山有两个运动，一个是新军运动，另一个是会党运动。辛亥革命以后，他的活动渐渐变成了拉拢军阀，结果是不断遭到失败，这就教训了孙中山，所以他在苏联和中国共产党的帮助下，懂得了建立革命军队的重要，接受了苏联顾问的建议，1923 年决策，1924 年开办黄埔学校。"

当时的情况是，在孙中山这位大元帅麾下，名义上有杨希闵的滇军、刘震寰的桂军、谭延闿的湘军、许崇智的粤军、李福林的闽军、樊宗秀的豫军、路孝忱的陕军、李明扬的赣军等很多旧军队，但他们并不服从元帅府的指挥，各霸一方，把持税收，设娼设赌，无恶不作，反而造成元帅府经济无来源而万分拮据。孙中山深深感到依靠这些军队，是无法完成革命任务，无法挽救国家危亡的。何况英帝国主义在香港大力策划和支持广州有武装的商团，反对孙中山的革命政府，所以革命政府极不稳固，处于风雨飘摇之中。

此时，俄国革命的胜利，使孙中山看到了希望，决心"以俄为师"，于是致电列宁，提出"愿中俄两党团结共同斗争"的要求，立即得到了列宁的响应，双方即开始了频繁的交往。孙中山决心改组国民党，实行"联俄、联共、扶助农工"新政策，因此，在苏联专使和中国共产党人的帮助下，孙中山在政治方面取得重大进展，于是决定"建立党军"，"使革命的武力成为民众的武力"。但是要建立一支新型军队，从何着手呢？自然首先要创办一个军官学校，培养自己的军队干部。孙中山就命令大本营的军政部长程潜去筹办这所军事学校。

1923 年底，学校派人到长沙招生。中国共产党组织考虑到未来的武装斗争需要军事人才，决定选派一些党团员去广州学军事。因为陈赓当过兵，党组织要他去报考。他听到后非常高兴，自己丢下军阀军队的枪杆子，就是要拿起革命军队的枪杆子，如今有了机会，怎能放过呢？但是当时统治湖南的，是仇恨孙中山革命的北洋军阀，所以考试秘密进行，除了笔试，还有口试。过了几天，陈赓就被通知录取了。于是他就离开了铁路局，离开了长沙，开始了新的征程。

宋希濂在《回忆陈赓同志》[①]一文中，对这段生活有描述：

> 在考试时，和我并排而坐的就是陈赓。彼此攀谈，始知他也是湖南人，曾在湘乡县城东山高等小学毕业。以后到军队里干了四年，又回到长沙进中学的。五六天后，被录取的同学在育才中学，进行了初步的组合，我和陈赓、刘进、史书元、萧某等十余人相约于一周内准备妥当，再一同走，当时就推陈赓做班长，负责联络及沿途购票、住宿等事项。
>
> 火车经过武昌、汉口，又搭乘英国太古轮船公司的轮船东下。沿途风平浪静。我们每天立在船板上，饱览两岸风光，真是山河壮丽，田野肥沃，大家豪情满怀。陈赓慨然而言："我们祖国是这样的秀丽，自鸦片战争以来，却被外国人践踏得一塌糊涂。这些强盗们还想瓜分我国，要中国人做亡国奴，我们青年人必须努力革命，起来打倒列强和国内军阀！"

充满革命豪情的陈赓，从上海乘船由香港到达广州后，来到陆军讲武学校却被失望的情绪所困扰。

他们住在越秀公园附近华宁里最便宜的客栈里，每天食宿要花 4 角毫洋，但发现陆军讲武学校的地址尚未选定，不知何时才开学？并且住了 20 多天没人过问，盘缠也快用完了。实在忍耐不下时，大家推选陈赓、李默庵等 3 人去大本营军政部交涉。最后，军政部长程潜答应，由军政部报销大家在客栈的食宿费用，大家才安下心来。

到了 1924 年 2 月，军政部提出陆军讲武学校已确定设在广州北校场，营房目前正在修缮，还得等一些时间才能使用。军政部目前经费非常困难，大家住在旅馆里开销太大，军政部难以负担。现在把沅宫西侧的关帝庙简单收拾了一下，大家搬到那里暂住，条件不好，但可省些开销。于是陈赓他们就搬到了那里，睡在垫着稻草的地铺上，并且自己办起了伙食。

这所学校虽然名义上属于革命政府，管理方法却全是旧军队的一套：不准看报纸，不准与外界接触，要求学生绝对服从，有时还要受打骂等体罚。没有一点儿革命气息，这当然使陈赓这样的热血青年感到压抑而不满。

既然办了这所陆军讲武学校，后来为什么还要办陆军军官学校（即黄埔军校）呢？

正如周恩来说的那样：由于孙中山与苏联和中国共产党的合作加深，1923 年 8 月，孙中山派蒋介石、张太雷等 4 人组成"孙逸仙博士代表团"，到苏联考察党务和军事，参观了苏联红军和一些军事院校。回来汇报后，在孙中山主持

---

① 1984 年 1 月写于美国纽约，原载湖南省湘乡县党史办《党史资料》。

下，国民党中央执行委员会通过了一项决定：建立陆军讲武学校。此后苏联代表又建议说，要搞一支革命军队，靠旧军队绝对不行，什么滇军、粤军、湘军、鄂军都靠不住。建议大本营办一所自己的军校，培养全新的军事人才，由苏联给予帮助。这样，孙中山就下决心再办一所革命化的新型军校，地址确定在黄埔岛上的旧水师学堂和陆军小学。学校的经费和枪械等都得到了苏联的帮助。校长是蒋介石，党代表是廖仲恺。中国共产党也先后派出周恩来、恽代英、萧楚女、聂荣臻等优秀党员到校任职或授课……招生广告在全国张贴出来，立即声威大震。“到黄埔去！”一时成为广大青年中最流行的口号。

陈赓在《我的自传》中写道：

“是年底，党派我至上海转广东，投入程潜所办之陆军讲武学校。1924 年 K.M.（即国民党）改组，创办黄埔军官学校。我以为革命青年不应分散力量，甚或为私欲者所用，而应集中黄埔训练，积极主张武校合并军校，我并以身作则，首先退出该校，考入黄埔。是后武校同学相率来归，以至全校合并黄埔，改编为军校第一期。”

这是陈赓带领同学取得的一大胜利。

宋希濂在《回忆陈赓同志》一文中也提到了这件事：

“我和陈赓很注意这个情况（指建立黄埔军校的事），常到学校的筹备处去打听消息。大约到了三月份，我们就报名投考了，四月间到中山大学参加考试。发榜那一天，我们一同去看，竟然被录取了，非常兴奋。五月初，我们来到军校，我被编到第一队，陈赓编在第三队。从此，我们开始了新生活。”

1924 年 6 月 16 日，黄埔军校举行开学典礼，孙中山亲临讲话，他说：“中国革命有了十三年。现在得到的结果，只有民国之年号，没有民国之事实。”“我们今天开办这个学校，有什么希望呢？就是要从今天起，把革命的事业重新来创造，要用这个学校内的学生做根本，成立革命军。诸位都是将来革命军的骨干。有了这种好骨干，成立了革命军，我们的事业便可以成功。”孙中山要求黄埔学生，从今天起，立一个志愿，一生一世，都不存升官发财之心理，一心做救国救民的事业。他特别强调：一个革命军人要有舍身精神，要不怕死。他说：“我敢说革命党的精神，没有别的秘诀，秘诀就是不怕死。”他的讲话给学生极大的鼓舞。后来学生们根据他的讲话精神编了个顺口溜在校中流传：“不要钱，不要命，爱国家，爱百姓。”

黄埔军校第一期录取了 470 人。9 月，接收从四川来的学生 20 名。11 月，程潜的讲武学校学生 158 人并入第一期，又编了五六两队。学员人数达到了 600 余人。每个寝室住几十人，睡的是双层床。天不亮就吹号起床，穿衣服，打绑腿，紧急集合 3 分钟。一天是三操四讲，又是学科，又是术科，晚上还要自习，生活非常紧张。操场紧靠珠江，涨潮时水漫过了脚，照样要踏着水出操。学生们天天高唱校歌：“怒潮澎湃，党旗飞舞，这是革命的黄埔……”嘹亮的歌声响彻全岛。每个学生月发 10 个毫子钱，因为不准出岛，连这几个钱也花不掉。

有的学生受不了学校这种紧张而艰苦的生活，不想干了，但是富家子弟出身的陈赓，因为在旧军队中经受了艰苦锻炼，又为革命军队的新生活所激励，所以，很快就适应了这里的一切。

周恩来在《关于 1924 年至 1926 年党对国民党关系》一文中说："当时黄埔军校有六百学生，大部分是我党从各省秘密活动来的左倾青年，其中党团员五六十人，占学生的十分之一。"①

黄埔时期的陈赓

这五六十个党团员来到这块沃土上，成为积极学习的表率，陈赓更是突出分子。共产党员执教的政治课《社会进化史》《苏联研究》《各国革命史》《帝国主义》《国民革命概论》等，打下了陈赓学习马克思主义的理论基础；军事方面的《步兵操典》《射击教范》《野外勤务》《战术学》《兵器学》《地形学》《筑城学》《交通学》《实地测图》等，陈赓也有了系统的掌握。对于已有 4 年军旅生活的他，实践与理论的结合，使之比别人学习得更为扎实。

陈赓在《报告》中曾说："我在（黄埔军校）四期当队长，吸收了一大批党员，派出作地方武装的还有很多，争取了不少干部。这时自己活动得最厉害了。自己的那个连是最活跃的一个连，团长张治中经常奖励我。"陈赓不仅关心自己的连队，也关心共产党的领导干部，当听说教官恽代英常工作到深夜，睡眠很少时，就在夜里偷偷走进他的宿舍，把戴眼镜睡觉的恽代英的眼镜片上用毛笔涂上黑墨，使恽代英睡到早上 8 点还以为天没有亮。

随着革命形势的发展，在孙中山的阵营中，迅速分成了两派，主张实行孙中山革命主张的共产党和国民党左派，与国民党中的右派分子展开了激烈的斗争。这就影响到黄埔军校。学生中也分成了两大阵营，共产党领导的左派学生与国民党右派控制下的学生形成了尖锐的对立。以蒋先云、陈赓为首的进步学生组成了"青年军人联合会"，以贺衷寒等人为首的右派分子组织了"孙文主义

①《周恩来选集》（上卷），人民出版社 1980 年版，第 115—116 页。

学会”，经常进行辩论，有时还发展到大打出手。

陈赓说过：那时“不懂得争取群众，孤立对方，只是骂人。我们骂他们是反动派，他们骂我们是反动派，吵骂打架。（第二次东征胜利后）在汕头蒋介石请我们吃饭时，两家说着说着就用食具打起来”。

1947 年 2 月，华东野战军莱芜战役大捷，歼敌 56000 人，生俘国民党第二绥靖区副司令官李仙洲。过了两天，华东部队转来李仙洲致陈赓的电报，陈赓拿着电报和自己司令部的人说了起来：“胡宗南和李仙洲在黄埔军校时和我都有私交。胡宗南是‘孙文主义学会’的骨干，反对孙中山先生的三大政策，我们和他们进行了尖锐的政治斗争，可是斗争过后，胡宗南和我照常来往，不伤私交。现在，在战场上我们倒是面对面地打起来了。李仙洲是山东人，为人直爽。他不是‘孙文主义学会’的成员，是李璜、曾琦的国家主义派，他们自称‘醒狮派’，我们叫他们‘狮子狗’。那时年轻，也不大讲斗争策略，将他们和‘孙文主义学会’成员一样看待。有一次在中山大学和他们争论起来，大家都动手了。他是山东大汉，我个子小，就拿起凳子和他打。现在他放下武器来电报叙旧，我们要以礼相待。”

当时，“青年军人联合会”积极开展活动，组织讲演会、讨论会，还出版了《青年军人》刊物，并组织剧团，自编自演一些以反帝反封建为主题的话剧，陈赓自己常化装登台演出，在校内外产生了很大影响。为此，贺衷寒等人的“孙文主义学会”也办了个剧团。两个剧团经常唱对台戏，开展针锋相对的

1925 年 2 月，“青年军人联合会”成立时的合影。

斗争。

孙中山这位大元帅在广州设立了大本营，但真正拥护他的军队很少。广州以东以南地区，多为叛军陈炯明等部盘踞；广州附近多为旧军阀的部队，表面上拥护孙中山，实际是搞封建割据；同时香港的英帝国主义大力策划和支持买办资本家在广州组织商团，反对孙中山，仇恨黄埔军校。当时滇军有个师长公开扬言要派兵解决这所军校。所以，黄埔军校白天出操上课，晚上还要站岗放哨，警惕敌人的袭击。

黄埔军校从成立起就不是闭门读书。第一期开学不久，9 月份爆发了第二次直奉战争，这是北洋军阀混战时期规模最大的一次战争。段祺瑞联合张作霖，反对直系的曹锟、吴佩孚。孙中山与段祺瑞、张作霖呼应，亲自率兵到韶关，准备北伐，支援段、张。

10 月 10 日，是国民党的“双十节”，孙中山在韶关飞机场举行阅兵式，受阅部队除旧军队外，还有黄埔军校的学生。检阅完毕，孙中山讲话，阐明北伐的意义，号召部队英勇作战。这时，传来了坏消息，孙中山“后院起火”了。广州城内发生了商团叛乱，准备推翻革命政府，胁迫孙中山下台……一时广州形势十分紧张，准备北伐的黄埔军校师生只得返回广州平叛。

陈赓所在的第三队和第四队于 14 日下午 7 时在广州东堤军校办事处码头登陆，时值倾盆大雨，街上积水很深，但气势高昂的学生军冒雨踏水前进，迅速完成了对商团的包围。15 日凌晨发起总攻，陈赓带头冲锋，激战至下午 1 时半，学生军越战越勇，商团部队被击溃，学生军占领了商团总部……这次平叛，是黄埔军校学生首次上战场，受到了锻炼，树立了军威。

此役前，陈赓奉命率领黄埔学生乘军舰前往沙面，在白鹅潭拦截给商团运载军火的一艘丹麦轮船，取得胜利，把这批军火全部押运回黄埔军校。这批武器没有武装商团而武装了自己，对打赢这场平叛战确有很大作用。

二、在二次东征中

黄埔军校第一期有 600 多学生，而陈赓却被誉为“黄埔三杰”之一。这不是当时学校领导人封的，是被学生们公认的。他们三人学习成绩出类拔萃，作战身先士卒，各方面起表率作用，是群众自动推举出来的领袖人物。当时人们中流传着个顺口溜：“蒋先云的笔，贺衷寒的嘴，灵不过陈赓的腿。”这不仅肯定了他们“三杰”的地位，还说出了他们的特点。

陈赓腿的出名，主要是在那段时间做了三件突出的事。

1924 年 11 月底，在军校学习了 7 个月的陈赓，以优异成绩毕了业。此后被留校任第二期入伍生连连长、第三期本科副队长。这时盘踞于广东省东江地区的陈炯明部队叛变，广东革命政府组织东征军，分三路讨伐陈炯明叛军。陈

左图为蒋先云，右图为贺衷寒。

赓根据中共的指示，积极参加了革命军的第一次东征。

陈炯明及其同伙的部队 68000 人，在英帝国主义的援助下，早就图谋打进广州，消灭革命政府。1924 年 9 月，孙中山准备北伐，主力集结韶关，一部进入江西。陈炯明趁此之机，令林虎所部 7000 余人，以主力进攻江西南部三南地区，企图切断革命军退路；一部部署于河源地区准备策应；另以叶举、洪兆麟部约 8000 人部署于惠州、平山之间，企图进犯广州。1925 年初，陈炯明乘孙中山北上病重的机会，举兵进犯广州。

在中国共产党支持下，黄埔军校以教导第一、第二团，炮兵营、工兵营、辎重队及军校第二期步兵总队、第三期入伍生第一营组成校军，参加右路军行动，成为东征军的主力，又有共产党人彭湃的农民军配合，进军一直比较顺利。3 月 12 日，陈炯明的林虎部队 7000 多人忽然向汕头西面棉湖地区反扑，那里的革命军只有 1000 多人，伤亡惨重。当时蒋介石、何应钦等军事领导人都束手无策，十分惊慌。于是周恩来挺身而出，一面命令共产党员率部坚决阻击敌人，自己则亲自登上炮兵阵地，在纷飞的炮火中，指挥炮兵猛轰叛军，并击中叛军指挥部，将其前线指挥官击毙，加上此时援兵赶到，最终把来犯之敌全歼。此后东征军的进展势如破竹，击溃了陈炯明部主力，控制了东江地区，取得了第一次东征的胜利。

同日，孙中山在北京逝世，消息传来，东征军上下感到无比悲痛。但此时在广州等地的军阀们却觉得机会来临，滇军、桂军的头领们纠合其他军阀和北洋军阀代表，在香港密谋后，在广州发动叛乱，控制了广州市区。广东革命政府被迫退到黄埔港。

为了扭转危局，廖仲恺于5月13日奔赴汕头，与蒋介石、周恩来和苏联派来的黄埔军校顾问加仑将军会商，决定东征军停止进军，返回广州平叛。

为了摸清敌情，革命军派陈赓先行化装进广州侦察。当时广州已被反动军阀部队控制，一个湖南人到广州去搞秘密活动，极易暴露身份，是十分危险的行为。但是身为共产党员的陈赓，为了实现自己的理想，早把个人安危置之度外了。

他脱掉军衣，换成一套西装，佩戴了一枚广东高等师范学校的徽章出发了。到了广州，雇了一条小船，从沙面北渡珠江，因为他打听到已经控制了全城的叛军只在这里留下了空子。划船的是一位渔家姑娘，船到江心，不知为什么，两岸的军队突然隔江打了起来，子弹头"嗖嗖"乱飞，姑娘吓得不敢划了。陈赓再三安慰她，鼓励她，指着说，"看，子弹不是朝我们打的"，"它是打当兵的，不会打我们老百姓"等，姑娘终于把他送到了对岸。他首先和秘密的革命组织接了头，了解些情况后，就独自走进了广州的闹市区。

在闹市区，陈赓发现几个人正沿街散发反共反苏联的传单，有的一捆捆丢在地上还未拆开。他灵机一动，顺手捡了一些带在身上。没有想到，这东西比通行证还管用，遇到叛军拦路，拿出传单就能通过。经过3天的奔波，陈赓将广州叛军的情况基本查清楚了，并把敌人阵地及火力部署情况详细标在一张广州市的地图上。

返回途中，陈赓经过惠爱中路第一公园时，突然遇到一股滇军，举着"拿获共产党就地正法"的令牌，气势汹汹地迎面走来。他躲避不及，只得硬着头皮迎上去，但手里已经没有反动传单了。滇军士兵拦住了他，上下打量了一阵，怀疑他是黄埔军校或东征军的人，准备把他押送到南堤八旗会馆杨希闵司令部去。陈赓则指着胸上佩戴的校徽，一口咬定自己是广东高等师范学校三年级学生。滇军士兵将信将疑，带他到学校去对证。由于叛军在广州敲诈勒索，贩烟聚赌，横行霸道，无恶不作，百姓对他们十分厌恶，都希望革命军早日打回来。所以门房老头一见到陈赓，就毫不犹豫地承认他是该校学生，还说"老师正找你哩！"叛军这才放了他。

这一次侦察成功，给陈赓带来了声誉。

革命军根据陈赓的情报，于6月12日向叛军发起了进攻。陈赓率领他的连队冲过珠江，一口气打到北校场，并通过工会中的党组织，动员火车司机逃跑，使上了火车的杨希闵残部因没人开车而走不动，全部被歼了。

在革命军平定广州叛乱的时候，陈炯明从香港英国政府那里得到了大量军火和钱，还得到了北洋军阀段祺瑞政府的30万元军饷及两艘军舰，于是纠集残部，卷土重来，又占据了东江各地，企图利用惠州城的险要地形，与广州的国民革命政府对抗。

这样，又迫使国民革命军于 1925 年 10 月 1 日举行第二次东征。蒋介石任总指挥兼第一军军长，周恩来任总政治部主任兼第一师党代表，第一师师长是何应钦。这一次革命军实力比上一次东征时强大了，又有广大人民支持，所以进展很快，却受到了惠州城的阻拦。

惠州城三面环水，一面枕山。城垣坚固，易守难攻。惠州县志上有描写惠州地势的诗："铁链锁孤身，飞鹅水上浮；任凭天下乱，此地永无忧。"传说自唐代以来，该城固若金汤，从未被攻破过。10 月 11 日，东征军扫荡了外围守敌，占领了飞鹅岭，由第二师第四团攻城，由于步、炮不能很好地配合，第四团连攻两天，伤亡惨重，未能攻破。在议论纷纷中，蒋介石提出撤军主张，周恩来坚决反对，认为撤军要动摇军心，而惠州城也不是不能攻克的，问题是要改变战术。怎样改变战术呢？在众说纷纭时，周恩来提出：改四面围攻为三面进攻，网开一面，让敌人出逃后聚而歼之。当这个意见被采纳后，周恩来又命蒋先云等组织党团员为敢死队骨干，带头登城。

陈赓这时在第四团当连长，这个团所有连长都是共产党员，战斗力特别强。战斗发起后，陈赓率领自己的连队奋力爬梯子登上城头，敌人子弹打中他的右脚，他拔出弹头像没事人似的继续冲杀。浴血奋战到第二天傍晚，敌人主力被歼；顺着"网开一面"的道路逃出城的敌人也被预伏的革命军歼灭了。

这支陈炯明最精锐的部队被歼后，敌军望风而逃，东征军长驱直入，迅速向潮州、梅县地区前进。蒋介石看中陈赓作战勇敢，就下令调他带领他的连队到总指挥部担负警卫任务。

惠州攻克后，东征军分头前进：第一师沿着海岸线继续东进，于 10 月 20 日攻克海丰县城；总指挥部则跟着第三师，作为左路军，沿着东江向广东省东北的梅县方向前进。不料 10 月 27 日在五华县西南方向的华阳地区，与叛军的林虎部队主力遭遇。

第三师还没有真正和完全实行党代表、政治部新制度，且整编不久，官兵政治觉悟不高，也缺乏严格的训练。师长谭曙卿又轻敌冒进，在完全不了解敌情的情况下仓促应战。由于力量悬殊，战到中午，即被敌军包围，陷入极其困难的境地。

蒋介石闻讯后，赶到前线督战，叫陈赓到第三师传达他的"不准退却"的命令。他说，你是黄埔的好学生，现在革命危在旦夕，校长命令你，赶快下山，去向谭师长传达我的命令，不准退却，临阵脱逃者一律枪决！

谭曙卿接到蒋介石的命令后，拔出手枪带着师部的零散部队，占据了一个高地抵抗一阵，但于事无补，敌人一个侧击，第三师全线崩溃，敌军直扑总指挥部而来。

蒋介石急得要命，当即命令陈赓："谭曙卿无能。你去代理第三师师长，集合部队，重新组织抵抗，一定要把林虎的部队顶住！”但兵败如山倒，大规模溃退已无法阻止。第一师又相距太远，没有较好的通信手段，既得不到消息，也无法及时赶来救援……最后连总指挥部的人都悄悄溜掉了。

蒋介石不久前开进惠州城时受到人民热烈欢迎，在掌声和鞭炮声中，他感到很得意，当众说了许多动听的话，觉得自己前程似锦，无限光明。没想到转眼间却落到这种狼狈境地……

在这子弹、炮弹头上乱飞的危急时刻，陈赓却非常沉着，睁着明亮的眼睛劝他：“胜败乃兵家常事。这终究是一个师，还不是黄埔训练出来的部队。你是总指挥，行动会影响整个战争，大局要紧呀！还是赶快离开这里，将来带领黄埔学生军再打回来……”

这件事，陈赓 1952 年 1 月 26 日在中国人民志愿军司令部跟参谋们亲口讲过。他说：“那是 1925 年 10 月，国民革命军在广东第二次东征讨伐叛变的军阀陈炯明。周恩来和何应钦率第一师打海丰，蒋介石的总指挥部率第三师行动。我当时是黄埔军校第一期的，当连长，带着连队警卫蒋介石。第三师与陈炯明主力林虎部遭遇，在华阳打上了，一打即败。蒋介石急了，就跑到前线去督战，也不顶用，全师溃散。蒋介石对我说要杀身成仁。我劝他不要自杀，这个部队的军官不是黄埔军校训练出来的，不是你的学生。我们撤退到安全地点，再收拢部队，还可以再打。蒋介石听了我的话，借坎下台阶，不自杀了。但吓得直打哆嗦，连路都不能走了。我看敌人已离得很近，情况太紧急了，就背着他跑，跑到一条河边，把蒋介石送上一条船，我就组织部队顶住追击的敌人，掩护蒋介石过河，然后领他跑到一个安全的地方，这样就救了他这条命。我的脚在打惠州时负了伤，在背蒋介石那阵还没有好哩。”

这一事件轰动了东征军和黄埔军校，并由毕业的学生带到了全国各地，使陈赓闻名遐迩。

蒋介石得救后，想立即和第一师取得联系，在当时的条件下，只能派人去送信。但在这战乱时期，不仅要赶 160 里路，还要翻一座高耸入云的莲花山，肯定要遇到很多困难和危险。所以蒋介石在大家面前高声问了几次，没有人敢答应。最后还是陈赓挺身而出，伸出自己有力的手说：“还是叫我去吧！”

蒋介石望着陈赓红彤彤的面颊，有点儿过意不去地说：“你太辛苦了！”可是别无选择，如今只有他是最可信赖的人，最能完成这个任务的人了。蒋要求陈赓立即出发，务必要在明晨 10 时把信送到。山高路远任务紧不说，最困难的是道路生疏，不知道路上会遇到什么危险，也许会出现走错路的事。

陈赓不带武器，装了 50 元毫洋，拿着一根棍子踏着黄昏的暮色出发了。爬上莲花山不久，就被一群土匪拦路。他急于要长途跋涉，到海丰县的后埔，完成送信任务，所以没说什么，就把身上带的钱掏出来给他们，作为“买路钱”。

土匪拿着钱上下打量穿便衣的陈赓，见他面色红润，身体健壮，气宇轩昂，就说："你的口音不是本地人，看样子你是个军人吧？"

陈赓看了下自己那身不甚合体的便服问："那又怎么样？"

土匪说："你老实讲，是陈炯明的人，还是广州来的革命军？"

陈赓微微一笑："你看我像陈炯明的人吗？我是革命军，是去海丰执行任务的。"

土匪们立即交头接耳起来。原来他们都是被反动势力压迫剥削得走投无路的贫苦农民，是被"逼上梁山"的。听说陈赓是革命军，马上退钱给他一半，并且拿来纸，用笔画上了一些圈圈点点的符号交给陈赓，说如果路上再遇到他们弟兄时，把符号拿出来，就不会有麻烦了。还告诉陈赓，深山里可能有老虎出没，叫他路上要小心提防。

深夜，陈赓只身钻进深山密林中。因为估计会遇见土匪，所以没有带手枪；现在听说可能遇见老虎，怎么办呢？野兽是不会讲理的。于是他将手中的棍子丢掉，找了根粗的木棒提在手上，瞪大眼睛，望着前面蜿蜒崎岖的路；张大耳朵捕捉从四面八方传来的声音，生怕走到密林里，山势险峻处，突然跳出一只张牙舞爪的斑斓猛虎扑向自己，所以时刻准备着一场激烈的搏斗……颇像《水浒传》中武松过景阳冈的气概。不过，他是清醒的，而那时的武松是醉意朦胧。

为了赶路，陈赓不顾一切地拼命跑，跋山涉水，爬高就低，鞋子很快就出现了破绽，急忙搓了根草绳绑一下继续前进，不久脚就打了泡，再走就脚板浮肿，皮开肉绽，鲜血直流，但他的脚步不能停，坚持咬着牙赶路，一点儿也不敢怠慢……终于在第二天下午 1 时赶到了后埔。周恩来看了信，问了情况，立即派一支部队把蒋介石接过来。由于这支部队的支持，第三师也得以收集溃散的部队加以整编。

蒋介石对陈赓这一段的表现当然很满意，特别是对他的"掩护"更是赞扬备至，赠送给陈赓很多礼物，还将陈赓调作他的侍从参谋：出门，紧随其后；在家，可以随便出入蒋介石的住所。很多人都悄悄说："看这样子，陈赓就要飞黄腾达了。"也有人点头说："看人家那些功劳，有谁能比呢？"陈赓自己当然也是兴高采烈的。

东征军打下汕头，总指挥部设在畸庐，蒋介石住在楼下，陈赓和周恩来住在楼上。11 月 7 日，在汕头庆祝苏联十月革命节的大会上，蒋介石挥着手，发表了热情洋溢的拥护联苏联共政策的长篇演说，博得了热烈的掌声。就在此后不久，陈赓整理他桌上的东西，在抽屉中发现了一本黄埔军校军官和学生的花名册，在每个共产党员的名字上都用笔画了个红圈，在陈赓的名字旁还特地批了一行小字："此人是共产党员，不可让他带兵。"蒋介石初任黄埔军校校长时，很注意观察学生的表现，把观察学生所得的印象写在墙上的"学生情况表"上，那时对陈赓的评语是："此生外形文弱，但性格稳重，能刻苦耐劳，可以带兵。"那时他可能还不知道陈赓是共产党员。

惊愕的陈赓急忙跑上楼，推开门，来不及行礼就大声说着：“啊！这是怎么回事？”

“什么怎么回事？”周恩来从椅子上转过身来，扬起浓眉望着脸上急得通红的陈赓。

“不是说蒋介石是国民党左派吗？”

“究竟出了什么事？”周恩来笑了，指了下椅子，“你坐下慢慢讲。”

陈赓说了刚才见到的事后，伸着自己的双手：“想不到他是一个忘恩负义、口是心非的人。前几天他在大会上的讲话说得多好听！”

“是啊，我们了解一个人有多难。”周恩来皱起眉头思索了一下说，“其实，这也不奇怪，攻占潮州后，蒋介石不是几次说过，什么‘准共产党活动，但凡有一切活动均得公开’；还说，‘国民党员加入共产党的，须向特别党部报告，请得照准’等等。这不是表明他一直在盯着我们，打算和我们分家吗？”

急性子的陈赓挥着手：“那，干脆，我们跟他摊牌，各走各的路！”

“情况很复杂。陈赓，你现在已经长大了，可不能像在军校当学生时候那样简单，三言两语不对劲，动手就打。”周恩来扬起头来，“我看，明天你给他递个条子，辞职不干，看他怎样处置吧！”

第二天，蒋介石从陈赓手上接过辞职书，看了下，打量着目光炯炯的陈赓，笑着说：“奇怪，你怎么会突然想到辞职呢？”接着用极为诚挚的音调说：“你是我最杰出的学生，校长今后要倚重你的地方还多哩。”

陈赓双腿并拢立正回答：“家里来信，说母亲病重，我不能不回去看看。总指挥不是提倡孝悌忠信……”

第二天，蒋介石派人送来了船票、路费和一张“委任状”，委任陈赓为黄埔军校的中校队长。陈赓于是立即离开汕头，回到广州去。

这一段经历，使陈赓当之无愧地获得了“黄埔三杰”之一的赞誉。

第三章　惊涛骇浪的日子

1925年5月15日，日本资本家在上海枪杀了工人顾正红，打伤工人20多人，激起了学生和市民的愤怒。30日，两千余人在租界内游行，声援工人的斗争，号召收回帝国主义占领的租界地……英国巡捕逮捕学生百余人。这就更加激怒了群众，万余人在公共租界南京路巡捕房门前集合，要求释放被捕的人。英国巡捕开枪，打死十余人，伤数十人，又逮捕了很多人，造成了震惊全国的“五卅惨案”。中国共产党立即号召上海罢工、罢课、罢市进行抗议，提出惩办凶手，取消“领事裁判权”，撤销英、日驻军等17项交涉条件，号召全国各地响应。

当时革命军正在进行第一次东征，战斗正酣，6月又赶回广州平叛。对于帝国主义在上海制造的“五卅惨案”愤恨已极，只是来不及及时表态。

平叛后，6月23日上午，广州工农商学兵各界人士在东校场集合，高呼“打倒帝国主义！”“收回各地租界”等口号，开会后举行游行示威。陈赓和他的连队也参加了。浩浩荡荡的游行队伍经过沙基时，突然遭到埋伏在大楼和路口的英国和法国的水兵猛烈射击，白鹅潭上的英、法军舰也向人群开炮。在这枪林弹雨下，游行队伍立即被打得尸横遍地，当场死亡50余人，负伤170多人。陈赓目睹自己连队20多位战友倒在血泊之中，怒火冲天，命令部队向敌人还击，掩护群众撤退，一直坚持战斗到11时，才奉廖仲恺的命令撤回驻地。事后，陈赓深有感触地说：“这一次，使我更增加了对帝国主义的仇恨心。”

骇人听闻的“沙基惨案”，激起了中国人民的极大愤怒。6月27日，中华全国总工会召开了广州、香港两地工会代表大会，成立以苏兆征为委员长的“省港罢工委员会”，陈赓被调去组织和训练工人纠察队，协同群众严密封锁香港和沙面的外国租界，禁止粮食流入这些地区，扣押走私物资，抵制英国货物……香港参加罢工的工人达到了25万，其中13万人回到了广州。这一切，使香港变成了“臭港”“饿港”“死港”。

革命形势的迅猛发展，使帝国主义惊恐万状，也促成了革命阵营内部分裂的加剧。

孙中山逝世后，国民党右派分子很自然地把矛头集中对着廖仲恺，经过紧锣密鼓的筹谋策划，他们作出了刺杀廖仲恺、推翻孙中山"联俄、联共、扶助农工"三大政策的反革命计划。廖仲恺听到后，大义凛然地说："生死由他去，我们的革命总不能松懈一步！"照常工作上班，照常到各地、各群众团体去开会、演说。8 月 20 日，他驱车到中央党部上班，在门前被预伏的杀手开枪击伤，送到医院后去世。

陈赓听到这个消息后，愤怒异常，情不自禁地从窗户跳出，赶到现场去了解情况。然后在周恩来的直接领导下，连续几昼夜未合眼，率领自己的部队，开展缉拿凶手的斗争，终于抓住了主凶之一。

第二次东征胜利后，陈赓回到黄埔军校，就任了入伍生第三团九连连长。白天他领着入伍生认真进行操课训练，夜晚提着马灯，到各个寝室去巡察，对学员问寒问暖。当时学校中"青年军人联合会"和"孙文主义学会"的斗争相当激烈，不能不影响到他这个连。这时的陈赓已经成熟多了，再不是以谩骂、打架来解决辩论中的问题。他经常在晚饭后的自由活动或自修时间，去做学员的工作，和他们促膝长谈，解答他们的问题，不回避他们中的思想分歧，还经常在饭堂组织讲演会、讨论会、学习会，引导学员们在友好气氛中各抒己见，来达到认识上的统一。

短期的入伍生训练结束后，他们正式分别升入步兵、炮兵、工兵等各科受训。这时陈赓改任为步兵科第一团第七连连长。

陈赓为人热情、直爽，心胸开阔又和蔼可亲，学员们都愿意接近他，有事愿意向他请教。所以，他白天忙完后，夜晚也不能休息，常和找他的人谈到深夜，甚至通宵达旦。但第二天清晨，他还是最先出现在操场上。他对自己连队的操练和功课都抓得很紧，坚持高标准、严要求，所以在步兵科的两个团里，他这个连队最活跃，操课考试在全校也常拿冠军。

在广州，陈赓积极参加校内外的各种革命活动。1926 年 1 月，他作为黄埔军校的湖南籍学生代表，列席中国国民党第二次全国代表大会。那时，他和国民党的许多上层人物有来往，和周恩来等共产党领导人及苏联顾问也经常会面，并且常在周恩来的指示下，去办理一些重要事情。在广州，他还认识了给苏联顾问鲍罗廷当秘书的越南的胡志明。

工人运动、农民运动的崛起，反帝反封建革命浪潮的高涨，共产党影响的扩大……都使大资产阶级的代表蒋介石等坐卧不安，特别是将活跃在革命军和黄埔军校中的共产党员和共青团员，视为心腹大患、前进路上的绊脚石，必须设法予以打击直至消灭。

他们操纵"孙文主义学会"，在革命军和黄埔军校中与"青年军人联合会"

积极争斗，还派一些反动分子到那里任职，暗中监视共产党员、共青团员的活动……这一切当然并不是很顺手，于是就策划了“中山舰事件”。

1926 年 3 月 18 日，国民党右派以黄埔军校驻省办事处的名义，声称奉蒋介石命令给海军局代理局长兼中山舰舰长李之龙（当时是共产党员），要李调中山舰到黄埔候用。当中山舰抵达黄埔后，他们随即散布谣言，说中山舰擅入黄埔，共产党阴谋暴动，并以此为借口，于 20 日晨包围省港罢工委员会，拘捕了中山舰舰长；监视共产党人及苏联顾问住宅及办事处；第二师的缪斌下令逮捕该师共产党员 40 多人……事件发生后，毛泽东等人主张集合一切反蒋力量进行反击，周恩来赶到扣押着共产党员的广东造币厂，当面质问蒋介石，严词斥责他制造反革命事件，破坏国共两党合作。当时蒋介石还将周恩来带的 4 个卫士缴了械。身份公开的共产党员被迫退出了第一军，许多共产党员的重要职务也被撤销。

3 月 20 日夜间，陈赓在黄埔军校听到很多谣言：什么广州戒严了，禁止一切交通；什么第一军和黄埔军校许多中共党、团员被捕；什么国民党右派军队要来黄埔岛抓人……弄不清到底是怎么回事。

这时，陈赓的上级、黄埔军校的步兵科一团团长张治中找他谈话，叫他表态，站在哪一边？陈赓说：“弄不清情况，怎好表态？请你把真相告诉我吧！”张治中不敢说出真相，只得支支吾吾地走了。

这时，中共党支部召开紧急会议，虽然整个情况还不太清楚，但是决不能让国民党右派军队登陆黄埔岛，于是决定由陈赓负责防范。会后，陈赓立即指挥连队，连夜做好布置，进行战斗准备。但那夜并没有发生意外。

第二天，就有领导人来问他，为什么夜里把队伍拉出去？陈赓睁大他又黑又亮的眼睛回答：“夜间演习，是早已定下的课目。”

过了几天，蒋介石来到军校找他谈话，先扯了些“读什么书”的闲话后，声色俱厉地问他：“那天晚上，你把队伍拉出去干什么？我已经查了，那天并没有夜间演习这个课目。”

“是没有这个课目。”陈赓点头说，“是我听说校长被右派分子扣押起来了，所以……”

蒋介石不便再说什么，悻悻而去。

很快，情况终于弄清楚了，是蒋介石等国民党右派有计划制造的反苏反共的反革命事件。群情激愤。陈赓又联合军校中的青年军人，写出了反对逮捕共产党员措辞激烈的抗议书，贴在学校的显著地方；并和国民党右派分子展开了说理斗争；还想方设法营救被捕的青年军人……蒋介石派人千方百计地在学生中搞拉拢、破坏、威胁、警告等活动，企图分化革命学生队伍，阻止学生的抗议行动，但陈赓等根本不听那一套，把抗议的声浪越掀越高……

针对“三二〇”事件以后的形势，中共广东区委提出加强黄埔军校共产党的组织和领导力量，指定恽代英、熊雄、聂荣臻、陈赓和饶来杰组成“党团”，作为党在军校中的核心组织。陈赓的具体任务是团结青年军人，积极宣传孙中山的三大政策，团结左派，争取中间力量，反对极端势力。

但是事态还在发展。4 月 7 日，蒋介石下了一道“取消党内小组织校令”，勒令军校中的“青年军人联合会”等组织解散，另行组织了个统一的“黄埔同学会”，自任会长，以达其“一军一党，以军制党”的目的。

5 月，蒋介石在国民党二届二中全会上，提出了“党务整理案”，重点是：共产党员不得担任国民党中央的部长，国民党员不能加入共产党，共产党员加入国民党的党员名单须交国民党主席等。

6 月 7 日，蒋介石又在军校全体人员集会上公开说：“近来我还有一个主张，是现在中国国民党里面的共产党同志，暂时退出共产党，做一个纯粹的国民党党员，免得国民党党员里面有猜忌怀疑的毛病。”

不久，他又在大会上进一步讲：“从今天起，凡本校的学生，要自己对你们的连长说明，凡是跨党的，就声明我愿意脱离哪一党，没有跨党的，也要说明白。到星期三为止，各连长汇呈到校长办公室来报告校长……”他的讲话激起了进步学生的愤怒。

接着，就有人来劝说陈赓等人选择走脱离共产党的路。但是，经过在广州这些日子惊涛骇浪的尖锐斗争，年轻的陈赓迅速成长了起来，觉悟大大提高，政治上更加坚强，为共产主义事业奋斗终生的意志更加坚定，当然也由于认清了国民党右派集团的丑恶嘴脸和蒋介石的反动本质，因此，他毫不犹豫地驳斥了那些“劝说”，在李默庵等人宣布退出共产党的热闹时刻，他和蒋先云等毅然公开自己的共产党员身份，宣布退出国民党。

陈赓在军校工作时期，毛泽东在广州主办农民运动讲习所，求知欲很强的陈赓常到那里听毛泽东和其他共产党领导人讲课，有时陈赓也去那里参加党组织召开的会议……

第四章　南昌起义前后

一、一进南昌

1926 年 9 月，陈赓接到中共中央的通知，秘密离开广州到上海。见到陈独秀才知道，是去苏联学习保卫工作，和他同去的还有顾顺章等人。

他们上了一艘苏联的货轮，先到莫斯科报到，然后拿着介绍信到苏联远东地区的红军部队学习政治保卫工作和武装暴动经验，在伯力学习侦察和审讯工作；在海参崴学习爆破、射击等技术知识。陈赓曾说过在那里学习射击的情况：50 公尺外的墙上有很多灯泡，哪个灯泡亮了，就要迅速用手枪打它……他的学习成绩优异。

1927 年 2 月陈赓重新回到上海时，在广州誓师北伐的国民革命军已经顺利打到了长江流域，总指挥部设在南昌。

陈赓到了上海，周恩来等人领导的上海前两次起义他没有参加上，但为第三次起义做了许多准备工作，他亲自到一些工厂的夜校去讲课和作动员报告，教工人纠察队战斗知识和怎样使用武器。

这时关于北伐军的传说很多，为了弄清情况，周恩来叫陈赓到南昌去了解蒋介石的“政治动态”，因为他那里的朋友多。加之他对蒋介石有救命之恩的特殊关系，了解情况比较容易。

所以，陈赓到了南昌，索性先到北伐军总指挥部去见蒋介石。蒋介石一见他就诧异地问：“你这一阵子在哪里？”

陈赓不能说真话：“在上海做秘密工作。”

“现在北伐军进展很顺利。”蒋介石高兴地和他握手，“全国胜利大局已定。我这里忙得很，有许多事要做，你就留在我这里吧！”

“暂时还不行。”陈赓笑着说，“我得先去了结些私人的事。”

蒋介石滔滔不绝地讲了很多胜利形势的好消息，也没有能打动陈赓。他当然记得陈赓在汕头向他递交辞呈的事，最后只得点头说：“那好，你就去办完自己的事再来吧。”然后派人给陈赓送了一笔钱和一个绸子封面的“特别通行证”，注明拿着这个证件，可以随时去见蒋介石。

陈赓在总指挥部里见到了很多各种政治观点的人，了解到不少情况。这时“黄埔三杰”之一的共产党员蒋先云还在那里工作，见了陈赓，就急忙拉到僻静处告诉他很多事情，再三叮嘱说：“蒋介石就要叛变了，你赶快离开南昌吧！”

陈赓还遇见了当时任总指挥部政治部主任的邓演达。邓是国民党军队的左派领袖，和蒋介石的关系很紧张，见到陈赓也急忙告诉他：蒋介石已经派人和英、美帝国主义与上海的江、浙财阀进行勾结了，那些人提出以反共灭共为条件，给他 6000 万元巨款，马上就要成交，革命就要断送了……劝他“多加小心，免遭暗算”。

陈赓急忙离开南昌乘船去武汉。此时中共中央也由上海迁到武汉，接到陈赓的汇报后，通过上层关系把他介绍到国民革命军第八军去，就任军部的特务营营长。

第八军军长是唐生智，也是湖南人。1914 年从保定军官学校第一期步兵科毕业，在湘军中由见习官逐渐升为排、连、营长，经过几次战争，被提升为团长、旅长，到 1920 年 11 月，又被提升为师长，驻军衡阳。他努力扩充兵力，训练部队，成为当时湘军中最大的一支力量。1926 年初，湖南人民掀起声势浩大的反对北洋军阀吴佩孚及其湖南走狗——省长赵恒惕的运动，唐生智即派部队迅速解决了赵恒惕的两个师，赶走赵恒惕并进入长沙市，宣布自己代理省长。接着广州国民政府派人和他联系，共产党省委也对他做争取工作，他表示拥护孙中山三大政策，愿意参加北伐。于是北伐军派兵进入湖南，帮助他打退了吴佩孚部队对他的反扑。6 月，唐生智接受了广州国民政府的任命，担任湖南省主席及国民革命军第八军军长的职务，然后以北伐军前敌总指挥名义，率领部队参与攻占武汉三镇。

陈赓之所以能到第八军中工作，就因为唐生智对共产党表示友善，还由于唐生智的弟弟唐生明曾在黄埔军校学习过，在陈赓的连队当学员。由于那时蒋介石要拉拢唐生智，所以叫陈赓特殊照顾唐生明，而陈赓为了贯彻党的统一战线政策，也特别团结他、关心他。因此，唐生明不住在班里，和连长陈赓住在一起。他和当时豪门出身的子弟一样，爱玩爱交际，就是不愿刻苦攻读，是一个名副其实的自由兵、特殊兵，却和陈赓建立了深厚友谊。

那时蒋介石为了拉拢唐生智，每逢星期天都要叫唐生明到自己的公馆中去吃一顿丰盛的午餐，表示关心，暗中却派几个特务监视他。唐生明深表不快。陈赓则带着他多次参加校内的革命活动，介绍他认识了许多共产党员和进步人士。唐生明听陈赓和这些革命者讲了许多革命道理，也在陈赓的引导下阅读了许多革命书报。过去长期被禁锢在旧式军官学校的唐生明来到黄埔军校，宛如来到了新世界，特别在陈赓的引导下，视野开阔，看到了更为美好的东西，也对革命产生了憧憬之情。

那时二人的友谊，这时就有了开花结果的收获。唐生明在他哥哥的第八军中担任警卫团团长，很愉快地接受陈赓来当他的特务营营长。他曾希望陈赓当他的副团长，被陈赓谢绝了，因为特务营有相当的独立性，装备也好：有四个步兵连和一个机枪连，每连都有 200 人左右，士兵又大都是富有革命传统的湘赣边界上的安源工人组织起来的，士兵和军官中有许多共产党员和团员，连长都是黄埔军校第四期的毕业生。陈赓愿意当这个营长，就是看中了它的独立性，可以用它来执行保卫中共中央的任务。

正当北伐战争顺利发展到长江流域的时候，蒋介石完成了和帝国主义及江、浙财阀的勾结，决定反共灭共，于 4 月 12 日在上海发动了反革命政变，对共产党人和革命群众进行了震惊世界的血腥大屠杀。一时间千万人头落地，街巷血流成河……政变迅速向全国各地蔓延、扩大。

陈赓闻讯后，义愤填膺，立即联络黄埔军校的学生，组织了个“黄埔军校同学讨蒋委员会”，发表讨蒋宣言，广泛动员群众强烈抨击和声讨反革命政变。这些活动，唐生明也都跟随陈赓参加了，也在黄埔军校同学讨伐蒋介石的通电上签了名。

在这中国革命的紧急关头，4 月 27 日，中国共产党在武汉召开了第五次全国代表大会。陈赓指挥他的特务营和当地的工人武装纠察队进行警戒和保卫工作，使 15 天的大会得以顺利进行。

二、战地鸳鸯

就在这血雨腥风的紧张时刻，性格开朗的青年陈赓却坠入了情网之中。

参加中共五大的上海代表王根英，是上海怡和纱厂的纺织女工，生得娇小精干，眉清目秀，说话腼腆，举止文雅，在革命斗争中却是一员冲锋陷阵的闯将。她 1925 年加入中国共产党，是纱厂团支部书记和厂工会负责人，多次领导声势浩大的罢工运动，与资本家进行面对面的斗争，还率领群众参加 1926 年 10 月至 1927 年 3 月间的上海三次武装起义。胜利后，她担任了上海特别市临时政府的人民委员。蒋介石率部进入上海后，她遭到追捕，转入地下，然后来武汉参加中共五大。

陈赓在上海参加第三次起义的准备工作中就见过她，王根英在夜校听过陈赓讲课。虽然相识时间不长，但 24 岁的陈赓对 21 岁的王根英竟然产生了强烈的爱慕之情。心中像烈火在燃烧的陈赓对于爱的追求，完全像对待事业一样地真诚，一旦认准了目标，就毫不犹豫地勇往直前。他将自己倾慕的心迹，通过写信向王根英作了坦诚表露。但是托人把信送给王根英之后，第二天却出现了奇迹，这封信被完好无损地贴在了墙壁上，弄得苹果似面颊的陈赓脸色更红了。要是别人碰了这么大的钉子，肯定就打退堂鼓了，但陈赓可不是那种意志薄弱的人。他连夜又写了第二封热情的信送去，却又被贴上了墙。陈赓又鼓起勇气写了第三封信，也得到了同样的命运。原来把这件事看成笑话的大家，此时也都思索了起来：这到底是怎么回事呀？

陈赓生前从来没有谈到过这件往事。曾经亲眼目睹过此事的老革命，也没有讲出其中的奥秘，只是回忆说，陈赓那时和大家讲笑话，谁在王根英面前说一句："陈赓是好人，不是坏人，我就给他磕个头。"于是大家都到王根英面前说陈赓是好人——虽然他并没有给大家磕头。

王根英为什么会把信贴出来？有人推测：可能并非王根英原意，是替陈赓送信的人故意出他的"洋相"，信没交给王根英，就先给贴了出去。也有人认为：那时王根英年纪轻，满脑子都是革命，毫无谈恋爱的思想准备，虽然对陈赓丝毫没有坏印象，却总觉得在革命处在如此紧急关头，谈个人私情的事不合时宜。在别人怂恿下，为了清醒陈赓的头脑，才采取了这样的行动。

这事曾惊动周恩来夫妇，他们找王根英谈话，介绍了陈赓的情况，又了解到王根英的真实心意，并指出在革命困难时期，革命者的结合不仅是可以的、应该的，还可能更利于战胜困难等等，使王根英银盘似的圆脸上浮出羞赧的笑容。

他们不久在武汉结了婚。接着王根英又作为上海的工人代表，出席了 6 月份在汉口召开的第四次全国劳动大会；后来又作为中国工人阶级的代表，在汉口出席了太平洋劳动会议。

此时，反革命政变也扩大到武汉来了。7 月 15 日，汪精卫摘下了国民党假左派的面具，召开了分共会议，仿效蒋介石的办法，在武汉进行大屠杀，并提出对共产党员"宁可错杀千人，不可使一人漏网"等口号……严重的白色恐怖之云立即笼罩了武汉三镇，长江水为之哀鸣。

共产党决心进行反击。于是刚结了婚的夫妻又得分开，王根英回上海做地下工作，陈赓随周恩来去南昌参加起义。

三、二进南昌

陈赓随周恩来在 7 月 27 日秘密抵达南昌，住在朱德的寓所。朱德曾任国民党朱培德部队的军官教导团团长兼南昌市公安局局长。

当时任中共中央政治局委员及军事委员会书记的周恩来，后来搬到了马庄子女子职业学校去住，勇敢地挑起了组织起义的领导工作。他和贺龙、叶挺、朱德、刘伯承等商议，决定在南昌打响反对国民党反动派的第一枪。

于是在江西大旅社成立了南昌起义总指挥部。周恩来任前敌委员会书记，贺龙为总指挥，叶挺为前敌总指挥，刘伯承为参谋长。8 月 1 日凌晨 2 时，起义开始，贺龙、叶挺的部队约 2 万人，经过 4 小时激战，消灭了国民党留守部队 3000 余人，缴枪 5000 余枝，占领了南昌城。他们立即发表宣言，指斥蒋、汪的叛变行为，重申坚持孙中山的三大政策，反对帝国主义，扫除新旧军阀……同日上午，召开以共产党为主体并有国民党左派参加的联席会议，成立临时政府革命委员会。

在这些日子里，陈赓怀着激动的心情，捍卫着高举革命旗帜、呕心沥血的中央军委周恩来等杰出领导人的安全；起义后，他和李立三在政治保卫处，去市区逮捕了一批反革命分子，还接管了江西省银行，把没收来的财物运送到总指挥部……

起义军撤离南昌时，陈赓到第二十军第三师第六团任一营营长，准备随部队打回广东省，去重新发动革命。到了江西省东南边界的广昌县城，第三师还召开了中共党代表大会，产生了以周逸群为书记的师党委会，陈赓当选为师党委委员，担负起加强部队政治思想工作的重任。由于中国共产党的工作加强，使这支部队成了战斗中的中坚力量。

8 月下旬，陈赓的营作为第三师的先头部队，向江西与福建交界处的会昌县城挺进，不料国民党的钱大钧部已经先到了会昌。8 月 24 日，第三师到达城外，就和敌人接了火。陈赓率领的营从正面进攻，一口气夺下了 3 个山头。但两翼策应部队由于路程和时间计算的误差，没有及时赶到，陈赓一个营孤军深入，陷进敌人 4 个团的包围之中，从早上 8 点鏖战至中午，仍然没有部队来接应，占压倒优势的敌人还连连出击，陈赓的营弹尽粮绝，渐渐支持不住了。他决定部队撤退，由自己带领小分队掩护，打到下午 1 时，敌人一梭子机枪子弹扫来，陈赓左腿三处中弹，膝盖骨的筋被打断，胫骨、腓骨也被击伤，倒在地上，血流如注，不能行动。为了对付敌人的搜索，他脱掉军衣，顺山坡滚进一条杂草丛生的小沟，血立即把沟里的水染红了。这时，跟随他的卢冬生也跳到沟里来招呼他。

周逸群

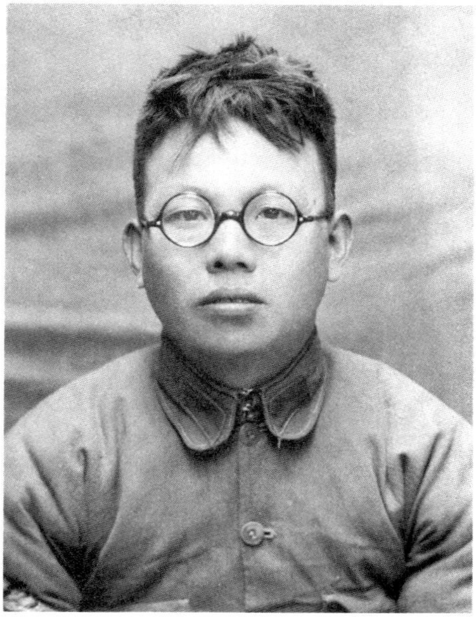
卢冬生

卢冬生比陈赓小 5 岁，1908 年生于湖南省湘潭县一户佃农家里，家境贫寒，刚满 7 岁，就到陈赓家当放牛娃。小“少爷”经常和他一块玩耍，两人成了亲密的小伙伴。陈赓离家投军的行动，在卢冬生幼小的心灵中留下了深刻的印象。第二年，卢冬生离开陈家，到湘潭一家工厂当学徒工，过了 8 年牛马不如的生活。1925 年，他效仿陈赓，到衡阳投入唐生智的第四师当了兵。后来跟着部队到了武汉，意外地见到了唐生智部队特务营营长陈赓。二人久别重逢，兴奋异常，陈赓便把他调到自己的营部当副官，从此成了一条战线上的战友。

陈赓负伤后，叫卢冬生快走，但卢冬生不肯离开。很快，从山坡上下来几个敌人，卢冬生藏在了附近的草丛里，陈赓则用手把腿上的血涂了一身一脸。敌人走过来，他屏住呼吸假装死人，敌人信以为真，踢了他一脚，见他直挺挺地毫无反应，就扭头走了。

几个小时后，叶挺指挥部队反攻上来，把敌人打退。陈赓听见山上人声鼎沸，以为又是敌人来了，仍然躺在那里不敢动。由于他身上只穿着背心和裤衩，叶挺部队的战士走过来，也把他当死人打了一枪托，陈赓气恼地偷偷眯缝着眼睛张望，发现打他的士兵脖子上挂着红带子，才知道是自己的部队来了，就高兴地挥动双手叫了起来。卢冬生也从隐蔽处出来说明情况，然后从山上砍了几根竹子，做了个简易担架，和徐以新等人把他抬到已被起义军占领的会昌县城。周恩来、贺龙、叶挺等很多人都跑来看他，伤口也得到重新包扎，陈赓备感欣慰。

起义军原来的作战计划是直下江西省的寻乌县城等地进军广东省。由于当时的敌情变化及起义军伤病员较多等，决定转向东方，向福建省的长汀、上杭一带进发。

陈赓因为伤势严重，改为乘船沿贡水前往长汀。谁知道，木船才离岸，一股敌人反扑过来，打到了江边，船身中了很多子弹，情况十分危急。幸好周士第率领的第二十五师赶来，一个冲锋将敌人击退，陈赓的船才转危为安，顺利地到达了长汀县城。

到了长汀，陈赓被送进福音医院治疗。这个医院本是英国教会办的，当“五卅”运动的浪涛冲击到这座山城时，医院里的英国人都吓跑了，于是大家公推傅连暲医生当院长，那时傅连暲才33岁。起义军到来时，他不但没有跟着那些不明真相的人们逃跑，还接收了300多名伤员来医院治疗。人手不够，他就动员学校的教师和学生来帮助护理。

听说陈赓是个营长，傅连暲叫安置好后，就亲自带领医务人员来检查。陈赓因为失血过多，原来红彤彤的面颊变得焦黄，身体非常虚弱。伤腿肿得很粗，伤口已经感染，但他用顽强的意志力克制着自己，不但没有叫痛，哼都没哼一声。为了不影响别人，他表现出非常乐观的情绪。风趣的言谈，爽朗的笑声，给傅连暲和医务人员以很深的印象。

傅连暲后来在《南昌起义的伤员》回忆录中写道：当时看到陈赓年轻而神采奕奕的面孔时，“心想‘像这样一位年轻、勇敢、有才干的革命军官，他一生可以为劳苦大众做多少事呀！我，一个医生，有责任挽救他这一条伤腿’”。于是采取“保守疗法”，每天用药水给他消毒，用夹板固定伤腿，同时给他喝新鲜牛奶，增强他的体质……总之用了种种方法，避免截肢，使陈赓的伤腿不仅保存下来，并渐渐好转。

由于起义军要打回广东省去，陈赓腿伤尚未痊愈，只得随军乘船顺韩江南下。水急礁石多，好几条船被撞翻了，伤员被急流冲走，幸好，陈赓的船几次遇险而没有倾覆。到了广东省边界的大埔县，根据陈赓伤腿情况，组织上准备留他在一个党员家里养伤，但他坚持不离开部队。9月23日，起义军占领潮州，他就被抬进了城，住在韩文公（韩愈）庙小学校里。

9月24日，在当地共产党领导工农群众起义的配合下，起义军占领汕头。陈赓和一些伤员被送进了日本人开的博爱医院继续治疗。由于很多人去看望他，医院很快就知道他是起义军的军官了，所以日本人对他的态度很不好。

部队到了汕头，广东军阀惊恐万状，调集所有兵力从陆上来围攻；英、美、法、日等帝国主义国家的军舰从海上围攻，向起义军枪击炮轰。起义军主力已转战流沙，继而失败。留守汕头的第二十军第三师寡不敌众，被迫撤出。

此前，周恩来得了重病，高烧40度，他在部队撤离前，曾派人送了笔款给陈赓等伤员，但是没有送到。所以，关于部队撤走的事陈赓全然不知。

四、崎岖的路

9月30日夜里，枪炮声渐渐稀落，陈赓感到奇怪，第二天一早，就叫卢冬生去畸庐起义军总指挥部探听消息。卢冬生一出医院大门，就发现国民党军队已经进城了，街上已经看不见一个系红带子的起义军了，急忙回来报告陈赓。正在着急时，肥胖的日本院长下了逐客令，手指着陈赓说：“你是共产党，我们对你的安全不负责任。”这时，伤势较轻的人都离开了医院，可是陈赓走不动。医院里有个姓李的护士小姐和一个打扫病房的工人同情起义军，就帮助陈赓向日本老板求情，并且叫陈赓给老板一些钱，但她们知道日本人不可靠，女护士就和那个工人与卢冬生，偷偷把陈赓抬到工人住的房间里藏起来，国民党军队进医院搜查，才没有抓到陈赓。日本院长得知这一情况后，立即开除了那个工人。后来国民党军队又来搜查，李小姐把陈赓藏在了女厕所里，又一次救了他。敌人走后，李小姐还把自己的姑母和妹妹叫来一起照顾陈赓。由于敌人搜查得很厉害，日本人又时刻想把他交出去，李小姐对陈赓说："风声太紧，你不能在这里再待下去了，非走不可。"

在10月的一天上午，他们找来一只小木船，把陈赓放在上面。李小姐和那个工人，加上卢冬生，在泥泞的海滩上，"陆地行舟"似的把船推到码头边，由李小姐出面买票，卢冬生把陈赓背上一艘开往香港的轮船。这时有一伙国民党军队的人，来到船上搜查化了装的起义军的指战员，他们到了陈赓身前，穿着白色护士服的李小姐沉着地说："他是我们医院病危的患者，由我送他到香港转院治疗。"又一次保护了陈赓。直到船要起锚开动时，她才离开陈赓下了船。李小姐和那个工人对革命军队如此热爱，使陈赓内心久久不能平静。

后来，很多人听了这个带有传奇色彩的故事，都赞叹陈赓运气好，遇见了这么好的人来救了他。他小名叫"福哥"，就是有福气。其实，这个看似偶然发生的事情，是建立在必然性的基础上的。应当记住，汕头是个有深厚革命传统的城市，那里的群众曾组织起义来迎接革命军队。1937年朱德总司令在接受美国记者韦尔斯的采访时曾说："在广东省的东江区，那时男人只占总人口的百分之三十，因此一切生产工作差不多全部落在了妇女身上。这些东江妇女从未反对过红军，甚至那些属于统治阶级的，亦是一样。"

陈赓乘坐的是起义军在潮汕地区失败后，从汕头开到香港的第一条船。船还没到，英国巡捕已经戒备森严地站满了码头，船一靠岸，就蜂拥上船抓他们怀疑是起义军的人，立即抓走了几十个。陈赓因为伤重，最后由卢冬生找了把椅子请人帮助抬他上了岸。巡捕围上来厉声问道："你一定是汕头被打败的共产党。"

陈赓用不很熟练的广东话回答："不是。"

"还说不是？"巡捕抢着问，"你的腿上不是枪伤吗？"

沉着的陈赓摇头说："不是枪伤。"

"哼，那是什么伤？"

"我是潮州人。"陈赓说，"在电报局做事，双方作战，子弹飞进了办公室，我运气不好，跳楼时跌伤了。因为潮州没有医院，到汕头来医，博爱医院又叫我来香港，所以——"

这时，巡捕突然瞪起眼睛问："潮州电报局在什么地方？"

起义军在潮州的时候，第三师师部驻在电报局里，陈赓被抬到韩文公庙小学校住，两处紧挨着。担架路过电报局，给陈赓留下了记忆，所以当巡捕问到电报局位置时，机敏的陈赓当即对答如流地说："就在韩文公庙小学校隔壁。"

巡捕走了，卢冬生搀扶着陈赓艰难地走在街上，却看不见一个熟人。在马路边坐了一会儿，就去找旅馆投宿，却引起了轰动，旅馆内外的人吵嚷着跑来围着陈赓看"从汕头跑来的共产党"，卢冬生和陈赓怎么解释也不行，围观的人越来越多。陈赓怕出事，就找了个借口，和卢冬生赶紧离开那里，但始终找不到一个安身之处，就喊了一辆黄包车，到一家医院求医，医院人满不收；又去一家中医求诊，医生发现他是枪伤，也不敢收，他俩只得又走上街头。此时陈赓已经感到很疲乏了，看到路旁的厕所，就叫卢冬生背他到里面，找个地方坐下，算是得到了半个钟头的休息。这时陈赓感到饿了——其实早就饿了，只是在忙碌之中顾不上想它，现在抬头看见不远处有个西餐馆，就和卢冬生说："要是有一客西餐吃吃就好了。"老实的卢冬生就当真跑到那个西餐馆要了一客西餐，餐馆跑堂的端着盘子跟随卢冬生过来，走到厕所跟前，认为是拿他寻开心，大骂起来，捂着鼻子端着盘子和刀叉回头走了，陈赓还是没有吃上。

陈赓想起当年投考陆军讲武学校时，由于粤汉铁路没有修通，他带着宋希濂等一帮小青年，从长沙走武汉，经上海到香港转去广州。那时在香港虽然遇到很多困难，但自己腿好，什么事都办得成。如今腿坏了，"黄埔三杰"中以腿著名的特点也消失了，想不到这次来香港遇到这么多麻烦！

他记得，鲁迅先生曾在广州中山大学欢迎会上讲话说：革命和革命文艺"好比唱戏，台下的拍掌喝彩，固然要唱下去，就是喝倒彩，也要唱下去。不管怎样，我们只要唱，只尽管唱，唱下去，唱完了，才算"。鲁迅先生可能已经预感到革命要有曲折才讲这话的吧。

陈赓思索了一下对自己说："是呀！要唱戏，就是困难再大也要坚持唱下去！"当然，要完成这种理念的人，是要付出高昂代价的。

陈赓和卢冬生说："看来这里是待不下去了，我们还是回上海吧！"但是陈赓身上只剩下了20元钱，只好叫卢冬生去码头打听一下，这钱够不够买两个人的船票。卢冬生很快回来说，钱足够，并且一小时后就有开往上海的船。陈赓很高兴，二人立即回到码头，上了汽艇，卢冬生再把他背上停在海中的轮船，坐在甲板上。外国人一见陈赓就捂鼻子，说他是传染病，不卖给票。许多人围上来看，陈赓心中很着急。这时有个穿工装的人，蹲下来趴在陈赓耳朵上说："再有人问，你就说是跌伤，根本不是传染病。不信，拿饭来，一顿能吃三大碗。"并且由那个工人替他俩买了船票，又找来一张帆布床，和卢冬生把陈赓抬到货舱里。货舱里堆的是香蕉和橘子，一片果香。

轮船离开香港，还要到汕头停靠一下，工人装货。汕头还在戒严，陈赓刚刚逃出虎口，又要回到这里，心头不能不紧张。果然，船一靠岸，国民党军队又杀气腾腾地上船查看了一番。

起义军第二十军第三师师长周逸群，部队失利后，化装逃了出来。汕头的一个慈善团体给了他一张船票，他就上了这条船，找了一张烂席子钻进货舱，也不管那里有无别人，在水果堆中找了个缝隙，铺上席子，倒头便睡。

陈赓正躺在帆布床上看着旧报纸，见周逸群进来很高兴，就故意开他的玩笑，用报纸遮着脸说："这报上的消息可真灵，周逸群还没上船，报纸就登出来了。"这一说可把周逸群吓了一大跳，急忙竖起耳朵听，心中打鼓：真有这种事？……可是听着听着就听出陈赓的声音来了，跳起来叫着："原来是你这个鬼呀！哈哈哈！"两人抱在一起大笑起来。

"突突突"的轮机声，"轰隆隆"的大海的呼啸声，像是在给他们唱着庆祝相会的歌曲。

第五章　地下斗争

一、中国的“契卡”

1925 年 8 月 20 日上午 9 时，国民党左派领袖廖仲恺在广州中央党部门前遇刺牺牲。

周恩来带着陈赓立即赶到现场。陈赓指挥自己的连队，在现场和周围街道作了详细的搜查，加上访问、追踪种种努力，终于抓住了主凶之一的林直勉，摸到了头绪。

为此，陈赓几天几夜没睡，人被熬瘦了，眼被熬红了，但他提供给周恩来的材料是非常丰富而翔实的。周恩来看着这些材料，扬起浓眉高兴地说：“嘿，我看你能成为中国的‘契卡’。”

“契卡”是苏联“肃反委员会”俄文缩写的音译，主要任务是保卫苏共和苏维埃的安全。陈赓在受到周恩来称赞后，不久，果然被派到苏联去学习政治保卫工作了。在南昌八一起义前后，他在总指挥部作了几天保卫工作，就算是实习了。但正式做中国的“契卡”，却是在他腿伤将要痊愈的时候。

1927 年 9 月，中共中央机关秘密迁回了上海。王根英被分配到中共中央做交通员。她一直密切注视着南昌起义军的消息，得知他们胜利了，她很高兴；听说他们失败了，又很着急，一直挂念着陈赓，期盼着他的消息，几乎到了望穿秋水的地步。万万没有想到，陈赓像是从天上掉下来似的，突然乘船回来了。虽然拖着一条重伤的腿，她也是喜出望外，立即帮助陈赓和周逸群同中共党组织接上关系。1983 年，李强回忆此事时还说：“王根英在上海做地下工作是勇敢的。没有她，陈赓不会那么快就找到党的。”同时，王根英通过组织，把陈赓送进了上海著名的牛惠霖骨科医院医治。

过了不久，贺龙也辗转来到上海。中共中央本来计划叫他和刘伯承等一同去苏联学习，他和周逸群商量，回到湘西去发动群众，重新组织武装斗争，建立革命根据地，所以没有去苏联。中共中央批准了他们的计划，周恩来叫卢冬生护送贺龙、周逸群前往湘西。他们在12月离开上海前，由陈赓、王根英夫妇介绍卢冬生加入了中国共产党。从此，小牧童正式成了自觉的革命者。

陈赓进入医院后，牛惠霖大夫看他的穿着打扮和伤情，怀疑他是歹人，可能是作案时受的伤，不很乐意为他治疗。陈赓编假话作“解释”，仍不能说服牛大夫。陈赓观察这位医生比较正直，有进步思想，就索性把自己的真实情况告诉了他。原来牛大夫和宋庆龄有亲戚关系，思想倾向进步，支持和同情革命。

陈赓在广州时，曾担任过孙中山的警卫。陈赓夫人傅涯在《良师益友，革命情深》一文中说，那时，“孙中山先生出于对革命青年的关心和爱护，找陈赓谈过话，并且资助过陈赓从事革命活动”。因而陈赓也就结识了宋庆龄，孙中山逝世后，他曾去家中拜望过这位国母。

牛大夫了解了这些情况后，对陈赓的治疗格外精心。陈赓的腿伤虽然经过治疗，被打断的骨头并没有接得很好，又经过长时间的流亡生活，艰苦的奔波使他的伤势更加恶化，并且伤处已经感染。按照常规，非截肢不可。牛惠霖和弟弟却下决心不给他截肢，尽自己所能，重新把他的断骨接起来，并用当时技术上的先进措施，千方百计地保住了这条腿。

陈赓经过手术后，愈合得很快，心中非常高兴。这个医院当时在上海很出名，很多国民党军官和高层人士都来这里看病或住院。为此，陈赓很谨慎，常躲在屋中闭门不出。有一天，来了个国民党军队的团长住在了他的隔壁，也是黄埔军校的毕业生。一个偶然的机会，团长的马弁认出了陈赓，回去告诉了团长，马上，那个团长就过来找陈赓攀谈，问陈赓的腿是在什么地方怎样负的伤。机警的陈赓当即编了些话应付。那人将信将疑地去了。陈赓急忙找人，将他背出医院逃走。

有一天，牛惠霖大夫在街上遇见了陈赓，急忙拉着问：“出了什么事？你走也不和我说一声？”

陈赓连忙道歉说：“真对不起，那天情况太紧急了。”

听陈赓说了情况后，牛大夫点头：“原来如此呀。”然后弯下腰摸着他的伤腿说：“我担心你伤处的愈合情况，怕再出事故。还好，恢复得不错。不过还要多注意休养，免得走动多了再出意外。祝你们事业胜利。”

“谢谢你，谢谢你！”陈赓激动地握着他的手，“我永远忘不了你对我们的关怀。”

陈赓回到家中休养了一段时间，1928年4月，走路还一瘸一拐的时候，就遵照中共中央指示，留在上海做保卫工作，给顾顺章当副手，化名王庸。

二、王庸先生

上海那时被称为“冒险家的乐园”，是中国最大的城市，是当时国民党的经济、金融、贸易和文化的中心，也是帝国主义侵略中国的基地。华洋杂处，纸醉金迷。有华界，有租界；华界有国民党政府，租界内是外国政府。有被帝国主义豢养的买办资产阶级，也有民族资产阶级，还有许多由帮会组织起来的封建团体……他们互相勾结、渗透，盘根错节，势力很大。当然，工人阶级力量也很强大，否则不可能举行三次起义夺下上海了。只是蒋介石搞了“四一二”大屠杀后，建立了反动统治，到处设立法庭、牢狱和刑场，捕杀共产党员和革命群众。国民党的警察、特务和租界里的巡捕、包探勾结起来，继续天天搜捕共产党，加之一些人叛变，形势愈加严峻，中共江苏省委领导人陈延年、赵世炎、郭伯和等先后遭逮捕、被杀害。共产党不能不组织力量保卫自己的安全。

中共中央原来也有保卫工作组织，但是重视不够，力量不足，以致蒋介石突然发动反革命政变，中国共产党和人民遭到猛烈袭击，受到严重损失，却处于毫无准备的状态，并且形势越来越严峻。中共中央于是决心加强这一工作，建立与敌人进行隐蔽斗争的组织——特科，以打击敌人保卫自己。

特科下设 4 个科，陈赓担任了第二科科长，即情报科长，化名王庸。

第一科是总务科，它的工作既多又杂，但非常重要。比如为中共中央机关找房子，为负责人安排住处；布置开会场所，租家具，找铺保，做生意；营救被捕者，收殓牺牲同志遗体，安排家属生活等，工作看来琐碎，但和中共中央的关系最密切。

在特科时，陈赓化装成工人的便装照。

第三科主要领导“红队”（诨名“打狗队”），打击特务，镇压叛徒，保护中央负责同志，保卫中央机关。当时他们在上海名气很大，敌人闻风丧胆。他们在社会上活动，几乎是半公开的。警察、巡捕都不敢和他们公开对抗。但由于当时未建立情报工作系统，不能防患于未然，也就是不能事先制止敌人的破坏，只能事后查明情况，去镇压叛徒和反革命分子。

第四科主要负责建立和管理无线电工作，保证电讯畅通。1928 年后，革命形势得到新的发展，红军有了声势，红色区域扩大，各地党组织也得到了恢复，此时中共中央迫切需要和各红色区域及各地党组织联系，显然，靠人的两条腿联系太困难，也太不及时，于是中央决定筹建电台工作。当时无线电在中国还是个新事物，李强筹办四科时，是以业余无线电爱好者身份，和无线电行业的人拉关系交朋友，求购器材，掌握技术。

由于过去党对搜集情报、掌握敌情重视得不够，等于失去了自己的耳目，蒙受了巨大损失。此时接受教训，决心加强这方面的工作，成立第二科，把搜集情报的重任交给了陈赓。

怎么做好这一工作呢？虽然陈赓去苏联学习过，但只有三四个月的时间，对于当时的中国革命者来说，这个工作还是一张白纸，对于在战场上冲锋陷阵的小营长，要在这张白纸上写好画好，并不是件容易的事。但陈赓善于学习，勤于思考，爱好钻研，从不做毫无边际的幻想，而是迈开大步踏踏实实走自己的路。

在白色恐怖下工作，最好依托家庭作掩护，于是王根英就搬来和他住在一起。第二年便生了个小男孩，陈赓的父亲根据陶渊明《归去来兮辞》中的名句“觉今是而昨非”的意思，给他起了个“知非”的名字。陈赓把王根英的9岁的小妹妹接来同住，组成了个真正的和睦家庭。就这样，他们在两年内还搬了5次家。

王根英自幼生长在上海，非常熟悉当地的情况，所以尽心竭力地支持陈赓的工作，掩护他，保障他的安全，细心观察房前屋后的动静，注视南来北往的人群，并随时准备应付各种突然出现的情况。小知非逐渐长大，能说会跑了，王根英不让他知道父母的真实姓名和自家的门牌号数。有一天王根英的小妹妹带着知非在街上玩，看见红布包头的印度巡捕走过来，知非就天真地说：“你这‘红头阿三’的枪，没有我阿爸的好。”因为他见过陈赓的真枪。巡捕一听，瞪起了眼睛问：“你是哪家的孩子？快说。”就

1931年，陈赓夫人王根英与他们的儿子陈知非在上海时的合影。

跟着他们到了家中，问王根英：“这是你家的孩子吗？”

“是的。”

“他说你家有枪，是怎么回事？”

王根英吃了一惊，但马上机警地笑着说：“当然有呀！那是他阿爸从永安公司给他买的玩具，和你带的这支还真有点儿像哩。”便从玩具柜中找出一把木制长枪和一支木制手枪给巡捕看。她从容的神情，安详的仪态，顺利地把巡捕支走了。

由于工作需要，陈赓经常改变自己的身份，变换自己的形象。曾在冯玉祥西北军任过师参谋长的张克侠，回忆1930年间在上海同陈赓见面时的印象说：“陈赓同志来时是化了装的，他穿了一身青缎子裤褂，裤腿用黑缎带扎紧，样子很像上海的‘小开’。一进门就高声招呼，十分亲切。他英姿勃发，诙谐善谈。我先已听说他在不久前一次战斗中腿部负伤，问他伤势是否严重？伤口是否复原？他立刻当场表演起来，一会儿纵身跳跃，一会儿又下蹲屈腿，显示他的伤腿已彻底痊愈。”这样的动作，又印证了牛惠霖大夫的高超医术。

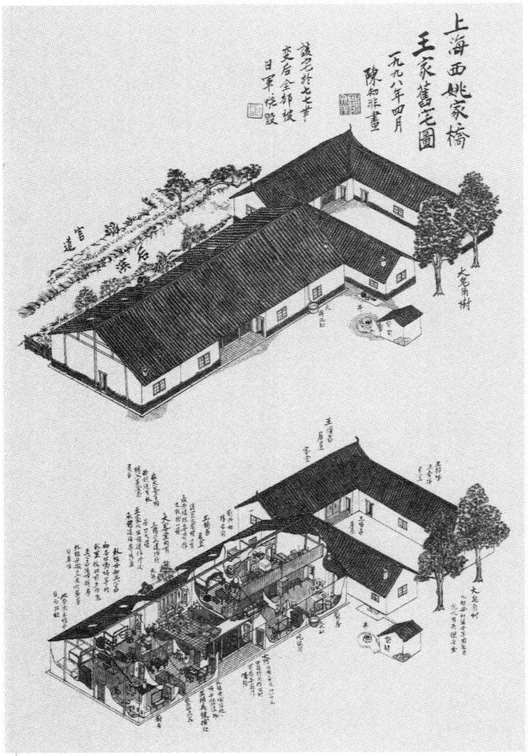

王家旧宅全景。王根英家是地下党活动地点。上海武装起义部分枪支曾藏匿此处。陈赓曾在此处存放地下党文件、聂荣臻的衣物等。王根英在此处被捕。

苏策[①]也见过一张照片，陈赓头上歪戴着便帽，很多头发露在外面，张飞式的络腮胡子从下巴延伸到耳边，和头发连接在一起，很像个旧社会的歹人。那是1950年1月第四兵团司令部驻扎在贵州省安龙县城时，苏策向陈赓司令员汇报工作后，见到这张照片的。陈赓说：“这是我在上海做地下工作时照的。打扮成这种样子住在亭子间里，上下左右的邻居都是一板之隔的妓女和暗娼，夜里吵得不能入睡，但很安全。”可见他那时工作的艰辛。

陈赓时常改变打扮，是为了掩护自己，更重要的是为了工作，便于和敌人周旋。他经常和

① 时任解放军第四兵团政治部宣传科长。

警察、特务、巡捕、包探等交朋友，和上层人物以及三教九流的人拉关系，和他们混得很熟，深得他们的信任，见面都称呼他“王先生”。因此他能出入他们的活动场所和机关，从来没有人怀疑他就是他们日夜想捉拿的陈赓。

有一次中共党的会议在法租界一家戏园里召开，不知怎么走漏了风声，敌人突然包围了剧场，与会人员混在了看戏的观众中出不去，情况异常紧张。陈赓急中生智，立即站出来和围捕的警探合作，独自把守一个出口，将共产党员从他那里放走。

有一次，一个地下工作者外出，身上带的文件在电车上被窃，陈赓就利用三教九流里的关系去找，不出两天就找回来了。

传说有一次陈赓为了掩护中共召开的会议，装成算命先生在门外路边坐镇，下属们则扮成各色各样的人在四处游动，并不时到他的“摊位”来算命，实际是向他报告周围的情况。

陈赓后来发展到与上海国民党特务头子拉上关系，和青帮大头子杜月笙及下面的大小头目交上“朋友”，还和英国、法国租界巡捕房的上层人物打上交道……就使情报工作的面貌改观了。有几次，中共党的机关眼看要被破坏，某个中共党员处境岌岌可危时，因为事先得到了情报，得以及时转移，避免了灾难。甚至有的人被捕了，陈赓还能利用他的错综复杂的关系，通过社会上的各种人士出面，想方设法进行营救。

国民党军统特务头子戴笠发觉了陈赓的活动，就下令通缉陈赓。英国巡捕房接到通缉令后，急忙通知“王先生”，叫他协助抓陈赓，“王先生”满口答应。这就成了陈赓抓陈赓的有名故事。

三、建立反间谍关系

陈赓当然懂得，光是一两个这样的“王先生”是不能更好地完成任务的。不入虎穴，焉得虎子。必须尽可能多地派人深入虎穴，打进敌人心脏，即打入国民党军、警、宪、特机关、党部及帝国主义在租界设立的巡捕房，才能掌握更多更有价值的情报。于是经过长期努力，通过各种关系，抓住各种机会和深入细致地工作，慢慢地在敌人内部安下了钉子，布下了眼线，建立起反间谍关系，使情报工作得到很大发展。

1930 年 4 月，黄埔军校第一期毕业生黄第洪，刚从苏联学习回到上海不久，就秘密写信给蒋介石，说他希望和蒋见面，但千万不要让别人知道。还把周恩来准备同他会面的地点及他的联络地址附在信上。他不了解，此时的蒋介石已经不是黄埔军校那时羽翼未丰的校长了，不可能像过去那样随便见了。蒋介石大笔一挥，批给了陈立夫，陈又批给了其亲信、党务调查科科长徐恩曾办。徐是纨绔子弟，每日花天酒地地鬼混，既没有时间也没有精力去管这事，就交

钱壮飞

给他的机要秘书钱壮飞办，而钱壮飞是中共党员。

钱壮飞是北平医学专科学校的毕业生，1925 年和妻子一起加入中国共产党，曾经利用医生职业作掩护，为中共工作。1927 年“四一二”反革命政变后，北平反动当局也在疯狂捕杀共产党人和革命群众。是年底，他带着全家跑到上海，为生活所迫，考进了上海无线电管理局长徐恩曾主办的无线电训练班。因为忠厚老实又多才多艺，还是徐的浙江省湖州的同乡，所以深得徐的信任，被任命为无线电管理局的秘书，成为徐的亲信。

1928 年 1 月，国民党中央组织部建立了党务调查科，组织部长陈立夫就逐渐把它发展为一个进行秘密侦察、逮捕、审讯的特务机关，任命其表兄弟徐恩曾为主任，徐就把钱壮飞也带到这个机关来当他的秘书……此后钱壮飞的组织关系就转到了陈赓手上，也就成了陈赓建立起来的重要的反间谍关系。

钱壮飞在这个位置上，曾得到过很多重要军事情报，中共中央转发各地红军，对反击国民党军队的“围剿”作战，起过很大作用。这次拿到黄第洪的信，怎敢怠慢，急忙把情况报告组织，陈赓也立即报告周恩来。周恩来指示先将黄第洪隔离开，然后派人去和他周旋、了解情况。经过周密调查，证明黄确已叛变，企图勾结敌人，对党进行大破坏。周恩来就令陈赓指挥红队出动，将黄第洪秘密逮捕镇压，为党除了一个大害。

任弼时当时在中共江苏省委工作。1929 年 9 月的一天，任弼时一早出去开会，离家时告诉妻子 12 点回来吃中饭，但直到天黑也没回来。妻子陈琮英感到可能出事了，急忙将情况报告中共江苏省委书记李维汉——当时中共江苏省委机关也设在上海。

原来，任弼时去开会的地点已被敌人发现，英租界的巡捕房便在院中设下了埋伏。那天下大雨，自己人还没有来得及发出报警信号，任弼时已经疾步走上台阶敲门了，被巡捕抓住。他身上什么也没有带，只有一张乘公共汽车的月票，而月票上的地址也是假的，巷子里根本没有那个门牌号。敌人问他什么他也不说，于是就对他严刑拷打，还使用了电刑。任弼时皮开肉绽，几次昏厥过去……但他毫无惧色，依然不讲真实姓名，不吐露中共的秘密，始终保持着共产党员的高风亮节。

陈赓遵照中共的指示，通过杨登瀛去营救。杨利用自己同英国巡捕房的关系，说任弼时是他手下的人，顺利地保了出来。

杨登瀛是广东省人，原名鲍君甫，曾留学日本，交游甚广。1925 — 1927 年大革命时期是国民党员，“五卅”惨案前后，和几个共产党人交了朋友；此后转向南京方面，成为陈立夫等人的亲信，陈立夫、张道藩等国民党要人到上海，都同他吃喝玩乐。后来，国民党叫他做侦探，他接受了，但又觉得搞反共，若不告诉共产党朋友是对不起人；同时又觉得不取得共产党朋友的帮助，不但事情难办，还可能有性命危险。因此，他表面接受国民党的任务，暗中又与共产党联系。中共中央研究了他的情况，觉得这个人政治上虽然不甚可靠，但在隐蔽战线上还是需要的，就叫陈赓和他联系，并给他资助。于是杨登瀛也成了陈赓的重要的反间谍关系。

1928 年 8 月，杨登瀛奉命把国民党淞沪警备司令部的一件密封公函送往英租界巡捕房，但不知道信的内容，结果造成平凉路中共党的机关 7 人被捕。此后，共产党员戴冰石去找杨登瀛说，这个案子是他到警备司令部告的密。当时有人答应他，把他小姨子一起逮捕，等被捕人员全部引渡到警备司令部时，会把他的小姨子放出来，但直到现在没放。他的老婆终日和他吵闹。希望杨登瀛和警备司令部说说，赶快把他的小姨子放出来。杨登瀛立即把这情况告诉了陈赓，经调查，戴冰石确实是出卖平凉路机关的内奸。陈赓立即通知特科的第三科，派人把这个叛徒处决。

1929 年夏，小瘪三王松生拿了一份共产党的秘密文件给杨登瀛，问他要不要？如果要的话，他可以继续提供。

杨登瀛故意问：“这些文件真是共产党的吗？”

“千真万确。”王松生说，“这是共产党地下党员陈尉年亲手给我的。你要不信，我可以叫他直接来见你。”

杨登瀛立刻把这一情况告诉陈赓，陈赓让杨和陈尉年接头，并收买他的文件。经过一段时间的了解，查明陈尉年不仅是共产党的叛徒，并且已经成了淞沪警备司令部的密探，危害极大，就通知红队把他处决了。

1930 年上半年的一天，陈赓通知杨登瀛，中共有两个机关暴露，巡捕房和国民党警察局准备去查抄，共产党人已经不能去那里了。如果他们动手，中共会遭受重大损失。杨登瀛立即派人去那两个地方，迅速把里面的东西转移走，敌人去时扑了个空。

在上海北火车站有一个共产党的宣传机关被叛徒出卖。陈赓带着人赶去那里，将重要东西拿走，然后通知杨登瀛去向敌方报案，特务们赶去时，在那里只找到了一些共产党的宣传品。

1930年，共产党干部吴节生（又名吴良夫）和他的弟弟一同被捕。巡捕从他身上搜出刘冰山（已被捕）在狱中给他写的一封信，又在他家中搜出一些革命传单，还有《红旗报》的德文译本和马克思、恩格斯、列宁的著作。4月15日，兄弟二人被押解到江苏省高等法院第二分院，审判时杨登瀛争取参加陪审。在他的斡旋下，1931年1月21日法院宣判其弟无罪释放，吴节生被判处两年徒刑，后减刑4个月，于1932年8月6日获释。

1931年4、5月间，中共中央政治局委员关向应在上海被捕，还被巡捕房抄去一箱文件。关向应化名李世珍，受到严刑拷打，没有一点儿口供。英国探长对那箱文件也很发愁，对汉语不熟悉，挑来挑去不知道哪份重要。陈赓便去和这时已经升任"国民党中央党部驻沪特派员"的杨登瀛商量，要杨直接去找英租界巡捕房的兰普逊探长，说愿意帮助他鉴别文件。英国人正求之不得，就答应了。杨登瀛又说自己忙，就介绍陈赓推荐的刘鼎去鉴定，并说刘是专家。刘鼎一个人在屋中，把所有手抄和复写的文件藏在身上，出屋时手上拿着几份油印文件，对巡捕房的人说："我带回去研究。"后来陈赓叫杨登瀛告诉兰普逊，说被捕的是一位学者，文件大都是学术研究资料。从此巡捕房不认为关向应是重要犯人，同年冬天就放了。

陈赓主持的第二科，不仅在国民党特务机关中有重点地建立了反间谍关系，并且在国民党淞沪警备司令部，英、法租界巡捕房中也分别建立了反间谍关系，有的是派人打进去，有的是经过收买等手段"拉出来"。尽管这些关系有的建立时间短，有的因职务低等原因，作用不太大，但是陈赓通过这些关系得到了一些情报，营救了一些革命人士，在保卫中共党组织安全方面，起到了积极作用。

四、为党除奸

曾任中国人民解放军第四兵团副司令员的郭天民上将，在1966年回忆陈赓司令员时说："和他在一起工作的那一段，是我最愉快的时期之一。司令员是大事聪明，小事糊涂。"郭没有进一步解释"糊涂"二字的具体内容，使人不好理解。确实，注意力放在大事上的人，难免对小事顾不上管；但他的部下也知道，陈司令员对有些小事装糊涂，故意不闻不问，以便放手让他们去做……但是在特科做地下工作，则大事要聪明，小事也要聪明，就是既要胆大，又要心细，一丝一毫马虎不得。比如1930年5月，中共中央在上海英租界赫德路召开全国苏维埃代表大会，由于陈赓大事小事都考虑得周到，所以会开得很顺利。

为了办好这样一件大事，特科全体总动员。陈赓和一科的人斟酌又斟酌，选择又选择，在卡尔登影院后面租了一座4层的红楼，临时开设了一座"医院"：一楼是行政工作人员，二、三楼是供代表住的"病房"，四楼是供举行大

陈赓在特科从事隐蔽斗争时经常出没的地点之一——卡尔登影院附近

会用的会议厅。门房由第一科派人把守，负责接待代表及应付临时闯进来求诊的不速之客；并应付查电表、收水费等一类琐事，要防止外人进入正楼。同时陈赓叫人出面在紧靠“医院”的地方另租了一所房子，准备出现意外情况时，代表们有迅速转移的通道——可以从“医院”楼顶转移到这个院子的房顶上去。此前，陈赓还为代表们租下旅馆，各地代表到上海，先在旅馆住下，经审查后，换上预先准备好的适合各种身份的服装，作为“病人”逐个送进“医院”，住入“病房”，与外界隔绝。开会之前，这里完全按照一般医院那样照章办事，到了开会的时候，代表们才能进入会场。会议共开两天。会毕又把代表们一个个送出“医院”，分散到各个旅馆。这时，新开的医院就消失了，人员全部走得无影无踪。

开会期间，特科要全力做好保卫工作，陈赓也要动员他的一切力量做好情报工作。果然，情报来了：国民党特务机关已经掌握了共产党开会的消息。淞沪警备司令熊式辉对他的 4 号政治密查员宋再生说：“共产党要在上海召开大会，此事关系党国安危极大，蒋主席至为关切。如能侦破此案，赏洋 50 万元。”

宋再生，1926 年冬在河南省洛阳市加入中国共产党。后因洛阳地委机关被破坏，两位负责人被捕，他才转到南京市委军委工作，1928 年 5 月调到上海中央特科，在陈赓麾下工作。经过曲折关系，打入国民党组织，被委任为政治密查员，也就又成为了陈赓的反间谍关系。

宋再生听到熊式辉的话后，急忙报告了陈赓。但是会期不能更改了，陈赓让他继续了解情况，随时报告，同时加强了保密工作和会场周围的警戒与巡逻；在老闸探长俱乐部对面的东方旅社开了几个房间，派人在那里就近监视敌人的行动……使会议得以顺利进行，自始至终没有发生意外事故。

中共中央政治局常委、组织局主任罗亦农出巡湖南、湖北两省回到上海，1928 年 4 月 15 日上午，去英租界戈登路何家兴家里与山东省委来人见面。进家不久，巡捕房大批警探赶来把他抓走。报纸登出消息，国民党和帝国主义者无不弹冠相庆，说什么“首要已擒，共祸可灭”等。中共中央得知罗亦农将被从英租界引渡到国民党淞沪警备司令部的消息时，命顾顺章、陈赓调集特科力量，在其押送途中武装解救。但狡猾的国民党提前几天进行了引渡，并未经任何审讯，于 21 日迅速将罗亦农杀害。

经过多方调查，陈赓终于从巡捕房内线关系，了解到罗亦农的被捕是何家兴夫妇的出卖。他二人从苏联东方大学读书回国，都在罗亦农领导下做秘书工作，分配在戈登路看守机关。但他们迷恋上海的资产阶级生活方式，经常出入舞厅、餐馆、夜总会，和一些不三不四的人鬼混，受到罗亦农的严肃批评，心怀不满。当时，中共的工作人员每人每月只有 20 元生活费，自然不能满足二人追求那种生活的需要。因此去找英租界静安寺巡捕房一个帮办，想用一批共产党中央领导人的秘密地址，换取两万美元和出国护照。为了让他们相信，先以交出罗亦农为条件。那天罗一到，何家兴就派娘姨给巡捕送信，英租界巡捕房头子洛克立即带人赶来。何家兴妻子用德语和洛克交谈了一阵，送给洛克一只镶钻石的戒指，洛克就只带走了罗亦农。

在取得确凿证据后，4 月 25 日凌晨，陈赓亲自带领红队的人，走进何家兴夫妇住的旅馆，1 人把守后门，3 人上楼。因为那时手枪没有消声器，因此以办喜事为名，在旅馆门口大放鞭炮作掩护。陈赓带人冲进何家兴夫妇的住房，何家兴从梦中惊醒，被陈赓迎头一枪击毙，何家兴妻子额头挨了一枪，钻到床下。陈赓以为已经将其击毙了，就指挥大家撤走，后来才知道，她只是负了重伤。

这大概不能算是“小事糊涂”吧？因为在完全隐蔽状态下做工作，情况瞬息万变，出现小的纰漏，影响了大行动的事件也发生过。比如 1929 年 8 月 24 日，彭湃等 5 人在沪西区新闸路经远里中共中央军委秘书白鑫家中开军委会议，下午 4 时，突然有几辆红皮装甲车载着巡捕和中国探警赶来，包围了房子，上楼，拿出名单，逐个核对，把参会的 5 人抓走，留下了白鑫夫妇。隔了一会儿，又来了一伙，把这对夫妇也抓走了。那天周恩来本要到会的，幸而因事没有来。

8 月 28 日晨，敌人将彭湃等 5 人从拘留所解往龙华淞沪警备司令部。周恩来下令由陈赓带队，特科全体出动，埋伏在囚车经过的枫林桥附近，劫车营救。那天，有的人装成小商贩、国民党军官和过路人，还有人化装成拍电影的外景摄影队布置在那里；还准备了一辆装大米的卡车，准备届时拦挡囚车。万事俱备，只欠东风，就等武器运来。但在这节骨眼上出了纰漏，首先是武器送来迟了，其次是枪内的润滑油未清除，不能使用，并且已经没有清除的时间了……营救未能实现。彭湃、杨殷、颜昌颐、邢士贞终被敌人杀害。

国民党调查局编印的《共匪的特务工作与保密工作》手册中，讲了一个故事："1931 年，国民党调查科在共特红队队员中布置了一个内线，名黄国华，为匪方发觉，即决定秘密制裁。某日共方约黄到某旅馆接头，刚进门后即出枪将黄国华击倒，凶手仓皇离去。事后查知，中共派来执行暗杀者，为红队实习人员，技术欠熟练，过分紧张，未能将黄击毙。事情发生后，调查科将伤者护送至公务局警察专用的仁济医院急救诊疗，并派捕房包探及印度巡捕看守。这些情况被共特人员侦悉，遂利用星期日病人会见眷属的机会，派遣六个红队队员深入医院二楼，先将印捕及包探击毙，再将黄国华打死，持枪并行出院，在医院门口分手四散逃逸。"

对于黄国华，一次镇压不成，可以第二次补救。对于出卖彭湃等 5 人大案的叛徒，镇压必须一次成功，否则就再也抓不到他了。

案发后，陈赓马上派人四处了解情况。原来白鑫的胞弟在南京国民党政府军政部储备司当司长，白鑫叫妻子王英去南京和他联系，通过其弟，很快就勾搭上国民党上海市党部的头子。白鑫早在一个月前就在敌人那里秘密自首了，为了取得地位及奖金，就出卖了这次军委会议。

此后，国民党反动派为了保护白鑫，施放烟幕。《民国日报》在刊载杀害彭湃等人的新闻后，还发了一条消息，说黄埔军校毕业生白鑫"受人之愚，误入共党，罪状较轻，已由蒋主席（时任国民政府主席）负责保出，业于前日带往南京，命其戴罪立功，以观后效"。实际上，白鑫叛变后，寸步未离上海。陈赓决心惩治叛贼，决不能再出纰漏，让他跑掉。

当时化名柯达文的柯麟，在上海威海卫路开设一所"达生诊所"。后来又在中共的指示下，到北四川路和老靶子路交界处的"五洲药房"挂牌行医，用以掩护中共的活动，并维护中共干部的健康。他曾先后给叶剑英、徐向前、关向应等人治疗过。

白鑫和柯达文是老相识，1927 年在国民革命军第四军第二十四师教导大队一块儿工作过。那时白鑫是党代表，柯麟是军医，白对柯的医术高明早有耳闻，但不晓得他的底细，只认为他是个普通医生，所以常来"五洲药房"找他看病。彭湃等人被捕时，白鑫正患疟疾。陈赓估计白鑫会来看病，于是告诉柯麟，已派人在药房外面设点，有事就去联系。

果然，10 天后，白鑫带着两个保镖来找柯麟看病。柯麟一边给他看病一边考虑如何去通知陈赓的人。于是装作下楼取药，出后门找人，但回来时，白鑫已经走了。

两星期之后，白鑫打来电话，请柯麟去法租界白宫饭店给他看病。看病时在场的有白鑫妻子王英、白的保护人国民党上海市党部委员范争波及几名保镖。看完病，白说要帮助柯麟开个医院，将 300 个银元放在柯麟的药箱里。夜里柯麟找到陈赓，把白鑫给的钱上交组织，两人估计，白鑫还要看病的。

过了两星期，柯麟又接到白鑫电话，让他到法租界霞飞路和合坊第 4 弄第 43 号范争波公馆来看病。这样，就知道了白鑫的住处。于是陈赓紧急行动，在范公馆附近租了所房子住下，安排 5 个人在那里，严密监视白鑫的行动，其中一位女的伪装成女仆，以便于和范家女仆拉关系。同时在弄堂至霞飞路的出口处。设红队 2 人，化装为补鞋匠及水果小贩把守。

白鑫深知处境危险，决定逃往意大利避风，出国时间定在 11 月 11 日。特科决定在他动身那天走出范家大门时处决他。顾顺章和陈赓曾到现场观察，细致研究行动计划。

白鑫动身前，门前加强警卫，戒备森严，弄堂里有巡捕巡逻。范家人出出进进很忙碌，有的提东西出去，有的提水果进来……陈赓怕再出问题，又叫杨登瀛进去看了一下，证实白鑫确实在范家，并且确实当晚走。陈赓才放心了。

这天下午，在陈赓指挥下，红队的 7 个人在弄堂内外埋伏了下来。夜 10 时，范争波的汽车和雇来的一辆汽车同时开进弄堂，停在范家后门口。接着，门开了，佣人们搬行李上车。11 时多，白鑫穿着灰哔叽的衬绒袍子，藏青色的西装裤和锃亮的皮鞋，由范争波兄弟送行，后随保镖。这 7 个人从后门出来，放心地向汽车走去，以为万无一失了。谁知道，这时从黑暗中冲出来几个人，一边喊着“不准动！”一边开枪，白鑫拔腿便跑，还拔出手枪抵抗。因弄堂有红队队员堵口，终被追上，将其击毙在 71 号门前。保镖拔枪还未来得及还击，即被打倒。敌人四散奔逃。在乱枪中，范争波身中 3 枪，其弟中 6 枪，王英也被击毙。等国民党便衣探子和巡捕赶到，特科的人早已无影无踪了。

国民党为此事深感震惊，租界当局又无力破案，报纸上大肆渲染，闹得满城风雨，沸沸扬扬，迫使敌特和叛徒不得不有所收敛。

五、“桃子先从心里烂”

对敌斗争，特别是隐蔽战线上的斗争，是十分艰难的，自然难免有胜有负，或是表现出“大事聪明，小事糊涂”的问题，但都不会招致重大挫折甚至失败。失败常常不是来自敌方，而是出自内部，正如俗话所说：“桃子先从心里烂。”

1930 年，由于“立三路线”的影响，中共中央决定搞武装暴动，夺取上海，命令陈赓放下一切工作，领着人去调查国民党和帝国主义在上海的军事、政治、经济情况。这谈何容易？但陈赓还是遵命照办。

他们很想了解黄浦江上帝国主义国家军舰的情况，可是这些军舰有规定不准外人和船只靠近。后来打听到长途航船可以在军舰附近通行，就雇了只大船伪装成长途船，由自己人驾驶，靠近军舰行驶，终于弄清楚军舰上的情况。为了了解外国兵营里有多少人，他们派人在兵营前摆小摊，对兵营人数、物资及生活用品进出情况进行详细登记。还爬上监狱旁教堂的屋顶，把狱中房屋画出草图，推算监狱牢房面积及犯人数目。还调查了上海的街道和建筑物情况：房屋多高、多大，结构、质量、间距，道路的长短、宽窄及交叉情况，为炮兵射击及巷战提供数据。他们还搞到了一幅珍贵的吴淞炮台的地图。为了暴动胜利后控制经济局势，他们对各大银行、大商号作了详细调查……自然，对国民党驻上海的军、警、宪、特机关、人员、武装等情况调查得更清楚。所有情况汇集成巨册，送到当时中共军委参谋长刘伯承手中。

丢掉一切紧迫的工作，进行这种费时费力徒劳无功的调查，对工作怎能没有损失？

1948 年，人民解放军驻在河南省襄城县，陈赓也谈过这事：“李立三叫到处搞暴动，要我去找那些我们打入敌人军队、政权、警察等机构的联络网点搞暴动，还要当地地下党组织配合。我就消极怠工不执行他那一套，到处转转躲躲，回来就说联络不上。李立三光说大话，不检查，所以暴动时我负责的那部分工作没怎么受损失。要按李立三那一套去搞，我们许多联络网点就暴露完了。”他接着说：“我们做实际工作的人，有实践经验，知道他们那一套行不通，但那些人都会说，讲起来一套一套的，又有权，我们是下级，没理论也驳不倒他们。可吃苦了！当然，为了配合暴动，我们费了很大力气，还是搜集了上海各方面的资料给他。”

陈赓说自己没理论，当然有谦虚的成分，就是真有理论，又怎能去说服当时的那些大人物呢？但说的那“知道”二字是非常宝贵的。陈赓一生最突出的特点之一，就是永远不脱离实际。

1931 年 1 月 18 日，共产党员何孟雄、林育南、李求实等 25 人，在上海东方旅馆集会，反对在共产国际代表米夫的操纵下，打击在白区坚持斗争的领导人瞿秋白等，反对王明上台的中共六届四中全会，准备另立组织。

他们开会地点被国民党当局知道了，特科也很快掌握了这个情报。但王明不主张通知何孟雄他们，想用敌人之手除掉自己的政治对手。虽然从组织上看何孟雄等人的做法不对，但作为特科情报科长的陈赓，从自己共产党员的职责出发，却不能坐视不管。他冒着极大的危险，气喘吁吁地跑到东方旅馆，找到坐在门口守望的李求实说：“请你们赶快转移，这里已被敌人发现。”

李求实指着正在发言的何孟雄说：“等他发完言就走。”

陈赓急了：“哎呀，敌人就要来了。我给你们磕个头，求你们赶快走吧！”

但是他们没有按陈赓的请求马上撤离，敌人包围了他们，很快把他们都处决了。

鲁迅先生听到这沉痛的消息后，为其中就义的柔石等 7 位作家的被害，写了一篇刺向国民党反动派的檄文《为了忘却的纪念》来沉痛悼念他们。

陈赓虽然带领自己的人马把“立三路线”和王明等制造的种种困难闯过去了，但最严重的困难还是降临了，那就是 1931 年 4 月顾顺章的叛变。

顾顺章，江苏省宝山县人。原是上海南洋兄弟烟草公司属下的烟厂的一个小工头，个子不高，身体肥胖；喜欢舞枪弄棒、打架斗殴，能双手打枪；会变魔术，曾以“化广奇”的艺名，在上海“大世界”游艺场公开表演过。还开过一个店，贩卖一些变魔术的小玩意儿。

1925 年“五卅”运动时期，顾顺章参加过烟厂的工会领导，率领工人罢工，表现勇敢，曾组织工人纠察队，积极进行打叛徒、工贼及流氓的活动。后调到上海总工会工作。1926 年，他曾和陈赓一同去苏联学习政治保卫工作。从苏联归来，顾顺章参加了上海工人的武装起义，任工人武装纠察队总队队长。“四一二”反革命政变后，顾顺章在武汉任中共中央军委特科科长。后中央从武汉迁回到上海，成立中央特科，他担任领导工作。

中共的隐蔽战线斗争发展比较顺利时，陈赓对自己的要求更严了。比如，有个姓黄的人，来找国民党淞沪警备司令部的第四号政治密查员宋再生，用浓重的湖南口音说：“我可以帮你们捕到共产党的要人罗迈。你晓得不晓得，5 万元赏金有无折扣？”

宋再生眉毛扬起：“当然十足兑付，不折不扣。不过事要实在才行。”当即和他约定，农历正月初五在长乐茶馆碰头。并应对方要求，先付给他现钞 30 元，供他过年急需。

宋再生马上将此事报告给陈赓，陈赓立即作了安排。那个姓黄的果然按时来到长乐茶馆，宋再生把他领到大东旅社，陈赓穿着黄呢军服，扮成国民党的高级将领，正在一间豪华的房间恭候。宋再生介绍陈赓是警备司令部的王参谋长。“参谋长”对姓黄的慰勉有加，决定带他去见司令官，于是乘汽车来到威海卫路 805 号的一幢库房门前，在那里等候的是顾顺章。顾顺章笑脸相迎说：“司令有事，稍候才见。”用酒菜款待姓黄的和王参谋长，但那人“千里香”好酒一沾唇，就翻身醉倒。原来这和《水浒传》上的孙二娘开的黑店相似，酒里下了蒙汗药。顾顺章会变魔术，这把酒壶就是他变戏法的道具，壶中有两种酒，在他掌握下，倒酒时能分别对待。于是处决了这个姓黄的。过后才查明，此人所告密的罗迈，不是李维汉，是另一个同名的人。

当然此人是罪有应得。但是引起了陈赓的长久思索。因为共产党的斗争，是政治斗争，工作应当越加谨慎细致才对。

随着中共的隐蔽战线斗争的顺利发展，顾顺章却变得有点儿得意忘形，执行任务时，忽视秘密工作的政治方向。比如有个时期，租界的巡捕和国民党的包探经常在“一品香”饭店集中二三十个头目一起寻欢作乐。顾顺章曾准备了几个大皮箱的炸药，打算把这些家伙炸死。如果实现，饭店要变成废墟，附近居民也会受到极大伤害。是陈赓及时报告了周恩来，周出面才制止了。

同时，顾顺章个人品德方面的恶劣倾向也在发展，变得骄傲蛮横，谁的话也听不进，自行其是。家中的陈设也越来越讲究，越来越像公馆了。此外生活腐化，乱搞女人，还吸鸦片烟，不仅爱去看相算命，竟还相信自己是“福相”、有皇帝命等鬼话……陈赓从他家回来，曾叹息地和柯麟说：“我们二人如果不死，准能见到顾顺章叛变。”周恩来曾多次批评顾顺章，他都当了耳旁风。

1931 年，中共派顾顺章送张国焘和陈昌浩去大别山革命根据地工作。张、陈自武汉走后，他就搬到汉口法租界德明饭店去住，用魔术家“化广奇”的艺名大登广告，在新市场的游艺场表演魔术，被叛徒发现，带领特务把他逮捕。

他当天就叛变了。因为他了解中共中央情况很多，要求立即将他解往南京，有特别紧急机密情报要向蒋介石当面讲。并提出在他到南京前，不要把他被捕的事向南京发电报，因为他知道共产党打入敌人内部的情况。但是武汉特务机关和国民党官僚急于抢功，根本不理睬他的话。

电报到达南京的党务调查科是星期六晚上，主任徐恩曾早去跳舞、玩女人度周末去了。只有秘书钱壮飞坐在特务机关大本营里。武汉见到南京没有复电，接连发来了 6 封电报，都写着“特急绝密”“徐恩曾亲译”字样。钱壮飞早已有了徐恩曾密码本的副本，偷偷把电报译了出来，才知道顾顺章叛变的事。

情况来得太紧急，钱壮飞立即派女婿刘杞夫连夜乘特别快车到上海，把情况报告李克农转中共中央。自己就把经手的银钱账目清理好，放在钱柜里。然后赶到“民智通讯社”去通知那里的一位地下工作者，没见到人，就把他桌子上放的地图册，用刀子在中间割了一刀，是切断联系的暗号。第二天清晨，钱壮飞把那 6 封电报放在徐恩曾的办公桌上，并留了一封信说：“你如果胆敢迫害我的家属子女，我将把你个人的秘密公之于世。”接着，他乘火车去上海，为防万一，到真如车站就下了火车。其实，徐恩曾星期天根本没有来上班。

周恩来得到顾顺章叛变的消息后，当机立断，召集陈赓、李强等有关人员紧急行动：销毁机密文件，将中共的主要负责人迅速转移，凡是和顾顺章熟识的人都更换住址或调离上海，废止顾顺章所知道的一切秘密工作方法及联络信号等。当天夜里，中共中央和中共江苏省委及共产国际远东局的机关全部搬了家。同时命令陈赓带领情报科从各方面进行调查，以便及时采取措施，准备反击。

星期一（4 月 27 日），顾顺章才被国民党军舰解到南京，蒋介石立即召见，徐恩曾迅速调集大批人马，连夜赶到上海，会同英租界巡捕依照顾顺章布置的一网打尽中共中央的罪恶计划进行大搜捕，却扑了个空。

只是顾顺章出卖了关押在南京国民党监狱中的共产党优秀领导人恽代英。恽代英在狱中一年多，一直没有被敌人认出来，却被顾顺章出卖了，于 4 月 29

日被杀害。

曾在中统特务机关担任过专门反对中共的第四科科长孟真深感懊丧地说："顾顺章在汉口被捕，事极机密。然而在上海的中共中央，竟比南京的'中统'先得到消息。原因是'中统'负责人徐恩曾的身边，隐伏着中共地下党员钱壮飞。"

由于及时得到顾顺章叛变的情报，中共中央在上海的机关没有受到很大损失，这是一个大胜利。但是，给中共的隐蔽战线上的工作却造成了不可估量的损害。陈赓是很伤心的，3 年多来费尽心机打入敌人内部的线索全部被斩断，在敌人肌体里积蓄的力量也全部撤出，许多顾顺章认识的人也不得不离开上海。陈赓就是其中之一。他在陈养山陪同下，带着王根英和小知非，扮作一家商人，到天津走了一趟：一则是避避风头；二则是为了改变中共顺直省委屡遭破坏的情况，周恩来派他去考察天津能否开展特科工作，以保卫中共党组织。

那时长江上还没有轮渡，乘火车经南京的旅客要自己想办法过江到浦口换乘北去的火车。陈赓到了浦口火车站，就发现列车上挂有专为国民党高级将领乘坐的"花车"。他怕遇见熟人，急忙钻进普通车厢，找了个角落的座位坐下，然后把帽檐拉下来遮住半个脸，靠在椅背上假装睡觉。不久火车开动，在汽笛长啸声中"空空哐哐"地向北方驰去。

突然，他听到有人在他耳边说："报告陈先生，我们钱军长请你到他那里去坐。"陈赓吃了一惊，假装没听见，不作回答，仿佛睡着了。但那人不走，又加大声音重复上面说的话。周围的人都听到了，他不能再装睡了，抬头一看，原来是国民党军官的一个马弁，于是说："你认错人了，我不姓陈，我姓王，是做生意的，从来不认得军队上的人。对不起了。"

当兵的被支走了，陈赓急忙换了个座位，把帽子盖在脸上，再度装作睡着了。

不一会儿，他的帽子被人揭开，并且大声地说："哈，我没看错么！老兄，快起来，到我的车厢去坐。"原来是国民党的钱大钧军长亲自来了，不由分说，挽起陈赓的胳膊就走。到了他们那节漂亮的车厢，钱大钧高兴地和大家说："你们看，我捉来一个活共产党。"

陈赓一看，车上都是穿着金光闪闪将军服的黄埔军校的老同学，大家看着他都笑了。

陈赓也笑了，装作轻松的样子说："我早就不干了，现在在做生意，打算去河南，找胡宗南去想点办法。"

有人问："这么说，你改邪归正了？"

"谈不上改邪归正，共产党嫌我落后，不要我了。"陈赓回答。

接着，大家扯起了黄埔军校的往事。钱大钧说："二次东征时，校长遇险，多亏你搭救。对，你还帮了我一把。"钱大钧当时是第三团团长，担任警卫总指挥部任务，但蒋介石被围，处境十分险恶时，到处找不到钱大钧的团，气得大骂。等陈赓救蒋出险境后，钱大钧才赶到。蒋介石当然火气很大，要对钱大钧发作，多亏陈赓在一旁说好话，讲钱如何艰辛地找校长找了一夜，对校长非常忠诚，才使钱逃脱了惩处。

“区区小事，何足挂齿。”陈赓笑道，“喂，到符离集了，这里的烧鸡可是有名的。”

马弁下车买来烧鸡，陈赓一边吃着，一边想着脱身之计。

火车驰进徐州站，陈赓抱拳说：“我要下车了，从这里转陇海路去河南，谢谢大家，再见了！”

他下了车，在人丛中转了几圈，当火车快开动时，他又钻进一节离钱大钧他们较远的车厢里。但是火车开动了，陈赓耳边又响起那个马弁的声音：“陈长官，我们军长请你过去。”

“你在我面前捣什么鬼？”钱大钧一见他就笑了，“我还不知道你的脾气？你说不干了，真能不干吗？”

陈赓依然轻松地伸着手：“我并没有骗你。我干和不干有什么不一样？像我这样的人，是应该带兵的嘛！可是，现在什么也不叫我干，弄得四处游荡。”陈赓故意做出不得志的样子和他们周旋。

“你安心坐你的车吧！”钱大钧说，“咱们黄埔的旧情很深，我们不会对你怎么样的。不过，我劝你还是收敛些。校长很注意你，被他发现就不好了。”

陈赓微笑：“哈，看你说到哪里去了，我们之间还有什么过不去的？我还能信不过你吗？”

车到天津，陈赓接受了教训，下了车后注意是否有人盯梢，然后就往妓院跑，到了妓院发现确实没人跟踪自己，才离开那里去办自己的事。

陈赓到了天津，和中共地下党组织接上了头，由杨献珍带着他在天津各处看了看，了解了些情况。终因人生地不熟，难以开展工作，陈赓不得不带着全家和陈养山，又转回上海来。中共组织决定派他去大别山红军工作。

第六章　大别山风云

一、第十二师师长

1931年9月底，陈赓离开上海，经河南省南部，进入了大别山，被任命为中国工农红军第四军第十三师第三十八团团长。11月7日，第四方面军成立，第十三师改编为第十二师，陈赓被任命为该师师长。

陈赓已经离开部队4年了，对重返军队工作是很高兴的。他的性格开朗、豪爽，在上海做隐蔽战线工作，虽然成绩辉煌，但性格上不能不受点儿压抑，因此非常愿意到能公开工作、可以大声说笑的地方去。能直接带部队向敌人冲杀，自然是他梦寐以求的事。但是他却不大愿意到大别山来。

陈赓很早就认识张国焘了，特别是南昌起义时，对他的印象深刻。起义的准备工作在7月27日就基本完成，作为"中央代表"的张国焘却打电报来说："暴动宜慎重"，无论如何要待他到南昌再决定。7月30日张国焘到了南昌，在前委召集的紧急会议上叫嚷："起义须得张发奎同意，否则不可动。"其根源就是对军阀张发奎有幻想。这一主张当场受到周恩来、恽代英及大家的反对，遭到否决。正是由于他的这些干扰，起义计划被推迟了好几天，在白色恐怖下的秘密活动几乎被暴露。张国焘的火气无处发泄，就发在了当时在起义军指挥部工作的年轻人头上，忙碌的陈赓就被他无缘无故骂了一顿。长期在周恩来领导下工作的陈赓，从直觉就可以感到张国焘和周恩来之间的明显差异。

张国焘先于陈赓半年到达大别山，任鄂（湖北省）豫（河南省）皖（安徽省）苏区党政军的最高领导。陈赓当然不大情愿到张国焘手下工作，不过组织上坚持说那里急需军事人才，他就不能推辞了。

这一时期发生了"九一八"事变。那一天日本帝国主义驻在中国东北的关东军炸毁南满铁路柳条湖一段路轨，反诬系中国军队所为，突然出兵攻击沈阳市北大营的中国驻军，同时在吉林、黑龙江两省发动进攻……全国人民义愤填膺，掀起要求抗日的怒潮。蒋介石却提出了"攘外必先安内"的反动政策，对日军采取“不抵抗主义”，命令张学良的东北军撤到山海关内，致使东北全境沦陷。另外，蒋介石调集大军全力“围剿”主张抗日的红军。

为了粉碎蒋介石的第三次“围剿”，红四方面军总指挥部决定夺取南线敌人伸入根据地的突出据点——黄安（现改为红安）县城，并决定陈赓所率的第十二师参加战斗。

打仗当然是陈赓求之不得的事，但这是自己指挥的初战，应当怎样才能打好呢？

谁都知道陈赓是一员战将、猛将，却很少有人知道，他参加了几年特科工作后，变得更加谨慎了。

黄安城的守军是国民党赵冠英的第六十九师，经过红军长时间的围困袭扰，士气相当低落。但陈赓对之也决不大意。

1931 年 11 月 10 日夜，战斗发起，陈赓指挥他的第十二师击退国民党军增援部队后，进攻黄安城外的东王家据点。赵冠英于 11 日派两个团出城增援，被陈赓早已安排好了的高绍先的第三十五团和徐海东的第三十六团将其击溃，退回城内。14 日晨，陈赓命令第三十五团攻击城外另一据点下徐家，而把许世友的第三十四团摆在黄安城南三里店一带，占领大路两侧有利地形修筑工事，防备城内敌人南逃。14 日上午，城内敌人果然出城南下，第三十四团即予阻击，于是双方展开恶战。团长许世友自幼在少林寺学习武术，武艺出众，勇猛过人。他亲自率领部队冲入敌阵，杀得敌人尸横遍野，退回城去。

这时天降大雪，黄安守军还穿着夏衣，几次败仗，加上粮弹俱缺，可以说是一片啼饥号寒之声。陈赓则指挥部队一面遏制敌人飞机空运，一面发动大家出主意想办法，开展宣传攻势：把醒目的标语漫画插在阵地前给守军看，用自制弓箭把传单射向城内，还用俘虏喊话、唱歌，揭露国民党军队罪行，宣传中共和红军政策，瓦解敌人士兵的斗志，颇见成效，夜晚不断有饥饿的敌军人员翻越高墙深壑前来投诚。

17 日，国民党驻黄陂县的第三十三师派兵支援黄安，进攻红军放牛山阵地。黄安城内守敌趁机以两个团的兵力出南门，向嶂山进击，被陈赓率领第三十四团阻截，被迫于当夜又退回城内。经过 10 天战斗，红军攻克了黄安城外的大部分据点。

国民党军队感到紧张了，为改变处境，又派 1 个旅（辖两个团）出城企图恢复过去的据点，以便和驻宋埠和麻城县、黄陂县的部队能呼应上，拉上手。

陈赓当然不能让他们达到目的，于是指挥第三十五团和黄安独立团正面御敌，亲自率领第三十四团和第三十六团，绕到敌军侧后猛攻，敌人的出击很快就被瓦解了，败回城内。23 日，国民党两个团再次出击，陈赓又将其击退。这几次战斗，红十二师俘敌千余，缴枪 700 余枝。

陈赓到第十二师当师长，对部队的战斗作风只是一般地了解，心中并不是很踏实。经过黄安外围的这几次战斗，增加了陈赓的信心：这个师战斗力是可以的，能使自己的指挥得心应手。陈赓随即指挥部队乘胜前进，于27日攻占了黄安县城的东、西两关。

驻守在宋埠和黄陂县的国民党军队曾多次派出大量部队增援黄安，给黄安守军解围，都被徐向前指挥的红四方面军的其他部队击退。于是陈赓决定发起对黄安县城的总攻。

总攻前夕，第十二师在陈赓领导下，积极做登城准备工作。为了争取胜利，陈赓日日夜夜在部队中进行宣传鼓动，开展军事民主，动员干部战士出主意想办法，检查对敌进行的政治瓦解工作等。他亲自到第一线看地形，侦察敌情。经过仔细斟酌，他决定第三十五团担任主攻，先以偷袭手段由城西北角突破，偷袭不成即改为强攻，登城后向西发展；第三十六团以1个营在东门佯攻，其他部队夺取城外西南角的溜坡山敌阵地；归陈赓统一指挥的黄安独立团，攻打敌课子山据点。

红四方面军将第十师的1个团和第十一师摆在城外，作总预备队，待机而动。这在陈赓眼中，他们是来看他表演的：看看你这才上任的小师长，有把什么样的“刷子”？所以陈赓很紧张，但他经过多年特科工作的锻炼，头脑清醒，并不慌乱，知道不能出大问题，也不能出小纰漏。切实掌握敌情，认真地思索，细致地准备，做出了各种不同情况下的多个作战方案。

这时，陈赓得到了一个意想不到的力量，就是红军第一架飞机“列宁”号，带着迫击炮弹和宣传品飞临黄安城上空助阵，炸弹掷下，城内浓烈的烟尘四起；

“列宁”号飞机

抛撒的传单，像天女散花似的漫天飞舞，使已被围几十天的守城敌人异常恐慌。

红军怎么会有飞机呢？原来国民党这架德国容克式的飞机执行通信任务，因大雾迷失方向，油料耗尽，被迫降落在大别山，被红军缴获。后来通过各种渠道弄到汽油，重新给飞机涂了油漆，在机身上写了“列宁”两个大字，机翼上画了两个红星，被俘的驾驶员经过耐心的教育工作，表示愿意为红军服务，就在这场战役中派上了用场。

赵冠英的部队在黄安城里被围多日，没有粮食吃，士兵们饿成皮包骨，大雪纷飞，一片哭叫声。加上突围出不去，援兵进不来，士兵们希望落空，军心动摇。飞机马达声使他们兴高采烈，以为国民党给他们送粮食来了，没有想到是红军的飞机来投迫击炮弹！在红军阵地，指战员们挥舞红旗向飞机致敬，祝贺它轰炸敌人阵地成功；而弹尽粮绝的黄安守军则惊恐万状。就在这天夜里，总攻开始，陈赓指挥第三十五团迅速攻上城头，第三十六团跟进……一切顺利。敌第六十九师师长赵冠英见城已破，急令部队从南门突围，自己则换了便衣从西门潜逃，还叫他的秘书扮成他的模样，骑上他的白马另走一方，以转移红军注意力。但他自己一出城就负了伤，一瘸一拐地没走多远，就被赤卫队生擒，被送到红军总指挥部。他一走进门就点头哈腰地承认：是，是，我就是赵瞎子，赵冠英。请红军先生和父老们开恩饶命。他的突围部队 5000 人，也在郊外被全歼。

这是陈赓 4 年后第一次在军事上显露身手，使他高兴，也使他放心，自己虽然 4 年没打仗，但并不生疏，特科工作锻炼给他带来的好处也是明显的。

黄安大捷之后，红军挥师北上，迅速控制了河南省潢川县和商城县之间的公路，使国民党军队伸入苏区长蛇阵的蛇头——商城孤立起来。红四方面军总指挥部鉴于国民党军队主力尚未受到重创，强攻商城很难取胜，决定实施围城打援。

红军一部兵力做了个进攻商城的样子，吓得守军紧急呼救，就把北面的援军呼来了。援军共有 19 个团，其数量及装备均占优势。对于来势汹汹的敌人，没有别的办法，只有奋力迎击。

适逢天下大雪，道路泥泞，部队冒雪行军，到达豆腐店地区，已是黄昏时分。陈赓立即率领各团干部察看地形。山路崎岖，他强忍着伤腿的疼痛跑上跑下，和大家研究作战部署，任务分配后又督促大家争分夺秒地构筑工事。有人习惯打游击，又因天寒地冻，不愿意费气力干这样的苦活累活。陈赓就不厌其烦地加以说服，并且进行督促检查，修得不坚固的，一定要重新修好或加固。因为他知道，在这里要打的可不是一般的战斗。他率领大家苦苦干了一整夜。

1932 年 2 月 7 日上午 9 时，国民党军来了，先是激烈的枪战，然后是白刃格斗……敌人是蒋介石嫡系部队，兵多武器好，经过正规训练，但想通过兵少武器差而未经正规训练的陈赓部队的防线则不可能。敌人多次冲锋，多次被打退。中午时分，敌军不得不停下来喘息一下，做些调整。下午 1 时，在猛烈炮火掩护下，敌倾其全力再次发动进攻，军号声、喊杀声、枪炮声、风雪呼啸声震撼着整个战场，敌人尸横遍野，陈赓部队也伤亡惨重，但他的 3 个团终于顶住了敌人的十几个团的轮番进攻。后来许世友回忆说，当时大家横下一条心："人在阵地在，决不让敌人突破防线！"

认真地讲，陈赓从来指挥作战是不愿意这样硬拼的。他主张大踏步前进，大踏步后退，就是说，不打阵地战，打运动战，打得赢就打，打不赢就走，吃亏的事绝对不干。但在这次战役中，他不能那样做，因为他的师只是一个筹码，筹码的位置是在全局中定好了的。

坚持就是胜利！陈赓部队不仅打击了敌人，消耗了敌人，还给红四方面军争取了时间。下午 5 时，红十师的第三十团直插刘寨，包围了国民党军队的指挥所；第三十二团抢占了白露河上的傅流店渡口，切断了敌人的退路，使国民党高级将领汤恩伯、曾万钟等人成了瓮中之鳖，迫使进攻陈赓的部队纷纷后撤逃命。多路红军以锐不可当之势围歼逃敌，当即有 4000 余人被歼，余敌趁夜色逃往潢川。红军踏雪紧追，直抵潢川县近郊，迫敌龟缩城内，再无力出援了。驻守商城的国民党第五十八师见援兵无望，不敢等红军回来打它，弃城南逃，商城及商潢公路全获解放。

当年参战的红四方面军将领在谈及商潢战役时，都盛赞陈赓指挥的豆腐店之战是整个战役中最困难也是最精彩的一幕，给国民党嫡系部队碰了个硬钉子。蒋介石盛怒之下，把汤恩伯撤了职。

红十二师虽然损失不小，陈赓感到痛心，但另一方面，部队在严峻的考验下完成了上级交付的任务，使他知道这个部队不仅能攻，而且能守，是信得过的。

此后红军大部队东进，留陈赓的红十二师在潢川一带坚持斗争。据当时的第三十四团团长许世友后来回忆说："那时我们想跟着大部队去东边打仗，陈赓就把三个团的领导干部召集在一起讲：'听说部队想到前方去打大仗，恐怕跟你们这些团长、政委有点关系吧？同志哥哎，这可不行噢！我们保卫和巩固了根据地，拖住潢川这一带的敌人，就是对苏家埠战役的有力支援嘛！你们要把这个道理向大家讲清楚，做好部队的思想工作。'"①

东进部队在安徽省西部苏家埠地区大捷之后，又回师商城地区与陈赓部队会合。国民党第二十路军又沿潢商公路进犯，红四方面军决定给以严惩。6 月 12 日，红七十三师包围了潢川至商城公路上的仁和集，陈赓率红十二师包围了双柳树之敌。

国民党军是 2 个团，陈赓是 3 个团，兵力并不占绝对优势，何况敌人是防

① 许世友：《我在红军十年》，战士出版社 1983 年版，第 156 页。

守，修好工事以逸待劳。陈赓当然很想把这两个团吃掉，可是怎么打才能达到目的呢？有人说："黄安那么坚固的县城，我们都攻进去了，这个小寨子算什么？"还有人说："兵力差不多，但我们是红军，以一当十，吃这点白军毫无问题。"这些话当然都有一定的道理，只是陈赓了解了敌情，又仔细观察了地形后认为：打黄安县城，那是整个方面军在行动，准备又充分，还有飞机助战，现在没有那个条件了，如果包围起来硬攻，不仅不易奏效，而且必定耗时费力伤亡大。他考虑再三，想起了 1925 年在广东省第二次东征时，攻打惠州城久攻不下，后来采取了周恩来的"三面攻击，网开一面"的战术，诱敌出逃，聚而歼之。那一仗给他印象很深，现在攻打双柳树之敌，可不可以采取打惠州的办法呢？

于是他决定从东、南、西三个方面发起攻击，把一个多团的兵力隐蔽集结在双柳树以东、环山以北地区埋伏。战斗开始，国民党军队果然上当，向北突围。陈赓一面指挥部队迅速攻入寨内，歼敌两个营；另一面又指挥埋伏的部队及时出击拦住逃敌，与红军追击部队，两面夹攻，终将敌全歼，敌旅长被击毙。加上红军其他部队的胜利，此役共歼敌 8 个正规团。红军的损失却是很小的。几十年后，许世友上将回忆双柳树之战时赞扬道："这充分表现了陈赓同志机智灵活的指挥艺术。"

红四方面军经过这 8 个月的南征北战东进西杀，共歼敌 6 万。在这辉煌的战绩中，有着陈赓及其所部的突出贡献。

二、第四次反"围剿"

红四方面军的空前胜利，极大地震撼了国民党军队。蒋介石不甘心失败，1932 年 6 月 12 日，蒋介石在庐山召开了"剿共"会议后，亲临武汉坐镇，调集 26 个师另 5 个旅，附 4 个航空队，30 余万人的庞大队伍"围剿"鄂豫皖苏区，采取稳扎稳打，齐头并进，逐步压缩的战术，对红军进行第四次"围剿"。形势尽管十分严重，粉碎围攻的条件还是存在的。只要指挥得当，胜利还是可以期待。但是一切失败的主因都是来自内部，来自"后院起火"，自己整垮自己。

当时担任中共鄂豫皖分局书记兼军委主席的张国焘，对形势作了完全错误的估计。1932 年 1 月，红军刚取得黄安作战的胜利，他就在鄂豫皖中共第一次党员代表大会上宣称："国民党主力只剩下了 7 个师，其余都是杂牌部队，红军现有这样的力量，已经无论多少敌人都不怕了。"2 月 12 日，他在《关于目前形势和党的任务》的报告中提出："主要火线将由帝国主义者所直接担任，而国民党政府和其他军阀政府只担任偏师的任务"，所以，鄂豫皖党组织的当务之急是"坚决采取进攻战略"，"准备夺取武汉，完成一省与数省的首先胜利"。6 月 19 日，他又报告说：蒋介石的第四次"围剿"是"集中所有残余力量"的挣扎，是"敌人大崩溃"的表现。因而目前不是冲破敌人围攻，而是根本消灭围攻。

根据他的错误估计，对6倍于红四方面军兵力的围攻，没有进行任何准备，把反“围剿”胜利的可能性丧失殆尽。

在张国焘“进攻战略”的指导下，潢（川）光（山）战役后，陈赓奉命率部队再出（北）平汉（口）铁路线。这支历尽艰辛、十分疲劳的部队，仍然鼓起勇猛顽强的精神，夺取了铁路线上的鸡公山等地，然后又被命令西下围攻麻城。

1932年8月7日，国民党北线陈继承部队进占七里坪，西线卫立煌部队扑向黄安，逼近麻城，张国焘才如梦初醒，不得不下命令撤除对麻城的包围，调主力部队昼夜赶赴黄安，迎战国民党部队。

陈赓率第三十四和第三十六两个团作为全军的先行，赶了百余里路程，在黄安城西的冯二寿地区，即与李默庵的第十师遭遇。虽兵力众寡悬殊，仓促应战，在陈赓指挥下，部队仍顽强地抵御了国民党军队的疯狂进攻，使相持局面维持到下午后续部队赶到。

红四方面军鉴于在黄安再战不利，命令部队撤出战斗，转向七里坪，打击陈继承部队。

8月15日拂晓，陈继承部队分几路向红军阵地进攻。他们的炮火猛烈，打在山上火星四射，碎石飞扬；敌人还有飞机助阵，轰炸扫射，树倒枝断。敌人进攻一上午，死伤惨重。下午1时，红军第十、第十一、第十二和第七十三师主力，多路向国民党第二师反击。红军英勇冲杀，冒着激烈的炮火和飞机的轰

七里坪全景

炸扫射，冲过一里宽的白沙滩，徒涉齐腰深的倒水河，一举突破敌前沿阵地，向纵深突进，与敌人反复肉搏，手刃敌军，血染战袍，刺刀弯了用枪托打，枪打坏了拳打脚踢，前仆后继，勇猛突击……其战斗之激烈为前所未有。敌第二师全线溃退，其两个团大部被歼，红军前进八九里。该师一军官给友人写信谈到七里坪战斗时哀叹：“本师潢川惨败后……经委座（蒋介石）大力整顿，军容复振……不料此次又遭惨败，6 名团长悉数伤亡……重演潢川惨剧，曷胜浩叹！”

但是几次大战，并未能击破敌人一路，因而未能使战局发生有利于红军的重大变化，反而遭到重大伤亡和消耗。

陈赓曾说：“七里坪之战，比任何一次内战更为猛烈。”[①]“战斗的激烈程度，为鄂豫皖苏区前所未有。”[②]

七里坪之战，给国民党军队以沉重打击，迫使蒋介石不得不把围攻暂时停下来，调整部队，补充兵力，重新部署。张国焘却误以为敌人的这一举动是“全面崩溃”了，“全国红军应趁此时机起来消灭‘围剿’，迅速完成一省或数省的首先胜利”。但是事情并没有像张国焘想象的那样发展，很快，敌人再度围攻开始，红军被动作战，多处均未能得手。苦战中，红二十五军军长蔡申熙、红十一师政委甘济时先后牺牲。盲目轻敌、狂妄自大的张国焘此时来了个一百八十度的大转弯，变成惊慌失措，右倾逃跑，决定放弃根据地，越过平汉铁路向西转移。

陈赓认为，鄂豫皖红色区域第四次反“围剿”斗争的失败，只不过是张国焘机会主义形成以来各项错误的总暴露。

陈赓一到大别山，就被任命为第三十八团团长，是因为原来的团长被作为“反革命”被张国焘抓走了。过了几天，这个部队的师长也遭逮捕。他当团长后，就发现他的特务连里，有很多年轻战士都在被逼着“自首”，被迫承认自己是“反革命”。在上海特科工作多年的陈赓，非常清楚什么是“反革命”。他见到这种情况惊异不已，就直接找张国焘提意见，对其“肃反”政策表示怀疑，认为不应在干部、战士中搞逼供。张国焘怎能听进他的意见呢？反而给他扣了一顶“动摇”的帽子。此外，陈赓还发现张国焘滥用职权，排斥和打击红军和大别山原来的领导干部，加上种种罪名，给予斗争、撤职，甚至杀害。陈赓联络一些人抵制张国焘的错误路线，收效甚微。

陈赓在 1932 年秋扶山寨阻击战中负伤，这次不是左腿，是右腿小腿骨中弹。当时医疗条件差，碎骨未处理，即将伤口包扎起来，伤口愈合后，勉强能走路，但在这次反“围剿”中，疲于奔命，多次长距离急行军，伤腿的隐患就

① 李樵：《徐以新传》，世界知识出版社 1996 年版，第 131 页。

②《徐向前传》，当代中国出版社 1991 年版，第 139 页。

暴露出来，发炎红肿，疼痛难忍，最后弄得连马都不能骑了。10月8日，他躺在担架上指挥第十二师和第十师，在河口以东击溃国民党堵截部队第八十八师的1个旅和胡宗南的1个团。第二天，敌军第二师又向河口东北地区进犯，陈赓又在担架上指挥部队以刺刀、手榴弹打退敌人七八次冲击。黄昏时分，他还组织指战员进行反突击，再给敌人以重大杀伤。

三、负伤离队

1932年10月12日，红四方面军主力越过平汉铁路线西进。陈赓坐在担架上，日夜颠簸，伤势更加严重，他不愿再拖累部队，加之对张国焘路线不满，拒绝了张国焘让他当红四方面军参谋长的意见，要求离开部队去上海治疗伤腿，得到了组织批准。

10月下旬，部队行军到了河南省南阳与新野县之间，陈赓化装成商人模样，徐以新看着他右腿一瘸一拐地离开了部队。这时身边再没有小牧童出身的卢冬生那样的人陪伴他了，陈赓独自一人，肩上扛着个褡裢，拄着根棍子，向着北方蹒跚走去。

本来，去上海走武汉最近，坐上船沿着长江一路下水就到了。由于红四方面军越过平汉铁路时，派一支部队佯攻武汉，蒋介石非常惊慌，急忙调集重兵防守武汉。这样，陈赓就很难进入武汉了，只得绕远路走。

红军刚刚过境，国民党军队防范很严，陈赓没走多远，就被民团的几个团丁拦住，陈赓给了他们一点儿钱，就过了这一关。

他雇了一辆小推车坐上继续往前走。夜晚住在一家客店里，民团的人来查店，盘问陈赓："从哪里来？"

有丰富地下工作经验的陈赓从容地回答："我是从湖北省樊城来买桐油的。"

"你怎么是湖南口音？"

"湖南湖北是邻省嘛！"陈赓回答，"我在樊城亲戚家当学徒。"

团丁突然问："住在樊城哪条街？"

这可把陈赓问住了。他没有去过樊城，不知道那里的街道名称，但灵机一动，想到樊城濒临汉水，就回答说："住在河街上。"恰好樊城正有一条沿河的街，并且确是桐油商贩的聚集地。团丁们没有问出破绽，但还怀疑他，打算第二天把他带到南阳城里去。当晚，4个团丁在店铺住下，并且指定陈赓睡在他们中间。

陈赓见势不妙，拿出20元钱，交给店铺老板说："8块钱存在柜上，将来我回来再取。"老板明白这实际是送给他的。剩下的12元让老板买酒菜和鸦片烟，供这4个团丁吃和吸。在陈赓殷勤劝诱下，4个人被灌得酩酊大醉。当天深夜，在店老板的帮助下，陈赓骑着毛驴逃走了。次日，中共鄂豫边临时省委交通员老李，带领一名化了装的红军伤员，来到新野城北15公里的樊集第二高等小学校，找到以教导主任职务为掩护的中共新野县委宣传部长王慈如。老李交代说，这是一位红军干部，尽早护送到南阳去。当时白色恐怖异常严重，王慈如急忙把一瘸一拐的伤员隐蔽起来，并安排人照料他的生活。王慈如在交谈中得知，这个伤员就是红军的师长陈赓。陈赓还讲了国内外形势，以社会发展史的观点，分别对接触到的同志讲述共产主义社会必然会实现等革命道理，对大家进行了很好的教育。同时他还不顾伤口疼痛，勤奋好学，叫王慈如找来很多书报阅读，并通过接触到的同志对当地情况进行调查研究。

后来找了一位熟悉情况的人护送陈赓去南阳，陈赓化装成商人，那人化装成他的伙计，雇一辆小推车推着陈赓。当走到离南阳城还有16公里的关帝庙时，他们遇见了设卡盘查行人的民团。民团在盘查他们时，一方面感到这客商有派头，不敢进行细查，另一方面对这位客商的外地口音和不下小推车的行为等产生怀疑。两个团丁咕哝了几句，命他们3人暂时在路边休息片刻，留下的团丁继续盘查行人，另一个团丁往北走了。有丰富斗争经验的陈赓，判断北去的那个团丁是去报告上级，上级一来就危险了。于是示意那位护送的干部，让他大声说："咱们到南边那个饭铺吃饭去吧！"3人迅速离开哨卡，绕路返回樊集第二高等小学校。

王慈如又把陈赓安顿在另一个中共党员家住，然后和南阳中心县委联系，按照约定的暗号、时间和地点，派人于黎明前，护送陈赓经新集乘船渡过白河，在河东岸与南阳地下交通员接上头，然后领着陈赓顺利地到达了南阳。

陈赓生前没有提到过离开红四方面军时有中共地下党护送他的事，可能事隔几十年，他已记不住那时的很多细节了。当时红四方面军大军过境，敌人十分紧张，处处设卡盘查行人，严防红军零散人员漏网。中共地下党自然也是十分紧张，肯定会做积极掩护红军伤员的事。

陈赓到了郑州，住进一家旅馆，又遇到一次危险。他自己对此有叙述：那是1948年10月，人民解放军解放郑州后，陈赓和陈锡联、杨勇等几位中原军区的纵队司令员进城观赏市容。当走到大金台旅馆前，陈赓指着说："我在这里住过。那是1932年红四方面军越过平汉铁路西进，我因腿伤不能随队行动，党决定我去上海治疗。从南阳辗转几日到了郑州，准备转乘陇海路火车经徐州去上海。因怕暴露身份，就换了件像样的衣服，住进这家在当时算是阔气的旅馆，但还是被胡宗南部队一个军官认出来了。他是黄埔军校的，向我打招呼：'喂，你不是陈赓吗？几年不见了。'我吃了一惊，但面不改色地用上海话说：'阿拉是上海人，做生意的。'他说：'我认错人了。我的朋友是湖南人，和你生得一个样子。'被我给骗走了。但我也不敢在这里多停，就急赶着去上海了。"说得大家都哈哈大笑起来。

第七章　严峻的考验

一、会见鲁迅

历史好像是在重复着。自从陈赓去了大别山，王根英一直在等着他，虽然能从国民党报纸的新闻中，从反面猜到一些那里的战况。但是陈赓在哪里呢？他生活得怎么样？却无从知晓。万万没有想到，1932 年 11 月，陈赓又像是从天上掉下来似的突然回来了，并且又带着一条伤腿。王根英急忙帮他和组织接上关系，然后将他再次送进牛惠霖骨科医院诊治。

陈赓向中共临时中央报告了鄂豫皖苏区第四次反“围剿”中的经过和张国焘的错误，以及红四方面军撤离大别山的情况。对于他谈的张国焘错误部分，中共中央不大相信。不久，中共鄂豫皖红军总医院院长邵达夫来到上海，代表鄂豫皖省委向中央反映张国焘的错误时，中央才相信了陈赓原先说的话。因此，中共中央于 1933 年 3 月 15 日在给鄂豫皖省委的指示中，严厉批评了张国焘的错误及其在第四次反“围剿”中的表现。

当时中共在上海做地下工作的人都很关心苏区的情况，陈赓向他们谈到红四方面军在反“围剿”中的一些可歌可泣的战斗故事，战斗的激烈和艰苦，以及指战员的英勇顽强等情况超出了人们的想象，他那充满激情、有声有色的精彩叙述使大家深受感动，认为超过苏联作家绥拉菲摩维支的《铁流》中所写的情节。陈赓说：“那些战斗的艰苦和激烈，以及红军所表现出的忠诚和勇敢，比起现在那些描写战争的作品中所表现的，不知要超过多少倍。我很希望人民能知道红军和革命群众所经受过的这一切，即使将来革命成功了，也永远不要忘记。”

当时在场的中共中央宣传部的朱镜我作了详细记录，整理后油印出来。他同意陈赓的意见，认为如果有个作家能把陈赓谈的写成作品，一定能成为不朽之作，会在中国共产党的政治宣传工作上发挥很大作用。

大家很自然地想到了鲁迅先生。他那深厚的文学修养，他犀利的笔锋，他的小说与杂文，在当时是无人能比拟的。如果他能对陈赓所讲的感兴趣的话，那该多好。

朱镜我将油印材料交给了中共江苏省委宣传部的冯雪峰，请他去和鲁迅先生联系。冯雪峰为这个材料上写的情节激动，也认为应当请鲁迅先生去写，才会产生更为广泛的影响，于是很快将材料送给了鲁迅先生，并提出了大家对他的期望。

当时处于国民党白色恐怖环境中的鲁迅先生，见到这个材料，仿佛见到了那黑暗天空的一束亮丽的曙光，也非常激动。只是油印的材料过于简单，很希望能见到这位提供材料的红军将领，再听他详细介绍一下革命根据地的情况。

鲁迅的邀请使陈赓十分高兴。因为他读过鲁迅先生的很多作品，对他作品中所表现出来的革命性、战斗性深表敬佩，认为鲁迅是一位真正的革命作家。即使在大别山枪林弹雨的战场上，他的挎包里也保有鲁迅先生的书。如今不仅能见到这位景仰已久的作家，还听说他的讲话打动了这位老先生，准备写一部反映红军斗争的小说，他怎能不兴奋呢？

冯雪峰、朱镜我陪同陈赓来到北四川路鲁迅先生的家里，夫人许广平还特地准备了酒菜。鲁迅听陈赓谈的兴致很高，但不多讲话，怕打断陈赓的叙述，只是有时提个问题。陈赓详细谈了反击蒋介石“围剿”的战斗及苏区人民生活等情况。鲁迅先生非常了解旧社会农民的悲惨生活，所以最关心苏区农民生活和土地革命，听说农民挺起腰杆起来战斗了，非常高兴，他于是问地主怎么进行反抗和人民支援红军的情况。听到人民送子送夫参军和召开欢送大会的情况时，鲁迅感到很新鲜。陈赓讲到农民修新房四面开窗户的事，引起鲁迅很大兴趣，说：“这是因为生活好了，开始注意居住的卫生条件了。四面开窗，空气流通，这是一个进步。”这次交谈，给陈赓留下深刻的印象。

到了秋天，陈赓又接到通知，说鲁迅先生有意写红军战争题材的小说，希望“先前来上海养病的那位同志再去谈谈”，于是由朱镜我把“来上海养病的那位同志”交给楼适夷带到鲁迅先生家里。按照中共地下党的纪律，上级既不需要把这个人的名字告诉楼适夷，楼适夷也不能询问，所以当时楼适夷不知道这人是谁，只记得这个人面色红润，略有风霜之色，身材较高，穿一件线呢单袍，像是一位从农村来的知识分子。只是到了鲁迅先生的家，发现鲁迅先生对这位同志确实是曾经见过面的样子，并没有叫楼适夷作介绍。

走进鲁迅先生书房、卧室、会客室一室三用的大屋子里，鲁迅先生坐在书桌横头的藤躺椅上，陈赓坐在书桌边的环臂椅上，就谈起了红军的作战情况，苏区人民生活和军民关系等，有许多生动的叙述，鲁迅先生静静地听着，不时插进一两句问话。谈到红军以劣势装备战胜强大敌人，陈赓形容了红军战士的大声呐喊，勇敢投入白刃格斗的情景时，鲁迅先生高兴地笑了，问道：“是这样

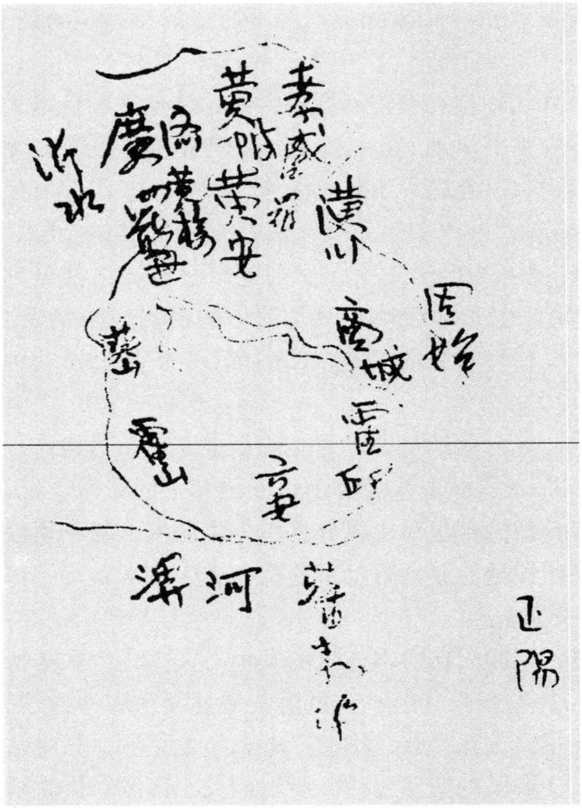

陈赓给鲁迅的手绘地图

吗？”然后点了点头说：“先声夺人嘛！”陈赓还谈了一个老大娘掩护伤员的故事，谈到红军司令员坐在田头和农民一起抽着黄烟谈家常的情况……这些都引起鲁迅先生的很大兴趣。在陈赓谈到鄂豫皖革命根据地的军事形势时，鲁迅先生拿出张纸请他画一个草图。谈了整整一个下午，鲁迅先生很有兴趣地听着，甚至身子都没有躺下过一次。傍晚，夫人许广平回来，邀陈赓和楼适夷到厨房边一间小屋里去吃饭。鲁迅先生亲自打开一瓶保藏很久的三斧头牌白兰地，请大家喝酒。

楼适夷一直不知道他领到鲁迅先生家的来上海养病的那个人是谁。直到全国解放后，他在鲁迅博物馆中见到了被鲁迅先生在严酷的白色恐怖下勇敢地保存下来的那张鄂豫皖根据地军事形势草图，才知道他那次陪同去见鲁迅先生的人就是陈赓将军。

陈赓的谈话给鲁迅先生的印象很深，一直想把它写成小说，曾多次和冯雪峰说：“写是可以写的。”“写一个中篇可以。”“要写，只能像《铁流》似的写，有战争气氛，人物的面貌只好模糊一些了。”但是他始终没有写出来。冯雪峰说：“他那时并不是没有创作欲望。”“终于没有写，显然由于他不熟悉红军及其战斗的实际情况，这很难使他造成创作所需要的真实感。”“也说明了他的创作态度是严肃的。”同时，写长篇或中篇作品，要有充裕的时间。当时蒋介石除用军队“围剿”红军外，在上海各地对革命文化界也在组织“围剿”，作为革命文化界的主帅鲁迅，不得不以笔为枪，和反动当局进行短兵相接的战斗，就很难有时间顾及其他了。

两次会见文学大师鲁迅，给陈赓富有传奇性的生涯增添了色彩斑斓的篇章。

由于牛惠霖大夫的热情接待，安置在最好的房间，还请几位专家来会诊，因而陈赓的腿伤痊愈得很快。虽然因为两次疗伤，陈赓和牛大夫熟悉了，但地下工作的纪律，在任何情况下也不能暴露自己的身份，所以牛大夫只知道他的名字，对于其他情况只是猜测而已。关于这个情况，陈赓曾在 1949 年说过：

我从大别山回来，又到牛惠霖大夫的医院去治疗，我依然没有说明身份，佯称是工伤。牛大夫并不过问，只管精心治疗，把伤骨都整了形，用石膏固定，养了快 3 个月，我要出院了，牛大夫才问我："你真是工伤吗？"我说："是的。"他笑了："你是红军高级军官吧？"我正想否认，他接着说："我是骨科大夫，还分不清工伤和弹伤吗？我不是共产党员，但我佩服你们共产党为国为民的精神。这次住院就不收你的钱了。"那怎么行？后来党还是给了他一些钱的。

这段话是陈赓在"百万雄师过大江"前夕讲的。他曾表示打过长江，解放上海之后，一定去探望牛惠霖大夫。后来他去到上海，得知牛大夫早已故去，深感遗憾。

二、戏院被捕

1933 年 3 月，中共中央决定派陈赓到江西省中央苏区工作。离开上海的前一天，他到贵州路丽都大戏院去，在那里遇见了一个绰号"小白脸"叫阿连的叛徒。该人原是上海先施公司的学徒工，曾参加过特科工作，见到陈赓就急忙上前拉话。陈赓敷衍了几句，就托故向外走，想把叛徒甩掉。如果陈赓还有"黄埔三杰"时那两条健康的有名的腿，在苏联又专门学过摆脱"盯梢"的技术，和在特科工作时的若干实践，遇见这么个小瘪三算得了什么？但他现在两条腿都负过重伤，并且右腿才将将痊愈，功能远未恢复，所以跑了一阵终于无法甩掉这个"尾巴"。陈赓就躲在弄堂里，等其追过来，跳出去三拳两脚就把"小白脸"打成了个大花脸，翻倒在地。正想逃走时，躺在地上的叛徒不仅大喊大叫"捉共匪！"还"嘟嘟嘟"地吹起哨子来。附近巡捕闻声赶来，把腿伤初愈的陈赓抓住了。

戴其萼和彭一坤回忆陈赓在 1949 年曾亲口和他们讲过这件事。他们在《陈赓大将在解放战争中》一书中写道：

出院后，党决定我到江西苏区去做军事工作，离开上海的前一天晚上，我去找黎莉莉看她有什么话捎给她父亲。那天，她和王人美等人正在上海租界里的丽都大戏院演唱爱国歌曲。她的父亲就是我们党内有名的钱壮飞同志，曾打入蒋介石的机要部门工作，有贡献。顾顺章叛变的消息就是他首先掌握并报告了党的，在周恩来同志的指挥下，中央机关迅速转移才免遭破坏。但钱壮飞同志也因此在白区待不住了，就转移到江西苏区去了。他的小女儿钱臻臻因父母都参加革命不能照看她，很小就参加了黎锦晖的明月歌舞社，并改名黎莉莉。

陈赓在上海被捕后，最初被关在这所老闸捕房。

为此事，戴其萼曾写信问黎莉莉，黎莉莉在1983年10月16日复信说："1957年我在北京电影学院向苏联专家学习表演2年，在毕业演出时我约请了陈赓伯伯看演出，他对我说：'1933年我因看你演出被逮捕，今天我已是自由人，再没人敢逮捕我了。'"

关于被捕后的情况，陈赓在1944年渡江前，自己也有叙述：

……我被关进附近的"老闸捕房"，有个探长我熟识，也同情我们党，便把我被捕的消息告诉了党。

工部局英国特务兰普逊提审我，我口衔香烟不理他，他追问，我就用洋泾浜英语骂他，气得他暴跳如雷，竟打了我一个耳光。过了两天，他又来找我，表现很客气，说："陈先生，我们对待政治犯一向很文明，你有什么要求可以提。"我心想他又要耍什么花招了，没理他。没过多久，管监的人把我带出去说有人要见我。我出去一看，原来是孙夫人宋庆龄，还有中外记者。

"监狱待你怎么样？"孙夫人问。

兰普逊抢先回答："我们一向优待政治犯。"

"他们虐待政治犯，还打人骂人。"我揭露道。

兰普逊还在狡辩："陈先生可别这样说，我们可不虐待政治犯。"

我说："就是你打了我的耳光，我表示强烈抗议！"

"大家都听到了！"孙夫人说，"公共租界巡捕房虐待政治犯，请新闻界主持正义。陈赓不是犯人，是爱国者，他拥护中山先生的三大政策最坚决。我要求释放他！"

此后，宋庆龄又探过一次监，还在报纸上发表了公开声明，积极进行营救。

和陈赓差不多同时被捕的谭国辅（化名陈藻英，被称作陈赓的妹妹）告诉他：陈赓这次在上海的住处，早就被巡捕房知道了，并进行了监视，他之所以没有早一点儿被捕，是因为那些人还想从他身上"钓"出大"鱼"来，就是希望能抓到更多的共产党人。他在戏园被捕，可能是特务们怕他逃走所致。

陈赓在上海做地下工作时，常与租界里的巡捕和国民党的特务打交道，拉关系，为情报工作取得方便。所以他被捕后，被送到巡捕房，那些巡捕都大吃一惊，困惑地说："你怎么是陈赓？你不是王庸先生吗？"

巡捕房抓住陈赓如获至宝，想从他口中了解共产党的秘密机关和其他党员的住址，但陈赓坚贞不屈，从他口中挤不出任何有用的东西，正准备对他施以酷刑逼供时，宋庆龄率领中国民权保障同盟的杨杏佛等人和新闻记者来探监和采访了，制止了租界当局的进一步迫害行动。陈赓就趁机对同牢的难友和看守进行宣传，讲述红军的英勇战斗故事和革命道理，教育和鼓舞狱中的战友不要泄气，要团结起来进行反对虐待的斗争。

廖承志谈到他 1933 年 3 月第五次被捕时，和罗登贤、陈赓等人被关在老闸捕房的半地下室的拘留所内，"约定要一口咬定，我们是援助东北义勇军的。此外，啥也不谈。陈赓则慷慨激昂，大唱国际歌"。第二天，敌人"问话完毕，回到拘留间，中间的那个人凑巧不在，这时陈赓出个主意，要我赶快设法通知我母亲，把事情闹得越大越利于斗争。我想这也对，登贤同志也赞成"。"当夜，我便把这主意付诸实行，我对看守的巡捕说，告诉他们我带路……一群英国特务来了笑眯眯的，如获至宝。一个年纪大的特务问是去什么地方，我回答说：'相信我，就跟我走，不相信，我回去。'另一个特务说：'由他，他似乎还不错。'一共七八个人，簇拥上了两辆汽车。我上了汽车，用扣着手铐的手指点方向，向左、向右，上海的路我是熟的。开入法租界，特务问：'这里？'我不出声。仍旧是向左，向右（指着）。到了康脑脱路我母亲住的地方，便说：'停车。'他们面露喜色，蜂拥而下。这时我才知道英租界和法租界是互不通气的，以致英国特务连我母亲住的地方也不知道！一进门，我母亲立即起来，看见我手上有手铐，她就全都明白了，顿时大嚷起来。这时住在母亲隔壁的经亨颐先生也过来了，还是小姑娘的经普椿也来了。那时法租界的捕房头子也赶来了，一个当法文翻译的中国人看见我母亲吓了一跳，赶快同那头子咕哝了一阵，那头子脸上一下变了色，立即下令全部退出。我的目的达到了。回到汽车上，那个老特务狠狠地揍了我几拳，还打我的耳光。另一个把他制止了，狠狠地直瞪着我，知道上了我的当了。回到拘留所，我们再不怕中间的那个人了，便大声告诉了登贤和陈赓，他们大笑起来。陈赓还在为我打气：'你要顶住，还有孙夫人哩。'"①

从廖承志描述的故事中，可以看出陈赓身处逆境忠贞不屈、机智勇敢的精神风貌。

1933 年 3 月 31 日，租界里的第二特区法院举行了一次审判，除陈赓"兄

---

① 廖承志：《我的缧绁生活》，载《廖承志文集》（下卷），人民出版社 1990 年版，第 441—443 页。

妹”外，还有廖承志、罗登贤等一起接受审判。法庭不顾被告律师义正词严的辩驳与抗议，只凭几个奸细、叛徒的瞎说，没有任何证据，法官就宣布把廖、罗几个引渡给上海市国民党警察局了。国民党的警察就把他们带走了。

接着审理陈赓“兄妹”一案。在1933年4月13日上海出版的《中国论坛》第二卷第四期上报道：

> 陈赓及陈藻英案开庭的时候，法官、（国民）党部代表，捕房律师又各坐原位，谁也不响。陈赓说他从东三省回来不久，正在找职业。于是另一个有名的告密专家，他说他认识陈赓并且于1926年曾与陈赓在共产党共事。毫无书面证据，就由这奸细指认了陈赓为江西红军的军长。
>
> 辩护律师指出陈藻英与陈赓毫无有关系的证据，而对陈赓本人亦没有丝毫证据，法官、党部代表及捕房律师死死地静听着。又一次休息（指法官站起来，走到后面去商量，五分钟后再出来），又一次宣告。（国民党）警察局又载着牺牲者而去。

这场审判演出的第二天，宋庆龄即发表声明，怒斥蒋介石与帝国主义勾结所犯下的罪行，她说：“这些爱国罪犯的被捕事件只是蒋介石政府所奉行的政策的另一个例证而已；这种政策已使今日中国濒于全部分裂，沦为帝国主义属国的境地。国家情势是如此的危急，我感觉到我有责任再一次号召中国广大人民起来斗争。”到了上海国民党的“会审公堂”，陈赓和廖承志、罗登贤等人表现出对敌人无比蔑视，高唱《国际歌》，高呼“打倒国民党反动派”等口号，并慷慨陈词，痛骂国民党反动派压迫人民，杀害革命者及丧权辱国、投降帝国主义的种种罪行，为共产党和自己所从事的光荣而伟大的事业进行辩护，在敌人的恫吓及酷刑面前，表现出了大无畏的英雄气概。

在监狱中，敌人怕陈赓逃跑，把他单独铐在一根铁柱子上。

接着顾顺章跑来劝降，说了一顿什么“中国革命已经失败”“共产主义不适合中国国情”等鬼话；还说有些共产党员投降后，都得到蒋委员长的宽恕；还说蒋介石已经从江西省打来电报，叫给陈赓“特殊待遇”，并问“你听了一定高兴吧？”；等等。陈赓大骂：“你是叛徒，快给我滚开！我就是死，也不会像你那样无耻！”并把顾顺章送来的吃食和水果用脚踢开。

第二天，陈赓就被押解到南京去。因为知道他会武功，怕他半路逃走，敌人就拿来一条铁链子，把化名“陈藻英”的谭国辅和他锁在一起，送上一辆戒备森严的铁闷子车。他们俩就一路唱着革命歌曲到达南京。

火车一到站，国民党宪兵司令谷正伦就拿着蒋介石的电报给陈赓看。他不看，谷正伦就念给他听，大意是：由于陈赓在广东和北伐期间的历史，要尽量给他照顾，以便他悔过自新，将给予重用等。

陈赓被押进夫子庙宪兵司令部，解了镣铐住进一个漂亮房间，并得到好饭好菜吃。这时，一些黄埔军校的同学和学生都先后来看他，故意穿着金光闪闪的将军制服在他面前炫耀，想引起他的羡慕之心而动摇自己的信念。他们告诉陈赓，蒋介石不会杀黄埔的学生，劝他回心转意，还有人问：“红军那种苦生活你受得了？”

陈赓则“顾左右而言他”，给他们讲红军怎样捉国民党将领赵冠英、岳维峻等的故事，并谴责国民党卖国求荣的政策等。

谷正伦感到他的努力完全是枉费心机，恼怒之余，显露出刽子手的真面目，重新把陈赓铐上，送进牢房关了起来。

牢房很暗，只在门上设了个可以看出去的小孔；屋角有个没有盖子的马桶，散放着臭气。正式审讯，主审官就是顾顺章。顾顺章还是对他讲什么“共产主义不可能在中国胜利”等鬼话，叫他承认“错误”；叫他供出共产党在国民党和军队内部的组织和活动情况；还拿了几个叛徒的口供给他看，叫他仿效这些人一样招供。陈赓把那些东西都扔到地下用脚踩，并大声喊叫：“叛徒滚蛋！”

陈赓被押解到南京的消息，被宋庆龄、蔡元培等人知道了，立即联名打电报给南京国民政府行政院长汪精卫、司法部长罗文干，要求释放陈赓。4 月 5 日，宋庆龄还亲自到南京找蒋介石说：“陈赓在东江之役一直跟着你打仗，谁不知道，你打了败仗，是他救了你一命，不然你也活不到今天。现在你要杀他，你天天讲的礼义廉耻到哪里去了？”宋庆龄又找汪精卫，再次提出释放陈赓等人的要求。接着又到监狱探望陈赓，还带着一些新闻记者。

监狱当局听说“国母”宋庆龄大驾要来视察，急忙给陈赓换了个宽敞而干净的房间，换了新囚衣，还做了一些虚假的布置。据当时报纸的报道说：宋庆龄到了监狱，不及休息，就问：“陈赓在哪里？我是来看他的。他是我的老朋友，孙中山先生活着的时候也很喜欢他。东征时，他救过蒋总司令的命。人哪，可不能没有良心。”记者也写到了陈赓的情况：“陈赓是独自在一间牢房里，脸上长了一层胡子……他那黑眼从孔中闪着光出来。”

陈赓见到宋庆龄，就大讲监狱里的黑暗和残暴，及自己受到的拷打和非人待遇。当场揭露，为了这次接见，才把他搬到这里换上干净囚衣等。在探望中，宋庆龄还巧妙地为中共党组织秘密送交一张字条给陈赓。

宋庆龄一走，愤怒的监狱当局立即把陈赓关在一间又脏又暗的牢房中，屋里散发着霉臭的味道。陈赓进去什么也看不见，看守开灯之后，才看见地上有一堆白骨……但这些怎么能吓倒陈赓呢？他坚持和他们斗争：监狱规定，放风时不准说话，陈赓在放风时却总是大声说话，高声喊叫，故意讲给狱中的其他同志听，鼓舞大家的斗志。

同时，陈赓还尽力争取看守人员。22 岁的青年看守班长张良诚是个孤儿，有同情心，陈赓和其他被捕的共产党员都尽量找机会接近他，教育他，终于把他争取过来。他能秘密地为政治犯传递消息，并把某些人的叛变行为告诉他们。

女政治犯黄海明带着才出生 4 个月的女儿坐牢，张良诚常抱着小女孩到各号子去转，人们就利用亲孩子的机会往孩子衣服里塞字条、传消息。陈赓后来离开这所监狱时，曾托张良诚给生病的黄励送 5 元钱和一张字条，被叛徒告发，张良诚遭逮捕后被杀害。

陈赓在狱中，认为自己再无生还的希望，只是由于宋庆龄和社会进步人士的营救，国民党反动当局才没敢对他骤然加害。

三、三进南昌

蒋介石住在南昌，正在指挥军队第四次围攻以江西省瑞金县为中心的共产党的中央苏区。听见陈赓被捕，非常高兴，但是又听说他坚持不转向，又有点儿着急。于是命令把陈赓押解到南昌来，他要以全国最高统治者的身份，以老校长、老领导的身份来做陈赓的工作，陈赓怎能不买账呢？

陈赓被押着坐轮船到九江，然后改乘火车到南昌。一路上，敌人看管很严，不准他和别人说话，但陈赓不管那一套，见到人就大声宣传共产党抗日救国的主张和红军作战的英勇事迹。人们很愿意听他那慷慨激昂的演说，听众越来越多，引起押解人员的恐惧，就把他关在房里不准出来。

到南昌后，陈赓被押到市中心洗马池的江西大旅社。这是他第三次进南昌，所以对这里很熟悉，因为原来南昌起义军的总指挥部就设在这里，自己曾在周恩来指挥下做政治保卫工作，只是没想到自己这次是这样回来了。

两天后，邓文仪带了很多礼物来看他。邓文仪是湖南省醴陵县人，和陈赓是黄埔军校第一期的老同学，曾去苏联中山大学学习，回国后，自称是“第一个受俄国教育又转而反对苏联的人”。1927 年“四一二”事变后，曾任黄埔军校“清党检举审查委员会”负责人，干了许多伤天害理的事，因此深得蒋介石的信任，调来做他的侍从秘书。1932 年，蒋介石仿效德国希特勒国社党的法西斯独裁统治，在南京成立了“中华复兴社”（又名蓝衣社），邓文仪担任过该社的中央干事会书记……陈赓对这位“同乡”兼“同窗”是非常熟悉的。

邓文仪一见到陈赓，就滔滔不绝地讲什么“共产主义已经失败”“民主在中国不实际，中国需要校长这样的强有力的领导”等；还说蒋介石在励精图治，某高级将领因嫖妓受了处分，某高级官员因腐化而被枪毙；还说已修建了很多公路，有的铁路正在开工……蒋介石不是不抗日，而是在积极准备对日作战；还说“校长的愿望就是要把所有黄埔军校出来的军官争取回来”。邓文仪的口才是出名的，他认为凭自己“三寸不烂之舌”，肯定能说服陈赓。

但是没想到却碰了个大钉子。陈赓义正词严地驳斥了他：“你们修公路、铁路，是为了打共产党、打红军。你们积极打内战、镇压人民，对日寇侵占东北、进攻上海，却奉行不抵抗主义，简直成了卖国贼！”邓文仪拿来纸笔是叫他写悔过书的，陈赓却把每张纸都写上“坚决打倒卖国头子蒋介石”字样，并且用笔在墙上写满了类似的标语口号。

邓文仪的谈话持续了两天毫无结果。不能说邓文仪不努力，他曾拿来一份蒋介石签发的命令的副本，内容是送给一个叛徒一笔巨款。那人原是共产党员，投靠国民党后，在参加围攻江西省中央苏区时被红军击毙；还说，只要陈赓写个悔过书，蒋介石可以叫他当师长，或者当围攻大别山革命根据地的第三军的参谋长等等。

陈赓对这一切的威胁、利诱均嗤之以鼻，指着说：“你叫我写的，全在墙上了，请仔细看吧！”

陈赓在监狱里被关了一个月，胡子长得很长，身上虱子很多，衣服也破烂不堪。一天，邓文仪拿来绸子衬衣，哔叽长袍，还有裤子、礼帽、鞋子等，说蒋介石要亲自接见他，叫陈赓刮脸、洗澡、换衣服，还说：“你去见校长蓬头垢面的这个样子，多不礼貌。”陈赓瞪起了眼睛：“是你们把我整成这个样子嘛！你们对我不礼貌，叫我怎么对你们礼貌！”他拒绝接受这一套。

下午，陈赓被带进一间宽敞的客厅，里里外外站满卫兵。坐下不久，听到楼梯上响起吱吱嘎嘎的皮鞋声，蒋介石故意一边下楼一边大声说着：“陈赓在哪里？陈赓在哪里？”意思是想叫陈赓站起来迎接他这个老校长、今天叱咤风云的大人物。陈赓却依然坐着不动，顺手抓起一张报纸遮住自己的脸，假装看报，不理睬他。

报纸被邓文仪抽走。蒋介石走到陈赓面前望着他，用充满感情的声音说：“你是陈赓，是校长的好学生仔，黄埔的杰出学生。你虽然政治上犯了错误，校长从来对学生都是爱护的，宽大的，我可以原谅你。”

陈赓把脸转到另一面，冷冷地回答说：“我根本不需要你的原谅。你爱怎么办就怎么办吧！”

陈赓时常想念童年的家，特别在疗伤治病躺在床上的时候。那连绵起伏的小山峦，那块绿色的谷地，潺潺的溪流，高高的水坝，清澈泉水旁的那个温暖的家，就会浮现在自己的眼前。但自从“四一二”反革命政变后，不仅自己成了被追捕的人，家也被蒋介石破坏殆尽了。父亲接连两次以“赤匪家属”名义被捕入狱；五弟也因受牵连被捕，家产被官府敲诈一空，经济上彻底破产，不得不搬到尼姑庵去借住……《陈赓祖居图记》也曾写到了家乡情况：

> 祖父屡遭国民党迫害，曾两次入狱。为此，家中田产消耗殆尽，至抗（日）战（争）前夕，仅剩宅前一亩三分水田。抗战爆发后，祖父变卖剩余家产，偕全家老小外出躲避战火，受尽颠沛流离之苦。祖父母在劳顿异常、贫困交加中相继去世。至此，陈家田地宅院尽属他人。

陈赓那温馨的家乡梦早就被击得粉碎了。蒋介石是个什么人？其说话的实质是什么？陈赓一清二楚。他为了自己的理想，正如作家周立波 1938 年采访他

蒋介石南昌行营旧址，蒋对陈赓进行劝降处。曾为南昌图书馆。

时说的：在蒋介石面前，“他不怀生望。他坚决不写悔过书，宁愿清白地死去”。“表现了中华民族的优美精神，就是保持气节的坚贞。”

蒋介石为了缓和气氛，说：“嗨，你怎么能这样说呢？大家都是黄埔的老同志了。黄埔人都应当团结救国。你跟着他们有什么好处呢？弄成这个样子，我告诉你，黄埔的校长决不杀黄埔人的。嗯……”他看着陈赓想了想，还是换个话题好。“你才从大别山来，那里的情况怎么样？老百姓还过得下去吗？”

陈赓转过身来，瞪着他：“你派兵去那里打仗，杀人放火，他们过不下去，不也得马马虎虎过嘛！”

蒋介石从来没听见人这么和他讲话的，怒火中烧，但又不便发作，尴尬地在屋里走来走去，好久才站住说：“你不要老这样想不开。只要你过来，一切好办。愿意带兵，好说，可以随便挑一个师。”

陈赓冷笑了一下：“你不是早就说过不能叫我带兵吗？我也决不做你们的官。共产党员怎么能像你们那样，榨取人民血汗来供自己享受呢？更不会去给帝国主义当走狗。今天落在你的手里，我没有任何幻想。还是那句话，要打就打，要杀就杀吧！”

“陈赓，你怎么会这样想不通呢？”蒋介石装作沉痛的样子，“你看，现在国家弄得这样糟，剿匪死伤30多万人。中国应当团结起来，不能再这样牺牲下去了——”

陈赓大声打断了他的话：“国家弄得这样糟，还不是应当由你负责。是你背叛革命，发动内战嘛！”

陈赓声色俱厉的讲话，屋里屋外的人都听得很清楚，使蒋介石觉得自己大丢面子，气得脸色发青，指着陈赓结结巴巴地说：“你你，你这个态度……应该悔过！应该悔过！”

十分难堪的蒋介石正在无法下台的时候，听说东北军将领于学忠要见他，就“顺坡下驴”地对邓文仪说：“你好好劝劝他，这样不行。”并转过脸对陈赓说：“以后邓文仪代表我和你谈话。”然后匆匆走了。

邓文仪把陈赓送回旅馆，叹了口气说：“哎，真想不到你会是这个样子。你今后打算怎么办呢？”

陈赓笑了：“这能由我吗？枪毙吧。”

“如果不枪毙呢？”

“那就放我走。”

邓文仪思索了一下说：“如果真的放了你，你回到红军那儿能不能告诉黄埔同学，只要他们回头，校长是不会杀他们的。好吗？”

“不好！”陈赓摇了下头，“我怎么能背叛共产党，做这种事呢？”

“啊，那就不好办了。”

于是邓文仪又派人把他押回南京，重新关进牢房，继续逼他自首、悔过。

这时，中共党组织和宋庆龄等人都在继续营救，为陈赓奔走呼号，弄得国民党杀他有顾虑。此外，蒋介石还想把红军中的黄埔军校学生争取过来，以打败红军，杀了“黄埔三杰”之一的陈赓，怕失掉全国黄埔军校学生的心，一直犹豫不决。陈赓在《我的自传》中曾提到这件事：

> 在狱中凡四月，当局用尽威吓利诱（手段），我丝毫未为所动。因以黄埔关系，红军势大，当局幻想以我影响红军中之黄埔生，被释放。

陈赓瑰丽的战斗生涯，在《我的自传》中只写了不到5000字，所以许多事都没有详细写。如果真的那么痛快地释放了他，堪称一世之雄的蒋介石，岂不是太善良了吗？《我的自传》中所说的“释放”，是指从南京监狱的大牢中放了出来。陈赓和难友们告别时，还挥着手大声喊着：“同志们！再见了！将来我会带着10万红军打回来救你们！”对这样的人，蒋介石怎能“放虎归山”呢？是蒋介石和邓文仪见对陈赓来硬的不行，改为采取软化的办法，把他弄出大牢，送到一个小楼里软禁。虽然还有卫兵看管他，但允许他上街小范围内走动，还供应好吃好喝，找人陪他玩。

陈赓被捕后，抱着一死的决心和敌人斗。到了这时，发现敌人没有马上杀他的意思，就想设法逃走。于是刮了胡须，穿上干净衣服，不和他们吵闹了，变得随和起来，有好的就吃、就喝，也表示愿意和他们在一起玩玩了……使敌人觉得软化的办法在生效，对他就放心多了。

有一天，有个陈赓早就认识的外号叫“广东麻子”的共产党员，化装成国民党的高级军官和另外两个同志协助他逃走了。

陈赓从南京逃到上海，找到了中共党组织。这回却没能见到王根英。因为王根英听到他被押解去南京的消息时，惊得晕倒在楼梯上，手中抱着的小知非也被摔下楼，幸好被一个过路人抓住了一条腿才得救。此后她被家人送到杨家滨农村去养病。陈赓在上海不能存身，中共党组织叫他迅速离开上海去中央苏区工作。行前，陈赓设法见到了岳母，他本来要带王根英一块走的，但发现她在农村回不来，就向岳母深深地鞠了一躬说："我这次要走得很远，短时间不能回来，根英和孩子只有请你老人家照顾了，以后一定报答。"就匆匆走了。

王根英虽然没有见到陈赓，但是听到他活着回来的消息，当然很高兴，病也就慢慢好了。她回到上海继续参加工作，但不久被叛徒出卖，国民党将她逮捕关进监狱。

第八章　风雪长征路

一、步兵学校校长

1933 年 8 月，陈赓离开上海，辗转到达了中共中央苏区的首都——江西省瑞金县城，见到了周恩来、朱德等领导人。由于他被捕 4 个月，组织上要对他进行审查。在被审查期间，他不能担任要职，被分配到“彭杨步兵学校”当校长。“彭杨”是指 1929 年在上海牺牲的革命烈士彭湃和杨殷。

对于来自国民党的迫害和摧残，陈赓是有着充分的思想准备，就是刀架在脖子上，也能泰然处之。可是历尽艰辛回到自己的党内来，还要受审查，所得到的待遇也不公平，但心胸坦荡的陈赓，深知为了自己的远大理想，必须面对现实，去迎接考验。

这所步兵学校主要是培养红军的连、排军政干部，设两个军事营和一个政治营。校址在瑞金城西 20 余里的九堡镇。

经过黄埔军校严格训练的陈赓，办这样的学校自然是轻车熟路。但他仍然一丝不苟、全身心地把自己的主攻目标放在队伍的建设和优良作风的培养上。

在这所学校工作过的刘清明回忆说：

> 1934 年 1 月间的一天上午，我在野外一个山坡上给学生上课。课目是步兵班对占领野战阵地的敌人进攻。讲课刚开始，突然间，陈校长来到现场。我向他报告了今天的课目和实施方法。不知为什么，我的心跳得很厉害。陈校长看出来了，把我叫到旁边说：“你不要慌，讲课时，只当我不在一样。”
>
> 我原以为陈校长听一听就走的，哪知他一直听到底，怕我发慌，很安详地站在那里，中间没有插话。讲完课后，学生离开现场，他才很亲切地问我：“你是第一次讲课吗？”
>
> “不，我这是第二次。”

“哦，我看你讲得不错嘛。你过去在哪里学过？”

“我是红军学校上届毕业生，学了四个月，就调到这里工作了。”

“啊，只学了四个月，就能上课了？”

“我本不会讲课，是前几天从教育准备会学来的，是现买现卖。”

“你今天讲得很好。当然还要不断地学习，不能满足现状。我想你能体会到：讲课的过程，也就是学习的过程。要经过备课、试讲，还要看些必要的材料。排长上课，这本身就是一个很好的锻炼，同时，也是一种培养教员的方法。今天课目实施得也不错，能密切联系实际。今后有时间的话，要进行综合演习，由学生轮流担任班长，以便锻炼他们的实际指挥能力。”

我说：“正打算这样的。”

“这样就好！下次讲课和演习，要特别强调在冲锋开始时，有一股坚决、勇敢、不怕死的拼命劲头。这是整个战斗过程中带关键性的一环。”

他讲得有声有色，详细周到，对我这个初次讲课的人来说，是一个极大的鼓舞和深刻的教育。[①]

红军时期的陈赓

从这个故事中，可以看出陈赓对学校的工作多么认真，对下级的帮助多么尽心……对事业的忠诚使他忘却了背上政治“包袱”的沉重。

刘清明还讲了个故事：

有一天早晨，同学们起床后在操场上集合。这时陈校长来了。我喊立正口令向他敬礼，报告今天早晨要出操的课目。他看了看问：“你们指导员呢？”没等我回答就大步走进营房去了。过了一会儿，我准备带着队伍跑步去，指导员慌张地跑来了。

“连长！等一会儿。”指导员说着，走到我的面前向同学们说，“刚才陈校长来到宿舍，发现我没有起床，当场批评了我。陈校长指出，‘你是政治指导员，睡懒觉，不起床，又不出操，你怎么做政治思想工作？你怎么做表率？你现在马上去当着全连同学的面去作个检

① 摘自刘清明《忆陈赓校长》，原载《星火燎原》丛刊第7期。

查，承认错了，今后改正。你有这个勇气没有？’我完全同意，并愉快地接受校长的批评。这就是我的检讨，请同学们批评。”

校长从宿舍出来，听到指导员作了自我批评。高兴地说：“你们指导员知错就改，这是很好的。大家应当学习他这种勇于自我批评的精神。”

学校里的小指导员魏洪亮病了，住在卫生队治疗。几天后收到陈赓校长的一封信和两只鸡。信上写道：“魏洪亮同志，今天我买了两只鸡给你送去，用以补养身体。因为我手头的钱，只够买两只鸡的。”[①]

其实，陈赓这位校长对工作的认真负责，对干部、战士的关心爱护，在特科工作时是这样，在当师长时也是这样。

二、干部团团长

1934 年 10 月，中央红军由于在“左”倾机会主义干扰下，未能取得第五次反“围剿”的胜利，红军完全陷于被动，革命根据地日益缩小，不得不退出江西中央苏区，进行二万五千里长征。

出发前，中央革命军事委员会决定组织一个直属军委的干部团随军行动。

干部团由红军大学、彭杨步兵学校、公略步兵学校和特科学校合并组成。由陈赓任团长，宋任穷任政治委员。下设 4 个营和 1 个上级干部队。第一、二营为步兵营，第三营为政治营，第四营为特科营，上级干部队队长为萧劲光，下设指挥科、政治科和地方工作科。

这个干部团是储存干部的队伍，绝大多数是富有战斗经验的年轻的连排干部，上干队还有一些久经沙场的高级干部。团里的武器装备也比较好，仅特科营就配有 6 门迫击炮、6 挺重机枪及相当数量的轻机枪和步枪，在当时是很不同凡响的。

自然，它也是一支特殊的部队。在“左”倾机会主义统治下，陈赓本人还在受着审查；那些遭受“残酷斗争、无情打击”而受处分的干部，也都被当成包袱甩在了这里。在蒋介石发动第五次“围剿”时，首先进攻黎川地区，“左”倾机会主义领导人命令时任闽赣军区司令员的萧劲光死守黎川县城，“御敌于国门之外”。当时只拥有一个 70 多人的教导队和少数游击队的萧劲光，在众寡悬殊的情况下与敌周旋，直至后路几乎被敌人完全切断时，才撤出城外，避免了无谓的牺牲。结果，却以“不战而弃黎川”等罪名，被公审、判刑，来到了上级干部队。

据宋时轮将军回忆，自己曾讲了一句玩笑话，即被捕、开除党籍，送到干部团。

---

① 摘自刘清明《忆陈赓校长》，原载《星火燎原》丛刊第 7 期。

郭化若因说了“托洛斯基原是苏联红军的总司令”这句话，怀疑他是“托派”，被开除了党籍，来到干部团。

此外，中共中央还把一些年老的人送到干部团，进行照顾和保护。董必武、徐特立二人到了干部团，毛泽东对陈赓、宋任穷说：“你们一定要保护好，出了问题，唯你们是问。”[①] 此外，还送来了一批文化人成仿吾、冯雪峰等。

按照军委命令，干部团被编为由总司令部及其直属队组成的第一野战纵队之第四梯队，在纵队司令员叶剑英的统一指挥下，从九堡镇出发，参加长征。

在长征的日日夜夜里，干部团的主要任务是做警卫工作，保证中共中央的安全，必要时也配合主力部队作战。尽管当时环境异常艰苦，战斗任务重，学习条件很差，但陈赓的干部团始终保持了学校的性质，结合作战、行军、宿营、警戒、侦察等实际情况，坚持抓紧间隙时间，进行教育、训练。可以说，干部团既是一支战斗队，又是一所真正的培训红军干部的学校。

长征开始时，中共中央后勤部队非常庞大，携带了大批行李、辎重，包括修械所、印刷厂、医疗设备与器械和不能用的大炮等，“坛坛罐罐”很多，活像大搬家。这些都是由干部团等部队负责警卫、掩护。在数十万敌人围追堵截下，这种大搬家式的行军，不仅使干部团，而且几乎使所有战斗部队都成了掩护队，处处被动挨打，疲惫、饥饿的部队要不间断地与敌人战斗周旋。从福建、江西出发，经广东、湖南，突破了敌人四道封锁线，于 1934 年冬渡过湘江。短短几个月，红军就折损过半。湘江没有桥，是陈赓带领韦国清的特科营去架的。为此，他在湘江边上忙了三天三夜，直到架好桥，过完了红军，才松了口气睡着了，这时谁都叫不醒他。

进军落到如此惨状，“左”倾机会主义者一筹莫展，把希望寄托在到湘鄂西与贺龙、任弼时的第二、六军团会合上。这个意图又被蒋介石察觉，调集了十几万大军在湘西布防，红军如果仍然不改初衷，坚持去湘西，无异于自投罗网。在此危急关头，毛泽东力主放弃与二、六军团会合的意图，改向敌人力量薄弱的贵州省前进，争取主动，打几个胜仗，使部队取得休整的机会。他的主张得到大多数人赞同，部队才有了转机，把十几万敌人甩在了湘西，顺利地攻占了贵州省东部的许多县城，于 1934 年底到达乌江南岸。

乌江是贵州省第一大江，两岸悬崖峭壁，高山望不见顶；水深流急，宛如一条咆哮的巨龙，确实是个名不虚传的天险。渡口上只有两条小木船，无法渡过红军的几万人马。当时敌情又特别紧急，军委除派红一军团的两个团实施抢渡、偷渡外，决定由干部团架设浮桥。

1935 年元旦这天，陈赓带着干部团特科营的工兵连来到江边，发现比湘江的情况还严重。虽然当时是枯水季节，经测量，江宽仍有 200 米，水深为 15

① 宋任穷：《忆红军长征中的干部团》，摘自《红军长征·回忆史料》，解放军出版社 1990 年版。

米，流速为每秒 2 米，当时在外国军队架桥史上也还没有在这样流速的水上架桥的先例。在这种情况下，红军应该怎么架桥呢？

在对岸敌人的射击下，陈赓站在江边和工兵连的干部研究架桥办法，同时把全连 200 多学员划分为器材供应、编制竹排、架设、投锚、救护等作业小组分头行动。决定用三层叠起的木排做桥脚，每对桥脚中间拴上两根木料，木料上连接三四个桥桁，桥桁上铺门板，门板上又系横木，组成一节节门桥。然后工兵们冒着敌人炮火和江水的严寒，把门桥送进江里。但是江底尽是长期被激流冲刷得光秃秃的石头，门桥一节节地放进水中，立即被狂涛冲跑……多次架桥都失败了。

陈赓召开"诸葛亮"会议，发动全连动脑筋想办法：怎么样才能把放进水中的东西固定住呢？于是有人提出，用大石头做锚把门桥拖住。陈赓立即在现场进行试验，还是不行。大石头虽然有重量，但表面光滑，不好固定，门桥仍然稳不住。据宋时轮回忆：陈赓跑上跑下急死了。当时有个俘虏叫何迪舟，是工兵学校毕业的，陈赓找他谈话，动员他为人民立功。他想出一个办法，就是用竹子编筐，周围捆上几根削尖了的竹竿，竹竿尖上用尿泡了以后在火上烤烤就结实了，然后在筐内装上石头，三四个筐一起从上放下，随浪滚几下，竹竿就插到泥了，架稳了，任凭如何湍急的江水也撼动不了它。基础稳定了，桥就好架了。

这时大家都很兴奋，不管敌人在对岸怎样射击、干扰，人们欢呼着、唱着、起劲地干着，桥身不断向前延伸。差不多有 150 米了，这时出了问题，投锚组长石长阶手中的竹篙被敌人的炮弹打断了，他也一头栽倒，倒在门桥上，门桥失控了，向已架好的浮桥冲过来，后果不堪设想。此时，只见石长阶摇摇晃晃地爬了起来，扑通跳进水中，用胸膛死死地顶住门桥。战友们获得了排除险情的时间，门桥得救了，但石长阶却牺牲了自己年轻的生命。

经过 36 小时的紧张搏斗，尽管敌人封锁江面的炮火从未停止，工兵中有伤亡，但终于战胜了天险，在乌江上架起一条"彩虹"，保证了中央红军迅速而安全地渡过江去，于 1935 年 1 月顺利地攻占了贵州省北部重镇遵义县城。

中共中央政治局召开具有伟大历史意义的遵义会议。为了保卫遵义会议的安全，陈赓率领干部团担任警卫工作，周恩来说："你应当像在上海保卫党中央那样保卫这个会议的召开。"陈赓认真地完成了任务，建立了历史的功勋。陈赓曾命令萧劲光率上干队自桐梓县急来遵义。上干队途经娄山关时，突与黔军教导师遭遇。萧劲光立即指挥部队就地展开，他考虑如果这股敌人过了娄山关，即会危及遵义，影响会议召开。虽然敌众我寡，他当机立断，坚守娄山关，一次次将敌人进攻打退。周恩来得到消息后，第二天派第五军团的一支部队来接防。周恩来见到了萧劲光，说："你这次坚守娄山关，为遵义会议顺利进行作出了贡献，是有功的。你的问题过去搞错了，处分不算数，恢复党籍、军籍，中央准备重新安排你的工作。”遵义会议结束了王明“左”倾冒险主义在中央的统治，确立了以毛泽东为核心的中共中央的正确领导，在极端危急的历史关头挽救了党和红军。从此，共产党和红军在以毛泽东为代表的正确路线指导下，走上了胜利发展的道路。

中央红军决定北进，争取在四川省的泸州与宜宾县之间渡过长江，与江北红四方面军会合。前进到贵州省习水县赤水河边的土城镇时，发现四川军阀的一个师从綦江县方向南下阻击。为给北上渡江创造条件，军委决定利用当地居高临下的峡谷，集中优势兵力，歼灭这股敌人。

28 日清晨，红军与敌在土城镇东北之枫村坝、青杠坡一带展开恶战。此时发现原来情报有误，敌兵力实际不是 2 个旅 4 个团，而是它的两倍，4 个旅 8 个团，共一万多人。根据这个情况，毛泽东急令一军团赶来增援。在一军团未到达前，战斗进行得很激烈，五军团阵地被敌军突破，伤亡很大。敌人抢占了山头，步步进逼到土城镇东白马山军委指挥所前沿。山后就是赤水河，若不能阻止敌人的进攻，势必陷红军于背水作战的危险境地。

在这紧要关头，毛泽东急令干部团投入战斗，进行反击。陈赓临危受命，率领部队硬是把敌人压回其师部附近。宋任穷回忆说：“陈赓同志令特科营重机枪掩护，指挥我团学员端着步枪向山上冲锋，敌人打过来，我们打过去，有时同敌人进行肉搏战，打得十分激烈和艰苦。每前进一步，都要付出血的代价。”可是敌人又有 3 个旅来增援，反守为攻，陈赓指挥干部团协同三军团坚守观音山等处高地，直到下午 1 时许一军团部队赶到。当时指挥作战的毛泽东高兴地说：“陈赓真行！”当天深夜，红军渡过了赤水河，是为“一渡”。

敌人怕红军渡过长江北上，沿江一线的城镇、渡口均派重兵把守。阴历大年三十，红军西进至云南省边界的扎西（今威信县城），鹅毛大雪纷纷扬扬地下着，山山岭岭、沟沟壑壑全被大雪覆盖，一片洁白。红军在扎西及其周围得到了休整的机会。

敌人集重兵于长江，遵义地区兵力空虚，根本没有想到红军会掉头挥师东进，二渡赤水河，占领贵州省遵义北面的桐梓县城。当然夺取娄山关是战局的关键，因为它是遵义的北大门，只有打开这个北大门，才能重新进入遵义城。红军的两个团比较顺利地攻克了娄山关，因为要向遵义前进，干部团就得到了接防娄山关的任务。陈赓率领部队从桐梓出发，一天走了 120 里赶到娄山关。又接到命令，国民党吴奇伟纵队已进至遵义城 4 公里处，干部团要赶到遵义来应战。于是留上干队守备娄山关，陈赓率领其他部队赶到遵义去。

敌人占据忠庄铺及附近高地，企图进而控制红花岗和老鸦山，夺取遵义城。

红花岗和老鸦山相连，距城只有 1000 多公尺，两山耸立，构成防守遵义城南的天然屏障。干部团奉命配合红三军团扼守这一双方必争之地。

上午 11 时，敌人 1 个团进至老鸦山南麓，竟对干部团的伏兵毫无察觉，直向山上爬去。突然，陈赓一声令下，干部团猛烈出击，敌人丢下遍地尸体败退下去。但是他们不甘心失败，又增加 1 个团的兵力，企图从干部团阵地左侧进攻，并集中炮火进行掩护，但是依旧被干部团的猛冲猛打击退。

这时，陈赓接到红三军团第十团政委黄克诚的电话："喂！你们打得很好，我们已经安全转移到红花岗北坡待机出击。我看你们能控制住老鸦山，就能巩固我们整个防御阵地。等一军团赶到就能出奇制胜了。"

仗打得越来越艰苦，敌人后续部队不断增加，攻势越发猛烈，遵义通向贵阳市的公路两侧方圆 20 里的山区宛如一片火海。干部团与三军团第十团抱定与阵地共存亡的决心，并肩浴血奋战。红十团参谋长钟伟剑牺牲。

打到下午 3 时，敌人飞机大炮狂轰滥炸，以绝对优势兵力抢占了老鸦山主峰，居高临下直接威胁遵义城的安全。为夺回老鸦山主峰，部队多次猛攻，伤亡很大，均因地形险恶，未能成功。军委乃令干部团由北向南进攻，红三军团第十一团从左侧予以配合。经过激烈争夺，干部团的勇士们终于夺回老鸦山主峰，把红旗插上山顶。

此役，共歼灭和击溃国民党军队两个师又 8 个团，是长征以来打得最漂亮的一仗。

3 月 6 日红军自遵义西进，占仁怀县，由茅台三渡赤水河再入川南。

三渡赤水时，干部团担负河两岸的警戒任务。陈赓先派一个营到河西岸，保障中共中央渡河后的安全，其他部队留在东岸负责警戒和维持秩序。

红军进入川南，敌人以为红军又要北渡长江，急调大军沿江防堵，不料红军在毛泽东指挥下，突然折返贵州省，在茅台附近四渡赤水河，强渡乌江直逼贵阳市。

红军渡过乌江后，干部团第三营担任守卫浮桥的任务，上级指示是：等殿后的红五军团过江后即拆桥。后来听到军委一个参谋说，红五军团已经从另一个渡口过了江，第三营就把桥拆了。行军 40 里，到了宿营地，陈赓和宋任穷向军委领导汇报此事时，很少发脾气的朱德竟然发了脾气说："岂有此理！五军团过了江，可是九军团还在后面没有过江呀！马上回去把桥架好！如果明早 7 点钟，九军团还不来，再拆桥。"

陈赓和宋任穷急忙作了检讨，回来连饭也没吃，带着干部团第三营和工兵连，连走带跑 40 里急行军返回乌江边，砍竹伐木，紧张突击一夜，终于在天亮前又把浮桥架了起来。到了早晨，江上的夜雾消散了，天亮了，山谷森林一片亮堂堂，他们期盼的过桥部队没有来。到了 7 点钟，大家对表，确实是 7 点了，但是大家还怕表不准，再等等……可是九军团始终没有露面。陈赓带着部队回来时，大部队早就走了，他们追了几天才追上。

红军主力为了迷惑敌人，虚张声势，派一支部队佯攻贵州省会贵阳市。敌人主力均在长江一线，贵阳很空虚，恰好此时蒋介石正在贵阳城中，见状急了，下令邻近各省部队赶来救援。这样，就把云南省的部队也调到了贵州来。在他们急急忙忙奔向贵阳时，红军突然西进，4 月下旬就顺利到达云南省会昆明市附近了。

在此期间，毛泽东曾多次和干部团一起行动。毛泽东对陈赓、宋任穷说，现在我军先后把敌人主力引向贵阳和昆明，这便于我军采取迅速行动，神速地抢占金沙江渡口，把敌人甩得远远的。果然，佯攻昆明，把云南军阀龙云吓得胆战心惊，他的正规部队已经被蒋介石调到贵阳去了，两手空空，忙把各地民团集中到昆明来守城。

三、巧渡金沙江

红军只是在昆明附近虚晃一枪，决定乘“追敌已在我侧后，金沙江两岸空虚”的时机，向金沙江急进，命令红一军团抢占龙街渡，红三军团抢占洪门渡，由陈赓率干部团抢占云南省元谋县和四川省会理县之间的皎平渡口。

陈赓明白，这一仗是长征以来干部团第一次单独作战，也是关系红军安危的一仗，责任重大。为此，周恩来和参谋长刘伯承一起来到干部团，非常详细、具体地布置抢夺皎平渡的计划。在周恩来的指示中，除了强调有利条件外，也指出了种种困难，甚至考虑到可能出现的最坏情况：假如在抢占渡口后，后续部队没有跟上，渡口又被敌人占领，那么，渡过江去的先头部队后路就被切断了，那就要准备独立作战，打一段时间的游击，以后再设法取得联系……给干部团做了充分的思想准备。为加强抢渡金沙江战斗的领导，由刘伯承担任先遣司令，直接指挥干部团。

干部团分成先遣营和后梯队。先遣营的任务是率先行动，抢占渡口，收集船只，组织架桥；后梯队是渡过金沙江后，去抢占渡口以北 40 里的通安州，掩护大军渡江。为了争取时间，出敌不意，先遣营一律去掉帽徽等红军标记，伪装成国民党部队。对在沿途遇到的国民党地方武装和民团等，一律应付过去，不予理睬，留待后续部队去消灭他们。这样可以保证尽快抢占渡口，又可以保证红军行动的秘密。因此，沿途行军，精神集中，行动迅速，于 5 月 3 日午后就赶到距江岸四五十里的沙老树村。这两天一夜的急行军，已经赶了 200 多里路。正在村中休息时，找来一位向导，是个肥头大耳的胖子。

“你是干什么的？”战士问。

“我是区公所的。”他回答，“靖卫团（地主武装）的团总让我到江边送命令，为了防备共军过江，把渡船都烧掉。”

这个情报很重要。战士立即把他领到刘伯承面前。胖子毕恭毕敬地鞠了一躬说：“长官从哪里来？我是区公所的秘书。”

谈到烧船的事，刘伯承着急地问：“烧船的命令发下去没有？船烧了吗？”

“没有。”大胖子说，“我正要去江边办理这件事，这不是，命令还在我手里呢。”

刘伯承看过他递上来的公文，就对他说：“我们也是来执行这个任务的，这事就由我们来办吧！”接着又问了江宽、流速、水深以及守渡口兵力等情况，问得非常仔细。刘伯承问完了，就明白告诉他：我们就是红军。并且警告说，如果渡口少了一只船，唯他是问。胖子这时大惊失色。刘伯承命令他给部队带路，并命令部队轻装前进，猛扑江岸，不惜一切代价夺取船只，控制渡口，强行渡江。

通过大胖子和访问居民，了解到渡口南岸只有两只小木船，没有国民党军队，江那面只有国民党政府收税的厘金局几十条破枪。

山径崎岖，部队多了，反而不好施展，于是只派出一个连队作为先遣连。他们走了一夜，赶到皎平渡口，天还没亮，立即控制了渡口和渡船，做船夫工作。很快，陈赓率大部队到来，马上命令一个排，在对岸敌人没有防备的情况下，乘坐这两只小船，迅速渡过金沙江，抢占北岸的滩头阵地。

接到陈赓的报告时，刘伯承和宋任穷正骑着马走向江边的路上。刘伯承一边走一边兴致勃勃地对宋任穷说：“我们这样顺利，是靠党、靠政治、靠毛主席、靠群众。没有这些，就根本做不到。”

通过惊涛骇浪登上北岸的红军，首先抓住了一个厘金局的人，由他带路到厘金局门前，人们还在屋里打麻将，吸鸦片烟。战士踹开门冲进去，一下子俘虏了 30 多人。然后按照预先规定的信号，在江边烧起篝火，报告偷袭成功。

金沙江江面并不算宽，但水深流急，既不能徒涉，也无法架桥。于是陈赓派人沿江去找，又找到了 4 只破船，陈赓、宋任穷非常高兴，立即组织人力将破船修好。这时，他们向朱德发电报说：“皎平有船 6 只，每日夜能渡 1 万人。”[①] 以后经过仔细寻找，又得到了 1 只船。由于龙街渡水流太急，江面又宽，又找不到渡船和架桥的器材；洪门渡勉强驾起浮桥，又被激流冲断，加上敌人飞机的骚扰……于是军委决定全军都从皎平渡过江。这 7 只小船就光荣地担负起这一伟大使命。

中革军委为了顺利渡江，特地组织了个渡江指挥部，刘伯承任司令员，陈云任政治委员。指挥部规定了各部队渡江次序，以及部队上下船的秩序；雇请水手，对他们进行宣传教育，并给予生活照顾等。

当然，顺利渡江的前提是红军要打开江北的局面，这责任就落在了陈赓的肩上。他得到江北偷袭成功的信号后，即命令 1 个营在渡口维持秩序、守卫渡口，自己亲自带两个营过江。此时，天已微明，东方天空露出鱼肚白。江边到通安州有 40 里地，但有 10 多里陡立的上坡路，像是挂在悬崖绝壁上，并且有

---

①《刘伯承传》，当代中国出版社 1992 年版，第 115 页。

一段不短的路面仅能容一个人通过，一面是望不见底的深谷，掉下去便粉身碎骨，另一面是绝壁，上山宛如爬梯子。陈赓率领部队爬了约 10 里路，快到山顶时，发现左翼山头约有敌人两个营在运动，右边山上也发现有敌军防守。敌人也发现了陈赓部队，两家便“噼噼啪啪”地接了火。

由于山道狭窄，两旁又是峭壁，陈赓部队无法展开，而超过干部团六七倍的敌人，一面以密集火力射击，一面顺着山间的羊肠小道向下滚大石头。冲在前面的人，有的中弹牺牲，有的被石头砸伤……干部团又是仰攻形势，情况相当严峻。

陈赓观察了很久，终于发现在小路上面 100 来米的地方有一个死角，石头打不着，可以集结部队。他就召集营连干部布置任务，决定在迫击炮和重机枪的掩护下，战士顺着山径一个个地跃进。石头滚下来，紧靠石壁躲闪，石头滚下去迅速跑步通过危险地带……这样，费了好长时间，才把一个排运动到隘口下那个“死角”集结；另一个连则沿着右边很陡的山峰爬上去。待两边都到了位，准备好了之后，陈赓命令小号兵吹冲锋号，“的达达的达达的的的”的号声一响，两路部队一齐向隘口猛冲，喊杀声震天撼地，把凭险据守的敌人打得丢盔卸甲，狼狈逃窜。因为陈赓有“乘胜追击，没有命令，不准停止”的命令，前卫营就不顾一切地追击敌人，一口气追到了通安州。

部队还没走进这座小城，便与刚从西昌、会理方向赶来的国民党军队遭遇，敌人是一个旅，也来抢占通安州，于是陈赓指挥自己的两个营与敌人激战。刘伯承得知这一情况后，对宋任穷说：“这是一次关系重大的战斗，必须不惜一切牺牲，坚决消灭敌人，占领通安州，保证全军顺利渡江。”于是宋任穷就带着江边这个营跑步上山支援。

由于敌人正面是开阔地，火力又强，不便正面进攻，陈赓指挥二营正面佯攻，一、三营迂回包抄，终于将敌人打垮，俘虏了敌团长以下 600 多人，声威大振。干部团不仅占领了通安州这座小城，还追击出去几十里。最前面的第五连，接到骑兵通信员送来陈赓的命令“停止追击，就地宿营警戒”后，才算结束。此战打开了红军北上的大门。

陈赓指挥这一仗，确实打得漂亮。当时干部团的作战科长韩振纪后来分析说：

> 他在指挥上最突出的特色，就是大胆果决，机动灵活，善于掌握情况，捕捉战机。应该打的时候，绝不放弃夺取胜利的机会；不该打的时候，坚决不打，毫不犹豫。攻取通安州的战斗就是这样指挥的，看见有利的形势乘胜追击，不顾一切；后来感到两翼兵力薄弱，继续追下去条件不利，中途就将部队收缩回来。从战术上不是打死仗，从战略上还有掩护大军渡江任务，战术动作与战略动作结合起来了。

巧渡金沙江这一壮举，成为古今中外军事史上的奇迹。红军九天九夜全部渡过江之后，敌人的部队才赶到金沙江南岸，渡船已全被红军烧毁，他们只好望江兴叹。红军宣传队编了一个小戏叫《烂草鞋》，是说国民党军队到了江边，什么也没有得到，只捡到了红军丢下的几只烂草鞋，作为他们的战利品。后来在红军中流行的《红军远征胜利歌》里有这样的歌词："三月打回贵州省，二次占领遵义城，打垮王家烈 8 个团，消灭周、薛两个师。四月里来向南征，打了贵阳打昆明，巧妙渡过金沙江，浩浩荡荡蜀中行……"巧渡金沙江，确实是长征中的关键之战。

红军跳出了几十万敌人构筑的包围圈，实现了渡江北上的战略意图，取得了长征中具有决定意义的伟大胜利，干部团功不可没，中央中革军委给予他们通令嘉奖。

四、从安顺场到夹金山

中央红军在会理地区休息了 5 天。干部团略事休息后，和大部队一起继续北上，朝大渡河方向前进。

蒋介石断言：红军过得了金沙江，过不了大渡河。因为大渡河虽然不比金沙江宽，但比金沙江深，水流比金沙江急，激浪翻腾，惊涛拍岸，漩涡一个接着一个，是一条咆哮着的恶龙。历史上太平天国的翼王石达开带着部队来到大渡河，由于无法渡河，招致全军覆没。蒋介石也认为红军必然过不了他重兵防守的大渡河，肯定要走石达开同样的路。

情况确实严峻：沿江 100 多里全是悬崖峭壁，江边没有河堤，有的地方傍着山崖只有一条曲曲折折的小路，有的地方根本没有路。红军奔袭大渡河上重要渡口安顺场，但无法架桥，找到的几只小船又太破旧，难以很快修复。为争取时间，军委决定红军沿江北上，夺取泸定桥。因此命令干部团，接替大渡河沿岸被红军主力部队占领的地方，担任警戒，以便腾出兵力去夺取更大的胜利。

5 月 27 日干部团奉命开往安顺场，路上接收了老铺子的警戒任务；走到了老雅贤，又留下了一个营；走到小水溪，把警卫排留下，叫他们警戒该地并寻找船只。到了安顺场渡口，陈赓留三营驻守南岸，自己领着干部团其他部队，乘搜寻来的和修好了的旧船过了河，扼守安顺场的渡口北岸。安顺场是个小镇，背靠巍峨的大山，面向奔腾的大河，但它当时是河上最大的渡口。陈赓指挥干部团在这里坚持了两天，挡住了国民党的追兵，护送红军的小部队过河。在红军主力夺下了泸定桥，全军过河后，陈赓才率领干部团于 30 日出发，去追赶主力部队，向四川省的天全、芦山等县前进。

这段路很难走，到处是灌木丛林和茂盛的杂草；有的地方是原始森林，树木稠密，藤葛缠绕，部队只能边开路边前进；有些地方根本没有路，所谓路，就是红军几万人踩出来的。过了宝兴县，就看见了西北方向那高耸入云的大雪山了，这就是有名的夹金山，海拔 4000 多米，冰峰林立，沟谷纵横，积雪终年不化，是挡在红军长征路上的巨大障碍。

老乡告诉红军：早晨和晚上切勿过山，山上大雪纷飞，寒气逼人，山风四起，遮天蔽日。要过必须在上午 9 时以后和下午 3 时以前，而且要多穿衣服，带上烈酒、辣椒等物好御寒壮气，还得拿上拐棍，好借力爬山跨越冰雪等。

红军感谢老乡的指教，但是他们只能用内心的革命烈火来融化雪山了。因为那时是 6 月，战士都穿的是单衣，背后又有追兵，没有时间，也没有法子像老乡说的那样做好充分的准备。

行军前，陈赓、宋任穷对部队认真做了动员工作，使大家有充分的思想准备，每个人都准备了一根棍子。陈赓挑选了一些精明强悍的人在前面探路，并在路两边插上路标，以免后面部队走错路，掉入雪谷，无法营救；同时布置了沿途的宣传鼓动工作，以激励大家战胜困难的勇气。

爬上雪山气温骤降，脚下的路冻得硬邦邦，大家气喘吁吁，很少有人说笑了，木棍着地的“咯咯”声却清晰起来。越往山上走，情景越是使人触目惊心，左边是白皑皑的雪岭，右边是陡立的冰崖，中间是晶亮的冰雪路，看不出深浅高低，一不小心就会摔倒，甚至会跌到山沟里去。开路先锋们用刺刀在雪地上挖了踏脚孔，后面的人就手拉手踏着他们走过的脚印谨慎地前进。行进中不时听见惊呼声，就会有木棍和绑腿伸下来，帮助跌倒的人、落进沟壑中的人向上爬。

山上雪雾弥漫，时浓时淡，人行其中，宛如腾云驾雾；山风挟雪，漫天飞舞，单薄的军衣抵挡不住风雪的袭击，身上脸上像是被无形的尖刀刮着刺着。人们浑身哆嗦，牙齿打战，就是把所有能披的东西披在身上也无济于事。越往上爬，空气越稀薄，呼吸越困难，人们头晕腿酸，一步一喘，一步一停，要是谁坐下来，就会永远起不来了。

爬雪山，对于双腿负过重伤的陈赓当然更困难，但他豪情满怀，蔑视艰险，不仅带头爬山，在困难的时候，还能带头呼口号，激励大家战胜雪山的勇气。队列中鼓动口号声此起彼落：

“快走啊！踩着前面的脚印走！”

“千万不要坐下！坚持就是胜利！”

“鼓足劲儿，光明就在前面！”

……

这些鼓动性极强的喊话声回荡在夹金山的高山和峡谷，给人们以很大的力量和信心。身体弱的，战友替他背枪背背包；有病的，战友们就搀扶着他走。宋任穷后来回忆说：“那时的喊话声，已经过去 50 多年了，每当忆起红军长征过雪山的情景时，仿佛重新听到这喊声在耳边回响，心里总是热乎乎的。”

部队将走到山顶，突然来了一阵冰雹，劈头盖脸打下来，打得大家头上脸上生疼。这真叫作祸不单行，大家只有用手捂着头向前走。冰雹过后，阳光灿烂，万里晴空。到了山顶举目一望，只见银峰环立，冰雪千里，一片琼楼玉宇。反射着阳光，这白雪的世界像是透明的。人们又忘了上山的艰苦，为这无边的景色欢呼起来。

红军长征还遇见过一座雪山，那就是在到四川省北部毛儿盖之前翻越的。在爬到海拔 5000 米的这座山顶时，陈赓找了一个避风的地方休息，接着宋任穷、萧劲光、郭化若、周士第、罗贵波、莫文骅、冯雪峰等十几个都聚拢来了。这时大家又饥又渴，忽然有人说，可以挖雪拌糖吃“冰激凌”嘛！于是大家纷纷拿出口缸，争着去挖干净的雪盛在缸里。李一氓问：“谁有糖？拿出来公开。”于是很多人把自己珍藏的最后一点儿糖和糖精，拿出来分给大家。周士第一边吃着一边喊：“我的冰激凌，比上海冠生园的还美。”陈赓说：“我这冰激凌是安乐园的，更美。”周士第笑着说：“安乐园给了你多少宣传费？”陈赓哈哈大笑说：“冠生园的广告费，大概花得也不少。”这种乐观主义精神，似乎把雪山都融化了。

五、征服草地

1935 年 6 月 12 日，红一方面军第二师的先头部队和红四方面军第二十五师在四川省懋功（今小金县）地区胜利会师，大家兴奋异常，热烈拥抱，欢呼雀跃，激动得热泪盈眶，喜讯迅速传遍两个方面军。14 日，毛泽东和朱德一起来到达维镇。

中共中央领导人来到了达维镇，红四方面军第二十五师师长韩东山率领部队列队欢迎。他在 1982 年发表的回忆录中写道：

> 我们高呼“向一方面军老大哥学习致敬”、“向中央首长致敬”的口号声经久不息。过去听过毛泽东、周恩来、朱德等首长的名字，这次见了面，却一个也不认得，心中好不焦急。正在这时，我在中央首长的行列中，发现了陈赓同志。他在鄂豫皖任过红十二师师长，我曾在该师任副团长，彼此比较熟悉。这时，他是军委干部团团长。经他介绍引见，我认清了各位中央首长。我代表全师指战员向首长表示了崇敬的心情。

第二天，陈赓和他说：“老韩哪，毛主席指示今天晚上由军委宣传队演出，开个一、四方面军驻达维部队联欢会，要你在会上讲话。”韩东山不信，认为是他开玩笑，怎么会让他在这种场合讲话呢？经陈赓再三说他才相信了。那天联欢会开得很热闹。会后举行了会餐。

部队在懋功地区进行整顿，共住了 4 天。然后，干部团经两河口北上，又翻过一座雪山——梦笔山，到达了一个较大的居民点卓克基，最后翻过打鼓山，到达毛儿盖附近的沙窝地区。

懋功会师是一个伟大的胜利，它粉碎了蒋介石妄图阻止一、四方面军会合的计划，为两支红军开创新的局面创造了极为有利的条件。但是这时内部又出现了问题，即野心家张国焘的作祟。

两个方面军会师后，因为陈赓曾在红四方面军工作过，中共中央派他到四方面军去多做工作。陈赓在大别山工作时，曾反对过张国焘的错误路线，在上海治伤时还向中央告过张国焘的“状”，张国焘一直耿耿于怀。陈赓到了四方面军，张国焘见了他问：“你在一、四方面军都干过，觉得哪一个部队好些？”陈赓是个光明磊落的人，从不模棱两可，隐讳自己的观点。他回答：“依我看，两家各有优、缺点。一方面军打仗勇敢，群众纪律好，政治工作不错；四方面军打仗好，干部、战士的战斗作风也好，只是政治工作、群众纪律比较差。”这本是真情。红四方面军差的地方，也正是张国焘错误路线所造成的。张国焘听了陈赓的话竟然大怒，拍桌子大发脾气骂人。此后，就陷害陈赓，说他是“国民党的侦探”，并命令其控制的川、陕省委作出杀害陈赓的决定。中共中央觉察到张国焘的问题，为了陈赓的安全，周恩来派人送信给他，令他赶快回红一方面军来。

一、四方面军会师后，中革军委决定干部团同四方面军的红军大学合并，组成新的红军学校，干部团的机构便撤销了。由于张国焘排斥陈赓，陈赓就不在这所学校任职。有关情况，宋任穷在他的回忆录中写道：“一、四方面军会师后，中央决定干部团同四方面军的红军学校合并，改编成新的红军学校。红军学校的校长是倪志亮，政治委员是何畏，教育长是李特，政治部主任是刘少奇。由于张国焘要整陈赓，陈赓同志无法在红军学校工作，被调到一军团任师长。”

根据毛儿盖政治局会议决定，红军分两路继续北上。右路军为一方面军的一军团、三军团和四方面军的四军、三十军，以及中央纵队一部与新成立的红军学校；左路军为四方面军的九军、三十一军，一方面军的五军团、九军团等部。8 月 21 日，陈赓所在的右路军从毛儿盖地区出发，北行 40 里，就进入了荒无人烟的草地。

大草地荒无人烟，到处是野草丛生的沼泽和散发出腐臭气味的黑色淤泥潭。天气变幻莫测，时而狂风四起，大雨滂沱，时而漫天飞雪，冰雹骤降。稍有不慎，踏进泥潭就可能被吞没。严重的问题是没有吃的东西。过草地前，有的部队找些青稞磨成粉带上，有的把青稞粉弄成炒面作干粮，但是数量很少，不久就吃光了。有的指挥员命令杀死自己的战马给战士吃，有的叫杀死驮帐篷的牦牛。实在没办法时，有人把自己的皮带、皮衣放在锅里煮了吃。能吃的野菜、野草被前面的人吃了，后面的部队只好找些不认识的野草充饥，有的人错吃了有毒的草牺牲了。饥饿使战士的体质大大削弱，也就无力与草地进行艰苦的斗争。红一军团政委聂荣臻曾致电红三军团长彭德怀说：“一军团此次因衣服太缺和一部分同志身体过弱，以致连日牺牲者约百余人。经过我们目睹者均负责掩埋，在后面未掩埋的一定还有，你们出动时，请派一部携带工具前行，沿途负责掩埋为盼。”由此可见一斑了。

在过草地时，陈赓也遇见了一件他终生难忘的事。

太阳偏西了，陈赓感到十分疲惫，掉下队来，同他那也十分疲惫的瘦马慢慢地朝前走着，来到一个掉队的小红军的身旁。这个小家伙看来不过 12 岁，一口四川腔，圆溜溜的脸，一双大眼睛，两片薄嘴唇，鼻子有点儿翘，穿着一双破草鞋的脚板子冻得又青又红。陈赓靠近他身边说：“小鬼，你骑一会儿马吧。”

小鬼摆出一副满不在乎的样子，盯着陈赓那满脸胡子的瘦脸，微微一笑说：“老同志，我的体力可比你强多了，你快骑上走吧！”

陈赓用命令的口吻说：“叫你骑你就骑，骑一段再说！”

小鬼用倔强的语气回答：“你要我同你的马比赛吗？那就比一比吧。”小鬼把腰一弯，做着一个准备跑的姿势。

“那，我们就一块走吧。”

“不，我还要等我的同伴哩。”

陈赓无奈，从身上取出一小包青稞面，递给小鬼说：“你把它吃了。”

小鬼把身上的干粮口袋一拍，说：“你看，鼓鼓的嘛，比你的还要多呢。”

陈赓终于被这个小鬼说服了，只好爬上马背，一个人朝前走。

不知为什么，陈赓此时的心情总是平静不下来。他脑子里总是闪动着那孩子的影子。想着想着，突然喊了一声：“不对，我受骗了！”急忙掉转马头，向来路奔跑而去。

当陈赓寻找到那个孩子的时候，已经晚了。

陈赓把小鬼抱上马背，有一件硬东西触到他的手，急忙摸出来看，原来正是小鬼那个鼓鼓的干粮袋，里面只有一块烧得发黑的牛膝骨，上面留有几个牙齿印。

正在这时，小鬼停止了呼吸。

陈赓一只手紧搂着小鬼的尸体，一只手狠狠地给自己一个嘴巴：“陈赓啊，你这个大笨蛋，怎么对得起阶级小兄弟！”

讲这个故事的红军老作家陈靖在 1983 年 10 月 3 日写道：

> 这位在黄埔时代就被称为“黄埔三杰”之一的人物，人们只知道他是天不怕、地不怕、鬼不怕的英雄，怕的却是一个廖（仲恺）先生；第二次国内战争中，又有人传他怕彭（德怀）总。但谁也不知道他还有第三怕……这就是陈赓同志怕同小孩子开玩笑，怕听小孩子生病，怕听小孩子哭……

如果陈靖说的符合事实，那陈赓这个“第三怕”，大概就是从这个《马背上的小红军》的故事开始的吧？

红军过草地又发生了一件大事，就是军委副主席周恩来病倒了，高烧不退，医生诊断是肝脓肿和阿米巴痢疾，药早已用完了，无法医治，烧得昏迷不醒。毛泽东赶来看望，彭德怀听说后，也带着陈赓、萧劲光赶来了。看见周恩来醒不过来，大家都很着急，但没有办法。

这时陈赓说："把他交给我吧！我当过医生，会想办法给他治的。"

彭德怀瞪起了眼睛："你当过医生？我怎么从来没听说过？"

陈赓说："我在中央特科工作时，在上海开过医院，除了拔牙和接生，我都干过。恩来同志那时还到我的医院住过哩。"

彭德怀皱起了眉头："冒牌医生能算得数吗？这可不是开玩笑的事。你有什么办法？"

陈赓挥着手："首先要降温，这样高烧下去不行。赶快弄些雪来，给他肝区和额头实行冷敷，兴许有救。"

毛泽东张眼一望，周围是一片草地和水淖子，哪来的雪？陈赓指着一座小山说："那山的背阴处一定有。"

于是他带着人和马到了那个小山上，那里果然有雪。回来用油布缝了几个袋子，装上雪，给周恩来额头及肝部等处放上，果然有效。过了几小时，周恩来终于醒了过来。

毛泽东和彭德怀这才放下了心，他俩安慰了周恩来一番后，彭德怀对萧劲光说："你要不惜一切代价，派人把周副主席抬出草地。"

萧劲光急忙从休养连接来邓颖超，又从迫击炮连抽一个排当担架队。陈赓自告奋勇当担架队长，跟着担架走。他的双腿都负过重伤，走起来一瘸一拐，但他坚持干，一步也不离开担架。

邓颖超也有病，患的是肺结核，痰中带血，不断发烧。她到了周恩来身边，看他脸色青灰，瘦得变了形，脸上胡子很长，她流泪了。给他盖毛衣时，发现毛衣上有虱子，她拿起毛衣边找边掐，总共找到了170多个，把指甲都染红了。

周恩来肚子疼得厉害，邓颖超扶他下地大便，排出了半盆棕绿色脓汁。真是奇迹，肝里的脓全从肠子里排出来了。

周恩来看见抬担架的战士身体也很虚弱，不忍心叫他们再抬，几次硬要下担架改为骑马，都被陈赓按住。他说："现在我是担架队长，你是病号，上边交代了，你得服从我的指挥。"

周恩来居然没吃什么药，身体就一天天好了起来。周恩来说："陈赓，你是一员虎将，又是一员福将。谁遇到你准保都有好运道。东征时，你把蒋介石从战场上背下来，救了他一条命；如今你又救了我一条命。"

陈赓说："要是早知道那小子后来变得那么坏，那时他想自杀，真该不管。"

经过7天7夜的艰苦跋涉，红军终于从荒无人烟的草地走了出来，到达了班佑。这是四川省北部的边沿，可以看到牧民们为了临时躲风避雨修建的简易房子了，他们是以牛粪作燃料，屋中没有人，却留有一堆堆的牛粪。

这时一个意外消息传来。张国焘提出种种借口，不服从中央指令，擅自命令右路军南下，企图分裂和危害党中央。中共中央和毛泽东为贯彻北上方针，并避免红军内部可能发生的冲突，决定率红一、三军团及中央纵队迅速向北行进。9月中旬进入甘肃省境的白龙江，走栈道，越过有“千里雪”之称的岷山，攻克天险腊子口，占领岷县。至此已经离开了藏民聚居地，到了回汉民族共处的地方了。

由于红军行动迅速，并难以猜测，蒋介石和四川省军阀都追赶不上，于是蒋介石急忙命令驻扎在甘肃省、陕西省的东北军和西北军以及一些杂牌部队，共二三十万人，在渭水一线布防，堵截红军。

红一方面军在岷山上的哈达铺进行了整编。北上的一部分改称陕甘支队，下辖大队，陈赓就任第十三大队的大队长。在解放战争中，他曾说：“我当大队长，骑着马在前面走，不敢回头看，因为一看就把整个大队看完了。”红军长征减员很大，但兵都很精，一个个都是经过千锤百炼的英雄，战斗力很强。部队通过六盘山的时候，第十三大队奉命抢占一个要点，曾被敌人几个团包围起来，但部队在陈赓指挥下奋勇作战，终于冲出了重围，敌人却被打得晕头转向，始终弄不清红军是多少兵力。

红军一部佯攻天水市，诱使敌人主力着急地向那里集中，进行防御。红军却以急行军在武山、漳县之间，顺利渡过敌人所谓的渭水封锁线，占领榜罗镇和通渭城，把敌人主力远远甩开了。

1935年10月19日，陈赓随中央红军长征二万五千里，途经11个省份，终于到达了陕西省北部的吴起镇，与红十五军团胜利会师。这一人类历史上的奇迹，宣告了国民党军队围追堵截消灭红军的企图的破产，预示着新局面的必将到来。

蒋介石虽然不断遭到失败，但并不死心，判断红军虽然抵达陕北，但已疲惫不堪、溃不成军，决定趁红军立足未稳，加以围歼。于是命令国民党第五十七军为左路军，由庆阳、合水县出动，经太白镇东进；国民党第六十七军由洛川北上富县，尔后逐渐向北压缩，对红军构成东西合围之势。

11月3日，中国工农红军西北革命军事委员会成立，毛泽东任主席，周恩来、彭德怀任副主席。陕甘支队与红十五军团合编，恢复了红一方面军番号。红十三大队也恢复了红十三团的建制，陈赓即改任为十三团团长。部队经过短暂休息，体力得到了一些恢复，但是棉衣还补充不上，陕北高原的凛冽寒风劲吹，致使很多战士得病住院。在这种情况下，红军还是要为粉碎国民党军队的新的“围剿”作战。

11月5日，中革军委决定在两股敌军之间的直罗镇地区布阵迎敌。

直罗镇位于葫芦河中段，东距富县，西离合水均百余里，三面环山，一面临水，是两股敌军之间的纽带，斩断这个纽带，有震撼全局的作用。

11 月 18 日，红一军团和红十五军团的团以上干部，走上直罗镇西南的山头，鸟瞰全镇地形，一条道路、一段寨墙、一个土坡、一棵小树……都观察得很仔细。大家都知道这一仗有决定意义，是进入陕甘根据地的第一仗，不能有丝毫疏忽。

红一军团领导认为，现在有了革命根据地，部队已经有了后方，部队中的伤病员可以不用跟着部队行动了，全部留在后方。军团参谋长左权亲自下部队落实此事，他知道陈赓双腿有战伤，长征中又劳累过度，就亲自来到十三团，劝陈赓不必去前线了。左权和陈赓是黄埔军校一期的老同学，还是陈赓在 1925 年介绍左权加入中国共产党，两人在红军中又朝夕相处，感情一直很好。左权劝陈赓这一仗不必去了，他可以替代陈赓指挥十三团。

十三团由左权指挥，陈赓没有什么不放心的，但他却说啥也不干，笑着说："人家新官上任三把火，你却泼我一瓢水。"左权知道他的心情，但看他在长征中由于长期营养不良，弄得面黄肌瘦、行动更为困难的样子，思索了一下说："你要真的不想离开部队，那就给你配备两匹马，换着骑，不要下马。"陈赓还是不接受，说："指挥作战哪能骑着马呢？长征我是走来的，不是骑马来的。"左权没办法，就把十三团特派员欧致富找来，嘱咐说："你要马上去落实一副担架。从现在起，你和担架都不能离开他。"

部队从吴起镇隐蔽前进，因为要绕过敌人的几个据点，大多是夜行军，所以比较疲劳。当团长的陈赓更要比大家多走很多路：大部队出发前，他要做很多准备工作，派出部队侦察、搜索、警戒，行进中时刻防备出现意外的情况，等大部队过完，他又得折回来检查收哨，搜集部队情况等。这样的长途奔波，陈赓伤残的腿变得更瘸了，拄的棍子都被撑得一弯一弯的，但就是不上担架。

有一天，陈赓发现欧致富的腿也瘸了，也拄起棍子来，就说："过去算命先生说逢单空，你信不信？"欧致富说："谁信那一套。"陈赓说："我现在信了。十三团出了个独脚团长，又出了个独脚特派员。你不信也得信。"说得大家都笑了。他又问欧致富："你看我俩像什么？"欧致富笑了："还能像什么？像个兵呗。"陈赓说："我看拄着棍子一瘸一拐的这个走相，像一对叫化子。"欧致富说："你要化装成叫花子，我一眼就可以看出来……"陈赓笑了："那倒是，在上海做地下工作，我什么都敢化装，就是不敢化装要饭的。"

军团派马匹接陈赓去开会。晚上回来，他兴奋地说："喂，你们谁杀过牛？这回可要杀牛啦！"还说："这头牛，自从红军进入陕西和甘肃省后，老跟着啃屁股。我们虽然砍了它几节尾巴，都没有能使它老实点。这回可要宰他的牛头，给它开膛破肚了。"这牛指的是东北军第一〇九师师长牛元峰。

陈赓说："十三团打了娄山关，以后一直当后卫，掩护全军。这次我抢来个硬任务，就是打头阵，拦着牛头打。不过大家不要杀红眼就什么也不顾了，一定要注意政治瓦解。有两句口号大家要记住：一句是'宽待东北军'，一句是

‘欢迎东北军掉转枪口打日本！’”

这下可把大家搞糊涂了。一个营长提出：“这是打仗还是去贴标语？”陈赓严肃起来：“怎么？打仗就没时间贴标语啦？现在是又要打仗又要贴标语。你一喊话，他就放下枪过来，那才是真本事。大家不要忘记，东北军是张学良的队伍，他们的老家让日本鬼子强占去了。”

那时和东北军相遇，上级规定要积极开展政治攻势：要喊口号，要写“中国人不打中国人”“团结起来，一致抗日”等标语，还有的部队扎起牌坊，贴上“莫把亲人当仇人，勿将他乡当故乡”的对联，横批是“打回老家去”等。部队走了，留给东北军看。

11 月 20 日晚，命令来了：各部队按预定方向奔袭前进，拂晓前包围直罗镇。

部队没问题，一路小跑，说走就走。可是苦了陈赓，他拄着棍子走夜路非常吃力，渐渐和部队拉开了距离。欧致富急了，想起左权的指示，马上下命令：“警卫员，背团长！”这时，为了跟上部队，陈赓也不敢再拒绝，只好由两个警卫员轮流背了一段路。就这样，还是追不上部队。陈赓急了，自己喊起了担架。上担架时，陈赓说：“辛苦你们了。”接着长长叹了口气，说：“这可真是抬着将军上阵了。”

赶到指定位置，第十三团封锁着直罗镇的东北面，和其他部队一起把镇子团团围住。拂晓发起总攻，立即红旗飞舞，枪炮齐鸣，硝烟四起，杀声震天，战斗异常激烈，敌人被迅速分割成几块。这时，在会上提意见的那个营长跑来了，气呼呼地向陈赓报告：“团长，有半个营的敌人被我们堵住了，喊话他们也不缴枪，怎么办？”陈赓说：“你呀，性急吃不了热豆腐。古人大战三百回合，还不分胜负。你才打了多长时间？一个回合还不到，人家就投降？”欧致富说：“你不会用刺刀捅掉几个再喊。不杀鸡给猴子看，谁信你的威风呀！”

营长拍了下自己的后脑勺，嘟囔着说：“是这个道理，硬的他还没吃，怎么会服你软的？”回去后，叫部队猛攻一阵，再喊话。发现一喊话，敌军官就用手枪威胁士兵。他就开枪把那个军官干掉了，敌人马上乱了营，战士冲上去，敌人立即放下枪举手投降了，有的还连声喊着：“我举过两次手啦！别打，别打啦！”

解决了前沿敌人后，陈赓指挥部队插入纵深，发展得很顺利。不到两小时，兄弟部队就打到了敌人的师部，敌师长牛元峰带着一个营的部队，钻到镇子东南角上的一个土围子里，想固守待援。但是部队失去指挥，漫山遍野乱跑，红军也就漫山遍野去抓，很快，就俘虏了 1000 多人，敌第一〇九师基本覆灭。

这时，周恩来到前线视察，战斗还未完全结束，冷枪冷炮还在四处飞鸣。周恩来见到陈赓，问起了战况，陈赓发牢骚说：“小鱼小虾抓了不少。听说那头‘牛’还没有套住，你就叫我们团去宰这头‘牛’吧。”

周恩来笑了："老陈呀，还是那么'好战'。你只知道十三团拼刺刀厉害，可还有个美称，叫'猴子兵'，跑路打敌人援兵也是拿手好戏咧。你们就到张家湾一带打敌人的援兵吧！这里的'牛'，十五军团部分部队困住就行了。白天他跑不了，我们准备晚上放他出来，正好在运动中歼灭他。"[①]

陈赓听周恩来副主席这么一说，不好再磨下去，急忙收拢部队，向西边的张家湾奔去。这样，第十三团很快就和赶来增援的敌第一〇六师接上了火，协同红军其他部队歼灭了该师一个多团，余下的敌人，回头向西边的甘肃省方向逃走。陈赓又指挥他的"猴子兵"迅速向东赶来，准备参加消灭羊泉之敌。这时传来胜利消息，敌第一〇九师的牛师长，在突围逃跑中被击毙了。羊泉之敌大概得到了消息，急匆匆地向东跑回富县去了。至此，敌人精心策划的"围剿"被彻底粉碎了。

回师路上，那副担架还不离陈赓左右，他发现了，对欧致富说："原来左参谋长派你这么盯着我呀！不过，你算完成任务了。你要知道，抬上阵光荣，抬下阵呢？人家会说你是'败将'，是伤员，不好听。叫他们快去抬真正的伤员吧！"其实，他在这次战斗中是负了伤的，流弹击中了他左手拇指，只是他不愿意声张就是了。

直罗镇战役全歼敌军第一〇九师及第一〇六师 1 个团，俘敌 5300 余人，缴枪 3500 余枝。11 月 30 日，中共中央在富县东村召开红一方面军营以上干部大会，庆祝红军大会师和直罗镇战役的胜利。毛泽东在会上作了《直罗镇战役同目前的形势与任务》的报告，指出这一胜利，不仅标志着蒋介石对陕甘苏区第三次"围剿"的破产，也是红军长征结束后新局面的开端，它为中共中央"把全国革命大本营放在西北的任务，举行了一个奠基礼"。

六、东征与西征

1935 年冬，中国共产党为了民族利益，声明停止内战，一致抗日，要求山西省军阀阎锡山，准许红军通过他的领地开赴前线，对日本侵略军作战。

阎锡山不答应。他在山西省统治了几十年，已拥兵 8 万，建立了自己的钢铁厂、兵工厂，修建了铁路、公路，社会基础也较雄厚，俨然是个土皇帝。红军到达陕北后，他在全省普遍推行严格的闾甲制度，而且在沿黄河东岸十多个县构筑工事，设置高碉暗堡，派驻重兵，建成了所谓"攻不破的堡垒防线"。

中国共产党为了实现自己的抗日主张，打破国民党军队的封锁，决定红军东征。为此，从政治思想、战术技术到组织编制，都进行了全面整顿。

陈赓被任命为红一师师长，下辖红十三团和红一、三两团。政委杨成武，

---

① 欧致富：《抬着将军战直罗》，原载《星火燎原》丛刊第 1 期。

副师长杨得志，参谋长耿飚，政治部主任谭政。统辖 3000 人，参加东征。

这一年天气回暖较早，黄河提前解了冻，原定踏冰渡河的方案只得改为船渡。陈赓为部队的渡河训练日夜操劳，腿伤的折磨日甚一日，他却不露声色地强忍着、坚持着。

一天夜晚，忽然接到军团领导电话，叫红一师领导人立即到一个叫古峪村的地方，去领受当时兼任东征军总政治委员的毛泽东的指示。陈赓和杨成武骑马赶了 30 里地，到达古峪村已是深夜，毛泽东正在等着他们。他提着一盏马灯出来，把二人领到屋里炉旁坐下。窗外，风儿送来黄河的呼啸声，毛泽东侧耳谛听了片刻，笑道："明天你们就要渡河了，它在呼唤呐！"接着他详尽地询问了部队过河的准备工作，接着说："红军为什么不向北发展，不向南发展？而要进行艰苦的东征呢？因为我们要高举抗日的旗帜，挺进山西，防止日军入侵华北。有些同志认为东征困难多，还怕部队走了，因此丢掉陕甘根据地，这也不无道理。阎锡山这个土军阀会尽力阻挠红军东征抗日，蒋介石嫡系部队现在还没有进入山西省，但红军东征，他们也可能进入山西来堵截我们。"他笑着说："东征的关键，是过黄河之后多打几个胜仗，仗打得越好，影响就越大，陕甘根据地就越巩固，这样才会促使全国抗日高潮的到来。"说得二人心里热乎乎的。

陈赓和副师长杨得志巡视部队后返回驻地，刚刚铺开地图，一个参谋进来报告："军团部指示，要师里派一位领导同志亲自到指定的渡口进行实地勘察，进一步了解敌情，以便最后确定突破点。"

陈赓思忖了一下对杨得志说："老杨，看来这件事要你代劳了。怎么样？"

"什么怎么样？这本来就是我分内的事嘛！"杨得志嘴里回答着，心中却在想，按照陈赓的一贯作风，这事他一定要自己去的呀！怎么会……

"这几天我的腿闹'独立性'，在搞'破坏活动'。"陈赓看出了杨得志的心思，"不然这事是轮不到你的。"他一边说着一边向土炕走去，抚摸着费了好大劲才搬到炕上的那条伤腿。

"是疼？还是……"杨得志关切地坐到陈赓的身旁。

"说话声音轻些嘛。"陈赓把被子拉到身前顺势躺下，"酸、疼、木、麻四味俱全。"陈赓马上又扬起头来叮嘱道："哎，咱们君子协定，你要替我保密。我热炕上睡一晚就会好的。"

杨得志发现陈赓在竭力装出轻松的样子微笑着，但那笑容尚未完全形成就因为伤痛而凝固在嘴角上。他感到心疼，坐在炕边不忍离开。

"你去忙你的吧！让我睡一会儿。"陈赓说，"明天我送你出发。"

午夜过后，杨得志同侦察班制定了行动方案后，又返回陈赓住处，见他只盖着一条薄被睡得很熟，忙把一条毛毯轻轻地加在他身上。

在昏暗的小油灯下，杨得志深情地凝视着这位自己敬佩的兄长。他喜欢陈赓对革命事业的忠诚、坚定和那豁达豪爽乐观幽默的性格。杨得志在他的回忆录《横戈马上》中写道："我记起了斯大林同志曾经说过的一句话：共产党员是特殊材料制成的人。我想：陈赓应该算这样的人。"还说："陈赓同志不仅在红军内部，就是在敌人营垒中也是位很有影响的传奇人物。他的许多真实的故事和并非臆造的传说，完全可以写一本厚厚的、很有特点又有教育意义的书。"

杨得志同侦察班制定的"行动方案"，是第二天他要和侦察员化装成当地农民，去进行侦察。早晨，是陈赓叫醒了他，他一睁眼，就问："哎，你的腿怎么样了？"

陈赓笑了："不是早和你说过了吗？睡一觉就好，陕北的土炕胜过上海的大医院！"

按照总部要求，此次渡河不仅要统一计划、统一指挥，而且要统一时间。但当时所使用的表都是缴获来的战利品，质量、快慢很不一样。为了统一时间，2 月 15 日毛泽东特地电示各单位："渡河时间不可参差，一律自 20 日 20 时开始，以聂荣臻之表为准。"时聂任右路军渡河总指挥。

1936 年 2 月 20 日，夜幕降临，红一军团和红十五军团在绥德和清涧县之间强渡黄河，一下子就把阎锡山河东防线突破了。陈赓率领他的红一师从沟口附近渡河成功，然后冒着十冬腊月的风雪严寒，日夜向东方前进，先后占领了三交镇和留誉镇，进而攻克了石楼县城。

红一师的第三团是新组建的部队，积极要求锻炼自己，陈赓也很关照他们，为他们寻找机会。这样，他们一过黄河就在牛头镇消灭敌军两个连。

阎锡山见他河防垮掉了，急调他的王牌部队独立第二旅向红军占领区发动攻击。这个旅共 4 个团，自诩战无不胜，不可一世，外号叫"满天飞"。陈赓率领部队在石楼和中阳县之间的关上镇把它截住了，战斗进行得很激烈。陈赓在兄弟部队配合下，先攻击其旅部和第三团，迫其溃逃向汾阳县方向，然后连夜包围了它的第四团。

陈赓对杨得志说："今夜一定要把这股敌人搞掉！不能让他们真的满天飞了。"他们重新调整了部署，命红三团坚守关上镇东山上的阵地。2 月 24 日向被围的敌人发起总攻。红三团不甘落后，勇猛突击，俘敌 400 多人，缴枪百余枝，还缴获了 1 门山炮。战罢，陈赓对三团政委说："你们打得不错，这次是有意把你们放在刀口浪尖上锻炼了一下。"

这是红军东征后的第一个胜仗，吃掉的又是阎锡山的心头之肉，对敌人震动很大。阎锡山恼羞成怒，竟撤掉了独二旅旅长的职务。

3 月上旬，红一军团乘胜越过吕梁山脉，进至孝义县兑九峪地区，直逼同蒲铁路线。阎锡山惧怕红军进入他的晋中平原，急忙集中了 13 个步兵团和一个炮兵团据险扼守。陈赓在双方力量非常悬殊的情况下，和杨得志巧妙用兵，先后取得消灭阎军两个团的大胜利。

红一师在关上村和兑九峪的两战皆捷，巩固了红军前进作战的阵地，使东征军总指挥部以左路第十五军团佯攻太原，右路第一军团南下进攻临汾之锦囊妙计得以实施。

陈赓忍受着腿伤的折磨，指挥部队继续东进，20余天中，突破阎军在汾河一线设置的堡垒防线，在同蒲铁路沿线的洪洞、赵城、临汾等县连续作战，并曾一度打到太岳山区的安泽县附近。

红军到处进行抗日宣传，开展群众工作，受到广大人民的欢迎。在洪洞县不到半个月即有320多人参加红一师，汾西县则有1000多人参军。

与此同时，红十五军团向东北进军，直逼太原，先头部队一度占领了距太原市只有50里的名胜地晋祠。阎锡山惊恐万状，急忙四处调兵保卫太原，以致他的太原绥靖公署大门口都堆积起沙袋，架起机枪，准备红军打进太原城时进行抵抗。

阎锡山一面招架，一面急电蒋介石求援。蒋介石早想把自己的势力伸进这位“土皇帝”把持的山西省，乘机调集部队入晋。

按照毛泽东的设想，红军本应进一步向太行山推进，以便利用北平、天津自“一二·九”学生运动以来形成的抗日热潮，开辟一块抗日根据地。然而4月中旬，蒋介石派来了10个师，阎锡山也集中了5个师又2个旅的兵力，向东征的红军扑来；另外国民党军队对陕甘苏区的包围、进攻也在加紧。

本来抗击日本帝国主义的侵略，是中华民族的当务之急，但是强大的阻力尚不能使它得到顺畅的发展，不能不走曲折的路。同时，中共对抗日民族统一战线政策有了进一步的考虑，认为日本军队在华北的侵略，已经和英美帝国主义的利益发生了冲突。在这种情况下，作为英、美帝国主义在中国的买办阶级蒋介石集团，可能在他们主子的指使下改变对日态度。从而认为争取蒋介石抗日也有可能，抗日民族统一战线中也可以包括蒋介石在内……这是政策上的一个重大转变。所以决定东征的红军撤回陕北。同时，毛泽东、朱德以中华苏维埃人民共和国中央政府主席和中国人民红军革命军事委员会主席的名义，联名向南京政府及其军队发出《停战议和，一致抗日》的通电，阐明红军回师陕北是以此行动表示诚意。

为了开辟回撤的通路，陈赓指挥部队在蒲县附近突袭了国民党军队先头的关麟征的第二十五师。关麟征和陈赓是黄埔军校第一期老同学，除了政见不合外，关麟征总是摆着一副孤芳自赏、趾高气扬的姿态，陈赓和同学们都很讨厌他。这次战场上相遇，陈赓指挥部队迅速地歼灭了他一个营。拿起才缴获的电话，就听见关麟征在焦急地问下面部队的情况。陈赓笑着回答他：“对不起啦！关麟征，你那个部队被我陈赓消灭了。哈哈！”

关麟征虽然气得鼓鼓的，但听到这位老同学、这位“黄埔三杰”之一的大名，还是叫自己的部队后退让路。陈赓乘势撤走，于4月15日打开吉县城，俘保卫团等反动武装300余人，还抓到该县县长，缴获了不少物资和鸦片烟。5

月 3 日和 4 日，整个红一军团在清水关、铁罗关顺利地西渡黄河，结束了历时 75 天的东征。

5 月 5 日，红一师召开干部会议，陈赓在讲话中指出，东征中根据中央指示，红一师勇往直前，打破了敌人鼓吹的红军不能突破河防进入山西的神话，胜利地完成了任务。我们红军在山西省扩大了革命影响，唤醒了工农大众，苏维埃运动深入人心，推动了抗日高潮的到来。全军共歼灭和击溃阎锡山 31 个团，打破了国民党 10 个师的夹击计划，毙伤俘敌 17000 余人，扩大红军 7000 余人，缴获了大量物资，取得了重大胜利。

抗日战争中，有人问彭德怀："你指挥多少部队东征，一下子就把半个山西省打下来了。"彭德怀笑着伸出手指说："那时只有 12000 战斗兵。"

红一方面军的祝捷大会是在陕北子洲县一个小村子召开的。祝捷大会后，杨得志被调到红一军团第二师任师长，他一想到要同陈赓分开，心中很不是滋味。

陈赓热情地握着他的手说："我们搭伴才几个月，真是情同手足，打仗时相互配合得也很好，我不想让你走，向聂政委提过意见，但他坚持一字不改。没有办法，我只好送你上任了。万里征程路尚远，我们在战火之中各尽其能吧！"

1936 年陈赓在陕北（美国记者斯诺摄）

"我担心你的身体，你的腿！担心你那不要命的劲一上来，什么都不顾了……"杨得志充满了关切之情。

"腿是不打紧的，"陈赓想驱散惜别的伤感，故意说得很轻松，"它经过白色恐怖，也经过艰苦锻炼。你尽管放心，好好照顾自己的身体。"

1936 年 5 月 14 日，东征军经过短暂休息，即开始西征的动员和准备。军委决定：以红一方面军主力组成西征野战军，在彭德怀指挥下，向陕甘宁三省边界的广大地区进军。

宁夏地区的回族军阀马鸿逵、马鸿宾趁红军东征之际，不断侵蚀陕甘解放区。红军西征，陈赓的红一师打了先锋，给“二马”部队以迎头痛击，然后和红十五军团合作，包围了敌人两个团，俘虏1100多人，声威大振。然后红军全线出击，横扫了甘肃和宁夏东西1000余里，南北约500里的广大地区，解放了环县、定边、盐池等县城及预旺等重要城镇，扩展陕甘革命根据地为陕甘宁解放区，推动了回族人民的抗日救国运动。

6月下旬，西征进入第二阶段，红一军团的任务是向陇东的靖远、海源等县方向前进。道路越来越荒凉，连天的沙漠，白日烈阳烤灼，走路烫脚板，夜晚则寒风刺骨必须捡牛粪烤火，并且所到之处苦水多，人畜不能饮用。在这种困难的情况下，陈赓始终坚持把抗日统一战线工作摆在与作战同等重要的位置上。他严禁部属在回民区说猪字、吃猪肉、驻清真寺和打土豪筹款，督促部队为群众做好事，帮助他们建立革命政权。并且特别注意对东北军的宣传争取工作，在沿途的墙壁、门板、石崖等处，书写上“打回东北老家去！”“反对老蒋打内战！”“枪口对外，中国人不打中国人！”等醒目标语。

红军西进途中，遇到东北军的骑兵军，双方一接火，红军就消灭了它4个连。红军对被俘的官兵进行抗日救亡的宣传教育工作，然后交还了全部人马枪支，欢送他们回去。

西征途中，红军耐心地对张学良的东北军进行争取教育工作，东北军作战态度越来越消极，逐渐和红军形成休战状态：白天各守阵地，是对立的双方，入夜却是友好往来、共同要求抗日救亡的好朋友。

西征途中，陈赓率领他的红一师曾长时间同东北军骑兵第六师接触，并对他们做过许多争取工作。有一次，红一师和他们发生了战斗。东北军骑兵师第十七团团长董道泉是共产党员，见红一师来了，下令不打，但因事先没有联系，该团官兵被全部缴械。陈赓曾在红一师司令部热情接待过这位身材高大的团长，于是下令把这次战斗中俘获的人枪和马匹全部归还董道泉，并护送他们回去。9月18日，红一师第三团政委肖锋随军团政治部主任朱瑞和东北军骑六师师长白凤翔的代表进行谈判，签订了中国工农红军与东北军骑六师的“停战协定”。

当时的红一军团政治委员聂荣臻在回忆这段历史时曾说：“我们对骑兵第六师进行的工作是很成功的。”

七、山城堡之战

1936年8月底，为策应红二方面军和红四方面军北上，西征军挥师南下。陈赓率红一师由豫旺堡、同心县地区出发，几天急行军，进逼西（安）兰（州）公路。

9月18日，占领静宁县的界石铺。10月1日，又在甘肃省会宁县城外，参加对敌军两个团的阻击，接着又占领了会宁县城，为三大主力红军会师作出了贡献。

1936 年 9 月，红一方面军部分指挥员在宁夏豫旺堡。左起：左权、彭德怀、聂荣臻、陈赓（红一师师长）、孙毅、聂鹤亭。

当时红一军团政委聂荣臻，把迎接二、四方面军的任务交给了陈赓。他后来回忆说："我没有见过张国焘，因为我们当时另有任务，把一师师长陈赓留下就出发了。陈赓过去在鄂豫皖（苏区）当过师长，他和四方面军许多干部都比较熟，留下他来欢迎是最合适的人选。"

10 月 8 日，红四方面军的先头部队到达界石铺。9 日，朱德率总司令部到达会宁。陈赓作为一军团的代表急忙前去晋谒。见到一身破烂皮袄，长着满脸胡须，瘦得像个精灵的朱德，见到尚身着单衣的昔日战友们，陈赓对他们所经受的苦难历程已经一目了然，他一阵心酸。

朱德握着陈赓的手说："我带你去见张国焘，但你不要乱放炮，应该团结争取他。"

见了张国焘，寒暄之后，心直口快的陈赓难免又冒出几句刺耳的话。每当这时，朱德就连忙拉拉他的衣服，暗示他把火压下去。

10 月 22 日，红二方面军总指挥部到达了宁夏的西吉县南边的将台堡。也是陈赓代表红一军团去迎接贺龙的。三大主力的会师，使红军达到了近 8 万人，这对中国革命的胜利发展具有重大意义。

中共中央为三大主力的会师发来了热情洋溢的贺电。

蒋介石对红军三大主力的会合感到震惊，但又认为红军经过艰苦的长征，力量已大为削弱，应趁红军十分疲劳，尚未来得及休息的时候，一举将其消灭，根本不理会中国共产党一再呼吁的停止内战、一致抗日的主张。在红军主力向海原县方向转移时，蒋急调其嫡系部队 3 个军和东北军的 2 个军，追击红军主力。同时命令宁夏的“二马”在黄河一线进行堵截，南北夹击，消灭十分劳顿、立足未稳的红军。

11 月 18 日，红军三个方面军的领导人毛泽东、朱德、张国焘、彭德怀、周恩来、任弼时、贺龙联合署名下达了《决战动员令》，号召全体红军“一定要不怕疲劳，要勇敢冲锋，多捉俘虏，多缴枪炮，粉碎这一进攻，开展新的局面，以作三个方面军会合于西北苏区的第一个赠献给胜利的全苏区的人民的礼物”。

中共中央的对策是：红军在海原地区稍事休整，然后逐次向北、向东转移，诱敌深入，集中优势兵力打击蒋介石嫡系部队；东北军已有不愿打内战的倾向，并秘密和红军建立了一些联系，故对他们主要是加紧做统一战线的工作。

红军离开海原县后，马鸿逵的第三十五师，会同东北军的一个骑兵师侧后追击。陈赓率红一师和红十五军团的第七十三师，在宁夏的固原县何家堡地区歼灭了马鸿逵的两个骑兵团，俘虏千余人，迫使他们退了回去。

马家军的部队退回老家去，国民党嫡系胡宗南的 3 个师却自南向北压来。红军后撤，他以为红军是溃逃，因此紧追不舍；每天还派飞机出动寻找红军……看样子，硬是想和红军决一死战。

红一师的第十三团，是何家堡战斗的主攻部队之一，刚打了胜仗，部队情绪很高。现在胡宗南跟着红军脚印追，大家心里自然不舒服。行军路上，议论纷纷：“敌人跟着屁股追，为啥不打它呢？”

一天，行军路上休息，陈赓从后面赶上来了，他跳下马，和十三团的一些通信员、司号员、饲养员们聊了起来。这些人都是老兵，和陈赓很熟悉，加上他没有架子，爱开玩笑，所以他一来，大家就围拢上去，七嘴八舌地问：“啥时候打呀？师长，敌人追着屁股，多么讨厌。”

陈赓笑着回答：“我看，你们刚打了个胜仗，就翘尾巴了！啥时候打？得听上边的命令，我怎么知道。”

饲养员老单这时插话进来：“我看，要不了几天啦，准给它个回马枪。”老单在中央苏区就当饲养员，长征到陕北后，陈赓每逢遇见他，总是说：“老单，你去当个管理员怎么样？”他总是摇头回答：“不，我没能耐，我要为革命永远当马夫。”陈赓说：“能耐是在工作中锻炼出来的，我看你能行。”但老单始终不松口。现在陈赓听他这么一说，拍着他的肩头笑道：“我看，你的主意不错。怎么样？不要再当饲养员了吧？”老单还是摇头：“不，我还是当马夫好。”

部队开始继续行军时，陈赓对团政委魏洪亮说：“你们到达目的地，要想尽一切办法让大家喝上水。你没看见，战士们的嘴唇都干得裂了吗？”

望着陈赓的背影，魏洪亮心里感到温暖，觉得师长时时刻刻都在关心战士，关心部队。一路上，陈赓已经不止一次向团领导交代，要想尽一切办法，让大家喝上水。可是在这陇东黄土高原上，吃水比吃油还困难。山沟里流淌的水，又苦又涩，一股子硫磺味，闭着眼喝下去，不是身上发肿，就是拉肚子。当地的老百姓完全靠接雨水生活，这一路上，为了维护群众利益，部队从来没有痛痛快快喝过一碗水。

部队忍受着干渴，战士舐着干裂的嘴唇，向北又连着走了两天，11 月 19 日，来到了甘肃省环县城北面的山城堡地区。

踌躇满志的胡宗南认为红军主动转移为溃退，指挥其第一军步步紧逼，形成孤军深入，19 日占领惠安堡，企图两翼合围红军于宁夏的盐池地区。

其实，红军在山城堡地区早已严阵以待，红十五军团和红一军团第二师向山城堡西北之哨马营攻击，断其退路；红一军团主力由南向北，红四方面军第三十一军由北向南，摆开了对山城堡实施包围的态势。陈赓红一师的任务是攻击敌重兵防守的一座山头。

“这一仗，关系重大，有关全局。”战前，陈赓非常认真地向部属贯彻总部《决战动员令》的精神：“这是红军三大主力会师后的第一仗！这一仗打不好，敌人将会直插定边、盐池，然后进逼保安，威胁党中央……”

胡宗南的三个师遭到红军正面阻击了一下，才感到事情不太妙，便凭借山城堡周围山地，修筑工事准备固守。

红军计划 21 日进行反击，三个方面军都有部队参加。陈赓在第十三团积极请战的情况下，指派他们担任师的主攻任务。第十三团的左翼是红二师，右翼是红四师，形成了一种竞赛态势。

天已经擦黑了，敌人 5 架飞机还在空中盘旋着，侦察红军的情况。陈赓率领第十三团的干部隐蔽地接近到山下，进行侦察。敌人扼守的山头上修满了工事，山坡上摆着对空联络的布板，士兵们在山头上游荡……陈赓一面用望远镜观察，一面说：“看清楚没有？同志们，他们很骄傲哩！一副满不在乎的样子。看来，我这位老同学还不懂骄兵必败的道理。”然后指着十三团的突击方向对魏洪亮说：“你们的突击方向，一共 9 个碉堡，看清楚了没有？”

魏洪亮回答：“看清楚了。”

“你们团长不在，这次战斗只得由你这个政委指挥了。你看，那个大碉堡上竖着一个杆子，准是电台的天线，那儿可能是敌人的指挥部。估计大约一个团，你看对吗？”

魏洪亮说：“师长分析得对。我们团保证完成任务。”

陈赓嘱咐道：“敌人骄傲，要失败。你们在何家堡打了胜仗，可不能骄傲轻敌。告诉部队，敌人不是马鸿逵了，是国民党胡宗南部队的精锐，要有啃硬骨头的思想准备，要动刺刀、马刀。不过今天是夜战，夜战是我们红军的拿手好戏，要勇猛、快速，还要机动、灵活。”

看完地形，天已黑定了，既没有月亮，也没有星光，甚至到了伸手不见五指的程度。好处是，敌人很难发现红军的运动；缺点是，看不见山形地貌，行军困难，战士全凭自己的感觉，全凭夜间行动的经验，摸索着前进。

令人焦急的是，第十三团分两个攻击点突击了两次，都未能奏效。师指挥所一次次地吹号问攻击情况，魏洪亮身旁的司号员一次次地问他：“政委，怎么回答？”

怎么回答？团长不在，全部重担落在了魏洪亮一人的肩上。夜已经很深了，狂风怒吼，黄沙扑面。山头上的敌人在疯狂地向下射击，魏洪亮急得直挠头，想着陈赓交代的“这一仗关系重大，影响全局……”的话，心中更着急，急忙组织部队准备进行第三次攻击。

突然，黑暗中传来个声音：“魏洪亮在哪里？”原来是陈赓拄着根棍子，迈着伤残的腿，来到魏洪亮身边了。面对着魏洪亮焦躁不安的情绪，陈赓冷静而温和地说：“不要着急，好好研究一下原因在哪里。”

魏洪亮把两次突击的情况向陈赓作了报告。陈赓立即指出：“天太黑，地形不利，是一个原因。你们两处一起突，是可以的，只是忽略了加强主要的突击方向，平均使用兵力是不行的。马上把预备队调上去加强第三连，全团的火力，也要重点支援三连……”

正在重新部署的时候，三连连长王茂全跑来了，报告说：“第二次突击时，他们连的司号员摸上去了，并且一直摸到敌人的碉堡底下。他不见后续部队上来，只好自己又摸回来了。”

陈赓一听，高兴地说：“这个司号员很勇敢，很有办法，快把他找来！”

三连司号员来到陈赓面前，讲述了自己的故事。陈赓说：“很好，很好。现在你能把突击部队带上去吗？”

司号员背好自己的铜号：“行，我保证把他们带到敌人碉堡跟前。”

陈赓抓着他的手问：“听你口音像是江西老表。”

“是的。”

“好。走过金沙江、大渡河，跨过雪山草地的英雄，你一定能完成任务的。”陈赓高兴地说。

真是无巧不成书。十三团正在调动火力准备行动时，红四师第十二团团长邓克明带着部队经过十三团阵地，听说他们前两次攻击失利，正在组织第三次攻击时，立刻向自己的机枪手下命令：“把轻重机枪都架上，配合十三团作战！”

师长亲临指挥，兄弟团主动支援，又有勇敢的司号员带路，真是万事俱备。魏洪亮已确信不会再组织第四次突击了。

陈赓一声令下，二十几挺机枪发出怒吼，三连连长王茂全一手拿枪一手拿刀，喊了一声“冲！”部队像离弦的箭似的飞上山去。魏洪亮也跟着部队冲上了山。

胡宗南所谓的“精锐”，白天打仗还可以，夜战就不行了；他们武器好，火力强，远处射击占优势，红军摸到跟前近战就无法招架。红军又是枪打又是刀砍，几分钟后，胜利的号音就在山头响起。胡宗南的部队变成了一盘散沙，狼狈溃逃。这时，陈赓派警卫员跑步上山传达他的命令，只有 3 个字：追！追！追！

战斗结束，第十三团缴获了重机枪 9 挺，俘虏了 300 多人。这些人个个灰头土脸，嘴唇出血，除了受惊吓之外，他们已经两天多没喝过一滴水了。

这次作战前，大家考虑陈赓多次负伤，腿是半残废，不能打弯，行动不便，要求他在师部指挥就行了。但在十三团攻不上去的时候，陈赓及时赶到前线去，在那伸手不见五指的黑夜里，根本看不见路。有人问他：那时是怎么上去的？他笑着回答：“是爬上去的呀！”

山城堡战斗后，红军准备再战时，12 月 12 日发生了“西安事变”。因此，山城堡之战就成了结束十年内战的最后一仗。它对促进国内和平，转入抗日战争，起了重要作用。

第九章　走上抗日战场

一、第三八六旅旅长

为了适应国内革命战争向抗日战争转变的需要，1937 年 1 月，中国人民抗日军政大学（简称“抗大”）迁至延安。第一军团前往学习的干部共 60 多人，由陈赓带队赴延安。

“抗大”的前身是中国人民抗日红军大学，是 1936 年 6 月在陕西省北部的瓦窑堡（今子长县）成立的，后来迁到保安（今志丹县），“西安事变”和平解决后才迁到延安，此时组织机构也健全了。自有红军以来，第一次把一、二、四方面军及西北红军的军政干部集合在一起，总结革命战争经验，学习新时期的新思想。

陈赓在“抗大”是学员，还兼任一队队长，这个队的学员全是红军师以上高级干部。在校期间，陈赓才有时间总结多年来的作战经验，回忆了从北伐军东征到八一起义、大别山作战和长征以来，在战争中学习锻炼的体会，觉得收获很大。过去只是讨厌张国焘，对他的某些做法不满，也曾对他的错误进行过斗争，经过“抗大”的学习，加深了对张国焘反党错误的认识，思想上得到了提高。

陈赓在红四方面军工作过，没有架子，善于接近群众，对干部非常熟悉，深得大家信任，愿意和他讲心里话。这时，他本着对中国共产党负责的精神，敢于向中共中央和毛泽东直接反映情况。他说：“据我所知，这些同志哪一个都不是反革命，是我们在这场斗争中做得‘左’了。批评张国焘错误，不应该牵连下面的同志。”毛泽东十分重视陈赓的意见，亲自到禁闭室去找被关押的许世友等人谈话，征求他们的意见，迅速纠正了工作中的偏差。

1937 年 5 月，国民党派出一个“中央考察团”前来陕甘宁苏区。这是十年内战以来，国民党派到苏区的第一个正式代表团，说明国民党和共产党的关系正在逐步改善中。团员 17 人中大多是黄埔军校出身的国民党的军政官员。由于

1937年在延安红军大学，毛泽东（前排左二）、朱德（前排左三）与红军大学学员合影。前排左起：林彪（左四）、何长工（左五）、周子昆（左六）。后排左起：杨得志（左一）、杨梅生（左三）、陈赓（左四）、贺子珍（左五）、姚哲（左六）、肖兴奎（左八）、江华（左九）、谭家述（左十）、谭冠三（左十一）、刘型（左十二）、张际春（左十三）。

陈赓在黄埔军人中影响大，所以在这个代表团于28日到达延安后，中共中央就从学校中调出他来和这些人周旋。5月30日，陈赓陪同代表团参加了延安各界举行的“五卅”纪念大会，聆听了毛泽东等人的讲话。平时陈赓也抓紧时间和一切机会，向这些人宣传团结抗日的进步思想，终于使代表团团长涂思宗公开承认：“对红军的抗日情绪与艰苦卓绝的作风，共产党领袖团结的诚恳为至所佩服。”

1937年7月7日，日本帝国主义一手制造了“卢沟桥事变”，悍然发动了全面侵华战争。亡国灭种的危险，激怒并唤醒了中华民族，也激化了国民党内部的矛盾。中国共产党制定了全面抗战路线，促使国民党政府开始迈出了对日抗战的步伐，实现了中国历史上具有深远意义的第二次国民党、共产党的合作，迎来了全民族抵御外侮、争取解放的伟大时期。

全面抗战开始后，陈赓被调到红三十一军工作。1937年7月22日至25日，他参加了红军前敌总指挥部在宁夏召开的高级干部会议。然后，第三十一军和整个援西军一起，由司令员刘伯承率领，从甘肃省镇原县南下，经陕西省的旬邑、淳化等县，于8月下旬，到达三原县城西的石桥镇地区。

1937年8月25日，按照国共两党的协议，中共中央革命军事委员会发布命令，宣布红军改编为国民革命军第八路军（后改称第十八集团军），朱德为总指挥，彭德怀为副总指挥。红军改为 3 个师，第一一五师师长林彪，第一二〇师师长贺龙，第一二九师师长刘伯承。陈赓任第一二九师第三八六旅旅长，下辖 2 个团，共有 5000 余人。

9 月 6 日，第一二九师在石桥镇召开抗日誓师大会，陈赓担任大会总指挥。清晨，天上突然来了黑云，接着下起雨来，部队来到会场时，小雨变成了大雨，劈头盖脸洒下来，大家的衣服都湿了。陈赓急忙向刘伯承请示：典礼是否照常进行？或是改期？刘伯承说："革命的人民军队，只能随时随地充分利用天时地利去夺取胜利，不能让风雨阴晴来左右军事行动的既定安排，何况我们今天是在民族危机、时不我待的紧急关头，召开抗日誓师大会，大雨已经把我们衣服打湿了，躲它还有啥子意思嘛！"

就在这狂风暴雨中，陈赓指挥着几十名小司号员吹起了嘹亮的军号，然后站在阅兵台上用洪亮的声音宣布："八路军第一二九师抗日誓师大会开始！"接着，刘伯承发表了长篇讲话，举行授旗仪式；政训处主任张浩代表中共中央和中央军委，授给大家红军十年纪念章。

红军十周年纪念章

这次改编，对于红军具有深刻的历史意义，标志着国共合作和民族解放战争进入了一个新的时期。但是自从改编消息传出，就在指战员中引起强烈反响。如何转这个弯子，很多人适应不了，出现了抵制情绪，纷纷表示对国民党怀疑和

1937 年 9 月 6 日，陈赓（右一）在陕西省三原县石桥镇第一二九师召开的抗日誓师大会上担任总指挥，雨中留影。

不满。有人说:“蒋介石杀了我们那么多同志，那么多亲人，这个仇能了结吗？”有人说：“我宁愿回家当农民，也不穿国民党军装，不戴青天白日帽徽！”还有人怕群众怀疑红军变质了。经做工作，向大家说明：红军虽然改编为八路军，政治上仍然是共产党领导等等，指战员的思想弯子才慢慢地转过来。

刘伯承很理解大家的心情，所以讲话时着重地说：“经过我们党的努力，抗日民族统一战线建立起来了。过去，国民党是镇压和屠杀我们的敌人，今天却成了我们的友军，这应该怎样理解呢？我们共产党人是把祖国和人民利益看成是最高利益的，现在大敌当前，国家民族危在旦夕，我们要把主要的斗争矛头指向日本帝国主义。为了抗日救国，挽救国家民族的危亡，我们要把阶级仇恨埋在心里，和国民党合作抗日。从今天起，我们就是国民革命军第八路军第一二九师了。”他提高声音说：“改名字，换帽子，算得了什么？那只不过是个形式而已。我们是人民的军队，这个本质不会变，红军的优良传统不会变，我们要解放全中国的意志也决不会动摇！”刘伯承顺手拿出一顶缀有国民党帽徽的军帽，用手指着上面的青天白日帽徽说：“大家不要看这顶帽子上的帽徽是白的，可是我们的心永远是红的。同志们！为了救中国，暂时和红军帽告别吧！”说完他摘下了红军帽，戴上了这顶帽子。

全师指战员都戴上了新帽子，旧帽子怎么办？大家众口一词地说：“我们要把它包好，永远带在身边。”

然后由刘伯承领着指战员宣誓，大家都跟着他高呼：“日本帝国主义，它是中华民族的死敌！它要灭亡我国，灭我种族，杀害我父母兄弟……为了民族，为了国家，为了同胞，为了子孙，我们只有抗战到底……不把日本强盗赶出中国，不把汉奸完全肃清，誓不回家！”这个时代最强烈的呼声，真是惊天动地。

自从陈赓当上了红四方面军第三十一军军长，以至改编成的第三八六旅旅长，部队中的问题就一齐向他涌来，伤脑筋的事情很多。他的日记就多次写出他在建设和巩固部队方面的工作及良苦用心。

8 月 27 日

我上午参加了三十一军政治工作会议，发表了一些关于巩固部队、群众纪律及补充干部缺额等工作的具体意见。下午在司令部听取各师关于改编情况的报告。

8 月 28 日

我对三十一军改编后的工作有如下的意见：

1. 继续开展反张国焘路线的斗争。最近部队表现出一些非常严重的现象。虽然是个别的，如拉夫、把枪支马匹等作为私有，以及一些违反阶级道德的行为，这些完全说明张国焘路线的残余和军阀主义的倾向依然存在。今后应该抓住这些标本例子深入斗争，并给以纪律制裁，在实际工作中继续深入开展反张国焘路线的斗争。

2. 加强共产主义的基本教育和党的领导。要根本肃清张国焘路线的残余和军阀主义倾向，只有提高指战员的政治认识和党的绝对领导，才有保证。

3. 提高部队的军事技术及干部的技术素养。据我这几天考察，最近部队教育较偏重于政治（当然有它的作用），对军事方面不免要松懈些；即使有些军事教育，又过于偏重制式教练，所以至今部队的战术教育还是没有开始，这是重大的损失。在今后的残酷的抗（日）战（争）中，凭着过去的一冲，是无济于事的。

8 月 29 日

早起参加高级干部汇报，听取关于各团连级干部配备的情形。这些干部斗争历史很久，有丰富的战斗经验，但大部政治水平较低，战术素养缺乏，文化水平不高。这里更可证明加强干部教育的重要。

今天召集全军连长、参谋、参谋长上课。上午萧克同志讲授行军和防空，下午我讲铁道运输及渡河。

8 月 30 日

许多干部不安于位，考虑自己的去留，以致影响部队工作，发生纪律松弛的现象……要求各级司令部切实派出参谋检查。

今日军级特组会，各师师级干部参加，主要是检查半年思想意识上不为他人所知的错误。这证明反张国焘路线是有收获的。这些同志正在向布尔什维克道路上迈进着。

8 月 31 日

天雨，下午参加九十三师特别小组扩大会议。他们的发言，均不能从原则上去说明问题，枝枝节节，毫无系统，但已经能勇于揭发一些问题，总算是进步了。以后应加强对这些干部的基本理论教育，引导他们从原则上了解问题是非常重要的。

誓师大会后，陈赓的全部身心都投入了贯彻中共中央洛川会议精神和出师抗日战场的准备工作中去。他终日在几个团奔波，对军政训练、整顿纪律、纠正不正之风、反对游击主义习气，以及武器保管、领导方式、给养卫生……都要调查了解和处理。还要提高警惕性，防止汉奸、特务破坏部队等，忙得不亦乐乎。

就在陈赓行将率领第三八六旅出征的时候，他却意外地得到了一个特大喜讯，离别多年的妻子王根英来了。

陈赓 1933 年 5 月从上海去中央苏区后，王根英留在上海做地下工作，12 月被叛徒出卖，被捕入狱。她坚贞不屈，在狱中和敌人继续斗争三年多。

“西安事变”发生后，国内政治形势发生很大变化。抗日战争全面爆发后，情况变化更快。1937 年 8 月 19 日，正在南京参加国民党政府召开的国防会议的周恩来、叶剑英等人，根据和国民党签订的释放政治犯的条款，来到国民党晓庄“反省院”，访问政治犯。当看到全部政治犯名单时，发现绝大部分人都改了姓名，只有王根英、夏之栩和张琴秋 3 人用的是真名，因此就先把她们 3 人解救出来，接到了八路军驻南京的办事处。然后又通过她们 3 人了解到其他人的情况，周恩来、叶剑英又去把那些人也解救出来，然后陆续把她们经西安送往延安。

当脱离了苦海的王根英到达云阳八路军总政治部的时候，总政治部副主任邓小平即打电话告诉了住在三原的陈赓，陈赓急忙骑马赶到云阳镇。陈赓下马，王根英出门迎接，二人在院中相见，伸开双手，热烈拥抱，良久不语。据在场的人说：“当时人们看见陈赓这种举动，开始感到惊奇，但了解了他们夫妇的曲折经历，都为之深深感动。他们在大革命失败时结婚，在敌人追捕中共同生活过短暂时期，之后长期分离，苦难重重。这也是我们党和红军艰苦斗争历程的反映。一旦重逢，二人紧相拥抱是自然的。”

陈赓在 8 月 27 日《日记》中写道：

> 昨日根英由西安到云阳总政治部，小平同志加菜为我们庆贺。并另辟一室，使我们作竟夜之谈。是晚彼此互诉离情，直达深夜，尚无倦意，其快乐有胜于 1927 年武汉新婚之夕。根英在狱达四年，艰苦备尝，在敌威迫利诱下，始终坚持共产党员的立场，不为动摇，使我对她更加敬佩。从此我俩的爱情更趋稳定，而绝对不可动摇了。

云阳见面后，王根英随陈赓到第三八六旅，直至 9 月 15 日她才离开第三八六旅到延安去，进陕甘宁边区党校学习。陈赓在日记中写道：

> 下午，根英离部，准备明日随老柯（庆施）步行去延安。我深为她担心，因为她的体力较差，临时给她一匹编制外瘦弱的马，或可对她稍有帮助。离别时，彼此表面上都故作镇静，但根英已背着我流泪矣。

红军完成改编后，第一一五师和第一二〇师首先出动，于 9 月中、下旬到达山西省北部前线；9 月底，第一二九师开往山西省，陈赓率第三八六旅由三原县南桥头村出发，随师部行动。

八路军上前线抗日的消息轰动全国。陈赓部队出发前，在部队驻地天天有人来慰问，天天有人来参军。附近农民、学生来慰问的人更多了，还有从西安赶来慰问的，有人送食品，有人送锦旗，还有送“万民匾”的，部队是在爆竹声、锣鼓声、欢呼声、歌声和口号声中出发的。群众的热情激发了八路军指战员的斗志。

经过几天行军，第三八六旅于 10 月 7 日渡过黄河进入山西省，10 日到达同蒲铁路南段的侯马市。

这一次部队东进，与 1936 年红军东征的情况大不相同了。那次遇到的是阎锡山部队的拼死抵抗，不准红军踏上山西省的土地。现在，山西省形势异常紧张，日本侵略军已从北面打进了雁门关，攻陷代县、原平，正猛攻忻口；东来的日军从正（定）太（原）铁路线，叩击山西省东面的大门——娘子关，山西省军队已自身难保，阎锡山现在不是拒绝八路军东进，而是急盼着八路军快上前线，帮他保卫山西省老家。果然，八路军第一一五师上前线即取得了平型关大捷，歼敌1000余人，击毁汽车百余辆。第一二九师第七六九团也在10月19日，夜袭代县阳明堡飞机场，焚毁敌机24架，歼守敌百余人。

陈赓部队所到之处，人民群众都拥上来欢迎。许多妇女、儿童、老人送来鸡蛋、核桃和红枣，官兵们不收，就硬往怀里塞。有的地方摆设桌子，放上茶水、食品进行慰劳。他们挥舞旗帜，高呼口号，其热情真是溢于言表。

这时陈赓接到命令，急忙率领第七七二团的一个营乘火车赶到太原市，立即前往驻在成城中学校的八路军办事处。周恩来告诉他：原计划调他的旅北进到雁门关一线御敌，由于东边来的日军已占领井陉县，娘子关告急，太原势将沦陷，"你部已无北进的必要，你还是按照原计划，率三八六旅依托太行山脉，配合正面防御的国民党军队，侧击自娘子关西进之敌。"

二、艰难的初战

1937年9月8日部队刚刚改编完毕，陈赓就决定"5天内准备一次干部射击演习，两次干部野外演习，一次连的野袭"。他在9月21日的日记中写道：

> 早餐后，仍到十一连。到时该连已全部在野外，准备班进攻动作的演习。因连排干部无准备，动作无秩序。我认为这样演习必无结果。当由我亲自指导，以一班作示范演习，一面动作，一面讲解，动作一段，讲评一段。

下午，召集排长、班长，垂询班排近况。我讲了一些关于巩固部队的具体办法及班排长的领导方式，大家都很乐听。

一个旅长给一个班做进攻示范演习，给班、排长讲领导方式，这充分说明陈赓如何深入部队，如何尽心竭力地提高部队对日军的作战能力。

现在来到了抗日前线，只知道国民党军队对日军畏之如虎，一触即溃，但日军真实的战斗力究竟怎么样？装备怎么样？战术特点是什么？补给能力如何？完全不知道。当然也不是两眼一摸黑，兄弟部队已有了平型关、阳明堡等战斗胜利的经验，陈赓还曾总结兄弟部队的经验说："只有积极地采取运动战、游击战、山地战，配合阵地战、抄袭敌人，才能胜算……单纯防御只有丧失土地。"他也亲自去正面防御的国民党第三军了解些情况，听取自己旅派出的侦察人员的报告，但是这些都还是纸上谈兵。他焦思苦虑地希望能弄清楚这一切，改变自己部队的作战方法，克服指挥员的经验主义思想，以完成新时期赋予的新使命。

可是要使部队都能转变思想适应新的环境谈何容易？第七七二团是红军时期最有名的“夜老虎”团，它于 10 月 21 日夜袭长生口、蔡家岭之敌，由于游击动作生疏、夜间行动不肃静和一心想抓活的等原因，消灭了一些敌人，却只缴获了 4 支步枪，4 匹骡马，16 发炮弹……他们不知道捉日本军队的俘虏和红军捉国民党军队的俘虏是有多么大的不同。

这个被陈赓称作“为我对敌之处女战”的战斗，战果不大，影响却不小。他在《我的自传》中写道：使这一路从未受过袭击的“敌军大震，因而迟延敌人攻占娘子关，使我正面之（国民党）曾（万钟）第三军阵地，获得暂时稳定”。

所谓“获得暂时稳定”，是国民党孙连仲等部的数万大军不能阻敌进攻，竞相溃退，从而使国民党的第三军和第九十八军的第一六九师，在娘子关东南的重要阵地旧关被日军包围。正在万分危急时刻，日军后方遭到第七七二团的袭击，损失了约一个中队，于是对正面的进攻暂时停了下来，整顿后方及运输线。这就使受到极大压力的国民党在旧关的部队转危为安，得到了喘息机会，用以调整部署，改善防御阵地等。这就是后来人们常说的“一战解旧关之危”的故事。

10 月 22 日，陈赓根据情报判断：敌人正面没有进展，因此企图从测鱼镇经七亘村等地，自右方迂回，进攻国民党军队正面阵地的侧后。当即命令第七七一团在七亘村一线，进行运动防御阻击敌人。

七七一团到达目的地后，依托 1930 年山西军阀阎锡山军队和国民党军队混战时留下的旧工事备战。刘伯承接到报告后，马上指出：“不行，旧工事不可靠。”现在查不到他说这话的原意了。不知道是指工事废弃已不能使用了呢，还是警告他们，不要以为有了旧工事就产生麻痹大意的思想？或是认为旧工事已不能适用于新任务？……当晚，部队果然受到了敌人的袭击。

七七一团迅速退出阵地，被打散的部队很快又集结起来，归还建制。据说，当时有位在场目击这一情况的记者发出感叹：“你们打的胜仗倒并不叫我怎么惊奇，你们打的败仗才真叫人佩服。”当然，他佩服的不是战斗本身，而是部队的打不散。

此战上报中央军委后，毛泽东有电报给八路军总部：“七七一团七亘村受袭击，是胜利冲昏头脑之结果。你们宜发通令于全军，一直传达到连队战士，说明对日本帝国主义的战争，是一个艰苦奋战的全过程……必须把勇敢精神与谨慎精神联系起来，反对军队中的片面观点及机械主义。”据此，刘伯承指示陈赓：（1）必须以小部队应付日军的大部队，而以主力打它的小部队；（2）要大力破坏交通线，以阻碍敌人的运动；（3）加强对日军的政治攻势，加深他们内部的矛盾，动摇其“武士道”精神。

陈赓连夜带部队赶到七亘村，亲自察看了从河北省井陉县跨越太行山通向山西省平定县大道的地形。发现这里是敌人由井陉经测鱼镇进攻平定县的必经之路，南北均为高山。通向平定县城的大道两侧，大部分是高 10 公尺左右的土坎，杂草、灌木丛生，便于部队埋伏，而敌人在路上却不易展开。10 月 24 日，陈赓率领第七七二团绕到泉口、王寨地区，准备阻击顺着大道西犯的敌人。太行山群峰壁立，沟壑纵横，山路崎岖难行，部队运动困难，直到下午 3 时才到达目的地，敌人大部队已经过去了。部队只能对其后尾的辎重部队给予火力袭击，又由于地形限制，部队无法下山进行突击，所以不清楚敌人死伤多少，损失多大。

这时，接到侦察员报告，日军第二十师团已向平定县方向去了，它后面的运输部队 1000 多人今天在测鱼镇宿营。陈赓判断，这支运输部队明天会依然顺着七亘村的这条大道，追随前面的部队向平定县方向前进。因为，前面大队通过时，敌人在这条大路上并未受到什么损失，何况没有别的路好走。陈赓立即命令第七七二团三营回到那条大道边设伏，不过要接受前次作战的教训，改在七亘村、石南峪间埋伏，并有充裕的时间让部队运动到那里进入阵地，构筑好工事并选择好突击路线。10 月 26 日拂晓，敌人果然从测鱼镇方向来了，最前面是骑兵排的尖兵，他们在马上谈笑着，并不进行搜索。9 点多钟，敌人先头部队完全过去了，掩护部队还在后面很远，辎重骡马来到伏击部队面前，一声令下，八路军机枪、步枪猛烈开火，手榴弹飞入敌群，敌人顿时大乱。第七七二团 4 个连冲下山去和敌人展开肉搏，刺刀断了用枪柄打，枪柄断了和敌人抱在一起摔跤。有人挂彩五六处，还在和敌人扭打，并张嘴咬掉敌人的鼻子。冲在最前面的战士杨绍清，和包围上来的 7 个敌人拼刺刀，把 6 个敌人刺死，最后那一个跑了，他自己也 3 处负伤。有些敌人回头向测鱼镇方向逃窜，中途又遭到了团特务连的截击。两个小时解决战斗，歼敌 200 多人，缴获骡马 300 多匹，还有大批武器弹药、军用品和食物。战利品由 400 多战士和群众整整搬了一夜又一天，堆满了孔氏村的一个大院子，附近的老百姓都跑来参观。

这次战斗，第七七二团牺牲了一个连长、一个通信员和 3 名战士。10 月 27 日晚上，在东冶头村开大会追悼死者和庆祝胜利。28 日早上，第七七二团召开班以上干部会议。陈赓讲话说："这一仗的胜利，仅仅是开始。我们还要继续作战，因此要好好研究这一次作战的经验和教训。"他初步感到有两大缺点：只知突击而没有组织有阵地的火力支援，这是很危险的；突击胜利后，部队都去搬战利品，分散了打击敌人的力量，应迅速集结继续战斗，指定后续部队去打扫战场。陈赓正在讲话时，一个通信员跑进会场，送来一封信。他接过来一看，马上说："我早料到它还会来的。不讲了，准备打仗！"

陈赓虽然在给大家总结初次胜仗的经验教训，希望部队能迅速适应对日军作战的现实，尽快结束初来太行山的"水土不服"。但在同时，也已经考虑好下一步怎么行动了。前一仗，打的是敌人行进部队的腰部，前面的敌人向前走了，后面的敌人又退回了测鱼镇。他估计，日军第二十师团主力正向山西省平定县方向进犯，一定会命令后面的辎重尽快前送的。因此，测鱼镇的这部分敌人还会顺着老路来。接到的情报，正符合他的预想。所以，他毫不犹豫地命令第七七二团第三营，立即去七亘村一线设伏，只是伏击地点向西移动了一些，在改道庙至雅腰村之间大道的南侧，还增派第一营加入战斗。到11点多钟，日军先头骑兵100多人进入了第七七二团伏击地区，这次敌人的警戒较前次严密些，但陈赓算准了他们一定以为八路军不会以原样的章法再在原地设伏的心理；加之伏击部队隐蔽得好，敌人在近四五十公尺处仍未发觉。待其骑兵通过后，就对其辎重部队进行猛烈火力袭击，接着发起冲锋，把敌人截成两段，敌人大部向东溃逃，陈赓即令二营沿沟追击。这一仗，共毙伤敌百余人，缴获骆驼和骡马数十匹，还有大量武器弹药和军用物资。

经过以上两次战斗，第七七二团换成了“日本装”，大部分人戴上了钢盔，穿上了黄呢大衣、皮鞋，扛起了日本造的“三八式”步枪，有些人还骑上了洋马。大家笑得合不上嘴。连向国民党当局要不到的五万分之一的军用地图，都从日军手中缴获到了。更重要的是打乱了敌人的作战部署，支援了国民党部队的正面战场，使国民党军在娘子关附近被日军包围的数千人脱险。

战后，七亘村、东冶头以及周围的昔阳、平定、和顺等县的群众，提着鸡蛋、赶着猪和羊来部队慰问，整天络绎不绝。部队则用缴获的日本罐头和酒招待他们，展览缴获的武器弹药给他们看，大大鼓舞了人们的抗日热情。

在一片欢庆声中，陈赓心里一直萦绕着毛泽东和刘伯承的告诫。他在部队的大会小会上，反复地讲：“我们充分利用敌人骄傲麻痹及指挥机械呆板的弱点，正确地选择了伏击地形，部队隐蔽得巧妙、沉着并严守纪律，所以三天之内，在同一地点两次伏击敌人，取得了抗日战争初期晋东南前线的一次较大的胜利。”“但对抗日战争来说，这只是才开了头。战争将是艰难的长期的持久战，今后我们还要继续打很多的仗，所以必须很好地总结经验教训。现在正反两方面的战例都有了，部队应该在这两方面找出自己的不足，尽快适应抗日战场的现实情况，排除成功或失败的干扰，永不停息地去追求新的高度。”

接着，国民党军队放弃了娘子关阵地，全线溃退。陷入惊慌失措的黄绍竑打电话和第一二九师联系，刘伯承告诉他：“我们已经打了胜仗，还准备继续打胜仗，说明游击战还是行的。”刘伯承还把第三八六旅缴获日军的战马、军刀、大衣等战利品，派人送到国民党第二战区司令长官处，黄绍竑感到尴尬。副司令长官卫立煌亲自过目后，则敬佩不已，尤其对陈赓部队在七亘村一带连续伏击敌人叹为奇迹，认为这是“兵家所忌”（在同时同地忌用同样战法）的一次大胆的巧妙用兵。他多次对人说：“还是八路军的机动灵活的战术好。”

朱德此时也向记者发表谈话：“我们八路军在正太铁路线上也打了防御战，不过不是在正面阻击，而是在敌人后面抓它。”

三、燃烧革命之火

娘子关陷落，国民党军队溃逃，日军得以沿着正太铁路线及其两侧猖狂西进，直指山西省会太原市。

为了执行总司令朱德“在敌人后面抓它”的指示，陈赓带领部队，在昔阳县以东的黄崖底附近，伏击向昔阳县进犯的日军第一〇九师团的一个联队。11月2日早晨7点左右，敌人与第七七一团前哨接触，前哨小分队且战且退至黄崖底以南风居村的西北高地扼守。日军对他们猛轰了150多发炮弹，打得地上的黄土翻了起来，草都打飞了。满以为把那里的八路军都打死打光了，就以两个中队的兵力冲锋，哪知八路军小分队只有两三个人负伤，他们就用手榴弹把敌人打退。日军接连发起一次又一次的冲锋，均被居高临下的这个小分队打得抬不起头来。陈赓当即命第七七二团占领阵地，协助第七七一团进行抵抗。当敌人进攻被击退集结于黄崖底河谷时，第七七二团炮火齐发，猛烈杀伤敌人，一颗炮弹恰好击中敌人的弹药箱，爆炸的巨响震耳欲聋，浓烈的硝烟直冲云霄。战士们从山上向下看，在那个大沟里，到处躺着被打死的敌人和骡马，鲜血染红了土地与河流。

陈赓在这天的日记中写道：

> 敌约一联队，察其企图，系欲经凤居、虹桥关进昔阳。激战终日，因主力未到，未出击。仅我七七二团以突然火力袭击行进中之敌，毙敌约三百，毙骡马四百余。凤居前面沟滩，全是死尸及死伤骡马。今天虽然没有完全消灭这股敌人，但敌的损失是非常重大的。

这一次战斗，使敌人非常震惊。对国民党军队，他们一次冲锋即可奏效，对黄崖底八路军，却多次冲锋都被打退。日军第二十师团随军记者写了战斗报道，在东京的报纸上发表，标题是《过天险黄崖底》。他描写的日军在黄崖底的艰难处境，其实完全不是“天险”造成的。

国民党军队继续溃败，11月8日，山西省会太原市陷落。数十万国民党军队在恐慌混乱中四散奔逃。当时的民谣称：“十月山西人人忙，富人搬家忙，穷人心惶惶，军官扔家属，小兵扔大枪。”八路军则深入敌后，连连打胜仗，与国民党军队形成鲜明对比。

陈赓率领他的旅，自1937年10月21日至11月8日的半个月内，共进行大小战斗26次。刘伯承曾讲过：“对付大人的欺侮，小孩子只有找机会躲在门背后，等他过来，就趁其不备跳出来给他迎头一棍。”陈赓就是根据这个原则，以自己的劣势装备，用伏击、袭击、狙击等手段，取得了接连不断的胜利，锻炼了部队，积累了和日军作战的经验，提高了部队的战斗力，也大大振奋了人心。陈赓对作战经验非常重视，点点滴滴都不愿放弃，每次大战小战都要进行认真地总结。这种做法来源于他对新形势的认识。陈赓认为，太原失守后，全国抗日战争形势出现了重大变化：日军基本上占领了华北大城市和主要交通线，国民党在华北的几十万军队已全线崩溃。将领们自我解嘲地说，他们是“内战内行，外战外行”。这说明以国民党军队为主体的正规战争在华北已经结束，共产党、八路军迎来了以游击战为主体的新时期。11 月 8 日，太原市陷落，9 日，他在日记中写道：“山西正规战斗已结束，从此进入游击战争阶段。支援华北，发动山西游击战争，毫无问题是我们的责任。”于是，必须对部队作新的动员。

11 月 10 日，第一二九师政治部召开会议，刘伯承总结了出师抗日以来的工作，作了游击战术的报告，为尔后实行战略展开、分散发动群众、开展游击战争奠定了基础。

11 月 12 日上午 11 时，陈赓赶到八路军总部，听取了总政治部主任任弼时对支持华北抗战，发动山西省游击战争及扩大部队等方面的指示。接着到第一二九师师部参加谈话会，讨论划分区域、发动游击战争及扩大部队问题。

11 月 14 日，第一二九师部在和顺县石拐镇召开干部会议，由张浩传达毛泽东在延安作的《上海太原失陷以后抗日战争的形势和任务》报告。毛泽东指出：“在华北，以国民党为主体的正规战争已经结束，以共产党为主体的游击战争进入主要地位。”张浩说：我们的任务是坚决反对民族投降主义，认识、实践和坚持统一战线中的独立自主原则，是把抗日民族革命战争引向胜利之途的中心一环。陈赓日记中也记载着，张浩在传达报告中还讲了国际形势和抗战形势，指出今后我们是华北抗战的支撑者与山西游击战争的组织者，并号召全师振作精神，燃烧起革命之火。

所谓“燃烧革命之火”，就是要用火一般的热情，来贯彻中共中央和北方局关于创建以太行山脉为依托的晋冀豫抗日根据地的指示。也就是要立即分兵发动群众，扩大主力部队，组织人民武装，开展游击战争，筹粮筹款实行自给等，独立自主地担当起华北抗日战争的重任。

根据这一精神，陈赓指挥第三八六旅立即向敌占交通线展开。第七七一团主力到平汉铁路线以西，第七七二团到同蒲铁路线以东、正太铁路线以南地区活动，并抽调干部四处发动群众，组织抗日武装，进行对敌斗争，还要开展统一战线工作，宣传中共的主张及政策，大力动员青壮年参军。由于这些工作做得好，到 12 月，就以第七七二团的 4 个连为基础，在辽县（今左权县）成立了一个补充团（后改称第十七团）。第七七一、七七二两个团也得到很大补充，旅直属队也逐步健全。1938 年 1 月，恢复了政治委员制度，由王新亭任旅政委。

1937 年的最后一天（12 月 31 日），陈赓在日记中写道：“我在这一年的工作里，自问对抗战是很积极的。”第二天（1938 年 1 月 1 日），他在日记中继续写道：“今年将是最艰苦的一年，战斗的残酷将百倍于去岁，这是可以预料到的。我们应该在党的领导下，以布尔什维克的精神，艰苦卓绝的工作，铁一般的意志，准备应付今年将要到来的每一事变。”“内战时的坚强，长征时的艰苦，固然伟大，但当此民族存亡的关头，应该千百倍地发扬光大我们昔日的精神和优良的传统”，我们应当“义无反顾地拼着命干吧！我不相信日本帝国主义是个打不死的铁老虎！”

陈赓以打死“铁老虎”的精神，指挥部队在敌后积极作战，使日军感受到严重威胁。1937 年 12 月 20 日，日军第一军参谋部第二课写的《关于全般的敌情判断》的报告中指出：“朱德、彭德怀所率领的共产军主力在榆社县宜城镇附近……民众有渐渐亲近他们的倾向，将来更联合各地残兵、难民等，经过相当时期后，如果完成各方面的联络，势力一定会逐渐扩大……假如我方停止于现在配备状态，山西后方的扰乱愈发加多，共产军一定会协力夺回太原。”当时驻防太原的日军第二十师团长川岸文三发出训令说：“八路军这样可恶，与其枝枝节节作消极守备，不如集中兵力一举消灭之，以期一劳永逸。”他随即于 12 月 22 日集中步、骑兵 5000 余人，分兵 6 路，向平定、昔阳县以西，榆次、太谷县以东的三角地带，发动围攻。事先派间谍、汉奸潜入抗日根据地活动，还派一架侦察机在天空盘旋侦察。围攻开始前，还派了一个便衣队在八路军阵地前装作警戒疏忽的样子，想引诱八路军离开隐蔽地去追打他们。此外，他的先头部队还穿上了中国军队的衣服……可谓煞费苦心了。但是到 26 日，即被第一二九师粉碎了这次围攻，共毙敌 700 余人。仅第七七二团的两次战斗，即毙伤敌 260 余人。川岸文三“一劳永逸”的构想被彻底粉碎。

这一战役对陈赓来说是重要的，他取得了对付敌人分进合击的作战经验。日军的战术和国民党当年“围剿”红军时有相同之处，又有不同之处，这个“不同”正是陈赓所要认真思考的。

第十章　神头岭之战

一、“中国最好的一个旅”

当时在八路军访问的美国大使馆参赞卡尔逊，亲眼看见粉碎日军6路围攻的战绩，对照正面战场国民党军队的溃败，赞扬“八路军有一套正确而灵活的战略战术，这是在旧的军事典籍里所无法学到的东西”。他还特别赞扬八路军的正规军、游击队、自卫队“三位一体”的作战，说：“作战不仅使用正规军，还依靠游击队和自卫队，这就是全民抗战的体现；而且也只有有了后两者的配合，才能使正规军有更多的机动，寻觅到敌人的要害，予以彻底打击。”他还说，八路军的优秀品质，“是一种代表新中国人的高贵性格”；“八路军里的民主作风，是美国民主所不能及的，更是美国军队所瞠乎其后的”。

卡尔逊对中国人民友好，特别仰慕八路军的抗战精神。为了使他更好地了解中国人民的抗战实况，中央军委派人陪同他到华北敌后的各抗日根据地去参观。他在太行山上来到了第一二九师师部，见到了刘伯承师长和徐向前副师长，他心情很兴奋，除赞扬八路军外，还向他们提问题，他问：“你们师部在后方，而部队在前面打游击。如果在正太铁路一带遇见敌人，那么先要向你们司令部报告情况，获得批准后才能打，时间怎么来得及呢？”这位只习惯于正规战、不了解游击战的西方军人，大概感到八路军通信联络手段比较原始而有所担心吧？刘伯承笑着告诉他，遇到这种情况，因为我们部队觉悟高、素质好，前方部队的首长有权根据游击战争的原则和敌我双方的实际情况，相机作出决定，不必事前请示。这等于告诉他，这就是八路军区别于国民党军队的所特有的“最高级”最及时的通信联络手段。

卡尔逊来到第三八六旅访问。1938 年 1 月 11 日，陈赓同他进行了长谈，详细介绍了对日本侵略军几次战斗的经过，指出这些胜利和群众支援的关系，以及部队所遇到的困难。卡尔逊赞扬第三八六旅卓越的战略战术及善于联系群众“是世界上所仅见”。他说：“三八六旅是中国最好的一个旅。你们在正太铁路线的行动，破坏敌人的交通，神出鬼没的游击，是使日军延迟南犯的根本所在。”陈赓还派人陪同他到战斗部队去访问。

1938 年 2 月中旬，日军调集 3 万多人，向晋南、晋西发动进攻，有相机进攻陕西省之势。这时蒋介石急了，下令国民党第二战区的部队积极对敌开展进攻，以牵制敌人南下。

第一二九师奉八路军总部命令，将分散活动的主力部队适当集中，向正太铁路线上的阳泉县至河北省井陉县地区的敌人进击，以吸引南下的敌人回防。

2 月 19 日，刘伯承召集第三八六旅和第三八五旅的干部开会，决定按照八路军总部命令，发动长生口战斗。由第三八五旅的第七六九团进攻日军的旧关据点，吸引井陉敌人来救援，第三八六旅在长生口设伏歼灭之。

刘伯承曾著文告诫部队：“……游击队在作战时，要善于利用地形和夜间，隐蔽接近那运动或停止间的敌人，施以火力与突击会合的突然袭击。要做到敌人炮兵还没有放列，骑兵还没有上马，机关枪还没有开火，一下子就把它们解决，这才算是袭击的好角色。如果敌人的兵力已经展开，火网已经构成而后硬攻，甚或采用无目的防御，那不但不是我们需要采用的战斗方法，而且是要禁止的战斗方式。”

陈赓就是按照这一指示，把第七七一、七七二两个团埋伏在井陉县以西的长生口地区，并命令工兵连炸毁井陉大桥，以阻碍可能由石家庄方向来援的敌军。

“这是我们常去打胜仗的地方。”战士们都高兴地说着、雀跃着。但是，他们经过从前到过的村镇，发现景象大变了：东治头村被敌人烧了 300 多间房子，崔家庄被日军用枪逼着房主烧了自己的房子，孔氏村也被烧了百多间房子……但是听说“打胜仗的部队回来了”，老乡们都跑来欢迎，不论是部队大休息、小休息，都有老乡给他们烧水喝，问长问短。

目击村庄被日军蹂躏的悲愤，受群众拥护的感激，战士们一心只想杀敌报仇了。

22 日拂晓，第三八五旅的第七六九团按计划袭入旧关，将日军的据点包围，有意保留了他们的电话线，使他们能向井陉县呼救。敌人果然中计，由荒井丰吉少佐率领 200 多人乘汽车 8 辆赶来增援。晨 6 时，他们通过长生口，正是在他们毫无戒备，炮兵还没放列，步兵还没下车，机关枪还没架好的情况下，陈赓毫不迟疑地指挥部队以迅速、坚决、突然的动作，先敌占领要点，先敌展开火力，首先击毁第一辆汽车，后边的汽车一律开不动了。经过 5 个小时的激战，将敌大部歼灭。陈赓在日记中记述了这次战斗：

> 我们一时出发。山路崎岖，气候严寒，冷风刺面，但均衔枚疾走，勇气百倍，到达红土岭时，天空尚未发白。拂晓前开始部署。4 时许，旧关发生激烈枪声，知七六九团已到达，开始袭击了。时至 6 时，尚未见敌援

兵到来。正在焦急之际，忽然前面传来枪声，这时真有说不出的痛快。敌人约200余，一部乘车，一部步行。我军突然开火，敌先头第一部汽车即被我击坏。结果共缴获迫击炮2门，重机枪2挺，步枪数支，击毙敌人约百余，俘虏一名，其西部警备队长荒井丰吉少佐亦被我击毙，残敌仓皇溃逃，直抵井陉城下。我未能将其全部消灭，实为憾事。

仿佛为了弥补第一次长生口战斗没有捉到俘虏的遗憾，第七七二团这次就在原来的地点捉到了一个俘虏。他的右肩被矛子红缨枪刺伤。“你对我们部队有些什么感想？”有人问他，由敌军工作干事译成日语给他听。他回答：“你们的武器配备好，长剑厉害。”他所说的“长剑”就是矛子。第七七二团当时因刺刀数量不足，冲锋时还有人使用矛子。这个俘虏还有所感触地说，就是“你们部队里没有长官”。因为他见了满脸胡子戴着黑边眼镜的陈赓，穿着和战士一样的军服，经敌军工作干部介绍，他才说：“这是你们的旅团长？”

听说第三八六旅又在长生口打了胜仗，周围许多村镇的群众都兴高采烈地跑来端茶送饭，慰问部队。正在手舞足蹈的时候，看见一个穿着黄色军装，圆脸、小胡子的日本兵来了，他还骑在一匹毛驴上。大家议论纷纷，情绪激昂，喊着：“为什么不把这个日本鬼子崩了？他们杀人放火还少吗？”“赶快拉下来毙了！”人民群众真是恨透了日本侵略军。

刚给部队作过解释的陈赓，又得耐心地对群众解释我军的俘虏政策：缴枪不杀、优待俘虏等等，并说之所以叫他骑毛驴，是因为他肩上腿上负了伤，不能走路之故。

陈赓夜里睡不着，考虑这一仗虽然打胜了，优点是迅速、坚决、突然，部队先敌占领要点，先敌开火，攻击迅速。但是，缺点也多：（1）担任包围任务的部队不够果断；（2）火力组织得不好，无侧射火力；（3）部队不注意隐蔽，太暴露；（4）参谋工作与后勤工作差，战场救护组织得不好。

刘伯承在总结长生口战斗经验时也说：“战果不小，但是我们自己付出的代价也大了一些。以后我们打伏击，要尽量减少伤亡。枪要打在敌人的头上，刺刀要插在敌人的肚子上，手榴弹要丢在敌人的屁股上。赚钱的生意我们做，不赚钱的生意我们不做。”他希望部队以小的代价，消灭更多的敌人。

二、不能纸上谈兵

1938年1月18日，邓小平接替张浩任第一二九师政治委员。3月5日，邓小平和刘伯承、徐向前来到第三八六旅，和陈赓、王新亭商讨作战计划。

此时，日军沿着同蒲铁路南下，占领了重镇临汾；同时又派部队占领晋东南中心城市长治及附近各县，国民党军队溃逃。八路军总部命令第一二九师南下作战；正太铁路线战场，由第一一五师徐海东的第三四四旅来接替。

刘、徐、邓到第三八六旅，就是来研究南下作战计划的。平汉铁路线上的重镇邯郸，有一条西向山西省长治的公路，日军占领晋东南中心区域后，这条邯长公路就成了它的重要运输线。刘伯承、徐向前和陈赓商议在这条公路上作战事宜，当时给各团分配了侦察任务，划定了侦察地区，侦察敌情、地形，以便选择战场。接着，刘、邓、徐亲自到各团作动员报告，鼓舞士气。

第二天，部队就忙了起来：召开营的党员大会，连的军人大会，激昂的口号声，像春雷一样响彻了整个村庄；随处都可以看到战士们在擦枪，打草鞋，炒干粮，忙得不亦乐乎。这一天下大雪，陈赓在日记中描写说："山河已变成银白世界，好像为着已沦丧的国土戴孝似的，同时也象征着我们对民族革命的真诚，纯洁无疵。初春的雪，并不感到怎样苦寒。"其实这是革命的热情把寒冷赶走了，把冰雪融化了。

第一二九师领导人和陈赓研究决定，在邯郸到长治这条横贯东西的公路上作战，破坏敌人运输补给线。正因为这条运输线重要，所以日军在沿线的武安、涉县、黎城、潞城等县城及东阳关、微子镇等村镇都派有重兵把守。只是公路中段要跨越险峻巍峨的太行山脉，给八路军留下了作战的地方。刘伯承决心运用《孙子兵法》上"攻其所必救，歼其救者"的原则，命令第三八五旅第七六九团佯攻黎城县城，引诱潞城县敌军来援，第三八六旅部队在中途设伏，给敌人以歼灭性打击。其实这个战法和长生口之战的战法相同。敌人之所以不断上当，就是因为他们骄傲自大，蛮横无知，闭塞了头脑，蒙上了眼睛。

陈赓率领部队南下至武乡县的韩壁村，对部队再次进行政治动员。指战员战斗情绪越发高涨，纷纷写请战书，向上级请求任务。补充团是个新部队，当时大多数战士肩上还扛着红缨枪，他们为了表示积极要求参战的决心，在红缨枪杆上写着"要用这个枪换敌人的三八式"的字样。许多老战士为了使新战士能打好这一仗，抓紧时间对他们做思想工作和战斗准备工作，全旅上下，一片紧张繁忙。

陈赓望着墙上挂的军用地图，思考的主要问题是：伏击地点选在哪里？下午，有人向他报告：潞城敌人兵力已经增加到3000多人。陈赓听后点头说："我们的兵力少，馒头太大，要没个好地方打仗，我们是吃不掉它的。"问题是这个"好地方"在哪里？

第二天中午，各团的领导都来到旅部开会，首先由陈赓和王新亭向大家讲述了山西战场的形势和当前日军的情况、动向以及师首长意图。会议讨论的中心，很快就集中到战场的选择问题上来了。大家围在地图前议论纷纷，最后，不约而同地指着地图上的神头岭。从地图上看，那里有一条深沟，公路从沟底通过，两边山势险峻，便于隐蔽部队，利于出击。整个邯长公路线上再没有比这更理想的伏击地点了。

大家议论了一阵，都望着陈赓，等着他做结论。陈赓也从地图上抬起头来，思忖了一下问："神头岭的地形谁去看过？"会场沉默，因为没有人去看过。陈赓笑了："这不是纸上谈兵吗？靠国民党老地图吃饭，是要吃亏的呀！我看，会暂时开到这里，咱们先去看看地形吧。"

于是，在派出侦察小组之后，十几个人跨上马离开驻地。到达潞河村附近，大家下了马，隐蔽地沿着公路北面的山梁西行。翻过一座山，神头岭在望了。那里的景象使大家吃了一惊，实际地形和地图上标的根本不一样，可能地图画在公路改建之前，公路不是在山沟里，而是在山梁上。山梁宽度不过一二百公尺。路两边地势比公路略高，但是光秃秃的，没有林木、岩石等隐蔽物可供部队利用，只有过去国民党军队挖的一些破旧工事。山梁北侧是一条大沟，沟对面是高耸的申家山。山梁的西头有个十来户人家的小村子，再往西便是敌人占领的微子镇了。

显然，这样的地形是不适合部队埋伏的，因为部队在这个裸露的小山梁上既不好隐蔽，也难以展开；北面又是深沟，预备队设在那里，运动上来也有困难。搞不好，还可能使自己陷于困境，"偷鸡不成蚀把米"。

十几个人一时都愣住了。第七七一团政委吴富善说："看来，打仗单靠地图，非打败仗不可。"第七七二团政委肖永智说："差一点儿上了老地图的当。"说得大家都笑了。陈赓用马鞭子朝公路指着说："怎么样，这一趟没白跑吧？粗枝大叶要害死人哪！"

原来的希望落空了。现在，眼看这 20 多公里地段上再没有什么理想的地方了，怎么办呢？可是，陈赓仍在继续观察着，好像要把那些国民党军队留下的废弃工事全部数过。他挥着手笑呵呵地说："走，回去讨论吧！地形是死的，人是活的。想吃肉还怕找不到杀猪的地方？"

回到旅部，天已经黑了，吃完饭继续开会。会场的气氛更加热烈了，有的主张在这里打，有的主张在那里打，七嘴八舌得不出个结论。当然也有个结论式的东西，就是不能在神头岭打。陈赓一直在仔细地听大家发言，直到讨论告一段落，他才指着地图用洪亮而坚定的声音说："我看，这一仗还是在神头岭打好。"

这太令大家意外了，怎么能在那山头窄路上作战呢？那是能打伏击的地方吗？大家都瞪着眼睛望着陈赓。陈赓看了看王新亭，说："看问题要从全面看，不能只看一面，对不对？"

王新亭微笑着点了点头："应该有辩证观点。"

陈赓看出了大家的心思，走到地图前挥手说："不要一说伏击就想到深沟陡崖，天底下哪有那么多深沟陡崖？有深沟陡崖为我们所用当然好，可是这一带没有那么合适的深沟陡崖，怎么办？仗就不打啦？"接着，他分析说："一般讲，在那里打伏击的确不太理想，但却是我们出其不意打击敌人的好地方。正因为地形不险要，敌人必然麻痹，而且那些旧工事离公路最远的不过百来米，最近的只有20来米，敌人早已司空见惯。如果我们把部队隐蔽在那些工事里，隐蔽在敌人鼻子底下，切实伪装好，敌人是很难发觉的。山梁狭窄，兵力确实不易展开，但敌人更难展开，它连掉转屁股的余地也没有。”说到这里，陈赓把手杖往两张桌子上一架，问道：“在独木桥上打架，对谁有利呢？”

第七七一团徐琛吉团长笑着回答：“我看谁先下手谁占便宜。”

“对呀！”陈赓高兴地说，“只要我们做到突然、勇猛，这不利的条件，就只对敌人不利而对我们有利了。”

听了他的分析，大家觉得视野开阔了，心里亮堂了。但还是有人问：“这样是不是有点儿冒险？”

王新亭说：“那得看怎么讲了。常常看来最危险的地方，实际却最安全。”

“打仗，本来就是个冒险的事嘛！”陈赓笑着说，“当然，有的险冒不得，有的险却非冒不可。诸葛亮的‘空城计’不就是冒险吗？如果一点儿险也不敢冒，他只好去当司马懿的俘虏，还有什么戏好看？”说得满屋子的人都笑了起来。

根据陈赓的意见，大家又展开讨论，最后统一了认识。具体的部署是：“第七七一团在左，第七七二团在右，埋伏在公路北面；补充团设伏于鞋底村一带；并确定由第七七一团抽出一支小部队向山下的潞河村方向游击警戒，相机炸毁浊漳河上的大桥，及时切断敌人的联系；由第七七二团第三营担任潞城县城方面的警戒，准备断敌退路。”最后，陈赓问补充团参谋长周希汉：潞城城内敌人有没有什么变化？周回答：还是3000多人，没有大变化。

陈赓沉思了一下，说：“我们兵力有点儿不够。”然后扭头对叶团长说：“七七二团抽一个连出来，绕到潞城背后去打敌人。”此外，还派出了许多便衣侦察员，去监视长治方向敌人的动向。

这个作战计划上报给师部，迅速得到师部的批准。显然，旅的决心和部署是符合师首长意图的。这使得大家的信心更大了。

3月15日夜，浊漳河已经开了冻，河水还了本色，很黄。部队出发了，沿着山

神头岭伏击战前，陈赓向部队进行动员。

间小道，长长的行列，伸向漫流岭、申家山、神头村。指战员情绪极高，说说笑笑，热闹异常。这次行动，除了第七七一、七七二两个老团外，还有补充团参加。补充团大部分战士，几天前还是太行山上的辽县、黎城、涉县一带的游击队员和民兵，参加这样大的战斗还是第一次，劲头更足，大清早，人人就把红缨枪擦得亮亮的，把鞋子绑扎得结结实实的，做好了把红缨枪换成步枪的一切准备。

在这样的时刻，指挥员的心情总是紧张的，因为战前的一切准备工作，就要接受最严峻的考验：敌人会不会如我们所预料的那样行动？计划实施中还会碰到些什么问题？战争中的变化无常，往往使计划与现实造成距离，对于这个“距离”是否有足够的思想准备？但是，陈赓表现得非常轻松，一会儿和战士聊天，鼓励大家树立信心；一会儿又和王新亭开玩笑，走着走着突然喊：“瞎子当心，下坡了！”

王新亭是个高度近视眼，听见喊声，急忙蹲下来，伸手去摸地，引得大家哈哈大笑，王新亭自己也止不住笑了起来。但他也不示弱，看清平地之后，连连催促说：“你这瘸子，快走，快走！”陈赓双腿负过重伤，有点儿瘸，走不快，只得认输。当要过一条小河时，陈赓停住脚步，向王新亭伸出手杖说：“来吧！让我这瘸子来牵着你这个瞎子吧！”他俩一前一后，小心翼翼地过了河。

三、突上“独木桥”

路过申家山时，旅部的人都留了下来，陈赓拄着手杖和王新亭随部队继续前进。陈赓先到神头村里看了看，又到各团督促大家进入阵地，搞好伪装。谁也想不到过去被国民党军队遗弃的旧工事，如今却成了第三八六旅藏龙卧虎之地。陈赓当然特别关心补充团的新兵，一面表扬大家伪装得好，一面说：“日本鬼子没有什么了不起，不怕它气势汹汹，只怕我们满不在乎，麻痹大意。”再三告诉大家不要动那些老工事上的旧土；踩倒了的草，要顺着风向扶起来。

突然，有个战士说：“旅长，这地方怎么好打埋伏？离大路这么近，可不要给鬼子踩到头上发现了啊！”

陈赓笑道：“这地方，我看不错。只要伪装得好，敌人踩到头上也不会发现。要是发现了，你们开我的斗争会好不好？”

战士们都嘿嘿地笑了起来。

“可是，你们要是不好好伪装，”陈赓说，“暴露了目标，或是打不好，吃不掉敌人，怎么办呢？”

“你处分我们。”

“处分你们有什么用？”陈赓挥着手杖，“暴露了目标，打不成仗，还当什么八路军？都回家当老百姓算了。”

这时已是夜深了，王新亭叫战士们尽快伪装，保持肃静。

陈赓等人检查部队的隐蔽情况，刚刚结束，就听到北方传来了一阵沉闷的轰隆巨响。估计是担任“钓鱼”任务的第七六九团对黎城的袭击开始了。接着，那隐隐的枪炮声也听到了。王新亭凑到手表上一看，已是凌晨4点半了。

陈赓又督促部队加快准备，待他仔细检查了大家伪装情况后，才拄着棍子一瘸一拐离开阵地。

第七六九团副团长孔庆德亲自指挥该团第一营，一举攻入黎城县城，在城内与日军展开激战。敌人一面抵抗，一面紧急向北面的涉县和南面的潞城县日军求援。驻潞城日军第十六师团林青部队和第一〇八师团屉尾部队以及自卫队等伪军，在黎城日军连连呼叫救援的信号催促下，急忙派出步兵、骑兵1500余人及骡马1000余匹和部分车辆，前来增援黎城。

天渐渐亮了，风很冷。一夜月明之后是一个阴天。黎城方面的枪炮声仍在不断传来，可是神头岭上却很安静，村子里没有鸡叫，也没有炊烟。由于长时间没有下雨，加上敌人运输部队来往频繁，路面已经形成了一层很厚的灰土。

陈赓对补充团的新兵还是不放心，打电话叮咛他们一定要沉住气。并说敌人来到时，不要着急，一定要等挡头的第七七二团打响后再动手。

9点钟左右，陈赓用电话告诉大家，已经接到前方观察所的报告，南面的潞城出来1500多敌人，已经到了微子镇。为什么3000敌人只出来了一半呢？正是陈赓叫第七七二团派出去的那个连，在潞城背后“噼噼啪啪”一打，敌人害怕八路军乘虚攻城，便不敢倾巢而出了。

各团团长听到了消息，立即向部队下达了“准备战斗”的命令。此时，特别关注部队隐蔽情况的陈赓，在旅指挥所的高处，用望远镜观察着神头岭：山梁上非常平静，轻风吹着，树叶摇着，晨雾自山沟冉冉向上升起，远处的山峦若隐若现，整个画面显示，神头岭仿佛尚未醒来，依然在沉睡着，说明部队隐蔽得很好，这是这次战斗胜利的关键。

又过了一会儿，日军的队伍就从微子镇方向爬上山来，前面是步兵、骑兵，中间是大车队，后面又是步兵、骑兵，拉了几里长。当日军先头部队到达神头村后，突然停下来，过了很久，才出来了30多个骑马的搜索队。

难道敌人发现了什么？大家正在怀疑，只见敌搜索队突然沿着一条放羊的小路，朝第七七二团一营的阵地走去。不少人心中打起了鼓：“糟了！”眼看敌人一步步接近工事，马蹄真的就要踩到头上了，大家的心跳得像是一下子堵住了嗓子眼，很多人的手心都在冒汗。

但是，正如陈赓所预料的，敌人只注意了远处，注意沟对面的申家山，对于鼻子底下的那些见惯了的旧工事，根本没有放在眼里。看到申家山没有动静，就回到公路上向前走了，后面的大队人马也就沿着公路跟了上来。

原来，这是日军第十六师团下元兵团粕谷部队的精锐，又带上了第一〇八师团屉尾部队的一个辎重队，企图救援黎城与护送辎重一举两得。他们觉得自己有这样大的兵力，八路军根本不敢惹它，所以就大摇大摆地爬上山，在神头岭的公路上毫无顾忌地行进。待日军的后卫部队也钻进了第三八六旅伏击圈时，陈赓一声令下，第七七二团首先发出了攻击的信号，霎时间，平静的山梁好像变成了一片火海，成百上千颗手榴弹蓦地在敌人的头上和脚下齐声爆炸，横飞的弹片，闪闪的火光，连同滚腾的硝烟与尘土，汇成了一条愤怒的火龙，一下子把那长长的日军队伍和公路都吞没了。

“冲呀！杀呀！”没等再下命令，战士们便大喊着从工事里、草丛中飞奔出来，冲进敌群，用刺刀、大刀、长矛奋勇拼杀。在这个“独木桥”上短兵相接的战斗中，红缨枪显出了它特有的威力，到处可见枪尖白光闪烁，枪头红缨飞舞。

日本兵全被打蒙了，不知道哪里来那么多八路军和枪炮子弹，许多人还没弄清方向就被打死打伤，剩下的企图组织抵抗，但在这狭窄的地形上，根本排不成战斗队形，既没有地形地物可利用，火力也无法发挥威力，个个吓得失魂落魄，只得在路上东躲西藏。自然也有些被“武士道”精神训练出来的人，虽然到了绝望的地步，还要做垂死挣扎：有的滚进了水沟还要战斗，有的趴在死人死马后边还在射击，有的还在端着刺刀和八路军战士肉搏。

激战中，第七七二团涌现了很多可歌可泣的英雄事迹：该团第八连连长邓世松胸部负伤，在牺牲前的一刹那，仍挥着手榴弹指示战士们向敌人冲击；第一营一个战士负伤 4 处，用毛巾扎住伤口后，一口气刺死了 3 个敌人，当他停止呼吸时手仍抓着枪，刺刀还深深地插在敌人的肚子上；司号员杜旺保没有武器，搬起块大石头冲上公路，把一个鬼子砸得脑浆迸裂；炊事员老蔡也用扁担劈了一个鬼子，夺来一支三八式步枪。

正在杀得难解难分时，一阵喊杀声自天而降，这是远在申家山的第七七二团第二营冲上来了。这支生力军的到来，马上使局面起了变化：中段的敌人完全失去了战斗力，除少数窜向东面的张庄和西面的神头村方向外，绝大部分都成了第三八六旅的刀下之鬼。

谁知道就在这时候，出现了一个意外的情况：残余的敌人集中到了东西两头，东头的敌人插翅难逃，因为第七七一团在战斗一开始就炸毁了漳河上的大桥，河水已解冻，无法过河；但西头的 300 多敌人乘隙占领了神头村，企图依据房屋、窑洞固守待援。显然，让日军在村子里站住脚跟，就等于让他们占领了“桥头堡”，形势对八路军不利。战斗能否取得全胜，关键就系在对神头村的争夺上了。

大家急得直跺脚，周希汉正准备组织部队向村里冲时，村里突然枪声大作，只见敌人乱得像一窝蜂，从村里稀里哗啦地逃了出来。大家高兴地大喊大叫：“干得好啊！干得好！”

原来日本兵冲进神头村时，陈赓刚好从申家山下来，到了第七七二团指挥所，问："村边是哪个部队？"

叶成焕回答："七连一排。"

"是蒲达义那个排吗？"

"是。"

蒲达义排一贯勇猛顽强，能打硬仗，曾多次受到陈赓表扬。这时，陈赓点了下头，然后把手杖一挥，斩钉截铁地吼道："命令蒲达义，不惜一切代价，把村子拿下来！"

这个排没有辜负陈赓的信任，二十几个人在蒲达义率领下，一个猛冲，仅以伤亡 5 人的代价，就把敌人赶出了村子，并用猛烈火力打死打伤了好几十个日本兵。然而，力量毕竟有限，敌人一出村，马上又蜂拥上来，情况十分危急。就在这千钧一发的关头，叶成焕亲自率领八连赶到了村子里，巩固了阵地。

敌人还不肯罢休，又连续组织反扑，机枪、步枪、小炮集中向村子里扫射、轰击，村口展开了空前激烈的拉锯战。

就在这激战之际，陈赓拄着拐杖来到了神头村，一边观察敌人的情况，一边挥着手杖向冲过身边的战士们喊："快上！把敌人给我赶到山梁上去！"正喊间，一颗炮弹在附近轰然爆炸，一间小草房立即熊熊燃烧起来。陈赓的手杖被爆炸的气浪冲落，飞出去很远。警卫员急得大喊："旅长，这里危险！"陈赓抖了抖身上的泥土，取下眼镜一边用手帕擦着一边说："你老跟着我干什么？快去告诉大家，决不能再让鬼子进村占一个窑洞、一间房子！"

旅长到了村里的消息，立刻在部队中传开了。正在村子前沿指挥作战的叶成焕担心陈赓的安全，急得满头大汗。此刻，最好的办法只有一个，就是把敌人重新逼上"独木桥"，彻底歼灭它！叶成焕把盒子枪一举，大喊一声："消灭敌人！冲啊！"便自己带头冲了出去，第七七二团的战士们立即大喊着，跟着他不顾一切地扑向敌人。补充团的干部战士也好像增添了千百倍的勇气与力量，呼喊着像狂风暴雨般地向敌人冲去。犹如雷霆万钧之力的几面夹攻，使残余的敌人完全失去了抵抗能力，很快就在"独木桥"上被全部消灭了。

枪声停息了。公路上全是日军的尸体，厚厚的尘土，几乎都成了血的泥浆。看到那些杀人放火的强盗遭到了这样的下场，指战员心里真感到痛快、解恨。但是，大家的心情却依然平静不下来。旅长，旅长在哪儿？人们都关心着陈赓，到处寻找他。终于发现他穿着棉衣，敞开前胸，正笑容满面地和叶成焕站在村口谈话哩。陈赓看到补充团几个负责人来了，老远就大声喊："补充团，干得不错呀！"

大家喊着"旅长"，一齐跑上去，不由得从心里涌起一股强烈的感情。他们把自己团的战斗情况作了汇报，又把两架照相机送到陈赓面前说："这是刚刚缴获的。"

“嗬！照相机，这是武器呀！”陈赓接过照相机说，“我们可以用敌人送来的这东西拍些照片，给报纸、杂志发表，让全中国、全世界人民知道，这就是日本帝国主义侵略中国的下场！”他见机子里有现成胶卷，便打开机匣，对着满地狼藉的日本旗和横七竖八的日军尸体，连拍了几张。正好，这时旁边的小土堆上，一个战士正踩着一面日本旗，向远处望。陈赓喊：“别动，别动，给你照相啦！”

小战士转过身来，腼腆地笑了下，立即把红缨枪和刚缴获的三八式步枪朝前一放，胸脯一挺，让陈赓拍照。

照完相，陈赓问补充团伤亡大不大？回答“不大”。陈赓说：“伤亡不大，就不要休整了，为了争取时间，你们马上按预定计划出发，好吗？”他在战斗中已经想好了下一步的工作。

在补充团集合部队准备离开战场时，陈赓再三地做团领导的工作：“打了这一仗，我们在太行山上的脚根就算站稳了。但是，不能只在山上为‘王’，根据地必须不断扩大、发展。豫北，必须很快开辟出来，而开辟的关键则在群众，没有群众，我们就会像树没有根，‘戏’就唱不起来。你们到豫北一定要放手发动群众。”

四、神头岭战果累累

1937年10月22日，第七七一团一部在娘子关东南的七亘村作战，曾依托过蒋介石和阎锡山军阀混战时留下的旧工事，遭到了敌人的袭击，吃了亏。而陈赓在神头岭作战，利用国民党军队的旧工事却取得了胜利。对这个问题该怎样理解呢？战前陈赓看了神头岭地形后，在大家议论纷纷时就回答了这个问题：“地形是死的，人是活的。想吃肉，还怕找不到一个杀猪的地方？”

一个优秀的指挥员必须有先见之明。对战争形势的预测，对敌方战役、战术的判断，如果大体准确，对赢得战争的胜利，获得事业的成功，关系重大。如无先见之明，或者见而不明，后果会适得其反。国民党军队遗留的旧工事是一样的，是死的，但是怎样利用它，必须对战斗有先见之明的预测才行。第七七一团那次作战的失利，实际上是对战斗的预测失误造成的，所以人们很重视“先见之明”。其实“后见之明”也十分宝贵。军队的作战、建设及其他活动，决定成败的是主观指导与客观规律是否相符。事情已经发生了、做过了，不论成功与否，都需要认真总结和反省，并且力求将经验教训升华为理性的东西，从而加深对客观规律的认识。可以说，一切战争理论及军队其他工作的理论，几乎都是“后见之明”。古往今来，凡优秀的军事指挥员，不仅预见力强，而且在驾驭规律和创新理论方面也常常高人一筹。这并不奇怪，因为“先见”与“后见”同源，都来自对客观情势的洞察，来自科学的思维。并且“先见之明”的基础，往往来自“后见之明”。神头岭利用国民党军队旧工事的成功，正是陈赓总结了七亘村利用旧工事失利的经验教训而取得的成果。因此，可以说七亘村的“后见之明”，促成了神头岭的“先见之明”。

当第三八六旅围歼神头岭之敌的时候，北面黎城的日军派了一部分兵力，向南急进，企图援助被围之敌。当进到漳河边，木桥已被炸毁，过不了河，又遭到第七七一团特务连的阻击，只得回窜黎城。

潞城的日军也开出汽车两辆，载着日本兵北上驰援，被预伏的第七七二团七连歼灭于神头村西南。大约在下午 2 时，又开来 7 辆汽车的日军增援，被第七七二团炮兵连击毁三辆，其余的不敢恋战，逃回了潞城。

整个战斗在下午 4 时结束。黄昏，第三八六旅全部撤离神头岭，敌人并未发觉。第二天由南边的潞城出动 1000 多人前来增援，先是飞机炸，继而大炮轰，把他们遗弃在神头岭上的死人死马和烂武器炸得一塌糊涂。从北面的黎城也来了 300 人，南北对进，胆战心惊地爬上神头岭，没有发现八路军，却看到自己人尸横遍野的惨景。怕八路军再来袭击，日军以飞机大炮轰击申家山及附近山头，掩护他们用几十辆汽车搬运了两天死尸。

整个神头岭伏击战（含第七六九团对黎城的袭击战），八路军共毙伤敌人 1500 多名，俘获 10 余名，缴枪 200 余支，击毙骡马 300 余匹，俘获骡马 300 余匹及其他军用物品。

陈赓日记连续 3 天都记载了神头岭之战。在 3 月 15 日写完他对战斗的详细部署后写道：“晚 9 时开始接敌，大家均兴高采烈，情绪非常高涨，均抱着必胜的决心。明月当空，照耀如同白昼，好像是为我们这次夜行特别预备的。夜行甚肃静，不闻偶语声与咳嗽声，只有脚步声、马蹄声，踏着碎石声与上山的急喘声相应和。这是一群民族英雄，不顾疲劳，准备壮烈牺牲，上前线奔袭日寇的英勇行动。2 时前，各部均到达指定地点——袭击出发地。”

3 月 16 日写了战斗经过后，陈赓描述道：“当时神头附近日寇死尸满沟满野满屋，胜利品遍地皆是，纸张书画随风临空飞舞，似为天女散花，庆祝我们的胜利一般。”

3 月 17 日，陈赓写道：“大疲之后，睡不欲醒，8 时许才起床，部队已整装待发。胡乱吃些饭，拔脚即走。随队经曹庄到普头，行程仅 30 里。沿途群众扶老携幼，争看胜利归来的我们。”

1938 年 10 月初，陈赓率领第七七二团又一次路过神头地区。虽然神头至黎城附近的房屋全部被日军烧成焦土，但那里的群众听说第三八六旅回来了，家家户户准备茶汤招待，街上贴遍标语，写着：“欢迎神头民众的救星八路军！”人们站在路两边鼓掌、呼口号欢迎，还纷纷向战士身上塞吃的东西。

很久以后，陈赓提起这次战斗，还非常高兴地说：“那次部队的确隐蔽得很好，事先连老百姓都没有发觉。当时真是壮观极了，军号一响，战士忽然都出来了，给鬼子来个措手不及，四个钟头就把仗打完了。战场上敌人遗弃的尸体真是漫山遍野，好些都是矛子当胸刺个对穿，还有些是头上有窟窿，全是用手榴弹砸的。”

第一二九师参谋长李达也说：“的确，这次伏击战果辉煌，令人欢欣鼓舞。”他说：“扛着梭镖的战士们，战斗之前每人都写了一个‘矛子枪换鬼子三八式’的小条子挂在梭镖上，待他们从神头岭下来时，果然差不多都换上了三八式。走在队伍前面的陈赓同志，骑着缴获的东洋马，手里拿着日本军官的指挥刀，喜形于色。他望着屋里、沟里、地里到处都有日军遗尸、战利品和被风吹散的敌军文件，对同志们说：‘你们看，这纸张书画随风凌空飞舞，犹如天女散花，庆祝我们的胜利！’”

刘伯承对这个战斗，在他写的《两年来华北游击战争经验教训的初步整理》一文中有总结。他说：“这次战斗是继续长生口胜利的战斗和启发响堂铺胜利的战斗，不但是在开展粉碎敌9路围攻中提高了军民的信心，而且在配合台儿庄的胜利上也起了尖兵的作用。”

第十一章　在太行山上

一、响堂铺伏击战

著名作家陈荒煤曾在第三八六旅采访过。1938年8月25日，他在《陈赓将军印象记》一文中写道：

两年来纵横在华北战场上的三八六旅，是一二九师的主力军，有光荣的战绩。平原的人民称它是“我们的队伍！”而这次敌人进攻晋东南，侵入北线时抓住我们的一个通信员，第一句问话就是“你是不是三八六旅的？”我们的人民和敌人都熟悉三八六旅这一个名字——那是由于它的英勇。

陈赓将军即是这个英勇的三八六旅的领导者。他中等身材，圆脸满是康健的红色，被那沿着脸腮而生的黑的胡子衬托着，显得十分英武。眉浓宽而向上斜扬，眼睛望人的时候圆睁着，带着一种探索注意的神情，使你感到他的眼光很锐利。一口细小的牙齿，薄的嘴唇，人们是常以此来断定那性格该是属于刚毅和冷静一类的。

看样子不过像三十岁的年纪，但他笑的时候，眼角浮现了一些细小的皱褶，可以猜想到他也不会太年轻了。第一次见他，我心里想：“像一个大学生。”……三八六旅自从前年九月改编后踏上华北战场，直到现在，作战统计在二百一十次以上，但陈赓将军耗去若干脑汁，那却是无法统计的。

战争是一种艺术，指挥员应该懂得自己的力量、优点和缺点，同时又要懂得敌人的；他需要机灵而又需要理智，细心却又要有魄力；要婉妙地使用技术，而使那庞大的铁流在自己手里操纵自如。陈赓将军是一个战争的优秀的艺术家，因此，三八六旅在华北创造了无数光荣胜利的战绩。

三八六旅到山西的处女战，是在长生口，一战而解旧关之危。尔后，敌人破娘子关长驱直入的时候，陈赓将军亲率一团兵力在七亘村伏击敌人。战斗以后，一团人都变成了日本兵：都是黄呢大衣、钢盔、皮靴、新枪，漫山遍野的高头洋马。

去年春天，当敌人九路围攻晋东南根据地时，三八六旅这一支远征军赶回来，一月的期间接连的作了三次有名的大战斗：神头、响堂铺、长乐村之役……“是不是三八六旅？”敌人沿途老这样探询。打听不是，汽车一溜烟走了，虽然当地有别的中国军队，也似乎不屑于过问。然而可怜，它始终没有一次找着陈旅，我们却在一条河边等待着他，又打了他一阵……

抗日战争时期的陈赓

陈荒煤说的三个大战斗，神头岭之战前面已经叙述过了，响堂铺作战是第一二九师负责直接指挥的，陈赓率领第三八六旅全部参加了。

由于从邯郸到长治这条公路对于日军太重要了，他们在神头岭挨了痛打后，加强了对它的控制，增加了兵力，增设了据点，加强了工事构筑，以保障繁忙运输的畅通。为此，八路军总部给第一二九师下达了继续在这条公路上打击敌人的任务。经过周密的侦察和分析判断，师部决定在响堂铺地区设伏歼敌，并征得了前来视察的总司令朱德和副总司令彭德怀的同意。由副师长徐向前担任前线总指挥。

响堂铺位于山西省黎城县的东阳关镇与河北省涉县之间，公路沿着小河床蜿蜒通过，路南多是悬崖峭壁，不易攀登；路北也是高山起伏，但谷口较多，宜于部队的进退。是个比较理想的伏击战场。

徐向前对参战部队进行部署：第三八五旅的七六九团和第三八六旅的七七一团埋伏于后宽漳与杨家山之线，担任主要的歼敌任务；并由他们各派小分队到对面南山埋伏，防止敌人遭伏击后“狗急跳墙”，向那个方向横窜。第七七二团为第二梯队，在第七七一团的右后方，负责对付黎城可能来援之敌；对付涉县方向的敌人，则由第七六九团派出小部队，迫近涉县去打游击，以保障本团左后方的安全。侦察得知，日军运输车队将于 3 月 31 日由长治返回邯郸等地，徐向前命令各部队于30日进入阵地。

陈赓率领部队于26日冒雨东移，于3月30日进至庙上村与马家峪一线隐蔽集结，然后亲自到前沿看地形，作伏击的具体部署，黄昏后即指挥部队秘密进入阵地。一切部署停当，已是31日黎明时分了。

第二天拂晓，天空刚有一线鱼肚白，出现了新情况。第七七二团派到苏家峧担任警戒的一个连被汉奸发现，向东阳关日军告密，日军当即出动200余人，由汉奸带路，向该连发动进攻。这就提出了问题，敌人的进攻是不是发现了八路军的作战意图？陈赓和徐向前交换意见后，虽然通知整个部队做好准备应敌，但判断这股敌人只是发现了第七七二团那个连在那里活动，危及东阳关敌人的安全，并未发现更多的东西。为诱敌计，陈赓命令该连从苏家峧撤走。其他部队继续在原地隐蔽，耐心等待。果然，判断正确，第七七二团那个连撤走后，日军也撤回到东阳关据点。

刘伯承在他的《刘伯承用兵要旨》一书中谈到响堂铺战斗时，盛赞徐向前和陈赓的判断，说："当时风传在我后路上的苏家峧有敌人到来，但我们老练的高级指挥员能沉着判断其不确，因而未放弃这一胜利的战斗。"

清晨8时许，先听见了枪声，接着从西向东传来隆隆的汽车声，滚滚黄尘随着汽车的行进，在公路上扬起，很远就看到了。日军第十四师团山田辎重部队所属的两个汽车中队共有汽车180辆，载着掩护部队由黎城县城经东阳关镇向东开来。由于谷底河旁的沙滩路面松软，汽车只能缓慢行进，这就给八路军创造了好机会。等他们全部驰入伏击圈后，第七七一团和第七六九团的迫击炮、机枪、步枪一齐开火，手榴弹成群飞进敌群，敌人被打得晕头转向。接着，战士从各个谷口冲了出来，冲上汽车，与敌人展开白刃格斗。敌人骤然遭到攻击，乱作一团，在汽车上还来不及把迫击炮、机关枪架起来，就被冲上汽车的战士砍伤、刺死了，少数钻到汽车底下企图顽抗，或端着刺刀准备和八路军战士拼杀的，大都在战士的刺刀、红缨枪和密集的手榴弹轰击下被消灭。第七七一团三连战士袁开忠与敌人搏斗时，手中的武器打掉了，他抱着敌人扭打，最后嘴咬敌人的脸，敌人疼痛倒地，被他打死，自己的门牙也掉了3颗。

经过两小时激战，日军除30多人逃脱外，全部被歼，180辆汽车全被击毁、烧坏，火光冲天，浓烟蔽日，到处飘荡着令人窒息的难闻的汽油及轮胎烧灼的臭味。

战斗进行时，黎城及东阳关敌人步骑兵400余人，附步炮2门，沿公路向东进攻，企图解响堂铺之围，被第七七二团在马家拐附近将其击退。不久，又从黎城增兵200人，携步炮4门，会合退下去的那400多人，在飞机掩护下，又连续向第七七二团阵地发动攻击，两次冲锋，被两次打退，伤亡数十人，不敢恋战，退回东阳关据点。同时，东面河北省涉县的敌人，出动了400多人，附汽车6辆，向西进攻，企图救援响堂铺被围之敌，在河南店与椿树岭之间遭第七六九团预伏部队的强力阻击，被迫退回涉县。下午 4 时，日机 10 余架飞到响堂铺地区大肆轰炸，但八路军早已打扫完战场安全转移了。炸弹只是把日军留在那里的绵延几里长的汽车残骸、死尸和伤员又“重创”了一顿。

此次战斗，共毙伤森木少佐以下 400 余人，俘虏 3 人，缴获迫击炮 4 门，重机枪 2 挺，轻机枪 10 余挺，长短枪 130 余支，击毁汽车 181 辆——多出的一辆是第七六九团在打敌人援兵时击毁的。部队临撤离时，将搬不完的物资及敌人的尸体、汽车全部放火烧着了，顿时，这段蜿蜒起伏的公路变成了一条火蛇，也是侵华日军的一处火葬场。

陈赓在当天的日记中写道：

八时许，闻得枪声。七七一团报告，谓东阳关有敌汽车百十辆，向涉县方向前进。七七一团放过一部约百辆至七六九团地段，激烈战斗就此开始。我七七一团动作迅速，火力与突击配合，勇敢莫当。经过两小时战斗与肉搏，配合七六九团将敌汽车百八十余辆全部焚毁，共毙敌四百余人。敌生逃者仅三十余，余全部歼灭……

此时，敌之汽车队已全部被歼灭，增援部队亦几次被我击溃，死尸满沟满野，只好以飞机十架，计重轰炸机六架，战斗机四架，投掷炸弹，长达两小时之久。但此时我已结束战斗，胜利品、伤兵全部运回近后方。部队已集结隐蔽，毫无损失。敌之飞机不过来吊孝而已。这次战斗证明了我们的部队有铁一般的意志，战术上已有了大的进步，政治工作是比较深入，动作秘密勇敢、迅速、突然，完全合乎战术要求，特别是锻炼了我们的新战士及较弱的个别部队，其意义更大于缴获枪炮。

看来，走上太行山，经过这么长时间的对日军作战的锻炼，陈赓对自己的部队开始有信心了，满意了。当然，他也颇有感慨：

半个月内打了两次胜仗，两次均歼灭了敌人，给敌人以重大损失。我想在晋的（国民党）三十万大军，如都是这样的积极，那么，何愁敌人不消灭呢？因此，争取友军和我们一样的积极作战，是我们目前最艰巨最迫切的任务。

这次战斗，朱德和彭德怀特地邀请国民党军队一些高级将领来观战，使他们大开眼界，赞叹不已。这大概就是陈赓说的，为争取友军积极作战的一个措施吧？

刘伯承总结这次战斗经验时赞扬说：“侦察判断正确；伏击地区良好；伏击布置妥当；出击突然猛烈干脆；撤退敏捷严整。缺点是步炮协同差。”

半年之后，陈赓率领他的部队于 10 月 7 日向涉县方向前进，重新来到响堂铺，受到群众热烈欢迎。陈赓日记中写道：“我们在响堂铺的胜利的战迹——敌之破烂汽车，依然残存路旁，纵横十余里。”

全国解放后，当地人民在伏击区公路北侧立了一座“响堂铺伏击战纪念碑”，至今，仍巍峨耸立着。

二、再战长乐村

陈荒煤说的第三个大战斗，就是长乐村之战。

晋东南的抗日运动风起云涌，游击战争广泛展开，特别是长生口和神头岭、响堂铺的连连大捷，使敌人震惊。为了消灭八路军在晋东南的部队，以巩固其前方的占领、解除其后方的威胁，日军决定对晋东南地区进行大规模的围攻。调集第一〇八、一〇九、十六、二十等师团各一部，另外还有骑兵、炮兵、工兵、辎重兵各一二个联队，共 35000 多人，兵分 9 路，从平汉、正太、同蒲三条铁路线出发，同时向晋东南腹地合击。刘伯承称之为“牛刀子战术”，即想用它这 9 把“刀子”，直插抗日根据地腹心，置八路军于死地。

八路军总部决定以一部分兵力，结合游击队、基干队、自卫队及民兵，以阻击、袭扰等手段，迟滞各路进犯的敌人；而将主力部队集结，寻找歼灭敌人一路或两路的机会。

陈赓和王新亭参加了第一二九师在西井村召开的会议。会议决定陈赓率领第三八六旅主力向东转移，隐蔽待机，准备打击从河北省的武安、涉县向西进犯的敌人；王新亭则带第七七一团的一个营，到太行山南部去发动群众，空舍清野，破坏交通，多方游击和袭扰敌人。

4 月 15 日，侵占武乡县城的日军第一一七联队 3000 多人，北犯榆社县城扑空，急忙回到武乡，黄昏又放弃武乡县城，连夜沿浊漳河向襄垣县方向进犯。在这数百里长途行军中，不断遭到八路军和游击队、民兵的打击和袭扰，很是疲惫。而他们又是这一路杀人放火的元凶。根据这一情况，刘伯承决心对这股敌人进行急袭，给予严惩。他命令集结在武乡县西北的红土地一带的第三八六旅，和兄弟部队第六八九团、第七六九团，沿浊漳河两岸平行追击。第七七二团、第六八九团为左纵队，沿浊漳河北岸急进；第七七一团为右纵队，沿浊漳河南岸急进；第七六九团为预备队，沿武乡县至襄垣县的大道上跟进。

陈赓在 4 月 16 日日记中有记载：

二时前全部集结东村。师令六八九团归我指挥。当即组成追击队，以七七二团、六八九团为左翼队，七七一团为右翼队，七六九团为预备队，尾在队后跟进。我率七七二团先行，经武乡城（全部被焚）、小河、黄红坡到达南窑村，发现巩家垴有敌三四百，似为敌之左侧部卫队。当令七七二团之两个营停止于上下牛家庄隐蔽集结，以一个营向巩家垴以北迂回。当我第二营进至巩家垴以北时，敌即不战向马庄、长乐村溃退。此时接得侦察报告，谓敌之大部已过长乐村，其辎重尚在白草仙附近，马庄仅为其少数后卫部队。我决心不失时机，不待后续部队到来即实行突击。此时我七七一团亦到达白草仙对岸之郑裕村、张庄以北高地。当令以七七一、七七二两团相对突击，将敌截为两段。敌人马辎重累积河滩隘路，死伤达一千数百人，一部避入房屋，全失战斗能力。敌之先头一部约四五百人附炮四门向我左翼突击，企图解救白草仙被困之敌。幸我六八九团赶至，与敌迎战，反复冲锋七八次，终将敌击溃。

下午三时，敌由辽县、蟠龙增来步兵一联队，配合在战部队，共约步兵三个联队，炮兵一大队，骑兵数百，复向我七七二团主阵地实行反突击。此时炮轰如雨，战斗之激烈实为抗战来第一次。敌向七七二团数次反复冲锋，均遭我有组织之火力射杀，死伤甚重，仅目睹即达二百余人。我为避免过大牺牲，寻敌弱点再击起见，自动向巩家垴撤退。是役我伤亡约四百余，我们英勇坚决的叶团长头部受重伤，恐有生命危险，这是我们的一大损失。

叶成焕团长的牺牲确实是第一二九师的重大损失。王新亭后来回忆说：

在长乐村这次追击、急袭的战斗中，我们三八六旅的指战员表现得十分顽强。七七二团十连在戴家垴阻击回援的一千多敌人的战斗中，同十倍于自己的日本鬼子浴血奋战，经过四个多小时的激烈战斗，这个连的全体指战员都壮烈牺牲在阵地上了。更使人敬佩的是我三八六旅七七二团的叶成焕团长，在战斗基本结束时，他接到了上级给他撤离战场的命令，但他为了关心部队的撤离，却不肯先走，他站在一个高坡上看着全团部队撤离战场，他还不时用望远镜观察敌人的动向。最后撤离战场的八连连长尤太忠同志劝叶成焕团长跟他们连一块撤退，但成焕同志告诉尤太忠同志让他带八连先撤，他仍然在那里全神贯注地观察敌人可能增援的方向，而把自己的安危置之度外。当尤太忠同志带着八连走出不几步远，日本鬼子的子弹击中了叶成焕团长的头部。特务连的战士赶紧抬着叶成焕团长往后撤，半路上，这位刚强的指挥员仍忍着头部的剧痛，还喃喃地问：“喂，队伍，队伍呢？”这就是他留下的关怀部队指战员的最后一句话。

当刘伯承师长听到七七二团王波参谋长的这个报告以后，大吃一惊。刘师长随王波同志来看叶成焕同志，就俯下身子，双手颤抖地抱着他的头，连声喊道：“成焕、成焕……”但是已经失去知觉的叶成焕同志再也说不出话来，在场的许多同志都流下了眼泪，有的同志失声痛哭。

叶成焕同志是我们一二九师三八六旅的一名年轻有为的指挥员。这位年仅25岁的团长，在历次战斗中都能当机立断，出色地完成上级交给他的任务，多少次危急的关键时刻，刘伯承师长和陈赓旅长只要知道叶成焕同志在那里指挥战斗，他们紧锁的双眉就会舒展开来。鉴于叶成焕同志的表现，准备提升他担任我们三八六旅的副旅长。叶成焕同志坚决表示：“还是打完这一仗再走吧！”但是万万没有想到，在长乐村这一仗刚要结束时，他却为国捐躯了。

长乐村这一仗打得好，共毙伤俘日军2200余人，打死战马五六百匹。捷报迅速传遍全国。蒋介石还发来了“嘉奖电”。

陈赓4月16日日记中继续写道：

> 我们打扫战场的部队不负责，许多胜利品未收回。几天后曾3A（国民党曾万钟第三军）又拾得无线电机一架，枪炮甚多。又两日后，我总部特务团还在此拾得炮弹数十箱。现在长乐村与百草仙一带，掩埋的死尸堆到处皆是。这次苫米地旅团为九路进攻之主力部队，其惨败较之其他几路均严重。据我总部侦察员目睹，该旅团由襄垣经沁县退却时，每联队只有500余人，其笨重的辎重队已经不见了。这次战斗若有曾3A的配合，那么苫米地旅团无疑是可以歼灭殆尽的。未将该旅团全歼是最可惜与最不幸的一件事。但无论怎样，日寇的所谓9路进攻，是由我们最后地粉碎了，其惨败也够他伤心的了。

苫米地是侵华日军第一〇八师团属下的一个旅团长，在攻占山西省长治、临汾等城市的作战中，曾获得日军大本营颁发的勋章。他在亲笔写给女儿的信中高兴地说：“天皇因我先入临汾，赐我一个勋章，我已挂在左胸前，我的右肩也高了起来。你看我像不像墨索里尼？”但这封信尚未发出，就在长乐村战斗中被八路军缴获了。这位日本的墨索里尼只得铩羽而归。

长乐村之战胜利的关键，就是陈赓在日记中写的：“此时接到侦察报告……我决心不失时机，不待后续部队到来即实行突击。”后续部队如果到来，兵力雄厚，作战当然更有把握些。但战场情况瞬息万变，待后续部队到来，战机已失，就不存在长乐村大捷了。所以，陈赓在自己兵力不多的情况下，作了当机立断的处理。

这种根据战场情况的变化而临时实行的决策，叫随机决策。随机决策不是随意决策。其基本要求是：对临时出现的情况要看得准，决策要正确，要符合临时情况的发展方向。否则，迫于无奈，孤注一掷，只能打败仗。随机决策既在决策之中，也在决策之外。所谓决策之中，即要求指挥员善于审时度势，当机立断，正确决策；说在决策之外，是指一瞬间的决策“功力”来源于长期实践、反复磨炼，不是靠碰运气、图侥幸。陈赓有足够的学识，丰富的作战经验，再加上对自己部队及对日军的了解，在长乐村才作出了及时的正确的随机决策。

虽然打了个大胜仗，但是第三八六旅还是感到不大惬意。因为满山沟的辎重、枪械及其他物资，看来唾手可得了；局促在山沟里的残敌可以像神头岭、响堂铺战斗那样全部解决了。战斗已打了4小时，如果再接再厉……但是敌人从辽县方向来了援兵，而驻扎在大道旁高地上的国民党第三军未加阻挡，所以没能获得更大战果。

可是到19日下午朱德来讲话，大家心头的这点儿遗憾就被扫荡得一干二净了。他说，长乐村战斗是这次反日军9路围攻战役中的决定性的战斗。在这个战斗里虽然作为进攻的主力敌人没有被全部消灭，但他们的战斗力被彻底摧毁了。第三八六旅虽然没有得到更多的缴获，全晋东南抗战却获得了与几千支枪价值不可同日而语的大战果：决定了敌人9路围攻的粉碎。

长乐村战斗以后，各路进攻的敌人闻风丧胆，全部动摇。在八路军各部及友军的打击、骚扰下，长治周围各县城都相继收复，到5月初，第一〇八师团将司令部所在地的长治也放弃了。从此，以太行山为依托的晋冀豫抗日根据地基本形成，中国共产党领导的八路军和太行山区的人民群众，已经把抗日的红旗牢牢地插在了晋东南广袤的土地上。

三、南下冀豫边

据1938年武汉出版的《群众周刊》第三卷报道：鉴于徐州正面战场吃紧，忧心忡忡的蒋介石，曾在汉口会见了彭德怀，急匆匆地询问："是否可以在青纱帐起时，派部队袭击津浦、平汉铁路线，声援徐州会战？"

蒋介石是以探询的口气提出问题，以为八路军不一定会响应他的意见。谁知道，彭德怀毫不犹豫地慨然允诺："不用到青纱帐起时，当派队前往。"

日军对晋东南的9路围攻被粉碎后，中共中央作出决定，进一步扩大抗日根据地，向平原发展，开展平原游击战争。

陈赓和王新亭奉命带领第三八六旅走下太行山，到平汉铁路沿线去打击敌人。1938年4月下旬，陈赓率第七七二团和第七七一团的一个营进至平汉铁路西侧的河北省和河南省北部的交界地区；王新亭则率领第七七一团的两个营，跨过平汉铁路到铁路东侧地区活动，开展游击战争，发动群众，扩大根据地，给敌占区"减肥""消肿"。

平汉铁路西侧一带当时非常混乱，除日军外，有国民党军队，有土匪流氓、土豪劣绅、封建会道门拉起的各色队伍，各霸一方，占山为王，鱼肉人民。他们有的打着抗日旗号，有的就是日军暗中豢养的帮凶，对群众有较大的欺骗性。处理这些问题，确实很棘手。

刘伯承有一次对参谋长李达说："我们军内，对中国社会搞得透彻一点的、懂得多一点的，要算贺龙，他对三教九流那一套都懂。另一个是陈赓。"

陈赓到了这个地区，他就利用在上海中央特科工作时和中外军警宪特及地痞流氓打交道的经验，对周围的各色部队广泛进行工作。他先后派周希汉到国民党骑兵第四师联络感情，派姚继鸣到新五军访问，派七七二团敌军工作股股长张宏义到水冶镇敌据点劝说伪皇协军第一军副军长反正，他还亲自出马，去做骑四师和新五军领导的工作等。

陈赓于4月28日来到河北省邢台县西边的路罗镇，这里有冀西民训处下属的张锡九的司令部。经过深入了解，这是个有名无实的单位，仅有破枪几支，依靠勾结红枪会的力量生存。红枪会是个封建会道门组织，在他们的庇护下，也在镇上公开设立了总团部，暗中勾结日军，九路围攻时，公开打出太阳旗欢迎“皇军”。4 月 17 日，九路围攻紧张之际，他们公然杀害了第一一五师 6 名侦察员，又聚众抢劫八路军的军粮，此外还私立苛捐杂税，剥削村民。在第一二九师领导指示下，陈赓指挥部队于当日午夜以突然手段解除其武装，将其首领六七人逮捕后枪决，把缴获的枪支发给当地群众，组织地方抗日游击队。29 日下午，陈赓在路罗镇召开群众大会，宣布处决这些坏人的理由，组建抗日政府，取消一切苛捐杂税，得到群众热烈拥护。

与此同时，陈赓得悉龙泉寺驻有申国栋的伪军百余人，有长短枪 70 余支，轻机枪 4 挺，也是打着冀西民训处的招牌，到处敲诈勒索，无恶不作。4 月 30 日，陈赓命第七七一团前往，经 17 分钟战斗，将其全部消灭。当日，陈赓率部经过龙泉寺时，群众欢声载道，赞扬八路军为民除害。

第一二九师副师长徐向前奉八路军总部命令，率部队越平汉铁路东进，策应国民党正面战场的津浦铁路线上的会战。陈赓在 5 月 1 日日记中写道：“今日为国际劳动节。我们因行军作战，部队未举行任何表面上的仪式，只好以实际的战斗来庆祝这一伟大的工人节日。”这次战斗就是为了掩护徐向前和他的部队通过日军占领的平汉铁路。

黄昏时分，陈赓率领部队进抵距邢台县城 20 里的赵孤庄，留第七七一团在赵孤庄，依托山地作预备队，自己率领第七七二团经孔庄去袭击邢台县城。同时袭击邢台的还有在铁路东边的陈再道纵队和张支队一部。四面围攻，战至第二天凌晨 4 时，估计徐向前早已安全过路并已离开铁路很远时，陈赓才下令收兵，拂晓时回到赵孤庄早餐。陈赓在 5 月 2 日日记中写道：“我们以鲜明的主张，模范的纪律及英勇的战斗，赢得了群众对我们加倍的热情。我们的伤者，不必经过动员，大家都抢着抬运。农民到处列队欢迎，送茶送饭。这种热烈的情绪，令我们感到无限的兴奋。”事后得知，夜袭邢台，日伪军死伤 80 余人，恐慌已极，紊乱异常，由于铁路被破坏，邢台以北交通数日断绝，日伪军很久不敢出城。

5 月间，陈赓率领部队由北向南，在邢台、沙河、武安、磁县以西山区，进行大小战斗 20 余次，消灭土匪、汉奸和反动会道门武装 10 余股，攻克峰峰、西佐、彭城等伪军据点，多次破坏了邢台至磁县间的平汉铁路。6 月初，部队继续南下，进入漳河以南、道清铁路以北的豫北地区，先后攻克观台、水冶等重镇，袭入汤阴、辉县等县城及潞王坟车站等敌据点。

7 月间，第一一五师第三四四旅的第六八八团也划归陈赓指挥。至 8 月份，陈赓共组织指挥大小战斗 80 余次，对平汉、道清两条铁路进行了 8 次大破击，使其长期不能通车。

刘伯承曾来第三八六旅，见到陈赓，称赞他指挥部队所向披靡，战绩卓著。陈赓笑着说："还不是师长和邓政委筹策有方！真可比得上当年诸葛亮的安居平五路呀。这几个月发展真是迅速，冀南、豫北差不多成了我们的天下。"

刘伯承说："我这次来，一方面是想了解一下你们旅的情况，另一方面是带了个任务来。总部要求我们配合国民党第一战区部队作战，阻止日军向洛阳方向运送部队和物资。你三八六旅正在平汉、道清两条铁路交叉口上，所以这个任务决定由你来担负。"①

刘伯承所以向陈赓交代这个任务，因为陈赓在平汉、道清铁路线上日夜不停地作战和破路时，津浦路上传来消息：国民党军队总退却，徐州失守。陈赓在5月24日日记中写道："此讯传来，确使我难过。"刘伯承来传达的，就是国民党军队在津浦路上失败后，日本军队会沿着津浦、平汉两条铁路线继续深入，希望八路军给予阻滞。

陈赓率领部队积极作战，但是身体不适带来了许多困难。他在7月1日日记中写道："参加七七二团、四支、旅直党员大会，我报告关于十七年来共产党斗争历史，共讲约7小时，最后已声嘶力竭，痔疮亦发，一晚不能安眠。"7月3日日记中写道："今日行程30余里，进至焦家湾及上下翟曲一带宿营。痔疮于我甚感痛苦，骑马亦无法支持。"7月4日日记中说："今日已不能骑马，只好改坐担架，内心甚感不安。"就在他身体不适的情况下，为了纪念全面抗日战争一周年，在7月7日他仍然指挥部队进攻平汉铁路上的汤阴县城，攻进南关，歼灭伪军一部，缴枪40支，俘虏20人，破坏铁路，炸断铁桥。接着师部指示，16日晚至17日拂晓，在平汉、津浦线上举行第四次总破坏。

四、香城固诱敌战

1938年10月，广州、武汉相继被日军占领，抗日战争进入更为艰难的阶段。但日军的"速战速决"的战略设想也彻底破灭，它对陷入持久的人民战争的汪洋大海而感到苦恼，于是作出了新的抉择。正如刘伯承所料，日军痛感八路军、新四军开辟的敌后战场是它的"盲肠炎"，因此，停止了对正面战场的进攻，开展了对国民党的诱降活动，邀约国民党领导集团与之合作，以共同建立所谓的"东亚新秩序"。这立即在国民党领导集团中起了作用，以汪精卫为首的亲日派，于1938年12月辗转赴日接受招安；国民党军队由于有美英的后台，没有放下抗日旗帜，但在行动上响应了日军"集中主要力量打击共产党"的号召，制定了《限制异党活动办法》，决定挑起和共产党及其军队的"摩擦"。

---

①《刘伯承传》，当代中国出版社1992年版，第212页。

陈赓以他政治上的敏锐性，洞察时局发展的趋向，1939 年伊始，就在日记中写道：

> 今年当为胜利年。但估计其艰苦当百倍于去岁，因为胜利只有从艰苦中求得。想到日寇将要举行对华北的“扫荡”，将来汉奸的猖狂，顽固分子的捣乱，我军对外需要粉碎日寇汉奸的“围剿”，对内又须防止与争取顽固分子，工作的艰苦，当可预为想象。这些都要求我们以大无畏的精神，至高无上的民族真诚，善于使用与紧握统一战线的武器，以布尔什维克的风度，埋头苦干，来应付此种艰苦的事变，坚持华北抗战。只有这样，才能克服目前困难，引导抗战奔向胜利之途。

1938 年 12 月 21 日，陈赓率领第三八六旅和先遣支队三大队再下太行山，跨过平汉铁路，东进河北省南部平原，直接领导那里及山东省西北地区的抗日斗争。

第三八六旅的第七七二团奉命留在太行山，保卫八路军总部，陈赓现在指挥的是第六八八团、新一团和补充团。到了平原地区后，陈赓发现群众抗日情绪异常高涨。看到抗日部队同日伪军打仗，即全力以赴进行支援，连伤兵的转运和安置都包了下来。有些信奉天主教的群众，在教堂做礼拜时，嘴里还悄声祷告：“愿上帝保佑八路军，保佑他们多打胜仗。”

部队在临漳县稍事休息后，按照刘伯承指示，由陈赓率领第六八八团、补充团和青年纵队第三团，驰援鲁西北，以便恢复和发展那里的抗日局面。由王新亭率领新一团和先遣支队第三大队进到肥乡县地区，积极开展对日伪军的袭扰活动。

1939 年 1 月 10 日，陈赓指挥部队袭入鲁西北的高唐县城，第六八八团先在城外扫荡了伪军，然后奋勇登城，反复冲锋，攻入城内，虽然伪军未全部消灭，但已四散瓦解。然后又袭击恩城，破坏津浦铁路线；接着陈赓又回师河北省南部，1 月 24 日指挥部队夜袭曲周县城。25 日，日军派出装甲车 9 辆和骑兵数十人，企图趁陈部疲劳之际，进攻其驻地安儿寨，没想到陈赓指挥部队已迂回到他们身后，向日军猛冲，毙敌 50 余人，骑兵全被消灭，击毁装甲车 4 辆，剩余敌人狼狈逃窜。陈赓的另一部则攻入鸡泽县城，毙伤日伪军 50 多人，将伪县政府捣毁，汉奸大部被击毙。2 月 1 日，曲周县敌人调集汽车 10 余辆，炮数门，上午 10 时突然对陈赓部队发起进攻。陈赓指挥补充团突击敌人右侧背，第六八八团突击敌之左侧背，对敌形成包围之势，激战数小时，敌趁黄昏突围，击毙伤敌百余人，击毁汽车 2 辆。

这期间，陈赓和王新亭考虑，部队挺进到平原地区以来，虽然转战东西，但是敌人遭受的损失不大，因而仍然盛气凌人，狂妄自大，每次受到八路军袭击后，必然派兵追击，进行报复。有鉴于此，陈赓打算利用敌人的这种骄纵心理，布置一个圈套引诱敌人，打它一个诱伏歼灭战。这个设想很快得到刘伯承的批准，并且作了批示："这个想法很好，鬼子是市利的东西，这是日本法西斯狂妄独尊的必然表现。它看不起我们，受了袭击必然不服气急于报复。日军大本营不是说，要利用我们退避的心理，奋勇进击，穷追而消灭吗？是可以用伏击打它个冷不防。关键是地形要选好。"陈赓立即将师长的指示传达给大家，从此议论的中心是：这个伏击战场选择在哪里好呢？

讨论中有人说："敌人的骄横，是我们诱歼它的条件。但是这里是平原地区，又是冬季，到处是光秃秃的平地，这有利于敌人快速部队的行动，而不利于我伏击部队的隐蔽和出击。"

王新亭点了下头说："说得有理。不过，只要我们注意调查研究，多多请教当地的老农，相信在这块大平原上一定能找到一个埋葬日本侵略军的坟场。"

"政委说得好。"陈赓接过话茬说，"我还是那句老话，'人是活的，想吃肉，还怕找不到杀猪的地方吗？'"这话引得大家哈哈大笑，会场顿时活跃起来。陈赓接着说："自古战争是最讲究地利的，我们要想尽办法注意选择有利于我军设伏，而不利于敌人行动的理想地形。"

会后，各单位都派出人侦察敌情及寻找理想的设伏地点。还请当地干部、群众给予协助，最后终于找到了一个可以作为诱伏敌人的好"口袋"，这就是香城固村的西北方，地处黑龙港流域，是一个带形的沙河故道，四周长满了丛丛红柳和野枣树，地势十分倾斜，形成一个洼地，西边靠近张家庄，是一道由西南伸向东北的大沙岗，长有二里半地，沙高达数丈，这块洼地可以构成一个天然的钳形阵地，把洼地紧紧地夹在了中间。陈赓仔细地看着地图高兴地说："啊！好'口袋'！确实是个很理想的袋形诱伏敌人的阵地。不过，还要亲眼去看看才行。"

关于敌情，周希汉参谋长汇集了对敌侦察情况说："目前，对我根据地'扫荡'的日军，在占领了束鹿、巨鹿、广宗、威县、临清、武邑等县城后，开始将其主力转向我南宫、枣强、冀县等地实施合击，仅以一小部分兵力守备城镇据点，维持其后方补给线。威县是日军后方补给线上的一个重要据点，由第十师团第四十联队一部分兵力守备，周围的曲周、广宗、清河等县城，只有少数日军和伪军防守。而广大乡村和威县以南之邱县、馆陶地区，因日军兵力不足，无法占据，仍控制在我军民手中。"

大家七嘴八舌发言后，陈赓说："从地理位置和大家对敌情分析来看，威县城的敌人是可以作为我们诱伏的对象。"

王新亭支持陈赓的意见，认为威县到香城固地区距离大约 30 里，只要部队隐蔽得好，封锁消息做得好，敌人是不会觉察的。"是否可以把设伏阵地和诱伏对象这两个问题定下来？"

陈赓立即表示："可以定下来。当务之急，是赶紧去看地形和熟悉地形，以便迅速行动，防止'夜长梦多'，敌情变化。"

第二天拂晓，由旅领导带领各团干部亲赴香城固地区，进行了秘密察看。有的人对洼地的面积作了估量，有的人亲自藏到红柳和野枣树中，看看能否隐蔽好部队。

看完地形后，陈赓经过周密思考，确定战斗部署：以第六八八团第一营配置在香城固正面阵地上，担任正面的阻击任务；二、三营担任从西向东的侧面出击任务；以新一团的一个营担任曲周县方向的警戒，防止敌人增援；新一团另两个营，担任切断敌人退路的任务。此外，陈赓还命令第六八八团、新一团、补充团，各抽一部分兵力，分别在2月7、8、9三天连续袭击威县县城，千方百计地引诱日军出城。旅部的骑兵排和自行车侦察队则专门担任诱敌深入的任务。

陈赓针对任务，还分别提出了要求，强调说："一、设伏部队，一定要构筑好防御工事，作好伪装，隐蔽好部队。香城固村虽然有寨子可守，但也要认真构筑工事，并严密封锁路口，决不能让日军进村负隅顽抗，一定要将鬼子兵堵在村外歼灭之。二、担任诱敌任务的部队，要采取夜间袭击的战术，进入城内，以短兵火力给日军以杀伤，既要把鬼子兵打得痛，打得狠，又要能够迅速撤离。使日军误以为我们是些不堪一击的游击队，才敢于远离其巢穴，孤军出城向我军'钓鱼'部队实施深追。三、当日军已经上当，钻入我军设伏的'口袋'之后，新一团要迅速前出到香城固正北方向，扎死'口袋'。这样就可以使日本鬼子处于腹背受击的困境，既不能前进，又无法后退。待日军的有生力量受到极大杀伤，也就是我军向其发起总攻的时刻。"

在场的干部听完陈赓的部署和要求后，都感到此次伏击作战方案计划得很周到，布置得很恰当，个个都表示有信心、有决心完成任务。接着，王新亭对政治工作也提出了要求。

此后，连续三天，干部、战士为了打好这一仗，除担任诱敌任务的部队连着几夜袭击威县县城之外，大都是每天拂晓前就得隐蔽地进入伏击阵地，冒着凛冽的寒风，卧在冰冷的沙窝里，一动不动地等待日本兵进入伏击圈。

连续三天对威县县城的袭击，几次袭入城内，给敌人造成很大损失，日军终于被激怒。2月10日下午，日军第十师团第四十联队一个大队长率领一个加强中队，乘9辆汽车，带着机枪、步炮，气势汹汹地追击着第三八六旅的"钓鱼"部队，向香城固驰来。当陈赓向部队通报了敌人已经上钩的情况后，广大指战员迅速做好了近战的一切准备。

4时许，日军的汽车队一面乱打着枪，一面驶入了第三八六旅的伏击圈，沿着干涸的沙河滩向香城固村开来，当他们先头汽车刚刚行驶到香城固村北口时，埋伏在那里的第六八八团第一营立即猛烈开火，迎头痛击日军，第一辆汽车当即被击毁，击毙车上的日本兵10余名，他们的大队长也被击伤。敌人遭此当头一棒，顿时慌乱起来，急忙跳下车，向第一营阵地实施反扑，几次冲锋被击退，于是接替指挥的安田中队长改变战术，指挥一部分兵力将攻击矛头指向东南方向的庄头村，妄图迂回包抄香城固村。但是，这伙敌人刚刚接近庄头村边时，却又遭到补充团的猛烈射击，将它堵了回去。接着补充团的第二营和第三营又向日军出击，由东向西，将日军压向沙河洼地。安田意识到上了八路军的当，中了埋伏，急忙命令其士兵爬上汽车，掉转车头，向北面的威县方向逃跑。

这时，陈赓命令部队所有火力，向日军射击；又命令隐蔽在北面的新一团迅速出击，卡住敌人的逃路。于是从四面八方射来的子弹、炮弹和投来的手榴弹，如飞蝗疾雨，一齐射向敌群。此刻，副旅长许世友离开了指挥所，跑到了新一团部队当中，挥着手大喊："同志们！坚决堵住敌人！决不能叫他们跑掉一个！现在杀敌立功的时间到了！"一直到新一团第二营跟着他冲到伏击圈北口的一个土岗上面，并且用火力封住了日军的退路——扎住了"口袋"口，他才哈哈大笑止住了脚步。

激烈的战斗进行了半个来小时，日军已被第三八六旅团团包围在一个椭圆形的大沙窝里，汽车陷在沙里开不动了，安田只好命令鬼子兵抛弃汽车，集中火力，向扎口袋的新一团连续发起 4 次猛攻，企图打开一个口子逃命，但均被新一团击退。

陈赓密切地注视着战斗的进程，心中很高兴：计划实现了，日本兵被牵引进了洼地，被包围住了。各级干部均以身作则，处处起模范作用，身先士卒，率领战士多次打垮敌人企图突围的猛攻。但是也有担心，看似胜券在握了，实际并未最后解决。战场情况瞬息万变，不知道还会出现什么意想不到的情况。

果然，战斗持续到黄昏，被围日军看到难以突出重围，就向北面发出一串绿色信号弹，向威县、曲周的敌人求救。敌人好似热锅上的蚂蚁，在沙窝里东窜西跑，安田组织力量继续猛攻新一团第二营阵地，为了突围，竟然抛掷起毒气弹。新一团团长丁思林立即组织投弹组使用集束手榴弹，利用爆炸的气浪驱散毒气。此时，陈赓命令各团紧缩包围圈，迫使敌人怕伤着自己而再不敢使用毒气弹。

激战中，被新一团第二营杀退的日军找不到合适的隐蔽地形，无头苍蝇似的到处乱窜。陈赓认为时机已到，立即命令"发出总攻信号！"顿时冲锋号声响彻原野，战士们跃出阵地，端着刺刀，拿着红缨枪，高喊着"冲呀！""杀呀！"，从四面八方冲向敌群，很快就将这伙侵略军歼灭在沙窝里。

夜色渐渐降临，在汽车燃烧的火光下，第三八六旅派人打扫战场，在一个大沙丘后面，发现尚有 5 个受伤的日本兵躲在那里。看见八路军来了，其中一个跳起来举起战刀向战士砍去，结果被骑兵排长挥起马刀拦腰砍死。从被俘的 4 个日本兵口中得知，那个举刀顽抗的家伙就是安田中队长。

至此，整个香城固诱伏战胜利结束，共击毙日军大队长以下 250 多人，俘虏 10 人，烧毁汽车 9 辆，缴获山炮 1 门，九二式步兵炮 2 门，轻重机枪及步枪数 10 支。第三八六旅伤亡 50 余人。

陈赓之所以能创造这个“得意之作”并非偶然。他准确地掌握了敌人行动规律，“指挥”敌人前来就范，真正做到知彼知己。当然也由于日军大队长过高估计自己的力量，过低估计八路军的力量，盲目进军，造成了随机决策的错误。当出现了八路军骑兵部队狙击的情况时，他没有认真思索，没有了解前面的军情，即作出冒进的决断，造成满盘皆输的结果。这证明他随机决策的“功力”，较之陈赓不可同日而语。

香城固诱伏战斗，是八路军粉碎日军对冀南抗日根据地进行“大扫荡”中的一次主要战斗，是平原地区反“扫荡”作战中的一个光辉战例。

刘伯承对这次战斗非常赞赏，指出：“这次战斗敌我伤亡的比例是四比一，我们的代价是小的，是赚钱的生意。这是个模范的诱伏战，应当表彰。”他并为这次战斗总结了经验：第三八六旅作战集团的口袋布置得好！其优点：第一是善于示弱诱敌，特别是激发了敌人轻视八路军的骄纵心理。第二是善于把敌人诱导到机动的围攻位置，而且把附近的房屋都占领了，让日军没有办法固守，也没有办法逃脱。第三是善于协同动作。

香城固一带的人民群众更是欢欣鼓舞，他们编了一首民谣，歌颂第三八六旅，歌颂香城固战斗：

三八六旅好儿郎，领导是陈、王。
沙滩布下口袋阵，香城固四面撒罗网。
大汽车冒火光，日本鬼见阎王。
解了咱们心头恨，保住咱们好家乡。

这次战斗后，蒋介石和当时第一战区司令长官卫立煌，也分别致电八路军朱德总司令和彭德怀副总司令，嘉奖第三八六旅。蒋介石 2 月 14 日原电如下：

朱总司令玉阶：

刘师陈旅努力杀敌，斩获颇丰，即希传谕嘉勉。

中正　寒

第三八六旅撤离香城固地区的第二天，日军出动了 70 多辆汽车，满载着 2000 余名日军，在两架飞机掩护下，向香城固猛扑而来。在香城固没有找到第三八六旅。于是又出动 5 架飞机，在大炮和坦克的配合下，向尖冢地区进攻，企图寻找八路军决战，最先头的装甲车上，还贴着“专打三八六旅”的标语。日军整整追寻了 7 天，没有见到第三八六旅的踪影。打罢香城固战斗后，第三八六旅已经奉命西进，跨过平汉铁路，返回太行山，在黎城地区进行休整。

五、王根英遇难

陈赓妻子王根英在陕甘宁边区党校时，学习得很好，心情很愉快，对 4 年多监狱的斗争生活作了回顾和总结。结业后，被调到延安《新中华报》报社工作。

陈知非在《母亲王根英烈士》一文中写道：

1938年秋，母亲请求到前线工作，党批准她的请求，分配到太行山一二九师供给部财经干部学校当指导员。查爸爸日记，在分别这一年多时间，母亲给父亲写过一次信，父亲给母亲写过一次信，当时前后方不通邮，只能托同志带。

父亲1938年7月2日《日记》写道："……接根英由延安来信，并转家中来信，家中来信无非是诉苦要钱，当即焚毁。"当时实行供给制，战士每月津贴一元，爸爸当旅长每月四元，朱总司令每月五元。爸爸认为家中将八路军和国民党看成一样，当官的可以捞钱。因而有些不耐烦，烧了。其实自大革命失败后，家中因父亲参加革命，屡受迫害，祖父坐牢，房屋被烧，敲诈勒索，完全破产。老人向儿子诉苦也是人之常情。

据杨力同志回忆，断定母亲是1938年10月从延安到一二九师师部工作的，那时我父已是驰名将领，杨力却不知道母亲的爱人是谁？母亲虽然将父亲送给她的战利品给学生看（当时展览战利品是一种教育方式），却不说爱人是谁。证明她是依靠党，凭自己的忠诚艰苦的工作来取得学生的信任，绝不炫耀自己的爱人以借光自照，抬高身价。父亲1938年12月7日续写《日记》以来，也没讲停写期间与母亲团聚的事。当时师部和三八六旅相距几百里，这期间未团聚也是可能的。曾经有个记者说，母亲到太行山后，先到父亲处住了几天，才去师部报到。我认为没有根据。因父亲那时正在豫北道清铁路线作战，师部住在（河北省的）涉县西二百里处，母亲到太行山，从地理位置上讲，也只能先到师部。她是持介绍信来一二九师报到工作的，绝不会先去旅部，这不是她的性格。

一二九师供给部指导员王根英

父亲1939年1月15日《日记》中说："……在临清与鲁西北

特委谈约二小时，至晚七时才赶到馆陶，马匹已感到疲劳不堪。到馆陶突遇根英，出我意外。夜深十二时与哲民、聚奎、墨林谈甚久。”

父亲与母亲在馆陶相遇，是不期而遇，还是李聚奎叔叔安排母亲来相会的？不清楚。父亲的“出我意料”四个字，说明夫妻久别在战场重逢，却没有时间谈话。他太忙了，不是对母亲薄情。

父亲1月18日《日记》中写：“根英去师部。”母亲随父亲行军三天，即分别回师部。这就是她和父亲最后的永诀。

3月8日，师供给部被敌人包围，母亲不顾个人安危，将自己的骡子牵到卫生队给伤员骑。她已冲到村外，出了包围圈，发现装有文件及公款的挎包没带出来，只身回村去取，与敌人遭遇，壮烈牺牲。

父亲在指挥部队作战，晚上得到母亲牺牲的噩耗，在《日记》上沉痛的写了一句令人感泣的话：“今天是我不可忘记的一天，也是我最惨痛的一天。”

日本侵略军挂起“专打三八六旅”的牌子，可以说没有能动着三八六旅的一根毫毛，但他们却杀害了三八六旅旅长的妻子。这只能更加燃起三八六旅“专打日本强盗”的怒火。

据目击者回忆：当时大家听到王根英牺牲的消息，心中都非常难过。这时正好陈赓旅长来了，大家都沉默不语，不知说什么好。陈赓心中当然更难过，但看到大家沉痛的样子，就高声地说：“同志们！我们唱个歌吧！”他挥起双手，指挥大家一起唱了起来：“大刀向鬼子们的头上砍去……”

1936年红军东征时，陈赓曾和副师长杨得志谈起，杨已经26岁，应该考虑婚姻问题时，杨说：“你又开玩笑了。”陈赓说：“不是开玩笑，是严肃的。人人都需要有个志同道合的生活伴侣嘛！我的老婆对我帮助就很大，可惜现在还在敌人的监狱里。周恩来同志对我说，党在想办法营救她，但愿她能早点儿出来，我是真有点儿想她呵！待她回来，我把这个任务交给她！”

他要把给杨得志找对象的任务交给王根英，说得很轻松，但在他的心灵深处却有着刻骨铭心的思念和痛苦。他承受着这种严酷的打击，实际上比强忍着肉体上创伤的折磨困难得多。

现在，他们终于相聚了，品尝着真诚相爱的甜蜜。但是这个时间又太短暂了。

作家陈荒煤在一个月夜里，在麦场上散步遇见了陈赓，陈荒煤突然地想：像他这样一位将军，在这样安静的月下，脑子里会想些什么呢？

他后来回答了陈荒煤的问题：“我现在什么也不想！一生把什么都贡献给革命了，自己还有什么？”

很明显，他的这个“不想”，正是自己把那无法挥去的苦苦思念，强压在流血的心头上的努力。

第十二章　参加百团大战

一、挺进太岳山

太岳山，是坐落在太行山西面，吕梁山东面的南北纵向的一块山地，在同蒲铁路和白晋铁路之间的广大区域，驻扎的部队主要是决死第一纵队，与晋西的决死第二纵队、晋东南的决死第三纵队、晋西北的决死第四纵队，都是山西省军阀阎锡山组建的新军，军官全是他派遣的，政工人员名义上是山西省牺牲救国同盟会的人员，但基本上都是地下共产党员。驻扎在太岳区的决死第一纵队的政治委员就是薄一波。

全国性抗战开始后，日军疯狂地进攻山西省。阎锡山在旧军队连连溃败的情况下，接受了薄一波等建设新军的建议，新军得到了迅速发展。

1938 年 10 月武汉失守后，日本军队虽然占领了半个中国，但“速战速决”的战略设想失败，遂改变策略，对国民党采取诱降政策，发出共同防共的号召。蒋介石立即在国民党五届五中全会上确定了反共方针，通过了《防制异党活动办法》。阎锡山本来就是亲日派，主动与日军勾搭，准备与蒋介石联手，在山西省掀起反共高潮。他首要的目标就瞄准了认为已经被共产党把持了的新军决死队。

1939 年冬，蒋介石发动了第一次反共高潮。阎锡山在山西省率先发难，发动了“十二月事变”，首先派部队进攻正在抗击日军的决死二纵队，二纵队苦战突围，转入晋西北八路军第一二〇师防区；接着又派部队进攻决死三纵队，使决死三纵队遭到重大损失；此后，对驻扎在太岳区北部的决死一纵队也展开进攻，驻扎在太岳区南部的国民党部队也积极向北推进，予以配合。决死一纵队进行了坚决抵抗。鉴于决死一纵队处于“前门打虎，后门拒狼”的困难处境，八路军总部命陈赓率领第三八六旅及总部特务团，于 1940 年 1 月中旬进入太岳区，给予向北推进的国民党部队以有力打击，粉碎了蒋介石觊觎岳北区的幻梦。

第三八六旅刚在太岳区站住脚跟，日军便调集了 6000 余人，于 1940 年 3

月底，在沁县、屯留县地区，向第三八六旅发动了“5 路围攻”。他们从长治城出动 3000 多人，途经屯留县的鲍店镇，兵分三路向北进犯：第一路 2000 多人，从鲍店向西北方向的河神庙开进；第二路约 400 人，从鲍店向北，朝川底村方向开进；第三路 300 余人，从鲍店镇向北，沿公路向余吾镇方向开进。同时，北面的日军也有增加，驻沁县日军约 2000 人，南下至新店镇和古县镇，又兵分两路向南扑来。

陈赓根据敌情分析，日军分 5 路围攻第三八六旅，是妄图乘他刚到太岳区，群众基础不深，对地形道路等还不熟悉的时机，给予歼灭性打击。

陈赓和旅的领导研究后，拟定了作战部署：第十六团和一部分地方武装寻找日军的空隙，转到外线，到白晋铁路线上打游击，扰乱敌人后方。旅的主力第七七二团和第十七团等部队在内线布防，与敌人周旋，寻找战机，歼灭敌人。

陈赓在干部会上动员说：“一定要打好这一仗，否则对我们坚持太岳根据地和继续开展反顽（‘顽固派’是指搞反共摩擦的蒋介石和阎锡山的军队）斗争带来不利影响。”王新亭也说了几点意见，主要是认为这一仗对坚持太岳抗日根据地的意义重大。

反击日军的“5 路围攻”战斗只持续了几天，但进行得非常激烈。首先与日军交火的是第七七二团一营，他们在高坪庄、土家寨一带阻击由鲍店镇经河神庙向张店北进的 2000 多日军，激战 5 小时，连续击退敌人的 4 次攻击。日军攻击失败后，即向一营阵地施放毒气弹，致使一营中毒百余人，负伤 20 余人。一营即撤至高坪庄以东新的阵地，继续阻击日军的进攻，迫使其一部与一营对峙，一部向南窜入张店镇。

4 月 1 日下午 5 时，南边的日军向张店镇以北之梧桐柏进攻，第三八六旅十七团一营当即给予迎头痛击。战斗一直到晚上，日军不支，逃向张店镇。另一路日军由丈八庙经过黄土坡进至罗村一带，被第十七团击退。此时南边又来了一股日军增援，并施放毒气弹，第十七团有 300 多人中毒，但仍坚守阵地。

由于张店镇方向的日军主力遭到第三八六旅的尾追侧击，损失严重，率先撤退，其他各路日军也先后撤退了。整个战斗在 4 月 2 日下午结束，共毙伤日军 500 余人，第三八六旅伤亡 101 人，阵亡的人，多系中毒而死。

这次作战与以往不同的是，陈赓指挥主力部队，先在内线与敌人周旋，待给他们以阻击和杀伤后，机动转入外线，寻找有利战机；尔后又趁日军疲惫和撤逃之际，迅速调转兵力，对敌实施尾追和侧击。这就充分发挥了第三八六旅阵地战和游击战相结合的优势，最大限度地使用了兵力，从而取得了粉碎日军“5 路围攻”的胜利。

1940 年 6 月底，国民党顽固派阎锡山的第六十一军三个团和魏立功部 600 多人，东渡汾河，跨过同蒲铁路，扬言进攻决死一纵队，占领太岳区的洪洞、赵城、安泽等县的部分地区，建立所谓的汾东根据地。与此同时，日军自洪洞、赵城各据点出动700多人向东进攻；白晋铁路线上的日军出兵向西进攻，占领古县等地；王陶镇的日军向南进攻。

陈赓决心指挥第三八六旅及决死一纵队迎敌。电师请示，先打阎锡山的魏立功部，再打第六十一军。后因魏部与日军密切配合作战，尚不能迅速消灭之，遂决定打击第六十一军。7月4日，第六十一军二三百人进攻安泽县晋家山地区，遭到第三八六旅第十七团的伏击，敌溃退。第十七团追到杏树园附近，发现有第六十一军数千人，第十七团猛烈冲杀，敌顿时混乱，杏树园东北高地均被第十七团占领。5日，敌军向第十七团阵地连攻10余次，均被击退，阎军伤亡惨重。6日拂晓，敌又猛攻七八次。陈赓为了骄纵敌人，指挥部队稍向后撤，布置好阵地，只派一个连在晋家山御敌。6日晚，1000余敌人向该连进攻，该连且战且退，诱敌深入。7日，陈赓指挥第三八六旅和决死一纵队主力集结，充分准备后，决定9日向敌总攻。届时，陈赓一声令下，各部勇猛冲杀，4小时即将敌大部消灭，毙伤阎锡山第六十一军800多人，俘虏500多人，有力地保卫了太岳抗日根据地。阎军从此不敢轻举妄动，各路日军听到阎军失败的消息后，在各地游击队的骚扰打击下，也纷纷退守原防。

1940年6月，太岳军区成立，陈赓任司令员，王新亭任政治委员，统一领导太岳区的抗日武装，转战同蒲、白晋铁路沿线，为巩固和扩大太岳抗日根据地作出了卓越贡献。

第二年，太岳军区扩大，中央军委任命陈赓为太岳纵队兼太岳军区司令员，薄一波为政治委员。

5月3日，第三八六旅收到了第一二九师发来的《白晋路北段战役计划》。《计划》规定第三八六旅的任务是：旅的一部和师特务团、祁（县）太（谷县）地方游击队，为白晋铁路北段破击队，负责破击祁县的东观、来远镇段，同时掩护中段的破击任务。第三八六旅主力和决死一纵队的4个团，为南线破击队，担负沁县、权店段的破击任务，对南边的夏店和屯留县一线之敌和北面平遥县的敌人进行游击侦察，阻滞其增援；如果沁县和漳源镇敌人出动，则坚决消灭之。其他部队也都分配了具体任务。

5月5日黄昏，各部队隐蔽进到破击地段。当夜，在200多里长的铁路线上，展开了规模浩大的破击作战。

白晋战役打响后，首先行动的是第三八五旅的第七六九团和第十四团，攻入了铁路线上的南关镇，据守该镇的200多个日本兵，大部被击毙，还解放了一大批被日军抓去强迫修路的工人，缴获了1000多箱炸药和其他物资。

陈赓指挥第三八六旅和决死一纵队，同参战群众一起行动，攻据点，打碉堡，割电线，掀路轨，炸桥梁，烧枕木等。经过一夜的奋战，将日军所控制的40多公里的铁路和公路彻底破坏。

太岳纵队兼太岳军区司令员陈赓（立者）向部队讲话

同时，第三八六旅在决死一纵队的密切配合下，攻入铁路线上的牛寺、漳源、固亦镇等敌据点，与敌展开白刃战，并且袭击了日军的一列火车。还乘日军注意力集中在白晋铁路之际，突出奇兵，向同蒲铁路线上的赵城县东北方向的刘家庄实施攻击，歼灭据点内 40 多名日本兵，缴获了全部枪支、弹药和文件、物资。

刘伯承接到了战报后，称赞说："他们手疾眼快，抓到敌人弱点，就给以痛击，打得机动灵活。这种战术如果在全军发扬起来，就可以使日军陷于顾此失彼的窘态。"

5 月 6 日，沁县和权店等地日军紧急派出大量兵力，企图阻止抗日军民的破路行动。早有准备的陈赓，立即指挥第三八六旅组织还击，使敌遭到重创。

白晋战役胜利结束，将日军经营了一年多的白晋铁路破坏了 100 多华里，摧毁大小桥涵 50 多座，炸毁车站 3 处及火车 3 列，焚毁弹药库和汽油库各 1 座，歼敌 350 余人。

至此，刘伯承下令主力部队撤出战斗，并将继续破路的任务交给了太岳、太行两区的地方部队和游击队。这场规模空前的交通斗争，一直持续到 1940 年 8 月间，使日军在太岳、太行地区推行的"囚笼政策"，第一次遭到了沉重打击。朱德和彭德怀于 5 月 9 日专门发来嘉奖电：

白晋战役，赖诸同志指挥有方，全体战士戮力用命，获得了伟大胜利，配合晋南友军，给予日寇以严重打击。捷报传来，无限欣慰，特电嘉勉。望全体指战员同志们，继续努力，发扬我们英勇顽强之光荣传统，彻底粉碎敌寇对我晋东南之扫荡。

二、大举破击正太路

白晋战役结束后，聂荣臻率晋察冀军区挺进支队北返。行前，彭德怀、左权在八路军总部设便宴为聂荣臻送行。刘伯承、邓小平、李达、陈赓、陈锡联等出席作陪。由于大家对日军“只要交通有保障，灭亡中国绝对不成问题”的话印象很深，因此在席间谈起华北战局，特别是晋察冀和晋冀鲁豫两大战略区的配合作战时，自然想到了交通问题。认为横亘在两区间的正太铁路线，是日军控制山西、河北两省的交通命脉，横贯太行山区，把巍巍太行劈为两半，是阻隔两区联系的重大障碍。要是能切断这条铁路，既可使日军在山西省的运输补给失去保障，又有利于两大区在军事、经济等方面的相互支持和帮助。于是，不少人认为，应在适当时机对正太铁路进行大规模的破袭。

此时，日军积极准备实行南进政策，在正面战场集结兵力，扬言向重庆、昆明、西安发动进攻，企图用军事压力和政治诱降的双重手段，促使国民党投降，以便抽出兵力加入太平洋作战。1940 年 6 月 15 日，日军攻占湖北省宜昌市，占据了进入四川省的咽喉，接着又大举轰炸当时国民党政府所在地重庆市，并秘密向蒋介石展开“和谈”活动。还利用已投降日军的汪精卫集团在国民党阵营内部进行宣传和策反。国民党在这种形势面前更加动摇，妥协投降的危险空前严重。

蒋介石指示胡宗南、阎锡山、朱怀冰、石友三等部队掀起的第一次反共高潮被粉碎后，国民党顽固派大肆造谣，胡说什么“八路军游而不击”“专打友军，不打日本”等，使一些不明真相的人对共产党、八路军产生了怀疑。

山西省日军守备正太铁路线的一部分兵力，被调往华中地区，其警备力量有所削弱。

综合这些情况，八路军前方总指挥彭德怀和参谋长左权研究决定：为了争取华北战局更有利的发展，并影响全国的抗战局势，克服国民党的投降妥协危险，有必要向华北敌占交通线和据点发动一次大规模的进攻战役。主要目标定在正太铁路线。

1940 年 7 月 22 日，朱德、彭德怀、左权给聂荣臻、贺龙、关向应、刘伯承、邓小平等人发出了大举破击正太铁路的预备命令。命令指出：“敌寇依据几条交通要道，不断向我内地扩大占领地区，增多据点，封锁与拦截我各个抗日根据地之联系，特别是对于晋东南，以实现其‘囚笼政策’，这种形势日益严重。又迭据各方情报，敌寇有于 8 月间进犯西安的企图。为打击敌之‘囚笼政策’，打破进犯西安之企图，争取华北战局更有利的发展，决定趁目前青纱帐与雨季时节，敌对晋察冀、晋西北及晋东南‘扫荡’较为缓和，正太沿线较为空虚的有利时机，大举破击正太路。”八路军总部的命令，除令第一二九师和晋察冀军区部队共同实施破击正太铁路线外，同时命令在平汉、同蒲、白晋、平绥、津浦、北宁等铁路沿线的部队配合行动。

在部队“注意休养体力，加强军事教育”等准备工作进行了约一个月后，8月18日晚，刘伯承、邓小平在太行山的和顺县石拐镇第一二九师前方指挥所召开作战会议，向参战部队布置作战任务。

8月20日晚8时，夜幕降临不久，正太铁路破击战役打响了。随着一道道划破夜空的红色信号弹醒目的闪光，各路破击部队以神速的动作扑向正太铁路沿线的车站和据点。在同一时刻，同蒲、白晋、平汉、津浦、北宁等铁路线和许多公路干线上都燃起了战火，日军的华北交通线陷入全面被攻击之中。八路军参战部队先后达到了100多个团，所以，以后就把这一战役称为“百团大战”。

在此之前，陈赓根据命令，于8月14日率领第三八六旅的第七七二团、第十六团和决死一纵队的第二十五团、第三十八团，由沁源县地区出发，越过白晋铁路的敌人封锁线，东进太行山区，经5个昼夜的急行军，冒着滂沱大雨，到达正太铁路上的寿阳县城以南50里处秘密集结。

按师部决定，这一战役由陈赓、陈锡联指挥，下分3个纵队：中央纵队（总预备队）由第三八五旅主力及第七七二团组成，归陈赓直接掌握；右纵队由第十旅主力第二十八团和第三十团组成，由范子侠、赖际发指挥；左纵队由第十六团、第二十五团、第三十八团组成，由周希汉指挥。这个由太岳区部队组成的左纵队，担任寿阳县和榆次县之间铁路破击任务。

刘伯承指出：“断敌交通在其他战争中重要，在抗日游击战争中尤其重要，切断了这条大动脉，敌人就会呼吸不畅，血液不通，行动不便，所以对正太铁路破坏越彻底，我们就越主动。”他还说：“大家一定要遵守统一的时间，密切协同配合。要讲究战术，不能啃核桃，而要一个一个地砸核桃，彻底破坏正太路！”他说着并举起右拳向桌子砸去。

邓小平也指示说：“这次参战的地方武装和民兵、群众很多，要派得力干部去组织带领，注意保证他们的安全。对部队还要进一步作深入的动员，任务要交代得很清楚才行。”

周希汉出发前，陈赓也有叮嘱：“千万记住师长和政委讲的，既要指挥好作战，又要把政治思想工作做好。”

正太铁路的守军是片山独立第四混成旅团，有5个步兵大队，附有骑兵、工兵、辎重兵、通信兵等，分布于东至娘子关、西至寿阳县与榆次县之间的段廷车站。

根据上级指示，八路军各团作了周密部署，8月20日20时30分，对敌发起猛攻，左纵队的第十六团攻打芦家庄，第二十五团攻击马首车站，第三十八团攻击和尚足据点和上湖车站。马首车站攻克后，盘踞在冀家垣之敌，绕道龙化山，企图偷袭驻在大洛坡的第二十五团指挥所，团长苏鲁立即指挥第八连反击偷袭之敌，短兵相接，白刃格斗，拼杀40余分钟，将敌大部歼灭，敌带队的小队长被击毙，保障了团部及破路民工的安全。战后受到刘伯承、邓小平的表扬和奖励，八路军总部授予了“白刃格斗英雄连”锦旗。

芦家庄有日军一个中队和伪军20余人，是兵力较多火力较强的据点。战斗发起时，第十六团一举突入村内，连续攻占了车站外围的4个碉堡，将守敌大部消灭。残敌向西溃逃，遭到第十六团预伏部队的迎击，敌复向东窜，又与第十六团攻击车站的部队遭遇，敌见无法逃出，则占领高屋死守。第十六团组织强攻，因无重武器，未能攻下。次日拂晓，第十六团实行火攻，引爆了高屋附近的火药库，一时乒乓乱响，弹药乱飞，火光冲天，高屋倒塌，日军全部被消灭。

为了保障破路部队和群众的安全，陈赓直接指挥中央纵队的第七七二团强袭平定县城西南敌人冶西村据点。22日，两个连进攻未成功。25日，陈赓亲临前线指挥，下午4时，第七七二团第一营附平射炮和迫击炮各一门，再次向冶西村之敌发动进攻。第二连迅速通过铁丝网，冲到外壕，受到敌人火力阻拦；第三连绕到敌左翼，破坏铁丝网前进，据守城壕的日军拼命抵抗，该连以集束手榴弹投掷到敌人工事内，给敌人以重大杀伤；此时第二连也跨过外壕逼近堡垒，除残敌10余名逃向平定县城方向外，其余全被歼灭。

这一系列的胜利战斗，大大振奋了参战群众、敌占区人民和铁路员工，他们势如潮涌地扑向铁路，同部队一起开展了破路活动：挖路基、翻铁轨、炸桥梁、毁隧道、割电线、烧枕木，将车站、水塔、信号设置等建筑物完全摧毁。群众架起一堆堆枕木放火焚烧，铁轨被人们运回根据地制造农具和武器，拿不走的被扔到火堆上，烧得变了形。那破路场面非常壮观：白天烟雾弥漫，夜晚火焰腾飞，沿路人山人海，锤击声、呐喊声、笑声、歌声汇成一曲人民战争的英雄交响乐。这样经过了12个昼夜的紧张战斗，正太铁路完全从地面上消失了。

日军开始被打蒙了，吓得目瞪口呆。过后从榆次、寿阳、阳泉、和顺、辽县等地抽调七八千人，分兵5路，从背后迂回，企图以安丰、马坊为中心，合击八路军指挥部和部队。

太岳军区部队掩护破路群众转移。9月2日6时许，在卷峪沟、窑儿里、上葫芦把地区与敌人遭遇，前进道路被敌人拦阻。部队部署尚未就绪，3000敌人已在两架飞机掩护下，向太岳军区部队阵地发起猛攻。部队准备转移时，遇见第一二九师直属队的一个伤员，他说师部医院尚在卷峪沟，很多伤员还来不及转移。为了掩护他们，决死队的第三十八团立即主动占领东大角阵地，第三八六旅第十六团占领羊儿岭等处阵地坚守。不料敌人飞机发现了卷峪沟一带有向南撤退的八路军及破路群众数万人的情况，因此，日军集中兵力，在飞机和猛烈炮火掩护下，猛攻第十六团的1547高地，终因敌众我寡，火力悬殊，阵地被敌占领。部队被迫转移到卷峪沟、窑儿里之间的1670高地，在不利的形势下，准备转移时，突然接到师首长派警卫营长来传达的口头命令，说中共中央北方局、八路军总部、第一二九师直属队、第三八五旅炮兵部队及医院都在卷峪沟，要求太岳军区部队不惜一切代价，夺回窑儿里阵地，以掩护首脑机关及群众转移。

接到命令后，第三十八团团长蔡爱卿和政委刘有光，急忙率领第二、第三营速返窑儿里，配合第十六团，决心夺回窑儿里阵地。蔡团长命令部队跑步前进，给敌人迎头痛击。坚守在红岩阵地的第一营也主动出击，攻击窑儿里右翼。刹那间，阵地上刀光闪闪，杀声阵阵。战士们的刺刀都染上鲜血。敌人狗急跳墙，施放毒气。一些人倒下了，中毒轻的仍坚持战斗。经过13次反复争夺，终于夺回了窑儿里三个山头主阵地。此后，敌2000余人数次发动攻击，都被击退。直到首脑机关及兄弟部队安全转移，第三十八团才奉命撤出战斗。此役从9月2日6时30分打响，到21时30分结束，激战15小时，该团以伤亡300余人，中毒数百人的代价，毙伤敌人600余人，胜利完成了掩护北方局、总部和师机关安全转移的任务。战后，北方局书记杨尚昆、八路军野战政治部主任罗瑞卿等，亲临太岳部队进行慰问，盛赞部队的英勇顽强。

决死一纵队第二十五团和第三十八团，是抗日战争开始时由一支知识分子队伍发展起来的，政治素质高，但缺乏作战经验，更缺乏打大仗、打硬仗的锻炼。太岳军区成立后，陈赓和薄一波把决死队知识分子干部和第三八六旅老红军干部进行交流调整，又经过陈赓在军事方面的教育和训练，能在非常不利的形势下，配合兄弟部队抢夺敌人的主阵地，到手后再打阵地防御战，打出这样的仗是很不容易的。经过百团大战烈火的熔炼，这两个团终于成为陈赓部队的主力。

9月5日，太谷县日军第三十六师团永野大队500多人，向榆社县双峰镇进犯。师部命令陈赓指挥太岳军区的4个团，在双峰地区夹击敌人。4时40分，第七七二团和第二十五团奉命由交口出发，进抵双峰镇以北以东高地。战斗发起后，第七七二团即夺取了尖疙瘩一线，第二十五团攻占了双峰镇，然后迂回到镇子东南方高地堵击敌人。这时敌人一部抢占了柳树沟、太平庄、小岩坡一线高地固守，另一部被压在河沟内。

这种仗最难打，同长乐村战斗相似，事先并没有很好地准备，双方又都在运动中，情况瞬息万变，掌握不好，决策不及时、不准确，就要出差错。此时陈赓的心情是很焦急的，部队连日作战，减员很大，也很疲劳，怎样打赢这一仗呢？徐向前总是号召部队：要“坚持最后5分钟”，强调部队要有韧性。陈赓也常讲："我们的军队已有了高度的政治上的纯洁，忠实于党，忠实于阶级，勇敢的为党为主义死难，是不成问题的。我们今天的问题是如何提高战斗力，增强其顽强性。"这一仗要争取主动，避免被动，就必须不顾疲劳顽强作战。他督促第十六团和第三十八团于6日下午1时赶到，对敌形成包围。下午4时，陈赓发出总攻令，4个团勇猛冲杀，打到7日拂晓，毙伤敌永野大队长以下400余人。

至此，历时18天的百团大战第一阶段胜利结束。毛泽东在延安致电彭德怀说："百团大战真是令人兴奋，像这样的战斗是否还可组织一两次？"

三、榆社之战的"发明"

百团大战第一阶段结束后，1940年9月20日，陈赓参加八路军总部召开的作战总结大会，汇报了太岳纵队作战的情况和经验教训。陈赓于21日回到部队，随即接到总部和师部关于进行百团大战第二战役的作战命令：以第三八六旅和决死一纵队的两个团为左集团，攻占榆社县城和沿毕、王景三据点；以第三八五旅并第三十二团为右集团，攻取管头、铺上、小岭等据点；命新十旅分布于和（顺）辽（县）公路线上进行破击，牵制昔阳、和顺等县之敌。太岳军区的其他部队在沁县南北交通线上进行破击，配合榆（社）辽（县）公路线上的作战。命令并规定战役必须于9月23日全线打响。

日军占领的从榆社县到辽县的公路，就像一只手臂伸到太行山中来，东北连接和顺至辽县的公路，还想从榆社县向西南延伸，经武乡县与白晋铁路连接，实施"囚笼政策"，以达到分割太行山抗日根据地的目的。因此，百团大战第二阶段的重点，就是把日军伸进根据地的这只手臂斩断。

榆社县城是日军深入抗日根据地的据点，也是他们转运弹药、粮秣的重要枢纽，又因不断遭受游击队、民兵的袭扰，所以日军十分注意这里的守备。守敌为片山旅团板津大队的藤本中队，素以剽悍著称，有日军220余人，城内还有汉奸部队和伪政权60余人，构筑了大小碉堡8个，以及其他的层层工事，自诩"固若金汤"。

根据上述情况，陈赓决定以第七七二团和第十六团，附山炮1门，攻击榆社县城；以第三十八团和第二十五团分别夺取王景、沿毕两据点，争取在两日内解决战斗。

八路军当时没有攻坚经验，又没有足够的火力及必需的装备与器材，用这种部队攻城，对于陈赓来说当然是个很担心的难题。所以，他亲自率领旅、团指挥员和担任攻击部队的营连干部，到榆社城去作了一次实地侦察。回来研究了侦察所得后，又叫周希汉参谋长带领大家再去侦察了一次。

榆社县城确实地形险要，除城北城东有一条道路可接近外，余皆为断绝地。

且日军重点防守之东门城墙上，筑有一个高大碉堡；北面和西面分别设有监视台，可瞭望全城及四野之动静，给部队的隐蔽带来很大的难题。后来，终于在城东约 20 公尺的断绝地下面，发现了一块方形的树林，陈赓就决定部队在那里隐蔽，作攻城的出发地。并具体分派了任务：第七七二团第三营附山炮 1 门，攻击西关的西南角；第二营以两个连，攻击城南小高地敌之分哨；第十六团第一营附机关炮 1 门，攻击西关的西北角，协同第七七二团第三营夺取西关；第十六团以一个营在北门佯攻，派一个连封锁东门外敌碉堡。同时对袭击和强攻作了两手准备，所以两个团除了自己的正规武器外还准备了梯子、燃烧弹、地雷、炸药及铡刀、煤油等各种器材。

23 日夜，部队按计划向敌人阵地隐蔽推进。第七七二团第二营匍匐前进通过敌人铁丝网时，惊起了一阵狗叫，被敌人发觉，遭到猛烈射击，该营依托既得阵地，顽强地抵抗敌人。进攻西关的两个营，由于阵地选择不当，多次攻击均未奏效。于是陈赓命令停止攻击。

第二天拂晓，他拄着手杖又来到阵地，冒着敌人的炮火，带领干部围绕敌据点进行抵近侦察，数点敌人工事上的每一个枪眼、炮口以及他们可以射击到的角度。然后，开展军事民主，动员大家开动脑筋想办法，研究对策。

陈赓在检查这次攻击情况时发现，由于夜间进攻，部队火力阵地的选择及火力使用上，不易收到压制敌人火力的效果，于是决定重新组织火力，在白天进攻。为此调整了部署，第七七二团一个营攻东门楼，一个营攻城的西北角，第十六团一个营攻城的东北角。山炮抵近射击东门楼，机关炮射击两个城角，迫击炮射击敌重火器阵地及中心地区。同时，指示作战连队：以两挺重机枪对付敌人一挺轻机枪，以轻机枪和特等射手对付敌人一个枪眼。如果某一个枪眼没有按规定的办法封锁好，叫敌人射出子弹来，就要追究负责压制那个枪口的人的责任。

24 日下午 3 点半，总攻开始，枪、炮、手榴弹一片轰鸣，汇成震天动地的巨响，敌人的火器全被压制，于是“狗急跳墙”，大量施放毒气。但是陈赓就在烟火的笼罩中，毒气的迷雾里，碉堡的枪口下，坚持指挥部队突进城中，向文庙及榆社中学攻击。此时敌人大部被歼，但残敌利用学校中构筑的核心工事及围墙继续顽抗。各部队几次猛冲均未奏效。毒气到处弥漫，指战员几乎全部中毒。

陈赓再次命令攻击暂停，他在火线上召集干部会议，总结经验教训，进行新的准备。当夜 11 时 50 分，部队进行第三次攻击。兵分三路：一路由西边攻击文庙，一路由西北角攻击榆社中学，另一路从东北角攻击榆社中学。由西面攻击的部队很快占领了文庙；由西北角攻击榆社中学的一路，攻进了学校的围墙，占领了马厩，敌被迫退守到学校东北角的工事里去。此时，攻击榆社中学的另一路也到达了东北角的断绝地下面，威胁着敌人的腹背。这时敌人又大量施放毒气。因夜里天阴，气压较低，毒气不易消散，陈赓再一次下达了暂停攻击的命令，巩固已得阵地，养精蓄锐，准备最后歼灭敌人。

陈赓再次视察阵地，发现东北角的断绝地正好在敌人工事的背后，如果从这里进行坑道作业，正好到达敌人工事下面。于是决定挖坑道，然后装炸药，进行爆破。

陈赓召集各级指挥员讲话："在前几次的攻击中，敌人的主要工事，差不多都被我们攻下了。现在只剩下东北角一个碉堡和中学里的一些房子，只要大家再提高一步顽强性，一定可以攻下来。所以今天的要求是：在这一次攻击中，一定要顽强地全部占领榆社城！"因为师部给陈赓攻城的时间只是三天，为的是不让敌人平汉铁路和白晋铁路的援兵自东西两方赶到。

25 日下午 2 时 45 分，坑道作业全部完成，然后用一个棺材装满炸药抬进去装填好。随即一声巨响，山崩地裂，碉堡顷刻倒塌，敌人血肉模糊的肢体与四面飞散的碉堡木石混杂在一起。突击部队趁房倒屋塌、烟雾弥漫之机，奋勇冲杀，接连不断地向敌人据守的房屋投掷手榴弹。绝望的日军中队长藤本在中学的东北角剖腹自杀了，剩下的日军割下他的头，带着逃出城，跑了十来里地，又被陈赓预先埋伏好的部队俘获。

与此同时，决死一纵队的第二十五、第三十八两个团，也分别歼灭了王景、

1940 年，百团大战中攻打榆社后，陈赓（挂相机者）与周希汉（前立者）等登上我军攻占的日军据点。

沿毕两个据点之敌。

榆社之战充分显示了陈赓在攻坚战术上的造诣。刘伯承曾多次表扬，特别是数清敌枪眼、炮口，并针对之一一进行封锁的办法，认为是陈赓的一大发明，应予推广之。就是由于这个“发明”，一个日军俘虏战后仍心有余悸地对陈赓说：“你们是脚露出来打脚，手露出来打手，火力又强又准。”

1940 年 10 月战场归来，陈赓（左二）与周希汉（三八六旅参谋长，右一）身着缴获的日军军装合影。

此后陈赓对来访的记者发表谈话说，我们的胜利，“给了敌人一个严重的教训，告诉了他们，太行山并不是无人之境，可以由他们大摇大摆地横冲直撞”。

扫荡了榆辽公路上的日军，结束了百团大战的第二阶段。这个第二阶段开始不久，毛泽东在延安作的《时局与边区问题》的报告中，对这次战役给予充分的肯定。他指出，百团大战是“敌我相持阶段中一次更大规模的反扫荡的战役反攻”。这样的仗，有条件的地方还是要打。

四、反“扫荡”作战

百团大战的第一、第二阶段给予日本侵略军以沉重打击，使华北日伪军陷于混乱的局面。日伪军惶恐动摇，敌占区人心振奋，汉奸政权陷入惶惶不可终日的状态。日军为了稳定战局，也为了报复，四处调集重兵，对华北抗日根据地进行疯狂的大“扫荡”。因此，反“扫荡”作战就成为百团大战第三阶段的中心任务。

经过百团大战第一、第二阶段 40 多天的连续战斗，晋冀鲁豫部队减员很大，且极度疲劳，亟待休整补充。榆辽战役结束后，曾集结主力于漳河上游的洪水、蟠龙镇一带，准备进行整补。地方工作也准备由大规模支援战争转向生产。然而，这些工作未及进行，就不得不投入大规模的反日军报复“扫荡”作战。八路军总部下达了反“扫荡”作战命令，要求各抗日根据地党政军民要密切配合，实行空舍清野，坚决歼灭敌人一至二路，并分散部分主力，协同地方游击队和民兵，广泛开展游击战争，彻底粉碎敌人的报复“扫荡”。

日军“扫荡”自 10 月 6 日首先从太行区开始，次及太岳区和其他地区。一个被俘的日本士兵供认：

> 当这次作战开始前，第二二二联队第一大队长桥本正少佐，于山西省襄垣县夏店镇的车站前，集合全体士兵，传达了上级的命令：“这次作战目的，与过去完全相异，乃是在于求得完全歼灭八路军及八路军根据地内的民众，因此凡是敌人区域内的人，不问男女老幼，应全部杀死，所有房屋应一律烧毁，所有粮秣，其不能搬运者，亦一律烧毁，锅碗要一律打碎，井要一律填死或投下毒药……”于是在大队中，新编了两个放火队，一个投毒小队。在作战中一见老百姓，不问男女老幼，或用刺刀或用步枪、机枪杀死，甚至在窑洞中发现了藏起来的老百姓时，也要用炮来轰击，这样足足杀死了 3000 多人，沿途的房子也都被烧光……

因此，这次“扫荡”的日军完全失去理性，与禽兽无异。一进敌后根据地见人就杀，见东西就抢，见房屋就烧。如和顺县石拐镇先后被烧了 5 次，村庄成了一片焦土；在平顺马家庄，日军将群众逼到一所大房子内，一把火烧死 290 多人。仅太岳区沁源一个县，就有 5000 男女老幼被日军残杀；在沁源县城，仅姚家院一处就被烧死 137 人；在韩洪镇，日本强盗把从山中搜出躲藏的群众 400 多名，集中到龙王庙内一齐烧死。

日军在“扫荡”中，实行“摧毁共军生存条件”的烧光、杀光、抢光的“三光政策”，除了说明它灭绝人性外，实际是最愚蠢最短视的决策。山西省人民数十年来没有经过什么战乱：辛亥革命只是换了个旗帜，蒋阎冯大战时，冯玉祥的部队也只是打到雁门关外，山西省腹地并没有遭到过什么战乱，所以人民的性格相当朴实。日军的暴行，把群众逼得走投无路，无须共产党争取，都自动起来跟着八路军积极抗击日军的侵略。短短几年，山西省成为最模范的抗日根据地，成为打击日军最得力的地区，人民成了最坚强的抗日战士。日军不能不自食恶果，自掘坟墓。日军进行的非正义战争，就奠定了失败的基石，“三光政策”的实施，加速了它失败的进程。

日军的报复“扫荡”首先从太行区开始，陈赓率领太岳军区部队参加了太行区的反“扫荡”。10 月 6 日，日军 3000 多人，分路进犯浊漳河两岸地区，寻找八路军主力部队和首脑机关决战。陈赓奉命掩护总部转移，指挥部队在韩壁、东田、南山头等地进行阻击。10 月 14 日，西营、蟠龙镇之敌在飞机掩护下东犯，太岳军区和太行军区部队顽强阻击，敌人 3 天中只前进了 30 里，伤亡很大；同时运输部队又遭到八路军外线部队的不断打击，供应相当困难，不得不于 17 日分路撤退。第一次“扫荡”就宣告结束。

10 月 20 日，日军马不停蹄地又集结了上万兵力，对太行区进行第二次“扫荡”。范围遍及清漳河东西两岸，重点还是进攻八路军及党政机关。陈赓协同太行军区部队先后在温庄、凤脑顶等地重创敌人。10月29日，敌第三十六师团冈崎大队，在八路军截击下，逃至武乡县关家垴、柳树垴一带，太岳纵队的4个团和太行部队对其展开猛烈攻击，炮兵摧毁了敌人的前沿阵地，突击部队与敌往返冲杀5小时，在敌机轮番轰炸下，仍占领了关家垴周围的高地。30日凌晨，狡猾的敌人以一个中队的兵力，趁夜暗摸到第二十五团第二营柳树垴前沿阵地，突然攻击并占领了柳树垴阵地。柳树垴和关家垴隔沟相对，地势高于关家垴，是关家垴的主要屏障。失去柳树垴对攻击关家垴造成困难。第二十五团决心夺回柳树垴，但因日军居高临下，四周又是2米来高的立壁，不好攀登，火力又不如敌人强，再加上空中敌机骚扰，7次冲击均未奏效。当日拂晓，总攻关家垴战斗打响，太岳纵队的4个团和总部特务团、第七六九团从四面八方对敌人发起攻击，与敌短兵相接，展开肉搏，连续18次攻击，终于占领了关家垴高地。

刘伯承率领陈赓等负责人，来到关家垴阵地考察，仔细观看了日军在台地的四周挖下的许多“猫耳洞”，人藏在里面确实很安全。刘伯承指着说：“别小看这小小的招式，凭我们现有的武器还真不好对付。这个办法我们也可以学习嘛。”

太行区反“扫荡”后，陈赓率领部队回到了太岳区。但是，自11月17日起，日军出动了7000多人，转而“扫荡”太岳区，兵分多路向抗日根据地腹地进犯，沁源县城及其以北的郭道镇地区为其主要合击目标，沿途大杀、大烧、大抢，无恶不作。陈赓指挥地方武装节节阻击，主力部队适时转移到日军合击圈外，根据刘伯承“敌进我进”的原则，敌人进到敌后根据地，八路军就进到敌占区，消灭敌清剿部队，攻打交通线上敌人空虚了的据点。日军在权店遭到决死队的伏击，被击毙百余人；在胡汉坪、马背一带，又被毙伤160余人。敌人合击扑空，又屡遭打击，且不断受到地方武装、游击队及民兵的骚扰，兵力空虚的交通线上的老巢又频频告急，被迫于12月上旬分路撤退。至此，反“扫荡”作战胜利结束，整个百团大战也就在此画上了句号。

12月10日，第十八集团军总司令部野战政治部发表公报，公布百团大战的战绩：“英勇卓绝空前之百团大战自8月20日开始发动以来，至12月5日止，连续作战，整整3个月又15天……总计进行了大小战斗1824次”，毙伤日伪军2.5万余人；俘虏日军281人，摧毁日伪据点2993个；破坏铁路948里、公路3004里、桥梁213座；破坏煤矿5所。缴获大量武器弹药及各种物资。

日军在内部报告中也承认：八路军“突然发动的百团大战，给了华北方面军以极大打击……特别是在山西，其势更猛……此次袭击，完全出乎我军意料之外，损失甚大，需要长时间和巨款才能恢复”。

百团大战胜利的消息传开后，举国上下一片欢腾。报社、电台相继发表社论、社评祝捷，各抗日救亡组织和群众团体纷纷举行庆功会，国民党统治区群众也纷纷来信慰问。不少国民党将领发来贺电，蒋介石也发来嘉奖令，还派人送来很多奖章发给部队指战员。

百团大战提高了共产党部队的声望，使全国人民认识到共产党是抗日救国的中流砥柱，坚定了抗战胜利的信心，打击了日军与国民党内投降派制造的投降妥协的逆流。百团大战的胜利关系到战略全局，在中国反对外来侵略的斗争中，将永载史册。

百团大战给予日军以沉重打击，这是完全应该肯定的，它的影响之大也是不容抹杀的。问题是八路军损失太大。仅就第一二九师的统计，三个阶段共毙伤日军和汉奸部队 8000 余人，自己也伤亡了 7000 余人。决死一纵队的第二十五、第三十八两个主力团，出发时各有 2200 多人，百团大战打下来，两个团各整编成一个战斗营和一个干部队、一个后勤队、一个特务连、一个机枪连，且都不够编制人数。这和刘伯承师长常说的“歼敌三千，自损八百”的兵家常规相差太远了。而这 7000 人中，许多是经过长征的老战士。那时部队新兵多，这些经过严峻考验的老兵，还大多在基层任职，激战中不能不亲自带领新兵去第一线冲杀。更何况在敌人报复“扫荡”中，人民群众受到了重大损失。这些为民族解放奋勇抗击日军而流血牺牲的英雄们，永远活在人民心中，受到人民的敬仰。

陈赓曾预料到这一情况。1982 年，原第三八六旅参谋长周希汉曾亲口对苏策说：“陈赓是不主张打百团大战的，他认为那样会把自己的基本力量拼掉。所以上级在第一阶段作战时叫我指挥太岳部队。陈赓司令员所以在百团大战中积极指挥作战，因为他是遵守纪律的模范。”

1944 年 4 月 5 日，陈赓在延安中共中央党校一部三支的《报告》中也提到了这个问题：到了“第二阶段，我觉得不能再打了……我问一个问题，这一仗是不是中国革命最后的一战？或对革命有很大帮助？如答复是就打，否则不打。师长来命令叫一定要打。”

1945 年 4 月，在中国共产党召开的第七次全国代表大会上，刘伯承在发言中谈到了百团大战，他指出，当时八路军方面对华北战场敌强我弱的形势和敌我斗争的长期性认识不足，指挥上带有某种盲目性，尤其是第二、三阶段，更多地采用了阵地战的形式，增大了部队的伤亡，伤了自己的元气。

《彭德怀自述》中也对百团大战有个说法：“如果当时看破了敌人这样的战略企图（即不是要进攻西安，而是要打通粤汉线），那就再熬上半年时间，或者等敌人进攻长沙、衡阳、桂林以后，兵力更加分散时，我军再举行这次大规模的破袭战役，其战果可能要大得多，其意义也要大得多……再者，破击战役后期，我也有些蛮干地指挥……使（部队）战斗力减弱了，使一二九师伤亡多了些。”

陈赓在百团大战中看到部队受了重大损失，上级对自己的正确意见不接受，

1944 年，在延安中央党校，陈赓与陈郁（左）、莫文骅（右）合影。

还派人督战时，曾潸然泪下，在延安整风运动中曾对此进行过尖锐批评。但在建国后编写第二野战军战史时，他却坚持应对百团大战作实事求是的评价，不赞成贬低它的意义，并把责任归结到某个人的身上。

陈赓所以能独具慧眼正确看待百团大战，是因为他能清醒地看待敌情。当时，坚持敌后抗日战争的条件十分艰苦，敌强我弱的形势决非一两个战役能改变的，应当按毛泽东坚持持久战的原则办。此外，他一直以犀利的目光，注视着国民党顽固派的动向。蒋介石虽然对百团大战的胜利慰勉有加，但百团大战期间，国民党驻扎在华北的数十万军队，却没有给予八路军一枪一弹的配合。1941 年 1 月 20 日，日本陆相东条英机向贵、众两院报告战况时说："昭和十五年度（即 1940 年），重庆敌军抗战之特色为作战之非常消极，迄今未举行主动的反攻，只有共产军于去年 8 月在华北举行比较大规模的出击。"这也就促使日军惊呼"对华北应有再认识"。蒋介石高兴之处也在于此：日军将针对国民党军队的兵力，大量抽调到华北，以加强对八路军抗日根据地的"围剿"与"扫荡"，使自己可以腾出手来反共。这当然是百团大战发起者始料未及的。

陈赓之所以要问"这一仗是不是中国革命的最后一战"的道理也正在此，因为他看到了反帝反封建任务的完成，道路还很长很长。他在 1941 年 1 月 14 日日记中写道：

> 大资产阶级利用八路军积极活动，牵制敌人，使大后方得到安全，使他们能积蓄力量，准备反共，准备窃取抗战胜利后的革命果实。造出八路军"游而不击"或者"百团大战是假的"等谣言来刺激我们，更加积极地利用日军来削弱我们的力量，或者消灭我们。大资产阶级的狼心狗肺，昭然若揭。我们应该防备，应该警觉。

陈赓在写这段日记的时候，由于当时交通、通信联络的困难，他还不知道在安徽省南部，已经发生了国民党军队聚歼新四军近万人的“皖南事变”。1月14日，新四军军长叶挺、副军长项英率领部队向长江以北转移，行至泾县茂林镇时，突然遭到数倍于己的国民党军队的围攻，新四军被迫自卫，激战7昼夜，终因寡不敌众，项英副军长被害，叶挺军长被扣押。陈赓直到1月19日才知道此事，悲愤已极，在日记中写道：

> （薄）一波、（安）子文来，知新四军军直及一个支队在皖南之茂林镇被大于我方兵力五倍之国民党军队所聚歼，叶、项有被俘讯。骤闻之下，悲愤交集，恨不得即刻集结部队，直捣皖南，与内战挑拨者决一死战，以泄吾恨。但布尔塞维克不能够如此，因此终夜不能安眠……大资产阶级无论在什么时候，哪怕偶一对你发出笑容，那都是欺骗，都是笑里藏刀。可惜我们过于纯忠，不识好坏，结果中其毒计，这是愚蠢。

陈赓之所以在百团大战时反对蛮干，反对把部队拼掉，就因为他不仅看到当前的战场，而且视野更加开阔，远见卓识地想到未来。

为了应对敌后抗日战争发展的新形势，1941年8月，第十八集团军总部命令成立太岳纵队（兼军区），陈赓为司令员，薄一波为政治委员。

第十三章　冲破黎明前的黑暗

一、敌进我进

1941 年，敌后的抗日战争进入了一个“最困难、最危险、最黑暗”的阶段。八路军在华北发动的百团大战极大地震惊了日本侵略军，日军的大本营暂停了对正面战场的进攻，急调冈村宁次担任日本华北方面军司令官，又从华中抽调了两个师团来华北，使华北的日军总数达到了 30 多万人，加上 10 万汉奸部队，主要用来对付八路军。当时华北战场上还有国民党几十万军队，但他们执行消极抗日、积极反共的方针，这就给八路军和抗日根据地造成了更大的困难。

冈村宁次积极推行“治安强化”运动，就是实行军事、政治、经济、文化的“总力战”来对付八路军。不到两年，进行了 5 次，规模一次比一次扩大，做法一次比一次野蛮，手段也愈加毒辣。大修公路、铁路、据点、碉堡、封锁沟、封锁墙等，强化其“囚笼政策”。他的参谋长安达二十三曾夸耀说：“华北碉堡已新筑成 7700 余个，遮断壕地修成 11860 公里之长，实为起自山海关经张家口至宁夏的万里长城的 6 倍，地球外围的 1/4。”敌人“扫荡”的次数也越来越多，对根据地的破坏也越来越厉害。在此期间，华北解放区面积也被敌人蚕食而缩小了 1/6，人口减少了 1/3，处于相当困难的境地。而太岳抗日根据地困难更大，不仅日军步步进逼，南面的蒋介石部队和西面的阎锡山部队也不断寻衅袭扰。

对此，陈赓和薄一波首先以中共各级党委为中心，实行一元化领导，统一对敌斗争的步调，逐步深入地进行减租减息，发动群众；对军队实行精兵简政，减少非战斗人员，并进行开荒种地等生产自救运动，减轻人民负担。村子被日军烧光了，没有房子，部队自己上山挖窑洞住；粮食困难，部队吃不饱，自己上山开荒种地。太岳一分区政治部规定：干部战士除工作外，每天要用业余时间采集 14 斤野菜上交炊事班，做成饭菜给大家吃。那时陈赓司令员同样上山开荒种地搞生产，同样背着粪筐拾粪，同样和干部战士一起挖野菜吃野菜……就是这种情况，陈赓仍然积极指挥部队作战，大力发展县区武装和民兵队伍，广泛开展游击战争。主力部队实行精兵简政把人员减少了，因此特别注意加强训练，提高素质，以增强战斗力。陈赓不止一次地对指战员说：

我们的敌人日本帝国主义，他的军队是为近代科学与近代装备所武装起来的，而且敌人战术的改进日新月异。我们是落后的国家，科学不发达。尤其是我们八路军，广大指战员出身好，但文化技术水平较低，以窳劣的武器与日帝对抗，尤其要准备反攻，驱逐日帝于鸭绿江外。根据以上情况，我们军队需要训练，是异常迫切的了……我们现在的武器，虽然窳劣，但是我们有高度的政治素质，马列主义的指导，如果我们再能发扬现有武器的威力，使之发生充分效力，我们是可以战胜敌人的。问题就在于我们军队的训练问题了。

1941 年以后，日本侵略军对太岳区进行多次大规模的“扫荡”。其中主要的有 1941 年 9 月的“铁壁合围大扫荡”，出动兵力 3 万人；1942 年 2 月和秋季的两次“辗转抉剔扫荡”，每次出兵七八千人；1943 年 10 月的“铁磙式三层阵地新战法扫荡”，动用兵力 2 万人。对于反“扫荡”作战，经过认真思考，经验总结，陈赓也提出了自己的方针：

反“扫荡”作战指导，以分割指挥为原则。采取三线作战：腹地，以基干部队的一部，领导与结合地方游击队和民兵，强化县区游击集团，进行独立战斗，发动广泛性的、坚强的、群众性的游击战争；以基干部队（主力）转移外翼，摧毁敌人补给线，缩小与限制其“扫荡”面积，视情况如何采取适当与可能的运动方式，突然奔袭其弱点；以基干部队的一部，转移敌占区，破坏袭击敌交通线与据点，与进行声势浩大的政治攻势（此起彼落）。未被“扫荡”区，趁机开展本身工作，作战则采取对自外向内“扫荡”之敌进击。

这个方针是非常有效的，也就是刘伯承说的“敌进我进”原则。他说，现在对付敌人的“囚笼政策”，我们“一退再退，退到何处？现在应是敌进我进，打磨盘应摸敌人的屁股”。这就是说，对于敌人的进攻，再不能用“敌进我退”的老方针了，应改变为与敌对进，敌入我根据地，我进入敌占区，用深入敌后的办法打破敌人的“扫荡”。陈赓在实践中深深体会到这种方针的正确。

面对日军的疯狂“扫荡”，太岳区军民在陈赓的指挥下，进行了艰苦卓绝的斗争。1941 年，共进行大小战斗 1235 次，毙伤俘日伪军官兵 8531 名；1942 年共作战 2767 次，毙伤日伪军 4700 余人；1943 年共作战 2889 次，毙伤日伪军 8300 人。1941 年日军大“扫荡”开始以后的一年多时间里，根据地曾经一度有所缩小，但是随着太岳军民反“扫荡”斗争的开展，不但根据地原来的全部控制区得到恢复，还得到了大的扩展。

为了迫使国民党政府投降，1941 年 5 月 7 日，日军调集 5 个师团，约 7 万人，发起了对太岳区南部的中条山战役，分 4 路进攻驻扎在那一带的装备精良的约有 25 万人的国民党军队。国民党军和日军打了 5 天，损失了 5 万人，余下的都惊慌失措地渡过黄河南逃，使太岳区南部至黄河岸边的广大地区陷入敌手。陈赓、薄一波为了解救那里陷入水深火热的人民，于 6 月初先后派第三八六旅的第十六团、决死一纵队的第二一二旅和第五十九团等部，进入太岳区南部地区开展活动，打击日军，镇压匪特和汉奸，争取群众，组织民兵游击队等，很快使那块饱受日军蹂躏和国民党军队祸害而消沉了的土地迅速振奋起来，燃起抗日战争的熊熊烈火。

1940 年冬至 1941 年春，蒋介石发动了第二次反共高潮。1941 年 8 月，山西顽固派阎锡山，命令他驻扎在山西省西南部的第六十一军和第四十三军各一部，6000 余人，从襄陵县东渡汾河和同蒲铁路，来抢夺八路军、决死队已经解放了的太岳南部的浮山、翼城等县地区。太岳军区向他们发出警告，他们不但不听，反而更加疯狂地进攻。太岳军区部队被迫在开展反对日军“治安强化”运动的同时，对阎锡山发动的进攻给予坚决回击，以保卫刚刚从日军手中夺回来的岳南抗日根据地。在陈赓指挥下，太岳军区部队奋勇反击，全歼阎军两个多团，俘虏 700 多人，将其击退。

但是，阎军不死心，又趁日军对太岳区实行“辗转抉剔扫荡”的机会，向岳南抗日根据地大举进攻。所到之处奸淫烧杀，无恶不作，袭击政权及部队，伤害干部和群众。1942 年 3 月下旬，邓小平到太岳区视察工作，了解了第六十一军等部勾结日军侵犯岳南情况后，果断决定发起浮（山）翼（城）战役。由邓小平亲自指挥、陈赓协助，集中第一二九师第三八五旅、第三八六旅，决死队的决一旅、第二一二旅等部 10 个团，分左右两个纵队，向第六十一军进行反击。战斗于 4 月 15 日拂晓打响，经过激烈争夺，右纵队攻克了茶房、杨家掌、李家堡、胡子岭等据点；左纵队收复了天檀里、米家垣、大疙瘩山一带。这次反击作战，沉重地打击了第六十一军的反动气焰，制止了他们投降日军的行动，使阎锡山开展汾河以东的新战略彻底破产。

1943 年秋季，日军对太岳区进行的“扫荡”，是规模最大最为凶狠的一次，名为“铁磙扫荡”，它的正式称谓是“铁磙式三层阵地新战法”，是冈村宁次亲自策划的。他调集日、伪军 2 万余人，摆在东起白晋铁路，跨过太岳山，西至同蒲铁路的一条横线上。一线部队首先由北向南一齐推进，紧密协作，逼迫八路军退到黄河岸边背水应战，是为“大磙”；二、三线部队担任“抉剔”、“清剿”，每天前进 40 里，再杀个回马枪，后退 10 里，称作“小磙”。企图用这种严密的“天衣无缝”的战法，灭绝抗日根据地的八路军、决死队及一切有生力量。冈村宁次还向东京大本营夸口说，这次要“迫使共军在黄河岸边背水作战，不降即亡”！大本营参谋本部也非常重视冈村宁次的这一“杰作”，命令从各地抽调军官，组成观战团，前来太岳前线观战、学习。

陈赓根据各方情报，了解到敌人调动与屯粮等情况，判断日军可能进行“扫荡”，于是制定了反“扫荡”作战方案。动员根据地军民作应敌准备；组织群众空室清野，有计划地转移；以少数基干部队为核心，结合地方武装和民兵，坚持腹地的游击战，迟滞、袭扰、消耗进入根据地中心的敌人；而主力部队本着“敌进我进”的原则，在日军进入根据地腹心时，向敌占区日军空虚的后方进军。

第十六团在太岳军区第二军分区司令员王近山率领下，奉命开赴延安。根据陈赓指示，该部钻出敌人层层封锁，向同蒲铁路上敌人前敌指挥所所在地临汾城方向前进。10 月 18 日傍晚，进至临汾东南方向的岗头村，22 日又转移到洪洞县韩略镇附近的南北卦地村。

韩略镇设有日军据点，驻兵 40 多人，西距临汾城 35 里，位于敌人主要运输线——临汾西至太岳区内的屯留县的公路上，支援“扫荡”部队的运输人员及物资的汽车来往频繁。韩略镇西南地形险要，公路两侧多为两三丈高的陡壁，便于打埋伏。这一地区共产党工作基础好，民兵也很坚强。日军则觉得该据点离临汾城近，和西边的曲亭、东边的古县、北边的苏堡等据点都相距不远，可以互相呼应，因此较麻痹。陈赓事先得到情报，说日军“军官战地观战团”要来太岳区参观日军“扫荡”，他估计他们必走临（汾）屯（留）公路进来，因此指示王近山，相机歼灭这股敌人。王近山根据陈赓的指示，调整布置，决心在这一带伏击敌人。团、营、连干部先是化装成农民，到韩略镇附近侦察与看地形。24 日凌晨 3 点，参加战斗的 4 个连队进入伏击地区隐蔽，直到清晨 8 点多钟，夜雾消散，艳阳升起时，才看见临汾方向公路上尘土飞扬，有车来了。不久，日军的 13 辆汽车（内有 3 辆小汽车）满载着人，进入了第十六团的伏击圈内。日军正在车上谈笑风生毫不在意时，六连首先开火，燃烧弹击中倒数第二辆车，堵死了车队的退路。此时从最后那辆车上跳下来十几个日本兵，还没有开始射击，即被第十六团击毙。同时，所有部队一齐开火，一阵枪炮、手榴弹轰击后，部队跃出阵地，杀声震天，从陡壁跳下来冲到公路上，六连班长赵振玉从汽车上夺过敌人重机枪，对着前面的汽车猛扫。日军突然遭此打击，一时不知所措，领头汽车急速向前猛冲，被九连拦住去路，将其击毁。四、五连战士在公路上与敌展开白刃战，班长童荣发开枪打死一名穿着讲究的指挥官（后查明是旅团长服部直臣），夺过天皇赐给他的战刀，连续砍死 3 个敌人；新战士冯木水和 3 个日军拼刺刀，竟把他们全部刺死；战士杨二和端着机枪扫射，一梭子子弹打死了 7 个敌人；残余敌人保护几名高级军官向一处靠拢，并用机枪封锁道路，五连指导员郑光南抱起集束手榴弹冲向这股敌人，一声巨响，敌人和他们的机枪全被炸掉，自己也壮烈牺牲。经 3 小时激战，只有 3 个敌人钻进一个小窑洞未被发现，侥幸漏网，其余 180 多人全被击毙。后来查明，这股敌人就是冈村宁次组织的“军官战地观战团”，它的成员主要是“支那派遣军步兵学校”的五、六两个中队的军官，此外有少将旅团长一名，大佐联队长 6 名，还有若干中队长以上的军官。

冈村宁次因这次惨败而大动肝火，认为一定是出了内奸，亲自跑到临汾，对驻扎在那里的第六十九师团司令部及其周围敌伪人员进行甄别。最后将师团长清水中将撤职，山西临汾的汉奸道尹也被罢官。冈村宁次还火冒三丈地叫嚷：“再牺牲两个联队，也要吃掉这股共匪！”于是从“扫荡”根据地的部队中抽调回来几千人，在 6 架飞机掩护下，几次在韩略镇附近追寻、搜捕，均无所获。因为第十六团已经按照陈赓的指示，“途中遇敌，力求速战速决、速离”，远走高飞了。

这样一来，敌人的“铁磙扫荡”就开始发生混乱，无法再按原计划进行了。加上太岳军区其他部队的几百次作战，攻克敌据点 14 处，毙伤日、伪军 3500 余人，敌人被迫于 11 月 20 日分路撤退。所谓的“铁磙式三层阵地新战法”，同他们的旧战法一样未能逃脱失败的命运。

陈赓总结韩略镇伏击战时，强调这是“敌进我进”原则的胜利。他说，当敌人集中兵力“扫荡”根据地腹心地区时，其后方比较空虚，正是部队进军敌后歼敌的好机会。积极主动抓住战机，设伏地点选择在敌据点附近，可取得出敌不意的效果；战斗中掌握速战速决原则，战斗后迅速转移，使敌人援兵扑空。因此，必须密切联系群众，依靠群众。十六团千余人，能够在敌人后方交通线附近埋伏两天之久，并取得战斗胜利，没有当地党和人民的支援与配合，是不可想象的。

冈村宁次对这次作战的失败，坚持认为是内部出了奸细，但是也承认“共军的确长于谍报，且足智多谋，故经常出现我小部队被全歼的惨状”。但对第十六团胜利的真实原因，他永远不会知道。陈赓曾经说过：“只有在群众纪律上不吃败仗的军队，才能在凶恶的敌人面前取得彻底胜利。”对于实行“三光政策”的冈村宁次，怎么能理解共产党军队这一克敌制胜的真谛呢？

二、化险为夷

每次面临日军的大“扫荡”，陈赓总是将主力部队分散转移到外线应敌，自己则带领精简了的指挥机关及小部队，同敌人周旋。因此，时常处于紧张状态，也常常遇到危险。他的日记中常有这样的记载：“今早起床即闻激烈机枪声。”“今早此间可闻炮声。”“部队快要进入宿营地时，敌机 11 架，甫从东方飞来，经我头上。”……但是，最紧张、最危险的一次是 1941 年。

时值天寒地冻的 1 月 26 日，陈赓率领第三八六旅艰苦转战，来到武乡县的韩壁村地区，司令部就住在韩壁村。当天，由武乡、沁县东犯的日军 6000 多人，先后到达西营、蟠龙一线，韩壁村一带正是他们东犯的目标。当地一个汉奸报告了正在寻找八路军的日军，日军就提前行动，于 27 日凌晨，1000 多人向韩壁村袭来。此时，住在旅部周围的第七七二、第十六、第十七等团及第十八团大部均已转移，只留下第十八团的一个营担任旅机关的警卫。由于这支部队才从河北省平原地区调来，未能及时辨认出穿着类似决死队军衣的日伪军，待敌人杀死值勤班长，才被发觉，但为时已晚。首先受到袭击的是旅政治部，26 岁的政治部主任苏精诚英勇组织抵抗，不幸壮烈牺牲。

当时正值中国农历小年，司令部有的人竟将枪声误以为是老百姓放鞭炮，毫无思想准备，因而伤亡不小。由于征战劳累，正在酣睡中的陈赓，幸得一位机警的排长将他从被窝中拖出，裹上大衣及时背走，才免遭一难。

刘伯承对陈赓这一警戒上的疏忽所造成的事端非常恼火。对他这个“响鼓”，用“重锤”敲打了整整一年，使这个教训深深地铭刻在陈赓的脑海中，当然也是为了使全师干部接受教训。

在那“黎明前的黑暗”的岁月里，陈赓遭遇的危险绝不止这一次。1942 年冬季日军的大“扫荡”中，一路日军从安泽县的和川镇沿着两山夹峙的沟底大道走来，另一路从屯留县向府城镇沿山顶公路走来，陈赓和太岳军区司令部人员正处在这两条道路的交会点上，前进和后退都可能和敌人遭遇。眼看着敌人大部队行将到达这里，自己身边又没有战斗部队，四面无路可走，怎么办？

陈赓命令大家停止前进，就地宿营，营地就设在山顶公路和沟底大道之间的小山庄里。这两条路就像巨人的两条胳膊，把这个小山村紧紧抱着。陈赓令夜晚实行严格的灯火管制：不准生火，不准吸烟，不准高声说话，咳嗽也要捂住嘴巴。在小山村的四周，分别派出暗哨，严密监视敌人的动向。

住下后，人们都很紧张，忧心忡忡，难以预料会发生什么情况，担心万一被敌人发觉了怎么办？为此无不捏把汗。人们更关心司令员的安全，有些人悄悄跑到陈赓住处看望，只见他像没事似的，关着房门，盖着毛毯已经入睡。大家没有办法，估计他身经百战，经验丰富，也许这出《空城计》能唱好，可是现在已经不是 1600 年前的三国时代了呀。

到了午夜时分，就听见山头公路上吵吵嚷嚷，车队的马达声和喇叭声交织一片，汽车的灯光照亮了小山村的后墙；山下沟底大路上，敌人大队也在源源通过，马的嘶鸣，人的叫骂和武器碰撞的声音都听得清清楚楚。沟底敌人手电筒的亮光，有时也能射到这静寂的小山庄来。村里的人努力屏着呼吸，紧趴在地上静静地观察着敌人的行动。到拂晓前，两路日军都走得无影无踪了。

清晨起来，阳光灿烂。炊事员做好早饭，让大家饱餐一顿。临出发前，陈赓站在队前风趣地说：“有没有人当了俘虏？”逗得大家全笑了。

陈赓在神头岭之战中就说过：“有的险冒不得，有的险却非冒不可。”他在上海做地下工作时，就用“看来最危险的地方，实际最安全”的办法来保护自己。在神头岭用这种办法打了胜仗，这次又用这种办法走出重围。

至今还在山西省襄垣县铁匠坡村传颂着这样的故事：1943 年 11 月 17 日，陈赓在涉县赤岸村参加会议后，骑着马回太岳区，当晚就在铁匠坡宿营。铁匠坡是个只有 20 来户人家的小村，地处高山上，周围深沟环绕，形势十分险要。

陈赓到时已是傍晚。他安排随行人员去准备晚饭，自己坐在土炕上看地图，然后叫村干部领着他在村里村外、坡上坡下转了一遍，边走边聊村里生产生活的情形，顺便把每条小道通往哪里，怎么走法，都问了个明白。村长见他如此仔细询问，便笑着说："司令员，俺这铁匠坡村不大，可地势好，安全着哩。"陈赓笑了笑说："是的，居高临下，易守难攻；但是另一面，如若被敌人包围，突围就不容易，还是不要麻痹大意好。"显然韩壁村的遭遇战给他留下了深刻印象。

果然，吃晚饭的时候，接到紧急情报：日军已得知陈赓住在铁匠坡村，准备派三个大队、两个伪军团来合击铁匠坡，因为敌人估计陈赓还带着不少部队。上级要求陈赓赶快转移，并已通知襄垣县独立营和区游击队配合行动。村干部和群众着了急，有的大骂，一定是狼心狗肺的特务、汉奸告的密；有的说，情况紧急，还是先护送陈司令员快走。陈赓看了看手表，当即派随行人员和几个民兵出村外观察动静，然后说："大家不要慌，越是关键时刻越要冷静。老乡们赶快疏散，现在还来得及，并派两个民兵配合我这里的战士，把两包文件拿到南面的山沟埋好，改日再来取。"

这时，去村外观察的战士回来报告，说几条主要通路已发现有敌人隐蔽。村干部一看情况紧急，对陈赓说："是不是我们村民兵用手榴弹打开一条路，掩护你突围出去？"

"这样会打草惊蛇，破坏我们整个计划，也就便宜了敌人啦。"陈赓胸有成竹地说，"刚才我观察地形，发现南坡的悬崖边有条小路，看样子是打猎人走过的，我想不声不响地从那里走出去，让敌人的合击扑空，回头好让我们的八路军和游击队围着打击他们。"

一提那条悬崖边的小道，大家都担心起来。年纪大点儿的人都还记得，曾有几个打山害的年轻人在那里出过事，有的送了性命，此后人们都叫它"要命路"，再没人走了。所以不少人说："司令员，那条路太危险呀！"

陈赓说："为了打日本鬼子，今晚非走这条路不可了。再说，知道它危险就会有思想准备，靠大家帮助，一定能走过去。"

陈赓的腿虽然负过伤，有点儿瘸，但在当地群众帮助下安全地通过了那条羊肠小道，离开了险境。这时，密集的枪声响起来了，敌人果然包围了铁匠坡，但是扑了个空。只是它想撤走却没有那么容易了，遭到赶来的游击队和民兵的袭击，付出了应有的代价。

三、沁源围困战

1942年10月，日军秋季“扫荡”后，太岳区北部出了一件大事，就是位于太岳山腹心地区的沁源县城，被日军第六十九师团第六十旅团的伊藤大队和第五十九旅团的第八十四大队及伪军一部占领了。他们还立了个“山岳剿共实验区”的牌子，修碉堡，建据点，不走了。

沁源县的北部是沁河水的源头，流到城关已是一条清澈的大河了。沁源县城坐落在一块占地4.2万多亩的平川沃野中。日本侵略者虽然对这个美丽的地方垂涎已久，但多次“扫荡”不断都被粉碎，不能占领。太岳军民已经把它建成太岳区繁荣的中心市镇。这次日军可能是要下决心和沁源人民较量了。

日军的铁蹄踏上了这片土地，将全县80%以上的村庄烧毁，把群众的财产、粮食、牲畜、家禽掠夺一空。占领县城后，立即分兵在城东之阎寨、城西之中峪店、城北之交口和柏子镇等较大村镇建立起据点，以巩固其对沁源县城的占领，并作为再向外发展的前进基地。

陈赓和薄一波立即研究对策。敌人的意图很明显，他们并不满足于现在的占领，推行“囚笼政策”，还要继续向四面八方发展，以达到分割抗日根据地，最后各个击破之目的。如果采取百团大战中攻取榆社县城的办法，当然痛快。集中太岳军区的主力部队进行强攻，肯定可以把沁源县城夺回来。但是，在敌强我弱的总形势下，以巨大代价夺取的榆社县城，最后不是又被敌人占据了吗？教训是明显的。所以，要坚持持久抗战，不能把自己积蓄的那一点儿力量一下子拼光，而应当扬长避短，发挥优势，广泛发动群众，对沁源城的敌人进行围困战。

太岳军区于1942年11月11日，向全区部队发出了关于《围困腹地之敌，断绝其补给线》的命令。中共太岳区党委也作出了“在党的一元化领导下，依靠广大群众，广泛开展群众性游击战争，实行长期围困，战胜敌人”的指示。认为：经过以减租减息为中心的群众运动，我们在沁源已经有了雄厚的群众基础；经过多次反“扫荡”战争的锻炼，决死队已成长为有相当战斗力的部队；要把沁源县城及其四周的群众全部动员转移出来，实行彻底的空舍清野，彻底破坏敌之补给线，断绝其交通，广泛开展游击战争。

根据上述情况，太岳军区召开会议。陈赓在会上说：“我们太岳、太行和晋察冀等山区根据地，都是插在华北敌寇心脏上的尖刀。冈村宁次为了消灭这些山区根据地，要在我们沁源县搞‘剿共实验区’，总结出经验以后，再到其他山区根据地推广。”

这时，第三十八团团长蔡爱卿插了一句：“他们这是做梦摘月亮，想得高呀！”

陈赓说："你说得对。日军嘛，是想以沁源为中心，对我太岳区采取中心突破，然后逐渐向四周扩张，以达到他逐步'蚕食'我太岳区的目的。但是我们决不能让它如意，要千方百计地把他们赶走。当然，也不能硬打，要用围困的办法。第三十八团要担任主要任务。"

蔡爱卿略有顾虑地说："我三十八团的兵力有点儿不够。"

"只是派你们去做骨干。"陈赓说，"除了你们，二十五团、五十九团都要抽调一部分兵力，和你们一起去发动群众，带领民兵，开展一场全民战争。"

为了更好地组织领导围困沁源的斗争，组建了"围困沁源指挥部"，由第三十八团团长蔡爱卿任总指挥，中共沁源县委书记刘开基为政治委员，副书记侯振亚为副政治委员，沁源县长张学纯、县大队长朱秀芝为副总指挥。全县划分为 11 个战区，以第三十八、二十五、五十九三个团各派出一个营为骨干，结合基干队和民兵，组成了 13 个游击集团，开展群众性的围困沁源敌人的斗争。

12 月中旬，第三十八团参谋长李懋之出任围困指挥部的总指挥，陈赓又向他交代了围困战的主要任务和战术指导思想。

沁源县是共产党领导下的老根据地，人民受党的教育多年，觉悟非常高。指挥部号召人民空室清野，动员城关和交通要道上的群众转移到大山里去，给敌人留下一个"无人区"。群众积极响应，立即行动，马上甩掉自己家里的坛坛罐罐，藏好带不走的粮食，填死祖祖辈辈使用的水井，背起日常必用的衣被和用具，担上婴儿，扶老携幼，15000 多人，几天之间就离开了家乡，走进山区，没有给敌人留下任何可利用的物资。

在军区指挥下，主力部队积极在外线作战，第三十八团一部袭击了同蒲铁路上霍县的辛置车站，捣毁了敌巢，另一部在卢家庄伏击敌人获胜。第二十五团一部袭击了安泽县城及府城镇，另一部在临（汾）屯（留）公路上的永乐村伏击，给敌人以重创。

日军占领了沁源县空城，要巩固占领，没有老百姓，建立不起伪政权——维持会是不行的。这一点，日军很清楚。于是四处奔袭，搜捕群众，软硬兼施，胁迫群众维持。当然，老百姓中少数败类和受敌人甜言蜜语蒙蔽者还是有的，所以"维持"和反"维持"的斗争相当激烈。

陈赓提出的对策是：第一，加强宣传教育，说明抗日政府的政策，指出维持日军就是养活敌人，他们就会赖在沁源不走了；第二，镇压首要分子，孤立胁从，转移并善待他们的家属，尽力争取之；第三，组织群众彻底空舍清野，转移到远离县城和交通要道的地方。他说："策略必须灵活。掌握流氓、地痞、抽大烟的，远离敌据点，防止它们被敌人利用。召开士绅会议，解决他们的困难，吸收他们工作，鼓励其情绪，并注意表扬他们中的好人好事。"

这样一来，不仅打破了敌人建立"维持会"的愿望，而且把沁源城附近彻底变成了"没有人民的世界"。

围绕反“维持”这个中心，部队进行了著名的周西岭伏击战，同民兵及游击队大闹阎寨，打击和困扰点、线上的敌人。但由于敌人行动诡秘，事先不易侦察到他们出扰的时间和方向，当侦察员发现情况后，再徒步返回报告，常常贻误战机，此外又没有更好的通信手段。陈赓指示围困指挥部，要好好发动群众，相信群众会想出好办法。果然，群众很快创造出了“树哨”和“烽火哨”。“树哨”就是砍一棵树立在山顶上，由民兵看守，发现敌情就把树放倒，另一个山头的民兵看见这边树倒了，就也放倒自己山头上的树，一个个山头的树都倒了，消息迅速传到了部队。“烽火哨”是夜间报告敌情的方法。第三十八团一个连根据“树哨”的报告，在王家沟设伏，毙伤敌 50 人，炸毁汽车 4 辆。“树哨”和“烽火哨”也是给当地群众报信用的，敌人一出动，“树哨”倒了，群众立即疏散到山中躲避，不受敌人骚扰。

斗争坚持到冬季，转移出来的群众在食宿问题上发生了严重困难。加上敌人不断奔袭“扫荡”，坏人趁机造谣，群众情绪出现了不安。

在此关头，陈赓和太岳区党委对围困斗争形势作了研究，及时发布指示，指出斗争的长期性、艰巨性，必须解决难民的吃住问题。区党委决定从外地调拨一部分粮食来，但归根结底要靠难民自力更生，发动他们互救互济，开荒种地，发展生产，战胜困难。为此，沁源县委和围困指挥部，按自愿原则，把转移出城的群众再作适当的疏散，有的到外县外区，有的投亲靠友，适当进行安置。政府调来公粮，群众互借粮食，加上号召部队节约粮食（每个指战员每天从旧秤十二两粮食中节约二两），来解决难民吃的问题。同时组织群众在山沟里打窑洞，一个春天就打了 5000 多孔窑洞，解决了 12000 多群众的住宿问题。还组织群众进行了几次大的学习讨论，大家纷纷表示：“就是吃石头，喝泉水，也决不回去维持敌人！”“宁饿死在山沟里，决不当亡国奴！”大家把窑洞组成的新居民点，起名为“正气沟”“坚定庄”等，显示出誓同民族敌人血战到底的气概。

有天夜里，妇女郭秀兰手持菜刀，只身摸到城里，把自家在磨盘底下藏的粮食取出来背上了山。蔡爱卿团长听到此事很受启发，觉得这个办法既能解决群众目前的困难，又有利于对敌围困，就派了个侦察小组按郭秀兰说的路线进城摸情况，结果进出很顺利，并摸清了敌人情况。于是对郭秀兰的事迹进行表扬和宣传，同时在部队和民兵掩护下，动员难民纷纷夜里进城背回自家的粮食，解决了缺粮的困难。有个妇女说得好：“日本兵有啥可怕，远看像庙里的金刚，近看原来是泥巴捏的。”由此又发展为“劫敌”运动，利用敌人夜里不敢活动的机会，进城把被敌人抓去的老百姓解救出来，把被抢去的牲口及物资夺回来，还把敌人的一些生活设施拆毁搬走；进而用死猫、死狗填塞敌人的水井，把城关附近成熟了的几百亩小麦收割回来。

陈赓接到报告后，亲自来到沁源的围困斗争前线，慰问部队和民兵，表扬他们的功绩，鼓励他们努力坚持战斗下去，把自己锻炼成为钢铁战士。他还访问了转移到山沟里的难民，赞扬他们不怕困难，顽强斗争，宁死不维持敌人的坚强意志，给群众很大鼓舞。

为了及时指导斗争，解决围困中的各种问题，陈赓不仅去前线视察，还经常召人来军区汇报情况。其中有沁源县委书记和县长、县武委会主任，区委书记和区长，还有围困指挥部的负责人，也有战斗在第一线的连长等。

陈赓留下了一本1943年3月至7月的《关于沁源围困战的调查日记》，记录了他对沁源围困战的多次调查材料和继续深入开展斗争的意见。7月16日他写了"对沁源围困的意见"，指出了沁源县围困斗争的重大意义：巩固了抗日根据地，彻底打击了敌人的蚕食政策；密切了党与群众的关系、军队与群众的关系，锻炼了党、干部及群众，团结了各阶层；高扬了民族气节。对于如何继续坚持斗争，他形象地比喻说，这是双方顽强性的比赛，"看谁的牛劲更强"。"谁是最后的顽强者，谁就是最后的胜利者。""我们在8个多月的围困斗争中的顽强，仍然不能说已压倒了敌人的顽强，但8个多月已使敌人变更几次部署，敌兵情绪低落，在得不偿失损失太大之后，敌人是可能考虑占据下去还是撤退的问题的。""因此今天怎样给敌人以绝望的打击，是目前应该研究的问题。"号召沁源军民要"坚持下去，成为最后的顽强者"。在谈到军事行动时，陈赓指出，要加强对据点的围困，打击交通线，断绝其粮源与水源，使日军拿我们一草一木必须用生命来换取。

在他的这一思想指导下，围困指挥部又调整了部署，根据敌据点供给日益困难的情况，坚决打击敌运输队，断敌交通线。1942年12月8日，第二十五团一连在官道沟伏击敌人运输队，毙伤30余人，缴获骡马40余匹。12月12日，第三十八团六连在周西岭打伏击，毙伤敌大队长以下60余人，缴获骡马48匹；12月16日，第三十八团一连伏击敌运输队，毙敌17人，缴获骡马14匹。12月份，民兵轮战队在运输线上打击敌人20余次，毙伤敌100多人。民兵还到处铺设地雷和三角钉，冬天在公路陡坡转弯处泼水成冰，使汽车滑下山去……这样就迫使敌人收缩阵地，将阎寨、中峪店、柏子、绵上等据点放弃。于是斗争集中在沁源城关及通往沁县的大道上。

1943年部队继续打击敌人，在敌人用汽车运输的一个多月内，仅第三十八团就炸毁汽车32辆，毙伤日、伪军380余人……迫使日军放弃了汽车运输，改用骡马运送物资了。当然它仍逃脱不了部队和民兵的袭击。一天晚上，敌170余人正在行进，第三十八团一连副班长王光福带领他的小组，向敌人身后打枪，敌人立即用步枪、机枪、掷弹筒一齐开火，打了一阵，见无动静，继续前进。王光福小组又在他们右前方打枪，敌人又打了一阵。敌人决定回巢时，途中又被王光福小组打了一阵。陈赓听到后，高兴地说："这叫扭击战术。"

1943年9月，陈赓准备去延安参加中国共产党第七次代表大会，行前，特地把围困指挥部的李懋之和中共沁源县委的领导人叫来，听取他们的汇报，共同研究围困斗争的问题。陈赓说：“目前，世界反法西斯战争形势很好，欧洲战场上，苏联红军已经开始反攻；太平洋战场上，日军已进入防御，这对我们的围困斗争很有利呀！”他说：“沁源围困斗争，意义很大，它不仅巩固了太岳抗日根据地，打破了日军创造‘山岳剿共实验区’的狂妄计划，又锻炼了我们的党和军队，提高了广大人民群众斗争的勇气，也密切了党群和军民关系。这场斗争必须坚持到最后胜利！”他表扬了部队及几十个民兵战斗英雄，鼓励他们再接再厉地斗争下去。特别对负伤 52 处，击毙敌兵 37 人的民兵英雄任燕，给予了极大关注。

陈赓向李懋之交代：“反‘维持’斗争是围困斗争的中心，对那些煽动‘维持’的民族败类要坚决惩处，杀一儆百。还要大摆‘地雷阵’，扩大‘麻雀战’，巩固‘树哨’和‘烽火哨’，在战术上要不断创新。县基干队和民兵集团的战斗力已经有很大提高。现在沁源城的日军木村大队，出扰不多，战斗力也弱，它不像开始时斋藤大队那样嚣张。因此，围困沁源的主力部队，决定只留第三十八团一个营，其余的要归建。”他强调说：“围困战的任务，决不能因为主力部队少了就放松了，要注意提高地方部队和民兵的战斗力，要特别防止发生麻痹松懈思想，要继续积极斗争下去，争取最后胜利。”

根据陈赓的指示，部队和民兵决心更加努力地斗争下去。地雷战又发展成“坛坛雷”“罐罐雷”“砖瓦雷”“陶瓷雷”等，每当敌人进村翻箱倒柜，一举一动都要碰上“土雷”轰炸，弄得草木皆兵。针对敌人出扰少的情况，部队和民兵紧缩包围圈，到据点周围去打击和袭扰。有一次突然袭击出扰之敌，当场毙伤敌 40 余人。水井中填了死猫死狗后，敌人不得不派人出城到沁河挑水吃，河对面山上有我军的神枪手，每天都要击毙几个出来挑水的敌人。

山西省汉奸报纸《新民报》特派员董长庚随日军到沁源后，回去发表了一篇通讯悲鸣：“交口到沁源间，为共匪区域，为共产军三十八团集中地，另外还有民兵组织，势力相当庞大。他们有一种顽强的力量。自 1942 年 10 月日军占领沁源后，城内尚无‘维持会’组织，由此可见一斑。城内人烟稀少，暗无天日，远远望去，就是一座死城。”

1945 年 3 月，沁源军民向敌人发动了最后的围攻。在敌人碉堡外面及道路上埋设 4000 多颗地雷，山上遍插红旗，道路上布满柴草，白天摇旗呐喊，施放烟幕；夜晚燃起堆堆大火，锣鼓齐鸣。部队和民兵紧密封锁，弄得敌人粮断弹绝，没有水喝……不得不于 4 月 11 日逃出沁源城。一路上，又不断遭到部队和民兵的打击。沁源围困战获得了全胜，沁源县城重新回到人民怀抱。

沁源围困战的胜利，受到了中共中央的表扬。延安《解放日报》发表社论《向沁源军民致敬》，将沁源军民的斗争誉为“太岳抗日民主根据地的一面旗帜”，“敌后抗战中模范典型之一”，“放出万丈光芒的异彩！”

四、重视情报工作

抗日战争中，在敌后指挥作战是非常困难的，因为敌强我弱，敌人经常是主动进攻，八路军被动应战。陈赓却能根据敌人的变化，使自己从被动变为主动而取得胜利。这正如《孙子兵法》上说的：“兵无常势，水无常形，能因敌变化而取胜者，谓之神。”陈赓在极为困难的情况下，不断取得胜利，其中一个重要原因，就是这位当年在上海中共中央特科任情报科长的他，在抗日战争中也注意抓了情报工作。

1941 年，陈赓决定加强情报工作，向白晋铁路和同蒲铁路再撒出一张情报网。于是，他在太岳军区司令部召见了高庆奎。

“你好呀，小高。”陈赓握着高庆奎的手说，“组织上准备调动一下你的工作。”

高庆奎眼睛亮了：“什么工作？”

“情报工作。到白晋铁路线上的长治城里去。”

高庆奎有点儿出乎意料：“我能行吗？”

“我们考虑你曾跑过北平、天津一些大城市，同各种人打过交道，有一定的社会经验，”陈赓望着他，“我们觉得你做这个工作比较合适。这个工作很重要。”

“因为重要，我怕做不好。”高庆奎心里还有点儿不踏实。

“那就要好好学习。”陈赓说，“这是个秘密工作，以后你归我直接领导，我的代号是一〇一，我们是单线联系。你对外的公开身份，是太岳军区后勤部经济科员。”

至于怎么搞情报工作，陈赓给他一本《怎样做军事情报工作》的文件叫他学习，然后抽空断断续续地给他讲了 3 个月的课。陈赓引用了《孙子兵法》上的话：“不知敌之情者，不仁之至也，非人之将也，非主之佐也，非胜之主也……故明贤将，所以动而胜人，成功出于众者，先知也。”陈赓说：“先知靠什么？主要就是要摸清敌人的情况，才能做到‘知彼知己，百战不殆’。而要取得有价值的情报，必须敢于深入到敌人的心脏里去同他周旋。”

“不过，必须保全自己，才能完成任务。”所以，陈赓望着高庆奎认真地说，“要坚决做到六戒：第一，戒白天在大街上露面；第二，戒在敌占区照相；第三，戒嫖妓；第四，戒赌；第五，戒去娱乐场所；第六，戒酗酒。这是必须严格遵守的纪律。”

高庆奎按照陈赓的指示，于 1942 年 2 月 14 日潜入长治市。陈赓同时给他配备了两部电台：一部设在屯留县余吾镇东北的游击区内，代号为丰隆号；另一部设在太原市，代号为大丰号。必要时，还可以借用临汾东山武工队的电台，代号为恒丰号，以便随时联络。

高庆奎拿着陈赓写的亲笔信，到长治城内，和一个在西关北街摆书摊的人接头。陈赓的信是这样写的：

书存兄：

今有表弟宗昌来长治办货，请尽力协助为盼。

表弟　王祯

因此高庆奎的名字又成了“高宗昌”了。高庆奎到了长治之后，有关日军在长治驻防和指挥官更动等情况，陈赓都了如指掌。

当然这样还不够。“应该把对日军表面情况的了解深入到内部去，这就需要进行策反工作。这工作很难，但却是完全可以做到的。日本人利用我们中国人当汉奸，我们应该更能够把中国人动员起来对付日本人，因为真理和正义在我们这一边。要动脑筋想办法。”陈赓进一步提出了要求。

“现在有一个对象。”高庆奎说，“长治日军洪部（司令部）有一个掌握军事机密的大佐，是山西省榆次县人。自幼父母双亡，由姑母抚育长大。由于会讲一口流利的日语，很受日本人看重。据当地群众反映，这个人比较孝顺。名叫纪群。”

陈赓说：“在日军内部物色对象，一定要找那些有头脑又能冷静思考的人。相反，那些民族败类和张牙舞爪没有稳定性格的人，就不要接近。这个纪群怎么样？”

“他的薪金较低，”高庆奎说，“生活比较清苦，平时少言寡语，喜欢诗词，写一手好字。很受日本人器重，是个有思想的人。”

陈赓思考后，认为这个人可以争取，但是要想办法接近他作进一步了解。接着，陈赓交代政策说：“在敌人内部工作要提高警惕，不要上了敌人的圈套。要根据不同的对象采取灵活的办法。有的能完全争取过来，成为我们的情报员；有的可以重金收买；有的需要加强教育……对敌人内部长期给我们送情报的人，受到敌人怀疑时，要及时采取措施，或叫他转移到解放区来，按我们的干部对待。对因给我们送情报，被敌人逮捕，严刑之下仍不出卖我们同志的敌方人员，如被杀害，要按我军的烈士待遇。”

接着，高庆奎亲自去了解纪群的情况。在中共长治地下党的帮助下，高庆奎化装成农民，顶替了个给日本洪部做工的苦力，开始去挑大粪，后来就帮助烧锅炉，往后就可以进房间打扫卫生、端茶送水了。经过一个多月的打杂，对纪群有了进一步了解，就按陈赓的指示决定争取这个人。

高庆奎派情报员陈华到“同兴颜料行”去当伙计，后来入股当上了二掌柜，设法结识了纪群的表弟，再由纪群表弟介绍与纪群交上了朋友。不久还换了金兰谱，成了结拜兄弟。

纪群姑母的家在抗日根据地，这一点日本人并不知道。陈赓就派人去做这个姑母的工作，请她到长治去劝说纪群。老太太很有魄力，亲自跑到长治，把

“黄挂——祖宗牌位”挂在墙上，叫纪群跪下叩头宣誓：“决不背叛祖国，充当日本人的汉奸、走狗！要跟着八路军抗日救国，将功赎罪。”纪群声泪俱下，叫姑母放心。

一天，陈华去纪群家串门，见纪群的妻子在流眼泪。一问才知道，他们的小儿子发高烧，呼吸急促，有肺炎迹象，急需进医院。但纪群每月只有伪币230元，生活很困难，纪群为了给儿子治病，出外借钱未归。陈华二话没说，抱起孩子送进了医院，并交了200元押金。等纪群回到家，孩子已脱险，使纪群感激涕零。

过后，纪群请陈华和表弟吃饭。酒过三巡，表弟提起了话头：“日本鬼子和汉奸可把咱们家乡糟害苦了，现在大家都组织起来和他们斗。我看，他们的日子长不了啦！哥，你将来怎么办呢？”

纪群叹气：“我，我有什么办法？我现在只是混碗饭吃吧。”

“我有办法，不知你愿不愿意听？”陈华插嘴说。

纪群抬起头：“你我生死之交，兄弟有话尽管直说。”

“我有两个老同学在八路军多年了，听说现在都当上了大干部。我一直想去同他们联系一下，”陈华望着纪群，“不知你意下如何？”

“这太好啦！”纪群的愁眉舒展开，“就劳兄弟你上山跑一下吧。找见他们为我美言几句。我虽是有罪之人，可是‘身在曹营心在汉’，只要他们有用得着我的地方，我愿效犬马之劳。”

“好！”陈华举起酒杯，“那咱们一言为定。”

陈赓听到高庆奎的报告后，很高兴地说：“这是一个很大的突破！还要下大力气争取，不惜重金把他收买过来。”陈赓沉吟一下说：“你不是讲他喜欢诗词吗？我就作为他想象中的‘八路军大干部’给他赠诗一首：‘山上青松山下花，花笑青松不如它。有朝一日寒霜降，只见青松不见花。’”这是鼓励纪群当坚定的青松。

陈华见到纪群说：“老同学找到了，我介绍了你的情况，他们欢迎你对抗日作贡献，因此赠诗一首给你。”

陈华念了诗后，纪群很感动，立即写了《三国演义》中的一首诗回报“八路军大干部”，表明自己的心迹：“勉从虎穴暂栖身，说破英雄惊煞人。巧借闻雷来掩饰，随机应变信如神。”纪群是用曹操和刘备“煮酒论英雄”的故事来说明自己是在“虎穴暂栖身”的。

此后，纪群给八路军提供了很多重要的军事情报。如1942年7月9日，太原日军近2000人及伪军1000人突然到达长治，而长治驻军并无调走的迹象。纪群分析说：“这支部队是刚从石家庄调到太原的，现在又从太原来到长治，显然不是来换防的。”

陈赓接到报告后，判断敌人要对抗日根据地进行袭击，于是部署了应急准备。

果然，7 月 13 日晚，这股敌人从长治乘车北上，一路在常村车站下车，西向经屯留县余吾镇，突袭黄家岭一带；另一路在虒亭车站下车，东向偷袭八路军驻太行区襄垣县境的部队。但均未得逞，大败而归。

1942 年 8 月 13 日纪群送来情报：“日军正在太行区扫荡，准备于 15 日夜 12 时集结，越过白晋铁路，扫荡太岳区。”

陈赓根据这个情况，决定避敌锋芒，采取“敌进我进”的办法：敌人进入我根据地，以小部队和民兵应付之，主力部队深入敌占区，攻击敌空虚了的据点，破坏铁路、公路，砍电杆，割电线，在敌人老巢闹得天翻地覆；在根据地内的敌人找不到八路军主力部队，日夜受民兵游击队袭扰，供应十分困难，老巢又频频告急。因此硬撑了半个月，草草收兵。

陈赓为此让有关单位给纪群记了大功，奖赏 1000 元。

高庆奎的太原情报站也在日军中物色了 3 个对象，研究来研究去，觉得只有一个人有点儿希望。这人名叫董宝才，在太原日军司令部军事机要科当副科长，40 来岁，仪表堂堂，精通日语，文静聪明，就是胆子太小，不敢和八路军接近，看来争取有困难。高庆奎把这个情况汇报给陈赓时，陈赓目光一闪，说：“文的办法不行，可以来武的。你去布置一下吧，到时我派武工队配合你的行动。”

高庆奎了解到董宝才的小老婆是临汾人，他每年要到临汾去一两次看望岳父。一天，接到岳父病重的电报，董急忙坐火车直往临汾。高庆奎得到消息后，立即通过秘密电台报告了陈赓，陈赓当即命令在那一带活动的武工队，派人化装成老百姓，到火车站和先期到达的高庆奎接了头，并做好准备。

董宝才和他的内弟下车后，随着人流刚出了站台，就有 5 个身穿长袍马褂的人迎上来，连声说着：“哎呀！董科长，一路辛苦了！一路辛苦了！我们是来接你的。”

董宝才没有意识到有什么问题，就被拉到胡同口一老百姓家中，几支手枪抵住了他的胸膛。

“我们是八路军武工队的，今天给你指一条光明大道，给你一个赎罪的机会。”

董宝才吓得浑身发抖，举着双手说：“我有罪，我有罪，愿意戴罪立功。我能干什么呢？”

“给我们按时送情报。”

“好好、好。”

“那你写个保证书吧！”

董宝才用颤抖的手写好之后，武工队说：“你可以走了，不过你的内弟我们要留下作人质。”

“我的内弟年轻不懂事，请诸位多关照。”董宝才连连作揖。

“这一点你尽管放心，我们不会叫他受苦。只要你老老实实地为抗日尽力。”

这个行动只用了46分钟，把董宝才争取了过来。此后他源源不断地提供情报。有抗日思想的董宝才的内弟，早就和八路军有联系，到了根据地被高庆奎送到太岳中学去读书。

高庆奎的情报站在陈赓指挥下，为了打击汉奸的气焰，粉碎敌人的宣传，也为坚定董宝才等人从事抗日工作的信心，在敌占城市的闹市区，处决了几个汉奸、叛徒，同时张贴出太岳军区的大布告，撒了传单。群众称快，汉奸敛迹。

同白晋铁路线上建立的高庆奎情报站一样，陈赓也在同蒲铁路线上建立了秘密情报站。

1940年6月，陈赓派共产党员陈涛随山西省军阀的投降日军的部队，进入晋南的中心城市临汾做情报工作，逐渐取得日军的信任，竟被委任名为“大汉义军”的伪军司令。这支军队多系由阎锡山和蒋介石的投敌部队、溃兵和当地的地痞、流氓组成，共600余人，编为6个中队，分布于约500公里长的同蒲铁路的南段上。通过“大汉义军”这个关系，太岳区多次事先获得了日军准备“扫荡”的确切情报，避免了损失，也沉重打击了敌人。

后来日军驻临汾的第六十九师团准备成立情报班，有意叫陈涛去当这个情报班的班长，引起了太岳军区情报站内部的议论。有人说：“那个班长有什么意思，就管十来个人，与‘大汉义军’司令不能相比。”

去不去？干不干？要请示太岳军区负责人。陈赓听后非常高兴，说：“一定要抓住这个机会，设法当上这个情报班长。别看它名声不大，机构也很小，但是个搜集敌军情报十分难得的位置。抓住它就等于掌握了敌人的耳目。日军既然能在我们同志面前提起组建情报班的事，说明他对使用我们同志有所考虑，只要在他面前表现得当，就能当上这个情报班长。”陈赓还指出：“如能当上，就必须当稳当‘好’。不仅要用假情报欺骗、麻痹敌人，还要分析敌人的情报要求，研究敌军的动向、意图，变敌人的耳目为我们的耳目。而且由于掌握了敌人情报班，必然要与它们的参谋部门经常接触，从而增强了直接观察了解敌人动态的机会。因此，情报班是个比伪军司令更为重要的位置，必须努力争取。”

按照陈赓指示，陈涛当上了情报班长。几十年后，他回忆说：

“确如陈司令员所估计的，情报班成为我们观察敌人动静的视孔和与其进行情报斗争的基地。当然不能不按照敌人的要求编排些东西以适应其需要。这些经军区司令部甚至是陈赓司令员亲手编制的‘情报’，虽非纯属虚构，但关键之处决无真实可言。就这样，我们的‘情报’在日军参谋部印发的以我军动态为主的情况通报中占据着主要地位。因此，我们就不难看出敌人的判断能力和对我军了解程度，从而为我们作战和编写假情报提供了条件。”

1942 年 6 月，日军通知陈涛，说为了“还政于汪精卫的南京政府”，要取消“大汉义军”番号，解散“大汉义军”，把他们分别编到同蒲铁路南段的各县警备队去。这引起了官兵不满，纷纷找到陈涛表示反对。

“趁此机会发动起义吧！”陈涛和情报站的人都认为这是千载难逢的好机会，可以给日军以沉重打击，还可以增加太岳军区的力量。

谁知道，报告到军区，陈赓立即表示反对。他说：“目前我们根据地生活条件很艰苦，伪军官兵上山来必然承受不了，必然陆续跑回去，大肆宣传根据地贫困，这种反作用比起义时的政治影响大得多。我们留下它们几百支破枪有什么意义？而占据敌人情报班，比那几百支枪重要得多。日军相信的是陈焕章（陈涛化名）这个具体的人，他带着伪军一走，愤怒的敌人肯定会株连他所使用的人，和他有来往的人，我们在临汾搞了两年多的情报工作基础，岂不毁于一旦？”陈赓进一步告诫说：“一个优秀的情报工作人员，不能只注意眼前看得见、摸得着的一点儿小利，而忽视长远利益。要从大局着眼，全面衡量事情的轻重利弊。在复杂的环境中要能抓住主要的东西，不为某些现象所迷惑，才能胜利地完成党交给的情报工作任务。”

陈赓要求立即停止一切起义的准备工作，保持平静态势，防止发生混乱。他认为：把“大汉义军”分散下去，丝毫增加不了下边的战斗力。所谓“还政于汪”只是一场闹剧。后来日军准备提升陈涛，调他到北平伪军总部去当宣导局长，或到沁源县去当伪县长，报到军区后都被陈赓否决了。于是，陈涛出面向日军婉言谢绝。

陈涛和情报站中的情报人员，在临汾市地下工作了 5 年，在陈赓直接指挥下，做出了很大成绩。比如多次粉碎日军对抗日根据地的“扫荡”；破坏阎锡山部队的投敌活动，打退他派部队对太岳区的进攻等，其中陈涛提供的情报发挥了很好的作用。1943 年 10 月 24 日第十六团在洪洞县韩略镇打的歼灭战，消灭冈村宁次组织的“军官战地观战团”的著名战斗，也是陈涛情报站把日军军官团到达临汾的消息及时报告了军区。

高庆奎回忆说：“陈赓司令员常教育我，对自己同志要忠诚、信任。要多看别人的长处。在复杂的环境中，长期在一起工作，很容易看到别人的缺点，但决不要求全责备。”“你交给他三件工作，他做好了两件，一件没干好，但不是有意的，那就是好同志。”

陈赓这么说，也是这么做的。1952 年初，“反贪污、反浪费、反官僚主义”的“三反”运动在全国形成高潮。时任中国人民志愿军第三兵团北京留守处主任的高庆奎接到通知：回云南军区去接受审查。为此，陈赓司令员叫兵团副参谋长李懋之来北京和高庆奎谈话，说：“司令员叫我告诉你，这个运动是党中央、毛主席发动领导的政治运动，是对我们刚刚建立的新中国的社会主义建设具有现实和深远的意义；是一场为抵制资产阶级腐蚀我们党和国家工作人员的运动，我们每个共产党员都要认真对待。首长提到你时说，你多年来做部队情报工作和经济工作，无论在敌占区，还是解放区，战争环境还是和平环境，都可以讲是兢兢业业、任劳任怨的，很踏实，为部队做了不少工作，立功受奖多次。他比较了解你。如有问题，就好好交代；如果没问题，也要说明白。”

三天后，李副参谋长又来和高庆奎说：“陈司令员又来电报叫我转告你，‘党是讲实事求是的，要相信云南军区党组织，相信那里的群众，也许回去要受点儿委屈，一定要本着实事求是的精神，对党组织、对同志、对自己都要负责。党是决不会冤枉一个好同志的。’”这些话使高庆奎深受感动。

不出陈赓所料，云南军区审查高庆奎走了弯路，搞了“逼供信”，使他受了很大的委屈。半年后，他的问题终于弄清楚了，得到了解脱。当时的云南军区政治部胡荣贵主任告诉他：“在你受审查期间，陈司令员几次来电报、电话询问你的情况。前不久，他直接给（当时主持云南军区工作的原第四兵团）郭副司令员通了电话说：‘对于高庆奎，我还是比较了解的，为人老实忠厚。如果到现在仍然没有审查出什么问题，可以尽早解脱嘛！”陈赓对待干部从来和蔼可亲，平易近人，特别是在你最困难的时刻，能伸出援助之手。

高庆奎回到北京第三兵团留守处不久，陈赓叫他到自己家来。高庆奎一跨进大门，就看见陈赓和夫人傅涯已经在前院等他了，高庆奎激动得流下泪来。在客厅坐下，聊了一阵云南军区的“三反”运动情况后，陈赓说：“你受了不少委屈，这当然是不应该的。不过，反过来看，也不能完全说成是坏事。经过运动，把事情彻底弄清楚，也算是件好事嘛！经过这几个月的锻炼，自己也有提高呀。所以，受挫折也应当说是好事。经过运动，党的事业发达了，想想自己的那点儿委屈算得了什么？如果你非要抱怨，就抱怨我好了，谁让我还兼任着云南军区司令员呢？”

这一席话，使高庆奎终生难忘。

1941 年春，陈赓派朱向离深入虎穴开展情报工作。几年来，一直对朱向离留下的那对儿女关怀备至。1944 年 8 月，他们姐弟在延安进了第十八集团军家属子弟学校。正在那里参加整风学习的陈赓，总是在节假日把他们接到家里，亲切地对他们说：“你们的爸爸妈妈不在这里，我和傅涯就是你们的爸妈，我们就是一家子。”

那时陈赓所谓的家，不过是一孔不大的窑洞，里面只有一张用木板和树棍搭起来的双人床，一个简单的书桌，还有一把躺椅，一个火盆。姐弟二人星期六回来，就拆下窑洞的门加宽床，大家一起横在床上睡觉。生活确实很清苦，但使孩子们感到的温暖是无穷的。只要弄到一点儿好吃的东西，陈赓首先想到的是为这两个孩子增加营养。一天，陈赓带着姐弟俩去食堂吃午饭，赶上了难得的千张肉。看到孩子吃得那么香，陈赓从心里感到高兴，就顺手把盘里的肉都倒到孩子的碗里。

1950 年，朱向离在四川省任绵阳分区政治部主任时，不幸在剿匪中牺牲。陈赓对已长大成人的这对姐弟仍然像慈父般地关心。

1951 年，陈赓从朝鲜前线返京，得悉那个姐姐朱烨丽生孩子后身体非常虚弱，就派医生和秘书把她接到志愿军第三兵团留守处。因孩子没有奶吃，又派人送去两大听缴获的美国奶粉。

1952 年下半年，陈赓奉命筹建哈尔滨军事工程学院，得知调来的朱烨丽不愿接受分配给她的技术工作，便把她找来进行了严厉的批评，鼓励她应不愧为烈士的后代，刻苦地去掌握社会主义建设事业所迫切需要的技术。

在抗日战争的情报工作中，陈赓已经不用像在上海特科那样亲自上阵拼搏了，但他对那些在自己领导下为情报工作拼搏的人和他们家属的照顾，倾注了无限深情。

第十四章　上党战役

一、从延安到太行

陈赓在延安生活了近两年。这个时期，无论对于他个人，还是对于整个中国共产党，都是非常重要的。延安整风运动，不仅以马列主义、毛泽东思想为指导，总结了中国共产党历史的经验教训，提高了全党的理论水平，而且使拖延了多年的第七次全国代表大会得以胜利召开，开辟了中国共产党走向全国胜利的光辉道路。

陈赓在整风运动中，认真、系统地研读了马列主义著作和中共的文献，思想、理论水平得到了很大提高。他作为正式代表参加了七大，并当选为中共第七届中央委员会的候补委员。过去，部队中的年轻人曾问他："司令员，你资格那么老，为什么不当中央委员呢？"他常开玩笑地回答："我可以比他们多活几年呀！"如今他真的当上了中央委员，大概意味着他要为革命斗争更加拼命干了吧？

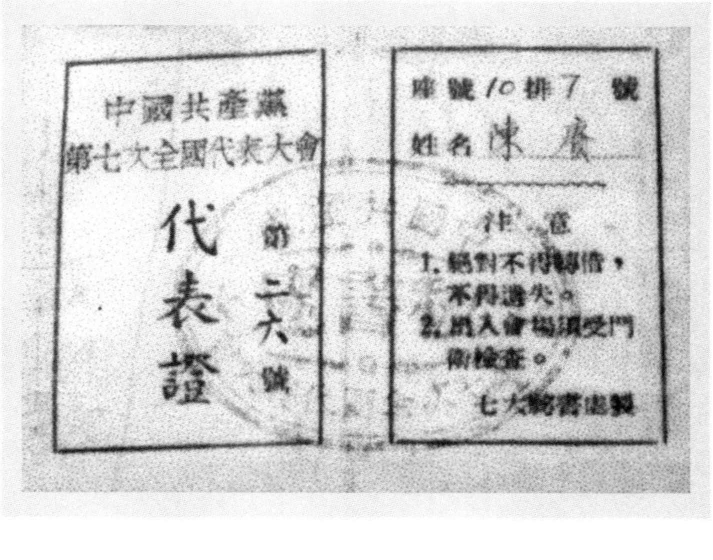

陈赓参加中共七大的代表证

■ 1945年，参加中国共产党第七次全国代表大会的陈赓。

陈赓的这段生活，留传下来的只有两个文件：一个是《报告》记录，另一个是《我的自传》。前者是他向支部同志口头报告自己的历史情况，分为幼年时代至入党、大革命时期、内战时期、抗日战争时期四个部分。由于那时记录条件困难，所以非常简略，虽然大的事情都提到了，但不详细，且记录的人名、地名、时间、地点均有错处。那份《我的自传》虽然只有四五千字，个人的经历仍嫌简单，但比《报告》清楚多了。这两个文件都充分表现出他对党的忠诚，对事业的执着，对革命的坚贞和对胜利的信心百倍。

中共七大刚刚开罢，传来了振奋人心的消息，坚持了8年苦斗的抗日战争终于胜利了。日本宣布无条件投降，并于1945年9月2日正式在投降书上签了字。中国人民以伤亡3500万人的代价，取得了抗战胜利，终于扭转了一个世纪以来中国被外敌凌辱的历史。因而被当时的共产国际誉为“世界无产阶级及整个先进人类反对野蛮法西斯主义暴力的总斗争中之极其重要的组成部分”。全国人民欢欣鼓舞，特别是在敌人后方抗战历尽艰辛的解放区人民，听到日军投降的消息后，敲锣打鼓，高歌欢舞，许多人喜极而泣，兴奋不已。

中华民族能对世界反法西斯斗争作出如此巨大的贡献，主要是中国共产党把反抗日军侵略作为自己责无旁贷的历史重任，坚贞不渝地高举抗日救国的旗帜，创造出一个中国历史上空前抗日民族大团结的局面，并且实施了正确的战略战术，终于发展成中国抗日战争的主力。

国民党中的汪精卫等大批高级官员投降了日军，大批将领也率领部队充当了敌人的伪军。但是蒋介石一直没有放下抗日的旗帜，他把部队调集在大后方，干着消极抗日、积极反共的勾当。现在日本投降了，抗日战争胜利了，蒋介石断然拒绝中国共产党“同心断金之意，同舟风雨之思”的愿望，公开下令，不准一直坚持在抗日前线的人民武装接受日军和伪军的投降。

当时的美国总统杜鲁门在他的《回忆录》第二卷中写道：“日本投降后，蒋介石甚至连再占领华南都有极大的困难。由于共产党人占领了铁路线中间的地方，蒋介石要想占领东北和中南就不可能。假如我们让日本人立即放下他们的武器，并且向海边开去，那么整个中国就会被共产党人拿过去。因此，我们必须采取异乎寻常的步骤，利用敌人来做守备队，直到我们能够将国民党的军队空运到华南，并将海军调去保卫海港为止。因此，我便命令日本人守着他们的岗位和维持秩序。等到蒋介石的军队一到，日本军队便向他们投降……这种利用日本军队防止共产党人的办法是国防部和国务院的联合决定而经我批准的。”

其实，美国人做的比他说的多得多，他们不仅把蒋介石军队从大后方空运到华南，还空运到华北和东北，还向国民党军队提供了大量的美式武器装备。

蒋介石做的也不只是杜鲁门说的那些，他除了叫日军维持敌占区秩序和向他缴枪外，还叫敌酋冈村宁次等人当他的反共作战的顾问；好几个地方的日军还配合蒋介石部队向解放区进攻；同时还收编了50万汉奸部队，并给予了新的任务，叫他们控制着城市和地盘，继续和共产党军队作战。为了达到他“抢占华北，争夺东北”的目的，蒋介石密令留在华北的国民党军队立即向中国共产党的解放区进攻。因此，平汉、津浦铁路线上的国民党军队蠢蠢欲动。

在日本宣布投降的第二天，山西省军阀阎锡山即按蒋介石的密令，调集了他的4个正规师和1个炮兵团，以及一些杂牌军和收编的汉奸部队，共16000多人，侵犯晋东南，占领了以长治为中心的6座县城，还想摧毁太行和太岳解放区，夺取抗日战争的胜利果实。按照刘伯承形象的说法，是“把足球向我们华北解放区的中央大门踢来，我们要守住大门，保卫华北解放区”。

同时，蒋介石为了欺骗中国人民和世界舆论，也为了留出美国把他在大后方的嫡系部队运往前线的足够时间，三次致电中共中央，邀请毛泽东前往重庆，共商和平建国大计。

毛泽东早已识破蒋介石的如意算盘，为了向全国人民表示共产党的和平诚意，也为了揭穿蒋介石假和平、真备战的阴谋，允诺去重庆参加谈判。但在行前，毛泽东指示晋冀鲁豫军区，首要任务是消灭侵犯上党之敌。

对于毛泽东的指示，有人担心：你去重庆和蒋介石谈判，我们和他的部队作战，他恼羞成怒，会对你报复的呀！

毛泽东回答得很坚定：“只有打得好，才能谈得好；打的胜利越大，谈判的人才越安全。我们的方针是立足于打，不放弃有利条件下的谈判。不要轻易打，打则必胜。”

晋冀鲁豫解放区是当时全国7个较大的解放区之一，包括太行、太岳、冀南、冀鲁豫四块抗日根据地：西起同蒲铁路，东抵津浦铁路，北起正太铁路和德（州）石（家庄）铁路，南至黄河。这是华北战略区的中央大门，正堵着国民党军队向北进攻的道路。毛泽东指出，对国民党的斗争方针是“针锋相对”，晋冀鲁豫解放区一开始就处在“针锋相对”的针尖上。

为了消灭侵入上党区的敌人，1945 年 8 月 25 日，刘伯承、邓小平率领陈赓等晋冀鲁豫军区的将领们，从延安乘飞机赶回太行山，在黎城县长凝机场降落，接着赶到涉县赤岸村军区所在地，召开军事会议，组织自卫还击作战，即上党战役。

当时敌人的部署是：第十九军军长史泽波率 3 个步兵师的主力及伪军一部，共 11000 余人守长治城；以一个步兵师及伪军一部，共约 2000 人，守长子县城；以一个步兵师主力及伪军一部，共千余人守屯留县城；其余襄垣、潞城、壶关三座县城，则都以伪军为主，结合正规军一部兵力守备，兵力均在千人左右。他们的长处是火力强，善做工事，惯于防御，又有旧城墙和日军多年修筑的堡垒工事作依托。而他们的弱点是，不善野战，害怕近战，更怕白刃格斗。他们这次是孤军深入，分散守备，利于各个击破。

晋冀鲁豫军区部队也有自己的长处和短处。初次集中太行、太岳、冀南三区主力部队和国民党军队作战。这些部队虽然老底子都是抗日战争时期战斗力很强的旅，但到抗日战争后期，他们都分遣到各军分区作基干团，主要进行游击战。在准备进行上党战役前才集中起来，多数团不足千人，编制不充实，装

1945 年 8 月 25 日，由延安乘美军观察组运输机飞返山西黎城。同机到达的有八路军、新四军高级将领二十多人。前排左起：蔡树藩（左三）、聂荣臻（左四）、李富春（左五）。后排左起：陈毅（左三）、邓小平（左四）、刘伯承（左五）、滕代远（左六）、萧劲光（左七）、陈赓（左八）。

备也差。全军只有 6 门山炮，半数团没有重武器，每支步枪仅有几发子弹。

中共中央军委 8 月 31 日电报指示说：“阎军一万六千人占长治周围六城，乃心腹之患，必须坚决彻底全部消灭之，惟诸城堡坚垒密，须有充分准备，切不可草率。进攻时宜选择一两个城，各个击破，不宜六城同时攻击。如攻而不克，可围城打援。”

根据军委指示，刘、邓首长命令：为了适应大兵团作战，把各区部队编为纵队。陈赓被任命为太岳纵队司令员，下辖第三八六旅及决一旅（原决死一纵队）所属的 6 个团。在政治动员方面，提出了“为保卫胜利果实而战”“为支援毛主席重庆谈判而战”的口号，在军队和根据地人民中，进行广泛的宣传动员。作战指导思想是：针对敌人孤军深入和分散守备的弱点以及我军的战斗能力，确定首先逐个夺取长治外围各县城，并吸引长治敌人主力出援，力求在运动中歼灭之。

二、夺取长子县城

陈赓受领了夺取长子县城的任务，立即快马加鞭赶回太岳解放区。

长子县城位于长治市西南 50 华里，日军占领时曾筑有坚固工事。城墙高约 8 公尺，城四周碉堡密布，城外还有一道 3 米多宽、2 米多深，注满了水的护城壕。阎军占领后，又对工事进行了改造和加修，使之更加巩固。

陈赓回到太岳区，立即把分散打游击的部队集合起来，恢复了第三八六旅和决一旅建制，9 月初即匆匆率领这两个旅的 7000 人开赴前线。并且把夺取县城的任务交给了第三八六旅和决一旅的第三十八团；决一旅的第二十五团和第五十七团在长治市与长子县之间，准备阻击长治方面增援之敌。

陈赓知道，这个任务不简单。把分散打游击的部队集合起来，还没有来得及训练，就拉到战场上去打他们既不熟悉又毫无思想准备的攻坚战，真是不可想象。

当然，说“毫无思想准备”也不完全符合实际。因为阎锡山的这支军队是经过太岳解放区到达长治的，有些部队为了迟滞它，消耗它，已经和它交过手了。但是谁都知道，这要靠打大仗才能解决问题。所以人们都在念叨着：“司令员什么时候回来呀？”“他要能回来就好了！”人们思念着离别了两年的陈赓，几乎到了望眼欲穿的程度。突然有一天有人喊：“好消息，陈司令员已经回来了！”大家都兴高采烈地跑去看望，并迅速传播着。这时，人们心上的一块石头才算落了地。

对于陈赓，这块石头还落不到地上，依然高悬在心头。显然，打长子县城，用围困沁源城的办法是不行了；5 年前的百团大战中，夺取榆社县城，部队不会攻坚，3 天之内作了 4 次攻击才解决战斗，部队付出了很大代价。长子县城守敌虽然已经不是日军了，但确实是“堡坚垒密”，有 2100 多敌人来抗争，确实不能等闲视之。反观自己的部队，这两年政治素质提高了，打游击的本领更大了，但是攻坚经验还处在攻击榆社县城的水平。

因此，陈赓一连度过几个不眠之夜，谋划最佳方案：他决定由旅长刘忠指挥攻城，由旅长李成芳指挥打援。攻城的具体部署是，第七七二团夺取城北唯一高地——北高庙，然后攻占北关；第二十团夺取西关，由西门登城，第三十八团由城西南角登城。

由第二十团和第三十八团作主攻，人们认为这种安排是独具匠心的。第二十团是在冀南平原成长起来的，素以勇猛顽强著称，长于村落战，人民爱戴他们，在拥军的猪肉上，常常发现“送给二十团吃”的字样。敌人害怕他们，公开承认：“天不怕，地不怕，就怕楚团戳一下。”楚者团长楚大明也。第二十团奉调来太岳军区，又以高度适应性，掌握了山区作战特点。第三十八团是百团大战和沁源围困战中的英雄团。让这两个团担任主攻，大大增加了胜利的保险系数。

陈赓把指挥部设在距城北关 3 华里处。白天他领着干部去观察地形，了解敌情，考虑部队配置，研究具体的火力掩护任务和通过外壕登城的办法，并亲自主持“诸葛亮会议”，发动指战员献计献策。他深知初战的重要，所以认真细致地对部队作动员，给战士讲形势，讲胜利条件，讲战法，讲顽强性，讲“针锋相对”的意义。他对指挥员们特别强调：“这次让我们来攻打长子，是邓政委建议，经总部批准的，这是首长对我们的信任，大家一定要努力打好。还要注意总结经验，从战争中学习战争。”

陈赓对攻城的指挥员刘忠说：“攻坚，登城，我们部队没有好多经验，但榆社的教训要记取。要老老实实组织战斗，千万不可疏忽、蛮干！”又说：“弹药尽量满足你们，但炮弹不会多，主要依靠手榴弹。事先准备一些篮子，设专人运送手榴弹。”“一颗手榴弹威力不大，但多了威力就会大一些，无数手榴弹打上去，造成一片火海和震耳欲聋的声音，就是不能把前沿敌人都打死，也能把它吓坏，使其丧失战斗力。”他谆谆告诫：攻城部队一定要组织好，投弹组、火力组，跳板组、梯子组和登城突击组，人员都要精心挑选。特别要讲究战术，以短促的浓密炮火，掩护部队登城。

1945 年 9 月 13 日黄昏，战幕拉开。在攻击外围据点时，别的部队都还顺利，只有第七七二团攻击北高庙受挫。这座小庙建筑在一个孤立而陡峭的小山上，虽说是在城外，实际距城墙仅 200 米，是拱卫长子县城的唯一高地，攻下它就可以控制全城。敌人筑有坚固的碉堡、工事，利用地形上的有利条件进行顽抗。

北高庙敌人工事特别坚固是事实，但被誉为“夜老虎”的部队，怎么会没攻取呢？陈赓拄着手杖亲自赶到前线，观察中发现北高庙孤山壁立，确实易守难攻。它西、北、东三面工事很坚固，南面有高大的寨门，敌人比较放心，工事较简单，守备也薄弱。根据这一情况，陈赓对七七二团团长周学义说，立即改为从南面进攻，并根据该团善于夜战的特点，战斗改在夜间进行。

周学义从第十连中挑选了能征善战的二排，针对敌情亲自组织了必要的训练。当天晚上天特别黑，没有星星也没有月亮。周学义按陈赓的布置，派一支小部队继续在北面佯攻，吸引敌人注意力，二排的孤胆英雄们从南面一个个匍匐前进，摸到小山上，悄悄地扫除了冲锋障碍物。因为攻击两天没有攻得动，敌人疏忽大意起来，没想到解放军已经来到眼前。排长命令"打！"轻机枪、步枪、六〇炮、手榴弹一齐开火，掩护工兵上去，"轰"的一声，庙墙炸开一个大口子，第七七二团战士冒着飞扬的硝烟和尘土，像怒潮一样地冲进庙去，和敌人白刃格斗。敌营长打算从西北角逃命，但第七七二团第十二连也围了上来，敌人只有缴械投降了。

怎么攻城呢？陈赓说："根据榆社县作战经验，接敌运动的关键，是要隐蔽、突然，此时必须用轻重机枪压制敌人对我们威胁最大的火力点，以掩护投弹组接近城墙向城上、城内大量投掷手榴弹，以便能架梯子登城。"为了登城顺利，陈赓考虑还是用榆社作战的办法，挖坑道到城下，买一口棺材装满炸药送进去爆炸。他说："要力争把城墙炸出个豁口。就是炸不开，也能把敌人吓坏、震昏，使他们暂时丧失战斗力，而为我攻城提供有利条件。"接着还指出："不要因为用了炸药，就认为冲锋道路会炸出来，就不积极做登城梯子等其他准备，那就错了。什么事都要做两手或三手准备，胜利才能有保障。进城之后，也要以手榴弹为先导，迅速控制制高点，向纵深发展……"

从上面情况看，陈赓似乎变得有点儿婆婆妈妈了，在掰着手指头教部队作战。这说明他完全不是粗心大意的人。他虽然非常了解自己的部队，但毕竟分开快两年了，又是打这样一个攻坚战，何况整个晋冀鲁豫军区部队都在这里，大家实际是在竞赛，仗只能打好。因此，他心中自然是焦急的。

攻城前，他从刘忠电话里得知，第二十团在屋脊上设的观察所可以看见敌人阵地。他就喊着："很好，我要去那里。"人们劝阻他："你不能去，那里危险！"陈赓哪里肯听，为了更好地了解敌情，检查自己部队的配置是否合理，他不顾自己的伤腿能否适应，坚持爬上那屋顶的观察所。

部队占领了北高庙据点和城的四关后，即积极进行攻城准备。各级指挥员对这次战斗非常重视，反复勘察地形，研究敌情，开展军事民主，组织部队进行投弹、爆破、架梯、登城等训练。陈赓为了吸引长治敌人出援，以便在野战中歼灭它，所以一直对长子县城围而不攻；确定长治敌人不会来援时，才在9月18日晚7时30分下令攻城。

一声巨响，山摇地动，浓烟四起，西城门的西北角炸出来一个豁口，攻城部队火力掩护，枪炮齐鸣，有的部队沿着斜坡从豁口冲进城去，有的部队架梯子登城。

战斗打响后，陈赓为了与部队保持最近距离，以便及时了解情况实施指挥，他极力向北城门靠近。这时，敌人从县政府的楼上射出密集火力，封锁了道路，但陈赓坚持要通过，随行参谋和警卫人员劝阻，他不听，就劝他跑几步，越过这危险地段。他却催促大家赶快跑步通过，并解释说："不是我不怕死，是我的腿负过重伤，不能跑。你们好胳膊好腿，赶快跑步通过吧！"通过这一封锁线时，有一个通信员负伤，手指被打掉两个，可见当时的危险程度。

最先攻入城内的第二十团像一把尖刀，向纵深进发。楚大明不准部队沿街道和巷子前进，因为那些地方都可能有敌人设置的障碍物和火力封锁，部队会增加伤亡。他叫部队另辟通道，从房屋和院落里面走，逢屋凿壁，遇墙掏洞，避开敌人在街巷中设置的一切，部队行进得很顺利。

陈赓得知后，大加赞赏，说："这是楚大明的一大发明，巷战就是要这样打，才能减少伤亡，应当推广。"

部队打进城展开巷战时，陈赓要进城去指挥。因为他腿不方便，大家建议把敌人堵城门的麻袋搬开，打开城门，从城门进去。他却执意不肯，怕部队抽人来干，费工费时，坚持"要尝尝爬梯子登城的味道"。

这时战斗虽然在城内进行，但子弹、炮弹还在人们头上乱飞，陈赓却用他负过重伤的腿，在战士登城后留下的梯子上爬，大家都为他捏了把汗。他却站在梯子上说："梯子很长，战士登城时拥在上面，会压断的。今后再用这种梯子，要加固主梁；登城的人不能一拥而上，要保持距离，重量平衡梯子就不会断了。"他离开部队两年，回来之后，像是要把一切都亲身体验一下似的。

陈赓进城到达县政府，立即听取太岳第二军分区参谋长邓世俊的汇报。当说到攻打县政府中，敌人有一个火力点负隅顽抗，造成战士的伤亡，待拿下这个火力点后，气愤的战士枪毙了几个俘虏，陈赓的脸色就严肃起来，立即批评说："这种做法是非常错误的。只要敌人放下武器，就不能杀他们，都应该懂得这是党的政策，谁都不能违犯。"

整个战斗于午夜结束，守城之敌被全歼，敌挺进第二纵队司令白映蟾被活捉。

9 月 19 日早饭后，陈赓召开干部会议，听取各部队作战情况及经验介绍。接着，他带领大家围城绕了一圈，边走边说："在军校学习，是进行沙盘作业，现在刚打过仗的真战场摆在这里，我们为什么不利用它呢？"

到了西城门，在被炸开的豁口面前，陈赓叫大家停下来，听楚大明的现场讲述。接着陈赓就在这里作了这次战斗小结，归纳了六条经验：一、先攻占城关，使攻城有依托；二、周密组织火力，用轻重机枪压制敌人火力点，掩护投弹组大量投掷手榴弹，造成火海，使敌人无还手之力；三、充分准备攻城器械；四、推广第二十团楚大明开辟新通道的经验，以减少自己的伤亡；五、入城后，突击连长和旅、团、营指挥员屁股后面，都要跟一部电话，以便随时进行联络；六、攻城战斗一定要掌握预备队，宁可有预备队用不上，也不要需用时没有而抓瞎。这种趁热打铁、实地总结的经验，是攻坚的ABC，使打惯了游击战的大家受益匪浅。

与此同时，友邻部队也先后攻克了襄垣、屯留、壶关、潞城等县城，消灭了上党阎军总兵力的1/3，只剩下长治市一座孤城了。该敌正日夜赶修城内外工事，企图作最后的挣扎。这时，刘、邓首长发出命令，要求各部队以“勇猛速决之作战夺取长治城。各部应于9月23日前深入侦察工作，24日22时开始攻城”。

刘、邓亲临太岳纵队指挥部，听取陈赓汇报，并把攻占长治市北关的任务交给太岳纵队。陈赓考虑：决一旅的第二十五和五十七两个团，在长子县攻城战中主要任务是打援，因为援兵未来而轮空，指战员求战心切。他就把夺取北关的任务给了决一旅。

长治是上党地区首府，城高壕深，城周围地形开阔，易守难攻。纵队部署：首先由决一旅攻占北关，而后协同友军攻城。北关是长治的屏障，是敌人防守的重点。攻占北关既是为攻城扫清外围主要障碍，也是为调动敌人出援，以便在野战中歼灭之。9月20日，李成芳带领各团团长到长治北关附近进行侦察，确定战斗部署后，当天趁夜暗，以勇猛迅速、出其不意的奔袭手段一举突入关内。

事前，陈赓认为：在长治东、西、南三关均未占领的情况下，北关争夺必然激烈，就特地向李成芳交代：“在敌人气势汹汹面前，我们一定不能软，稍一软，敌人的攻击就会更嚣张。”果然不出所料，北关的争夺非常激烈。第五十七团一营负责歼灭北星阁、石灰窑之敌。北星阁是北关连接关外的重要通道，是敌防守重点，有主碉、地碉、暗碉、外壕、地雷、铁丝网等较完善的防御设施。守敌为一个加强连。一连奉命攻占北星阁，激战一夜，未能攻克。三任连长先后牺牲……当时苏策随部队到北关，写过一篇通讯，报道第二十五团的一个连队在北关和敌人反复进行的《九公尺的争夺》。22日晨，西关也被决一旅攻克。

三、冲上老爷山

长治城被太岳纵队围得水泄不通。陈赓命令部队修筑交通壕，隐蔽接近长治城墙，准备在北关登城。此时，忽然下起瓢泼大雨，挖出来的交通壕变成了水沟，于是登城的准备不得不暂停下来，大家都非常着急。

当然，敌人更着急。长治守军为阎锡山的第十九军和地方反动武装11000多人。军长史泽波深感孤立无援，5个卫星城已全部失守，我军大军压境，孤城很难自保，于是不停地打电报向阎锡山求援。阎锡山并不死心，一面发电报给史泽波打气："上党必争，潞安（长治古称潞安府）必守，援军必到，叛军必败"；一面调集两个军和两个炮兵团，加上收编的伪军等杂牌部队，共 2 万余人，由第七集团军副总司令彭毓斌率领，从祁县的东观镇沿着白晋铁路南下增援长治。

由于沿路遭游击队、民兵的袭扰，道路又泥泞难走，加上群众的空舍清野，这股敌人食宿交困，士气低落。9 月 18 日出发，9 月底才到达沁县城，稍事逗留，继续前进，但道路却更难走了，沿途枪声不断，地雷轰鸣，游击队、民兵的频繁袭扰，使彭部非常惊慌。等他的前卫进抵襄垣县属的关上村时，遭到一支地方部队的攻击，彭毓斌急令停止前进，命令他的第八十三军占领关上村正面，第二十三军的两个师分别占领右翼的老爷山和左翼的磨盘垴两处高地，构筑工事，布置警戒。

刘伯承、邓小平开始以为这股敌人是 3 个师，后来发现有 8 个师的番号，就命令陈再道指挥的冀南纵队和地方武装等，伪装主力，继续包围和佯攻长治城。太行、太岳两个纵队掉头北上打援兵。

以陈锡联指挥的太行纵队等部队为右翼队，以陈赓指挥的太岳纵队等部队为左翼队。战士们都是从长治四关泥泞的工事中爬出来，穿着被雨淋湿的衣服，悄悄地向北出发了。秋夜的北风，吹在湿透了的衣服上，寒气刺骨，但勇士们个个摩拳擦掌，准备杀敌，早已忘记了寒冷。

与彭毓斌的援军接触后，经过几次交手，敌人据守老爷山和磨盘垴等高地，凭险构筑工事，恃其机枪多，炮兵强，进行顽抗。第三八六旅 10 月 2 日对老爷山发动攻击，取得了一些小的胜利，但由于敌兵力集中，火力较猛，部队未形成优势，攻击暂停。太行部队在关上、磨盘垴地区的攻击受阻，也暂停下来。

老爷山海拔 1264 米，比磨盘垴地势还要高。主峰上有一座小庙，居高临下，俯视着白晋公路，它与公路东面的磨盘垴相对峙，是长治地区唯一的险要地形。不过，已被敌人一个多师占领。

陈赓听说部队受阻，急忙带着指挥所赶到山下。阴雨连绵，山野荒芜，指挥所只能设在露天地上，附近仅有一块突出的山石，可容纳一人略避风雨，陈赓就在那块大石头下面开展工作，迅速和各部队联系，了解情况，然后又冒着风雨观察了老爷山及其周围地形。

这时，第二十团团长楚大明来了报告，说他通过审讯俘虏，向群众做调查，并冒着敌人炮火封锁到前沿观察，终于发现了一条被洪水冲刷下的沟，直通敌老爷庙阵地的侧后，他说："通向老爷山顶的秘密通道找到了。"他认为，这可能是敌人防守上的疏忽，如果从那里悄悄摸上去，一定可以把老爷山拿下来。

陈赓考虑再三，认为楚大明的意见有道理，如果真能利用那条水沟攀登到敌人侧背，然后拿下主峰东北方的高地，切断敌人的水源和补给线，这就会造成敌人的恐慌，为夺取老爷山创造条件。他放下望远镜，看着楚大明说："这样做是非常危险的，简直是在老虎嘴上拔毛。攀登时如果被敌人发觉，就会被逼进绝境；就是顺利上去，占领了那个高地，敌人为了生存，老爷山主峰和东北高地之敌会拼着命夹击你。你考虑过吗？”

“没问题。”楚大明信心十足地说，“我已经考虑过了。我们轻装部队秘密接敌，出其不意，占领山头，马上构筑工事，敌人要进攻，就叫它有来无回。司令员尽管放心。”

“好。”陈赓对这位性格爽朗、屡建奇功的虎将是非常信任的，他挥手说：“你们攀登时，我组织部队掩护，把敌人的注意力吸引开。”

10 月 3 日夜，陈赓命令第七七二团和士敏县独立团等部队在正面发起猛攻，把敌人的注意力吸引过来。楚大明亲自率领第三营，在屯留县茶棚村民兵王玉莲的引导下，利用夜暗，从隐蔽而陡峭的沟壑里，出其不意地摸到敌人主阵地背后。敌人做梦也没想到我军会有这么一手，当先头的连队摸到敌师部跟前时，敌人才发觉，但为时已晚。敌人拼命反扑均被击退。敌暂编第四十七师与其主力的联系被切断，又被断水绝粮，陷于孤立无援的境地，引起了极大的恐慌。在第三八六旅山上山下两面夹击下，敌死伤惨重，遂于 4 日晨放弃了老爷山阵地，向东北方向溃逃了。老爷山被第三八六旅占领，整个战局发生了变化。陈赓立即电话告诉楚大明，赶紧派人搜索敌人尸体上的子弹，补充自己。

第三八六旅指挥所搬上了老爷山。刘忠和楚大明站在制高点上向东观察：磨盘垴那里炮声隆隆，机枪和手榴弹声音非常激烈，磨盘垴一带被硝烟遮得时隐时现，陈锡联指挥的太行纵队正在与敌人酣战。他们从望远镜里观察敌人，楚大明叫了起来：“他娘的，怎么搞的？”他和刘忠都发现，敌人沿着公路向南运动，似乎是去增援磨盘垴的样子，但是在东北方向，有一小股敌人掩护行李担子先由东而后转向北走，太阳照射在他们背的洋油桶上发出条条闪光。“奇怪！大队向南，为什么有小队行李反而向北走？敌人在耍什么花招？”刘忠和楚大明反复思考后，立即派侦察员下山去北面查明情况，一面迅速向陈赓报告：敌人“佯南而实北”，可能从这 3 天战斗看来，敌人无力再向长治前进，解救不了史泽波，怕把自己也葬送掉。陈赓反问：“有什么根据？”刘忠说：“我和楚大明亲自观察到敌人的行李向北转移。”

陈赓说：“你把情况确实弄清楚，我马上到你那里去。”

下午 5 时，陈赓和副司令员王近山及参谋人员一块上山来。陈赓见了楚大明高兴地说：“大明同志，夺取这座山，你们团打得好呀！”楚大明还要说谦虚话，陈赓加重语气说：“不要客气了，你指挥的这一仗确实打得好。你和刘忠同志，观察到敌人什么情况？”

刘忠将敌人动向一一指给陈赓、王近山看。不一会儿，侦察员回来报告说：确实是小股敌人掩护着行李担子向北走。

陈赓听了情况汇报后，用望远镜观察了一阵，果然敌人大多朝向北面，而牲口屁股大多朝南，说明它们的头也是朝向北的。

陈赓陷入沉思。因为上级已经来了命令，叫太岳纵队去支援太行纵队夺取磨盘垴，现在突然发现了敌人的新情况，由于电话线长度不够，和上级无法及时联系。要不要改变领导部署？该不该改变？有没有把握？如果没有十分把握，不敢负责，万一敌人逃跑，失去战机……那当然和自己没有关系，自己没有任何责任，但对革命的损失就太大了。作为一个真诚的共产党员，一员名将，一个老布尔什维克，他不能瞻前顾后，犹豫不决。

其实，经过几天战斗，国民党暂编第四十七师伤亡过半，老爷山、磨盘垴的守军，受到太岳、太行纵队猛烈进攻，伤亡枕藉，无力支持，连关上村敌总指挥部所在地也受到了游击队的威胁……彭毓斌的南援决心动摇，连电阎锡山再派部队增援他。阎锡山命令驻沁县的省防第三军前往增援，而这些部队都是汉奸部队改编的，彭毓斌根本不相信他们有什么战斗力。

陈赓拿着望远镜，仔细看了好长时间，全神贯注，大约经过 20 分钟思考，下了决心，说："刘忠同志，根据情况判断，敌人确实想掉头逃走，已经在运动了。磨盘垴守敌未动，是在麻痹我们。你的部队改变总攻磨盘垴的任务，立刻向北追击。楚大明同志，你的二十团要跑在最前面，在敌人行进的公路左侧北进，沿途不许打敌人、捉俘虏、发'洋财'（指缴获武器、物资）。你们的任务，就是赶到敌人前头，切断敌人退路，迫使他停滞在虒亭镇以南地区，以便围歼。"

王近山说："敌人先头部队，可能已经走出 20 里了。我们走山路，要在明天拂晓赶到敌人前面。现在必须抓紧时间，别搞层层动员了，赶快带部队跑。"

"对，立刻行动！"陈赓说，"只对战士说，敌人逃跑啦，我们只要跑到敌人前面就是胜利！"

当时，整个部队在运动中，太岳纵队指挥部与刘、邓首长指挥部的电话线还没有架通。由于敌情突然变化，陈赓为了不失掉战机，自作主张改变了部署。部队行动后，他派侦察科长彭克，跑步去太行纵队指挥所，用陈锡联的电话向刘、邓首长报告情况及自己的做法。

陈赓见第三八六旅的部队出发了，立即打电话给李成芳旅长，命令他带部队跑步来接受任务。此时，为了迟滞敌人逃跑行动，陈赓打电话给炮兵，命令他们向敌群打几发炮弹，弹着点也是他亲自指定的。在老爷山上看得很清楚，每发炮弹落地，敌人都四散逃命，等敌人重新把队形整理好，要用很长时间。

很快，李成芳满头大汗跑来，陈赓对他说："敌人已经开始逃跑，太行部队被磨盘垴山头挡住，不可能早于我们发现这个情况。我已经派刘忠、楚大明去追了。"陈赓指着地图说："你现在赶快带决一旅沿公路西侧抄小路，向虒亭镇方向急进，跑到前面去堵住敌人。决不许中途出击。我们要有全局观念，只有把敌人堵住，才能全歼敌人，让太行部队去抓俘虏、发'洋财'。你现在就带部队走，我来替你做动员工作。”

李旅长一走，作战科长王亭兰和通信科长戴其萼都想跟着部队去追击敌人。陈赓叹了口气说：“我的伤腿不争气，要不我也想去哩。算了，你们俩就留下来陪着我做动员工作吧！这也是必不可少的。必须叫部队知道这次阻击行动的意图，不要为了捞一把而中途耽搁时间，打乱了整个部署，叫敌人溜掉。”

说罢，他就来到行进部队的路边，挥着手弯着腰对部队大声喊：“同志们！跑到敌人前面就是胜利！没有旅长命令，谁也不准出击，不准抓俘虏！”

这时，刘伯承、邓小平指挥部来了一位副处长，检查太岳纵队总攻磨盘垴的准备情况。陈赓当即告诉他敌情的变化和太岳部队的部署，请他回去速向刘、邓首长报告。那人走了之后，他强忍着伤腿的疼痛，继续站在山坡上向部队做动员工作，直至苍茫暮色吞食了所有部队的身影为止。

参谋们看他很累了，借来一块门板，在小庙里给他搭了一个铺，叫他休息。但是，他躺在铺上翻来覆去睡不着，低声自言自语着：“部队现在到了什么地方啦？”“他们能赶到敌人前面吗？”最后终于忍耐不住，坐起来大声问：“喂，同志们，你们说咱们的部队有跑到敌人前面的把握吗？”

大家知道，他不是不相信自己的部队，而是关心他们。敌人走公路，部队走山间小路，还要赶到敌人前面把它堵住，实在是太辛苦了。

大家七嘴八舌地回答他：“敌人是原地向后转，炮兵、辎重、后勤走在前面，没法子走快。我们部队是轻装一路小跑，当然没有问题啦。”

陈赓点头说：“对，我相信我们部队一定能跑到敌人前面去。”很明显，他刚才的询问是为了证实一下自己的判断：“只要我们占领了有利阵地，敌人绝对冲不过去。确实，敌人要把战斗部队调到前面，由行军队形变成战斗队形，需要不少时间。这样，我们部队不但能赶到，还可以做好防御工事，构成火力网，然后居高临下，以逸待劳，敌人就只有被歼灭的命运了。”

过了一会儿，他又说：“今后作战，通信联络很重要。这次我们没有架通与刘、邓首长的电话，是一个大缺点。当然了，不是你们通信人员不尽力，而是因为没有那么多电线。但是不管什么原因，就指挥战争的需要看，这个问题今后非解决不可。”

陈赓在铺上想着说着，实际是在总结这次作战的经验教训：“今后要以运动战为主了。战略方针的这一转变，我们司令部的工作也要随之转变。组织一定要精干，工作效率要高，要面向部队，面向战争。司令部的威信只能靠工作成绩来树立，而不能靠行政命令。”

“阻击战伤亡大，战果小。但是不首先把敌人堵住，就不可能全歼它。唉，毕竟离开部队两年了，总有点儿担心。”他从铺上坐起来，“嗨，算了，不睡了！咱们出去走走吧。”他就这样又度过了一个不眠之夜。

晨曦出现在夜空。陈赓再也忍耐不住了，带领指挥所的人员，沿着部队前进的小路向前走去。

四、活捉史泽波

陈赓指着地图说："要全歼逃敌，我们部队必须先敌到达土落村。"

土落村位于漳河西岸，距虒亭镇五六公里，村子不大，地理位置重要。

1945 年 10 月 4 日下午，刘忠和楚大明率领第二十团下了老爷山，沿着白晋公路西侧的山间小路向北疾进。

秋雨乍停，道路泥泞，黑夜行军，人不歇脚，马不停蹄，几乎是一路小跑，和公路上行进的敌人竞赛，看谁能跑在前头。部队已经打了半个多月的仗，十分疲劳，但在"堵住敌人就是胜利"的战斗口号鼓舞下，干部战士热情极高，脚走肿了，鞋走破了，没有人皱一下眉头。忽然，面前出现了一条河，没有桥，水流很急，山地的深秋又非常冷……干部犹豫了，部队在河边停了下来。这是为什么？楚大明急了，跑到前面去看，挥着大手喊起来："同志们！快跟我来！"自己"扑通"一声跳进水中徒涉过了河。大家看到团长这么干，还有什么说的，都"扑通""扑通"跳到水中，跟着团长徒涉过河。然后又跑了三个多小时，赶了 40 多里山路，当夜 10 点，终于超过敌人，来到土落村。这一带是太岳区老根据地，楚大明从群众口中得知，已经有 100 多敌人骑兵，已先渡过漳河，向沁县城跑去。为不使后面的敌人再跑过去，楚大明立即命令二、三营占领土落村制高点，截断公路，组织防御；命令第一营北渡漳河，构筑工事，控制北岸高地，进行堵击。

楚大明对大家说："现在敌人已经被装进了口袋，我们这里是口袋底，千万斤的重量，都要压在这里。一定要把工事修得好好的，口袋里装得再重，也不能漏掉一粒沙子。"话音未落，敌人的尖兵部队就冲了上来，首先是伪军改编的省防军，戴着钢盔，端着上了刺刀的日本步枪冲上来，连续两次被第二十团击退，第一营毙敌 600 余人，尸体堆积如山，把河水都堵了起来，清漳河变成了血水河。激战到天明，堵住了敌人逃路，但一营荀营长在指挥战斗时腹部中弹英勇牺牲。这时，第七七二团、第二十五团和士敏县独立团陆续赶到，纷纷进入阵地，构成了真正的大"口袋"。

第二天清晨，东方刚刚泛白，敌人的大队来了，进入了预设的"口袋"，几个团的迫击炮、机枪、步枪一齐发射，敌人顿时大乱，特别是走在前面的机关、后勤人员胡窜乱跑，相互践踏，死伤遍地。敌立即调整兵力，拉上来一个师，集中 20 多门山炮，对着太岳纵队的阵地狂轰滥炸，反复冲锋，妄图突围。第二十团在楚大明指挥下，团机关干部、直属连队和卫生队都投入战斗。机枪、步枪、手榴弹一齐向敌人倾泻过去，敌人像被割倒的禾草似的，一片片、一批批地倒下去，前面的敌人趴在地上不敢动，后面的敌人拥挤着，像是热锅上的蚂蚁，乱作一团。这时，楚大明亲自带领第二营从左翼向敌人实施反冲击，第三营田营长带领七、八两个连由左翼向敌人实施勇猛反击，打乱了敌人建制，阵地上敌尸堆积如山。第二十团就是一道铜墙铁壁，敌人一步也不能逾越。

傍晚，太行、太岳、冀南各路大军，从东、西、南三面围上来，猛烈冲击、穿插，敌溃不成军，纷纷缴械投降。

陈赓带着指挥所人员走下老爷山，天已大亮，踏着露水覆盖的山路向前线走去。不一会儿，见到太岳一分区的训练参谋尚思光走来，陈赓急忙问："部队作战情况怎么样？"得到的却是一个失望的回答："我不清楚。"

陈赓气了，严厉问道："你在旅部，怎么不了解作战情况？"

尚思光说："我现在在分区，是来带领民兵和地方武装配合主力袭扰敌人的。"

"那好。"陈赓说，"你就立即组织民兵好好打扫战场，掩埋敌人尸体，搜索敌兵，收容伤兵，收集武器弹药。"

尚思光敬礼后急忙走了。看着他的背影，陈赓又自责起来："啊，他从分区100多里地跑来，组织和指挥民兵、地方武装，我以为他还在决一旅旅部工作哩。没有表扬他，反而批评了他，真是……"

陈赓到了决一旅阵地，看见缴获的一群山炮很高兴，马上叫参谋去仔细查看，自己向李旅长指挥所走去。他到了指挥所，急忙和部队通电话了解情况，布置任务。其实，这里离战场很近，枪炮声听得很清楚，不时还有冷枪冷炮飞过来。

此时，前方战斗正酣。彭毓斌在乱军中下马逃命，不久被击毙。

战斗于10月6日9时胜利结束，阎锡山的8个师2万余人的援兵全军覆没。解放军俘虏了敌副总指挥兼炮兵司令胡三余、暂编第四十九师师长张宏、暂编第四十六师师长郭溶、第六十六师师长李佩膺等高级将领。

侦察科长彭克和胡三余谈话，问他被俘后有何感想？胡三余叹气说："已经到了这般地步，还有什么感想？听从贵军发落吧！"他垂头丧气，不愿多说话。

陈赓听彭克汇报后笑了："你这不是同俘虏谈话的办法。不能首先叫他谈感想什么的，要先交代党的政策……你把他带来我谈。"

胡三余曾在日本炮兵学校学习过，懂得炮兵的理论和技术。陈赓耐心地向他交代了俘虏政策，还告诉他可以用他的技术为人民、为解放战争服务。胡三余对于共产党不仅不杀他，还要用他的技术，表现很激动，感到前途有了希望，不再垂头丧气了。

战斗结束后，指挥所设在一个小村里。这时，通信部队赶来了，立即和太行部队架通了电话。陈赓马上通过他们的总机向刘、邓首长报告了战况和缴获。

刘伯承说："你们的战果很大，分一部分山炮给太行和冀南部队吧！"

"坚决执行。"陈赓爽朗回答，"师长，请太行、冀南部队马上派人来取吧。"

他还是习惯使用抗日战争中对老首长的称谓。

“马上给我接李成芳。”刚结束与刘伯承司令员的通话，他又让接转别的电话。接通后，他用亲切的口吻说：“成芳吗？刘、邓首长指示我们，分一部分炮和牲口给太行、冀南部队，你们准备一下移交吧！”放下电话，他高兴地和参谋说：“我本来还想向李旅长多说几句，解释解释，开导开导，可是他还没等我说完，就表示坚决执行。”他对李旅长的顾全大局很赞赏。

傍晚，他对通信科长戴其萼说：“这几天，电话员太疲劳了，夜间守总机会打瞌睡，误事，我想还是你亲自去守守吧。现在消灭了这股敌人，孤悬在长治的史泽波，只有逃跑的一条路，并且只能从我们太岳区向西跑，回阎锡山的老巢。很明确，应该由我们部队去追击。所以，我们要做准备。你要注意听消息。”

接着，他又和刘忠、李成芳两位旅长通了话，了解部队伤亡情况，要求他们派小分队打扫战场、转送俘虏、后运伤员外，要迅速集结部队，休息待命，准备阻击阎锡山自北面再派来的援兵，追歼可能自长治逃跑之敌。

一切布置停当，他放心了，叫接通太行纵队陈锡联司令员的电话，说：“想聊聊天。”

接通了，陈赓笑着问：“你们打磨盘垴很吃了点儿苦，但是追击得了手。喂，你们发了‘洋财’吧？缴获了些什么？”

陈锡联讲了一些数字，特别强调缴获了一百几十万发子弹的事。

陈赓高兴地说：“那太好了，这么多子弹，够打两个上党战役用了。”

“打磨盘垴所以屡攻不下，就是缺乏弹药。”陈锡联回答，“每个战士只有几发子弹；机枪也缺乏子弹，无法进行很好的掩护；进攻山头，接近不了敌人，手榴弹又投不到。当时要有 20 万发子弹，早攻下来了。”

一阵爽朗的笑声结束了友好的谈话。陈赓不吸烟，不喝酒，不会打牌，不会跳舞，这种舒心的谈话就是他最好的休息。午夜后，指挥部里再没有听到陈赓的声音。大概他没有什么放不下心的事了，也太疲劳了，能安安心心地睡个好觉。

不出陈赓所料，长治守敌引颈相望的援军被歼，史泽波和他守城的第十九军成了惊弓之鸟。不久前，阎锡山派出援军后，曾发电报给他们说：“援军必到，叛军必败。”高调的话语曾使他们高兴了一阵子，但现实是，阎锡山的许诺成了梦呓，史泽波不得不回答阎锡山：“困守孤城，难以持久。”便于 10 月 8 日夜，趁着滂沱大雨，率所部 12000 余人，弃城沿着来路向西逃窜，企图通过太岳解放区回到同蒲铁路线的老巢去。

10 月 9 日凌晨，总机上传来陈锡联的电话，转达了刘伯承、邓小平的命令：太岳部队立即出发，到沁河东岸的东、西峪一带截击长治逃敌。

陈赓分析说：“今年 8 月史泽波和他的部队，趁我们太岳区主力部队在北面的平遥县等地作战，大摇大摆地经过太岳区南部去抢占了长治等地。时隔两个月，形势发生巨变，现在他们已经成了丧家之犬，还想经过我们太岳区南部回老巢，那是梦想。我们部队只要能赶到他的前面，就能歼灭他们。”

陈赓看着军用地图用手量着说：“从我们这一带到东、西峪，路途有 200 多里地哩。”根据部队作战已十分疲劳，加上敌人拼死拼活地逃命等情况，他说：“如果能在东、西峪堵住敌人当然好，如果赶不到，可以再向西南一点儿，插到佛庙岭一带去截击他们。”他回头对参谋说：“马上通知太岳军区，立即组织那一带的地方武装和民兵，沿途阻击、袭扰、迟滞敌人前进。”

从地图上看，这段路不太远，但大小山峰，羊肠小道，弯曲难行，半天爬不完一个山岭，要在 3 天之内超越并堵歼敌人，对连续作战半月之久的部队，不能说没有困难。

部队明确任务后，精神抖擞，信心百倍，趁着月色直向西南方向疾进，连续三天三夜，爬山十几座，涉水数十次。不宿营，不做饭，吃干粮，喝冷水；脚走肿了，腿划破了，谁也不叫苦。在“克服困难，不怕疲劳，追上敌人就是胜利”的口号鼓舞下，日夜兼程前进。

部队以最快速度赶到东、西峪，果然敌人已经过去。于是毫不犹豫地按照陈赓指示，继续进行超越敌人的追击。10 月 11 日，第七七二团进抵沁河边，此时敌人尚未到达，该团即命 3 个连过河，抢先占领佛庙岭。中午，沿途受到民兵游击队不断阻击、袭扰的敌人刚到达，即遭到该团迎头痛击。接着第二十团和决一旅部队赶到，对敌进行包围，把它压缩在桃川地区，敌已饥疲不堪，士无斗志。12 日下午 3 时，太岳纵队发起总攻，3 小时激战，战斗胜利结束。

此战，除国民党 2000 余的先头部队向襄汾方向逃脱外，其余人马全部被歼。第十九军军长史泽波被决一旅第五十七团活捉，暂编第三十七师师长杨文彩和第六十八师师长郭天辛等都当了俘虏。此役，太岳部队俘敌 14000 余人。

历时 30 多天的上党战役胜利结束，阎锡山的 13 个师，3.8 万多人全军覆没。经过此战，阎锡山多年不打日军培植起来的“精锐”部队受到很大损失，当时有人讥讽阎锡山说：“上党一战，损失一半。”

陈赓在太岳纵队上党战役总结会上讲了四个问题：（1）毛主席重庆谈判前说：“只有打得好，才能谈得好；你们打得越好，我就越回来快。”由于刘、邓首长坚决贯彻毛主席的指示，消灭上党之敌，除去了心头之患。上级指挥得好，指战员英勇，我们任务才完成得好；（2）这次是运用了毛泽东的战略思想，才大量歼灭了敌人，补充了兵员和武器弹药，提高了战斗力。过去我们只有 3 门山炮，今后要成立山炮连了。蒋介石、阎锡山确实是运输大队长；（3）通过攻坚战，给我们极大的考验，又有追击敌人，堵截敌人。我们是边战边练，战练结合，使战斗力大大提高；（4）这次取得土工作业及爆破等经验，对今后攻坚很有价值。毛主席说“农村包围城市，最后夺取城市”，这次就是实践。我们要深刻理解。

其实，还有一点很重要，只是陈赓没有讲就是了。他在上党战役中，曾有两次机断专行：一是上级命他攻打磨盘垴，还派人下来督促检查。他却命令部队不去打磨盘垴，而是去敌军退路上堵截；二是上级命令他的部队在东、西峪堵击长治逃敌，他却认为到佛庙岭才能堵截到。这并非上级不高明，而是由于陈赓在前线更了解变动着的情况。如果他怕负责任，以“照章办事”的态度对待上级的指示，而不敢根据变化了的敌情调整部队作战任务，那么彭毓斌早跑了，史泽波也捉不住。古语说：“将在外，君命有所不受者胜；真将军也。”这话并不是鼓励军人不去听从上级的指挥，而是鼓励兵家要按照战争的实际情况去指挥作战。而陈赓就是这样的“真将军”。

第十五章　谈判桌上的斗争

一、两下同蒲

上党战役结束后，部队进行整编。太岳纵队脱离军区，成为野战军，正式命名为晋冀鲁豫军区第四纵队，陈赓任司令员。王新亭改任太岳军区司令员。

在上党战役最后阶段，太岳纵队追歼长治逃敌时，国民党胡宗南的第三军进入山西省南部，然后沿同蒲铁路线北上。阻击这股国民党军已不可能。10月19日，毛泽东电告陈赓："太岳纵队应向（同蒲铁路线上的）洪洞、灵石、介休（等县）段东侧地区荫蔽集结，积极准备战场，坚决歼灭第七师或一六七师。如该师不北上时，则占领临汾至介休段同蒲路，发动群众，创造战场。"

为了摸清同蒲铁路线上的敌情，陈赓派侦察科长彭克前往侦察，他不幸在侦察途中遭南堡据点之敌的袭击而牺牲，侦察员抢回了他的尸体。陈赓很难过地安排了他的后事，立即发报向太岳军区要史丁文来接替彭克的工作。

当时史丁文在太岳军区司令部当参谋，以勇敢机智著称。1943年10月，陈赓率部队跳出日军"铁磙"扫荡，转到外线作战时，派史丁文前行探路，他只身带狼犬阿来虚张声势，竟然拦截了数百伪军，为陈赓指挥部队俘虏70余人创造了条件。战后，陈赓奖励了他的勇敢，但也批评他不该"一个人打冲锋，蛮干"，戏称他是"拼命三郎"。

史丁文接到命令，星夜赶来，他一到，陈赓立即向他和侦察员们下达了任务："彭科长牺牲了，大家都很难过，我们一定要好好了解敌情，打好同蒲战役，多消灭敌人，为彭科长报仇！"很快，史丁文带领侦察员完成了对同蒲铁路线敌情的侦察任务。

在掌握了敌情之后，陈赓立即组织第十三旅进攻南堡，抢占什茨、南关等车站，命第十旅和第十一旅相机攻占铁路线上的赵城、霍县等县城，引诱阎锡山部队出动，在运动中歼灭之。

为了给彭克报仇，争取攻击南堡之敌的胜利，陈赓亲临第十三旅指挥所。

这里距敌阵地很近，陈赓刚走进院子，敌碉堡就射出了猛烈火力，险些打中他。第十三旅在陈赓和旅长陈康的指挥下，迅速拿下了这个据点。

纵队司令部进驻南堡后，人们发现被俘的敌大队长身上背的正是彭克生前使用的望远镜和手枪。经了解，他就是那次伏击的指挥者。当时彭克受伤倒在地上，是他赶来补了一枪打死的。这个情况顿使大家义愤填膺。

史丁文立即跑去找陈赓："司令员，请把这个大队长交给我，我要亲手枪毙他，给彭科长报仇！"

"情况我知道了。"陈赓说，"但是不能杀俘虏。这是党中央、毛主席制定的政策，谁也没有权力违犯。"

史丁文争辩着："司令员，你不是动员我们打好同蒲战役，多消灭敌人，为彭科长报仇吗？为什么抓住了凶手，你却不让我们枪毙呢？"

"我们应该在战场上消灭那些不放下武器的敌人，为彭科长报仇。"陈赓耐心地解释着，"而不能去杀害放下武器的俘虏。你不仅自己应该想通，还应当向侦察员作解释工作。"

"侦察员把刀都磨好了！"

陈赓瞪起了眼睛："你把党的优待俘虏政策看成什么啦！我都不敢杀俘虏，你敢杀？不守纪律！"

史丁文不敢再争了。第十一旅要攻打霍县城，急需他去工作，他就赶到旅里去了。

时过不久，几个老侦察员也来向陈赓请求，允许他们枪毙那个大队长。

陈赓又耐心地向他们作了解释，等他们走后，却生气地说："史丁文身为科长，我叫他去进行说服解释工作，他却动员侦察员来请愿。侦察员的心情可以理解，干部不做思想工作就不应该！"

作战科长王亭兰说："不一定是他鼓动的吧？"

陈赓胡子撅起："那为什么侦察员说的理由和他说的一样呢？这事必须严肃处理。"

后来证实侦察员来请愿并不是史丁文鼓动的，问题才了结。但这件事对整个司令部震动很大，因为陈赓一直很钟爱史丁文，可是在原则问题上，他却丝毫不含糊。

部队很顺利地占领了铁路线上的南关、什茨车站和赵城县城，控制铁路 50 余公里，共歼阎锡山部队 3000 余人，阻止了胡宗南部队的北进。由于发现霍县之敌守备力量较强，为了避免部队伤亡，陈赓决定暂不攻取，另选战场，再寻战机。

陈赓对他的决策作了说明："在我们火力不强、兵力不足的情况下，野战比攻坚战果大、伤亡小。上党战役如果我们硬攻长治城，当然能攻下来，但伤亡不会少。刘、邓首长采取围城打援的办法，于野战中歼灭援兵，孤立守城之敌，迫其弃城而逃，才以小的伤亡换取了大的胜利。作为指挥员，这个算盘珠子不拨不行啊！”

为了拨好“算盘珠子”，他十分注意整个战局的发展和搜集情报工作。在一般情况下，他都坚持每天收听延安新华广播电台及重庆国民党电台的广播，从中领略中央意图，分析判断敌人动态。实在抽不出身来，就叫参谋记录下来以后给他看。

这时传来了平汉战役胜利的消息：刘、邓首长指挥部队，歼灭了自河南省郑州、新乡等地沿平、汉铁路线向北进攻解放区的国民党军主力：第三十军和第四十军各一部，俘虏国民党第十一战区副司令长官兼第四十军军长马法五以下 2.3 万余人；争取了国民党第十一战区副司令长官高树勋率该军及一个纵队万余人战场起义，彻底粉碎了敌人的进攻。

陈赓听到消息后，兴高采烈，亲自向部队和当地群众作宣传。他说：“日本强盗投降后，刘、邓首长指挥我军取得了上党战役和平汉战役的胜利，创造了我党建军以来取得的最大胜利战果。原因很多，我认为最关键的一条，就是他们敢于集中优势兵力，选择有利战场，于运动中歼敌。现在对付蒋介石，同抗日战争中打日军时已发生了战略方针上的变化，要以运动战为主了。”

1945 年 11 月初，中央军委电令陈赓率第四纵队第十旅和第十三旅开赴东北作战；第十一旅和豫北第二十三旅、太岳军区独立旅另组第八纵队坚持太岳区斗争。第八纵队司令员为谢富治。

在进行分编过程中，陈赓决定不争干部不争兵，整个司令部只准带走 20 人左右。他很喜爱侦察科长史丁文，很想把他带走，当了解到第八纵队也想要他时，就主动提出史丁文留第八纵队工作。

整编后，中央军委又电令陈赓部队不去东北，和第八纵队合并为第四纵队，陈赓为司令员，谢富治为政委。部队仍留在太岳区作战。

12 月中旬，第十旅副旅长楚大明率第二十九团一个营袭击敌人小贾村据点，缴获物资很多。楚大明为扩大战果，彻底吞掉这块“肥肉”，请求纵队派部队支援，但援军尚未到达，阎锡山第六集团军司令王靖国派来一个师，把楚大明和他的营包围起来。由于寡不敌众，楚大明边打边退，到了两个大院子里，已无法和纵队联系了。很多人担心，楚大明是一员猛将，被围后如果急于突围，危险性更大，反而有全营被歼的危险。

陈赓刚从晋冀鲁豫军区开会回来，一下马就听见大家的议论。他说：“二十团（是第二十九团抗日战争时的番号）过去多年在平原作战，经常在日军群中周旋，被包围和反包围是他们的家常便饭。阎老西（阎锡山）的部队要消灭他谈何容易！楚大明作战勇敢，但和张飞一样粗中有细，他带头冲锋多是在进攻中，现在身陷重围，他懂得不能轻易暴露自己，胡乱出击的。目前村里还有枪声，说明部队还在，赶快派部队前去解围还来得及。”

果然，楚大明指挥部队在院中坚守待援，等第十旅主力赶来把敌人打退，楚大明带着部队安全返回。纵队党委决定嘉奖他们。陈赓和楚大明作了长时间的交谈，称赞他在敌人重围中“指挥若定，稳如泰山”，并总结他们这次作战经验，向部队推广。

这时的陈赓已经不像上党战役开始时，由于自己离开两年而对部队那样担心了。经过那次大战的考验，觉得部队和他过去所熟悉的一样，完全可以信赖。

二、曲沃停战

陈赓挥师南下，1945 年 12 月 28 日攻克翼城县城。这一带是个盆地，相当富庶，当地民谣说：“金襄陵，银太平（即新绛县），数了曲沃，数翼城。”

翼城守敌仅千余人，工事也不如长子城坚固，攻击开始，火力准备，部队一个冲锋就登上城头。李成芳旅长也激动地跟随突击部队冲进城去。陈赓得到报告后，立即指出：“赶快告诉他们，这种精神是好的，但做法不可取，作为一个旅长，不能随突击部队冲锋！”

攻克翼城后，陈赓指挥第十一旅，于 1946 年 1 月 9 日攻占同蒲铁路上的重镇侯马及附近地区，控制了一段铁路线。接着派第十一旅和第十三旅一个团围攻曲沃县城。

曲沃城墙高三丈有余，外壕既宽又深，守敌指挥官是阎锡山的专员续济川。此人反动透顶，抗日战争时期，他就曾勾结日军进攻袭扰我抗日根据地，屠杀我军民。日军投降后，他又收编了一些伪军，把部队扩充到几千人，据城与我顽抗。

陈赓将指挥部设在曲沃城东北之东凝村。令一部佯攻北关，由第十旅主攻西关，并在南关设伏，准备歼灭弃城逃跑之敌。完成部署后，1 月 11 日发起总攻，受挫；12 日，部队在充分准备的情况下，发起第二次攻击。楚大明副旅长把 4 门山炮排列在西关大街上，对城门楼实施抵近射击。在猛烈轰击下，城门上左右炮楼被摧垮，城墙也被打成了个斜坡。23 时，部队奋勇冲杀，一举登上城头，突破敌人前沿，遇到敌人顽强抵抗，第二十八、二十九团部队并肩战斗，勇猛突击，击退敌人多次反扑，毙伤敌数百人。正准备向纵深发展，参谋处长李懋之拿着周恩来亲自签署的电报赶来交给陈赓，大意是：停战协定 13 日零时生效，要求各战区作战部队必须顾全大局，按时撤出战斗。

在场的人员此时都看着陈赓。战前，他曾指示周希汉：一定攻入城内，击毙续济川，为民除害。因此，希望他决定打完这一仗再停。

看过电报之后，陈赓说：“恩来同志很少以个人名义发电报，这次亲自署名，可见事关重大，我们不能为了这个曲沃县城违抗中央命令。”他立即找几个领导人商量，当即做出撤出战斗的决定。此前，纵队副司令员韩钧正在去曲沃城西关的途中，为了让他知道中央的决定，陈赓特派队列科副科长张志丰跑步前去追赶。张副科长累得吐了血，追回韩副司令员，圆满地完成了任务。

接着，陈赓亲自给周希汉打电话传达中共中央的决定。

“这次攻城，部队付出了很大代价，好不容易占领了西门，继续向城内纵深发展比较容易，现在撤下来会影响士气，我要求继续战斗，超过不了多少时间即可全歼敌人。”置身于硝烟弥漫战场上的周希汉，希望攻占曲沃城后再停战。

“这是中央的命令，晋冀鲁豫中央局刚刚也来了电报。还是按时撤出战斗吧！”陈赓十分理解周旅长的心情，坚定的语气中带着温和。

不一会儿，周旅长又打来电话：“我们命令登城部队撤出战斗，战士们哭了，不愿撤，说愿意死在城门上。”

“你们动员战士下来，我马上去你们旅做解释工作。”陈赓也哽咽了。

13 日零时，停战协定生效。陈赓派侦察科副科长程甲锐去与曲沃的续济川谈判，调第十旅至曲村镇休整。他到达曲村，表扬了第十旅指战员的英勇顽强，并进行了耐心的解释工作。这时，周旅长两眼含泪在无声饮泣，政委刘忠实也忍耐不住而泪流满面。第十旅是由老红军部队发展起来的百战百胜的英雄部队，这次却未能歼灭曲沃之敌，半途而废，他们觉得是莫大的憾事。

前面说过，蒋介石为了把他大后方的几百万军队运到前线来，需要时间才能办到，所以在中国共产党的强烈要求下签订了《双十协定》。接着在中国共产党和全国人民企盼和平的压力下，经过尖锐斗争，于 1946 年 1 月 10 日，又由国民党政府和中共中央同时颁布了“停战令”，1 月 13 日双方停战。在共产党和人民方面，是反对内战、主张和平的诚意表现，是中共坚持为和平而奋斗的结果；在国民党方面，则是在美国政府指使下，为大规模调动部队赢得时间，也怕共军连连胜利，失地太多而不得不施放的“和平”烟幕。

中共军队坚决执行停战协定，把到手的胜利放弃了，但是军阀阎锡山却不停战。因为，蒋介石在下达停战令的同时，还命令其军队趁机“抢占战略要点”。所以阎锡山于 1 月 14 日命令其第七十二师进犯蒙城，1 月 19 日又派其第三十四军进犯侯马。

陈赓立即向阎军发出警告：“如不后撤，我军将被迫还击，勿谓言之不预也！”

阎军误以为中共示弱，仍继续进犯。

“好吧！来而不往非礼也！”陈赓气得拍桌子说，“撤出曲沃战斗，我做解释工作，说得口干舌燥，有的同志还没有转过弯来。现在阎老西送上门来，不坚决反击，不能教训他，也愧对曲沃战死的烈士！”

1 月 23 日，陈赓指挥 3 个主力旅全线出击，于城东西高村地区全歼敌第七十二师及另一个师的两个团，共 5000 余人，俘敌师长、参谋长以下 3000 人，迫敌向临汾逃窜。陈赓指挥部队追击到 1 月 13 日零时的位置即自行停止。

陈赓据此谆谆教育部队：“蒋介石、阎锡山是不会真心要和平的，他们随时都有可能向我们进攻，我们部队必须加紧战备和训练，随时准备痛歼来犯之敌！”

果然，5月份，阎锡山又出动2万余人向第四纵队进攻，陈赓指挥部队坚决还击，收复了绛县、闻喜两座县城。

三、临汾谈判

1946年1月10日，中共代表周恩来和国民党政府代表张群，签署了《关于停止国内军事冲突、恢复交通的命令和声明》《关于停止国内军事冲突的协议》[①]后又达成建立军事调处执行部的协议。该协议规定：军事调处执行部设委员3人，其中1人代表中国国民政府，1人代表中国共产党，1人代表美国，由美国代表担任主席。

1月11日，北平军事调处执行部成立，由国民政府代表郑介民、中共代表叶剑英、美国驻华代办罗伯逊组成。其任务是执行停战、恢复交通、遣送日本军民回国及整编中国陆军。为了实施“派往发生冲突的地区或遭受冲突威胁的地区，以停止或阻止战争”的任务，军调部先后建立了36个执行小组，小组成员亦由三方代表组成，美方代表为主任，分赴各地执行任务。

山西省临汾小组建立时，陈赓被任命为中共方面代表。

美国政府派他的五星上将马歇尔及一些军政官员来“调处”中国内战，他们却明显偏袒国民党一方；加之国民党军队不断挑起战争，恶化国共两党关系，反映到执行部及执行小组中来，就更增大了中共争取国内和平的困难。尽管如此，中国共产党指示参加谈判的人员，尽最大努力恪守诺言。

陈赓接到指示后，迅速组成了一个包括纵队副司令员韩钧、中共太岳区党委秘书长李哲人及纵队的王亭兰、史丁文、程甲锐、何谓信、谭壮、李友辉、姜英、陆迪等在内的精悍队伍。并两次召集随行人员交代外交场合的一般常识、保密、纪律、政策等问题，目的是要建立一个坚强的战斗集体。他特别强调了几点：

1. 国民党和我们谈判是被迫的，他们根本没有和平诚意，我们要提高警惕，防止敌人捣鬼；

2. 斗争要掌握有理、有利、有节的原则；

3. 不穿美国人和国民党的军装（他讲着装问题，是因为有人提出改变着装，改穿一些质量较好的衣服。他主张保持我军本色，不搞形式主义），注意风度仪表，吃有吃相，坐有坐相；

4. 对美国人和国民党要不卑不亢，和他们接触时，要坚持原则，站稳立场。

由于美、阎方面心怀鬼胎，陈赓一行进驻临汾城的时间被安排在夜晚，住

---

①《周恩来年谱（一八九八—一九四九）》（修订本），中央文献出版社1998年版，第653页。

在一所师范学校内。陈赓住在学校南面的一间房子，和美方代表伯尔上校住处毗邻。随行人员则住在一间课堂里，这个课堂东面全是玻璃，室内活动和说话外面可以看见，也可以听见。

为了不暴露自己的活动，陈赓叫史丁文、程甲锐等人上街买来纸张，把窗户全部用纸糊上；还买来乒乓球、棒球、胡琴等文体用品，开会时，叫人在桌上打乒乓球和拉胡琴，以扰乱敌人视听。这是陈赓在上海做地下工作时使用过的方法，行之有效。

接着，陈赓和随行人员开会研究情况，他指出："看样子，他们封锁我们来临汾谈判的消息，我们要想办法，把消息捅出去，抓紧时机向群众宣传我们党的方针。"

于是决定史丁文、姜英、陆迪去逛大街、转商店，以接近群众。他们身着整洁的佩有"八路"臂章的粗布军服，到闹市亮相，主动和群众谈话，宣传共产党的和谈诚意及政策主张等，立即引起轰动。他们归途中，很多群众跟在后面看；报社记者蜂拥来采访；一个被八路军俘后又获释放的阎军团长得悉后，带着老婆孩子跑到师范学校来探望，诉说离情……打破了敌人对消息的封锁。

国民党方面还在中共人员住处的隔壁院内架了一部电台，专门干扰陈赓电台的工作。但陈赓带去的通信科副科长何谓信的电台技术很高，始终保持了通信联络的畅通。国民党万般无奈，便请美国人出面帮忙，美方也以为中共军队有了什么新式装备，便要求参观陈赓电台。陈赓一方面抗议国民党干扰共方电台，破坏谈判的行为，迫使他们把干扰电台撤掉，同时，也不拒绝美国人的参观要求。美国人一看电台，大吃一惊。原来陈赓的电台竟是缴获国民党军的电台拆下零件自己组装的，马达、天线等都是美国货，他们赞叹之余，不得不伸出了大拇指。

陈赓一行到达临汾的第二天清晨，史丁文向阎方派的勤务兵要报纸看。当他在一份小报的中缝里发现一则剧团"为戡乱平叛义演慰劳前方将士"的广告，立即用红笔标出送给陈赓。陈赓马上向伯尔提出召开执行小组第一次会议的建议。开会时，陈赓就报纸上的广告提出抗议，指出国民党坚持错误立场，依然宣传"戡乱平叛"等，表现出对谈判没有诚意。他铿锵有力地指斥，使伯尔和国民党代表王靖国感到十分被动，只好立即发出公函，通令制止这类事件的发生。

1946 年 2 月 6 日，为了再一次表示中国共产党对和平谈判的诚意，陈赓在临汾谈判期间，又通令所属严格遵守停战协定。2 月 16 日，延安《解放日报》全文刊载了这个消息：

> 太岳野战纵队司令陈赓将军、副司令韩钧将军，于本月 6 日 20 时，通令所属，本我军一贯执行协定精神严格执行军事调处执行部调停小组第十四小组 2 月 4 日 13 时之通知：一、严格约束部属坚守原防，不要对友军

有任何攻击行为，并设法与当地友军恢复和平友好关系；二、如友军有向我攻击行为，我应一面坚守原防，和平劝阻，一面立即报告执行小组，派员前往制止；三、所有部队应妥善保护交通（包括铁路、公路、电线、邮政），不得有任何破坏行动，并防止汉奸特务冒充我军名义进行破坏；四、如有违反上述命令者，应受到严格的纪律处分。

这个命令充分表示了中国共产党对和平的诚意。

对于这个谈判任务，陈赓是以非常严肃认真的态度来对待的。每次会前，国民党的谈判人员都在花天酒地，狂嫖滥赌，陈赓却在集中精力进行认真细致的准备。他不仅重视当前敌情的研究，还随时注视着整个政局的变化。在他的办公桌上，同解放区来的函电、书报一起，经常堆放着国民党统治区出版的报刊，并且是各种政治观点的都有，他很注意浏览。他还十分注意收听敌台的广播，阅读国民党的文告，以便从字里行间窥测到他们的动向。遇事就和代表团一起讨论，研究对策；同时注意向中共中央和晋冀鲁豫军区刘、邓首长请示报告。所以他的发言准备总是很充分的。

2 月 8 日举行会议时，王靖国在说明国共双方军队位置的时候，蛮不讲理，拒不承认我汾南解放区的存在。陈赓据理力争，同时本着为国家和平、顾全大局的精神，提出方案，敦促执行小组三方代表前往战地勘察，王靖国又怕实地勘察对自己不利而坚决拒绝。经过陈赓的多日斗争，双方终于在 23 日就互派联络小组及人员来往、交通运输等问题达成了临时协议。

2 月 26 日，继续谈判恢复交通、平毁交通沿线的军事工事问题。王靖国又强词夺理地说，他们修筑的工事，是“保护”交通线的，不能拆除。弄得美方代表伯尔上校也生了气，他说：“如果按王将军意见，军事调处执行部的和字四号命令‘凡交通沿线军事工事须立即拆除’的规定，可以不用执行了。”

陈赓发言，除揭露王靖国部队违反军调处命令、违反临汾协议的大量事实外，还将我方动员铁路职工恢复交通、平毁铁路沿线两侧的国民党军构筑的工事情况作了说明。伯尔听了，也不得不点头称赞。

会上，伯尔提出，现在仍有违反临汾协议现象。王靖国抢先发言，说八路军 200 余人于 2 月 23 日晨围攻鹅舍村，俘虏他们 3 个人，抢走 3 条枪。

陈赓立即指出，他并未接到这方面的报告，王的发言纯属捏造，是想制造口实，逼我军后撤的破坏和平行为。

伯尔不信，当天下午，陈赓、王靖国和执行小组人员，冒雨乘车前往临汾城东南 15 里的鹅舍村、口子里一带进行实地视察。经执行小组三方代表向当地居民及该村王靖国部队驻军调查，根本没有这回事，证明确系王靖国捏造。

第二天，在临汾继续举行会议。伯尔首先摊出双手，表示对昨天的事深表遗憾。接着他宣布了临汾执行小组的第三号命令：督促双方部队各自严守原防，恢复 1 月 13 日午夜停战令发布时双方军队的位置；同时宣布关于拆毁交通沿线军事工事具体规定事项。王靖国怕影响自身利益，不愿执行，当场进行抵制，指责这个命令与第二号命令“相违背”等等。美国人内心是为国民党军队争夺利益的，但王靖国如此公开抵制，也不得不对他表示斥责：“这个命令与执行小组其他命令并无矛盾，因此一样有效；如未获调处执行部新的命令，必须执行此令。”陈赓当即表示：“我军一定认真执行这个命令，只望王靖国部不要破坏此令，对我军进行挑衅。”

每次开会，王靖国总要抢先发言，对八路军造谣诽谤。陈赓总是沉着应战，后发制人。等到对方讲完，他把带来的地图摊开，列举大量事实，驳斥对方代表。陈赓对由于国民党进攻八路军阵地而造成的所谓“争议地区”，总是指出这些地方不仅早为八路军解放，而且逐次揭露对方进犯的事实；同时举出阎军被俘人员名单，拿出阎锡山、王靖国等人亲自签署的向解放区进攻的命令等实物，充分证明是国民党军队违反停战令向解放区进犯，而不是八路军向对方进攻。美方和国民党代表面对这些铁证，就像是当场被抓住手的窃贼，总是抓耳挠腮，窘态毕露，厚颜无耻地加以抵赖。对方这种态度，连在场的国民党下级官兵都看不过去，常在背后议论：“陈将军说得句句在理，非常带劲，咱们的代表只会说‘我完全否认’，向人家赖账。”

有一次开会，对于王靖国的胡扯，陈赓非常气愤，就用大量确凿材料，揭露对方罪行，一口气讲了两个钟头。因为会场就在王靖国司令部大院子里，王靖国司令部的许多军官都拥来听。陈赓侃侃而谈，妙语连篇，这些人听到慷慨激昂的地方，情不自禁地鼓起掌来，美国的伯尔听完讲话也伸出大拇指说：“我今天见到中国也有如此风度的将领！”会议结束，陈赓回到住处，有的随员说：“司令员，你今天冒火了。”他怒气未消地说：“咱们的地方都是人民用鲜血换来的，这些强盗要抢去，怎么能不冒火！”

面对国民党代表的挑衅，陈赓一直立场坚定，采取实事求是的态度，非常巧妙地击败对方的阴谋。比如在谈判中，对方多次无理要求八路军退出 1 月 13 日午夜以前解放的地区，并且厚颜无耻地把八路军解放了的地区说成是国民党地区，要求八路军从北起平遥县、南至黄河岸边的风陵渡以东地区退出。伯尔名为“调解”，实际处处为国民党撑腰，常和王靖国一唱一和。有一次，他们竟提出，所有国民党军队占领城镇外面的八路军，必须后撤 60 里。陈赓驳斥了他们的无理要求，立即提出了反建议：要求国民党军队从城镇后撤 60 里。从此，他们不敢再提类似的无理要求了。

一次，进犯晋南解放区的阎军被歼，王靖国在谈判桌上大造声势，并且直接点王墉的名字，说是他率领部队进攻阎军的。尽管王墉这时恰恰以参谋处长的身份参加会议，但一直未露声色。等到王靖国表演完了，陈赓才指着身旁的王墉说：“他就是王墉，一直坐在这里开会，怎么会去指挥部队进攻你们？想造谣也该先打听打听行市嘛！”一席话说得王靖国无地自容。

在谈判中，陈赓总是同对方进行针锋相对的斗争，但具体交往中，他一开始就很注意对待美国人的态度，注意做美国代表及其随员的工作，尽可能地利用他们与蒋、阎方面的矛盾，采取揭露蒋、阎方的问题十分彻底，揭露美方问题则讲究分寸，不逼他走得太远，多说明情况，使他们了解真相。

陈赓曾邀请执行小组三方代表到侯马八路军前沿阵地参观。当时有些人不理解，担心这样会使对方摸清我军情况。陈赓笑着回答："前沿阵地的情况，只涉及一个班、一个排，而且随时都有变化，看与不看，无关大局。让他们看了，就证明这里属于我方，是解放区，对方就不敢来捣乱；而且让他们看看我们部队的士气，看看解放区的军民关系，可以使他们对解放区和国民党地区的情况有个比较，对美国人和国民党下级军官也会产生一定的影响，促使他们考虑问题。有什么不好呢？"

美国代表伯尔上校曾来侯马视察，陈赓召开大会表示欢迎。当地群众长期受阎锡山军队糟害，并对他们不断破坏停战协定派兵骚扰非常气愤，扶老携幼赶赴会场，竟达万人之众，向伯尔等人控诉阎锡山及其军队罪行，痛哭流涕，有的当场晕厥。会后，伯尔竟向陈赓提出抗议："你们这是向我示威！"

陈赓笑了："嘿，你不是来调查的吗？群众讲的可都是事实呀！你们美国号称民主之邦，你一定懂得不让人民讲话是不民主的。"

此后，陈赓又借从临汾回第四纵队司令部的机会，邀请美方人员到翼城司令部做客。陈赓送伯尔一件狐皮大衣，还送他一把在战斗中缴获的一个日军少将的指挥刀，伯尔非常高兴。

在谈判中，陈赓独特的风度、惊人的机智和极高的工作效率，对美方工作人员产生极大魅力。当时，毕业于圣约翰大学的美方年轻翻译，对陈赓就非常崇拜，还特别欣赏陈赓提供的质量高又通俗的文件，说是翻译起来很方便。相比之下，他对国民党提交的八股式的竖写行文感到很头疼，大骂他们腐败。同时对他们经常装病逃会，轻蔑地说："他们见了戏子、妓女就不病了。"

给伯尔开车兼报务员的莫里斯·舒曼，开始见到八路军的人很拘束，接触多了，特别是到解放区参观后，态度变得相当友好。在从翼城返回临汾途中，他说，解放区和国民党地区就是不同，"在你们部队里，看不出军官与士兵的差别。你们穿得不好，可是纪律很好。有机会还愿意再来。"回到临汾后，遇见八路军人员，他总是竖起大拇指说："翼城，好，好。"

事隔38年之后，这个莫里斯·舒曼仍对那时的往事记忆犹新。1984年7月8日，他在致陈赓夫人傅涯的信中说：

> 我只见过陈将军两次，第一次我记得在临汾的欢迎宴会上；第二次我开车把他和谭壮（当时任八路军翻译）送回设在翼城的解放军司令部（即八路军）。他那种指挥员的气质，在这两次见面时，都给我留下了深刻的印象。你不用问便可得知他是一名指挥员。在欢迎宴会上一些高级军官吵吵

1946 年，在军调处工作时，陈赓与舒曼（右，美国人）合影。

嚷嚷的，而他始终保持着庄重而又待人周到的风度。我以为只有那些通过实干换取到高级军官职务的人，才具备这样的风度。虽然我只是一名士兵，陈将军却使我有幸同一名将级军官（无论是美国或是中国将军）有过如此密切的交往。

还有一件事：如果你看看我送给你的几张照片（陈、谭和我），你会发现我穿的大衣与陈和谭穿的不同。当我们美国的停火小组抵临汾时，我们准备了一些大衣（就是我穿的那种），如果中方同意坐下来进行停火谈判，我们就全部奉送给中方代表。美国大衣的质量远远超过了中国士兵所穿的大衣。国民党的人员接受了我们的馈赠，并且都穿在身上。而解放军代表却没有。这件事使我感到，陈将军和解放军是不会接受“贿赂”而放弃原则的。我在临汾停火小组那段生活，是我第一次、也是唯一的一次同解放军打交道，他们那种强烈的民族感给我留下了极为深刻的印象，正如上述大衣事件所表现的一样。

陈赓的品格、风貌对属下发生着潜移默化的影响，在整个谈判期间，配合都很默契，构成了一个很有战斗力的集体。他们单独遇到问题时也会根据陈赓的教导处理得很得体。

比如，每星期被派回翼城司令部联络的，通常是史丁文。每次出发前，陈赓都要作详细交代，包括如何注意沿途阎军的动向，如何对付曲沃县城的敌人捣鬼，以及回去后如何交换情况等，使这位“拼命三郎”有很好的思想准备。

史丁文每次都要路过曲沃县城，守城的头子续济川都要亲自在北门外一座院子里招待他午餐，很想从这个年轻人嘴里摸点儿情况，但总是一无所获。有一次吃饭时，续济川突然说：“我抗议！你们昨天打死我们一个排长。”

史丁文怎么会知道这里的事情呢？对于突然袭击，他沉着而镇定地说：

“啊！有这种事？你们排长是死在哪里的？”

续济川指了一下：“在县城东边 × 村。”

史丁文说：“按照停战协定，你们只能在城里，你说的城东 × 村是我军驻地。如果你们真有一个排长死在那里，那只能说明是你们入侵，我军自卫造成的。应该抗议的是我们，我现在就向你抗议！”

弄得续济川目瞪口呆，半天才说出来一句话：“这件事还是由执行小组调查吧。”

有一次开完了会，大家在院子里休息。伯尔不了解陈赓底细，以为他是游击队的将军，没有受过严格的军事训练，想让他当众出出丑。于是，伯尔提议请在场的几位将军打靶，还说：“看看你们国共两党的将军谁打得准？”于是派人在院里量出 50 米距离，摆上一块砖。陈赓请他们先打。王靖国、梁培璜都没有打中，子弹偏左，他们的参谋长打中了砖的一个边，伯尔也打中了一点儿边。陈赓在黄埔军校受过严格的军事训练，在苏联学习保卫工作时手枪射击又是必修课，这时他又琢磨出这支手枪的毛病，所以举起枪来，瞄准，偏右射击，只听子弹啪的一响，砖被打得粉碎，四处飞溅，完全出乎伯尔和国民党军官的预料，只得和围观者一起鼓掌叫好，连连伸出大拇指。

3 月中旬，陈赓又被中共中央派往太原中心执行小组，接替许光达担任这个小组的中共代表。这个小组所辖范围包括山西全省，负责调处晋冀鲁豫、晋察冀、晋绥三大解放区国共双方军队的冲突和争议事件。

陈赓离开临汾前夕，曾和继续留在那里的中共代表团的人员研究今后的小组工作。他根据中共中央和上级指示精神，对临汾执行小组的工作方针、政策谈了自己的意见，指出国民党假和谈、真备战的阴谋已经进一步暴露，今后谈判更要坚持“针锋相对，寸土必争”的原则。同时指出谈判不要孤立地就事论事，要总揽全局，把蒋阎军向我进攻、破坏和骚扰的具体行动，及他们准备进行全面内战的整个阴谋结合起来加以揭露……

此前，陈赓曾回翼城，给部队干部讲过一次话，介绍谈判情况及所见所闻，他说：

> 我在北平见到了周恩来同志，他向我传达了党中央关于“针锋相对，寸土必争”的方针，这是我们进行谈判斗争的法宝。
>
> 现在和谈是大局，是中央定的。因为全国人民希望和平，我们就应该尽力去争取。但斗争是残酷的，我们作为军人，千万不能麻痹大意。我们是打仗的军队，不是谈判的军队。我去谈判，你们在家的任务就是准备打仗。
>
> 人不能相信鬼的话，和平要有力量来保卫，你们越能牢固地控制住我们的地区，坚决打退敌人的进攻，我在谈判桌上讲话就越有力量。
>
> 现在不要把眼睛盯着大城市，不要有和平幻想，不要看见国民党军队脖子下的杠杠、星星眼红。有的地区，我们的人在争什么“校”呀“将”

呀的，豆瓣酱、辣椒酱，不应该嘛！要保持艰苦朴素的传统，要坚守 1 月 13 日前的位置，谁敢侵犯就坚决消灭它！

陈赓还介绍了在北平见到张治中的情况。张对他说："谈判如果成功，中国就和平统一了。你们军队的装备就可以大大改善。校长一定会这样做的。"

陈赓笑着说："不可能吧。"

"一定会的，校长讲话是算数的。"

陈赓说："抗日战争时期，我们改编成国民革命军，他开始还给了点儿军饷和弹药，以后不仅不给，还派军队打我们。你说和平统一后会给我们改善装备，那真是老天保佑啦！"他思忖了一下说："不过，让人信不信，不能只听其言，还要观其行啊！"

张治中笑了："陈赓呀，你还是老脾气、老样子啊！哈哈哈哈！"

陈赓还谈了他在北平见到原来黄埔军校一期同学李文将军的情况。李文请他吃饭时说："还是你们有前途啊！我们可没前途了。因为，如果谈判成功，实行政治民主化，你们一宣传，老百姓都被你们争取过去了，我们宣传不过你们；如果谈判破裂要打的话，我们也打不过你们。过去你们部队那样少，可是你们是游击大王，会打游击，我们没有办法。现在你们有近百万部队了，看来我们只有去当'白华'了。真到了那一步，请你老兄关照一下哟。"

陈赓说："你们听，这不是玩笑话，它反映了一种情绪，一种连国民党高级将领都存在的失败情绪。为什么会这样？是我们打得好呀！"

陈赓带头保持人民军队艰苦朴素的本色：一身土布军装，土布袜子，土布鞋，胸前和臂膀上端正地佩带布质的八路军标记。在北平，李文送给他一套呢子将军服，被他谢绝了。在他的影响下，随行人员都以保持八路军艰苦朴素的作风为荣，连刷牙都一律使用解放区生产的牙粉。

"你们八路军很进步呀！到现在还穿着'国粹'！"作战科长王亭兰在北平街头就受到过这种讽刺。

"这是人民给我们做的，我们穿着它打败了日本侵略军，我觉得光荣。"王亭兰的回答赢得了周围人们的赞许。

陈赓了解到这个情况后很高兴，表扬王亭兰说："你回答得很好！"

当陈赓离开临汾，伯尔上校送别时热情地说："我对您和执行小组的合作表示感谢，我本人对将军十分钦佩。"

四、太原谈判

1945 年日本投降后，规定日军人员应遣返日本国，但军阀阎锡山却非法留用大批日本军队，每次进攻解放区，都叫他们打头阵；还把日军编入阎军，以便日本军官能指挥阎军。

1946年3月初，阎锡山派出阎、日军2万余人，在白（圭镇）晋（城）铁路沿线向解放区大举进犯。当时，太原执行小组三方代表曾经到白晋铁路线上的南关镇附近进行调查，并邀请当地双方指挥人员参加协商，停止了战斗，使那段铁路恢复了交通。但当地阎军总司令赵承绶不死心，让日军第十四旅团长元泉馨（改名元全福）代替他在前线指挥作战，进攻八路军。战斗中，八路军曾缴获元泉馨和赵承绶联合进犯八路军的作战命令，当即对他们的勾结予以揭露，阎锡山却矢口否认、抵赖。当太原执行小组准备去白晋铁路线调查此事时，阎锡山却叫他的御用报刊登出造谣消息，说山西省北部定襄县地区“增援之共军中，有武装之日人300余参加作战”等。

陈赓是3月21日到达太原的。

为了查明白晋铁路北段事件真相，到底是谁进攻谁？到底是谁非法留用日军，并勾结日军挑动内战？经陈赓提议，3月23日，太原执行小组人员乘火车来到白晋铁路北段、祁县境内的来远镇，三方代表和随行人员都住宿在火车上，发出了叫阎军停止进攻、就地停战的命令。

阎军惧怕执行小组实地勘察，连夜埋设了地雷，以恐吓他们，阻止他们的行动。果然，在3月24日拂晓，执行小组从来远镇出发，准备向西南方向的南山头视察的时候，才走出镇子100多米，就在阎军防地上踏响了一颗地雷，炸伤3人，其中有陈赓的随从参谋、太岳纵队司令部作战科长王亭兰。陈赓本人也险遭不测。负伤的王科长终因伤势过重，在医院里逝世。

这颗地雷的爆炸，确实引起一些人的恐慌，有的人想裹足不前了，但陈赓不怕恫吓，不顾艰险，坚持战地视察。走上山去，正好遇见阎、日军600多人向八路军南山头阵地进攻，执行小组一行人都看得很清楚。陈赓和国民党军方代表邹陆夫决定亲自前往制止。不料在国共双方代表前进时，阎、日军部队却偷偷地跟在执行小组人员后面，抢占了八路军南山头一部分阵地。

陈赓手中拿着军事调处执行部的旗帜，冒着极大的危险，亲自到战火纷飞的火线上去制止阎军的挑衅。在阎军的炮兵阵地上，陈赓看见一个炮兵模样很像日本人，就走上前去，趁他不备，突然厉声问道：“你是干什么的！”对方吓得一愣，只是摇头，不敢答话。陈赓见状，伸手抓着他的衣领。那个日本兵吓坏了，浑身发抖，嘴里“叽里咕噜”着急地说起日本话来。陈赓立即举起照相机，对准他“咔嚓、咔嚓”按了几下快门。收起照相机后，陈赓把这个吓得失魂落魄的鬼子兵带回来远镇，作为阎军留用日军向八路军进攻的证据。

后来提起这件事，陈赓哈哈大笑，说：“那个日本兵见我把照相机对准他，真是吓破了胆，全身打哆嗦。其实，我的照相机里没装胶卷。”原来他带的是一部有毛病的照相机，准备到太原找铺子修理的。才到太原3天，就到前线来了，还没有来得及在太原找铺子修理，就把它带在身上，没想到竟派上了用场。

经过陈赓的坚决斗争，彻底揭露了对方破坏停战协定执行的事实，终于将阎、日军的进攻制止了下来。

执行小组回到太原后，4 月 1 日太原各报发表的《太原组答中央社记者》新闻里，被迫承认阎锡山利用日军攻打八路军的事实，说："中共代表要求缴本区日本人之武装……本区日俘在 4 日内将可完全集中于太谷县。"这则报道最后还说："在（白晋铁路）东沁时，本小组曾举行会议。此次会议之成功，陈赓将军之斡旋，应受最高荣誉。"

在太原谈判时，有一次会间休息，阎锡山以闲聊的方式突然向陈赓进攻："将军，听说你们地区在搞土地改革，我看有些事不合理。"

陈赓警觉起来，目光一闪："你指的是什么事情？"

阎锡山笑着说："听说有的农民和地主算账，说你拿了我一个鸡蛋，这个蛋会变成鸡，鸡又下蛋，蛋又变鸡……这样就造成地主欠了他很多钱，最后把地主的土地算走了。这有点儿过分吧？"

说得在场的人都笑了，认为是"将"了陈赓的"军"。

陈赓在前方指挥作战，怎么会知道后方土地改革的事？而阎锡山又怎么会知道我们土地改革的事呢？这是明显的攻击和诬蔑。陈赓马上笑着回答说："这种事我从来没听说过，肯定是谣言。你阎长官当然不了解农民受地主几千年残酷压迫是怎么回事。你知道吗？过去地主就是用这种蛋变鸡、鸡变蛋的算账办法，把多少农民算得扫地出门、寻死上吊呀！"

阎锡山被驳得目瞪口呆，急切地说："你们共产党只不过是在搞土地改革，而我阎锡山决心在我的地盘上搞土地革命。"

陈赓大声笑了起来，说："你搞的那一套当然比我们'彻底'。只是你那些东西是假的。地主自己搞土地革命，鬼才知道会搞成什么样子！"他说毕，全屋子人都大笑起来。

陈赓在整个谈判期间，出入于大城市，见到不少黄埔军校的老同学、国民党高级军政大员，他们请他吃饭喝酒，他一律谢绝；他们的赠与一律不要。自己在生活上却总是省吃俭用，只是在购买药品与器材上不怕花钱。他说："我这样大手大脚，是为了一旦战争再起，伤病员可以少吃点儿苦和指挥作战的方便。"

只有一个例外，他在太原给文工团买了一把小提琴。这是文工团为了提高艺术水平请他一定要设法买到的。

第十六章　与胡宗南较量

一、晋南之战

在和平谈判的烟幕下，国民党军队得到了美帝国主义的大力支援，把他们在大后方的部队全部运到了内战第一线，并且换成了先进的美国装备。美国还给他们936架飞机，帮助建立了空军，赠送131艘舰艇，充实了海军，还成立了空军运输公司，担负起了国民党的军运业务……同时，美国还直接出兵近10万人，驻扎在上海、北平、天津、青岛、秦皇岛等地；还协助国民党筑路、护路，以利军运畅通。这样，使国民党军队完成了全面内战的准备，于是蒋介石彻底揭掉了自己的“和平”面纱，踌躇满志地首先发起了对中原解放区的进攻。

中原解放区地处长江北岸的大别山，国民党认为它威胁着南京和武汉的安全，必须首先除掉它。

1946年6月29日，通信科长戴其萼正按陈赓指示监听敌人动态时，忽然听到他们用无线电话讲明语：“中原共军突围了”，国民党军队正在追歼中。他立即把这个消息报告给陈赓。陈赓思索了一下说：“这是个信号！中原局势是举世瞩目的中心，国民党竟敢公然对它发动进攻，证明他们下决心要打内战了。”

接着，中央军委也发来情况通报，证实中原部队已开始突围。据此，陈赓立即给部队下达了紧急战备的指令。他说，国民党决心要打内战了。我们主力集结在这里，敌人肯定要来与我决战，我们不能在此等着受阎锡山和胡宗南军队的夹击。同他们拼消耗的事，我们不干，一定得另选战场。我们没有占领城市，身上没包袱，可以自如地大进大退，加上部队几个月的养精蓄锐，打起来，胜利是有把握的。

在他的严格要求下，各旅进一步加紧了训练：团以上干部由副旅长或旅参谋长带领看地形，进行攻坚、防御、巷战、村落战等方面的准备；部队则由副团长和营级干部带领，进行充分的政治动员，研究近战、夜战的战法，还同时做好了过跳板、架云梯的训练，备足了进行土工作业的钢钎、铁锹等用具……

是一派严阵以待的气势。

面对国民党军队气势汹汹的进攻，中共中央领导全国人民和人民解放军以革命的自卫战争坚决反对国民党挑起的内战。中共中央于7月20日向全党全军发出了《以自卫战争粉碎蒋介石的进攻》[1]的指示，明确指出："只有在自卫战争中彻底粉碎蒋介石的进攻之后，中国人民才能恢复和平。""我们是能够战胜蒋介石的，全党对此应有充分的信心。"毛泽东主席还作了具体指示：我们在战略上要藐视敌人，但战术上要重视敌人。规定了"以歼灭敌军有生力量为主要目标，不以保守或夺取地方为主要目标"的战略方针和"以集中兵力打运动战为主，以分散兵力打游击战为辅"，每战都要有准备、有把握，"集中优势兵力，各个击破敌人"等一系列作战原则。据此，部队组织了认真的学习。

1946年6月底，国民党军队围攻中原解放军之后，接着全面开花，向江苏省中北部、安徽省北部、山东省西南部和胶东地区、河北省东部、绥远省东部、察哈尔省南部、南满等解放区全面发动进攻。一场由国民党军队挑起的反共反人民的全面内战，正式揭开了序幕。

太岳解放区处于华北的前哨，是国民党军队全面进攻的战略方向之一。1946年7月，国民党军队以胡宗南的整编第一师、第二十七师、第九十师等部的6个旅，结合同蒲铁路南段的阎锡山部队，共7万余人，在山西省南部向太岳解放区大举进犯。企图一个月内，打通同蒲铁路，席卷晋南，聚歼解放军主力于洪洞、赵城地区，然后再与阎锡山会攻上党……

面对胡宗南军队大举进犯，陈赓率领的第四纵队担负了战略性的重要任务：既要阻止它打通同蒲铁路线，又要保卫太岳、太行根据地，还要保障陕甘宁边区东侧的安全。第四纵队隶属晋冀鲁豫军区建制，由于这个地区的战略地位的重要——西北战场连接全国解放区的桥梁，因此中共中央决定在遂行作战任务方面，第四纵队归中央军委直接指挥。此后，在整个解放战争期间，陈赓率领的部队都是这样。

蒋介石的爱将胡宗南，是陈赓黄埔军校第一期的老同学。那时二人在政治上就势不两立：陈赓是"青年军人联合会"的领导人之一，胡宗南是"孙文主义学会"的头头，双方争论起来常是面红耳赤，甚至动手打架。但陈赓和胡宗南的私交不错。

他们二人在战场上多次交过手：1932年在大别山，1935年在四川省松潘地区，1936年在陕甘宁边区的山城堡，胡宗南部队都受到了不同程度的打击。历史的一页已经翻过去了，10年后的胡宗南已今非昔比，不但部队众多，并且武器精良，正气势汹汹地准备在山西省同蒲铁路南段和他的老同学进行新的较量。

1946年7月，胡宗南部队6个旅北渡黄河后，向同蒲铁路南段的运城、安

---

①《毛泽东选集》(第一卷)，人民出版社1964年版，第1183页。

邑地区集结，企图北进；而在临汾一带盘踞的阎锡山所属王靖国部的 5 个师，准备南下，与胡宗南部队南北夹击晋南解放区，计划一个月打通同蒲铁路南线，寻歼解放军部队于洪洞、赵城地区；然后东向会攻以长治市为中心的上党地区，以策应国民党主力部队对平汉铁路线的进攻。

当时，第四纵队司令部驻在翼城，几个旅分别驻在侯马、绛县、曲村等地，国民党部队比第四纵队的部队数量多达 4 倍，更不要说装备等方面的差距了……这个仗怎么打呢？

就在 7 月 3 日这一天，通信科在侦听中，发现了两个呼号：CW–4 和 Y–8，并从声音的强度和报话员之间的聊天中，摸清 CW–4 是胡宗南总部的电台，Y–8 是第一六七旅的电台。对此，陈赓非常重视，让通信科加紧侦听分辨。于是很快将胡宗南整编第一军、整编第一师、第二十七旅、第三十一旅、第四十七旅、第五十三旅、第七十八旅及各团的电台都摸清了，只是对他们用隐语讲话的内容尚未完全猜出。

针对国民党军队进攻态势，根据中共中央军委指示，陈赓判断：“胡宗南部队肯定北上，经闻喜、夏县向侯马进攻，临汾地区的王靖国部队也一定会南下，来夹击我们，以便打通同蒲铁路。”

陈赓在驻侯马的第十一旅司令部主持召开了纵队党委会，研究初战的打法，最后决定在南线截击胡宗南部队。陈赓在会上强调打好这一仗的重大意义。他说，这一仗是我军在抗日战争胜利后，同美械装备的国民党军队的初战。这一仗打得怎么样，对今后作战以至全国战局都会有影响。因此，必须打好。

胡宗南部队到达运城地区后，又按兵不动了。这是为什么？又该怎样对付它？陈赓又主持召开纵队党委会，研究如何吸引胡宗南部队北进，以便在运动中歼其一部。显然，在侯马地区作战对自己不利。经过讨论，陈赓决定，趁王靖国部队准备集中南下时，四纵主力先行北上，绕过临汾，去攻打临汾北面的洪洞、赵城等阎锡山兵力空虚的地方，吸引胡宗南部队北上增援，再转过头来打运动中的胡宗南部队。

虽然学习过毛泽东关于“不在一城一地得失，要消灭敌人有生力量”的指示，但真的要撤离同蒲铁路上的重镇侯马，有些人却实在舍不得，不仅城市大、市面繁华，并且它确实是军队和人民用血和汗得来的呀！怎么能随便拱手让人呢？这时也传来了刘伯承司令员生动的讲话：“战争的胜负，决定于主力之保存或丧失。存人失地，地终可得；存地失人，必将人地皆失。”“死守一城一地，无异自背包袱。如果我不在必要时毅然放弃那些城镇，那么，我们就将被迫分散兵力，处处防守，处处挨打。这种战法为牛抵角战术，挨打战术，死猪不怕开水烫战术。可是我们把这些包袱丢掉了，叫蒋介石都拾起来背上。”他又想进攻解放区，又要防守占领之城镇及漫长的补给线，“这是熊掌与鱼不可兼得的，其结果必然是顾此失彼……”经过学习，陈赓部队的干部虽然对放弃侯马等一系列城市感到心疼，但觉得上级这些指示正确，确实不能打那个“死猪不怕开水烫”的仗。

陈赓率领部队北上的那天，雨下得很大。翼城的司令部里只留下了参谋长刘忠，负责掌握敌情变化。7 月 10 日，刘忠接到太岳军区第三军分区报告：胡宗南部队开始北进，十分嚣张，其先头部队第一六七旅正向闻喜县进攻。

这时，陈赓率领的前线指挥所已经到达浮山县境。刘忠马上打电话向陈赓请示怎么办？陈赓听他讲完情况，说：“你别走开，我们马上研究一下。”

胡宗南先头部队第一六七旅进犯闻喜县城，第三十一旅进占赵家庄、朱村、张胡镇等地……胡宗南主力尚在夏县以南地区，这两个旅却孤军深入解放区七十多公里，除遭到地区游击队和民兵袭扰外，尚未与陈赓主力部队接触过，态度骄横，部队分散，有利解放军歼敌。

陈赓告诉刘忠：“我们研究过了，决定部队马上停止北进，立即回头打胡宗南。路远了，我一时赶不回去，这次战役请你指挥，给你 7 个团：第十旅、第十三旅的 6 个团，再加第十一旅 1 个团。”又说：“我们这个部队还没打过胡宗南，你要特别注意这个问题。从前和胡宗南打过的人，现在很少了，并且都当了干部。我们的战士打过日军，打过阎锡山部队，还没有和国民党中央军交过手。你从苏区打到现在，心里是有底的；但我们部队还没有底，千万不能主观。初战胜利，关系重大，这一仗一定要打好。”没等刘忠答话，他又接着说下去：“口可不能张得太大，一定要一口一口地吃。要集中 3 个团、4 个团，甚至两个旅打它一个团。如果一次吃不掉一个团，吃它一个营也好。吃一个营，再吃一个营，早晚会把它吃光的。要跟它打夜战、近战，白天不能打，白天部署，准备，晚上出击。”在一个钟头里，陈赓接连给刘忠打了 4 次电话，仿佛又回到上党战役开始时的样子，变得忧心忡忡了。

刘忠和几个旅长根据敌情，制定了作战方案，经陈赓批准后，决定拿国民党第三十一旅开刀：用 6 个团，去歼灭它的 2 个团；以 1 个团监视曲沃城内守敌。部队夜里出发，冒着倾盆大雨，踏着泥泞道路，于 12 日进抵闻喜县境的埝掌、孙家庄一线。根据陈赓要求，进行严格隐蔽。陈赓指示，这是第一次与胡宗南部队交锋，敌人优势明显，不能不特别谨慎。

13 日夜，解放军对敌第三十一旅发起总攻。这个旅一共 2 个团，由于毫无准备，解放军很顺利地在朱村、胡张镇歼灭了它一个团和旅直属队一部；14 日夜又在如意、下晁地区歼灭了它另一个团和剩下的旅直属队全部，仅旅长刘铭钊一人逃走。

在第三十一旅遭受解放军袭击时，其电台急促地向闻喜、夏县和运城等地呼救，却都没有得到回答。因为当时他们气焰嚣张，不把解放军放在眼里，黄昏前，各地电台相互联系一下，过后就关机睡觉了。后来得知第三十一旅遭到袭击时，闻喜县城的第一六七旅派一个团来支援，也被解放军歼灭了 2 个营。

15 日，陈赓快马加鞭赶到前线指挥部，一见到刘忠，就连连作揖说："好啊！好啊！打得好呀！打这个敌人，开头我可真有点儿担心哩！"陈赓听说刘忠已经五天五夜没有合眼，就"命令"他睡觉。刘忠见他来了当然放心了，倒在作战室的小床上，立即进入梦乡，一觉睡了 24 个小时。

陈赓虽然也是几天几夜没睡，但他来到前线，没有片刻休息，立即投入紧张的指挥工作。16 日国民党第四十七旅北援闻喜，解放军在峨眉岭阻击，予敌重大杀伤；19 日国民党第七十八旅北上增援，它的一个营又在东西韩村被解放军歼灭……前后经过 10 天激战，闻夏战役胜利结束。

解放军押解俘虏数千人，经过闻喜县的横水镇，老百姓围着看，有人问一个被俘的连长说："你们中央军不是说自己很厉害吗？怎么被解放军捉住了这么多？"连长回答："不是我们不行，是解放军打仗超过了战术原则，没等我们拿起枪、架起炮，他们就把我们捉住了。"

后来刘忠回忆说，陈赓司令员脑子灵活，他一到办法就多了。本来一打仗就缴获了报话机，也俘虏了报话员，却没有想起利用。他来到这里，就找俘虏的报话员谈话，叫他打开报话机，收听敌人情况。当时敌人如何行动？什么时候飞机轰炸哪个村庄，我们马上都晓得了。以后，在解放战争的历次战役中，利用报话机监听，对了解敌情起了很大作用。

战斗刚结束，陈赓就给第十三旅旅长陈康打电话："请你派兵连夜将俘虏的敌电台台长送到纵队指挥所来。"

接着，陈赓又向通信科作了交代："要利用这个电台台长，教我们使用报话机，了解敌情。你们要通过他辨别敌人指挥官和报务人员讲话的声调，以后就能掌握更多的敌人动态。"

那个电台台长来到指挥所，陈赓向他反复交代俘虏政策。此人情绪安定之后，就让他到通信科，教通信科的人使用报话机的方法，又叫他听报话机里的讲话，叫他指出这是哪个指挥官的声音，说出该指挥官的姓名、部队番号、驻地名称及密语等，鼓励他争取为人民立功。

当晚，国民党军队电台活动不多，东方欲晓时，才开始了频繁的联络。国民党整编第一军军长董钊找不着他的第三十一旅，十分着急，询问了几个部队，都怕被责备救援不力，推说不知道，于是董钊命令第一六七旅派部队去搜寻。

敌人报话机里突然传出各旅、团之间报话员的相互询问："怎么这两天听不到三十一旅电台台长的呼唤呢？他的情况怎么样？"

回答是："提起他来，叫人伤心，他失踪了。"

被俘的电台台长一听到同行在打听自己，竟哭了起来，一再要求让他和他们通话，陈赓和大家的劝说他都听不进去，只是一个劲地哭。

"此人太脆弱。"陈赓考虑了一下和通信科的人说，"不适宜随我们司令部行动。这一天半来，他也做了一些工作，有功，送到后方好好优待他。"

此后，通信科的人在陈赓带领下，经过几天的努力，通过电台和报话机的监听，基本上掌握了敌指挥官及电台人员的口音，搞清了各电台所配属部队的番号及较大的地名的密语等。

这次闻夏战役歼灭国民党军队一个整旅和3个营，共6300余人。解放军伤亡很小，是一个很漂亮的奇袭战。因此部队情绪很高，觉得国民党嫡系的胡宗南部队“不过如此”，打得还不过瘾，不愿意结束战斗，想抓住不放，起码再歼灭他一两个旅。

陈赓亲自打电话给各旅做解释工作：“我们打得顺利，战果大，代价小，固然是我们部队英勇善战的结果，但也应当看到，敌人的骄傲麻痹，也给我们歼灭战帮了大忙。现在他们已经警觉起来，5个旅猬集在一团行动，我们再打，只能拼消耗，这种赔本的事，我们怎么能干？”

胡宗南的部队，开始是大摇大摆地北进，没想到吃了亏。陈赓想激怒他，诱其继续北犯，好再歼其一股。但胡宗南很快醒悟过来，急令各旅收缩，白天并肩前进，夜晚猬集宿营，构筑工事，加强警戒……使陈赓一时难以撕开他，给予各个击破。

胡宗南吃了亏，立即改变战术，陈赓占了便宜，并不继续蛮干。说明这一对黄埔军校的老同学都不是等闲之辈，暂时还分不出来高下。

当闻夏战役尚在进行时，陈赓已经在考虑总结经验的问题了。

7月25日，他在绛县横水镇召开干部会议。前一天，他就通宵未眠，倒背着手在老乡的打麦场上徘徊，深思着。

“我们今后的战术原则，应坚持采取近战夜战。为什么呢？在于发扬我们的长处，避开敌人的长处，打击敌人的弱点……”陈赓自言自语着。他的思想高度集中，接连给自己提出问题，叫自己找出答案。

参谋们站在临时作战室门口和打麦场的边上，静静地听他讲。谁也没有出声，怕扰乱他的思路。

他继续说着：“因为敌人的长处是兵多、火力强，还有飞机大炮支援；短处是步兵战斗力弱，士兵不能单兵作战，军官应变能力差。我们部队勇敢，干部善于机动，士兵能单兵作战；缺点是兵力少、火力不足。近战、夜战即可扬我之长、避我之短去制胜敌人……这就是歼灭敌第三十一旅的主要经验。”

第二天，在附近的几棵大树下，会议开始了。天气热，在绿色树荫的覆盖下，凉风习习。大家静静地听着陈赓关于胡宗南军队作战的特点和弱点，以及坚持近战、夜战作战方法战胜敌人重要意义的分析。他说：“战斗一打响，我们就和敌人扭在了一起，他的飞机大炮都用不上，火力再强也没有用。敌人的长处不能发挥，斗志也严重挫伤。夜战也是敌人最怕的，夜间观察困难，敌人援兵不敢运动，害怕在野战中被我歼灭。这次我们攻击第三十一旅，敌人有两个旅离他只有几十里地，但是夜间不敢行动。我军就可以各个击破，一个一个地吃掉他们。因此，对胡宗南军队作战，应当采取夜间突然攻击，集中兵力坚决干脆消灭其一点或数点，发扬勇猛迅速的攻击精神，充分发挥手榴弹与刺刀的威力，求得在近战中消灭敌人。至于作战时间，以在黄昏攻击、拂晓结束战斗为好。轻易不作白昼的野外火力战。不得已时进行的野外防御，则应特别注意伪装和隐蔽。夜间村落战，侦察与通信联络非常重要。还要注意利用地形地物及土工作业……”

总结闻夏战役作战经验，不能不谈部队的群众纪律问题。陈赓在讲话中，就特别强调了在新区作战执行群众纪律的重要性。他说，在新解放区作战，一定要遵守“三大纪律八项注意”，一定要做到秋毫无犯，发扬解放军爱护人民的光荣传统，就是最好的宣传工作。新区人民不了解解放军，如果不认真维护群众纪律，可能会造成严重后果。在会上，他严肃指出：“你们十旅夜间打仗吃了老乡的西瓜，必须赔偿。就是卖了老婆、当了裤子也得赔偿。对那个强奸妇女的解放战士（即俘虏来的国民党士兵补入解放军部队者），必须召开群众大会，宣布他的罪状，执行枪决！”

此时已升任第十旅副旅长的楚大明红着脸解释：“因为找不到水，部队是有组织的吃了西瓜，当时就找瓜田的主人给钱，没有找到。现在已经派人去赔偿了。”他接着说：“我同意在新区作战要严格执行群众纪律，但我认为这主要靠加强教育。那个解放战士打仗不错，老百姓也不同意枪毙。我看可以叫他戴罪立功嘛！”

“西瓜赔偿了就好。”陈赓的炯炯目光直射楚大明。楚大明是他的爱将，但是在这个问题上他不给面子：“我同意你的意见，执行群众纪律主要靠政治思想教育，不能靠惩办。不过强奸妇女影响太坏，不能姑息。群众是根据我们的行动来看我们党的，这是个不能马虎的问题！”

对于执行群众纪律，陈赓从来以身作则。这次他在前方指挥作战，是由部队出钱请政府指派老乡轮流做饭送来吃。当发现连续几天吃的都是面条和馒头时，陈赓瞪起了眼睛：“不能天天吃这么好。这是新区，要吃小米饭才对。”

于是，参谋向老乡交代：“请下顿送小米饭来。”

老乡急了：“同志呀！我们这里只产麦子，不产小米。只有病人想吃它，才跑老远去找一点。你们有人病了吗？”

“怎么还是白面？”吃饭时，陈赓以为没有执行他的指示，严肃地问。

参谋把情况向他讲明后，他大笑起来：“哎呀！我光顾打仗了，忘记晋南是产麦区了。哈哈。”笑声中充满歉意。

一个月后，陈赓指挥部队打下了洪洞、赵城、霍县等城后，纪律良好，真正做到了秋毫无犯，“鸡犬不惊”，得到群众的拥护，中共中央也来电嘉奖。

二、北上攻坚

闻夏战役打击了胡宗南部队的气焰。胡宗南将逃回去的第三十一旅旅长刘铭钊撤职查办；将他的团长也抓了起来，判了刑；在晋南统率他们的整编第一军军长董钊也受到申斥……胡宗南遭此挫折，他原来吹嘘的一个月打通同蒲铁路南线计划，不得不宣告破产，改冒进为固守，并增兵到 10 个旅，猬集一团，不敢轻举妄动。

闻夏战役总结会后，第四纵队进行休整，开展纪律教育和时事政治教育，大力表彰英雄模范和好人好事。这时又有大批解放区翻身农民参军，每旅都补充了很多新战士，经过保卫翻身果实的教育和战术技术的训练，部队素质有了很大提高。

陈赓考虑的是下一步如何作战？胡宗南军队猬集成一个大核桃，已经是不好啃的了。陈赓曾想用小部队激怒他，使他继续北进，寻机再歼其一股，但董钊忙于整补，构筑工事，加强警戒。由于敌我兵力悬殊，形成僵持局面。

陈赓征得纵队其他领导人的同意后，决定执行过去的计划，甩开胡宗南部队，北上 300 里，到临汾城以北，阎锡山军队守备的同蒲铁路线上去作战。

大家同意北上作战，但是从哪里开刀？为此曾有过小的争论，当时有人主张攻打临汾这个晋中、晋南之间较大的重要城市，以给敌人重大震撼。陈赓指出，攻下临汾固然好处很多，但“临汾工事太坚固，阎军屯兵也多，我们攻他肯定伤亡要大。如久攻不下，胡宗南的援兵就会赶来，形成两面夹击我们，我军就会处于不利境地。就是费了九牛二虎之力攻下临汾，也得马上放弃，因为胡宗南部队终究要上来的”。所以他认为不能先打临汾。

为应付贺龙和聂荣臻部队在山西省北部发动的攻势，山西省军阀阎锡山被迫调集部队去作战，因此临汾以北的同蒲铁路线上，阎军的守备力量较空虚，只有 1000 多人守洪洞县城，3000 人守赵城，2000 余人守霍县，1000 余人守灵石县城，并且正规部队不多。

1946 年 7 月底，陈赓率领大部队实施战略转移，绕道解放区，隐蔽北上 300 余里，寻歼阎军。在晋南，留下第十三旅与胡宗南部队周旋。目的是麻痹敌人，使胡宗南误认为共军主力仍留在他的对面，并设法迟滞胡军北上；此外，第四纵队主力北上后，第十三旅要掩护当地政府和群众，向老解放区安全转移。

陈赓判断：驻守介休地区的阎锡山的第三十四军是阎军的机动部队，他的任务是防卫太原，不会轻易南下，派地方部队进行钳制就行了。于是命第十旅夺取赵城，第十一旅夺取洪洞，第二十四旅包围霍县，阻敌南援赵城或北逃介休，待洪洞攻克后，配合第十一旅攻取霍县城。

8 月的骄阳，火辣辣地灼烤着大地，部队几乎是行走在“火焰山”上。解放区的青壮年听说部队要打仗，虽然是农忙季节，还是组织了5万余人支援前方，担着粮食往北运。妇女、儿童和老人早在沿途烧好了水等待着亲人解放军。随着“同志，辛苦了。天太热，喝碗水吧！”的深情问候声，一双双捧着大碗的手已伸到满头汗水的战士们面前。战士们感动地把水一饮而尽，有的连“谢谢”都来不及说一声，就急忙赶队伍去了。

第十一旅到达洪洞城东，进入了游击区，也受到了人民的盛情欢迎：有的往战士口袋里塞鸡蛋；有的把新做的布鞋用麻绳连在一起，以便往战士脖子上挂；有人向战士哭诉国民党军罪行，有人拉战士去家里住……面对这种种激动人心的场面，有的战士竟忍不住高喊：“为亲人报仇！”“打到洪洞去，消灭反动派！”

陈赓的指挥所设在洪洞县城东30里的三条沟村，这里是老解放区的边缘，群众条件好。战役的准备工作，在广大群众的热情参加和支援下，紧张、秘密、顺利地进行着。当地民兵热情更高，早就暗中为部队做好了登城用的梯子，隐藏在深山密林中，准备随部队一起登城。

8月13日清晨，阎锡山部队不知道解放军大部队已经兵临城下，霍县地区的阎军第六十九师出兵，袭击太岳军区第一分区的新七团，不料正碰上运动中的第二十四旅，当即被歼灭了一个团，两门山炮被解放军缴获……打响了洪赵[①]战役的第一枪。

14日，陈赓下令向洪洞、赵城之敌同时发起进攻。夺取洪洞县城的战斗进行得很顺利，15日扫清外围，16日登城虽然在架梯子时出现些曲折，终于在午夜将国民党守军全歼，其指挥官张从龙被击毙。第十一旅进城后，严格执行群众纪律，遵守陈赓要求的“两袖清风”和“秋毫无犯”，真正做到《三大纪律八项注意》所要求的，“不拿群众一针一线”。群众送给他们一块写着“仁义之师”4个大字的金字匾。陈赓对于自己的部队能经受进城市的考验，非常高兴。

赵城县城西依滔滔的汾河，北门外无城关，东南面有重要据点。1945年11月，此城曾被第十旅攻克过，部队撤离时，曾将城墙平毁。阎锡山第三十九师进驻后，重修了城墙和工事，现在是碉堡林立，外壕加深，铁丝网、地雷密布，防务较过去已大大加强。

这次第十旅再度攻城，困难增加。陈赓指示采用“围三阙一”战法，即以第二十八团于东，第二十九团于南，第三十团于北，构成三面攻城的态势，而把面临汾河的西门留个缺口，派两个营在那里埋伏，围歼外逃之敌。

8月14日24时，第十旅发起总攻，守军毕竟是阎锡山的正规军，设防坚固，战斗力也强，所以战斗进行得异常激烈。

楚大明率第二十九团三营，一举攻占了南关外高地上的一座庙，然后用火

① 即洪洞、赵城。

力控制了南城墙。国民党守军为堵住这个缺口，15 日上午出动一个营，在炮火掩护下，向那个高地及小庙发起攻击，战斗十分激烈，小庙的屋顶被炮弹打塌了，墙也一截截地倒下来……楚大明被疯狂的守军激怒了，他站起来，瞪着眼睛，挥着手高喊："突击排长快组织反击！"话音刚落，一颗子弹打中他的胳膊，他瞅了一眼伤口骂道："他娘的，瞎了狗眼，连老子也敢打呀！"战士们都笑了起来。副旅长负伤不下火线的革命英雄主义精神感染着每个指挥员。经过反复冲杀，第十旅控制了南关。在机枪阵地上组织火力的楚大明这时又受到敌人炮弹的袭击，腹部负伤，血流如注，在担架抬起他下战场时，他叫来团政委说："上次作战我们纪律上有缺点，这次一定要做到秋毫无犯。"

18 日凌晨 2 时，在统一号令下，南、北、东 3 个门同时攻城，火炮齐鸣，浓烟滚滚，震耳欲聋。突破后，各路部队大胆穿插，分割围歼敌人。凌晨 4 时，敌弃城由西门出逃，均被解放军预伏部队堵截俘获。

周希汉向陈赓报捷时，陈赓说："你是双喜临门，解放了赵城，妻子给你生了个胖儿子。"周希汉问："你看见了吗？"陈赓说："我还抱了一会儿，这小子长大了是个外交官，看见谁都笑。"

赵城之战，解放军付出了代价，也第一次取得攻占阎锡山一个正规师守备城市的重大胜利。陈赓表扬了第十旅的英勇顽强，对楚大明的伤势非常关怀，一再交代，要给他补充营养，用好药。所谓好药，就是他和平谈判时在敌占城市中买来的盘尼西林（青霉素）等。陈赓主持纵队党委会讨论，决定授予楚大明战斗英雄称号。

战役发起前，陈赓特地指示第十一旅："要注意保护'大槐树'古迹和洪洞县政府中有关历史上苏三案件的档案。"同时告诉攻打赵城的第十旅，要注意保护城东的广胜寺，寺内有中国最古老的名塔。不准在寺内驻部队。

他还兴致勃勃地给部队干部讲："苏三不是洪洞县人，她被奸商拐卖到洪洞县，备受欺凌侮辱，接着又蒙冤坐牢，受到贪官污吏的迫害，被判处死刑，是个大大的冤案。当她被解到太原府重新受审，离开洪洞县城后，稍微有了点儿言论自由，就骂了一句'洪洞县里没有好人'，以发泄对贪官污吏、土豪劣绅的怨恨，表示了对封建统治者的反抗。她开始对崇公道也有戒心，认为天下老鸦一般黑。这也不能怪她多疑，一旦发现崇公道善良，就马上赞扬他'是一个大大的好人'，并且愿意作他的义女。这说明她的善良、单纯……"陈赓还对有关文艺团体说："我们虽然同情苏三，但是进了洪洞县城，谁也不要唱《苏三起解》这出戏，以免伤害洪洞人的感情。"洪洞县城攻克后，他亲自去看"大槐树"古迹和关押苏三的监狱，得知有关苏三案件的档案保存完好，很高兴。

8 月 17 日，遵照中央军委指示，为进一步扩大战果，陈赓命令第十一旅和第二十四旅夺取霍县城。

霍县守军第六十九师在被围困前，8 月 13 日已被第二十四旅在运动中歼灭了一个团，它援助赵城又损失了一个团，原有的5000余人现在已被削弱为3000了，且完全处于被动挨打的状态，士气低落。在这种情况下，为防止部队轻敌大意，陈赓反复强调，不能草率发起进攻，一定要组织好火力，占领有利阵地，以保证稳操胜券。为此，他派纵队司令部训练科长葛来文去旅里检查准备情况。

8月22日晨，部队展开了扫清外围据点的战斗，随即转入攻城准备。陈赓亲自到第三十一团阵地视察，对部队鼓舞很大，纷纷向他表示，这次一定要争取军政双胜。23日，部队发起总攻，第十一旅自东门、第二十四旅自城的东南角同时突破，继而向纵深发展，分割穿插，至夜22时战斗胜利结束。

攻克霍县后，为了扩大战果，第十一旅继续向北开进，8月25日，攻克索州镇。28日下午，攻克阎军李家沟据点。进攻田家庄据点时，突破防线后，阎军向西逃窜，第十一旅一部渡过汾河追击，配合吕梁军区部队解放了汾西县城。第十一旅主力继续沿同蒲铁路线北进，9月1日占领了富家滩煤矿及火车站，除缴获山炮、迫击炮等大量武器外，在煤矿缴获了大量炸药，陈赓立即指示把炸药分给各旅，并要求各旅工兵部队研究用炸药包炸毁敌人碉堡等阵地工事的技术。

第十一旅继续北上，歼灭阎军一部，顺利地解放了灵石县城。至此，洪赵战役胜利结束。

此役，歼灭阎锡山军暂编第三十九师全部，第六十九师和整编第四十四师各一部及保安团队共12000余人，缴获山炮7门、迫击炮17门、轻重机枪375挺。攻克县城5座，控制同蒲铁路370余里，为歼灭北上的国民党胡宗南部队开辟了战场。

三、歼灭“天下第一旅”

8月17日，正当陈赓指挥的洪赵战役进行到高潮时，胡宗南乘飞机赶到山西省南部的中心城市运城，召集军事会议，决定增调他的所谓“天下第一旅”等精锐部队来晋南，沿同蒲铁路线向北进军，要求阎锡山在介休地区的第三十四军等部队南下。双方共15个师（旅），约10万之众，准备对陈赓部队实施南北夹击，计划在10月中旬实现其原定于7月份打通同蒲铁路的计划。

为实现这一战略意图，胡宗南决定以临汾作为其防守中心，命整编第一军军长董钊去坐镇。董钊与陈赓部队在闻喜、夏县有过较量，不敢放肆，遂令其率领的十一个旅齐头并进。为保证临汾的安全，还决定占领临汾东面的浮山、翼城两县城。

国民党军队大军压境，数量比解放军多四五倍，气势汹汹，该如何应对？陈赓又进入了夜以继日的紧张操劳状态。

为配合胡宗南部队的北上，屯兵于介休县的阎锡山的第三十四军向南走了几十里到了义棠镇。陈赓开始想歼灭这股敌人，后来发现它只不过是作作姿态，既不再前进，也不远离据点活动。陈赓笑着说："看来，阎锡山仍然在'坐山观虎斗'，他不会支援胡宗南的，叫分区部队牵制它就行了。"于是，陈赓把部队集结在洪洞县东南地区，寻找歼灭胡宗南部队的机会。此时，中共中央军委也电示陈赓，表达了寻歼胡宗南军队一二个旅的意图。

为了掌握国民党军队的准确动向，陈赓使用了一切侦察手段，除了常规的派遣侦察员、通过地方部队及地方党政组织和群众收集情报外，在指挥部，陈赓和通信科加强了对国民党部队电台的监听。

9 月中旬，胡宗南部队陆续到达临汾地区。此时，在陈赓指导下，通信部门对胡宗南军队在报话机上的密语已有了相当程度的了解，知道其部队代号是以上一级长官的名或字的第一个字与本部队长官的名或字的第二个字构成的。如第一师称为"介梅"部，就因为整编第一军军长董钊字介生，整编第一师师长罗列字冷梅。其军事行动是用柴米油盐酱醋茶来代表，如说 × 部要到 × 地去买酱，就是要在那里警戒。其兵力则是用人组来表示，3 人组是连，4 人组是营，5 人组是团，等等。

9 月 20 日，报话机里出现了董钊和他的整编第一师师长罗列的对话，董钊说："下一步行动要注意南边那个高地方。"

陈赓对这一带地形太熟悉了，马上做出判断："第一旅要出动了，任务是策应攻占浮山县城。所谓南边那个'高地方'，指的是塔儿山，是怕我们在那里设伏。"

接着，董钊部所属的报务员在相互聊天中，有人抱怨："你们过中秋节什么都有，而我们只有窑洞。"这是说明这支部队要上山了。

21 日下午，在报话机里又听到整编第一师师长罗列对他的第一六七旅旅长李昆岗说："你们明天到浮山买柴，临汾的人和你姐夫也去。"

接着李昆岗与代号为"姐夫"的第二十七旅通话："喂，你们去几个 4 人组？"

回答是："4 个。"

陈赓综合这些情况判断："敌人可能是出动 3 个旅攻占浮山县城，并且要把从翼城到浮山的公路补给线，改到临（汾）浮（山）公路上来，如果这么做，肯定要有部队在临汾浮山公路中间来驻防，维护交通运输。下一步北上打通同蒲铁路时，这几个旅要在铁路东侧担负主攻任务。"事实证明，这个判断是正确的。

9 月 21 日，胡宗南的第二十七旅和第一六七旅果然东进，攻占了太岳解放区的浮山县城。同时，胡宗南的第一旅沿着临、浮公路跟着东来，准备在公路的中段驻防，策应占领浮山县城的那两个旅，维护这条公路交通线。

显然，以陈赓现在手上的3个旅，去吃掉占领浮山县城的胡宗南两个美械装备旅，力量不够。于是陈赓和纵队其他领导研究决定，先打胡宗南的第一旅。

第一旅可不简单，它是蒋介石的王牌部队，胡宗南的发家老本。整编前为第一师，其第一任师长就是胡宗南，因此备受宠爱，不仅装备全部美械，老兵多，指挥官的军衔也比其他部队普遍高一级：旅长黄正诚是中将，下辖两个团，一团团长刘玉树，二团团长王亚武都是少将。部队战斗力较强，算得上是蒋介石嫡系部队中的嫡系。他们自称是“天下第一旅”。

陈赓虽然知道第一旅向公路中段走来，但不知它在22日准确的宿营地点。由于时间紧迫，机会难得，等待侦察人员侦察情况后回来报告，第一旅恐早已构筑好工事，做好防御准备，那时再派部队去进攻，代价要大得多。于是陈赓下令，把自己的3个旅沿着公路中段的一侧一字摆开，等待第一旅到来，捕捉战机。

部队出发后，陈赓一直坐在报话机旁监听敌情。不久，第一旅果然出现了，报话机中首先传出第一旅第二团团长王亚武向旅长黄正诚的报告声：“我们到了官雀村，发现土共骚扰。”

黄正诚指示：“赶快集中部队。”

“好的。”王亚武虽然口头答应，其实不以为然，他认为自己的团是国民党军队中最强的，是无所畏惧的。

陈赓高兴了，立即站起来挥着手说：“哈，我们找到敌人了！”他立即打电话给第十一旅李成芳旅长：“你们也证实了，第一旅第二团全部进入官雀村。那就赶快集中力量，对这股敌人实行包围分割，今夜发起攻击，把它歼灭！”

官雀是个不小的村庄，坐落在临汾到浮山县城的公路中间。

陈赓接着打电话给第十三旅陈康旅长：“十一旅在官雀村已经抓住了敌人。明天拂晓，占领浮山县城的敌人两个旅，肯定要回过头来西进，援救官雀村的敌人。你这个旅要在西佐岭一线布防，做好思想动员，迅速构筑工事，进行阻击，把敌人挡住。你们现在马上派人和太岳军区第三分区部队联系，叫他们也来参加西佐岭的阻击。”

陈康笑着回答：“能联系上三分区部队当然好了，联系不上我们旅也挡得住敌人。请首长放心。”

22日晚8时，第十旅旅长周希汉赶来纵队指挥所受领任务。陈赓一只手举着蜡烛，一只手拿着铅笔，指着地图说：“你看，我叫陈康在西佐岭阻击从浮山县方向来的敌人；李成芳正在围歼官雀村第一旅的第二团，临汾敌人非常着急，正督促他们旅的第一团来救援。你旅必须于23日2时前，进到官雀以西的陈村、王村一线，构筑工事，阻击从临汾来的敌人。保证李成芳西边的安全。同时，积极创造条件，争取给临汾出来的敌人以歼灭性打击。”

“没有问题。”周希汉回答，“我早在公路边上准备好了，就怕它不来。”他马上带领部队赶到公路上的指定地点，现场勘察地形，部署部队，构筑工事，在23日凌晨一切布置就绪。

临汾以东这一带，解放军有良好的群众基础，部队调动得如此之大，得以保持隐蔽，从而有效地保证了战斗的突然性。而国民党军队在这条公路线上丝毫得不到群众的合作，所以什么真实情况也得不到，在盲目行动。

经过第十一旅的攻击后，被困在官雀村的王亚武已经没有先前那么神气了，向黄正诚报告说遇上的是解放军主力，并请求增援。

在官雀村战斗发起时，陈赓就命令陈康率领他的第十三旅在西佐岭布防，准备阻击浮山县西援之敌。现在了解到浮山方面的国民党军队真要来了，就又一次通知陈康："明天拂晓，浮山那里的敌人两个旅，确实要来援救官雀村被围的敌人了。你们工事构筑得怎么样？一定要做好思想动员，坚决在西佐岭一线阻击住敌人。"陈赓深感陈康一个旅，对付国民党两个装备精良的旅的进攻，担子太重，所以不断打电话询问他那里的情况。

"我们这个旅担负主攻不够资格，"陈康幽默地回答，"阻击这点儿敌人没问题，请首长放心。"

陈赓笑了，放下电话机说："陈康是水手出身，富于勇敢冒险精神，情况这样紧急，他还嘻嘻哈哈的，满不在乎。他一再表示有把握，我就放心了。"

实际上，第十三旅在西佐岭阻击国民党两个旅的进攻，是付出了很大代价的。该旅的第三十九团，二、三营伤亡过半。班长赵小龙子弹打光，赤手空拳跳出战壕，将敌排长打倒，夺其美造武器继续战斗，直到最后一息。二营营长何光全在机枪射手牺牲后，跳上前去抓住机枪，猛烈扫射敌人，自己最后也壮烈牺牲……但是，第十三旅始终未让敌人越雷池一步。

陈赓和陈康通话后，又给第十旅周希汉下达命令："黄正诚率领他的第一团出动了，你们的任务很明确，明天黄昏，把它包围，争取歼灭之！"

23日拂晓，黄正诚率领他的第一团果然来了，第十旅的第三十团与它接了火。第二十八团作为预备队，时刻准备协助第三十四团阻敌东援官雀村。晨7时，敌两个营的兵力在飞机、大炮的配合下，连续向第三十团攻击6次，均被击退。午后，第二十九团正摩拳擦掌准备投入战斗，政委吴效闵突然接到陈赓电话："效闵同志，好消息，在敌人报话机里，董钊骂黄正诚是草包，连个小山头都拿不下来。现在，他这个大草包要亲自出马了。你们团立即插到临汾附近的公路上去活捉董钊。动作要快！"吴效闵接到司令员命令，忘记了自己因疟疾正在发烧，立即向参谋长说了声："出发！"部队借着青纱帐的掩护，跑步向临汾前进，一口气跑到离临汾城只有五六里的地方，仍未碰见国民党一兵一卒。据侦察员报告，在第二十九团到达前半个小时，出了城的敌整编第一师师长罗列又缩回城去。部队听了，感到有点儿泄气。吴政委喊："同志们，跑了师长跑不了旅长，向后转！跑步走！我们去打天下第一旅！活捉黄正诚！"部队又兴高采烈地回头跑去。

下午4时，官雀村的王亚武更慌神了，在报话机上连连催问："援兵怎么还没有到？"

"坚持，我已到陈堰村。明天拂晓，东边的援兵一定到达！"黄正诚安慰他。

"对，坚持到明天拂晓吧。"罗列也没有别的话说了。

为此，陈赓打电话向陈康旅长询问情况。

陈康回答："阵地守住了。只是三分区部队还没联系上。估计敌人会收缩一下，整顿好之后再来进攻。我们除火力杀伤外，准备组织小分队出击，以打乱它的部署，打击敌人士气。"

陈赓听后说："这样很好。不过要把困难估计足。要利用夜暗加紧构筑工事，整顿好自己的部队。我们一定要争取这次作战的全胜！你们还是要派人去联系三分区部队。"

接着，陈赓又与第十一旅旅长李成芳通话："你们准备得怎么样了？要尽快解决官雀村战斗！"

李成芳报告："已经做好准备，黄昏即发起总攻。"

将近黄昏时，吴效闵和他的第二十九团走到一个高坡上，突然发现前面黄尘滚滚。他举起望远镜观看，发现是国民党部队，在向陈堰村西门前进，他立即意识到这就是黄正诚的部队，准备进村固守。他立即召集各营干部开会，决定趁机打进陈堰村，给黄正诚来个措手不及。于是他一面向上级报告，一面行动：一营进西门，二营进北门，三营是预备队，在村外防止敌人突围逃走。

一营进了西门，敌军正架锅做饭，在村中捉鸡打狗，他们立即俘虏200多敌兵，有人当了俘虏还在叫："自己人，别误会。"当黄正诚清醒过来，抵抗相当顽强。

这时，在周希汉指挥下，第二十八团和第三十团也向陈堰村发起攻击，激烈的巷战在陈堰村展开，到处硝烟弥漫，火光冲天，枪声和手榴弹的爆炸声，就像几口大锅炒黄豆似的，"乒乒噼噼""轰隆隆"地响。黄正诚急了，施放催泪性毒气，但仍挡不住解放军战士的进攻。土匪出身的第一团团长刘玉树手执双枪，像一头野兽似的跳到房上指挥，直到第二十九团把他打下房来，他还顿着双脚咬牙切齿地说："你们快把我毙了吧！我是国民党，你们是共产党，我们不共戴天！你们抓住我，算我倒霉。想消灭'天下第一旅'，凭你们这几条烂杆子枪，是梦想！"

"好吧！"吴效闵笑着说，"那你就等着看你们'天下第一旅'的下场吧！"

这时，周希汉打电话向陈赓报告："第二十九团从临汾返回时，在陈堰村与黄正诚和他率领的第一团遭遇，已展开激战。我已经叫二十八团和三十团也投入了战斗，还派出了炮兵和工兵支援，准备全力歼灭它！"

"好！"陈赓高兴地说，"一定要把黄正诚包围好，尽力争取明天拂晓前解决战斗，活捉黄正诚！现在胡宗南部队分散在各地，集中不起来；介休地区的阎锡山部队绝对不会离开铁路线，你们完全可以放心地打！只是部队从四面八方攻入村中，要防止自己发生误会。”

这时，报话机中传来了黄正诚向临汾上司罗列的报告：“我们进入了陈堰村，正与共匪激战。蒋先生安然无恙。”

陈赓头脑中升出一连串问号：“这个‘蒋先生’是何许人也？蒋介石肯定不会来。那是美国顾问？是一个大特务？大将军？是个什么重要人物？……”他立即将这个情况通过电话告诉周希汉：“你们除了要捉黄正诚，还一定要把那个‘蒋先生’抓住！”

这时报话机中传来了官雀村王亚武的叫声：“共军已经发起总攻，我要亲自到前线去指挥了！”他的声音很急促，随之，再也听不到他讲话了。临汾方面不断呼叫，但王亚武的报话机无人应声。

下午5时，第十一旅向官雀村王亚武发起总攻，第三十一团的一营和二营经过激战，分别突入了敌人防守的院落，与敌逐屋激烈争夺。第三营攻进了敌团部，接着爆破组在火力掩护下实施连续爆破，很快开辟了通道，部队趁着爆破的尘土、硝烟猛冲，与敌人进行白刃格斗。第三十二团二营和三营首先歼灭敌山炮连，在团长亲自指挥下，攻击敌二营营部……

午夜刚过，李成芳通过电话向陈赓报捷：“我们已全歼官雀村之敌，敌二团团长王亚武在村西南被击毙。”

“好好好！”陈赓高兴地说，“你们赶快集结部队，赶紧派人转移伤员，押送俘虏，打扫战场。拂晓前撤离官雀村。准备再战！”他放下电话，两手一拍，开心地说：“官雀村解决了战斗，算是把我‘解放’了！我现在有了预备队了！就什么也不怕了！哈哈。”

敌人3个旅，陈赓手上也是3个旅，拿一个旅顶住敌人两个旅，用两个旅去歼灭敌人一个旅，还要抽出一个团警戒临汾北面的阎锡山军队的两个师，虽然陈赓算准了阎锡山军队为保存实力，不会来帮胡宗南的忙，但是万一出现什么事，陈赓手上已是无兵可用了。陈赓这次大胆用兵，就是他在抗日战争中神头岭之战时说的那句话：“有的险冒不得，有的险却非冒不可。”所以敢“非冒不可”，也不是“碰运气”图侥幸，而是由于他成竹在胸。正如《孙子兵法》上说的：“为兵之事，在于顺详敌之意，并敌一向，千里杀将，此所谓巧能成事者也。”

陈赓马上给周希汉旅长打电话：“喂，官雀村已经解决了战斗，你们那里怎么样？最好在拂晓前歼灭陈堰村敌人！有问题吗？”

“没有问题。”周希汉回答，“二十九团马上就进攻黄正诚的旅指挥所。”

陈赓赞许道：“那很好，二十九团打村落战，谁也比不上。”

这时，临汾的国民党军还在报话机里声嘶力竭地喊：“王亚武！王亚武团长！”

“死啦。”陈赓戏谑地说。

黄正诚回答他临汾的上司罗列的问询：“看样子，王亚武那里可能不行了。”

王亚武在胡宗南部队中是有名的“闯将”，是个张飞式的人物。他被围后，胡宗南从西安直接打电话问询过，并认为王亚武不会失败的。

“你们一定要坚持到天亮！”罗列对黄正诚喊，“那几位‘蒋先生’为什么不用一下呢？”

“他们在一个院子里，无法使用。”黄正诚回答。

陈赓笑了：“哈，闷了我半宿，这‘蒋先生’原来是几门大炮呀！”他立即打电话告诉周希汉，部队进攻时注意不要把炮弄坏。

第十旅的二十八、二十九、三十这 3 个团并肩战斗，把国民党军队压缩在陈堰村西南角的三、四个大院中。这时，传来陈赓的命令：要在天亮前解决战斗。第二十九团政委吴效闵当即表示：保证在天亮前全歼敌人！并把旅配属的山炮调上来，对准国民党军队旅部大院作抵近射击，“轰隆”一炮就把那个青砖大院的北房炸塌，战士趁机利用残垣爬上屋顶……

顿时，步枪、机枪、手榴弹、炸药包的声音在报话机中响成一片。

马上电话铃响了，是周希汉报告：“我们已攻进敌人指挥部。”

陈赓喊道：“快捉黄正诚！”

第二十九团战士从房上投下一排手榴弹，接着跳下院子，用刺刀对着国民党兵喊道：“缴枪不杀！”躲在屋内的 100 多敌人举着双手走了出来。

吴效闵命令俘虏全部集合，终于查出了一个俘虏上身穿着士兵衣服，下身穿着黄呢子马裤，短皮靴，大个子，鼻梁上架着一副眼镜，双手白皙，自称是“营部司书”的人，就是黄正诚。他承认自己是黄正诚后，就说了起来：“这不算失败，你们违反战术法则。我们的炮火还没有展开，你们就偷偷摸摸进来。你们大炮在 10 米内使用，也违反射击教程……”他的话，引起了一片笑声。

周希汉向陈赓报告：“我们捉到了黄正诚，还有一个少将参谋长和一个少将团长。”

“太好啦！”陈赓高兴地说，“你们旅守得住，攻得下，打得漂亮，纵队党委已经决定嘉奖你们。现在，要防止敌人飞机前来报复，你们应当留少数部队打扫战场，并监视临汾之敌。主力立即撤离战场。把黄正诚送到我这里来。”

这时，罗列还在报话机里不断呼叫黄正诚讲话。陈赓笑着说：“你不要叫了，你们再也说不成话了，该我和他说话了。”

陈赓睁着一双几天不睡觉熬红了的眼睛对指挥所的人员说：“这个部队的指挥官并不是草包饭桶，他们自称‘天下第一旅’，对国民党军队来说，也不是瞎吹。但遇到我们，它就不行了。”

陈赓拿起电话机和第十三旅陈康旅长说：“‘天下第一旅’已经被我们全歼

临浮战役中被俘的国民党整编第一师第一旅中将旅长黄正诚（左三）、副旅长兼参谋长戴涛（左二）等。

了。你们辛苦了，已经完成了任务，让开大路吧！放敌人那两个旅过去。”

第十三旅阻击胡宗南所属的第二十七旅和第一六七旅的进攻，付出了沉重代价，但也给敌人以沉重打击。现在让开了路，让他们西进到官雀村，那两位旅长看到官雀村战后的凌乱景象，他们援助的对象已经没有一个人，大惊失色，不敢停留，即向临汾方向跑去。陈康又指挥部队追击他们到县底村一带，歼灭其尾部 1000 多人。

至此，临浮[①]战役宣告结束，全歼胡宗南“天下第一旅”及其他部队 5500 余人。所用的战术，正是陈赓在闻夏战役后总结的那一套，对付他老同学的部队，就是要打近战、夜战。

从部署到战役结束，陈赓整整 5 个昼夜没有合眼，他实在太疲劳了，也想休息一下，但是又睡不着，因为下一步的路子该怎么走的问题又进入了他的脑际。

1946 年 9 月 26 日，延安新华广播电台播放了延安《解放日报》的社论《向太岳纵队致敬》，祝贺歼灭“天下第一旅”的胜利。指出这次作战胜利的三大原因：一是部队与人民的血肉不可分的亲密关系；二是指战员沉着坚定，英勇善战；三是陈赓等将军指挥有方，不斤斤计较于一城一地的得失，专心致志于消

① 即临汾、浮山。

灭敌人有生力量。出敌不意，击敌无备。

广播时，正好陈赓不在，大家都喊："快找司令员来听听，也叫他高兴高兴。"

原来陈赓正在村头看缴获的两车电线。他用手摸着电线，对电话员们说："这个线可真好。你们赶快做拐子，咱们部队就要行动了。"他的心确实已经飞向新的战斗任务。

"天下第一旅"的旅长黄正诚被送到第四纵队司令部，他见到纵队参谋长刘忠就说："你们的打法很怪。按道理你们应该打两翼中的一翼，我们第一旅在中间，你们却打了我们。"又说："作战宜正不宜邪。你们采取夜袭，这种打法不正规。若是摆开了打，你们不一定能胜利。"

刘忠笑着问："为什么？"

"我们部队装备比你们好，训练比你们好，军官都是军校毕业的，知识水平高……"

刘忠笑了："那你们为什么输啦？"

"……"

有人通知黄正诚："我们司令员马上来。"

"是徐向前吗？"黄正诚自己落得如此下场，竟还不知道对手是谁。

"不，是陈赓。"

"怎么，是他？"黄正诚被俘时，忙乱中只将上衣换成士兵服，下身还穿着将军裤子和皮靴。见了共军穿着粗布衣的指战员，还要摆摆架子，发泄自己的傲气，坐着时屁股都不抬一下，对于直呼他的名字而没有称他先生不满。可是一听到陈赓的名字，立刻站起来恭敬地说："他是我们黄埔军校有名的老大哥，我很尊重他。"黄正诚在部队准备过黄河北上时，曾给部队军官每人发了一本油印小册子，是叙述他对山西省共军将领的研究，其中谈到陈赓时，曾评价说："他指挥的部队长期同日军作战，武器比陕北共军好些，善于奔袭，长于进攻，战斗力很强，与其接触必须小心。"他完全没想到自己会真的遇到陈赓，并且再小心也没用。

陈赓一进屋，黄正诚就规规矩矩地立正敬礼。

陈赓说："我是陈赓，你们的胡总司令和我是黄埔军校的同学。"

黄正诚连连点头："久仰，久仰。"

陈赓用手示意："你坐下吧。"

"老大哥不坐，我不能坐。"

"都坐下。"陈赓先坐下了，"你有什么问题需要我帮助解决的吗？"

黄正诚思索了一下说："请问你用了多少部队打我？"

"6 个团。"陈赓说，"你们本来想消灭我们，现在被消灭的不是我们，而是你们。怎么样？听说你还有点儿不服气？"

“佩服，佩服！”黄正诚有点儿犹豫，“只是我的部队还没有摆开就被歼灭，不能说明贵军高明。”

“我就是不允许你将部队展开。”陈赓严肃地说，“你们发动这场战争是不得人心的。装备再好，火力再强，部队展开不展开，都是注定要失败的。”陈赓看他目光中存有疑虑，就觉得应该多讲一些：“你要明白，这个仗不是我们要打，是蒋介石坚持法西斯独裁，主动挑起来的……”

“老大哥这话我就不明白了。”黄正诚抬起疑问的眼睛，“他那么大年纪了，还要搞法西斯独裁干什么？”

“难道你不懂这段历史吗？”陈赓耐心地说，“那我给你讲讲吧！黄埔军校是孙中山先生在中国共产党帮助下建立起来的。蒋介石靠黄埔军校起了家，很快就背叛了孙中山先生的三大政策，抛弃了国民党中的左派力量，对在东征和北伐战争中出过大力的共产党人实行血腥大屠杀。想来你在黄埔也耳闻过我救蒋介石的事吧？可他却翻脸不认人。你说，他这不是搞法西斯独裁是什么？他一心想消灭共产党，内战一打就是十年，这不是法西斯独裁吗？抗日战争开始后，他在初期还打了那么几枪，但很快就跑到大后方消极抗日、积极反共了。抗日的军民，当然，也包括你们国民党军队中的一些爱国人士，经过浴血奋战，刚刚取得抗战的胜利，他就勾结美帝国主义收编伪军打我们。如果这些不算法西斯独裁，你说说，什么是法西斯独裁？”

一系列的事实，一连串的诘问，使黄正诚无言以对。他开始低头沉思。

“就拿你们来说吧，”陈赓进一步阐述着，“你们凭什么从陕西省把部队开到山西来？要知道，你我交战的塔儿山、浮山地区，是我们从日本鬼子手里夺过来的，是我们的抗日根据地。你们听命于蒋介石，出此不义之师，助纣为虐，也该扪心自问呀！”

“老大哥言之有理，启我茅塞，请容我三思。”黄正诚对于自己从没有听过的这些道理，自己要在头脑里开展些斗争。

“这样吧，我请你到我们解放区去住一住，看一看那里人民当家作主的情况和共产党所实施的政策。”陈赓诚恳地说，“然后再和你知道的蒋管区比较比较，我相信你会得出正确结论的。”

黄正诚向陈赓鞠了一躬：“我愿意去。”

侦察科副科长程甲锐把黄正诚送到了后方，回来向陈赓报告：“黄正诚在路上和我说：‘感谢你们陈司令员，他使我顿开茅塞。请你回去转告他，我向他道歉，因为我在他面前承认错误不彻底。’”

黄正诚走后，联系到人们对黄正诚的态度问题，陈赓对身边的工作人员说：“你们平时爱读鲁迅先生的著作，看来还没有读透。鲁迅笔下的阿 Q 之所以那么生动，就是他具有典型意义，用精神胜利法来掩盖自己的失败与悲哀。在封建思想长期统治下的中国社会，岂止阿 Q 一人？黄正诚脑袋里的封建余毒，肯定比阿Q多，他搞点儿精神胜利不服输算得了什么？如果他一开始就说‘你们一切都好，国民党真笨’，这能是真心话吗？黄正诚开始不服输是合乎逻辑的。他讲的是真心话，比说假话好。了解了他的真实思想，我们才好教育嘛。”

全面战争爆发以来，陈赓部队于7、8、9三个月，在同蒲铁路线上三战皆捷，共歼敌25000余人。刘伯承在晋冀鲁豫军区干部会上，对此作了高度评价：“同蒲方面打得很好，中央夸奖说，出乎意料之外。”陈毅也从华东前线发来电报祝贺。

1946年9月25日，中央军委向全军发出《关于陈赓纵队作战胜利通报》：

> 一、我陈赓纵队三个旅9月22日至23日与胡宗南第一师第一旅（即老一师，全部美械化，是胡的最嫡系）在浮山县城附近，激战两日，该旅被我全部歼灭；同时胡部第一师一六七旅全部及第三十师的第二十七旅之一团，被我击溃，损失惨重。
>
> 二、晋南战场，蒋军八个旅约六万人，而我军只有三个主力旅及一个地方旅，兵力上敌占绝对优势，四、五倍于我。除7月间被我歼灭之三十一旅外，此次又被歼一个旅及击溃一个旅以上。再次证明只要指挥上集中优势兵力，可以歼灭敌人一路，并可继续取得胜利。至于8月间陈赓纵队攻占洪、赵、霍、灵及汾西五城，共歼阎军万余尚未计算在内。望以此例教育部队，鼓励士气，坚决歼敌。

1946年10月1日毛泽东为中共中央起草的《三个月总结》中指出，解放战争头三个月我军歼灭国民党军队25个旅。（其中，胡宗南的两个旅是陈赓所属部队歼灭的，阎锡山的4个旅（师）中将近3个旅（师）也是陈赓部队歼灭的。）

太岳纵队收到中央这个电报，全军上下都非常高兴。为了防止部队骄傲情绪的滋长，在传达《三个月总结》时，陈赓强调说：“虽然我们在前三个月歼敌5个旅，占全军总歼敌人数的五分之一，但功劳不能都记在我们的账上。首先要归功于党中央、中央军委和刘、邓首长的领导；第二要归功于全国各战区兄弟部队的奋勇作战，仅中原突围部队就钳制了国民党军队30万人，为我们创造了歼敌的机会；第三是太岳区党政军民全力支援；第四才是我们部队指战员的英勇善战。这个账必须算清楚，位置必须摆正，不能贪天之功为己有。”他还激动地说：“在歼灭敌军第二个25个旅的作战中，我们一定要多作贡献。”

他自己就很注意这个“摆正”问题，前面提到过，他不止一次地对部队喊“拥护陈司令员领导”的口号进行批评，认为是“大错特错”。对下面有些干部摆不正自己的位置，常在大会上说：“你们争什么？我们部队中谁最伟大？我看战士最伟大！明明机枪、步枪对着他打，他还是要向前冲！谁能比得了。我认为功劳最大的是战士，你们争什么？”

《第二野战军战史》中写道：

以同蒲战役来说，由于我对洪、赵、霍、灵诸城采取逐一夺取的战法，因而在每一个战斗中都形成了三倍至四倍于敌的优势兵力，各个歼灭了分散守备之敌。9月16日，毛泽东主席在《集中优势兵力，各个歼灭敌人》指示中，就以同蒲战役为例，指出："在敌处防御地位、我处进攻地位的时候……如果我兵力不足，则应对敌军所占诸城一个一个地夺取之，而不要同时攻击几个城镇的敌人。例如山西我军夺取同蒲路上诸城，就是这样打的。"

用兵神速，出敌意外，也是取得这次战役胜利的重要原因。例如，同蒲战役中，第四纵队主力从数百里外突然开进到洪、赵附近，并迅速发起攻击，这就使敌人来不及调整部署，甚至来不及逃脱而各个就歼。又如临、浮战役中，陈赓纵队迅速将展开于霍县至翼城间的3个旅，隐蔽集中洪洞东南地区，而敌人竟一无所知，仍将其注意力集中于翼城、浮山的山岳方向。这就使陈赓部队易于突然向沿临浮公路进犯之敌发起攻击，获得突袭的效果。此外，陈赓部队实行夜战、近战，也大大减弱了敌人的火力、交通和技术优势，特别在临浮战役中，陈赓部队充分利用夜暗迅速接近敌人防御配置，以炮兵进行抵进射击，集中步兵火器突然开火，突击队用大量炸药包实施突击，因而在很短时间内使敌防御体系土崩瓦解，迅速解决战斗。①

"天下第一旅"被歼，使国民党大为震动。1991年1月《人民日报》(海外版)刊登的熊向晖的回忆录中，写他在胡宗南部队做地下工作的情况时说，1947年胡宗南奉命进攻延安，3月19日晨7时许，裴昌会电话告我，整编第一六七旅攻占延安宝塔山，要我告诉胡宗南并问是否即向蒋介石报捷？胡答，不。8时许，整编第九十师到达延安市，胡仍不向蒋报捷。熊向晖很奇怪。10时左右，整编第一旅进入延安市，胡闻讯大乐，亲自拟电给蒋介石，说整编第一师之整编第一旅率先夺取延安。电发后，熊向晖问胡，这是何故？胡哈哈大笑，说这是为整一旅恢复名誉。熊向晖才想起，去年整一旅在晋南被歼，旅长被俘，"使胡大丢脸"，"认为是奇耻大辱"，"焦思苦虑，一直力图摆脱困境"。

黄正诚很了解胡宗南的难处，所以在和陈赓谈话时，曾提出："我们这个部队在那边是很有名的，胡先生当过这个师的师长。请求贵军不要发布新闻，以免胡先生过于难堪。"

此时，陈赓对他的老同学可不愿给面子，轻轻一笑说："谁叫他进攻我们呢？"

①《中国人民解放军第二野战军战史》第二卷《解放战争时期》，解放军出版社1990年版，第71页。

第十七章　进军吕梁山

一、保卫延安

全面内战爆发后，经过头三个月的较量，蒋介石损失了 25 个旅，到第四个月结束时，他又多付出了 8 个旅的代价。虽然占领了解放区的一些城市，军事力量却受到了一定程度的削弱。同时，他过去搞的假和谈，勾结美帝国主义，破坏停战协定和政协决议，发动内战的阴谋，在全国人民面前却暴露无遗了。在政治上如此处境下，蒋介石决定单独召开国民代表大会，夺取延安，来提高自己的地位，以挽救其面临的政治危机。

蒋介石为了实现攻占延安、摧毁中共中央领导机关，于 11 月上旬将晋南胡宗南的 4 个旅调回陕西省，和原来包围陕甘宁边区的 6 个旅及 1 个装甲团，作为进攻延安的主力；同时以山西省阎锡山的晋西南的部队在东面，以宁夏马鸿逵的 5 个旅在西面配合行动，构成对陕甘宁边区的三面包围。准备一举攻占延安，摧毁中国共产党的大本营。

为应付这种严重局面，中央军委决定调陈赓纵队来陕北参加保卫延安的战斗。

11 月 4 日，毛泽东亲自发来电报，说："（敌）一军、九十军已开始自禹门口（西）渡（黄）河，有直攻延安可能；（你部）二十四旅立即西进，攻占吉县、大宁开辟道路；主力三个旅，立即补充棉衣，迅即西进，直开延安。"

陈赓深知这项任务的分量，立即召集纵队党委开会研究，周密地安排部署。首先组织指战员学习中共中央《三个月总结》及中央军委的作战方针，加强军事训练，召开誓师大会……整个部队掀起了为"保卫党中央，保卫毛主席"去杀敌立功的热潮。

部队一听说要到延安去保卫党中央、保卫毛主席，立即沸腾起来。刚从死神手中挣扎出来的第十旅副旅长楚大明，经过软缠硬磨出了医院，一瘸一拐地回到部队，说："住院这个'罪'我可受够了。我这个人躺在床上就会病，让我行军、打仗，什么伤、痛都能好。保卫延安还能少了我？"

老司号员马登山也争得了参加保卫延安的战斗。

11 月 11 日，遵照毛泽东的指示，第二十四旅作为先遣队西渡汾河，再次攻占了汾西县城，为主力部队开辟道路。

11 月 20 日，第四纵队以第十三旅和纵队直属队为右翼，第十旅和第十一旅为左翼的顺序，也分别渡过汾河向西挺进。

不料，此前被第二十四旅攻占后交给吕梁部队接管的汾西县，又被当地的阎锡山的地方团队占领了，而吕梁部队并没有及时把这一情况告诉第四纵队，以致率领侦察排前去联络的纵队司令部的训练科长葛来文，不幸在汾西县城东关遭伏击牺牲。至此，陈赓纵队司令部一年之内牺牲了 3 个科长，大家的悲痛之情是可以想象的。

人们抱怨，都怪吕梁部队提供的情报不准确。

陈赓对葛来文的牺牲当然难过，但听了这个话，抬起眼睛严肃地说："这种议论不好，会影响团结。吕梁部队提供的情况是几天前的事，问题是我们没有注意掌握变化了的新情况，怎么能怨人家呢？对于我们来说，最重要的是汲取教训的问题。不能瞎议论。"他马上指示各部队在向吕梁地区开进时，要加强侦察、搜索、警戒，以葛来文的牺牲为教训，免遭意外的损失。同时，陈赓命第三十九团再克汾西县城，歼阎锡山的"爱乡团"百余人。

陈赓纵队越过同蒲铁路和汾河后，晓行夜宿，于 24 日全部抵达黄河东岸。

这时，中央军委鉴于晋西北地区张宗逊的两个旅已经到达延安附近，陕北的防御准备已大体就绪，足可以抗击敌人的进攻 10 至 15 天；同时，胡宗南感到黄河东岸解放军对他侧后的威胁，又命令他已经到达陕北的整编第一师重新返回黄河东岸的吕梁山区。所以中央军委又电示陈赓纵队暂缓过黄河，要求陈赓指挥自己的 4 个旅和吕梁纵队的独四旅，"以迅雷不及掩耳之势，攻占（吕梁山）隰县、乡宁、吉县、蒲县、大宁等五县"，同时准备和胡宗南的整编第一师作战。

为此，在陈赓和晋绥军区第二纵队司令员王震的统一指挥下，至 12 月 12 日，连续解放了隰县、离石、中阳、大宁、蒲县、永和、石楼、汾西 8 座县城，全歼阎锡山守军 5000 余人。

此前，陈赓曾考虑，在太岳区作战时，曾叫第十三旅打了两次被称作"啃骨头"的防御战，这次总得给他们一个像样的仗打嘛！于是就决定第十三旅进攻隰县。

隰县是阎锡山在晋西南的军事重镇，派他的上将杨澄源任总指挥，统一领导蒲县、大宁、永和、中阳、石楼、汾西、隰县 7 个县的阎锡山军队。隰县还是阎锡山第六专员公署所在地。所以攻占隰县是个十分重要的任务。

11 月 27 日，第十三旅行军 100 多里，赶到隰县，指战员斗志昂扬，在"以实际行动保卫党中央、保卫毛主席，保卫延安"的口号声中，积极展开攻城准备，然后以突然动作攻占隰县外围要点堆金山阵地及周围地区；11 月 29 日夜，在第二十四旅和晋绥军区独四旅配合下，三面顺利登城全歼守敌，活捉上将杨澄源。

此时，晋绥军区部队北上围攻中阳县城，阎锡山为解中阳之围，集中 5 个团的兵力前往增援。陈赓即命第十三旅立即北上，协同晋绥部队作战，击退援兵，于 12 月 12 日攻克中阳县城，全歼守敌 1000 余人。常“啃骨头”的第十三旅在这两个县城的作战中，算是吃上了一口“肉”。

隰县解放后，陈赓和王震赴离石县城，参加彭德怀和习仲勋主持的陕、甘、宁、晋、绥 5 省高级干部会议。会议于 12 月 17 日在离城八里的高家沟举行。会上研究了陕甘宁边区和晋绥两大解放区统一领导、配合作战、开辟吕梁区工作、回击敌人对陕甘宁边区进犯等问题。后来，习仲勋曾回忆说：“1946 年冬彭老总和我从延安动身，渡过黄河，赶到晋绥……会见了陈赓将军，共同研究如何配合作战，保卫党中央，保卫陕甘宁边区……当时关于保卫延安的战略方针，曾有两种设想：一种是把陈赓将军的部队从山西调过来，加强西北的力量，在延安外围地区消灭敌人；另一种是放弃延安，诱敌深入的方针。”

会间，彭德怀高度评价了陈赓前一段作战的战绩，特别对他在和平谈判时期保持高度警惕，时刻准备打仗的做法非常赞赏，并和他研究了会同王震纵队扫荡吕梁地区阎锡山军队和打击胡宗南部队的方案。

为了和王震组织联合指挥所，陈赓特意把司令部人员召集起来交代：“王震同志就要来这里参加指挥，他对党忠诚，斗志顽强，在我们党内是出了名的。大家一定要尊重他。他直爽坦白，爱批评人，在党内也是出了名的，在今后的工作中，如果发现你们的错误而批评你们，甚至骂两句，你们一定要好好接受，不许不高兴。特别是你们作战科、通信科要有思想准备。如果因为电话不通受批评，不许讲理由，要赶快设法将电话搞通……”

陈赓说：“三五九旅是我们党的一支英雄部队，中原突围贡献很大，消耗也很大。才到吕梁山不久，没有什么补充，等于是个干部旅，都是老资格。有的战士比我们连长的资格还老。今后配合作战，不能叫他们打伤亡大的仗，因为他们伤亡一个战士就等于我们伤亡一个干部。你们可不准讲怪话。”他接着又指出：“吕梁地区很艰苦，我们不能有过分的要求。要教育部队发扬解放军艰苦奋斗的传统作风，不能给吕梁地区增加太大的负担。今后我们缴获的武器弹药，要尽可能地留给吕梁部队。”

王震一到，陈赓和纵队其他领导召集各旅旅长、政委到司令部来，把王震司令员介绍给大家，并请他作指示。

“你们部队打得好，受到党中央的表扬。”王震环顾了一下大家，举着消瘦的手说，“彭老总也夸奖了你们。我们向你们学习。”

陈赓插话：“中原突围是英雄创举，比我们要艰苦得多。是我们学习的榜样。”

“你们部队打得好，又保持了艰苦奋斗、高度警惕的战斗作风，是由于你们陈司令员指挥有方。”王震热情地说，“所以这次保卫延安，党中央才决定他去陕北挂帅呀！”

听到这里，会场出现了小小的骚动，个别人还小声交头接耳：“怎么没听陈司令员谈过此事？”

陈赓只得对王震说：“这事我们还没有公开。”

“我们吕梁地区物质条件很差，有些地方刚开辟不久。我们尽量动员一切力量保证部队作战，但也要说清楚，就是党政军民都动员起来，由于物质基础差，部队又多，很难让大家满意。我相信你们会把开辟吕梁作为我们共同的任务，绝不会想在吕梁山得到什么。你们先打了几个仗，装备改善了，但我们这里还是很穷、很苦。你们应当为吕梁山留下点什么。”王震果然名不虚传，不讲客套，不分彼此。

王震讲发扬我军艰苦朴素优良传统时，想起了往事，说：“中原突围前，为了使一部分干部安全转移，让他们化装回老解放区，给了点儿金子作路费，有的人还嫌少。很不像话！这就是思想蜕化嘛！”

陈赓插话说：“个别差劲的人总是有的。我们从太岳到吕梁来，也有的干部抱着老婆哭，不想来。”陈赓也不护短。

联合指挥所就在这样的促膝谈心中成立了。

隰县解放后，陈赓和王震一起从南关进城。由于部队打扫战场不彻底，沿途有不少阎锡山军队遗弃的手榴弹。王震边走边捡，说：“我是穷小子，这么多手榴弹丢了，我心疼。”

陈赓说：“对呀！我们部队有点儿大少爷作风了，大手大脚的。我们马上改。”他回身对参谋说，“去，叫部队派人再来打扫战场，把收集的弹药交给地方部队。”

但是王震还在弯着腰捡地上的手榴弹。陈赓说：“喂，老兄，你别捡啦。我们有经验，阎锡山造的手雷和手榴弹一个样子，很容易爆炸，别弄响了一个，把咱们俩都‘报销’了。”

事后，陈赓和部队讲：“王震同志给我上了一课。这是我们部队的老毛病了。打长子城和洪洞、赵城、霍县、灵石等地都是这样，由于当时参战的民兵多，代劳了，这个毛病才没有明显暴露。这次，我看见遗弃的手榴弹，真是捡不胜捡。我们这个老毛病真该改一改啦！”

由于吕梁地区作战的胜利会影响国民党军队进攻延安时东侧的安全，所以胡宗南急忙调集 6 个旅，由东边的临汾和西边的吉县夹击陈、王的部队。

陈赓纵队为了迎击敌人，正在紧张进行备战的时候，吕梁有个专区派了个北路梆子剧团前来慰问。有人向陈赓建议：“今晚部队有行动，明天就要打仗，

1946 年，陈赓（左）与王震在吕梁合影。

这里又是新区，不好警戒；北路梆子，大家又不懂。戏不要唱了吧。”

陈赓瞪起了眼睛：“你这只是从军事上考虑。吕梁区来慰问，这是个政治问题。剧团同志兴冲冲地跑来演戏，我们挡驾合适吗？这是人民群众的一片心意，所以，天冷也要看，听不懂，也要听。部队照计划行动，看戏可不准中途退场。”

没料到，那晚看戏的人特别多，剧团越唱越起劲，台上台下的情绪非常热烈，戏一直唱到后半夜才完。陈赓也跟着大家看到底，并到后台看望了演员，感谢他们的慰问，然后才和部队行动。

作战计划拟定了，在审查作战科拟定的部队开进路线及宿营地点的方案时，王震问：“老陈，你的部队小路不走，小村不住，怎么尽走大路、住大村？”

“这就是大少爷作风的又一种表现了。”陈赓望着王震，“不过，也确实人多、炮多、牲口多。所以参谋人员也就习惯于这样作计划。这样吧，就按你的意见办。部队开进时，让重装备走大路，步兵走小路，到目的地再整顿队形。”

指挥所转移时，见群众担着粮食追赶部队，陈赓和王震就都下了马，让自己的马帮助群众驮粮，并且亲自带领直属队干部、战士也帮助背。这对当时的王震可能问题不大，对于双腿负过重伤的陈赓来说，困难就多了，但他却一边走一边和群众亲切交谈，像是什么事也没有似的，直到目的地。

胡宗南部队整编第一军军长董钊，率 5 个旅于 12 月 25 日合击大宁县城，扑了个空。由于补给被陈赓部队切断，他的运输大队在薛关、古驿地区被陈赓的第十三旅歼灭，毙伤 300 余人，损失骡马 200 余匹及全部粮食和械弹，弄得董钊的部队没有粮食吃，又不知道陈、王部队的主力去向，惊恐万状，频繁向胡宗南请示均未得到答复。后来还是留守临汾的整编第一军参谋长朱禅义转告他：“总座叫你机断专行！机断专行！”

陈赓从报话机上听到他们的通话后说："敌人准备撤退了！"

果然不出所料，28日，董钊部队分两路撤退：

一路退向临汾，一路退回吉县。只有第六十七旅落在后面蒲县的薛关、井沟地区。陈赓预定之运动歼敌的时机已经到来，立即决定：第十三旅切断敌第六十七旅与胡宗南其他部队的联系，由第十旅和第十一旅围歼敌人这个旅。

12月30日拂晓，董钊的第六十七旅的3000余人被陈赓纵队包围。由于地形多为阎锡山军队过去修建的断绝地，部队运动受限制，双方打得难解难分。在关键时刻，第十旅副旅长楚大明亲自率领一个连，出其不意地占领了敌军腹心的一个高地，利用那里阎锡山军队留下的旧工事，居高临下，一阵猛烈火力，将已被包围的第六十七旅的队形打乱，从而大大加速了部队胜利的进程。16时部队发起总攻，18时结束战斗。歼灭第六十七旅的2000多人，缴获山炮、战防炮6门，活捉第六十七旅少将副旅长陈成武和参谋长王树民。部队乘胜追击，于1947年1月1日，又歼灭第六十七旅一部，再度解放蒲县城。

至此，吕梁战役宣告结束。由于这一战役取得歼灭蒋介石军队和阎锡山军队共1.6万人的胜利，致使胡宗南偷袭延安的计划被迫推迟，吕梁解放区得到较大发展。1月2日，中央军委将这一胜利战况通报全军。

二、汾孝战役

1947年1月7日，中央军委电示：由于陈赓纵队和王震纵队在吕梁地区的胜利作战，推迟了敌人进攻延安的计划。现在汾阳、孝义等县地区，阎锡山的兵力空虚，你们可以转移至那一线作战。

当胡宗南集中五六个旅向吕梁地区进犯时，阎锡山即在晋中地区策应，命第六十九师、暂编第四十四师南下，攻占了同蒲铁路线上的灵石、南关等地，并企图配合胡宗南部队夺取汾西县城……因而造成北面汾阳、孝义等县兵力空虚，只有第七十师两个团及暂编第四十师一个营和当地保安团守备。

陈赓、王震立即挥师北上。具体部署是：以王震纵队的独二旅和独四旅进攻孝义县城；以陈赓纵队的第十旅和第十一旅夺取汾阳县城，第十三旅和第二十四旅负责扫除汾阳、孝义之间的敌据点，并准备打击敌人援兵；王震纵队的第三五九旅为总预备队。

1月13、14两日，部队逼近目标。这时发现阎军增兵汾阳，守备力量加强；需要制造攻城器械，如过沟的板子、登城的梯子等，制造这些工具需要木料，但木料奇缺；陈赓又早有明令，不准拆毁寺庙和民房来取得所需的木料，所以准备工作需要时日，不能尽早举行进攻。鉴于这种情况，陈赓和王震决定改攻城为围城打援，吸引敌人援兵于野战歼灭之。

陈赓、王震联名写信给汾阳守城指挥官刘效曾，劝他弃暗投明。刘效曾不但不从，还将送信人耳朵割了一块，游了街才放回来。

陈赓很生气，拍着桌子说："自古以来，都是'两国交兵，不斩来使'。你顽固不化，不起义，不投降，也就罢了，为什么要虐待、侮辱我们送信的同志？将来抓住你，一定要严惩！"

1949 年人民解放军渡江作战前夕，报载刘效曾率部起义的消息。有人告诉陈赓，他说："他现在起义了，好啊！我们不念旧恶，他割我们人耳朵的事，我们不追究了。让他自己进行自我批评吧！"

1 月 17 日夜，独二旅和独四旅对孝义县城发起攻击，经一夜激战，18 日晨结束战斗，全歼守敌 2500 余人。

汾阳、孝义是山西军阀阎锡山晋中平原的门户，汾阳被围、孝义失守使他震惊。上党战役后，蒋介石以阎锡山无力防守为借口，在"援助"的美名下，派胡宗南接管了临汾、运城及晋南各县。阎锡山明知这是开门揖盗，但因自己无力抗拒，只好忍痛割爱。此后，解放军与胡宗南部队作战，他均采取"坐山观虎斗"的消极态度。这一次，打到了他的家门口，他十分清楚，再不能向蒋介石求援了，再求援连太原也会被接管的。于是，他亲自出马，到平遥地区指挥其 9 个师和由伪军改编的 2 个纵队，共 25 个团 3 万余人，于 18 日兵分三路向汾、孝地区进发，扬言要于 21 日下午夺回孝义，为汾阳解围。

这样，加上困守汾阳的第七十师，解放军当时面临着敌人 10 个师和 2 个纵队的挑战。

陈赓、王震仔细分析了敌情，认为汾、孝地区为阎锡山所必争。他集中这么多部队在这狭窄地区与解放军决战，不利于对其各个击破。但是如果我们不战而退，会助长阎锡山的嚣张气焰，对巩固和发展吕梁解放区不利。同时，第四纵队到汾、孝未完成中央军委赋予的任务，陈赓觉得回到太岳老家也不会开心的。根据和阎锡山长期作战的经验，阎军凭工事防守，还有点儿战斗力，但进行野战则不行了。所以陈赓、王震决定：还是要集中主力，在运动中打击敌的一翼。问题是这个仗怎么打呢？

陈赓仔细分析了一下：中路赵承绶的部队战斗力最弱，但有左、右两边部队的策应，不好下手；北路王靖国部队战斗力也不强，但左有赵承绶部队，右有汾阳之敌策应，也不便于反突击的实施；南路孙楚的第八集团军，战斗力较那两路都强，兵力还多了一个师，北面有赵承绶部队策应，但它南侧翼暴露。同时孙楚讲话调门最高，他通过报话机和将领们议论什么"收复孝义很有把握"，陈赓部队无非是采取"打了就跑"的战术，叫部下不要为陈赓所迷惑，必须按时攻占孝义城，并做好追击陈赓部队的准备云云。

经过再三权衡，陈赓说："就是战斗力很强的部队，也逃避不了'骄兵必败'的规律。阎老西儿的这些卵翼部队，既无战斗力，又自大轻敌，焉能不败？咱们就拿孙楚开刀吧！"

20 日，阎锡山军队距孝义县城还有二三十里地时，中路的赵承绶想抢头功，派了 1 个师抢先扑向孝义县城，据守在孝义县城北关的陈赓纵队第十一旅的第三十三团打了一个反突击，歼灭了它 1 个团，活捉团长以下 800 多人，缴获 2 门山炮等许多军用物资。

陈赓为此曾担心，怕赵承绶向阎锡山报告这一情况，从而引起敌人的警觉，造成以后的仗不好打。谁知道，赵承绶怕丢脸，根本不报这事，使阎锡山蒙在鼓里。

这时，从报话机传出来汾阳守城的刘效曾向阎锡山军队的参谋长郭宗汾的建议："进攻孝义不可轻进！陈赓十分诡诈，不要上他的当。南边的友军（指胡宗南部队）已经吃过他几次亏了。"

"你不必顾虑。我们这么多部队，陈赓有什么办法？"郭宗汾不以为然，"他最多采取打了就跑的战术，跑上南山去。"

于是陈赓就将计就计，命令各旅派小分队，以轻机枪、步枪、手榴弹就近对敌人进行火力袭扰，不准动用火炮和重机枪，一两个小时即自行撤回，给敌人造成"打了就跑"的错觉。

此举果然奏效。当小分队火力袭击一开始，各路敌军纷纷向阎锡山报警，说陈赓部队发起进攻了。没隔多久，又向阎锡山报捷，说已将陈赓部队击退。所以阎锡山也就十分放心地命令他的部队按既定部署实施。

但是汾阳城里的刘效曾不放心，不断向阎锡山建议："陈赓是个成了精的人，他蹲在南山上，察看我们动向。我估计他今晚就要行动，请总座提醒各部队加强戒备。"

阎锡山不介意地说："陈赓不是已经在行动吗？无非是打了就跑。你不必多虑。"

陈赓在报话机上听了他们的对话，摸着胡子笑了："别看刘效曾这个人，确实比他们有头脑。"

敌人各路大军大摇大摆地向孝义县城走来，唯独赵承绶吃过亏，表现略为谨慎。21 日下午 3 时许，孙楚的 8 个团进至东盘梁、北窑村一线。周希汉旅长向陈赓报告："敌人进攻队形已全面展开，没什么戒备，已接近我们的阵地，可否反击？"

孙楚部队在东、西盘梁遭到第十旅的阻击，多次进攻均败下阵来。在其准备后撤时，陈赓一声令下，第十旅、第十一旅、第三五九旅、独四旅等部队，像是出弦的箭，冲出隐蔽地，扑向孙楚部队。

陈赓坐在报话机前听敌人的动静。急速的变化反映在孙楚和阎锡山的谈话上：开始孙楚还在说："我军按计划前进，没有发现陈赓部队，可能他们已经逃到南山。"过了不大工夫，又说："按这个速度，黄昏前占领孝义没有问题。现在只发现陈赓小部队骚扰。"很快，他就慌张地大叫起来："哎呀！陈赓部队进行反击……已经到了我的村前……我要转移，不能讲话了！”以后就再也听不到他的声音。

陈赓打电话找周希汉旅长，值班参谋说：“旅长随同出击部队追下去了，现在敌人跑得漫山遍野，部队都在猛追。”陈赓指示值班参谋：“你赶快设法告诉旅长，说我讲的，一定要抓住孙楚！”

很快，周希汉旅长打电话来报告：“我现在就在孙楚指挥所，这里所有人都被我们抓住了，就是孙楚跑了。”

陈赓说：“赶快派人去追呀！”

“已经派两个班去追了。”

“为什么不多派部队？派两个连去追！”

“攻占孙楚指挥所，我只带着一个排。”周希汉回答，“现在敌人放了羊，我们部队在到处追，营指挥员都很难掌握部队……”

“幸亏敌人是草包。”陈赓说，“如果这时敌人有个师来反击，我们也会乱套。快点集结部队，打扫战场，将俘虏向后带，准备再战！”

当时，第十旅冲到最前面的是副旅长楚大明率领的第二十九团，他们一马当先冲到了阎锡山第八集团军总司令孙楚的指挥所，抓住了他的副官长杨纶元。杨纶元说：“孙楚才跑过这条小河去。”楚大明大喊：“追呀！活捉孙楚去！”此时，北风怒吼，雪花飞舞，楚大明带着 1 个连，在这冰天雪地里跑得满身大汗。可是没有追着孙楚，却追到了敌第六十七师师部。敌副师长王熙明和他的政训处主任等八九个军官束手就擒。

这时，作为总预备队的第十三旅旅长陈康再也沉不住气了，提出：“我们要出击！”

“不行！”陈赓态度很坚决。因为第十旅反击得手后，孝义县城以东及东北出击的情况尚未查明。而第十旅随着敌人的溃散放了羊，一时集中不起来；如果再让第十三旅出击，陈赓真得唱“空城计”了。作为身经百战的指挥员，陈赓手中不能没有力量，以防万一出现的情况。

后来得知：孙楚离开指挥所向东跑，跑上文峪河的一座小桥，桥头有个小碉堡，有敌人守着，掩护孙楚过河。追击部队和他相距不到百米，开动机枪，是可以把他打死的，但战士脑子里认定要抓活的，所以没有开枪打他，想从文峪河的冰上跑过去抓孙楚。冰很薄，一踩就垮，几个战士掉到河里，待把他们救上来，孙楚已跑远了。不过他逃得慌张，把蒋介石颁给他的奖章、他自己的私章和第八集团军的军旗等都丢下了。此次出击，俘虏 3000 余人，缴获山炮 10 门，轻重机枪百余挺。

听了周希汉的报告后，陈赓说：“迅速将缴获的武器弹药集中起来，移交给吕梁部队。继续加紧集结部队，准备再战！”

就在第十旅追击敌人的时候，孙楚的 3 个团被第十一旅和第三五九旅等部包围于东盘梁村。被围的师长向其总部通过报话机报告时竟哭了，说：“炮还在，炮弹丢了，现在人心惶惶，请速派援兵……”

阎军总部回答：“你统一指挥 3 个团抵抗共军，我们即命赵承绶增援你们。”

那人更哭了：“准备成仁……”

陈赓认为，这是歼敌的好机会，敌人的斗志已经瓦解，立即命令部队在援敌到达之前围歼这股敌人。同时他又命令第十三旅：“部队立即开进到东盘梁村东北方向打援。”早就跃跃欲试的陈康旅长兴高采烈地接受任务走了。

部署完毕，陈赓看见担架抬着伤员从指挥所附近经过，连忙前去探视，发现伤员身上只盖着一件大衣。他立即叫来后勤部长，要求立即给伤员解决棉被御寒。他还赞扬战士受伤忍痛不呻吟的英雄气概。

当各部准备在 24 日拂晓对东盘梁敌人发起总攻时，第三五九旅第八团疏于戒备，使被围的敌人 3 个团于 23 日夜逃走了。对丢掉了这块“已经吃到口里的肉”，陈赓深感惋惜。

这时，天寒地冻，大雪纷飞。部队经过连续作战，已感到疲劳，但接到陈赓命令后，第十旅即直扑东大王庄，第十三旅飞奔西大王庄及西河底等村；第十一旅、第二十四旅及吕梁部队分别对万户堡、北辛武、孙家寨等地之敌发起进攻。第十旅副旅长楚大明率领 4 个连，沿文峪河向北急进，在三面受敌的情况下，指战员为了便于隐蔽，把棉衣翻穿，把棉帽翻戴，让白里子朝外，与积雪天同色。他们迂回到预定地点，正逢敌人撤退，立即给予迎头痛击，敌人被迫退缩回东大王庄和北船头村。第二十九团随即攻入东大王庄，全歼守敌。其余敌人在我政治攻势下，终于缴枪投降。解放军俘获 1300 余人，缴获山炮 2 门，迫击炮 8 门，重机枪 13 挺等一批武器。

陈赓立即将指挥所设于东大王庄。

24 日，陈赓纵队将阎军后尾之暂编第四十六师和第七十一师两个师包围于汾河边的中街村。为此，陈赓又把他的指挥所搬到中街村西北的万户村，立即部署歼敌的方案：由第十旅和第十一旅担任主攻，独二旅沿汾河西岸阻击阎锡山的援军。

陈赓的作战室很小，但整洁实用，绘制得很标准的地图挂在土炕两边的墙上。晋绥军区参谋长陈漫远一进门就夸奖：“好气派呀！”

原来是贺龙司令员派陈参谋长来慰问部队的。不久，主要由劳动模范组成的延安慰问团也来了，他们是带着中共中央和陕甘宁政府、人民的深情厚谊来的。陈赓在作战室接见了他们，表达了对中共中央、毛泽东主席和边区政府与人民的谢意。并说：“我们部队这次到吕梁有几大荣幸，一是归晋绥军区贺龙司令员指挥；二是同英雄的三五九旅等吕梁部队并肩战斗；三是见到了敬仰已久的你们慰问团的劳动英雄们。”

28 日，对中街村的总攻发起时间确定了，但怕当时部队中的各种钟表、手表不准确，决定由通信科以举火为号。通信科的人爬到作战室后面一所视野开阔的高屋顶上点燃了火把，部队看见后，就对中街村展开了攻击。但是敌人也看见了，他们指挥官立即通过报话机向阎锡山报告："陈赓指挥部在万户村，请速派飞机轰炸！"接着，他们又叫中街村的榴弹炮轰击万户村，一时炮声隆隆，硝烟四起。

根据这个情况，有人建议转移指挥所，但陈赓和王震商量后，表示不同意：1.部队正紧张战斗，现在指挥不能中断；2.阎锡山没有轰炸机，太原的几架P-51型战斗机，只能用机枪扫射，起不了大作用；3.榴弹炮虽然向这里轰击，但都打在了村东侧的土地上，对我们没有什么影响。

过了一会儿，果然飞来两架战斗机，在上空扫射。陈赓和王震在指挥所里工作，好像什么也没有听见似的。

中街村背后是汾河，其他几面都是平坦的开阔地，敌人凭借村子的围墙等有利地形及坚固工事进行顽抗。27、28两日，解放军先后两次发起攻击，均未奏效。第二次进攻，损失较大。第十一旅第三十二团第九连在向中街村进攻时，由于副团长把路带错，置部队于中街村正北敌之暗碉侧射火力网，导致全连壮烈牺牲，营教导员原增录负重伤。

楚大明早在总攻发起前即深入到前沿阵地。28日拂晓，总攻的战斗打响，进展很不顺利，侧卧在战壕里的楚大明一跃而起，高喊着："同志们，冲啊！"就在这时，敌人一排子弹射来，他身中数弹，倒在了阵地上。

战斗进行得非常紧张而又不顺利。一天多了，陈赓滴水未进。警卫员弄了点面糊，还特意加了几粒核桃仁，用小搪瓷缸盛着端来。这时，陈赓已与几位领导同志议定停止对中街村的进攻。因为，中街村守敌为两个整师，工事坚固，夺取它成为攻坚战。当时又值"三九"时节，天寒地冻，要在开阔地上进行土工作业，挖交通壕近迫敌人工事，几乎不可能。加之敌人各路援兵正纷纷向中街集中。如果再打下去，只会造成部队更大伤亡。

陈赓一手端着缸子，一手握着电话机把这个决定通知部队。这时从周希汉旅长那里听到了楚大明副旅长牺牲的消息，他重重地将缸子一放，立即站起来，好久没有说话，过了一会儿，才和大家说："楚大明同志牺牲了！"整个作战室即沉浸在无比的悲痛中。"把他的遗体保护好。"陈赓终于控制了自己的感情，向周旅长交代："随部队回我们太岳区安葬，要开隆重的追悼会。现在正在打仗，先不要向部队宣布，待战斗结束后，教育部队化悲痛为力量！"

楚大明1917年生于河南省商城县一个农民家庭，当过牛倌；1929年革命风暴席卷大别山，商城县建立红色政权后，他被任命为县苏维埃常委兼赤卫营营长，后被编入红军第七十四师，从通信员一直干到排长。随着他军政素质的提高和军事才能的崭露，他的职务连续升为副旅长。由于他骁勇善战，出奇兵，克敌制胜，功勋卓著，在部队享有很高声誉，他是著名的战斗英雄，被人称为

"红色虎将""八路军的夏伯阳"。在近 20 年的战争烽火中，他负伤 28 次。他的牺牲，是陈赓纵队的重大损失。

汾孝战役以中街村敌人在援兵接应下逃走而结束。此役共歼敌 16400 余人，缴获山炮 12 门，又给阎锡山沉重一击，也使晋南的胡宗南部队更加孤立。

这次战役虽然取得了相当的战果，却使陈赓感到值得反思的东西太多了。为了汲取经验教训，陈赓决定在中街村作战现场进行总结。

陈赓、王震带领第四纵队和吕梁部队的旅、团干部，围着中街村转了一圈，每到一地都由当时的指挥员讲述他们是怎样指挥的。由大家讨论，最后由他俩进行总结。

他们步行到中街村北面，看了第三十二团第九连的冲锋出发地、冲锋路线和敌人的阵地以及我们炮火的弹着点等。陈赓说："你们看，我们的火炮根本没有摧毁敌人主要的火力点；我们也没有发现敌人的侧射地堡（敌人在中街村土寨外东北 200 米处做了 3 个重机枪地堡，由东向西侧射我由北向南进攻的突击部队）。"陈赓指着这些地堡说："严防敌人的侧射火力，是指挥进攻战斗的常识，可是我们团的指挥员却没有注意到。这是置九连于死地的关键。"

看到九连的战斗队形未变，牺牲者的头都向着前面，没有一个向后的。陈赓沉痛地说："这样好的连队，这样勇敢的战士，我们应该好好指挥他们。可是由于我们指挥上的失误，造成这样的结果。这个教训太令人痛心，也太深刻了！我们应该认真吸取。"

陈赓听田大邦营长讲述了他当时指挥的情况后问，为什么选择这里做冲锋出发地？部队冲锋的正面是中街村的围墙。陈赓说："你从这里进攻，正面敌人打你，左边右边的敌人也可以侧射你，你怎么能冲得过去？"他向右方走了 20 多米说："你应选择这里作冲锋出发地，朝村子的围墙角进攻，这样只有正面一路敌人射击你，左边右边的敌人都无法对你进行侧射。你只针对正面敌人组织好火力掩护就行了。这个教训永远不能忘！"

在第十旅的阵地上，同样发现解放军的炮火基本未摧毁敌人火力阵地的情况。

现场观察结束，大家进入一个小院，站在老乡的院子里聆听陈赓的总结发言。天色阴沉，刮着西北风，冷飕飕的，同大家的心情非常一致。

陈赓说："我们这次配合吕梁部队作战，是在党中央、毛主席的英明领导下，在晋绥军区贺龙司令员的直接领导和关怀下，在吕梁党政军民全力支持下进行的……"接着他简单讲述了两个多月所取得的胜利及其重大意义，十分具体地表扬了第三五九旅、独二旅、独四旅的优点。如说独二旅人数虽少，但战斗作风好，有全局观念；独四旅打孝义县城贡献大；吕梁部队在汾河打援硬是把敌人顶住了，敌人用榴弹炮也轰不动他们。然后，他严厉地批评了第四纵队的一些部队，特别指出中街战斗组织得不好。不过，他没有点名，也没有处分当事的干部。战后，陈赓向中央军委递交了总结报告，主动承担了责任。

在战术总结中，陈赓特别强调了两条核心问题：一、进行村落攻坚战斗时，各级指挥员必须提前亲自观察敌人阵地、地形，亲自组织火力和部队冲锋，仅凭电话听汇报不行；二、今后在开阔地作战，必须挖交通壕接近敌人阵地。他指出，这次中街村战斗，进攻出发地、冲锋出发地、火力阵地，都距离前沿太远。他再次强调严防敌人侧射火力及如何摧毁和压制敌人侧射火力点的问题。

这次血的教训，经及时检查、总结，对部队提高很大。这在以后的攻坚战、特别是在淮海战役中得到证明。

整个战役中，陈赓没有睡过好觉。战役的结尾没有打好，特别是战斗英雄楚大明的牺牲，使他万分悲痛。他回忆部队打孙楚时那种高昂的情绪，旅长手中只掌握着一个排等情况。他觉得自己作为领导应该及时敲响警钟：孙楚的失败是由于骄傲。而中街村所以未能取胜，虽然原因很多，主要的也是由于轻敌。认为像“天下第一旅”那样的硬石头都被我们敲碎了，猬集于中街村一隅的阎锡山的残兵败将算得了什么？当然敌人依然是块“豆腐”，可是由于轻敌，事物就向相反的方向转化，强大的“雷公”竟然没有能把“豆腐”击碎。当然，不能说他没有对部队敲响警钟，敲了，并且敲了不止一次，但是没有达到振聋发聩的程度。

《第二野战军战史》这样评价：

> 吕梁、汾孝作战，是当敌全面攻势开始下降时，我以大兵团深入敌占区展开的果敢进攻。由于充分贯彻了集中优势兵力各个歼灭敌人的原则，先乘虚歼灭分散之敌，开辟战场，诱敌来援，尔后分割歼灭；同时，晋冀鲁豫与晋绥两解放区野战部队高度地发扬了亲密团结、积极完成任务的精神，从而歼灭了大量敌人，推动了战局的发展。两次作战历时两个半月，歼灭了胡宗南部第六十七旅及阎锡山部第六十九师等近 2.1 万人（含晋绥部队战果），推迟了胡宗南进攻延安的计划，解放了吕梁区三万多平方公里土地及数十万人口，将敌胡宗南、阎锡山两部压缩到同蒲铁路沿线和山西中部盆地，扩大了陕甘宁边区与晋绥解放区的联系，为晋南、晋西作战造成了更有利的形势。

三、告别吕梁

中共中央决定陈赓带领部队返回太岳解放区，他对王震说：“这次在吕梁作战，承蒙党政军民大力支援，你们条件艰苦，确实尽了最大的努力。我很感谢。我们明天就要返回太岳区了，不能亲自去各方致谢，请你代为转达。”

王震恳切地说：“支援打仗是吕梁区应该做的。你们不必走得那么急，两个节（指新年和春节）都在打仗，没有过，再住几天，补过一个年吧！吕梁虽苦，给每个人弄斤把肉吃吃，还是能做到的。”

陈赓笑着摇头：“每人1斤，就是上万斤肉，这可不是个小数字。吕梁是新解放区，底子太薄。我们还是回太岳区过年吧！我们是太岳人民子弟兵，战士们也愿意回那里过年。”

王震听了，也摇头：“那怎么行？打了这么多仗，不在这里过年，我不同意。”

陈赓伸出手和王震的双手紧紧握在一起：“来日方长。你的情谊我一定告诉部队。我们再见吧！”

“不过，我尚有一事拜托老兄，就是大批伤员还需要吕梁照顾。”陈赓恳切地说，“我已命令各旅组织伤员收容大队，负责此项工作，待伤愈后即组织他们返回太岳。”

“这是我们的责任。”王震用力握着陈赓的手，“你放心好了。”

他们真挚的战斗友谊，依依惜别的感情，使在场的所有指战员深受感染。

此后，陈赓派纵队司令部的军政处长王步青去第十旅检查，部队是否遵照他的命令把缴获的大炮和机枪等重武器全部移交给吕梁部队了。为此，他还亲自跑去看，凡是这些武器上缺少零件的，一定要给配齐；机枪不好用的，要拿好机枪换回来……

陈赓一直在思索：中街村战斗失利的原因之一，是战斗开始前的炮火准备问题。炮火准备的目的是摧毁敌人的碉堡和前沿工事，现在证明，夜里，山炮远射难以打得准确。第二十九团在陈堰村攻打“天下第一旅”旅部时，曾用山炮对他们驻守的大院作抵近射击。活捉旅长黄正诚后，黄还抗议说：“你们大炮在十米内使用，违反射击教程。”虽然“违反射击教程”，但是这可以解决打得准的问题。这种打法能否在部队推广？应当实践一下。在部队离开吕梁山，经过敌占的同蒲铁路返回太岳区时，他命令第十旅攻打敌人的一个小据点，试验一下山炮进行抵近射击的效果。他兴致勃勃地亲自来到炮阵地观察，山炮被推近到据点前沿不到200米，被阎锡山的守军发现了，进行猛烈射击，子弹打在山炮的挡板上，火星四迸，噼啪乱响。但3发炮弹射出后，一阵轰鸣，烟尘四起，敌人就举手投降了。陈赓要亲自去碉堡检查山炮射击效果，经大家劝阻，他才同意由侦察科副科长程甲锐带两名侦察员去看。

“三发都命中，一发穿过碉堡，两发在碉堡内爆炸。”程甲锐回来报告。

陈赓高兴地说：“今后攻坚，山炮力争这样使用。”

由于中共中央对吕梁作战的重视，新华总社派了一个3人的记者小组到吕梁战场采访。记者们在延安就和王震的第三五九旅熟悉，所以就去找了王震，但是王震说：“这次吕梁作战的主力是陈赓部队，他们能打仗，你们到他们那里采访吧！多报道他们。”于是记者组就来到了第四纵队。

记者组要求前线采访。陈赓对这些积极投身于战火中的知识分子非常欢迎，亲自给各旅首长打电话，要求热情接待，给他们提供采访条件，不向他们保密，注意他们的安全。现在第四纵队要返回太岳区了，记者们也由各旅回到司令部。

陈赓对通信科长说："你去看看他们，听听他们对这次采访的观感，征求一下对我们部队的意见。"

"他们是新华总社的大记者、大文化人，让我去恐怕谈不出什么名堂。"科长有点儿着急地说，"司令员亲自去谈要更好些。"

"我当然要和他们谈的。"陈赓笑着说，"现在是让你先去谈谈，你就去谈吧！去听他们谈。"

科长只好去了。见了面，他说："诸位到我们部队采访，大家都很高兴。请谈谈你们的采访观感。"

他们就谈开了，冯牧谈得最多，他说："我过去没有亲身经历过大的战争，这次到前线采访很受教育。我过去所知道的战争，以及战士在战场上的感情，都是从书本上得来的。这次在前线采访，才发现它与实际生活有很大差距。有一个连队在战斗中伤亡比较大，我当时估计战士们痛感战友的牺牲，撤出战斗后大家会哭的，结果发现不仅没人哭，还照常吃饭，好像什么事都没有发生。可是战斗任务一下达，战士们纷纷请求参加突击队，为牺牲的战友报仇，一股无法抑制的激情充分爆发了！楚大明副旅长是第十旅最受爱戴和尊敬的首长！他牺牲的消息，第十旅直属队是在行军中宣布的，本来是有说有笑的人们，一下子寂然无声，一直到宿营地，大家仍沉浸在悲痛中。这感情，真比哭还深切、动人……"

科长向陈赓作了汇报，谈到冯牧时，陈赓说："他说真话，爱战士，爱英雄，若是留在我们部队就好了，可以很好地报道战士们的英雄事迹。"

穆欣、冯牧、艾柏 3 位记者在陈赓的热情召唤下，随第四纵队来到太岳区，在沁源县的郭道镇参加了纵队的庆功大会，冯牧写出了《新战士时来亮的故事》，艾柏写出了《保卫毛主席的呼声》等歌颂英雄事迹的文章，发表后产生了很大影响。

1947 年 2 月上旬，部队回到了太岳区。为了迎接新的战斗任务，陈赓立即主持党委会，提出利用战斗间隙进行整训的意见，着重抓三件事：一是召开追悼大会，以寄托对上党战役以来作战牺牲的烈士们的哀思；二是开展群众性的评选英模活动，表彰、奖励先进典型；三是进行群众性的作战经验总结和开展练兵运动，准备更有力地打击敌人。

2 月下旬传来华东部队在山东省的莱芜战役大捷的消息，歼敌 56000 余人，生俘第二绥靖区副司令官李仙洲。陈赓非常高兴，天还没亮他就起来积极向人们宣传这一伟大胜利。他说："从歼灭敌人的数量来看，这是我军在一次战役中歼敌最多的一次，说明我们战斗力大大加强。取得这次胜利的原因很多，但是有一条，就是不计一城一地的得失，采取大进大退的运动战；集中优势兵力各个歼灭敌人。我们要向华东部队学习。我们部队小，打不了那么大的仗。但我们要打歼灭战，不打消耗战，还是要做到的。”

不久，第十一旅报告：打中街村壮烈牺牲的第九连，幸存下来的十几名伤员伤愈归队了，该旅以他们为基础，又抽调了一些骨干重新建立了第九连。部队情绪很高，决心保持第九连的战斗作风。

陈赓看了这个报告后，很有信心地对大家说：“有十几名原来的骨干，可以保持原来的良好作风。一个连队不怕伤亡大，就怕‘绝种’，这个连的战斗作风就失传了。建设一个新的部队，最主要的是选好第一任连长、第一任团长。如果第一任连长战斗作风好，这个连队的作风就会好；第一任团长战斗作风好，这个团的战斗作风也就会好。后来的连长、团长即使战斗作风差一点儿，因为大批基层干部在，作风不会受到大的影响。比如十六团，原团长丁思林同志战斗作风好，团的作风就快速勇猛，战斗力很强。后来他牺牲了，这个团的战斗力仍然很强，因为他带出了一批基层干部……好的战斗作风是一个很大的精神力量。只要基层干部在，这种作风就不会丢失。”

接着，陈赓就去河北省平汉铁路上的邯郸市，向中共晋冀鲁豫中央局和军区刘伯承、邓小平首长汇报工作。7 个多月了，陈赓一直在中央军委直接指挥下作战，这时回来了，他向刘、邓首长汇报工作的心情是很急切的。

陈赓走后，部队按照纵队党委的决议，召开了追悼大会，没有局限于沉痛的哀悼，更重要的是通过对烈士们可歌可泣的事迹宣传介绍，给全体指战员一次深刻的教育。

在群众性评选英模活动的基础上，先以团为单位召开授奖会，然后旅和纵队召开大会，以隆重的形式表彰先进，奖励英雄模范。大会中以小型报告会为主，把宣传英模与交流作战经验紧密结合；各旅的英雄模范混合编组，互作报告，共同切磋，交流经验，取长补短，增进友谊，会议实际成了军事政治训练班，比、学、赶、帮的热潮蔚然成风，也就为以后作战中的互相配合与支持，打下了良好的思想基础。

英模大会后，部队即掀起群众性的作战经验总结和练兵运动。此时，陈赓特别重视加强土工作业的训练，指示后勤部门，请铁匠做铁锹和十字镐，要求每个战士都能带上一件。他指出，以后攻坚，不挖交通壕，不做工事，会增大伤亡。他还要求各连战士爆破组，开展使用炸药的群众运动……一个多月的整训，重点突出，环环紧扣，既热火朝天，又扎扎实实。

这是陈赓强调的走一步一个脚印，不走过场的表现，也是他实事求是，反对华而不实的作风深入人心的反映。

四、横扫晋南

经过国共两军 8 个来月的较量，到 1947 年 3 月，国民党军队虽然占领了解放区城市 105 座，但付出了 71 万人被歼和 100 多名将级军官被俘的代价。国民党再也没有力量搞全面进攻了，被迫改为重点进攻，即在西边集中 34 个旅的兵力进攻延安，在东面则集中 60 个旅的兵力进攻山东解放区。蒋介石认为：山东和陕北是决定自己生死的所在，占领延安，会使共军信心瓦解；占领山东，就可以渡过黄河北上，以雷霆万钧之力，压倒其他地带的共军。那么在陕北到山东省这 1000 多公里的地面怎么办呢？蒋介石竟丧心病狂地在河南省郑州附近的花园口堵口，迫使滔滔大水流入故道，造成大片的泛滥区，淹没了无数村庄和 500 多万亩良田，数十万人民流离失所。这样，就构成了从山西省的风陵渡到山东省济南市 1000 多公里的所谓“黄河防线”，妄图以此代替 40 万大军，阻止晋冀鲁豫野战军支援山东战场，以保证他可以集中兵力用于东西两翼进行“哑铃形”的重点进攻。

这种局势对中国共产党的压力相当沉重。就陕北而言，野战部队只有 2 万多人，面对 10 倍于己的敌人，如何应战？如何变被动为主动？如何打击敌人，歼灭敌人？对于山东战场自然也是如此。

1947 年 3 月 19 日，为诱敌深入，中共中央主动撤离延安。为了迎接最严峻的考验，中央决定毛泽东、周恩来、任弼时继续留在陕北指挥全国人民解放军，并直接指挥西北解放军作战；另组成以刘少奇、朱德为首的中央工作委员会，到河北省平山县西柏坡村进行中共中央委托的工作。

延安撤退后，陈赓给部队作报告，传达了中共中央《迎接中国革命的新高潮》的指示，接着他说：

> 蒋介石配置于陕北战场的军队有 34 个旅，人数十倍于我。在敌我力量这样悬殊的情况下，我们当然不能去和他硬拼。党中央、毛主席决定主动撤出延安是英明的。蒋介石以为占领了延安，将对它的危局起决定性作用。但是，延安的机关、学校、医院和居民等等，在胡宗南到达之前早就撤离干净了。毛主席、周恩来等领导人也早转移到山区。胡宗南占领的延安，不过是一座空城，除此外，他什么也得不到。

当然，说他们一点儿东西没有得到也有点儿绝对，应该说，他们得到了一个沉重的包袱。占领延安不仅更加暴露了他们发动内战的真面目，而且使他们的部队更加分散，更加处于被动挨打的地位。

他的话音一落，会场上响起了一片笑声，这笑声扫除了人们头脑中对延安撤退的疑惑。陈赓继续说：

> 党中央虽然离开了延安，但仍留在陕北战场指挥全国作战，仅就指挥位置仍在陕北这一点来说，就是对蒋介石的很大打击，对我军的很大鼓舞。其威力之大，超过 10 万大军！敌人进攻延安集中了很多兵力，晋南就空虚了，中央军委命令我们夺取晋南，就是直接配合陕北战场作战。保卫党中央！保卫毛主席！

2 月 24 日中央军委在撤离延安前，就曾指示陈赓等太岳部队领导人："你们须在三、四两月消灭晋南胡军几部分，基本改变晋南局势。"就在中共中央撤出延安城的 3 月 18 日又指示说，第四纵队和太岳军区部队，应迅速向临汾以南方向进攻，相机攻取晋南三角地带的一切可能夺取的地方，大量歼灭敌人有生力量，坚决打击进攻陕北的胡军侧背，有力地配合陕北解放军作战。

3 月 19 日胡宗南军队进入延安空城，蒋介石闻报大喜，庆贺、照相、奖励部队……搞得挺热闹；并授意国民党《中央日报》发表专论，宣称"中共已被打垮"等。

胡宗南军队占领延安，对陈赓部队本身就是一个很好的政治动员，大家同仇敌忾，纷纷表示要为"保卫党中央、保卫毛主席"杀敌立功。

胡宗南把驻扎在晋南的整编第一军调去攻打延安，这就给陈赓留下机会，4 月 5 日，太岳军区新组建的第二十二旅一举攻克翼城县城；第十一旅重新夺回侯马市；7 日，第十旅渡过汾河攻占新绛县城，9 日攻克河津县城，10 日攻占黄河岸边的重镇禹门口，12 日又攻克荣河县城。第二十四旅 8 日攻克稷山县城，10 日攻克万荣县城，15 日再攻克临猗县城。

1946 年 1 月 13 日，由于遵守停战协定，攻上曲沃县城城头的第十旅按规定准时撤了下来。敌人则大肆吹嘘他们的胜利，还在西门外建立了一个纪念碑；并加高了城墙，加深了外壕，增设了近千个碉堡，自以为固若金汤，不可一世。这次陈赓可不客气了，亲自督促第十三旅和太岳军区的第二十三旅认真准备，挖好交通壕以掩护接敌运动，周密组织火力，山炮抵近射击，尽量使用爆破手段……部队于 4 月 10 日攻占城的四关。但是陈赓并没有下令攻城，而是重新调整部署，进行攻城训练，安排炮兵做抵近射击，组织特等射手封锁敌枪眼……经过 10 天认真准备，陈赓派人检查后，才批准 14 日黄昏发起攻城。准备充分的两个旅一鼓作气，于第二天就解决战斗，全歼守敌 3000 多人，仅捉到各地流亡到该城的国民党县长就有 12 个。与此同时，太岳军区部队收复了浮山和绛县两座县城……

看到晋南的崩溃，胡宗南急忙从陕北战场抽调两个旅，经风陵渡和吴王渡过黄河增兵晋南：一个旅进入晋南中心城市运城进行防卫；另一个旅的先头部队第二十八团进抵嵋阳镇，企图进攻临猗县城，陈赓指挥第十一旅和第二十四旅赶到将其歼灭。该团前身是孙中山先生的警卫营，是国民党军队中著名的"御林军"。

于是，其他的国民党军队纷纷向运城逃窜，陈赓乘势挥师南下，连克闻喜、夏县、临晋、永济、虞乡、芮城、解县等县城。历时 21 天，歼敌 2 万余人，解放县城 25 座。晋南三角地带仅余运城一座孤城。

从 4 月 4 日至 25 日，陈赓所部连续作战 21 天即取得了如此重大战果，解放了晋南 300 万人口的广大地区，控制了同蒲铁路 230 公里，使晋南局势发生了根本变化，有力地配合了西北战场作战，严重地威胁了进攻陕北的胡宗南军队的侧背。

4 月 26 日，毛泽东打来电报：“应乘胜相机夺取运城，彻底解放晋南三角地带。此外，应以一部向吕梁地区扩张战果，协同吕梁军区部队解放汾河以北、以西广大地区，继续威胁陕北敌之侧翼。”

按照这个指示，陈赓立即指挥第二十二旅、第二十三旅及太岳军区第二军分区部队，渡过汾河北上，协同吕梁军区部队，攻占乡宁、大宁、蒲县、汾城等县城，使吕梁与太岳两军区连成一片，陕北敌军的东侧暴露无遗。

陈赓同时命令第四纵队的 4 个旅全部投入夺取运城的战斗：第十旅夺取羊驮寺飞机场后攻占北关；第十一旅攻占西关；第二十四旅攻占南关之马窑村；第十三旅攻占东关之天仙庙。5 月 3 日第十旅攻占机场后，陈赓立即将指挥所移至羊驮寺西北的程家庄。5 月 7 日，各旅按计划进行夺关作战，4 天激烈争夺，歼敌千余人，并击落敌人飞机 1 架。各旅进入了指定阵地，积极做登城准备。

运城为同蒲铁路南段之中心城市和战略要地，城墙坚固，工事密集，城的四周均为开阔地，除西关有居民房屋，其他各关民房甚少。

当时，部队和太岳区的党政军民，都热切盼望尽快拔掉敌在晋南的这个中心据点，使富饶的晋南三角地区全部解放；同时，运城外有个大盐地，经济价值很高，可保证太岳、太行、吕梁、晋西北、晋南人民食盐供应并有富余；加之，夺取运城外围阵地比较顺利……这都促使人们对夺取运城充满了信心和渴望。群众已在准备祝捷庆功了，入城张贴的安民告示都写好了；太岳军区和太岳行政公署已经作好了接管运城的各种准备，大批抢运食盐的劳力，已经集中待命。可以说夺取运城已经是众望所归了。

陈赓则忙于了解情况，收集资料，进行分析研究。

运城守敌原为地方保安部队，胡宗南又增调援军进城，加上从周围各县逃来的残兵败将，该城守备力量激增至 2 万人。运城四周是平地，除西关外，其余各关都不足以隐蔽部队。

陈赓为攻城事，召开了几次各旅领导人会议，纵队党委也做过多次研究；他还派了许多参谋、干事深入各部队去了解情况、观察地形。运城地形的复杂性使陈赓陷入了沉思：

> 运城南关基本是开阔地，城门南 200 米处有一土坎，城西南之马窑村有几间房屋；由部队集结处到前沿阵地的交通壕，还没有第十三旅打曲沃县城时在北关挖得深；山炮阵地比中街村战斗时第十一旅距中街的炮阵地还远……发现北关地形比南关还要开阔，连个土坎、土堆都没有。
>
> 东关背靠盐池，部队无法展开，只能助攻，不能主攻。西关没有十旅在北关登城的配合，会造成很大伤亡……[①]

① 据戴其萼回忆。

这时，运城敌军又向南城外的第二十四旅阵地进行猛烈的炮火轰击，并派部队出南门实施反突击。战士们被炮弹爆炸掀起的泥土埋住了，钻出来进行英勇抗击，守住了阵地。

情况不允许再拖延了。陈赓立即在党委会上提出了那令人震惊的决策，并连夜上报中央军委，他的理由是：

……城内有敌 11 个步兵营及 1 个战防营、1 个山炮营、1 个榴弹炮连（土顽在外），工事虽不甚坚固，但火力甚强，我炮兵无法发射，又缺乏炮弹、炸药，如强攻伤亡必大，影响下次执行新任务，故决定停止攻城。

可是，夺取运城是中共中央、毛主席给的任务，这个任务能不完成吗？周希汉旅长不想打运城，都不敢直接和纵队领导说，作为一个纵队司令员怎敢违抗中央的命令呢？要作出不打运城的决定，需要多么大的勇气和胆略。虽有“将在外，君命有所不受”的说法，但将来会有什么样的后果？

当然，陈赓的压力还不仅是来自上边。在下边，在部队内部的牢骚、怪话就更多了。

陈赓不拘泥于机械执行上级指示，不迎合人们不切实际的愿望，以自己高度的政治责任心，豁达大度地去耐心进行解释工作，而把别人的误解置之度外。因为无私，也就无畏。他给中共中央、中央军委和毛泽东主席写了不打运城的报告后，率领部队撤出阵地。

晋南战役后，太原市国民党的《复兴日报》社论中说：“在 20 余天中，晋南丢了 17 县，如以经济和战略估计，这个损失的确不是‘收复陕北’所能补偿的。”国民党统治区舆论界也纷纷指出：“共军在陕北丢掉一根鸡肋，换来晋南一只肥牛。”

第十八章　挺进豫西

一、受领任务

经过一年的自卫战争，中国人民解放军取得了歼敌 112 万人的重大胜利。蒋介石集团不仅在军事上陷入困境，其政治欺骗也完全破产。被解放区军民胜利消息所激励起来的广大的国民党统治区人民，也掀起了与蒋介石反动政府之间的尖锐斗争。以反美抗暴为起点，到反饥饿、反内战、反迫害运动正式形成的第二条战线，与人民解放战争相呼应……置蒋介石政府于全民的包围之中。

蒋介石被迫在军事上将全面进攻改为重点进攻后，毛泽东就说，现在“蒋介石伸出两个拳头打我们，一个在山东，一个在陕北。好得很呀！两个拳头这么一伸，他的胸膛就露出来了。我们的战略方针就是要紧紧地拖着这两个拳头，让刘、邓进军中原，对准他的胸膛插上一刀！”这就是解放军从战略防御转变为战略进攻的原则。根据这个原则，1947 年 6 月 30 日夜晚，刘伯承、邓小平率领晋冀鲁豫野战军，在山东省西南部地区 300 里的正面南渡黄河，粉碎了蒋介石所谓“黄河天险等于 40 万大军”的神话，揭开了人民解放军战略进攻的序幕。他们在 21 天内连续消灭蒋介石正规军 4 个师部、9 个半整编旅 6 万余人，有力地配合了华东野战军打退敌人的重点进攻，打开了向中原地区进军的道路，给下一步转向外线、挺进大别山的行动创造了条件。

7 月，为了进一步部署解放军举行战略进攻行动，中共中央决定在陕北靖边县小河村召开前委扩大会议，陈赓被邀请参加。

晋南战役结束后，部队进行了集结和休整。陈赓决定抓紧这一战斗间隙，加紧进行政治整训和军事训练，因为中央军委已经下达指示，下一步要西渡黄河，开赴陕北，参加攻打榆林的战斗。

接到开会通知后，陈赓就让太岳行政公署及部队后勤部门，买了些木耳、虾仁、白糖、纸烟、蘑菇、茶叶之类的东西带给中央机关，不得少于 4 个骡子驮的。他说：“中央机关在陕北转战，非常艰苦。我们解放了 20 多座县城，条

1947 年 7 月，陈赓出席中共中央在陕北靖边县小河村召开的中央前委扩大会议。左起：彭德怀、贺龙、陈赓、王震。

件比他们好多了，应该慰劳他们。”

陈赓还叫通信科派一个电台随行，并叫送些缴获的无线电器材给中央军委三局。他说：“至少要够一个牲口驮的才行，不能少了。中央军委撤离延安后，通信器材缺少。”7 月 19 日，陈赓一行抵达了小河村。

小河村依山傍水，一片葱郁，风景十分秀丽，山顶尚有古战场遗迹。当时，中共中央机关就驻在这里。

转战中的中共中央机关，生活条件确实非常清苦。会场就设在毛泽东、周恩来、任弼时等住的大院子里。临时用树枝搭起来一个凉棚，安放了一些东拼西凑的木头桌椅。

听说陈赓来了，毛泽东走出窑洞迎接。陈赓急忙跑上前去敬礼，毛泽东微笑着走过来，握着他的手。陈赓说：“主席，你可经过不少艰险呀！你带的警卫部队太少了，武器又不好，我们实在担心，大家要求过河保护你哩！”

“这次就是叫你们过黄河的。”毛泽东笑着说，“不过不是来保卫我。你们在晋南打得很好，给了敌人致命一击，好武器应该给你们用，我这里你不用担心。”

为了尽量把与会人员的伙食办好，周恩来早就召集行政人员设法搞菜蔬。中共绥德地委也派专人每隔几天送些菜来，但由于天热路远，菜送到时，有的已经烂掉。便只好发动机关人员挖野菜解决吃菜问题。

“这菜好吃得很，还有没有？”陈赓吃得很香，他的要求把大家都逗笑了。

“有的是。”周恩来吩咐又端上来一盘。

“你尽量吃吧！我们可以组织人多挖些。”

现在不会有人想到：露天开会，野菜佐餐，就是当时中共中央高级会议的物质条件，而这种条件，丝毫不影响与会人员去运筹解放全中国的战略决策。

当时，中央军委的几位领导人，反复思考的问题之一，是陈赓部队要不要来陕北作战。本来，中央军委早已做出决定并曾催促陈赓率领部队西渡黄河到陕北来，与彭德怀合力消灭胡宗南部队。但是有不同意见，于是拿到会上来讨论，结果，改变了原来的决定。在毛泽东和周恩来的“将战争引向国民党区域”的战略决策下，正式下达了以陈赓为首组成一个兵团，挺进豫（河南省）西的命令。陈赓部队还是要跨过黄河远征，不过不是西渡，而是南渡了。就是继刘、邓大军之后，在蒋介石的胸膛上插上一“刀”。

同时，命令陈毅、粟裕大军挺进豫东，再插上一“刀”。这三路大军，在战略上形成了“品”字阵势，互为犄角，互相配合。在南至长江、北至黄河、东至黄海、西至汉水的中原大地上，向敌人展开大规模的进攻。

毛泽东对陈赓说：“刘、邓挺进大别山，搞得敌人手忙脚乱，到处调兵去追堵，胡宗南又被钳制在陕北。这样，豫西的敌军不多，是个空子。你师出那里，具有战略意义：东向配合刘、邓和陈、粟，西向配合陕北，东西机动作战，大量歼灭敌人，开辟豫陕鄂新区。你听说过‘破釜沉舟’的典故吗？”

陈赓回答：“唔，你的意思我明白，是叫我们过了黄河，只能前进，不能后退。当然，打运动战是要大进大退的，但不能退到黄河北岸来。”

“很好。”毛泽东赞许地点头，“可是你知道这个典故的出处吗？两千多年前，就在你们将要渡河的渡口以东，项羽去巨鹿打秦军章邯，他率部过了黄河，就把船沉了，锅也砸了，向全军表示，只能胜利，不能后退。你们这次过黄河南征就要有这样大的决心。”

陈赓说：“现在部队士气很高，在晋南作战中又缴获了敌人的大量装备，兵强马壮，人员充足，在主席和中央军委领导下，一定可以出师报捷。过黄河后，部队迅速展开，弹药的运送补给可能有时跟不上，到了新区，伤员安顿可能有困难，但是这些困难是可以克服的。”

“对啦！”毛泽东高兴地说，“弹药不足，由蒋介石来‘补充’；伤员的安顿靠群众，我们从来是这样办的。根据地是创造出来的，不是一切搞好了才去革命。蒋管区的人民遭受国民党和封建势力的残酷统治，你们去了要好好发动群众，依靠群众，把人民革命的高潮推动起来，就一定能胜利。”

刘伯承听到中央军委的决定后，曾高兴地评论说：“好呀！三支大军一同出动，即陈粟、陈谢和我们大别山摆成一个鼎足之势。我们在前面突破，2 个梯队跟着步子……3 把锥子向中原锥。”

会议结束，陈赓离开小河村，毛泽东送他到村外。陈赓恳切地说：“主席，我看你还是过河吧！河东毕竟要安全一些。”毛泽东爽朗地笑了：“不要担心。

你们打得越厉害，打的胜仗越多，陕北人民的安全越有保障，我的安全也就越没有问题。”

行前，陈赓命令他带的警卫部队，把缴获来的卡宾枪等好枪全部交给中共中央的警卫部队，让他们好好保卫中共中央；同时也把自己带的好骡马留下了。

陈赓回到太岳区自己的司令部，第二天就把通信科长找来说：“这次在中央军委，我见到了王诤同志，征求了他对我们通信工作的意见。他说我们电台的工作责任心强，技术好，没误过事。就是有时不够耐心，常让中央军委的电台换手。有一次王诤同志亲自上了机器，我们这边还叫换手，王诤同志只好回答：‘我是最老的手了，没有人再换了！’我们这边才把报发完。最后我们台还不错，说了句谢谢并道了歉。你要教育大家，必须十分尊重中央军委的电台，工作要耐心。王诤同志是我们党的最高的通信指挥人员，也是我们党最好的无线电工程师，我们要好好向他学习。”

陈赓加重了语气：“你告诉他们，就说我说的，无论在什么情况下，都一定要尊重中央军委的电台和刘、邓首长的电台。这是个组织观念问题，今后我们的任务重了，随时向中央的请示报告也要多起来，你们一定做好这个联络工作。”

陈赓返回太岳区后，即向全纵队干部传达了中共中央的进军命令。

1947 年 7 月 27 日，遵照中央军委命令编成了“陈、谢集团”：由晋冀鲁豫野战军第四纵队（辖第十旅、第十一旅、第十二旅、第十三旅及第二十二旅）、新成立的晋冀鲁豫军区第九纵队（辖第二十五旅、第二十六旅、第二十七旅和一个炮兵营）和光荣起义加入解放军的第三十八军（辖第十七师、第五十五师）共 8 万余人组成。根据中央军委指示，成立了中共党的前方委员会，陈赓为书记，谢富治为副书记，执行南渡黄河、挺进中原、创建豫（河南省）陕（陕西省）鄂（湖北省）根据地的任务。

8 月初，由陈赓主持，在太岳解放区的阳城县城，召开了前委扩大会议，各个部队的军政负责人都参加了。陈赓在会上详细传达了小河村会议精神，传达了毛泽东、周恩来的指示，非常生动地讲述了“破釜沉舟”的故事，在分析了解放战争一年来的形势发展后，指出挺进豫西、逐鹿中原的重要性。只能前进，不能后退；只许胜利，不能失败。这次行动的有利条件很多，但要充分估计到可能遇到的困难，做好充分的思想准备和尽可能的物质准备。

会议经过了认真的讨论之后，制定了强渡黄河、挺进豫西的军事计划，还研究了新解放区的各项政策问题。

陈赓平素作风潇洒，但在战争中却是个兢兢业业、十分严谨的人。打起仗来，常常几天几夜不眠不休；对作战指挥，总是非常细致，经常亲自偕同主攻部队指挥员看地形，找群众询问情况，和干部研究计划，力求每次战斗都有充分的准备和胜利的把握。对于这次关系全国战局、具有重要战略意义的军事行动，陈赓更是特别谨慎、特别认真地进行异常周密细致的战前准备。出征的第一步是强渡黄河，所以在阳城会议召开前，即命令旅、团的指挥员，前往准备强渡的黄河沿岸地段作详细侦察，了解那里的地形、民情及对岸敌军情况。会议结束后，他又指派太岳军区第四分区、第十一旅和纵队政治部联络部的人前往黄河岸边，了解对岸敌人的情况，随时向他报告。

为了保证行动的突然性，一切工作都是在秘密状态下进行。怎么对部队进行教育呢？还是从形势教育着手，通过对陕北、山东战场的形势，刘、邓大军挺进大别山的战略行动等，发动大家讨论，应该怎么办？大家意见当然是赶快打仗，但怎么打呢？有人主张去陕北作战，直接保卫中共中央；有人认为保卫中共中央不必去陕北，应该攻打运城或临汾；也有不少人说："既然刘、邓首长挺进中原了，我们也应当打过黄河去！"陈赓听了很高兴。此外，还通过广泛深入的诉苦教育，破除战士们保家、保田的狭隘地域思想；激发起部队为解放全中国的阶级弟兄英勇奋战，树立"破釜沉舟"的英雄气概。

同时，陈赓要求以团为单位分批分期集训干部，学习毛泽东的军事思想和连、排攻防战术；部队开展以射击、投弹、搭跳板、架梯子为主要内容的技术训练。

陈赓历来重视特种兵的建设，除各旅建设工兵连队外，中街村战斗后，给部队每人配备了小铁锹或十字镐。他还想尽一切办法建立炮兵部队。抗日战争中的 1940 年，他就利用缴获和收集到的 2 门老山炮，建立起第一个炮兵连；现在缴获的炮多了，对俘虏中炮兵技术人才的大胆使用，使炮兵不仅数量可观，而且质量也高。由他亲自摸索出的"抵近射击法"，冲破了山炮至少应在 3000 米的中距离射击理论的束缚，开创了中外炮兵史上的奇迹。由于山炮推到距敌人百米之内，就不必用瞄准器了，打开炮栓，从炮筒中望出去，看到什么就必然可以命中，这又是个新的"炮膛瞄准法"诞生。在临汾小贾村战斗中，炮兵还模仿俄国名将苏沃洛夫把大炮从阿尔卑斯山上吊到山下的办法，把山炮拆开，用绳索吊到城头上，再安装好痛击敌军。所以，在晋南战役中，他们总共打了 79 发炮弹，就有 76 发命中。为了适应突破黄河挺进豫西作战的需要，陈赓在 8 月中旬对炮兵进行了检阅，并在第十旅举行了一次步兵、炮兵和工兵协同攻城的实战战术演习。

陈赓非常重视渡河后的通信工作。他说："我们过黄河后，要建立豫陕鄂根据地，成立军区、军分区都需要电台，要赶快准备够用的电台和报务员。"

对通信工作中的其他具体问题，他说："我们过去的部队代号编得不好，尽用地名或支队、大队为代号。首长的代号也不好，尽是 1、2、3 号，人家一听就知道 1 号是最大的官。这次我们是在新区作战，要绝对隐蔽，不能暴露在敌人的监听之下。你们想个办法，在部队代号、首长代号方面也能迷惑敌人。""口令要多编几套。部队多，容易丢失，多编些备用，丢了就换。""用军语要注意，不要用动令，如冲锋、开枪、刺杀等等，以免发生误解。”“过黄河之后，我们将是两种作战方式：一是攻占县城，歼灭地方保安团队以开辟根据地。这个任务主要先由新建立的九纵、三十八军和第十二旅、第二十二旅担负，可以用电台指挥；另一种作战方式，是集中一部分主力歼灭敌人正规部队，打硬仗。这主要由第十旅、十一旅、十三旅来担负，要用无线电话指挥。这 3 个旅有和蒋介石军队作战的经验，兵员足，装备好，就是碰个钉子也不怕，经得起摔打。这两种作战方式是相辅相成的。渡过黄河不扫除地方武装，我们就建立不起来根据地，不打几个硬仗，不歼灭敌人一些正规部队，我们就站不住脚。九纵是有战斗力的部队，秦基伟同志有独立活动能力。打几个硬仗之后，待我们稍微站住了脚，再让他们打硬仗，第十、十一、十三几个旅作配合。你想，部队这样分头展开，只用电报和有线电话能保证及时联络吗？使用无线电话指挥部队打几个硬仗完全是战争的需要，没有更好的办法。我们只争取在必要时，用很短一段时间……”

从这段谈话中可以看出，对于横渡黄河以后的作战，陈赓已经成竹在胸了。

二、突破天险

1947 年 8 月 11 日晚，陈赓兵团开始南征。

阳城会议期间，渡河部署就确定了，分为左、右两个纵队：第四纵队的 4 个旅为左纵队，在山西省的垣曲县和河南省的济源县之间渡河，尔后迅速向陇海铁路线突击，攻占新安、渑池等县城，并相机夺取洛阳市。第九纵队为此路的第二梯队，过河后，向东南方向发展，牵制敌郑州方面之援军。以第二十二旅和第三十八军为右纵队，从山西省茅津渡口以东渡河，奔袭张茅镇和观音堂车站，斩断陇海铁路，策应左纵队作战。陈赓所以把主力集中于左纵队，是想触动洛阳这个重点城市，可以尽快地把进攻大别山和陕北的国民党军一部分兵力，吸引到自己的身上来，以减轻敌人对他们的压力。

阳城会议之后，陈赓把他的指挥所移至距渡河地点 30 里处，和各旅之间沟通了有线电话，并加派人员去黄河边侦察敌情和观察水情。不久，他又把指挥所前移至渡口附近，有人认为他的位置太靠前了。他回答说：“这是我军建军以来，由战略防御转入战略进攻的伟大转折时刻，指挥位置必须靠前，以保证部队行动万无一失。”

为此，陈赓在指挥所的一间茅屋里，召集左纵队各旅领导开会，再次研究渡河问题。因为他认为，到了河边，大家了解得多了，问题更具体了。同时，对作战前途思想上要有足够的准备，才能无往而不胜。他说：

“我们对黄河南岸的敌情，由于种种原因，掌握得并不很准确。现在只知道在孟津县至潼关的 500 里正面上，有蒋介石的整编第十五师、青年军第二〇六师和胡宗南的新一旅等部队，依托陇海铁路线，做机动防御；其他各县均由本县的保安团队守备。他们有铁路，有汽车运输，随时都有增加兵力的可能；对他们的夜间行动，我们就更难发现了。如果是在陆地作战，我们部队这么多，敌人就是增加一个师也不怕。渡河作战就不一样了，黄河水急浪大，我们船又小又少，倘敌人再有准备，秘密增兵，就麻烦了，那就不是偷渡了。我们事先就要有充分的应急准备。"

接着，他提出了几个怎么办，请旅长们讨论：1. 如果敌人发觉了我们的渡河意图，偷渡不成怎么办？2. 我们渡过去的一部分人，被敌人切断怎么办？3. 占领滩头阵地受阻怎么办？

旅的领导们也都养成了这种分析新情况、研究新问题的习惯，所以讨论进行得很热烈。第十旅旅长周希汉和第十三旅旅长陈康认为：我们渡河点多，长达几十里，敌人不可能知道我们渡河的准确时间和地点，偷渡是会成功的；黄河水面窄、水流急，顺流而下，很快能到对岸，强攻也不困难。我们掩护渡河的火力阵地都部署得很好，能压住敌人火力，占领滩头阵地也不成问题，大家认为有成功的把握。周旅长进一步说："我随吴效闵团渡河，若是登陆后，后续部队没跟上，我们可以在滩头固守，接应他们。"

在一般情况下，陈赓是不同意高级指挥员随突击部队行动的，历来主张部队向纵深发展时指挥员随二梯队跟进。但这次他没有制止，并且还加码说："你们过去，就只有前进，不要回来了。要带报话机和我保持联络。"

"是，过了黄河就不回来了。"周旅长说，"就是后路被敌人截断，我们可以打游击嘛！"

"当指挥员的，要做多种设想。"陈赓叮嘱大家，"要准备独立处置各种没有料到的复杂情况。"

原定渡河时间为 8 月 19 日，可是这天快要临近时，黄河中游暴雨连绵，渡河地段黄河水猛涨两三丈，那里又是河道最窄的山峡，水深流急，浊浪翻腾，依靠数量有限的小木船和用油布包干草、麦秸做成的渡河工具，断然渡不过河的。这情况使陈赓万分焦急，因为他知道刘、邓大军挺进大别山，有敌人几十个旅在围追堵截；陕北战场敌情一直很紧张，毛泽东曾有电报说："现在陕北情况甚为困难"，寄希望于"陈、谢出豫西后，胡宗南对陕北攻势必被破坏"。但现在陈、谢部队却不能出豫西。

为此，陈赓亲拟电报向中央军委及刘、邓首长报告，大意是："深感不能如期过河，万分焦急。只要河水降到打不翻船时，就坚决渡河。"很快，刘伯承、邓小平自大别山发来回电："我们开进顺利，并不太紧张，你们晚些天过河没有关系。渡河要确保安全，不要急躁。"

陈赓看了电报很激动，说："你们看，刘、邓首长多关心我们。他们身边围着三十几个旅，能不紧张吗？可是为了安慰我们，却这样说话。现在是战略进攻，需要整个战场统一行动，互相配合。我们还是争取尽早过河吧！”此后，每逢提起这事，他总怀着感激和崇敬的心情说：“我们吃的是刘、邓的饭。”

为了减轻大别山和陕北战场的负担，陈赓真是心急如焚，派了很多人去了解水情。很快，情报科长从河边打来电话，说据当地群众讲，这次涨水不会持续多久，就会降落下去，因为还没有到雨季。雨季来时，河水要暴涨很多天的。陈赓打电报给中央军委和晋绥军区，询问黄河上游水情。复电说，陕北和晋绥地区均没有下大雨，黄河水位也不高……证实了当地老乡的判断。这才使陈赓转忧为喜。

终于等到了黄河水降落的消息，陈赓决定 8 月 22 日夜发起渡河作战。

右纵队是在 20 时开始偷渡的，由于敌人的控制，渡船异常缺乏，第二十二旅第六十六团的两个连，主要是乘坐群众用棉花、麦秸填充的油布包渡的河，登陆后，强袭岸边敌阵地，歼敌两个排，在滩头站住了脚，掩护后续部队纷纷渡河。

左纵队是 23 日凌晨 5 时，冒着倾盆大雨，利用夜暗，趁浪大声喧，对岸看不见、听不见的机会开始行动的。第十旅第二十九团三营上了船，在水上的民兵葫芦队的配合下，仅用 15 分钟时间，就越过黄河天险登上对岸，向敌勇猛冲击，一举攻克北村、西沃等据点，俘敌 50 余人。该团第一营渡河后，向谷堆坡、拴马树之敌攻击，搭人梯翻越围墙突入村内，全歼守敌。该团二营过河后，将刚缴获的敌军服装穿上，利用敌军番号，攻占了敌石山头据点外围的一个村子，俘敌 10 余人……

自 8 月 22 日渡河之战打响，陈赓就一直守在报话机前，焦急地等待着先头部队的渡河消息，直到拂晓，曙光流进了窗户，报话机上仍没有任何反应。他不时自言自语着：“过河好久了，怎么听不到报话机上的呼叫呢？”

参谋们安慰他：“指挥员过河后，忙于集结部队指挥作战，待后续部队都过了河，才会设指挥所和我们联系。周旅长的脾气，你也知道，不搞出个名堂来，不愿报告。”

“那，用有线电话再问问他们的旅指挥所。”

王启明参谋长忙摇电话问设在黄河边的两个旅的指挥所。

第十旅回答：“二十九团已全部过了河，后续部队渡河很顺利。”

第十三旅回答：“遭敌人袭击，正在强渡。”

不久，周旅长的声音出现在报话机中：“报告首长，第二十九团已全部过了河，现正向石山头之主阵地进攻。据了解，石山头有敌军 1 个团守备，附有山炮。”

“很好。”陈赓说，“你们除了攻击石山头之敌外，尽快抽一点部队支援一下陈康，他们渡河遇到了困难。”

陈赓转回头来对王启明参谋长说：“请把十旅渡河情况告诉十三旅的陈康。”

讲到这里又急忙补充说："不过，你不要催他，他很好强，要是性急起来，弄不好部队会增加伤亡。我们的旅长都是些猛将啊！"

陈赓向王启明交代任务时所以作这样的嘱咐，是因为这位老同志是新来的参谋长，对部队还不太熟悉。

王启明是位老共产党员，长期在国民党军队中做秘密工作。1947 年 3 月在豫北汲县起义回到解放军部队来。同年 6 月，在陈赓兵团渡河前夕，由刘伯承、邓小平派来第四纵队任参谋长。由于对部队不太熟悉，时常受到细心的陈赓的关照。王启明深有感触地说："我钦佩陈司令员很了解指挥员的特点。特别注意照顾他们的思想性格，而且非常周到。这是为将者很宝贵的品德。"

过了一会儿，第十三旅陈康的消息也来了："报告司令员，渡河很顺利，三十七、三十八两个团的先头部队都过河了！"

陈赓兴奋地挥手："好！那就迅速集结过了河的部队，奔袭新安、渑池，占领陇海铁路！"

第十旅周旅长又来了报告："我的二十八团也过河了！"

陈赓立即指示说："你们除了继续攻打敌人石山头阵地外，要加快行动，向横水镇前进！"

"啊！渡河成功了！"陈赓转过身来伸着手高兴地和参谋们说，"你们也听见了，情况再紧急，周希汉讲话总是不紧不慢，有条有理，好像在叙家常；而情况再紧急，陈康总是那么活泼。对，马上通知第二梯队的十一旅和第九纵队渡河。"

有人建议："司令员，你也该休息一下了，你一夜没合眼呀！"

"那怎么行？"陈赓抬起了眼睛，"我不能休息，你们也不能休息。我们也要过河去指挥了。"

一夜之间，东起洛阳，西至陕县 300 多里的敌军黄河防线被突破。蒋介石的黄河能顶 40 万大军的幻想也就灰飞烟灭了。

8 月 24 日拂晓，陈赓乘船渡过了黄河，这时第十旅还在攻打石山头，他就在硝烟弥漫的河南岸，建立了自己的指挥所，给中央军委发电报，报告渡河胜利；并重申了"破釜沉舟"的决心：不怕敌人切断与黄河北岸的交通，不怕没有后方，决心在豫陕鄂建立新的根据地。

三、斩断陇海路

8 月 24 日 3 时，石山头被围之敌突围，被第十旅全歼，俘敌团长以下 1200 余人，缴获 1 门山炮和 4 门迫击炮。陈赓见了这些炮说："多亏十旅动作快，过了黄河就奔袭这里。不然的话，让这些家伙发挥作用，给我们渡河部队会制造很多麻烦的。"

24 日，第十三旅的第三十九团在进军途中，抓住了敌人的侦察兵，得知新安县城守敌是一个保安团和国民党正规军两个连，以及他们的设防情况。于是急进 90 里，于当天午夜到达新安县城。当时铁路上火车叫着，抢运着国民党官员的眷属和资财；城墙上挂满了灯笼，照得一片明亮。战士们从黑暗处冲进北关，到了距城门几米的地方，敌人才慌忙问口令，见势头不对，连忙打枪报警，但已晚了，三十九团迅速突入城内，仅以伤亡 8 人的代价，全歼守敌 1300 多人。

26 日，解放军第十三旅的第三十七团冒雨强渡洛河，直逼宜阳城下。守敌从西门突围，3 次冲锋均被击退。在他们回头向城内逃跑时，战斗英雄王安国带领他的班紧追进城，与敌展开激战，等到团的主力赶来，合力将敌人全歼。

27 日，第十三旅的第三十八团沿陇海铁路西进，6 小时行军 90 里，当夜将渑池县城包围。第三十八团和后来赶到的第三十九团一部，在 29 日下午发起总攻，仅 1 小时，就全歼守敌 1000 余人。

第十旅过河后，歼灭石山头之敌，于是挥戈东向，包围了洛阳外围的横水镇。此镇由敌第十五师 2 个团和孟津县保安大队防守，设防坚固，连日阴雨，我军行动不便，加之对敌情的不够了解等原因，竟然久攻不下。

这时，毛泽东连续发来电报，指出，目前在兰州以东、长城以南、平汉铁路以西、汉水以北的广大地区，主动权业已转入我手，应当放手发展。并且具体指示：洛阳地区敌所必争，不应使用主力；主力应当向西，乘胡宗南在西面尚未完成部署的机会，抢占陕县、灵宝、阌乡（旧县名，1954 年并入灵宝县）等城，歼灭分散之敌，然后以一路出陕东南，一路出伏牛山，在豫西、陕南、鄂北建立根据地。

根据毛泽东指示，陈赓决定不再围攻洛阳市，采取声东击西之计，9 月初，挥戈西指，以第十旅、第二十二旅和第三十八军一部，绕过敌人据守的陕州、灵宝等城，直趋潼关，叩响陕西省的大门；第十二旅和第三十八军另一部西进攻占卢氏县城。这两路部队摆出一副欲直取西安的姿态。第十一旅和第十三旅冒雨西进，也绕过敌人重点防御的陕县，夺取灵宝、阌乡两县城，斩断潼关与陕县敌人的联系，为最后夺取陕县创造条件。第九纵队则留在东面，以一个旅监视洛阳市及横水镇之敌外，其他部队伪装主力，在洛阳市以南大造声势，攻城略地，扫荡地方武装……

陈赓部队南渡黄河，完全出乎蒋介石的意料。为了“救火”，他急令胡宗南主力整编第一军和整编第二十九军从陕北战场南撤回援；另从围攻大别山刘、邓大军的部队中，调整编第三师、第十五师、第四十一师和青年军第二〇六师各 1 个旅，连同原驻洛阳地区的守军 4 个旅，组成第五兵团，由李铁军指挥；以新编第一旅、第一三五旅、第二十七旅、第一六七旅和青年军第二〇六师一部共 4 个半旅，组成陕东兵团，由敌西安绥靖公署的谢甫三指挥，与李铁军所部东西夹击陈赓部队，或歼灭，或赶回黄河以北，打通陇海铁路。国民党军队这一调动，达到了陈赓减轻陕北和大别山两战场负担的目的。

灵宝县城坐落在秦岭余脉上，历史上著名的函谷关即在灵宝城西。古代不少有关战争的小说，对函谷关的雄险多有描写；事实上它也是兵家必争之地。灵宝县城除有函谷关作屏障外，北临黄河，西有南岭，东南有九里山，东有涧河，易守难攻，守军为新一旅和青年军第二〇六师的第四团。

陈赓命令进攻灵宝县城的第十一旅和第十三旅，统一由第十一旅旅长李成芳指挥。他在电话中提醒李成芳："你们作战的部署不能靠地图，各级指挥员都要到现场实地勘察才行。"

李旅长回答："已经注意到了这个问题。等我去看了地形和了解敌情后，再具体调整战斗部署。"

"那就这样。"陈赓爽朗地说，"你就放手指挥吧！攻城的具体部署完全由你负责。发起攻击的时间确定之后，告诉我们。"

原计划第十一旅担任主攻，先取南岭，从南面攻城。听到陈赓指示后，李成芳旅长亲自带领人去前方看地形，发现南岭是敌人重点设防之地，地形于己军进攻不利。城西函谷关虽然地势险峻，但敌人兵力较少，也较麻痹，于是，他决定第三十三团夺取函谷关南边的高地，然后由第三十一团从灵宝的西门登城。

李旅长把现场观察的情况，具体的战斗部署及火力配系和发起攻击的时间等向陈赓报告。陈赓征得其他领导的意见后，回答说："部署得很好，我们同意。预备队不足时可告诉我们。随时加强联系。"

放下电话，陈赓转过身来对大家说："我们的指挥任务已经完成。下一步就是放手让李成芳指挥。他在前面，对敌情、地形比我们了解，办法比我们多。我们不要干涉他的战术机动，只保证他的战斗需要，需要预备队，就调预备队；需要弹药，就给弹药。"

函谷关战斗相当激烈，第三十三团第一营营长熊广模牺牲，但函谷关终于被拿下。夺取了函谷关的大塬高地，等于站在了灵宝县城守敌的头顶上，俯瞰城内，历历在目。同时，第十三旅也歼灭了据守南营之敌。此刻，城内敌人极度动摇，在十一旅和十三旅的猛烈攻击下，分路出城逃窜，很快被全歼，俘新一旅旅长黄永瓒以下 5600 余人，缴获 4 门榴弹炮。

就在 12 日这一天，又传来了攻占阌乡、卢氏两县城的好消息。于是陈赓命令第十旅等部西叩潼关，第十一旅和第十三旅回师东向。他们发扬不怕疲劳、连续作战精神，于 15 日完成了对陕县城的包围。

陕县古为陕州，是潼关至洛阳之间 500 里的陇海铁路上的中心城市，也是蒋介石重点设防城市；城北、城西两面紧靠黄河，城南又有涧河。守敌是第一三五旅和青年军第二〇六师第二旅的一部和保安团，共 5000 余人，皆为美式装备，并附有1个野炮营，有永久性防御工事。

第十一旅和第十三旅立即展开肃清外围据点的战斗，于9月17日18时发起总攻，第十一旅攻东门，第十三旅攻南门，第五十五师进取北门。城内敌人的15门野炮集中力量封锁东门，第十一旅火力处于劣势情况下，以自己的6门山炮和爆破手段，压制敌人火力，掩护部队登城。当时和战士在第一线的第四纵队政治部宣传科长苏策曾写了一篇《冲进陕州城》的报道：

> 下午6点半钟一到，陕州的东门立即陷入解放军各种炮火交织的火海中。战士们越过外壕勇猛地冲上去了，将200公斤炸药送到城门洞口，不久火光一闪，整个战场颤抖起来，每一件东西每一个人都感受到炸药爆炸的威力了：敌人紧闭的城门，所有堵在城门上的钢铁、木料、石头、砖瓦……都随着爆炸烟雾飞散起来，这主攻方向的道路完全洞开了。
>
> ……一见这有利时机到来，排长王荣泰只拍了一下手，说了声："上！"全排人就都勇猛地扑向城门。
>
> 城头还有敌人，城门两旁暗碉中还有敌人，城门内是一片开阔地，敌人早在那100米左右远的民房上构筑了工事，几挺机枪向城门方向扫射着。在冲锋道路上，袁万才倒下了，景文明倒下了，子弹打穿了二班长包国士的右臂。他说："上啊！我不要紧！"随即和大家在一起，像风一样扑到城门底下。
>
> 现在王荣泰的人少了，但是他和大家都知道我们部队流行的一句话："我们要是英雄，敌人就是狗熊。"他和班长们说："看一看我们是英雄还是狗熊！"
>
> 队伍立刻分成两个箭头，宁子清的第四班就冲向正前方，占领了大道两旁的两个方形碉堡，掩护背后的两个班夺城楼。
>
> 城上的敌人还在一排排地投着手榴弹，负伤的包国士第一个冲上去，但又负了重伤；副班长肖金来叫俘虏把他背下来，自己也负了伤……
>
> 在城下方碉堡中的第四班，遭受到敌人的夹击，最后只剩下副班长谭连城和晋南才解放过来的袁竹林，像钉子一样地钉在那里。
>
> 后续部队来了，像潮水般冲过正面的开阔地，把敌人的防线打得粉碎。这时从南门、从东北角登城的部队也冲进城来了。于是，胡宗南的一三五旅及青年军的官兵们，就在这9月17日的3个多小时的战斗中束手就擒了。

陕州之战，俘敌旅长蒋公敏以下4700多人，缴获野炮12门。

人民解放军解放陕州后，蒋介石深感震惊，于20日急忙飞到西安，虽然下飞机还硬着头皮吹嘘："3个月内肃清陕北共'匪'，半个月打通陇海铁路"，实际上是提心吊胆来部署防御的。他慌忙从进攻大别山的部队中抽调出整编第六十五师空运西安，并从陕北战场调回部队，使西安至潼关的兵力增至10个半旅。撤换了作战不力的谢甫三，改任裴昌会为总指挥。此外还增加了第五兵团实力，准备和陈赓部队决战。

灵宝、陕县战役结束后，陈赓指示部队进行休整。他亲自打电话给李成芳旅长，要他们把刚缴获的榴弹炮和野炮迅速集中起来，组建一个炮团，俘虏的炮兵技术人员要集中在炮团进行训练。考虑到当时部队运动频繁，不好进行训练，决定把他们送到黄河北岸的太岳老解放区去。原计划完成训练后再调过黄河使用，后因徐向前指挥攻打山西省首府太原市等大城市的需要而调去，陈赓没有坚持叫他们归建。

刘伯承、邓小平来电，指示要破坏洛阳至潼关间的陇海铁路，切断陕北战场与中原战场的陆上联系。陈赓当即奉命执行。

当部队要炸毁观音堂车站附近的一座大桥时，他骑马亲自赶到了，观察后说："这座桥不要彻底毁掉，炸它个两三孔就行了。既要使敌人不能在短期内修复使用，也要考虑到我们将来修复时方便。现在不是抗日战争了，是我们战略进攻，经过几次反复争夺，这条铁路肯定是我们的。就是敌人占领了铁路，如果需要把它全炸掉，我们什么时候想干，不是照样可以干吗？"对于破坏铁路的办法，他说："要是像抗日战争时那样挖路基，我们现在没有那么多力量，也没有必要。只要把铁轨、枕木搞掉就行了。"他还推广一个破路经验，就是把枕木堆在钢轨上烧，钢轨烧变形，就不能用了。既不费多少力，敌人也一时修不起来。

部队短期休整后，毛泽东又有电报给陈赓，指出："继续西进，难于得手。郑州、洛阳间李铁军部六个旅较弱，应率主力隐蔽东进……"

陈赓执行指示，马上隐蔽东进，又出乎敌人意料之外。敌人第五兵团对解放军动向茫然无知，正以整编第十五师沿铁路向新安县城及铁门镇前进，以整编第三师沿洛河进攻宜阳。10 月 2 日，陈赓部队于新安县和渑池县之间的铁门镇，歼灭了敌整编第十五师的第六十四旅，俘副旅长王文才以下 2100 余人，师长武廷麟率残部南逃。同时，在洛河边的韩城镇一线，陈赓部队又给予回窜洛阳的整编第三师以重大杀伤。然后围绕洛阳市攻克了偃师、孟津、伊川等 7 座县城，并于 10 日夜攻入洛阳市的西关和敌人屯兵场的西工。

渡河以来，陈赓集团共歼敌 4 万余人，解放县城 12 座，建立了 3 个军分区，完成了战略展开，实现了中共中央关于把战争引向蒋管区的战略任务。

四、挥师南下

陈赓和前委领导紧急磋商，在目前形势下，仗应该怎么打？虽然在陇海铁路线上作战大量歼灭了敌人，但如今国民党在洛阳集中了整编第三师及整编第二十师等 10 个旅，在潼关集中了整编第一师及整编第三十六师等 8 个旅，准备再次从东西两面夹击我军，恢复陇海铁路。如果解放军和他们争夺这段铁路，必将陷于被动。不如甩开敌人，挥师南下，乘虚歼灭豫西各县分散守备之敌，既为创建根据地创造条件，使部队作战有所依托；又能配合平汉铁路东面作战的陈、粟大军和大别山的刘、邓大军作战。

这时，毛泽东也有指示：除留一部在陇海铁路钳制敌人外，主力应南下，歼灭豫西各县的反动武装，开辟根据地；如敌跟踪南下，则寻机分别歼灭之；并指出，不要怕敌人占领陇海铁路，只要在东面南面打开局面，“并寻机歼灭李铁军兵团一部或数部，在胡军已分散在陇海线之后，即可找到歼灭胡军重占陇海路之机会”。

按照中央军委指示，陈赓命令第十二旅和第三十八军一部，由第十二旅旅长刘金轩率领，进军陕西省南部。他们揳入敌占区 300 里，连克河南省西部的洛宁、卢氏两县城。卢氏县位于豫陕交界的咽喉要地，他们仅用 20 分钟即全歼县城守敌。陈赓收到捷报后，即指示他们，留小部队在那里清剿残匪，主力挺进陕西省南部，创建根据地。

陕南位于西北及中原两大战场的侧背，在军事上具有重要的战略地位，陈赓指挥部队向那里进击，是中央军委的既定方针。毛泽东认为胡宗南已从陕北战场调出了四五个旅还不够，必须在陕西省南部的商（州）洛（南）地区加紧活动，迫使胡宗南再调几个旅出来，才能使陕北战场的解放军“摆脱紧迫”。

第十二旅旅长刘金轩和政治委员李耀没有参加阳城会议，兵团决定给这个旅增派张明去当副政治委员。在张明赴任前，陈赓找他谈话，指着地图说：“告诉刘旅长和李政委，你们的任务是大胆地向陕南、鄂北挺进。只准进去，不准出来，牢牢地牵制住胡宗南的兵力，把胡宗南进攻豫西的兵力尽可能地拉到陕南、鄂北去，便于我军和刘、邓大军得到休整的时间。尔后，你们要继续向敌人的心脏挺进。这样，敌人的汉中地区必然吃紧，迫使胡宗南从关中抽调部队防守安康一线，这就可以减轻陕北我军的负担。你们须在敌人没有回过头来的时候，虚张声势，歼灭敌人，集中优势兵力，打乱敌人的部署……这是毛主席的指示。”陈赓思忖了一下，又说：“当胡宗南部队被你们拉到陕南、鄂北的时候，你们的环境将是极端艰苦的。因此，必须作长期艰苦斗争的打算。但是不要怕，整个形势对我们是有利的，我军已由劣势转为优势。虽然敌人在那里包围了你们，但我们各路大军也反包围了包围你们的敌人。你们并不孤立。敌人呢？内部空虚，矛盾重重，士气低落，人心背离……这些都是对我们进行斗争非常有利的条件。你一定要和大家讲清楚。”

第十二旅和第三十八军一部攻克卢氏县城后，一举进入陕西省，解放商南县城，豫陕鄂咽喉要地荆紫关和西安至南阳公路上的重镇龙驹寨、商洛镇；继而渡过丹江，解放山阳与镇安县城及湖北省的郧西县城；再沿着汉水西进，又攻取了白河、旬阳县城……前后一个多月，连续解放了十几座县城，歼敌一万多人。

解放军在陕南的胜利，引起敌人极大的震动。胡宗南果然“听从”了陈赓的指挥，把进攻豫西的兵力全部调到第十二旅周围来，并且把关中的兵力也抽调到安康县一带，还从四川省调来两个军，以拱卫他的汉中地区。到了这年年底，在第十二旅周围吸引来胡宗南等部国民党军队二十几个旅，并且都是精锐部队。敌人兵力 10 倍于解放军，形势确如陈赓所预料的那样，异常艰苦，部队 5 月份还穿着棉衣，一度盐都吃不上……由于大家思想准备充分，情绪饱满，意志坚定，对敌作战节节胜利，使陕、鄂边解放区逐渐扩大、巩固。到 1947 年 11 月，他们就在陕南建立了两个行政专员公署和两个军分区；1948 年 6 月，又成立了陕南军区及陕南行政公署。敌人以为解放军最终在那里站不住脚，会再次演出“九进九出”的“戏剧”的幻想彻底破灭。

1947 年 10 月，当敌军裴昌会、李铁军两个集团军从东西两方准备夹击陇海铁路线上的陈赓兵团时，陈赓毅然挥师南下，在伏牛山东麓南北 300 里的战线上发动攻势，连克登封、伊川等 10 余座县城。当时国民党的《河南民报》写道，共军“攻城陷地，如入无人之境”。

李铁军带着他的 7 个旅，沿陇海铁路西进寻找他的黄埔军校老同学陈赓的部队时，扑了个空。及至解放军进攻登封、临汝等县城的炮声响起，才慌忙掉转屁股追来，企图在临汝、鲁山、宝丰等县之间与陈赓主力决战。

陈赓率领部队南下途中，在伊川县境内的温泉街，召开了各旅领导人参加的会议，研究敌情及自己的行动计划。

陈赓说，南下以来，秦基伟率领第九纵队和孔从洲指挥的第三十八军在汝河以西作战，第四纵队在汝河以东作战，都很顺利，解放 10 余座县城，歼敌 12000 余人。总的形势是好的。“现在李铁军追着我们屁股来了，他的实力比较充足，我们要有所准备。现在我们要继续向前进，大家可以考虑一下，这个路该怎么走好。”然后，陈赓司令员严肃地说：“现在敌人扭在一起了，这个仗不太好打。我提出两个方案，请你们考虑考虑。第一方案，用两个旅分别奇袭临汝和郏县，威逼许昌；另以两个旅奔袭宝丰、方城。这个方案的优点，是比较有把握。敌人各县的民团多则七八百人，少则三四百人，好打。缺点是我们主力太分散。部队过黄河后，已连续作战两个多月，比较疲劳。李铁军一旦赶上来，我们不能迅速集结主力与之作战。第二个方案是以一个旅袭击临汝、郏县，威逼许昌，造成声势，引诱李铁军指向汝河以东。这个方案的优点是：我主力可以秘密转移到鲁山、南召、方城地区，深入发动群众，创建根据地。同时主力可以得到短期休整，为尔后作战创造有利条件。但打临汝、郏县的部队如不能 5 天之内解决战斗，则有被李铁军赶上，受到夹击的危险。”

听他这么一说，旅长们都说第二个方案好。于是他们都要求自己的旅攻打这两个县城的任务。

陈赓思忖了一下说：“谁打都可以。不过打村落战、攻城，二十团（即第二十九团）有经验，叫十旅打吧！二十团打临汝，另外两个团奔袭郏县。”他把任务给了第十旅后，嘱咐道：“希汉，你的担子不轻。李铁军来势很猛，你要瞻前顾后呀！”陈赓开始说的“现在敌人扭在一起了，这个仗不好打”，就是指的李铁军兵团，他们接受了教训，7个旅挤在一起向前进。

李成芳、陈康两个旅长打趣道：“老周，你要小心李铁军摸你屁股呀！”战争环境艰苦，战友间常以幽默的话语表达关切之情。周希汉也以同样的语气回答说：“俗话讲‘老虎屁股摸不得’。我就是老虎，李铁军他不敢来摸的。”

接着，陈赓又宣布了纪律：即时起不准使用无线电话。各旅要派出小分队，将敌占各县通洛阳、郑州、许昌、南阳的电话线全部破坏，以迫使敌人使用无线电和报话机联络，便于解放军收听或破译，掌握敌人动态。

周希汉回到第十旅，传达了陈赓的指示。命第二十八团袭击临汝县城；自己率领第二十九团和第三十团攻打郏县。

11月1日，第二十八团顺利夺取临汝县城，全歼守敌，毙俘600余人。战后，该团奉命来到禹县的神后镇，负责监视禹县、许昌方向之敌，也防郏县敌人向这个方向逃走。

第三十团前卫营进至郏县西郊与敌人接触，激战两小时占领了西关，立即以多架梯子登城，实施抢攻。很意外，守敌很顽强，火力很猛烈，两次强攻均未奏效。周希汉急令第三十团停止攻击，因为他用望远镜观察到，西门城楼上人枪稠密，判断城内绝不是民团部队，于是迅速把部队作了重新部署。

这时，得到侦察分队报告，他们窃听了敌人的电话，得知除武廷麟率国民党整编第十五师的第六十四旅的两个团外，还有第一二五旅的一个营，已经先解放军一天，乘坐81辆汽车自许昌赶到郏县，估计郏县守敌现在不少于5000人。同时又有情报说，李铁军的部队已进至伊川县以南。这样，武廷麟与李铁军两部对第十旅形成了前堵后追之势，他们的兵力近10倍于解放军。武廷麟在国民党将领中以善守著称，郏县又是个易守难攻的城。形势紧迫，是打是撤，决心难下。

周希汉考虑：倘自己的旅不战而撤，敌人定会咬住不放，造成我伤亡不说，必然挫伤士气，打乱陈赓司令员的全面部署，创建根据地亦会受到影响。打，则无绝对把握，因为自己是一个旅，对方加上保安团也是一个旅。纵队司令部正在行动中，无法向陈赓等首长请示。但他反过来一想，武廷麟部队屡遭解放军重创，士气低落，战斗力减弱，并且他才早来一天，立足未稳。而李铁军部队数量虽多，但行动迟缓，怕中解放军围城打援之计，不敢轻进；也可能希望武廷麟守城，大量消耗解放军实力后，他再以小的代价取胜。再看自己的旅，部队满员，斗志旺盛，武器是歼灭“天下第一旅”时所缴获，在当时算得上是先进的。既然无法向陈赓司令员请示（因为不准用无线电话），只有按照原计划执行。各团指挥员都支持打，所以他就下决心夺取郏县。

周希汉命令第二十八团作旅的预备队，如果李铁军从北面来得快，由他们担任阻击；李铁军来不了，他们也可以参加攻城。第三十团在西门策应，第二十九团主攻东门。

总攻发起，第二十九团在东城门摆放了150公斤炸药，一声闷雷，地动山摇，东门被炸开了一个大缺口。东、西两门同时响起了嘹亮的冲锋号，顿时枪声大作，炮弹连珠，直泻敌阵。很快，第二十九团的勇士们登城与敌展开肉搏战，将城上的守敌歼灭。周希汉得报后，令二十九团的两个营直插敌人城内阵地，向纵深发展，另一个营抢占南门，接应南门外的第三十团进城。接着，他又决定第二十八团留一个营作旅的预备队，另两个营从东门、北门之间登城。

第二十八团第三营进城不久，就俘虏了正赶往东城督战的敌少将副师长杨天明，他被捉时还糊涂地说："不要误会！我是杨天明，是你们的副师长。"当他发现眼前就是解放军战士时，吓得浑身发抖，请求宽大。

战到天亮，第十旅已将城北、东、南三个地区控制，残敌退守西北角的龙王庙核心工事，继续进行垂死挣扎。武廷麟声嘶力竭地在报话机上呼喊求援。李铁军带领3万敌军也确由临汝县赶上来了，叫武死守，他马上就到。

李铁军部队进至伊川县后，他们在报话机上的对话陈赓也收听到了，他焦虑地背着手在指挥部里踱来踱去。当李铁军部队进到郏县三十里铺时，有人建议发报叫第十旅撤出战斗，陈赓不同意，他说："我了解这个部队，了解周希汉。他会果断行事的。可以派第十三旅去支援他。"

当然，陈赓惦记着这个旅，急于同他联系。这时部队已经停止使用无线电话，而有线电话一时又无法架通，通信科于是利用当地旧日原有的长途电话，于4日午后与郏县的电话接通了。

陈赓询问周希汉情况，周希汉回答："郏县城内敌人大部被歼灭，残敌被包围在城西北角核心阵地。"

陈赓又问："李铁军率部增援，已距郏县很近。你们有无把握歼灭城内敌人？"

周希汉说："准备白天发起攻击，火力已组织好，攻击部队也准备好了；打援的部队已到城北去阻击敌人，全歼城内敌人是有把握的。"

陈赓说："那就坚决打！歼灭了敌人，立即迅速撤出战场。现在就组织好撤退伤员。武器带不走的全部毁掉！"

经过一小时准备，第十旅于14时对郏县城内敌龙王庙核心阵地发起了总攻。3个团像3支利箭似的射向敌人。爆破组炸开了龙王庙的围墙，战士们勇猛地冲了进去，不到10分钟，大殿的窗口上伸出了敌人投降的白旗。

经两天两夜的激战，郏县敌人被全歼，毙伤敌500余人，俘中将师长武廷麟、中将副师长姚北辰、少将副师长杨天明以下3700余人。

第十九章　豫西牵“牛”

一、南召店会议

陈赓兵团离开陇海铁路南下，1947 年 11 月的头几天，就连克临汝、登封、郏县、鲁山、宝丰、叶县、南召、方城 8 座县城，歼敌 5700 余人，初步打开了豫西的局面。

这一攻势的展开，调动了李铁军的第五兵团南下尾追，以其整编第三师、第二十师赴宝丰、郏县；第一二四旅乘火车到许昌，赶赴襄城县，企图在临汝、宝丰、鲁山地区与陈赓部队决战。

李铁军并非等闲之辈，在国民党将领中是有名的资格老、为人狡黠、用兵谨慎的人。他对陈赓有一定的了解，因为他和陈赓是黄埔军校第一期的“同窗”，所以在指挥这次追击中，他在自己司令部提到陈赓的时候，还一直尊称为“陈大哥”。其 7 个旅猬集一团，一动全动，一停全停，不给对手留下什么空子。这确实给陈赓部队造成很大困难。

李铁军的尾追，如果在黄河北面的老解放区，对于陈赓来说，不算什么大不了的事，因为那里有巩固的后方作依托，有群众支援，行动隐蔽，来去自由，甩掉对手，另选战场困难不大。比如歼灭“天下第一旅”，3 个旅对 3 个旅，敌人进入解放区就成了瞎子、聋子，根本摸不到陈赓部队情况；而陈部则耳聪目明，想怎么打就怎么打。这里的情况就不同了，根据地没有建立，群众没有发动，加上陈赓当时能够抓在手上作战的兵力不过 5 个旅，对付李铁军这股追兵并非易事。

11 月 8 日，为了研究如何对付尾追的敌人，陈赓在南召县的南召店主持召开了前委扩大会议。这是一次在行军途中召开的紧急会议。当时部队正在开进，陈赓和部队一边走、一边发出开会通知，旅的领导们都是骑马赶到南召店来的。

这个仗究竟应该怎么打？是这个会的中心议题。陈赓原先的想法：回避一下敌人的锋头，避免和这样密集的敌人决战。但有的旅长对敌人的疯狂紧追感到气愤，主张给他点儿厉害看看，起码应当打它一两个埋伏，叫他知道“小锅是铁打的”，不能欺人太甚。有的人则主张立即就地和李铁军决战，不然的话，他总追着你走，何时算了？根据地怎么建设？地方工作怎么开展？就是避过了这一次的锋头，最后又追着你的屁股来，怎么办？不歼灭这股敌人，就休想在豫西立足。另一种意见是：如果不能决战，索性撤到伏牛山上去分散打游击……

陈赓是这一支部队的统帅，人们都知道他脾气大，火气足，其实他很善于听大家意见。不仅在会上请大家放开说，还时常派人到部队中去征询。在山西省进行同蒲战役时，就曾派人去各旅征求对他本人的意见。现在面对大家提出的这么多问题，他又该怎么答复呢？由于迟迟不表态，已经有人在私下议论他“怯懦”了。

陈赓何尝不想一口将李铁军的尾追部队吃掉呢？那将是自己和部队多么痛快的时刻。陈赓何尝愿意让别人给自己戴上“怯懦”的帽子，当一条英雄好汉不是光彩得多吗？但是现在不是在上海做地下工作了，如果一个人独来独往，被捕了，豁出一条命抵死不暴露工作秘密就行了。现在是几万人的安危握在自己手中，也联系着全军的战局，何况中共中央交代的“只能胜利，不能失败”言犹在耳，所以他不能不慎重考虑。

确实，和敌人“决战”的意见有道理，难道能永远叫他们追得上气不接下气吗？可是他仔细算了一下，敌人 7 个旅挤在一起，装备也比较精良。就像有人说的，解放军战士觉悟高、斗志强，个个像小老虎。可是用 5 个旅去和 7 个旅决战，又在新区，不是违背了毛泽东的“不打无把握的仗”的指示吗？

既然不决战，就上伏牛山上去打游击，到“牛背”上去建立根据地。这意见当然也有道理，打不成就让嘛。可是那样又如何去配合大别山战场及华东野战军在平汉铁路以东的作战呢？

其实，自陈赓率领部队渡河南征以来，关于部队作战方针问题，已经有过几次争论了：在刚过黄河占领陇海铁路的时候，就有东进与西进之争。当时有人看到部队进军势如破竹，就产生了轻视国民党军队力量的想法，主张部队东进，夺取洛阳。陈赓何尝不想拿下洛阳，但了解那里敌人军队多，工事坚固，过早地攻击难以奏效……经中央军委批准后，率军西进。10 月 17 日，攻克陕县县城后，在新安县柳泉村召开前委扩大会议时，就有人主张必须在陇海铁路上与李铁军作战，歼灭其主力。而南召店会议上提出的问题，就是前几次争论的继续。

在陇海铁路上没有和李铁军决战，是因为解放军甩开陇海铁路南下了。现在李铁军又追着屁股赶来，除了决战，除了上山，难道就没有别的道路可走吗？会上争论得很激烈，李铁军部队越来越近，会议却结束不了。

弈家有句行话，叫作“棋从断处生”。有人说这指的是：围棋中的许多变化，往往是从棋形断裂处衍生出来的。也有人认为，下围棋最怕对方把自己没有成活的棋断开，那就意味着失败；但是争夺这个断处时，往往又能走出绝处逢生的妙招，使自己的棋不被断开，而造成对手的失败。那么，作为战争围棋艺术大师的陈赓，能不能实践“棋从断处生”这条棋道呢？

此时，陈赓在紧张地参加会议和研究敌情、我情之余，还“忙里偷闲”给第四纵队政治部联络部打电话，叫把在郏县俘虏的国民党整编第十五师师长武廷麟和副师长姚北辰、杨天明送到南召店来。陈赓接见了他们，交代政策后，就请他们谈他的老同学李铁军和第五兵团情况及其意图、可能采取的行动等，还请他们谈了对自己部队的看法……陈赓从中得到了不少资料。

最后，陈赓集中了大家的意见，补充了自己最初的考虑，提出了一个既不决战也不上山打游击的办法，他说：“我们可以扯散它，消耗它，而当它被扯散、消耗之后，就能集中优势兵力趁机各个击破。”具体怎么做呢？即派一部分部队伪装主力，向镇平、内乡、西峡口等县前进，引诱李铁军兵团西援，把这头“大牛”牵进伏牛山里去。主力部队则就地分散，向北向东隐蔽发展，一旦时机成熟，再集中起来作战。

问题是叫谁来担当这伪装主力的“牵牛人”？陈赓考虑再三，决定由第四纵队的第十三旅和第九纵队的第二十五旅来承担，两旅之间，又由第十三旅担大头。

第十三旅旅长陈康，个子不高，身材粗壮，在红军时期就是一员著名的勇将。陈赓最了解他，不管在什么样的困难下，他从来不叫苦，不喊累，笑颜常开，精力充沛，是最合适的人选。

当然，采取牵“牛”战术，要有足够的胆略。首先伪装主力要装得像，才能把李铁军牵走。但是两个旅加起来不过五六千人，万一出点儿差错，3 万人吃掉五六千人并非很困难的事。所以，会开了，方案定了，陈赓也就再不能睡觉了。他对两位旅长交代了又交代，嘱咐了又嘱咐，他最怕他们沉不住气，说：“你们要想办法把‘牛’牵到伏牛山里去，把它拖疲、拖瘦、拖垮，为主力争取休整时间，也为杀‘牛’准备好条件。你们的困难不小，不过一定要记住，你们绝不是去和它斗武、斗勇、斗狠，而是斗智……”

在河南省出版的《伏牛凯歌》一书中，两位作者在《推进途中群英会》文章结尾时，描写陈赓在南召店会后的心情很形象：

> 东、西、北三路大军部署完毕，敌人逼得更近了，这时，陈赓泰然自若地走出会议室，一边踱步，一边抬眼望见远处的树木，正是秋风摇落，不觉忆起“无边落木萧萧下，不尽长江滚滚来”的古诗。想到这里，他脸上现出了自信的微笑。

二、牵“牛”进山

牵“牛”部队向着南边的镇平县方向前进。为了诱骗李铁军，沿途故意大造声势：兵分多路行进，大路小路上，都是喧嚷的部队；乱画路标，夸大番号，进了村庄用粉笔多号房子；夜间，故意暴露自己，大声说话，引吭高歌；每次路过村庄，部队都会得到“拉开距离，放慢脚步”的通知，以便叫老乡们听到，觉得部队过得很多。

11月14日，牵“牛”部队由南召县李青店出发，向镇平县方向走了40多里，并没有发现李铁军部队跟上来的踪影。“牵牛人”牵不上“牛”怎么行？陈康旅长不得不叫部队驻下来等待。

部队一宿营，马上就在村间空地上修灶台，连里修，班里也修，有的一个班修几个灶：有的用来烧饭，有的用来烧水，没有用的灶，也点上一把火把它熏黑。霎时间，满村烟雾弥漫，火光映天……一个村子住上一两个排，就热闹得不得了。

第二天，老乡们就到处传扬开了。有的说：“是老八路过来啦！光骡子、马就过了半宿。”有的讲：“我们村夜里就住了好几千，村口路边挖的尽是灶台。”就这样，一传十，十传百，越传越神，越传越远。

下午，部队进了刘村镇，消灭了一小撮保安队，一个侦察员跑来向陈康旅长报告：“敌人来啦！”陈康跑到高处拿望远镜一看，果然，敌人像一串黄蚂蚁，正沿着山沟向上爬。不一会儿，传来一阵枪声，是后卫部队和敌人接上了火。这时陈康旅长才松了一口气，心想：“这条‘牛’的鼻子总算给穿上了。”他通过电话向后卫部队交代，“狠狠揍它一顿”，就率领其他部队前进了。

大家正在高兴时，情况又有变化。当天晚上部队继续南进，到了大石桥，侦察员又赶来报告：敌人在刘村镇吃顿饭又掉头回去了。过了一天，敌人依旧没有跟上来。

李铁军率领第五兵团在临汝、郏县、南召等地追击陈赓，数次扑空，引起了他的思索：陈赓的主力究竟在哪里呢？通过地面和空中侦察，发现了大张旗鼓南进的牵“牛”部队，可这究竟是不是陈赓的主力？李铁军还不敢肯定，所以只派了一个旅追赶这支部队。这个旅发现到处都留的是部队路标，村镇中的锅台又多得无数，弄不清是多少部队，加之在刘村镇又挨了一顿阻击，便断定陈赓的主力就在这里，慌忙回去报信。然而老谋深算的李铁军并未轻信，依然按兵不动，继续使用各种侦察手段，四处打探虚实。

这就使陈康旅长心急如焚，因为纵队主力正向方城、叶县一带转移，如果不能迅速将敌人牵走，时日拖延，让李铁军识破陈赓部队的意图就麻烦了。他现在深感这个牵“牛”任务真不简单。

究竟怎样才能让李铁军上钩呢？陈康旅长一面召集“诸葛亮会议”动员大家想办法，一面发急报向陈赓请示。

第二天，陈康旅长心中还在急得猫抓火燎的时候，收到了陈赓的复电，内容很简单：“继续南进，攻打镇平。”

陈康旅长总想用“请将”的方法拉上李铁军走，不断地派部队去逗他、勾他、拉他，李铁军却不吃这一套。陈康旅长认为既然是牵“牛”，怎能甩开不走的“牛”走自己的路呢？陈赓却叫他采取“激将法”，根本不用老回头去看李铁军的脸色，甩开膀子向前进，去攻打100多里外坐落在南阳府通往陕西省必经之路路口上的镇平县城。

陈康旅长马上行动，一个长途奔袭，11月16日包围了镇平县城，大造攻城声势。他们有几门山炮，炮弹不多，平时舍不得用，这一次把旅的山炮和各团的各种火炮全部集中起来显示威力。次日拂晓，集中在城周围的几十个号兵，一起吹起冲锋号，接着是炮火急袭，震天动地的炮火，炸垮了城垛，摧毁了碉堡，掀掉了城楼；激烈的枪声，密得像爆竹点着了火。短短的时间里，镇平城就落入了硝烟与烈焰交织的火海中。炮火如此猛烈，甚至使自己的战士也以为真是大部队来了。至于城里的敌人，更是魂飞魄散，惊恐万状，声嘶力竭地向李铁军求援：“共军主力正在攻城，几百门大炮轰击猛烈……”

战斗进行得很顺利，朝霞满天的清晨到来时，战斗就结束了，俘虏1000多人。同时第九纵队的第二十五旅也攻克了县城附近的石佛寺镇。

果然不出陈赓所料，老谋深算的李铁军再也沉不住气了，率领其主力部队整编第三师急忙向镇平赶来。至此，“牛”才算伸出了鼻子，被陈康旅长牵上向西走去。

这时，在第十三旅的进军途中，宣传队已经编出快板，边走边打竹板给部队说了起来：“李铁军，好大胆，一心想把便宜占；陈赓首长指挥妙，将计就计把‘牛’牵，牵‘牛’‘牛’就跟着走，把它牵进伏牛山；拖得它精疲力又尽，一刀杀死大会餐。”

为了指挥牵“牛”部队和李铁军周旋，其他部队在伏牛山东麓秘密展开，陈赓的时间表昼夜都排得满满的，很少有时间休息和睡眠。由于李铁军部队是昼行夜宿，牵“牛”部队为了和它保持最短距离，是敌停我住，敌行我走。这样，每天黄昏前，陈赓要了解李铁军全天活动情况，及牵“牛”部队情况；李铁军、陈康双方进入宿营点后，他要通过各种渠道侦察和判断李铁军第二天的行动计划，以便对牵“牛”部队下一步行动作出安排……一直要忙到次日凌晨。待部队出发后，他还要密切注视李铁军的电台活动，防止它临时改变部署。等到天亮了，在伏牛山以东开辟根据地的各部队向他汇报的时间也就到了，各种内容的电报雪片似的飞到他的案头。他要看电报、复电报，打电话、接电话，同其他领导人研究和处理问题，一直要忙到下午3时左右。然后，他得将这一昼夜的情况汇集上报中央军委和刘、邓首长……做完这些工作，新的一轮活动又该开始了。

那么多国民党军队在第十三旅屁股后面追，开始大家心里确实有点儿慌，但后来就有点儿不在乎了。正如第十三旅的人说：“纵队首长不知道怎么能把敌情掌握得那样准确，那么及时，敌人一行动，我们就啥都知道了，甚至连敌人今天走多远，到什么地方宿营，都了解得一清二楚。”这是因为陈赓一向重视情报侦察，有空便跑到监听室去，坐在报话机前，从敌人通话中了解敌人的动向，他不在时，就请别人监听，及时报告给他。他还有计划、有目的地搜集敌方的报纸，收听敌人的广播，从中研究敌人的动向。还叫部队的新华分社每天抄收总社播发的，以编辑敌方报刊、通讯社发表的战报为主的《参考消息》。陈赓对它非常重视，有时一到抄发时间（往往是夜行军后，刚刚驻定），他便不顾劳累，亲自来到新华通讯分社住处，译电员一边翻译，他就站在旁边一页一页地阅读。再参照侦察部队的情报，经过“去粗取精，去伪存真，由此及彼，由表及里”的思考，然后结合自己部队的情况加以研究，陈赓就逐渐摸着了李铁军的脾气及其部队行动的规律，就能相当准确地掌握敌人动向了，能给牵“牛”部队及时发出正确的指示。

李铁军频繁地在地面和空中进行侦察活动，想摸清牵“牛”部队的虚实。牵“牛”部队也想了不少办法来应付他，弄得敌人难以捉摸。一天，第十三旅抓住了敌人一个便衣探子，问他是哪个部队的？他想冒充“自己人”，说是“一〇五师师部的”，这一句话就露出了马脚。因为当时所有牵“牛”部队都把自己的番号予以夸大，“一〇五师”实际是第三十八团的代号。看来敌人相信了假番号，真把这个旅当成几个师来对待了。

为了迷惑敌人的侦察，从镇平县出发，第十三旅索性白天行军，队伍拉成了一条条长龙；行军休息时，战士们故意燃起大量的篝火，白天烟尘滚滚，夜晚火光满山。

当然，牵“牛”部队并不轻松，因为他们既要想办法牵上“牛”，又不能叫“牛”咬着；还要一边走，一边扫荡在前面的那些国民党保安团等杂牌部队和土匪武装，所以常常是米刚下锅就又要走，背包刚解开又要拴好出发。特别是后卫部队最辛苦，一天不知道和敌人打多少仗。有时即使一枪不发，也要大量修筑工事留给敌人“看”。但战士们都了解这一行动的重大意义，因此情绪始终高涨，有流传在部队中的战士编的顺口溜为证：

崎岖山路窄又滑，
小心摔跤磕掉牙。
磕掉牙，没有啥，
革命胜利镶金牙……

为了把“牛”牵得紧些，11 月 19 日，陈赓打来电报，命令牵“牛”部队奔袭西边的内乡县城。第十三旅和第二十五旅经过急行军，于当天夜里就将该县城包围，两个旅的炮火集中起来急袭，自然声势更大，比攻打镇平县城更加猛烈。不到第二天天亮，外围据点便被肃清，但是没有立即攻城，因为打这个县城是专为给“牛”看的。相持到下午 3 时，被吓得噤若寒蝉的守军突然活跃起来，对着攻城部队大喊：“喂，你们被包围了，快投降吧！”

这说明内乡县城的敌人向李铁军告急，李铁军命令整编第三师急进，现在它快到内乡县城了。牵“牛”部队达到目的后，就放弃了攻城，离开公路，朝西北方向进伏牛山中，李铁军也就鼓起勇气紧跟上来。一个跑，一个追，很快把敌人牵到了赤眉镇。这里是由内乡县通向伏牛山深处的一个隘口，估计李铁军到达这里，可能会产生犹豫，举棋不定了。因为古代兵书上曾有“险地勿进”的说法，他不可能没有这个军事常识。但若不能继续把它牵进深山，将达不到预期目的。因此，部队离开赤眉镇不久，陈康旅长就边走边派一支侦察部队回去诱惑敌人，并根据陈赓指示，派第三十八团三营在鱼关口设伏，准备狠狠地揍李铁军一顿，显示一下力量，也就是在“牛”的屁股上再抽它一鞭，打掉它畏缩不前的心理。

11 月 21 日鱼关口这一仗，从早打到晚，敌人发动了十几次猛烈攻击，一次比一次兵力多，最后竟整连整营地向山上冲，均被三营击退，伤亡很大。李铁军却以为真的抓住了陈赓的主力，亲自赶到鱼关口来督战。那密集的炮火一直轰击到太阳偏西，待敌人爬上山来，第三营早已撤出战斗，转移到西北方向深山中的夏馆镇去了。

李铁军反以为大功即将告成，高兴地在报话机上用明语说：“我知道陈赓陈大哥会在一旁听我讲话，就是听到了也奈何我不得，我已经找到你，就要歼灭你了！”国民党中央通讯社也发布消息说：“国军已把陈赓主力逼进深山穷路，士气低落……”

由于山路崎岖，李铁军竟然丢掉辎重，扔下大炮，带着轻装的部队，拼着老命向山里追去。第十三旅则由夏馆镇向更深的大山中的二郎坪走去……

至此，牵“牛”任务已胜利完成，李铁军集团终于按陈赓的计划被拆散了：主力整编第三师被牵到伏牛山深处达半月之久，整编第二十师滞留在南阳附近，第一二四旅则留在了宝丰县。

三、宰“牛”纪事

牵“牛”任务完成得很好。此时陈赓指挥其他部队在伏牛山东麓的平原地区，抓紧时机展开攻势：第十旅于 11 日再克方城，20 日重占南召；第十一旅 19 日攻克泌阳，20 日攻克唐河，28 日再克桐柏；第二十六旅 8 日攻克临汝镇，14 日再克临汝城；第二十七旅 23 日攻克鲁山。此时，宝丰县的敌第一二四旅前来增援鲁山，被歼灭一部，发现遇上了解放军的主力，连夜北逃，也不敢在宝丰待了，于是宝丰、郏县二城遂被解放军再度解放。

陈赓指挥部队在这一地区进行的奇袭，大量歼灭了国民党的保安团队和地主恶霸武装，发动群众工作进展得很顺利。截至 11 月底，由陈赓等人筹划，豫陕鄂军区正式成立，还建立了行政公署和 7 个专区、31 个县的人民政权；同时建立了 7 个军分区和他们领导的地方武装，豫陕鄂根据地已初具规模。

开辟和建设新区，不仅靠打仗，还要靠执行正确的方针政策。陈赓作为前委书记，一方面指挥部队作战，另一方面非常注意掌握新区的政策。而后者可能是比指挥作战还困难的任务。如何在贯彻执行中共中央制定的大政方针时结合本地区情况实施，陈赓颇费了一番工夫，搞出一套具体经验。比如关于剿匪问题，他就反复讲过："豫西从历史上看，就是土匪遍地，其中不少是惯匪，不剿平他们，根据地就无法巩固。"

怎么剿呢？他提出："一定要武装镇压与政治上分化瓦解相结合。要执行中央宣布的'首恶必办，胁从不问，立功受奖'的方针。"他强调指出："对首恶分子的面要严加控制，不要扩大打击面。确实要严惩的，一定要召开群众大会宣布罪状，当众惩处。对宽大处理的也要当众宣布。对率众归降的可以给他一定的名义，保证他们身家性命和财产的安全，团结他们。但对土匪部队必须改编，不能叫他们继续控制，不能原封不动地保留原建制，防止有个风吹草动，他们就反水。"这些指示，在实践中充分体现出它的力量，使下面的工作避免了不少偏差。

鉴于伏牛山东麓解放军的活动扩大，李铁军命令他驻在南阳的第二十师进剿，11 月 13 日这个师就向方城县开进。因为李铁军认为，陈赓部队主力被他追进了山，伏牛山东麓活动的只是解放军的小部队和"土共"。

对于这支送上门来的孤军，陈赓准备不客气地吃掉它。他的部署是：以第十旅和第十一旅于方城县境将其分割，然后命第九纵队的第二十六、二十七两个旅急行军赶来方城参加主攻。攻击时间，确定在 11 月 25 日。这本来是一个非常有把握的胜仗，却在关键时刻出现了一个没有预料到的问题。

11 月 24 日下午，第四纵队一位领导人提出要亲自去第十一旅传达作战任务，就带着一个警卫排出发了。

第十一旅根据陈赓的命令到了赊旗镇（现名社旗县），部队分散隐蔽于镇北各村。接到有领导人要亲临的通知，就派侦察科长带侦察员在镇子的东门守候，但一直没有接到。

当晚，陈赓指挥所架起电台例行和各旅联系，就听见第十一旅电台在紧急呼叫，用密语讲"奉命要电报"。电台急忙报告陈赓，陈赓说："已经派领导同志去口头传达了，不再发电报了。"

可是，第十一旅电台台长还在不断发出"奉命要回电"的话。

当晚，李成芳旅长和各团团长围着电台整整等了一夜，准备一收到电报就立即出发，但是没有电报指示，他们不能行动。

按照陈赓的习惯，有紧急命令或情况下达，会同时使用各种通信手段。这次他却有难处，既然有人亲自到第十一旅去布置任务，如果他再发电报，容易被误解为对那位领导不信任。为了团结，他决定不再给第十一旅发电报。

陈赓和指挥所前进到作战位置，立即叫通信部队向第十旅和第十一旅架电话线，但架到第十一旅预定的指挥所所在地，却没有人。第十一旅没有到指定地点来。

陈赓得到报告后，皱着眉头在屋里踱起步来，自言自语着：“怎么？他没有到十一旅吗？是不是路上碰到土匪遭到意外了？还是第十一旅本身有问题？”他叫人迅速查明情况。

后来才弄清，第十一旅接到有领导人亲自前来的通知，就派人在东门迎接。但那位首长从南门进镇，走到北门，没有见到第十一旅的人就回来了。

由于第十一旅没有到位，仗没打成，使敌人逃脱了被歼灭的命运。这时，有人主张应给第十一旅旅长一个处分，认为他贻误了战机。陈赓不同意，摆了下手说：“十一旅没有责任。这次打不成，另外寻找机会吧。”

24 日黄昏，国民党整编第二十师部队，仅仅遭到了陈赓部队第十旅的一次袭扰，便向舞阳县方向走去。他们不知道陈赓有一个没有实现的围歼他们的计划，而以为陈赓部队拒战，采取“打了就跑”的战术。

进至伏牛山深处二郎坪的牵“牛”部队，估计山高路险李铁军不会再追了，就在那里休息了两天。谁知道，李铁军“不见棺材不落泪”，还是执迷不悟地派了两个旅，对他们进行合围……

此时，陈赓的电报传来了特大喜讯：平汉铁路的破击战大获全胜。陈赓部队和华东野战军合作，同时从东西两面发动攻击，郑州至信阳间 800 多里的铁路被解放军破坏。陈赓部队行动一展开，即所向披靡，势如破竹。11 月 28 日，第十一旅攻克桐柏县。12 月 2 日，第九纵队的第二十六旅再克宝丰县城。8 日，第十一旅攻克泌阳。12 日，第九纵队的第二十七旅攻占襄城，14 日又夺临颍。15 日，第十一旅攻克确山。至 16 日，陈赓部队已将许昌以南、漯河以北的铁路彻底破坏。

此时，中央军委指示：继续扩大战果。于是，17 日，第二十二旅攻占舞阳，18 日，第十一旅攻占驻马店。同日，第十旅攻占漯河，俘敌 2000 余人。此地是敌人大兵站，所以缴获物资甚多，仅汽车就有百余辆。同日，第二十六旅攻占西平。20 日，第十一旅攻占遂平，缴获火车多列，物资不计其数。至 21 日，陈赓部队又完成了漯河至遂平铁路的破击任务。

在此期间，华东野战军也先后攻克平汉铁路线上的重镇许昌、禹县等地，全歼守敌。

12 月 21 日，中共中央贺电传来，指战员受到极大的鼓舞。陈赓把平汉大捷的佳音不断电告尚留在伏牛山区的第十三旅和第二十五旅，使他们也分享胜利的喜悦。

指挥 33 个旅围攻大别山中刘、邓大军的武汉白崇禧，此时才恍然大悟，陈赓部队主力不在伏牛山中，不得不急忙抽兵回援。在伏牛山中像是“喝醉了酒”的精疲力尽的李铁军，急忙掉头来驰援平汉铁路线。陈赓当即命令第十三旅，立即尾追李铁军和他的整编第三师，转换角色，由牵“牛”改为赶“牛”，务必将“牛”赶到预定的“屠场”。

牵了这么久的“牛”，到宰杀的时候了，战士们一蹦三尺高，驻地通宵灯火通明，行起军来歌声不断，到处在磨刺刀、擦枪、补鞋子、打草鞋……这么多天来，牵着敌人兜圈子，爬了多少山，蹚了多少河，历尽千辛万苦，大家没有一句怨言，“牛”终于被拖垮了，谁不想扑上去，一刀把“牛”宰掉呢?

这时，正赶上下大雪，天寒地冻，滴水成冰。号称蒋介石嫡系部队精锐的整编第三师，一直被拖来拖去，处处扑空，最后知道上了大当后，部队情绪异常低落，加上挨饿受冻，当兵的一路走，一路开小差，到处是掉队溃散的兵，到处是扔下的枪支弹药……狼狈不堪的李铁军万万没有想到，在平汉铁路上，陈赓和华东野战军已经摆好阵势，在“恭候”他哩。

陈康旅长率领他的旅回到铁路线时，陈赓一见面就把他抱了起来，高兴地说：“你们打得漂亮！先把肥‘牛’牵走，又把瘦‘牛’赶了回来。”还说：“我那时可紧张啦！就怕你们被‘牛’咬住。”

陈康旅长说：“纵队提供的情报很准确，很及时，我们又直接侦察，安全得很，也主动得很，怎么会被‘牛’咬住呢？”

在部署歼灭整编第三师的作战任务时，陈赓望着大家说：“陈康牵‘牛’有功，应该参加宰‘牛’作业。‘牛’是他们牵的，应当让他们吃点‘牛’肉慰劳一下。不然，他们要说怪话哩！”

国民党政府为了弥补在平汉铁路线的惨败，急令在郑州的孙元良兵团顺平汉铁路南下，李铁军的第五兵团赶到确山县，然后顺平汉铁路北上，实施南北对进夹击共军，恢复这一段的平汉铁路。

李铁军率领他的整编第三师，赶到了铁路附近，接触到陈赓部队第十一旅的一个连队，以为咬住了大部队，展开了积极的进攻。陈赓将计就计，令第十一旅节节抗退，继续沿着铁路线牵着他北上。

整编第三师在李铁军的瞎指挥下，经过长途跋涉，已经疲惫不堪，士气低落，军心涣散，战斗力大受影响。但是李铁军因为上了陈康旅牵“牛”的大当，很丢面子，因此急于立功，急于求战，急于取胜，催促整编第三师孤军深入，犯了军中大忌。

与此同时，陈赓将情况报告中央军委，请求华东野战军协助，共同歼灭这股敌人。中央军委迅速批准了这个计划，两支大军就在遂平、西平两县地区迅速集结，准备好宰“牛”的场所。

12 月 22 日，敌整编第三师沿铁路北上，向遂平县急进。下午 3 时，约 1 个团的先头部队在遂平县火车站附近，遭到解放军第十一旅警戒部队的阻击；它的另一路先头部队，被第二十二旅 1 个营阻击于衡坡镇地区，受到重大杀伤。当晚李铁军的第五兵团部和整编第三师进占遂平县城。

第二天，他们继续北进，在距西平县城 30 里的蔡呰，遭到陈赓部队的第二十六旅顽强阻击，5 小时只前进了 5 里地。敌军正面受阻，即以一个团的兵力由公路以西进行迂回，在焦店地区又被击退，于是在猛烈炮火支援下，再次猛攻，仍被击退，敌人这才意识到情况有点儿不妙，企图突围，不成；开始向东南方向撤退，猬集于西平、遂平两县之间的祝王砦与金刚寺地区，仓促转入防御，企图固守待援。

第十一旅在完成沿平汉铁路继续牵“牛”北上的任务后，又接受陈赓命令，绕到李铁军和他的整编第三师的屁股后面，重又占领了遂平县城，斩断了敌人的退路。此时，敌整编第二十师从正阳县地区北上，准备援助整编第三师。第十一旅因此又有了打援的任务，在遂平县城以南地区展开，准备给援敌痛击。

这时，陈赓和赶来的华东野战军第三纵队商定：陈赓部队负责围歼以祝王砦为中心的敌第五兵团部及其整编第三师的第三旅；华东野战军第三纵队和陈康的第十三旅负责围歼以金刚寺为中心的整编第三师的第二十旅。

25 日 19 时，陈赓部队发起总攻，第十旅、第二十二旅、第二十六旅经一夜激战，扫清了祝王砦外围所有据点；同时，华东野战军第三纵队和第十三旅把金刚寺的敌人歼灭。26 日 18 时，驻守枣子牙村的整编第三师的一个团投降。19 时，绝望的祝王砦敌人，分两路向西向南突围。周希汉命令第十旅的第二十八团向西截击，第三十团尾追，第二十九团突入祝王砦。战至 20 时，守军被全歼，其第三旅和第二十旅旅长被击毙；第五兵团参谋长、副参谋长、整编第三师副师长、第三旅和第二十旅的参谋长均被俘，仅李铁军侥幸只身逃走。宰“牛”宣告成功。

第五兵团参谋长李英才被俘后说：“贵军用兵真是神出鬼没，我们以为你们主力在西，结果是在东。我们被拉着走了一大圈子，肥牛拖成瘦牛，最后被宰掉了。”他还说：“你们墙上写的标语：‘打死团队，拖垮蒋军。’的确如此，我们这次失败，一半是打垮的，一半也是拖垮的。看来我们的其他部队，早晚也逃不脱这个命运。”他还说，李铁军在逃跑之前，曾对天长叹说：“我半世英名，被陈大哥毁于一旦了。”

《孙子兵法》上说：“上兵伐谋。”意思是施用计谋战胜敌人才是上策。在李铁军率 7 个旅咄咄逼人的追击中，自己人又争论不休时，陈赓力排众议，既不硬拼，也不逃匿，而是采取以计谋取胜的牵“牛”战术，把敌人扯散、拖垮，最后予以击破，实在是“上兵伐谋”的精彩体现。但陈赓并没有因为胜利而沾沾自喜，更没有去计较当初决策时指责他“怯懦”的人，而是对那些因胜利而手舞足蹈的人敲警钟：“不要忘记，我们渡河后进展顺利，主要是靠陕北战场、刘邓大军和华东野战军牵制了敌人，我们才有空子可钻。”

当然，想起南召店会议时的情景，和现在作比较，自然舒心多了。所以司令部的参谋人员在清晨陪陈赓散步时，能经常听见他那不怎么好听的歌声，谁也听不懂歌词是什么，但是谁也能听懂，那是在表达部队在豫西站稳了脚跟的惬意。

第二十章　创建根据地

一、攻打确山

解放军歼灭国民党第五兵团部及整编第三师的战斗打响的时候，蒋介石急调整编第二十师前来增援。12 月 27 日，杨干才带领这个师到达平汉铁路线上的确山县时，整编第三师已经覆灭。整编第二十师就滞留在确山县城区不敢前进。

歼灭整编第三师的战斗结束后，陈赓和华东野战军决定继续合作，向南开进，围歼确山的敌整编第二十师。

12 月 28 日晚开始，从黑夜到天亮，熙熙攘攘的行军纵队，在宽阔的公路上向南疾进；绵延数十里的汽车灯光，照耀得公路及其两侧的田野一片雪亮。从太行山、太岳山来的战士们，和山东、江苏成长的陈、粟部队的战士们相互致意，排成多路纵队在公路上并列前进，一路欢声笑语，歌声嘹亮。部队中途休息，战士们在路侧的田野里、村庄边，燃起一堆堆营火；到达宿营地后，陈赓部队的战士们主动让出房子给华东野战军部队休息，有些部队冒着隆冬的严寒露营，背靠背地度过黎明前的寒冷。

这次决定攻打确山，再次显示出陈赓的远大目光。这年 12 月初，国民党调集了十几个整编师围攻大别山的刘、邓大军，其兵力一开始即出动了 33 个旅、近 80 个团。刘、邓大军面临巨大压力，处境艰难，急需中原战场上解放军其他部队的有力配合，拖走一部分敌人。这次平汉铁路南段的破击战，以及在祝王砦地区歼灭了第五兵团部和整编第三师固然是一大胜利，但在陈赓看来，并未实现预期的一个重要目标，即在围歼整编第三师战役中调动围攻大别山的国民党军队出来，以减轻刘、邓大军所承受的压力。因为敌人只将原在豫西地区活动的整编第二十师调来增援。正像 12 月 22 日刘伯承、邓小平在一份电报中指出的："此次我陈粟、陈谢大破平汉、陇海（铁路），战绩辉煌。但敌仍图保持其大别山的重点主义，而不抽兵北援。"这时由于刘、邓大军转至外线，白崇禧虽然调集的部队很多，但进行的合围却扑了个空。他们当然不甘心认输，正在作新的进攻部署。所以，刘伯承、邓小平在那份电报中指出，支援大别山解放军的有效措施，“主要是争取在一两个月内歼灭敌两三个师，使敌不能不从大别山抽兵，只要抽出两个师，局面即可改观”。

陈赓认为，整编第二十师是中原战场蒋军的主力部队之一，属于白崇禧集团的张轸兵团，全部美械装备，曾是华东战场上解放军的主要对手，该师此刻盘踞的确山地区又是历来兵家必争的战略要地，而且距离大别山较近，若被解放军占领，将严重威胁进攻大别山国民党军的后方。他估计，此时乘胜围攻确山的整编第二十师，国民党军必将增援，就能拖出他们围攻大别山的一部分兵力。因此，祝王砦的战斗还在进行时，他就和华东野战军首长商量好，战斗一结束就挥师南下，攻打龟缩在确山地区的整编第二十师。

由于围歼整编第三师的战斗比较激烈，参加作战的部队比较疲劳，而敌整编第二十师的装备较好，战斗力较强，所以有的人不赞成攻打确山。29 日，两支部队发起攻击，立即歼敌一部，但却没有能解决战斗。开始，陈赓部队意图是在敌援兵未到达前快速进攻，将敌歼灭。只是由于两个部队打仗，双方互相照顾，互相客气，指挥不大统一；在区分任务时，是按照缴获的国民党军用地图画的界限，结果地图将城南一个高地漏画，双方都没有打那里，影响了整个战斗进程。敌人利用那个高地，不断向东、西、北三个方向的进攻部队射击，影响了部队的进攻。两日激战，给整编第二十师以很大打击，但未能全歼，却完成了另一个重大任务，即确山之战，敌人震惊，慌忙从围攻刘、邓大军的部队中抽调出整编第

1948 年，陈赓（左二）在平汉战役前留影。

九师、整编第十师和他们自称“五大主力”之一的整编第十一师，前来增援。陈赓因见拖散围攻大别山敌人的目的已经达到，同时按照双方力量对比情况看，解放军暂时还无力一次吃掉这样多的敌军，遂于 12 月 31 日下令撤出战斗。但是，部队正打得“来劲”，有的人又不赞成撤出战斗。有意思的是，这时反对撤出战斗比较坚决的，正是当初反对攻打确山比较激烈的人。

平汉战役期间，陈赓兵团与华东野战军一部在祝王砦地区会师时，陈赓和华东野战军副司令员粟裕见了面，战役中两人非常友好，过从甚密，战后，不仅经常通电话，粟裕还亲自来到陈赓部队访问。1948 年元月 1 日夜，陈赓带领侦察参谋徐文林乘缴获的吉普车，去华东野战军司令部给粟裕及部队拜年，商计今后联合作战问题，并在那里停留了 1 天。

平汉战役历时 21 天，共歼灭蒋介石军队第五兵团部、整编第三师等正规部队 4 个旅又 3 个团和地方保安部队 6 个团共 2 万余人，给敌整编第二十师以歼灭性打击。解放许昌、漯河、驻马店等县城 23 座，破坏铁路 840 余里，迫使敌人先后从大别山抽调出 13 个旅的兵力回援，有力地配合了刘、邓大军在大别山的反围攻斗争，并且粉碎了敌人打通平汉铁路的计划。这个战役，打乱了中原国民党军队的整个部署，把敌人陕北战场、中原战场和大别山战场的陆地联系斩断，大大削弱了敌人的力量。在这个战役中，陈赓兵团歼敌万余人，攻占了敌人重要屯兵地漯河等 10 余座县城，破坏铁路 400 余里。

陈赓与粟裕（左）在河南留影

自 1947 年 8 月渡过黄河到 12 月，陈赓兵团南进千里，先后在陇海西线、洛阳外围、伏牛东麓、豫南鄂北、平汉南段五战五捷。5 个月间，总计歼灭国民党正规军及地方部队和土顽 5.6 万余人，解放县城 36 座，解放人口近千万，解放区东西阔 600 余里、南北长千余里的地区，与苏鲁豫皖和鄂豫皖两大解放区在广大面积上连成一片。陈赓部队已在豫西地区站稳了脚跟。

陈赓在指挥豫西

作战的同时，十分关注全国战局的发展。他曾发电报给中共中央建议：国民党依仗其拥有铁路、公路、海上、空中等交通条件调动部队、运输物资，以利部队机动作战。因此要求在中央军委统一指挥下，通过各战区的密切配合，打破敌人的机动作战能力。中央军委对他的建议非常重视，把他的电报转发给各战略区。

平汉战役结束后，经中央军委批准，陈赓部队集结于豫西的方城、叶县、襄城一带，一面牵制平汉铁路南线之敌，积极寻找战机，配合刘、邓大军在大别山的行动；一面利用战争间隙休整，开展以“三查三整”为中心内容的新式整军运动。

陈赓提出的任务是：学习毛泽东关于《目前形势和我们的任务》等重要指示；总结推进豫西工作的经验，重点是离开陇海铁路南下这一段的作战经验，开展表彰英雄模范和评功评奖活动；还要派人去华东野战军学习。

纵队司令部的工作总结，是到达泌阳县春水镇当天开始的。陈赓具体交代了意图，由参谋长、政治部主任去分头办理。大家忙于总结工作，几乎连年都没有心思过了。

这个期间，陈赓更加重视对中共中央政策的学习和研究。一天，有位科长去请示工作，陈赓正在听毛泽东关于《目前形势和我们的任务》报告的广播。陈赓示意他不要讲话，坐下来一起听。听到“十大军事原则”时，科长忍不住了：“啊！这不是将我们的打法都公开了吗？”

陈赓摆手：“不要说话，注意听！”

一直到听完，陈赓笑了：“你这不是杞人忧天吗？毛主席不是说了，我们是人民战争，我们的战略战术敌人学不了、利用不了。这里有个阶级性问题。”

他接着打电话叫政治部印发这个文件，组织部队学习。到了春水镇，他又决定把深入学习这个文件列入部队整训的内容。

不久，毛泽东又下达了《关于建立报告制度》的指示。为此，陈赓两次召集司令部的人宣读电报，并强调说：“党中央、毛主席对建立报告制度决心很大，我们要学习刘、邓首长，在那样的困难处境中，坚持按中央规定亲自动手向中央定期写报告。我们也不能有丝毫马虎。你们要做好保证工作。”

二、开辟地方工作

作为前委书记，陈赓来到豫西，不仅要指挥作战，还有一个比打仗要复杂和艰巨得多的问题，就是争取和发动群众，开辟和建立根据地。

豫西是国民党政府统治力很强的地方，他们利用抗日战争时期在这里溃散的10余万兵丁，组成了一个官匪合一的统治机构，残酷地盘剥和压迫当地的人民群众。在灾难深重的群众中流传着一个民谣：“麦米熟，被要光，没有粮食火柱烫。辛苦血汗一年整，打下粮食吃不上。要壮丁，如虎狼，办公处就是阎罗殿，蒋家官就是活阎王。”

陈赓部队进入豫西后，蒋介石妄想以这里为基础，建立一个与陈赓部队周旋的据点。他派河南省土匪出身的王凌云率领2个整编师进入南阳，成立了第十三绥靖区。其部下以“通共”为名，在镇平县一次就杀了300多名知识分子。蒋介石为此大声喝彩说：“宛西乃民众武装之楷模”，“如果全国都像宛西一样，本党就可以永远立于不败之地”。

面对这种现实，在陈赓头脑中，已经形成一个明确的概念：“党的政策是争取群众发动群众的武器。将战争引向国民党统治区，不仅靠作战，而且靠政策。”渡过黄河后，他就是用这种思想教育部队的，使大家能自觉地执行“三大纪律八项注意”和中共的各项方针政策，使部队既是战斗队，又是工作队。

为贯彻毛泽东“分兵以发动群众，集中以应付敌人”的原则，在保持主力部队战斗力条件下，陈赓先后抽调出12个团，去新建的军区和各个军分区作地方武装骨干，给每个县派出一个建制连，作为县大队的架子，还抽调2000多名干部去做地方工作。第四纵队政治部增设了民运部，所有团以上的部队机关都成立了地方工作队，每个连都设民运小组，班里还设有民运战士……摊子一铺开，群众工作也就广泛地开展起来了。

抽调到军分区或地方工作的干部，陈赓大都要亲自谈话，因为在大部队待惯了的人，一般不愿离开部队，特别是到那一切都还是问号的新土地上去工作。另外陈赓也想当面把中共的政策交代清楚。特别是面对豫西官匪不分的反动统治，发动群众开辟根据地必须大力剿灭敌人的地方团队和土匪、恶霸。毛泽东曾指出：“消灭地方的反动武装，和消灭敌人正规军同样重要。”

1947年11月中旬，陈赓在部署第十三旅牵“牛”的同时，把该旅副旅长黎锡福留下来，叫他去开展新区工作。

陈赓说：“前委已经决定你率领第三十九团负责建立豫西军区的第六分区。”他用红铅笔在地图上画着：“看，你这个分区包括南阳、南召、镇平、内乡、西峡、淅川6个县。那里的情况很复杂，你们会碰到许多新问题。但是这个地区的群众受反动统治之害极深，犹如就要爆发的火山，只要把群众发动起来，我们就什么都不怕。发动群众的武器，就是正确地执行党的各项政策。”接着，陈赓说：“为了便于主力机动，我把纵队医院、教导队和后勤的一些单位也交给你，你的担子很重啊。”陈赓想起了毛泽东在小河村会议时给他讲的“破釜沉舟”的故事了，笑着说：“我们过黄河并没有破了釜沉了舟。这些都交给你，你可不要把我们的‘饭锅’给砸掉呀！”

黎锡福是个参加过二万五千里长征身经百战的老干部，他对陈赓的战略思想早已心领神会，所以满怀信心地说：“你放心，保证砸不了锅。不是有你交代的政策、方针这个‘重武器’吗？”

黎锡福带着第三十九团和纵队留下的各单位，到了南召县的李清店，迅速成立了分区机关，在随后组成的中共南阳地委的一元化领导下，开始了新的战斗征程。

南阳，古称宛城。封建势力的反动统治根深蒂固。特别是镇平、内乡、淅川、西峡的宛西四县，自 1929 年起，就由军阀别廷芳搞起了所谓的“宛西自治”，实行封建的军事统治，剥夺了人民群众的一切自由权力。他制定出五大证——“通行证、迁移证、出境证、小贩营业证和乞丐证”，还制定了“十家连保”“五家连坐”法，动辄杀人放火、封门抄家；群众出门要请假，回家得销假……人民不胜其苦。当时，整个豫西的反动统治的情况都和这里差不多。

第六分区和地委、专署发起了一个大规模的宣传活动，开会、写标语、演戏、串联，广泛宣传党的政策，宣传解放军是人民子弟兵，等等。

黎锡福考虑：“部队必须取得人民信任，才能争取群众返回家园。”

办法就是陈赓再三强调的，黎锡福在部队中深入地开展了“三大纪律八项注意”教育，然后发动全体官兵为群众做好事，给群众扫地、挑水、喂牛、割草，并在逃走的人家门上贴上封条，写着“房主不在家，不得擅自进入”字样。隆冬季节，战争年代，部队供应有时困难，大家吃糠咽菜也不动群众一针一线。

天寒地冻，躲在山中的群众坚持不住了。一天深夜，一个老人偷偷摸回家中，看见装得满满的水缸，扫得光光的地面，依旧挂在墙上的腊肉，用铡得细细的草喂得肚子滚圆的大黄牛，不禁感动得流下泪来，心中暗暗埋怨自己：“多好的队伍呀！只怪俺瞎了眼。”连夜上山把躲藏的群众都叫了回来。

陈赓有过交代：“豫西土匪遍地，不少是惯匪，不剿平他们，根据地的工作就无法开展和巩固。要努力剿匪，但要武装镇压与政治分化瓦解相结合。要贯彻中央规定的‘首恶必办，胁从不问，立功受奖’的方针，才能无往而不胜。”

李清店西面 40 里的山上有个毛家寨，住着一个大恶霸杨毛士，外号是“杨八老虎”。他手下有几百看家武装，连他的大小老婆都是枪不离身的。他凭借着这股武力，奴役着方圆几十里的贫苦农民。陈赓部队解放南召县城后，他带着他的兵马、金银细软和粮草跑到了杨家寨占山为王。那里山高路险，一条盘陀路在悬崖陡壁上蜿蜒，寨门上下布满了明碉暗堡、滚石檑木及各种杀人机关。夺取这个据点，宛如《水浒传》上描写的宋江攻打的祝家庄。

黎锡福看了地形后说：“沿着这条小路上山，是困难的。既然杨八老虎能把大批物资短时间运到山寨，光靠这条小路是不行的，肯定另有秘密通道。”

侦察排住的老乡家中，只有老大爷孤单一人，他是杨八老虎 30 多处佃产的佃户，老伴和儿子都叫杨八老虎杀死了。这血海深仇在解放军启发下，老大爷自愿给解放军带路，果然有个秘密通道上山，很快 300 多匪徒除死伤者外，全缴了械。但是没有抓到杨八老虎。

“他呢？”黎锡福问俘虏。

“早跑了。”

老大爷说："他跑不了，快跟我来！"

解放军跟着老大爷一口气跑了五六里地，在深山一个黑森森的洞里抓住了杨八老虎。

公审大会上，经过群众控诉，将杨八老虎镇压了，胁从者释放了，立功者受了奖。共产党的影响迅速扩大，工作也就顺利而迅速地推开了，农会、妇联等群众组织纷纷建立……

在武装清剿匪徒和大力发动群众的基础上，第六分区和南阳地委开展了一个大规模的群众性的收枪运动，打击了阻挠破坏的分子，短短两个月就收到群众交来的各种枪支 1 万多件。就连抗日战争时期国民党藏在师岗北面山里的几千发炮弹，也被群众拉回来交给了解放军。最后连别廷芳老家埋在地洞里的大批手枪、机枪、迫击炮和大量银元，也被挖出来了。

11 月 27 日，第十一旅包围了南阳和方城县之间的最大的封建地主顽固堡垒石头寨。寨主周世卿占地 17000 多亩，以南阳绥靖区司令官王凌云为靠山，勾结地方反动势力，集结反动武装 400 多人，危害人民，与解放军对抗。第十一旅以两个营展开进攻，一小时战斗，毙敌一部，生俘寨主周世卿等百余人，缴获大批粮食物资。部队向群众分发粮食 200 万斤，狠狠打击了地主恶霸的嚣张气焰，提高了群众对敌斗争的信心和积极性。

此后，第十一旅又扫荡了张梅花寨和赊旗、羊册等地土顽，解放了桐柏县城。新四军第五师留在当地坚持敌后斗争的人主动与第十一旅联系，介绍情况，对第十一旅开展工作给予很大帮助。此时，根据陈赓指示，由第十一旅副旅长刘丰率领第三十三团及一批干部，在豫西军区党委统一领导下，组建了第七军分区，此后，逐渐建立了方城、舞阳、叶县、鲁南、泌阳 5 县的县、区、乡政权和人民武装，大力发动群众，开展减租减息、清匪反霸斗争。

豫西根据地的建立，为人民解放军在中原作战提供了人力物力，使部队在中原有了一个稳固的后方，也为以后作战取得更大胜利创造了条件。

三、娃娃剧团

平汉战役中，在一个风雪之夜，第十一旅攻占驻马店时，在附近的村庄解放了个唱河南梆子的"娃娃剧团"。演员最大的 12 岁，最小的才八九岁。1948 年 1 月 5 日，他们来到春水镇给第四纵队直属队演出。当时，天气很冷，又是露天演出，但是看的人不少，陈赓也一直坚持看到终场。然后，他又上台去和小演员们进行交谈，对他们亲切地说："你们不要叫我司令员，叫我干爸爸好了。"他指着一个小男孩说："你是我的干儿子。"又指着一个小女孩说："你就是我的干女儿。"

班主曾想把剧团拉走，陈赓听说后指示："一定要把娃娃们照看好。班主家的人谁走都行，就是不准他带走一个娃娃。”这些自幼远离父母的穷苦孩子，进了戏班学戏常常挨打，那时把学戏就叫作“打戏”。孩子们得到了陈赓如此的关怀，都感到非常温暖非常高兴。此后，陈赓还时常抽空去看望他们，给他们讲革命道理，关心他们在政治上和艺术上的成长，鼓励他们好好学习，争当名演员。

陈赓还找剧团的教师谈话：“成了革命剧团了，不要像旧戏班子那样对待徒弟。都是革命同志，老师应该像对待自己儿女那样教他们学戏。要废除打骂制度。只要你们努力教戏，学习政治，孩子会尊重你们的。”

陈赓又跟孩子们说：“不要控诉教师的苦，教师不是地主，不能用农民控诉地主压迫之苦的办法对待教师，要共同去诉旧社会的苦，让他们好好教戏。”

陈赓的谈话消除了教师的恐惧心理，教戏也就安心了。

剧团有个王老师，在河南省郑州一带曾是个享有盛名的演员，教戏也教得好。就是在旧戏班子中沾染了吸鸦片的毛病，来到部队中感到不自由，缺钱花，没烟吸，思想动摇。陈赓听到后说：“要做好这位王老师的团结教育工作，以便更好地发挥他的才能培养娃娃。”又说：“断烟如断命，让他慢慢来。”过一段时间，就叫把缴获的鸦片给他一点儿。王老师在他的关怀下深受感动，树立了自我改造的决心，彻底断了烟，在工作上表现出极大的热忱和责任心。

1948 年 5 月，剧团乘两辆卡车在公路上行走，遇见敌人飞机扫射，汽车中弹起火。虽然没有伤着人，却把孩子们吓坏了。陈赓听到后，立刻派人对他们进行安慰，还送去许多战利品。每个人都发了新布和棉花，在乡亲们的帮助下，娃娃们都给自己做了新被子。

剧团有一次在漯河市演出，第一分队正在街上等车运送道具。陈赓乘坐一辆吉普车经过，停车问道：“你们在这儿干什么？”

“我们等车运送道具。”

“晚上演出，怎么现在还没有车来？”陈赓思忖了一下说，“你们看，我这个车可以用吗？”

大家有点儿不好意思：“当然可以。不过，我们还是等等吧。”

“可以就行。”陈赓将车上的警卫员叫下来，对驾驶员说，“你帮他们工作吧！”说罢，他自己和警卫员步行走了。

有人著文说，陈赓生平有三怕，头两怕，怕的都是大人物；第三怕却是针对小孩子的，说他怕同小孩子开玩笑，怕见小孩子生病，怕听小孩子哭……

这实际是一个误会，因为这完全不是什么怕，而是深沉的爱的一种表现。这在他和娃娃剧团的交往中可以看得很明白。

早在 1939 年，老作家陈荒煤在他写的《陈赓将军印象记》中，就曾有这样的叙述：

> 最常看见他的场合，还是在三八六旅宣传队的孩子群中——他手里牵着，怀里揽抱着，被包围着，孩子们，他们多半是被敌人炮火赶出家乡来

的，最小的年纪还只有 12 岁——像和自己的小同伴一样，很随便地毫无拘束地把陈赓将军吸引进他们游戏里去。

其实，他喜欢这些小孩子，还由于他们是文艺工作者，那时的第三八六旅宣传队就是他培养的京剧团，这个京剧团的演出，在敌人后方和太行山、太岳山上曾风靡一时。

陈赓在抗日战争中写下的日记里，就多次提到文艺工作的事。如 1937 年 9 月 23 日，他在排以上干部会议上就特别提出要“加强文化娱乐工作”。1938 年 10 月 21 日日记中写道：“晚，火星剧社表演新剧，演技甚好，每一幕都令人感动不已，全场情绪甚高。”1939 年 5 月 2 日又写道：“旅直晚会，由野火剧社（即第三八六旅宣传队）演剧，情绪甚高涨，颇得观众赞许。”1941 年 1 月 4 日，他在日记中记述：“……军民同乐晚会，计化妆跳舞者达二十余组。一时鼓乐震天，歌声满野，情绪之高，为本旅前所未有。”……在敌后抗战那样困难的环境中坚持写日记，是件多么不容易的事，而日记中又以满腔热情记叙文艺工作的活动，可见他对这一工作的重视了。

抗日战争中，他对自己旅的宣传队非常关心，经常亲自去了解情况，指导排练，帮助解决一些实际困难。

他有一匹马，但自己很少骑，经常让病号、伤员披他的大衣，骑他的马。有一次，他把马让给一个小宣传员骑，自己走路。走久了，负过伤的腿痛了起来，只得躲到路边去揉揉，又怕别人晓得，部队来了，他就连忙站起来继续走。后来被警卫员发现了，卷起他裤口一看，腿肿得又粗又亮，那个宣传员当时就感动得流下泪来，急忙跳下马来坚决让给他骑。

抗日战争最困难的那几年，他跟着大家一块上山种地，背着粪筐拾粪，同样和战士一起挖野菜、吃野菜。旅宣传队由于吃错了野菜很多人中毒，他听见后急忙赶去，和医生一起给他们端汤灌药，进行抢救。

人们都记得：那时前方打仗，炮声隆隆，而在距前线很近的指挥所旁，却还在锣鼓喧天地演大戏，宣传队在陈赓指挥下在火线上为士兵服务。他就坐在台前看戏，从容，沉着，谈笑风生，就仿佛没有打仗那回事。看戏中，前边不断有人来向他报告，他也不断给来人作指示，指示过了，照常看戏。仗打得越激烈，戏也演得越来劲。有的轻伤员撤了下来，一面由医务人员给包扎伤口，一面就在台下看演出。陈赓从容不迫的冷静态度，更坚定了战士们克敌制胜的信心。

1948 年 3 月，第四纵队攻克河南省的洛阳古城，歼灭了国民党青年军第二〇六师，也把这个师的平剧社解放了。然后部队把他们带到南召县白土岗进行整训。有一天，女演员刘美娟在村头遇见一位解放军“长官”，脸色红润，戴着眼镜，身材魁梧，和她谈了起来：“怎么样，当解放军好吗？还想不想走了？”刘美娟羞红了脸，因为她原来想过开小差。那人又和她谈了一阵走了，后来刘美娟才知道这位“长官”就是陈赓。

不久，剧团在宝丰县演出途中遇见了陈赓，陈赓很高兴地和他们聊了起来，问：“你们学习得怎么样？生活过惯了吗？”

大家回答：“已经习惯了。”

陈赓笑了：“看来你们这几个月学习收获不小，变化很大嘛。”接着又对刘美娟说：“你不穿旗袍了，穿上了灰军装，像个解放军战士了。希望你们到宝丰要打响第一炮。过几天我可能也要去，到那时候再去看望你们。”

据刘美娟回忆：那一次陈赓还个别找她谈了一次话，说：“听汇报讲你进步很快，这样好嘛！”还说：“在洛阳的时候，我就听说了，你戏唱得很好，想走可不行哟，部队需要你。”

刘美娟连忙检讨：“我当时觉悟低，又听信了国民党的反动宣传，害怕。通过学习，得到了提高。”

陈赓笑着说：“第一次见面，听说你是汤恩伯的干女儿。我和他是黄埔军校的同学，北伐以后，蒋介石叛变革命，我与汤恩伯走了不同的路。别担心，以后我们也会照顾你的。”

当时部队作战频繁，生活艰苦。陈赓利用作战间隙，经常组织文工团、剧团轮流到部队演出。如果在纵队直属队演出，陈赓不仅一定要看戏，还要和演员谈心，鼓励他们勤学苦练，努力提高艺术水平和思想水平，好好为人民服务。不久，京剧团被调到中原军区去。

王步青后来在回忆录中写道：

> 1950 年春，陈赓同志任西南军区第一副司令员兼云南省军区司令员。有一次，我跟随他乘飞机去重庆，参加西南军区召开的整编会议。
>
> 大会由贺龙司令员主持，邓小平政委作报告。会间休息 20 分钟，陈赓同志想到会场外面活动一下，快到门口时，遇见了西南军区政治部组织部长陈鹤桥。陈赓问：“听说这次整编，你们大军区要减掉一个京剧团，不知道要减掉哪个？”
>
> 陈部长说：“准备减掉你们原来那个团。”
>
> 陈赓说：“你们不要，我们要。你把那个团还给我们吧。”
>
> “已经决定给陈锡联他们兵团了。”
>
> 陈赓眉头皱了起来：“原来这个京剧团是我们的，你们非调走不可，还说我们思想意识不好，玩戏班子。你们有两个京剧团，就不是玩戏班子？现在，你们要减掉一个，自然应该还给我们，为什么分配给三兵团？真是岂有此理！”
>
> 这时，贺龙司令员从台上下来，看到陈赓同志声色俱厉地与陈部长说话，就问：“陈赓，你吵什么？”
>
> 陈赓复述了一遍。
>
> 贺龙司令员说：“好了，不要吵了，把那个京剧团还给你们。开完会，你就可以将剧团带回去。”

陈赓听了很高兴，笑着说："还是司令员开明，谢谢贺老总的关怀。"

贺龙司令员说："原来是你们的，现在又归还你们，谢什么哟。"

1951 年 3 月，陈赓被任命为志愿军第三兵团司令员兼政治委员，准备去朝鲜作战，他回到昆明来调几个干部，和大家告别。在欢送他的晚宴上，大家边吃边聊，聊到部队的文艺和体育工作时，陈康说："我们军作战时俘虏了一个女子篮球队，后来解散了，都另行分配了工作。"

陈赓笑着说："我再下个命令吧，你回去一定要把这些人找回来，重新组织起来，不管她们在天涯海角。部队不搞文艺工作和体育运动，是不可想象的。"他还说："陈康，我告诉你，刘美娟他们这个京剧团，在战争岁月里随军演出，政治素质好，有贡献，要好好培养他们。不要进了城，喜新厌旧，冷待他们。"

陈赓认为文艺工作是建设文明军队所不可缺少的武器。因此，对文艺人才都非常爱护，凡是在他麾下工作的文艺工作者，都觉得心情舒畅，浑身有使不完的劲，认为他是文艺工作者的知音。

在解放战争中的 1946 年，他就说过："前线靠枪杆子，这里就要靠笔杆子。现在到了笔杆子和枪杆子密切合作的时候。"所以，他对待文艺工作，和对待战争，对待办大学等工作是一样的，把它看成中国共产党的事业。正如他在军事工程学院说的："中国革命没有知识分子是不能胜利的，社会主义建设没有知识分子同样不能胜利。"同时，他认为没有革命的繁荣的文艺工作，所谓社会主义建设胜利的话也是空谈。

最后再说一下娃娃剧团。

淮海战役后，部队要打过长江去。陈赓考虑过江之后奔跑激烈，作战频繁，怕娃娃们难以承受，才决心把剧团交给中原军区代管。为此，给剧团配了两辆大马车和 6 匹骡马，每个人发了一条毛毯，还留下了相当数量的资金。大家都感到，他给剧团留下的精神财富是无穷的。

剧团临走时，陈赓亲自来送行。

孩子们都舍不得离开，见了陈赓都哭了，说："我们要跟随部队去演出。我们不想家，部队就是我们的家。"

这些天真、聪明的孩子一哭，使陈赓也动了感情，但他还是劝说他们听从组织安排，才相互依依惜别。

陈赓临别赠言："孩子们，你们的艺术已经熔进了革命事业。要当革命演员，要做红色的艺术种子。"

娃娃剧团后来编入了河南省豫剧院二团，1960 年赴北京演出时，云丽、云德、云耀、云志等原来娃娃剧团的成员去看望陈赓，他那时已经重病在身了，但还是跟着她们去剧院看望大家。观看演出后，除了赞扬她们技艺精进外，还关心地问："你们入了党没有？"

第二十一章　与“左”的错误作斗争

一、“走马点火”

在解放战争中，解放军所以能够打退国民党军队的进攻，并且迅速地由战略防御转入战略进攻，最主要的就是实践了“得民心者得天下”的原则。而得民心的重要条件之一，就是解放区普遍实行了土地改革，废除了封建的土地所有制，做到了孙中山先生向往的而国民党无法实现的“耕者有其田”，受到农民热烈欢迎。土地改革为提高解放区农业生产奠定了基础，为工业发展创造了条件。它充分调动了农民的积极性，踊跃地参加战争和支援战争，使后方得到巩固，为解放军胜利向前进开辟了坚实的道路。

陈赓兵团挺进中原时，老解放区的土地改革正如火如荼地展开。由于中国共产党率领人民与国民党政权的斗争正处在最紧张的时刻，也由于一些农村工作人员没有从事土地改革工作的经验，因而在执行政策时发生了一些“左”的错误：把不少并无封建剥削或只有轻微剥削的劳动人民，错误地划到地主富农的圈子里；侵犯了一部分中农的利益；破坏了一部分属于地主富农所有的工商业；也有些地方发生了乱打乱杀现象，以致不必要地处死了一些地主富农分子……一时间刮起了似乎是“越‘左’越好”的歪风。

陈赓兵团来到豫西新区，打了不少漂亮仗，歼灭了大量的国民党军队及其地方团队。但是要在这里立足，就必须创建根据地，就必须迅速发动起群众。这一工作应该怎样进行？由于没有经验，又缺乏思想准备，加之受到老解放区土地改革中偏差的影响，一度也发生过“左”的倾向。

部队一过黄河，政治部门就抽调直属队的干部组织了两个工作队：一个是征粮队，由于老解放区接济困难，由他们负责就地筹粮，解决部队的吃饭问题；另一个队是负责发动新区群众。下面的各旅各团，也相应地建立了这样的两个组织，随军活动。

当时部队处于流动状态，很少在一个地方驻到 3 天以上，又急于让群众起来拥护部队，那个负责发动群众的工作队里的一些性急的人，就采取了所谓的“走马点火”的办法：每到一地，打富济贫，将地主、富农的粮食和浮财分给贫苦农民，有时要召开群众大会，斗争恶霸地主，就地枪决，以掀掉压在农民头上的石板。开始“火”势还不太猛，矛盾也不突出，加之经过土地改革教育的部队，大家认为给贫雇农分点儿东西，是件好事，所以没有什么异议。但是日子长了，矛盾就逐渐暴露了出来。

有一次，工作队要把一家大地主的东西全部分给群众，只有少数勇敢分子争抢财物，广大苦重仇深的基本群众观望不前，衣物、家具、房屋、田地都不敢要。这是因为群众有过惨痛教训。豫陕鄂新解放区大都是共产党军队曾经几进几出的地方，这里的地主老财都有武装，他们和土匪会道门串通一气，每次解放军一走，他们就对群众进行报复，反攻倒算，血腥镇压。如今解放军刚来，立足未稳，究竟能不能站住，群众还要看一看。所以，虽经工作队反复宣传，说解放军不会走啦，许多群众还是不大放心，他们怀着对地主阶级的深仇大恨，把分到手的地主家的衣被撕得粉碎抛在地上，只把粮食扛回家去。当时部队作战主要是打运动战，许多部队头次经过的地方，把地主家的粮食分光了，再打回来的时候，自己便没有粮食吃了。“走马点火”的场面确实轰轰烈烈，实际是后患无穷。

陈赓认为：“走马点火”涉及政策面很广。由于仓促上阵，缺乏调查研究，各种工作尚无基础，而国民党军队和地主恶霸的势力还很大……有的人到处斗地主分浮财，想让群众马上得到利益，片面强调“阶级观点”，认为不分地主浮财给农民是“立场问题”。其实，部队走后，分到东西的农民就要遭受打击报复，有的还把分到的东西赶紧给地主送回去，反而造成恐惧心理。城镇工商业被当成地主、富农的浮财也分了，富裕中农和中农的利益必然要受到侵害。更有甚者，根据仓促中了解的情况，杀的人并不一定是首恶分子……

面对这些问题，陈赓感到不能以个人名义加以制止，需要开会统一思想。因为这种事情的发生，不只是个别现象问题，还涉及理论等思想问题，思想问题不解决，行动难以理顺，因为这种事情不只是自己部队中存在着。

纵队部到了泌阳县春水镇，陈赓召开会议，讨论政策问题，并与有关领导人研究最后统一思想，决定停止“走马点火”的活动。然后层层传达、讨论，上上下下组织的“点火队”就被解散了。

二、“贫雇当家”

一波未平，一波又起。

原晋冀鲁豫军区第四纵队政治部主任刘有光，回忆那时的工作说：“华东野战军学了我们的‘走马点火’，我们学了他们的‘贫雇当家’。”

平汉战役时期，第四纵队政治部曾派一些干部到华东野战军的第三、第八两个纵队去学习过，学来了不少好东西，也接受了这个“贫雇当家”。

在部队开展新式整军运动时，新华总社和中央广播电台不断报道华北土地改革的成果和经验，宣传“贫雇农的思想最革命”等口号，提出实行“贫雇路线”，主张“贫雇当家”。人们误以为这就是中共中央的新精神，加之兄弟部队搞得热火朝天，于是就在纵队直属队搞起了这个“贫雇当家”，各旅也跟着搞起了试点……

陈赓是地主家庭出身的。所以纵队有的领导推广“贫雇当家”的时候，是背着非贫雇家庭出身的陈赓干的。他这个前委书记，实际是被架空了。

1948 年 1 月 12 日，纵队司令部正式成立了“贫雇委员会”，决定贯彻“贫雇路线”，由他们当家。

他们首先发现在司令部当家的、担任中共第四纵队司令部总支书记的王步青是个中农家庭出身的人，这是不能容忍的。于是宣布把他罢免了，重新选举了清一色出身贫雇家庭的人担任总支书记和委员；并搜查了王步青的东西，没收了他比别人多的一双布袜子（因为他行军时骑马，走路不多，鞋袜消耗少）。接着，他们组织了搜查队，普遍搜查了所有非贫雇家庭出身的科长以上的干部的“家当”。

司令部搞得这么热闹，政治部当然干得更积极，除对干部普遍进行搜查外，还组织家庭成分不好的干部，下到连队去当兵接受改造。在编班时，发现包括宣传部长、保卫部长在内的干部，没有一个家庭成分好的，最后没办法，临时找了个中农家庭出身的文工团员来当班长，带着大家到连队去，向贫雇农出身的战士“投降”，并到战士为死去的家属设的灵堂中去跪拜……

搜查队的情绪越来越高，于是有人问：“陈司令员的东西可以搜查吗？”

答复得很肯定：“凡是出身不好的干部都要搜查！”

1 月 13 日清晨，陈赓正在洗脸漱口，“贫雇委员会”派了几个出身好的通信员、警卫员、炊事员进了他的宿舍翻东西。

陈赓没有架子，平易近人，与干部、战士在一起，总是和蔼可亲，但是遇见十分错误的事，也会大发雷霆。

那天，陈赓见他们翻东西很诧异，问：“你们这是做什么？”

“别的干部的东西都检查过了，就是你的东西还没检查。我们来看看。”

“为什么要检查？”当时陈赓并不太清楚是在搞什么运动，也不知道是什么人组织他们这样干的，以为是他们自己胡来，就发了火，声色俱厉地喝道：“谁给你们这么大的权力？都给我住手！”

几个小鬼立即停下手来，面面相觑，不知所措。

“你们竟敢这样乱来！”陈赓用力地挥着手，“还站在这里干什么？快给我滚出去！”他认出其中有个是通信科的小鬼，就对他大声说：“去，叫你们科长快来。”

戴其萼一进屋，陈赓就撅起胡子质问：“你们科的人，怎么跑来抄我的家，要分我的浮财？”

戴科长急忙解释：“这事我不知道，也管不了。现在是‘贫雇当家’，听说是前委决定的。”

“谁说是前委决定的？”陈赓瞪起了眼睛，“我是前委书记，怎么不知道？”

接着，陈赓又找王步青处长了解了情况，明确表示这种口号和做法都是错误的，应当立即刹车。

由于有些领导人思想不通，各旅的试点工作仍在进行。比如第二十二旅的“贫雇委员会”就叫家庭出身不好的团长去站岗放哨。旅长查玉升就发了火，对领导运动的人说：“你主张‘贫雇当家’，我就是贫农出身，要过饭。你是地主家庭出身，你应当首先去站岗，还要向我下跪，向我投降！这不像话嘛！不能这样做！”

1948 年 1 月 17 日，第四纵队领导机关离开春水镇，到达叶县的旧县镇。陈赓于 25 日召开前委扩大会议，集中解决政策思想问题。由于中共中央 1 月 18 日《关于目前党的政策中的几个重要问题》文件已经下达，明确指出：“‘贫雇农打江山坐江山’的口号是错误的。”陈赓认为这个问题好解决了。在讨论时，他只是简单地讲了几句“我们军队是党绝对领导下的军队，不能搞‘贫雇当家’那一套”等话。

但这一问题并没有那么容易解决。运动的倡导者并没有想通，因而在会上出现了一场激烈的争论。他们以新华通讯社和陕北新华广播电台还在播送“贫雇当家”的报道和华东野战军还在大力进行等为理由，提出试点完了之后，不仅不应停止，还要在部队中进一步开展运动的主张。甚至有人散布：“他是地主家庭出身，不能听他的！”

查玉升则对陈赓说：“请你大胆讲，我们支持你。再这样搞下去，部队就没法打仗了。”

这当然不是危言耸听。德国的克劳塞维茨在他的《战争论》中有句名言：“战争是政治通过另一种手段的继续。”这就是说，战争都是为它的政治目的服务的。进一步看，在军队内部推行什么样的政治，决定着它能否保证所担负的战争任务的完成。历史经验证明，没有先进的思想领导，农民的革命是不会成功的。在中国共产党历史上，由于搞“左”倾机会主义，招致的失败已不止一次了。现在再在军队中用“左”的政治搞分裂，制造混乱，很难预料解放军能在战争中最终取胜，去完成它所担负的政治任务。

事实正是如此，听说在兄弟部队中，有些人为此已经失去威信，影响了部队的战斗力。在这种情况下，陈赓只好又作了较详细的补充发言，从理论到实践上对“贫雇当家”的问题进行了分析批判。但仍不能解决问题，那些人仍固执己见。陈赓不得不把情况上报中共中央，请求给予指示。

当时任第三十八军军长的孔从洲，40多年后曾回忆说：“那年冬天，平汉战役结束之后，我到叶县、南召地区参加兵团前委会议时，碰上这股风刮得起劲。我见这股风越刮越大，心里也嘀咕，过去自己从来没有经历过这种事，怕部队出问题，极想回去看看。陈赓同志已经注意到这股歪风，并且正在派人深入调查，进行研究，以便解决。他对我说：‘现在这样乱，你怎么还能回去？你还回去干什么？现在部队思想混乱，不要说你们这个部队，就是老部队指战员的思想也给弄乱了。’他说：‘这个问题不是个小问题，涉及到党的政策问题，重大原则问题。我们这支部队，究竟是党领导，还是贫雇农当家？我们必须解决这个问题。否则，任其发展下去，就会削弱部队，影响当前的战争。你现在不要离开这里，你就在这儿，有我陈赓在，就有你老孔在。’”

反右比较容易，反“左”就比较困难，因为它是以革命的面貌出现的，人们不容易识破它的真相，往往还会成为它的俘虏，受它的蒙蔽，跟着它去跑。就是有识之士看出了问题，又有谁敢出面反对呢？第一，倡导者是上司；第二，弄不好自己被扣上右倾的帽子，一辈子也难以摘掉。因为一般人都认为“左”是方法问题，右是立场问题，“左”比右好。地主家庭出身的陈赓反对贫雇农当家作主，和大唱这本经的中共中央喉舌新华通讯社、陕北新华广播电台对着干，简直像是飞蛾扑火的行动，有谁还愿意跟蛾子一块去扑火自取灭亡呢？

陈赓的报告是作为急件拍发的，回电却一直没有来。陈赓不仅睡不着觉、吃不下饭，几乎到了心急如焚的程度。人们感到李铁军7个旅在屁股后面紧追时，他也没有急成这个样子。说明政治这个东西，是一个比战争更为沉重的担子，更难挑，更难惹，更难解决。比如在南召店的会议上，对于如何应付李铁军的追击，大家争论得脸红脖子粗，最后陈赓拿出来自己的作战方案，大家都不吭声，老老实实依照他的指示去打仗了。可是对这个“谁来当家”的问题，尽管陈赓说得口干舌燥，却还是有人不买账……就可见一斑了。

中共中央的回电终于来了。1948年2月11日，毛泽东起草的纠正土地改革宣传中的“左”倾错误的指示中，严厉指出：“最近几个月中，许多地方的通讯社和报纸，不加选择地没有分析地传播了许多包含‘左’倾错误偏向的不健全的通讯或文章。例如：一、不是宣传依靠贫雇农，巩固地联合中农，消灭封建制度的路线，而是孤立地宣传贫雇农路线。不是宣传无产阶级联合一切劳动人民、受压迫的民族资产阶级、知识分子和其他爱国分子（其中包括不反对土地改革的开明绅士），推翻帝国主义、封建主义和官僚资本主义的统治，建立中华人民共和国和人民民主政府，而是孤立地宣传所谓贫雇农打江山坐江山……这是严重的原则性错误。……以致造成了一种空气，使人们误认为似乎这是正确的领导思想。甚至因为陕北广播电台播发了不正确的新闻，人们竟误认为这是被中央认可的意见。……”指示还批评了那种在整党中“唯成分论”的错误宣传等，责成各地中共党委宣传部门写出检查报告。

陈赓立即向与会人员宣读了这份指示，原来持相反意见的人们，都转而表示拥护中央的指示。

陈赓高兴地说："同样的道理，我讲了好几遍，有些同志思想总不通，现在一读党中央的电报，马上就通了。这说明毛主席有崇高的威望，大家高度信赖党中央。有人根据我家庭成分不好，便不相信我说的道理，是不对的。不错，我出身于地主家庭，可是中国共产党成立的第二年，我就入了党，从入党的那一天起，我就背叛了原来的阶级，投降了无产阶级，献身于革命事业。我们党从来主张有成分论，重在表现。人为地把干部、战士分成为两部分，让贫雇农家庭出身的人，去检查没收非贫雇农家庭出身干部的东西，必然要造成混乱，伤害一部分人的积极性，使部队造成分裂，这是十分危险的事。"

陈赓还明确指出："豫西是个新区，群众尚未充分发动，我们的一切尚无基础，国民党和封建势力还很大，所以，不能急于实行土地改革。当前，在豫西根据地的建设方面，应以剿匪反霸为中心；在控制区内实行减租减息的土地政策和合理负担的财政政策；坚持执行党的统一战线政策，以便更好地团结占百分之九十以上的贫苦农民和其他一切可以团结的力量，共同反对地方上少数匪魁霸首，反对美蒋反动派。"

黎锡福后来回忆，这次前委会议，"像指路明灯一样，使我们在困难的环境中，明确了问题的关键所在。前委扩大会议一开完，我立刻回到李清店，在地委和分区的紧急会议上，作了传达。会上，大家检查了上阶段工作中的错误，详细研究了本区当前的情况，决定停止平分土地，实行减租减息；停止普遍分地主浮财的做法，实行合理负担；提倡深入调查研究的工作作风，继续放手发动群众，壮大人民武装力量……这些措施一经贯彻执行，社会秩序即日趋安定，部队和群众关系日益密切。"

这次会议结束后，陈赓拍了下孔从洲的肩膀说："老孔呀，你希望回部队去看看，过两天就可以走了。前几天你要回去，虽然不至于挨揍，却很可能碰上不少麻烦。"孔从洲回忆说："通过这次会议，特别学习了中央的复电，不但解决了整个部队的问题，自己也从中受到启发，认识到许多以前想都没有想过的问题。对于党的方针政策，以及陈赓同志高超的领导艺术，都有比较深刻的领会，受益匪浅。以后经过整风学习，认识上又进一步得到提高。"

前方谁来当家的问题解决了，后方却还在照常干，竟把在黄河北岸老太岳解放区的第四纵队留守处的家属，都"扫地出门"了。情况是这样的：当时一般干部不准结婚，部队过黄河后，留在留守处的家属多是团以上干部的妻子，其中不少"洋学生"，家庭出身贫雇农的不多。"贫雇当家"运动搞起来后，当地政府和群众把她们有的赶回了原籍，有的下放劳动……这事传到前方，造成了一些波动，不仅妻子被处理的干部有意见，没有结婚的人也纷纷鸣不平，说：

“我们在前方拼命，他们在后方这样干，还得了！”

作为纵队首脑的陈赓，不仅管打仗，管前方的问题，还要管后方的事。他连打了几个电报，派人和地方党政机关交涉，立即把被“扫地出门”的夫人们重新接回来，送回“门”内去。

等一切就了绪，他又回过头来做前方干部的工作，在会上和大家讲：“这件事现在已经纠正了，就不要再去计较了。俗话说，‘宰相肚里能撑船’，我们共产党人的胸怀，应该有更大的容量。我们要看大的方面，太岳区老根据地支援我们的抗日战争、解放战争，做出过大量牺牲，又大力支援我们打过黄河，我们是他们的子弟兵，这点小事不值得大惊小怪地去抱怨了，今后再议论就不利于前后方的团结。”他笑着说：“不要因为自己的夫人在后方受了点儿委屈，就耿耿于怀，老是放在心里。我认为从另一个角度看，这倒是件好事。一个领导干部可以带千军万马，可以教育很多干部、战士，但不一定能领导教育自己的老婆。因为夫妻关系不一般。不要说教育，就是说话重了，她和你调个皮，两天不和你说话，你就不好办；弄不好，跟你几天不睡觉，更麻烦。让别人教育教育有什么不好？当然，‘扫地出门’的办法不对，但就是个把月的时间嘛！没什么了不起，我看也没有什么坏处。对不对？”

这一席话，把大家都说得笑了，这笑声冲走了心中的怨气。

6月份在襄城县整党时，陈赓还主动承担了“走马点火”和“贫雇当家”等错误的领导责任，他说：“从陇海铁路回师东向，我就觉得‘走马点火’有问题，但是因为这牵扯到党的方针政策，当时我们刚过河战事紧张，总怕自己没有完全看准，因此，没有及时向中央请示报告。对这事虽没有支持，也没有坚决制止，而是放任自流。致‘走马点火’纠正迟了些，我要负责。至于那些倡导者，主要是因为缺乏经验，不应过多地去指责他们，他们都是些好同志。”陈赓这种严于律己的精神，是非常感动人的。

在对敌斗争胜利的形势下，人们应当对“左”倾错误有足够的警惕。否则总要出点儿乱子，起点儿波澜，闹出点儿自己整自己的事。如果不及时加以制止，谁知道那火苗子要烧多高呢？起码这个仗就难以打下去，根据地也就难以建成了。

三、保护黄庭坚的手迹石碑

就在旧县镇前委扩大会议的紧张时刻，陈赓为“谁来当家”的问题焦思苦虑的时候，他曾和参谋长王启明驱车30里，来到了叶县县城，视察叶县新政府的工作。

叶县县长范离，是第四纵队第十旅的一个团的政治处主任，是奉兵团首长批示来参加建设根据地工作的。兵团首长的关怀，使他十分高兴。他向两位首长汇报了到任以来的工作情况，陈赓根据前委会议的精神，对县里的工作作了指示，避免他们工作中重复“左”倾错误。谈完，时间不早了，范离热情挽留他们在县政府吃中午饭。

陈赓说：“这是我们到豫西后，第一次在地方政府吃饭。”回想李铁军 7 个旅在屁股后面追赶时的情景，那时既没有根据地，也没有自己的地方政府，更别想在这个政府吃一顿饭了。

边吃边聊。陈赓问到了叶县的风土人情和名胜古迹，范县长就介绍了叶县的“八大景观”。

抗日战争中就流传着这样的说法：如果在办公室找不见陈赓司令员，那就要到三个地方去找他，才能找着：1. 宣传队；2. 小厨房；3. 名胜古迹处。

陈赓是一员儒将，有渊博的文化知识，兴趣广泛，听说当时县城东关有 12 块古代碑刻的时候，自然要范县长领他去看看。

走出东城门，跳过国民党军队强拆民房留下的碎砖烂瓦，来到一所门窗皆无、跑风漏气的破房子前，陈赓打量了一下，就走了进去。

屋里横七竖八堆积的石碑上，刻的竟是黄庭坚手书唐代文人韩伯庸的《幽兰赋》。陈赓饶有兴趣地俯下身去，看着看着，情不自禁地朗诵了起来：“吐秀乔林之下，盘根丛草之旁，虽无人而见赏，且得地而合芳……”

在场的人中，显然了解这个碑和碑文的人不多。“啊！太好啦！”陈赓向大家介绍说：“这碑上写的是唐代名篇《幽兰赋》。谁写的呢？是我国古代最有名书法家之一黄庭坚写的呀！”

黄庭坚是北宋诗人兼书法家，出于苏轼门下，被后人誉为“苏黄”。他习字先后取法于颜真卿、怀素等大家而自成风格，名列“宋四家”之一。他的字侧险取势，纵横奇倔。写《幽兰赋》是奉敕命在皇宫挥就，更显得诙诡谲怪，千姿百态。写后刻石立于江西家乡。这些石碑，可能是因为黄庭坚进仕之初当过叶县尉，后人为纪念他在叶县的活动而根据拓片翻刻的。

陈赓把脸转向范县长：“刻得真好！给人以遒劲洒脱之感。这可是珍贵的历史文物呀！范离同志，你是这儿的父母官，能说说这些碑放在这里的来由吗？”

范县长说：“据我所知，这 12 块碑原收藏于叶县八景之一的卧羊黄（庭坚）公祠内。这个祠是清朝年间，叶县为了纪念黄庭坚修建的。根据宋代拓片翻刻了这 12 块碑，黄公祠也因为有了这 12 块碑而远近闻名。1940 年国民党军队汤恩伯总部迁来叶县后，他要在城南建一所‘苏鲁豫皖边区学院’，尽毁叶县周围十数县名胜古迹以求建筑材料。黄公祠也因此被毁，这些石碑被置于这个学院内。1944 年叶县沦陷，日军破坏了学院的全部建筑，汉奸维持会长赵明堂趁火打劫，将这些石碑搬入县城东关他的家庙，借以炫耀权势，附庸风雅。日本投降，赵明堂被判死刑，他的家庙被愤其祸国殃民的老百姓捣毁，这 12 块碑也受到株连。后来国民党为了抵抗我军，平毁了护城河外围的建筑物，加高加固了城墙。若不是筑城民夫的软抵和附近群众的硬抗，这些石碑和这间破房子也就被国民党垒到城墙上了。”

陈赓赞赏地点了点头：“叶公好龙、子路问津、昆阳之战这些历史上有名的故事，都发生在叶县。这里会有一些宝贵的历史文物。它们是中国文明源远流长的见证，也是劳动人民创造历史、推动历史前进的见证。我们应当爱护它们。你应该派人把房子修一修，将这些石碑妥善保护好，日后好交给人民。”

范县长说：“现在我们打仗，部队流动性很大，是不是等我们站稳了脚跟再说？”

陈赓笑了：“我们现在打仗为了什么？为了将来搞社会主义嘛。社会主义不仅要有高度的物质生活，还要有高度的精神生活。你马上去办吧！不只是这些碑，其他文物也都要保护起来。”

几十年过去了，这 12 块黄庭坚手书的《幽兰赋》石碑，现在完整地保存在叶县文化馆内。每当人们看到它们，就会油然想起陈赓。

在旧县镇的会议上为“贫雇当家”问题争得脸红脖子粗的时候，也就是部队建设走上危险的道路时，谁能设想陈赓会忙里偷闲来叶县城，为保护黄庭坚的碑石说话呢？这就是陈赓性格上的亮点。他心胸开阔，目光远大。他爱参观名胜古迹，保护名胜古迹，是根植于对自己的事业充满信心，对祖国的未来无限憧憬。

四、新式整军运动

毛泽东曾高度评价人民解放军的新式整军运动。他在 1948 年 3 月 7 日为中国人民解放军总部发言人起草的评论中说：“人民解放军用诉苦和三查方法进行了新式整军运动，将使自己无敌于天下。”他进一步解释说：“由于诉苦（诉旧社会和反动派所给予劳动人民之苦）和三查（查阶级、查工作、查斗志）运动的正确进行，大大提高了全军指战员为解放被剥削的劳苦大众，为全国的土地改革，为消灭人民公敌蒋介石匪帮而战的觉悟性；同时大大加强了全体指战员在共产党领导之下的坚强的团结。在这个基础上，部队的纯洁性提高了，纪律整顿了，群众性的练兵运动开展了，完全有领导地有秩序地在部队中进行的政治、经济、军事三方面的民主发扬了。这样就使部队万众一心，大家想办法，大家出力量，不怕牺牲，克服物质条件的困难，群威群胆，英勇杀敌。这样的军队，将是无敌于天下的。”他最后说：“任凭蒋介石匪帮及其主子美国帝国主义在中国人民民主革命的伟大斗争面前如何拼命挣扎，胜利总是属于我们的。”

毛泽东的这个评论，是对 1948 年初人民解放军根据中共中央 1947 年 12 月会议精神和整党整军指示，开展新式整军运动取得了巨大成果而说的。

陈赓部队就是在 1948 年 1、2 月间，利用战斗间隙在豫西的襄城、叶县地区，进行了具有伟大历史意义的新式整军运动。

随着解放战争的胜利发展，人民解放军迅速壮大起来，大批工农群众、青年知识分子和解放战士涌入部队，保证了作战胜利和各项任务的完成。但是在解放军的大发展中，难免泥沙俱下。也有极少数地主、富农和兵痞、流氓分子乘机混入军队，将各种不良的思想意识和作风带进部队，对部队产生了不同程度的影响。造成部队存在着某种程度的思想不纯、作风不纯和组织不纯，影响了中共的路线、方针、政策的执行，妨碍了部队战斗力的提高和军民之间的团结。

陈赓部队根据中共中央“惩前毖后，治病救人”的方针，采取有组织、有领导、有步骤的民主的方法，放手发动群众进行整党、整军。首先学习毛泽东的《目前形势和我们的任务》《解放军宣言》《土地法大纲》等文件，进行形势任务、土地改革、共产党的路线和政策、纪律教育，在提高认识的基础上开展诉苦运动。干部、战士以亲身受到的阶级苦的大量事实，控诉剥削阶级残害劳动人民的罪恶。再经过挖苦根，由挖须根到挖总根，找出苦难的阶级根源和社会根源。

为了把诉苦运动深入一步，掀起高潮，各单位为被害死的亲人设立灵堂，举行灵前诉苦，结合民族风俗进行焚香祭奠，召开追悼大会，悼念被国民党军队和地主阶级迫害致死的家属，干部、战士无不痛哭流涕，仇恨满腔。最后把大家的认识进一步提高到只有打倒蒋介石、推翻地主阶级的封建统治，才能获得彻底解放。

接着转入群众性的查阶级、查工作、查斗志的“三查”运动。采取自下而上与自上而下相结合，运用批评与自我批评的武器，揭发批判部队中存在的地富思想、右倾思想、军阀主义、本位主义及违法乱纪等不良倾向。“三查”运动克服了领导干部自身存在的问题，促进上下级之间、同级之间、官兵之间的团结，大大提高了全体指战员的阶级觉悟、革命积极性、工作责任感及对敌斗争的信心。

在“三查”基础上，转入整顿思想、整顿作风、整顿组织的“三整”阶段。针对暴露出来的问题进行系统的教育，提高认识，增强斗志；整顿了中共的基层组织，调整了各级领导班子，建立了士兵委员会，健全了经济委员会。旅、团领导机关还制定了整改措施。经过整党，共产党的优良传统进一步发扬，在群众中的威信更加提高，部队的精神面貌焕然一新。

运动中曾一度出现唯成分论，搞贫雇农当家，忽视党的领导等偏向，如前所述，及时得到纠正，保证了新式整军运动的健康发展。

在新式整军的基础上，部队掀起了群众性练兵热潮。指战员自觉勤学苦练：官教兵，兵教官，官兵互教，评教评学，以高度的积极性、创造性学习战术技术，收到很好效果。战术上学习平地攻坚、近战夜战、突破前沿和纵深战斗的演练；技术上练习投弹、射击、刺杀、爆破、土工作业、利用地形地物、登城、打地堡、通过障碍等。第十旅第二十九团，战士架梯子、架跳板原需 5 分钟时间，现在两分钟即可完成；投弹普遍在 30 公尺以上；90% 以上的战士都学会了爆破技术，部队战斗力有了明显提高。第十一旅工兵连连长聂佩璋创造了炸药发射筒，被战士称为“飞雷”，弥补了部队炮火不足的弱点，在战争中发挥了巨大作用。各级指挥员进一步学习了毛泽东的“十大军事原则”，对集中优势兵力各个歼灭敌人的作战方针，有了更深刻的体会。

新式整军运动，是从阶级教育入手，通过群众自我教育的方法，学习马列主义、毛泽东思想，自觉清除非无产阶级的思想意识，使干部、战士自觉地为无产阶级和劳动人民的利益而战斗；也有效地加速了把大批被俘的国民党军队士兵改造成为解放军战士的过程，对于解放军的巩固、壮大和作战胜利起了重要作用。这种新式整军运动是军队政治工作的重要发展，是毛泽东军事思想的重要组成部分，对军队建设具有重要意义。

第二十二章　鏖战洛阳

一、兵家必争之地

1947 年 8 月 23 日陈赓率部打过黄河后，热情的柳亚子先生于 27 日赋诗一首庆贺：

十载征诛铁裲裆，
陈郎才气不寻常。
中原万里纵横意，
会见红旗下洛阳。

是的，洛阳自古就是兵家必争之地。渡过黄河后，陈赓和柳亚子先生一样，十分关注那里的情况，总想早日把红旗插上洛阳城头。

1948 年初，全国战局发生了巨大的变化，国民党军队由开始的全面进攻，改变为重点进攻。刘邓、陈粟、陈谢三路大军进入中原后，蒋介石不仅重点进攻遭到失败，就连全面防御也搞不成了，演变成了分区防御，即想坚守东北、华北和中原。当时，国民党在中原的部队约为 54 万人，将中原划分为 8 个“绥靖区”，每个“绥靖区”辖 3 至 5 个旅，担任战略要点的防御和加强对人民的控制；另有张轸、胡琏、邱清泉 3 个机动兵团，进行重点作战和救援任务。

平汉战役后，国民党军队大力恢复了平汉铁路南段的占领，但重点仍置于大别山，想迫使解放军不能在那里建立根据地，以确保南京、武汉等大城市的安全；加强它的长江防线及大巴山防线，阻止解放军南下或西进。

在陇海铁路线上，以胡宗南的裴昌会兵团为主力，维护着西安至郑州的交通线及驻防陕西省东南地区，防止解放军西进，割断豫陕鄂解放区与华北老解放区的联系。

在中共中央、中央军委指示下，陈赓部队一面利用战斗间隙时间集中开展新式整军运动，一面牵制平汉铁路线的敌人，并积极寻找战机，配合刘、邓大军转出大别山的行动。

2月19日，华东野战军陈士榘、唐亮鉴于“部队尚未集结，仅（我们）三、八两纵亦不宜单独与敌决战，为避免敌人夹击与争取主动”，也向中央军委提出了“第一步撤离平汉线，移至襄城（县）颍桥（镇）北舞渡之间地区，靠近陈、谢部队集结待机歼敌一路”的报告。

综观中原战局形势，陈赓和来到豫西的陈士榘、唐亮商谈后，2月21日写报告给中央军委，提出今后两个月作战行动的规划，建议：“第一步，仍以向郑（州）、潼（关）线行动为好，破击郑、潼段（陇海）铁路，袭占密（县）、荥（阳）、巩（县）、汜（水）、孟（津）、郾（师）各县城，威胁郑州，使敌调裴（昌会）兵团增援，于运动中歼灭该敌，相机攻占洛阳……于第一步任务达成后，经短期休整，于4月上旬或中旬，再行南下襄（阳）樊（城）、南阳一带活动……”

中央军委考虑：当时陈谢、陈唐能抓到手的部队只有11个旅，歼灭裴昌会兵团的7个旅，兵力不够，而此时又不能抽调别处部队助战，故迟迟未作答复。

但在此时，陈赓并没有放松工作，他命令侦察科加紧对洛阳的情报工作，对侦察科副科长程甲锐交代：“被派入洛阳侦察的人员，如要钱就给钱，不要吝惜。为了把敌情搞准，以减少作战时的伤亡，花点儿钱算得了什么？”他叫侦察科赶印洛阳地区的情报资料和地图，还指定第十旅周希汉旅长按照他的作战构想，拟一个攻取洛阳的具体作战计划……

2月27日，陈赓将指挥部推进到襄城县的黑楼庙。鉴于部队一到，敌人飞机就连日在上空盘旋侦察，他特别向部队强调了防奸保密工作和加紧侦破敌人的潜伏电台等，接着在3月3日下午听取了周希汉旅长所拟计划的汇报。

洛阳地扼陕西、山西、河南三省要冲，北依邙山，南临洛河，全城在群山环抱之中，古代曾先后有九个朝代在此建都，素称“九朝古都”。洛阳是中原重镇，也是国民党在黄河南岸的重要战略据点，其地形易守难攻。国民党军的防御工事，在美国军事顾问团指挥下，屡经修缮，已构成了半永久性的地下设防城市。国民党军自诩是“金城汤池”，谁也无法攻破。当时的《洛阳日报》更吹嘘洛阳是双层袋形阵地，“好进难出”，“共军如攻此城，无异自投罗网”。

洛阳守军是国民党青年军第二〇六师。这个部队本是蒋经国亲自培养控制的“御林军”，但因蒋家手头兵力太紧，不得不把它拉到第一线来，所以在山西省运城地区和河南省陕州，都和陈赓部队见过面，遭受过打击，锋锐受挫。为了支撑洛阳的危局，1947年11月，蒋介石亲自选定了邱行湘来当师长。

邱行湘，黄埔军校第五期学生，曾任国民党军参谋总长陈诚的副官长达19年。来洛阳前是第九十四军的第五师师长，是蒋军嫡系部队中的一员宠将。为人以凶残著称，外号“邱老虎”。

蒋介石当时的战略企图是确保洛阳、郑州、开封三大据点，以稳定中原局势。保持洛阳、潼关间的陇海铁路，就保证了他的西北战场与中原战场的联系。因此，他认为洛阳很重要，为了给邱行湘打气，派专机把他接到南京面授机宜。

蒋介石面色忧郁："洛阳是中原与西北联系的要点，你一定要作长期固守的打算。"他指着地图说："洛阳地形好，利于防守。邙山、龙门、西工这几处要加强工事；飞机场也很重要，必须确实控制。你还要组织民众，加强保甲工作，扩大地方武装力量。"

等到邱行湘回答了蒋介石所有提出的问题后，蒋介石叹了口气说："军事的成败，关系党国的安危。如果打不败共产党，我们都将死无葬身之地。"当得知洛阳没有警备司令部时，蒋介石立即到办公桌上写了一个条子，加封邱行湘为"洛阳警备司令"。

接着，蒋经国又在碑亭巷曲园酒馆宴请邱行湘，对他慰勉有加。

"国共不两立，我们一定要在军事上取得胜利，我们一定要把部队的战斗力充实起来。"席间，蒋经国与邱行湘称兄道弟，口吻亲切："装备方面，你可以与愚兄我经常联系，逐步调整。现在我们广设失业失学青年招待站，兵源补充不成问题……"

深受感动的邱行湘，在机场和女友握别时说："我一定'鞠躬尽瘁，死而后已'。"

被鼓足了气的邱行湘，回到洛阳便全面展开战备活动。遵照蒋介石的指示，首先建立了党政军联席会议，独揽了军、警、宪、特的大权。加紧恢复各地政权，以大量枪械弹药补充地方武装……还发出了个《保卫洛阳告将士书》鼓舞士气，要求部属"不成功，便成仁"。

当然，邱行湘也有他的难处。1948 年 1 月，他全师的兵力尚不足 3 个团。2 月份匆忙从西安、郑州、开封、许昌等地招收了 3000 青年入伍，部队扩充到了 6 个团，但这点儿部队固守洛阳还是感觉不够，何况新兵既缺乏训练也没有战斗经验。所以邱行湘寄希望于加强工事上。他自称，在这方面"动了不少脑筋"。

每个据点都修成上、中、下三层：上层是瞰视射击；中层与地面成水平；下层入地，专防对手架梯越壕、爆破攻击和坑道作业。各据点阵地前沿，挖有又深又宽的外壕，壕底也设有交叉火网。另外设下了桥梁、通道等工事，这些工事在阵地外是不易观察得到的，用以吸引解放军爆破手接近，既可以射击，也便于捕捉。

邱行湘设想：战斗开始之后，万一各据点之间的联系被割断，将迫使各据点独立作战，为应付这种局面，各据点内都备有充足的粮食和医疗储备。

为了防止解放军利用房屋掩护进攻城垣，邱行湘下令扫清射界，将城墙外面的 1500 多间民房拆毁；炸掉了西工的半条街，东门和北门外拆得最多，只留下了一座清真寺以讨好回民。拆毁民房过程中，百姓曾集体请愿，扶老携幼，苦苦哀求。邱行湘不予接见，说："这有关洛阳的存亡，顾不得那许多了。"因此周公庙的无数碑碣，被埋葬在战壕中，城北的司马懿墓也被挖得千疮百孔。

邱行湘还在城内西北角、射界比较开阔的洛阳中学构筑了核心工事，作为指挥中心。他打算如果城被攻破，还可以在这里坚守，等待援兵，所以这里的工事，是加倍的坚固。

如此备战，加上裴昌会兵团在洛阳、潼关间给予的支持，邱行湘自然认为他的洛阳城是固若金汤的。谁要攻取洛阳，无疑是一场非同小可的硬仗。

二、攻打洛阳城

1948 年 3 月 3 日，人民解放军西北野战军在陕北的宜川县地区，全歼胡宗南整编第二十九军军部、整编第九十师、第二十七师师部及它们所辖的第三十一旅、第四十七旅、第五十三旅、第六十一旅及第七十六师之第二十四旅 5 个整旅近 3 万人，并乘胜挺进到泾河、渭河流域，对陇海铁路上的西安、宝鸡段造成严重威胁，以致胡宗南不得不急调裴昌会兵团西援。这个兵团走后，河南省郑州市至陕西省潼关 800 里的陇海铁路线上，只剩下洛阳邱行湘这一个国民党的正规师，其余各地皆为保安团队和地方土顽武装防守。

解放军攻占洛阳的时机成熟了。

3 月 4 日下午，陈赓带着周希汉旅长及司令部人员一行去郏县，5 日凌晨到达郏县南 15 里处的大石桥村，和华东野战军的陈士榘、唐亮、孙继先等见面，向他们详细地介绍了洛阳的敌情及郑州等地国民党军动态和裴昌会兵团的调动等情况，共同商讨作战方案。

根据中央军委指示，陈赓扼要地讲了有利形势。他说："威震西北的宜川大捷，对敌人打击沉重，中原战场敌人的 4 个兵团异常惊慌；原来据守潼、洛段的裴昌会兵团，因为关中告急，匆忙增援西安，已经无力东顾；郑州南下的孙元良兵团，察觉我主力部队在洛阳以南集结，马上缩回郑州；胡琏兵团在漯河，距离洛阳尚有 7 天行程；驻在鲁西南地区的邱清泉兵团，更是鞭长莫及。因而敌人的战略要点洛阳，已经完全陷于孤立，守敌仅有 2 万余人，我军必须直取洛阳。"接着，陈赓指出，打下洛阳，豫陕鄂新区与黄河北岸的老区即可连成一片。解放军有了深远的后方，既可前出，又可后退；陇海大动脉被我切断，敌人增兵西北战场，势必要绕道秦岭；解放军拔掉这个钉子，还能缴获大量的武器、弹药和物资，就可以达到以战养战的目的。

陈赓和陈士榘、唐亮等协商结果，决心趁敌人调整部署尚未完成之时，集中主力以速战速决手段，夺取洛阳，全歼守敌，然后伺机歼击可能来援的敌军。

在战役手段上，决定采取四面围攻，集中优势兵力、火力于主要突击方面的原则，保证连续的突击、分割、包围，以达到全歼敌人的目的。具体部署是：华东野战军第三纵队担任对城东、城北的包围，并由那两处登城；陈赓部队的第四纵队担任对城西、城南的包围，并由那两地登城。华东野战军第八纵队于8日前，抢占洛阳、郑州间的黑石关，然后进至偃师县以南地区，负责阻击由郑州方向西援洛阳的敌人，以及可能由平汉铁路南段北上增援的敌人；陈赓部队的第九纵队和太岳军区第五军分区地方武装8日攻占洛阳西面的新安、渑池等县，阻击可能沿陇海铁路东援的裴昌会兵团，并于战役发起后，主力靠近洛阳，为战役总预备队。

由于1947年12月底在确山战斗中，陈赓和华东野战军部队联合作战，因指挥关系不明确，两个部队彼此客气而造成一些漏洞的教训，所以陈赓向中央军委的请战报告中，就提出洛阳之战由陈士榘、唐亮统一指挥。

总的任务分配后，第四纵队具体怎么做呢？陈赓命令第十旅负责攻占周公庙和西工的据点，从西关攻城；第十一旅负责攻占电站据点，从南门攻城；第十三旅派一个团协助第十一旅攻南门外，另两个团为预备队；第二十二旅留在叶县、舞阳、襄城地区，迫近国民党军占的平汉铁路，对郾城、漯河之国民党军作佯攻姿态，以牵制他们；如那里的国民党军北进增援洛阳，则节节抗退，以迟滞他们的行动。

部署停当，各路部队即迅速向洛阳开进，以迅雷不及掩耳之势夺取了洛阳东面的偃师县城、黑石关和白马寺等地；洛阳西边的解放军则夺取了新安、渑池两县城，以及洛河南岸的宜阳县城和龙门石窟等地……肃清了洛阳四周百余里内的守敌。

3月7日，陈赓指挥所到达了伊川县北的白沙镇。在这里，陈赓会见了工兵英雄、第十一旅工兵连长聂佩璋。他在渡黄河后的作战中，发明了反坦克用的燃烧瓶、集束手榴弹和前面提到过的送炸药包的土发射筒。聂佩璋详细讲解了他的这一发明：发射筒是用薄铁皮做的，外面箍几道铁圈以增加强度，用黑色炸药装填发射。炸药包要用铁丝捆好，并将慢燃导火索和雷管安在上面，做成榴炮弹状，分别有15公斤至30公斤重，可以发射200公尺。这就避免了炸药包要靠人前送的危险。所以很受陈赓的重视，在进攻洛阳前夕的百忙中，还要接见这位发明家。

在聂佩璋对实物作了讲解后，陈赓问："炸药包会不会在空中飞行过程时散了？"

"不会。"聂佩璋答道，"我们用薄铁皮把炸药包裹住。再用铁丝密密地缠绕，很紧，很牢固。"

陈赓问："慢燃导火索的燃烧时间和炸药包落地的时间能一致吗？"聂佩璋回答："已经做过多次实验，可以根据所需的飞行距离和时间，调整导火索的长度。"

“很好。”陈赓点头说，“不过，飞行距离有把握吗？会不会落在自己的阵地上炸着自己人？发射筒会不会经受不住发射时的压力，伤了自己人？”

“发射筒做了支架，后座很稳固。”聂佩璋指着发射筒说，“不会出现那种事，我们是经过多次试验的。只是发射距离还不够理想。”

“能发射 200 公尺就不错了。”陈赓高兴地和聂佩璋握手，“这可解决了我们部队的一个大问题。你们继续研究吧！要制造出不仅工兵可以使用，而且步兵班、排也可以使用的送炸药包的简便方法，将来在部队中推广。”

由于陈赓的重视，4 个月后，全部队在训练中都掌握了用掷弹筒送炸药包、迫击炮送炸药包的方法，也能使用防坦克的集束手榴弹和燃烧汽油瓶等武器。这些东西，在当时的条件下，威力非常可观。用土发射筒发射出的炸药包，在淮海战役中起了很大作用。

10 日，陈赓率领他的指挥所经过龙门，绕道去洛阳西北之张家岭。一落脚，陈赓就和各旅首长通电话，了解情况，按总的计划，当天应攻占洛阳四关。陈赓决定 10 日晚第四纵队发起对西关和南关的总攻。

这天大雨倾盆，道路泥泞，月黑夜暗，伸手不见五指，炮兵运动极为困难。进攻战斗于黄昏发起。第十一旅把山炮推到前沿，直接瞄准射击，摧毁国民党守军的碉堡工事，步兵突入南关与敌激战。发现一些民房被焚烧，于是一面打仗，一面帮助老乡救火。群众对部队奋不顾身保护群众利益的行动交口称赞。一夜拼搏，第十旅占领了西关，经过激烈争夺，巩固了阵地。但是背后的周公庙和西工两个据点尚未攻克，占领西关切断了这两个据点与城内敌人的联系，同时也受到这两个据点与城内敌人火力的夹攻，造成部队从西门攻城的极大困难。

陈赓了解情况后，即向陈士榘、唐亮建议，把发起攻城总攻的时间推迟一天，西工和周公庙不拿下，山炮运不进西关，仅靠炸药包攻城困难太大，只有推迟一天，把西工和周公庙拿下，才可以顺利地进行登城战斗。

因为陈、谢兵团是从洛阳西面渡过黄河的，所以洛阳敌人特别加强了西面的工事，造成了陈谢兵团所部进攻的难度。

但是，陈士榘、唐亮不同意推迟。因为敌人来自东面郑州的援兵已经进到黑石关以东，南面的敌胡琏兵团已出动北上，担心推迟总攻对部队攻城不利，特别东面敌人会影响他们部队的侧背。同时认为西关、南关不好攻城，但东关、北关没有那样的困难，比较有把握，只要这两路打进城去，敌人的防御体系就会瓦解了……

陈赓尊重陈士榘、唐亮的指挥，决定不再提意见。于是下命令第十旅于 11 日黄昏和华东野战军同时总攻洛阳城，西关还要克服困难继续攻打背后的周公庙和西工两据点；南关在攻城时要继续攻打背后的发电厂。陈赓强调：“为了统一行动，必须不惜代价，就是火力准备不足，也要努力进攻，与华东野战军同时登城。”因为他认为北关地势开阔，华东野战军部队攻城有困难。如果只有东关登城成功，单独一路向纵深发展，会遭受重大损失。部队和东关部队同时登城的话，也可以分散敌人的火力，减轻华野的负担。

当时的情况很紧张，攻击周公庙和西工的战斗又不顺利，但陈赓和各旅领导通话时语气很平和，没有批评和指责，而是耐心听取他们的意见后再决策。他对指挥所的人说："他们在枪林弹雨中指挥作战，谁愿意打败仗？他们碰了点儿钉子，我们发脾气乱骂，不会有任何好处，搞不好还会增大伤亡。要帮助他们想办法，鼓励他们及时总结经验教训。但是打了胜仗，倒是要敲打敲打，防止他们骄傲自满而栽跟头。"

11日黄昏，按预定计划，在雷雨交加时4个门同时发起总攻，全线展开激战。邱行湘怕守南门的杂牌部队可能因沉不住气而过早地被解放军突破，派警备司令部参谋长刘宏远率部增援，反复激烈争夺，情况稍缓。其他据点解放军一时攻打不下，他高兴了，发电报给蒋介石吹嘘说："我军士气旺盛，连挫凶锋，斩获甚众……"蒋介石立即回电报打气："以寡胜众，殊堪嘉奖，希激励三军，坚守阵地，配合外围兵团，聚歼来犯之敌。"随后蒋经国也打来同样内容的电报，邱行湘兴高采烈地传达给全体守城官兵。

总攻发起后，第十旅处境最困难，要进攻西城门，又要攻下背后的周公庙和西工的据点。因为山炮运不进西关，只能用轻武器掩护爆破小组接近城墙实施爆破，但是西城外有很深很宽的外壕，不能通过，只有一条通道可接近城门，敌军集中火力对这条通道实行封锁，爆破小组多次受阻。直到半夜，才将周公庙和西工占领，拔掉了对第十旅威胁最大的两个据点。紧接着，组织部队向西关运山炮，由于阴雨连绵，道路泥泞，牲口无法使用，只好用人来推炮，直到天亮才将山炮推进西关。此时，部队伤亡已经很大了。

12日零点40分，华东野战军的孙继先部以500斤炸药和1000多发炮弹，终于轰开了东门，担任突击的张明营一举登城占领了城楼，但敌人集中炮火向突破口猛轰，使后续部队难以前进。正如陈赓所预料的，北门的攻击严重受阻。孙继先当机立断，将攻击北门的部队调到东关，加强进攻力量。第四纵队的第十三旅陈康旅长也主动抽调一个营，协助孙继先部队从东门突进城内。

12日上午11时，第十一旅第三十二团炸开了南门，突入城内，与敌展开激战。同时，从东门突破口进入城内的第十三旅的那个营，攻克了城东南角的敌据点，有力地配合了南门的攻城战斗。南门守敌大部被歼后，残敌向城西北角集团工事溃逃，经过激战，第三十二团俘敌第二〇六师副师长兼第一旅旅长赵云飞以下570余人。

与此同时，第十旅突击西门，歼敌1个营，余敌从坑道向城内逃遁。第二十八团第五连虽然剩下不足30人，在安廷兰连长率领下，尾追敌人从坑道进入瓮城内，将坑道出口附近的敌人消灭，旅的主力随之相继突入……

下午1时，为了指挥解放军3个旅进攻洛阳中学敌人的核心阵地，陈赓带着侦察科副科长程甲锐和几个侦察员、骑兵通信员进城。在经过城西北角时，遭到敌人机枪射击，程甲锐劝他下马绕道步行，但他急于到前方去，既不愿绕道，也不愿下马，继续骑马前进。敌人的火力越来越猛，在城西北的第二十九团的1个营长看见了急得大叫："二〇三号（当时的陈赓代号），北城墙还没攻下，西北角还有敌人火力阵地，请不要继续前进了！刚才已经有两个骑马的通信员在那里负了伤。"

经过大家再三劝阻，陈赓才下了马。那个营长建议等他们拿下城西北角敌阵地才可通行，但是陈赓不肯："不行，我必须马上进城！"

于是，那个营长急忙组织火力掩护，使陈赓徒步通过了敌军封锁线。他进了洛阳城，直奔第二十九团阵地，找到团长吴效闵就问："情况怎么样？"

吴效闵擦眼泪："白天攻城，部队伤亡很大。"

"是呀！这是令人难过的。"陈赓说，"可是统一作战行动，我们只能这样。现在敌军主力已被歼，只剩下敌核心阵地及西北城墙角的残兵了，我们要坚持到底，全歼青年军第二〇六师！"

三、活捉"邱老虎"

解放军向核心阵地猛攻，杀声震天，战斗空前剧烈。据守核心阵地的蒋军凭借坚固工事继续顽抗。邱行湘万分焦虑，但仍决心顽抗到底，连电蒋介石请饬外围各兵团兼程来援，并请求加派空军助战。这时他还向蒋介石表示："虽战至一兵一卒，坚决守到底，以报党国。"邱行湘极端忠心于蒋家父子，同时也不了解解放军的政策，怕当了俘虏后被枪毙。所以虽然城池已被攻破，他仍拿出很多钱鼓励士兵坚守核心阵地。他认为解放军即使付出2000人的代价，也拿不下他的核心阵地，他能坚持到援军来解围的。

陈赓和陈士榘、唐亮的部队全力围攻城西北敌核心工事的外围，经4小时激战，歼敌2000余人，但邱行湘仍不肯投降，集中兵力退守核心阵地的核心小圩子。

小圩子呈正方形，南北两面排列着5幢楼，周围有一丈五尺高的围墙，墙外有深和宽均达5公尺的壕沟；大楼底层有地下室，暗堡密布；为了给助战的飞机指示目标，邱行湘在楼顶上挂起了国民党的青天白日旗。但那几天连日阴雨，国民党飞机很少活动。

陈赓来到了第十旅周希汉旅长的指挥所，研究决定，利用夜间大雨倾盆的时机，组织小分队去进行偷袭，果然收获很大：第二十八团1个班，即拿下7个暗堡，俘敌40余人，第二十九团的一个班，也拿下4个暗堡，俘敌62人；第三十团一个战斗小组，拿下3个暗堡，俘敌30人。

14日晨，南来的国民党的援军整编第十一师和整编第四十八师等部越过了登封县，东来的敌军越过了黑石关等地，逼近洛阳。邱行湘闻讯后顿感精神百倍，更加积极地四处督战。

这时有人提出:“敌人援兵快到了，我们撤出战斗吧，剩一点儿残敌就算了。”

陈赓瞪起了眼睛：“残敌没有完全消灭就撤离，那我们进攻洛阳的目的，不就成了搬运物资吗？有什么意义！”

他和陈士榘通电话：“我就在前沿，全歼敌人是有把握的！”

“那好吧。”陈士榘回答，“我也马上到前面来！”

陈赓要通了孙继先的电话：“你们要尽一切办法迅速攻下小圩子。孙继先同志，哪怕是早一分钟也好。”

孙继先后来回忆说，接到陈赓电话后，“我翻看了下战斗日记，4天来虽然扫清了敌人外围，占领了大部分市区，但歼灭的只是些敌人的工兵、保安、铁道运输等部队，敌人主力二〇六师还未遭到毁灭性打击。为了全歼二〇六师，我们决定：纵队指挥部立即进城转入一所银行里，在距敌人小圩子很近的北门楼上设了观察所。政委和我马上到小圩子去看地形”。

陈赓同时督促第四纵队各旅作好总攻的准备。

战场上出现了暂时的沉寂。邱行湘爬上三楼顶观察所想看个究竟，发现解放军在把仓库里的东西往洛阳城外运。他判断：解放军因为伤亡大，可能要撤走了。但又见核心阵地仍层层被围，解放军又不像要撤退的样子。他猛然一惊，想到经过这段沉寂时间，解放军是否在挖掘坑道准备爆破攻击？于是急忙下楼考虑对策，调整部署，准备继续顽抗。

3月14日晚17时，按陈赓和陈、唐部队的统一部署，向邱行湘的最后巢穴发起了声势浩大的总攻，几十门大炮、100多门迫击炮猛轰小圩子，炮弹像疾雨般倾泻在纵横不过百米的地区。砖石乱飞，硝烟弥漫。工事打塌了，碉堡炸垮了，5座大楼都燃起了熊熊大火，南面的两座首先倒塌，院子里的汽车被炸得满身窟窿。一个团长当场被击毙，邱行湘头部也被炸伤，核心阵地的预备队几乎全部葬身于火海中。邱行湘急得发狂了，一连枪毙了几个所谓抵抗不力的军官，但在如此猛烈的炮火下，他的部队伤亡越来越重，官兵们个个吓得呆若木鸡，没有人敢再露头，无能为力的邱行湘捂着头部的伤口钻进了地下室。

蒋介石见大势已去，急令南阳的绥靖区主任王凌云派一架小飞机到洛阳，想将邱行湘这员宠将救出来。但是洛阳上空火光冲天，小圩子已经成了一片瓦砾场，解放军攻势如怒潮汹涌，国民党军尸体横陈，飞机根本无法降落，谈什么营救邱行湘。

炮火准备后，第十旅的第二十八团由西向东，第二十九团由南向北，协同友邻部队向敌核心阵地发起总攻。经两小时激战，第二十八团十连的指战员们，随着手榴弹爆炸的烟雾冲进了敌人据守的楼房。接着他们冲进了第二幢房屋，那里的敌人就都缴了枪。战士们问："你们的师长在哪里？"一个军官模样的人走过来说："我不是师长，是参谋长符绍基。"

十二连的战士一直向西北方向进击，在一个暗碉里俘虏了 50 多人，他们又向右边的第三幢楼房扑去，80 多个俘虏又缴了枪。在他们押解俘虏到西北角集合时，人群中有一个俘虏逃跑，三排战士一个箭步把那个人按住了，指导员用手电筒照他的脸，原来他就是蒋军第二〇六师师长邱行湘。

第二十八团另一部占领了敌人的炮兵阵地，缴获了几十门大炮，战士们高兴极了，但考虑到战斗还在继续，便在每门炮留下二三人看守，大家继续前进歼敌。他们走后，陈、唐部队赶到了炮兵阵地，便来拉炮，陈赓部队战士急忙骑在炮上，声称炮已是他们的战利品，但是人家不听，结果，连炮和骑在炮上的人都被拉走了。团领导得知此事很生气，就去找陈赓，请求准许他们去要炮。

出乎意外的是陈赓挥着手说："你们要顾全大局，不要去争了。谁缴获去不都是一样吗？快去把你们骑在炮上的人叫回来吧！"后来华东野战军提出分给第十旅几门炮，陈赓没让要，说："团结战斗，歼灭二〇六师，解放洛阳，比什么都好。"

蒋介石苦心经营的"金城汤池"终于坍塌了。以青年军第二〇六师为主力的守军 2 万余人被全歼。

15 日，国民党的中央通讯社还在播放他们的"胜利"消息："……国军坚守核心阵地，寸土必争，屡建功勋。现我国军劲旅已进抵洛阳，共匪处于内攻失利，外受包围，有被歼之命运矣！"

洛阳城头炮声响起时，蒋介石就命令郑州的孙元良兵团和在平汉铁路上漯河的胡琏兵团火速去救援。时值春雨连绵，胡琏兵团跋涉于山间泥泞小路上，饱受风寒饥疲之苦，士兵叫苦不迭。孙元良是国民党军队中出名的保存实力"专家"，前怕解放军在黑石关设伏，后怕郑州空虚有失，所以只派小部队向洛阳方向虚张声势。11 日，蒋介石闻报洛阳东门失守，就命令各路援军加速前进。胡琏兵团却在登封一线遭到解放军的阻击，前进困难，到 16 日才抵达洛阳南郊的伊河岸边。胡琏企图连夜组织渡河，解救邱行湘。怎奈连日大雨，伊河暴涨，渡河器材无着落，经整夜折腾，也未能渡过一兵一卒。当时任整编第十一师第十一旅旅长的王元直，在日记中哀叹道："伊、洛两河在洛阳附近，原可随处徒涉，不料近日来大雨，山洪暴发……天意欲失洛阳以助共军，岂人力能为！"

国民党整编第十一师师长杨伯涛事后追述说："……到达伊河时，适值大雨倾盆，伊、洛河水暴涨，配属的一个工兵团长在激流中指挥架桥，进展缓慢。眼看距洛阳城仅十余里，耳听城中连珠炮声，胡琏心急如焚，曾打了这个工兵团长一个耳光。胡琏和我冒雨亲到河畔督促。此时遥闻城中枪炮声逐渐由稀疏转为沉寂，待桥架成后，即倾全力跑步前进，向洛阳城猛扑，沿途未发现一人，进入洛阳已是空城一座。但见败瓦颓垣，死人死马，一片战后灰烬。陈谢兵团早已满载战利品向南转移。追击至龙门，凭高南望，茫茫万山重叠，解放军不知所向，不敢再前进一步……”

至此，历时 7 昼夜的洛阳战役即告结束。此役切断了中原敌人与西北敌人的联系，打通了豫西地区连接黄河北岸太岳老解放区的道路，陈赓部队的无后方作战又变成有后方了。更重要的是把蒋介石中原战略布局打乱了，迫使他们调动频繁，处处被动。

3 月 15 日，中共中央发来贺电，热烈祝贺洛阳大捷，鼓励参战部队继续努力，为解放整个江淮河汉地区而战。

16 日，陈赓乘车到石水镇华东野战军陈士榘、唐亮的司令部，与陈、唐等首长共商部队休整、伤员转移及俘虏遣送等问题。

17 日，解放军主动撤出洛阳。

18 日，国民党援兵到达洛阳，青年军第二〇六师已被歼 3 天了。

邱行湘被俘后，和他的副参谋长符绍基一起，被押送到第十旅司令部。过了一会儿，巡视战场归来的陈赓带着随行人员走进屋来。参谋拿出一张邱行湘的照片来，陈赓看看照片，又看看邱行湘，把照片还给了参谋，吩咐立即给邱行湘头部伤口换药。

陈赓在一张楠木雕花椅子上坐定，望着惶恐不安的邱行湘说：“你是邱行湘吧？黄埔（军校）五期的。我们是同学，我是陈赓。”

邱行湘急忙抬起头来，惊奇地望着陈赓。这位将军的传奇事迹广为传诵，在国民党高级将领中是无人不晓的。战场上的事迹，邱行湘也早有所闻，特别是“陈谢大军”挺进中原的行动，邱行湘知之更多了；如今在洛阳又亲自领教了他的铁拳。所以一面嘴上说着“久仰，久仰”，心中却真想从这位身穿和士兵一样军衣的将军脸上身上看出点儿自己失败的道理来。

陈赓见他那副紧张的神情，宽慰他说：“放下武器就好啦。你是哪里人？”

邱行湘回答：“江苏溧阳。”

“溧阳？”陈赓说，“那里是我们新四军老根据地呀！”

“是的。”邱行湘讨好地说，“我家是贫农，陈毅将军在我家住过，您问陈毅将军就知道了。”

陈赓望着他做作的神情，笑着说：“如果真是这样，你的家庭成分倒还不错。可惜你是为大地主大资产阶级服务，而且成了他们的帮凶。”

停了一下，陈赓说：“这次战斗，你们打得很苦，死伤很重。我们本来不需要使用这样大量的炮火，但你们固执不放下武器，而我们又想早点儿解决战斗，想使洛阳人民早点儿过安定的生活，所以不得不把这样猛烈的炮火加在你们身上。现在你们大概体验到了，你们工事做得再好，也无法阻挡解放军的进攻。”

接着，陈赓斥责了国民党以欺骗手段和特务统治，胁迫知识青年当兵，到战壕中替他们来送死，是残害青年的滔天罪行。

说话间，敌人飞机来头上盘旋，并进行扫射。邱行湘探头向窗外看，神情紧张。陈赓笑着说："你们的飞机，除了来吊孝，还有什么用？"

陈赓和符绍基谈话，得知他是华侨。"我过去长时间住在旧金山、澳洲和新加坡，"符绍基说，"早就不愿意打内战了。希望陈将军将来能够允许我回南洋去。"

陈赓说："我们深知，华侨身受帝国主义和蒋介石的双重压迫，他们是有民族意识的。我将来一定帮助实现你的愿望。但是你要知道，不把蒋介石卖国政府推翻，华侨在国外的地位永远提不高。我们当前战争的目的之一，就是解放华侨。"

符绍基向陈赓提出，他的家属现在还在城里，希望能去探望一下。陈赓允其所请，派人跟他一起去找他的妻子，并叫人给她送去一笔现款和一些粮食作为安家之用……符绍基感动得连连道谢。

谈话结束时，陈赓对邱行湘说："如今你被解放了。我相信，如果你能努力学习革命的道理，正确地认识过去的作为，改变对人民的态度，还能获得人民的谅解。重要的是自己解放自己。欢迎你们到我们解放区去学习。"陈赓当即吩咐参谋，给邱行湘、符绍基准备坐骑，带一批猪肉罐头给他们路上食用等。

极具讽刺意味的是：先是大肆吹嘘邱行湘"屡建奇功""卒败匪众"的南京国民党当局，洛阳失守后，又改口说他成了"忠烈"。正在解放军押送邱行湘等由孟津县北渡黄河，进入太岳老解放区的时候，南京政府还派人到江苏省溧阳县邱家桥邱行湘老家中去索要他的照片，准备为他开追悼会，表彰"忠烈"，振奋士气。后来邱行湘从家信中得知此事后写道："现在想来，可不是吗？旧的邱行湘已经死去，新的邱行湘还在共产党的关怀教育下成长着。"还说："共产党把我从罪恶的深渊里拯救出来，使我获得了新生，这种天高地厚的恩德，真是没齿难忘。"

3 月 18 日，敌整编第十一师、第四十七师和第一二四旅等部队，跌跌撞撞地进入洛阳，发现这里已是一座空城，工事全部被毁。兵力少了守不住，多的兵力又拿不出。4 月 3 日孙元良部队撤回郑州，胡琏部队撤回到平汉铁路南段去了，洛阳城内只剩下一个正规军的团和一个保安团。

陈赓决心再克洛阳，4 月 5 日，陈赓指挥第四纵队的第十旅和第十三旅包围洛阳城，钳制其增援部队；由第九纵队的第二十六、第二十七两个旅担任主攻。敌弃城东逃，被第九纵队追歼，第四纵队在追击中也俘虏不少，洛阳又告解放。解放军部队向东追击中，先后攻占了偃师、巩县、汜水、广武、荥阳等县城及虎牢关等地。第十三旅还击落敌机一架。根据《第二野战军战史》记载，此役共歼敌 4600 余人。

4月8日，毛泽东为中共中央起草的《再克洛阳后给洛阳前线指挥部的电报》，指出这次再克洛阳，可能巩固，必须注意贯彻执行中央的各项政策。最后说:“城市已经属于人民，一切应该以城市由人民自己负责管理的精神为出发点。如果应用对待国民党管理的城市的政策和策略，来对待人民自己管理的城市，那就是完全错误的。”

洛阳战役结束了，陈赓一直留在城内，检查部队的城市纪律，并督促部队有秩序地撤出城去。洛阳古都是陈赓兵团渡黄河以来解放的第一座举国瞩目的坚固设防城市，不仅在军事上意义重大，在政治上影响也很大。因此搞好部队的城市纪律很重要。在战役发起前，陈赓作为前委书记，就专门召集有关部门的负责人开会，研究与布置维护城市纪律问题，部队进城后，他立即向部队重申城市纪律，要求必须严格执行，不得违犯。

整体来说，攻城部队模范地执行了中国共产党的城市纪律，真正实现了“光荣的进去，干净的出来”的要求，保持了“军政双胜”的光荣传统，获得了洛阳市民的称赞。

洛阳城内还没有最后解决战斗，西门和南门就安上了哨兵，除执行警戒任务外，主要是维护纪律，任何单位和个人没有证明都不许带东西出去。

下了几天雨，许多战士的鞋都坏了，特别是担架连，更是费鞋。但战士们宁愿赤着脚往来抬伤员，也不愿从敌人住房中乱扔的胶皮鞋中捡一双穿上，而落一个破坏纪律的名声。

一家花布行里放着几条金狮牌纸烟，陈赓部队在这个布行里住了两天两夜，纸烟没有少一盒。

有一天，陈赓看见几个民兵在街上抢东西，立即上前制止，教育他们说:“以后城市就是我们的了，不能破坏。”随后他就下令所有民兵撤出城去，并决定在城内秩序建立之前，不让农民进城。他认为，如果让他们大量拥入刚解放的城市，将城内搞乱了，将来恢复，还不是要农民负担吗?

第二次攻克洛阳后，中共中央发来指示，要求注意贯彻执行中共中央的各项城市政策。陈赓立即主持前委开会学习中央指示。根据中共中央指示的“市委书记和市长必须委派懂政策有能力的人担任”，决定派第四纵队政治部主任刘有光为市委书记，老干部杨少桥为洛阳市长。中共中央指示中还说：“市委书记和市长应该对所属一切工作人员加以训练，讲明各项城市政策和策略。”因此陈赓只准经过学习和训练的人员进城，城内除留少数担任警戒的部队外，其他部队和人员一律撤出城外。

陈赓还特别注意保护文物古迹。他参观白马寺时，给大家讲了汉明帝派使者去西域取经的故事；到城南牡丹园，又讲了武则天和牡丹花的故事。附近有一座坟，传说里面埋着的是关云长的头。有人不以为然地说：“曹操的都城在许昌，怎么会把关公的头埋到洛阳来呢？”

陈赓瞪起眼睛说："不管是真是假，先保护起来再说。破坏起来容易，修复就难了。"他的话给洛阳保护文物古迹的工作定了调子，使洛阳这方面的工作成绩斐然。

由于执行中共中央的指示坚决，新区政策贯彻得好，所以陈毅和宋任穷先后去中原局路过洛阳时，对洛阳城市管理得好十分赞扬。

1988 年，周希汉回忆往事，写了一首《祝洛阳解放四十周年》的诗：

嵯峨残春乱，恶战古河惊。
壮士涂碧血，洛城牡丹红。

第二十三章　决战淮海

一、斗争的新阶段

陈赓兵团再次攻占洛阳，华东野战军陈士榘、唐亮部队攻占了平汉铁路线上的许昌、新郑县……迫使蒋介石从大别山调兵出来，减轻了对刘、邓大军的压力。他们也就趁势西进，袭取了汝南、上蔡、西平、遂平等城镇，越过平汉铁路，4 月中旬，进入陈赓部队控制的豫西，获得了相对稳定的环境，以进行整训和补充。同时，刘伯承、邓小平命令仍在大别山区坚持斗争的第三、第六纵队乘机转至淮河以北……至此，挺进大别山的斗争，基本结束。

此时陈赓还在洛阳附近，听到刘伯承、邓小平进入豫西后，就派人带了一卡车电线、电话机等通信器材，送到刘邓司令部。

"你们想得真周到。"李达参谋长亲自去看了那些通信器材说，"大别山打得很苦。告诉你们司令员，还要给陈锡联他们些通信器材才好。"

1948 年 5 月，中共中央、中央军委为了加强各大区的领导，进一步迎接全国胜利的到来，决定将晋察冀、晋冀鲁豫两个军区，统一组成华北军区；同时决定加强中原局的领导，邓小平为第一书记，陈毅为第二书记，邓子恢为第三书记；并决定成立中原军区，刘邓野战军、陈谢集团改为中原野战军。刘伯承任中原军区及中原野战军司令员，陈毅、李先念任副司令员；邓小平任政治委员，邓子恢、张际春为副政委。中原军区下辖鄂豫、皖西、豫皖苏、豫西、桐柏、江汉、陕南 7 个军区。中原野战军下辖第一、二、三、四、六、九、十一 7 个纵队及第三十八军。原晋冀鲁豫军区第十、第十二纵队，则分别改为桐柏军区和江汉军区部队。华东野战军的陈士榘、唐亮集团（辖第三、第八、第十 3 个纵队）暂归中原军区指挥。这样，中原解放区的斗争展开了一个新局面。

与此同时，国民党军队也调整了部署：除仍以十几个旅继续在大别山扫荡外，又以整编第十八军、整编第四十七军及整编第九师，分据郑州、漯河、南阳等地，窥视解放军动向；以张轸兵团的整编第十师、整编第二十师、整编第五十八师和整编第八十五师等部，在桐柏和江汉军区扫荡，以整编第五十六师守备襄阳、樊城地区。

中原军区成立后，在抓好部队整训的同时，刘伯承、邓小平为了尽快巩固和扩大中原解放区，进一步包围和孤立国民党占据的点和线，缩小其占领区，根据中央军委关于“你们的行动方向是豫西南、鄂西、鄂西北以及整个汉水流域，歼灭分散之敌，调动平汉线以东之敌向平汉线以西来，以利粟裕兵团行动”的指示，决心发起宛（南阳市的古称）西战役。攻取南阳西面的邓县、镇平、内乡、淅川等县，以控制汉水中段，使豫西军区与桐柏军区连成一片。

4月19日，刘伯承、邓小平召集兵团领导制定宛西战役的行动计划；第二天，下达了《关于宛西战役的部署》；确定第二、四纵队和华东野战军的第十纵队及桐柏军区的部队主力以及陕南军区的第十二旅等35个团的作战集团，由陈赓统一指挥；另以第三、第六、第九纵队和华东野战军的第三、第八纵队为保障兵团，担任钳制和打援任务。

攻占洛阳后即夺取宛西，是陈赓2月21日向中央军委上送的报告中就提出过的，他对那里的情况，早在“牵牛”进山时，就已了如指掌。这次攻取镇平等县，可谓轻车熟路。他认为宛西战役的目的，主要是开阔和巩固豫西根据地，他说：“有了巩固的根据地作为依托，今后和蒋介石主力部队会战中原就无后顾之忧了。”所以此次作战对象主要是国民党的地方部队，他认为攻城略地比较容易，歼灭其有生力量比较困难。因为那些土顽熟悉地形，可以乱跑乱窜，化整为零，流动性大，有的还身着便衣，凭借青纱帐的掩护，进行隐蔽活动……采取“使你吃不着”的手段，进行顽抗。但是不消灭他们，达不到作战目的。因此要加强军事打击，不过不能单纯依靠军事打击，还要认真地贯彻政策，进行政治瓦解等，才能取得成效。

但是，还是发生了不遂人愿的事。部队在绕经李青店进攻镇平县城时，发现有的战士把一座庙宇里的经书拿来作手纸。陈赓非常生气，当即令部队把小庙保护起来，并给他们的旅长打电话进行严厉批评，要求他们的政治机关去进行整顿，并在全部队中进行教育。陈赓一向对保护文物古迹非常重视，何况这事还涉及到了宗教问题。他气愤地说：“这是没有文化的表现！必须立即改正。”他马上联想到，沿途群众爱放养柞蚕，为避免部队人员无知，把柞蚕当作害虫打掉，要防患于未然，提前对部队进行教育，进入新区一定要模范地执行部队的政策纪律。

为了争取群众，减少人为的阻力，陈赓强调：要集中力量打击当地现行的反动武装头子、土霸王。在军事上歼灭其武装，在政治上揭露其罪行。而对宛西已经死去的土皇帝别廷芳其人不要表态，即使当地受蒙蔽的人说他好话，也要采取淡然置之的态度，不和群众进行辩论。他对这件事很看重，多次和干部说："不管别廷芳是土匪也好，土皇帝也好，他'兔子不吃窝边草'的做法，那一带的人民对他有好感。他已经死了，咱们骂他干什么？现在那里的地主武装头子，都打着别廷芳的旗号欺骗人民，我们打击地主武装头子，实际上不就是打击别廷芳吗？"实践证明，陈赓的做法很好，对当地发动群众减少了很多阻力。

在南召县的李青店，陈赓接到华东野战军第十纵队司令员宋时轮的电话："我们已赶到宛西，部队长途行军很疲劳，体力消耗很大，缺乏菜金，伙食不好……"他们是黄埔军校的先后同学，所以宋时轮一开口就讲了实情。

陈赓急忙回答："部队疲劳请你们量力而行，你们打邓县的任务可以推迟一天进行。菜金问题我立即向刘伯承、邓小平报告。目前先将我们部队的5万银元给你们，请立即派人来取。"

其实，刘伯承、邓小平进入豫西地区后，提出"反对小金库"，即是叫各纵队把自己单位的"小金库"中的存储拿出来上缴。因为刘、邓大军千里跃进大别山，路过黄河泛滥区，又遭国民党军队33个旅的围攻，汽车和重武器几乎都丢掉了，到了"家徒四壁"的程度。所谓"反对小金库"，重点就是叫在豫西打胜仗的第四、第九纵队把自己的积蓄拿出来上缴中原军区。第四纵队的后勤部长赵炳润在一次会上讲："缴了小金库，将来部队供应困难的时候，我就没办法了。"但是在这种情况下，陈赓还能勒紧自己部队的裤腰带，去资助兄弟部队，可见其胸怀坦荡了。

陈赓在向刘伯承报告时，还建议说："给华野部队的菜金标准，应该比我们部队略高些，因为他们过去活动的地区，生活条件比我们这里要好些。"

刘伯承说："你的意见很好。他们长途跋涉来支援我们作战，应该马上给他们送钱去。"当时根据地初建，尚未发行钞票，都是用硬币购买东西。

第十一旅的第三十二团于5月2日3时包围了镇平县城，第二营即攻入南关，天明后守军向第二营反扑七八次，均被击退。南阳第十三绥靖区司令官王凌云率两个团来援，被我解放军阻击于王村铺一带。当天夜里，第十一旅全部占领了镇平县城的四个关，4日18时发起总攻，守军由南门逃遁，被我解放军追歼于逃跑的路途中。第十一旅第三十一团于2日16时包围了镇平县城南面的侯集，国民党兵向北面突围，被击退。后奉命将任务交给华东野战军第十纵队，由他们负责攻取侯集和邓县。

第十旅和第二十二旅于5月2日黄昏，包围了内乡县城，守敌惧怕被歼，乘夜暗由地道逃出城。解放军发觉，进行追击、堵截和清剿，俘敌500余人。

第十三旅和第三十八军的第十七师，日夜兼程西进240里，于5月3日包围了西峡口，6日发起总攻，国民党部队由南门逃跑，后被陈赓部队追歼。

接着，第四纵队各部队及地方武装，对于逃窜隐匿的国民党部队，按照陈赓的指示，坚决进行军事清剿，同时进行广泛的政治攻势，宣传中共政策，经过 8 天的艰苦作战，散敌纷纷缴枪投降。第四纵队先后共歼灭敌人地方团队和地主武装 8000 多人，缴枪 6000 多支。

宛西战役于 5 月 2 日开始至 17 日结束，共进行了 15 天，歼敌 2.1 万余人，将老河口、西峡口以东，南阳以西广大地区的十余城镇全部解放。这一仗规模不大，但战略意义很大，使豫西、陕南、桐柏 3 个军区连成一片，造成中原解放军比较巩固的后方，为进一步发动群众创造了条件。此后中原解放军主力部队到主战场作战，就无后顾之忧了。

战役发展过程，和陈赓预料的基本一致，攻占城市容易，歼灭敌人比较费力；部队采取分散追歼作战，战果不大，但部队很疲劳。接着，由各分区接防，继续剿匪，巩固新开辟地区。

当时国民党报纸悲叹："宛西一战，别廷芳、薛炳灵经营十余年的团队垮台。中原西侧，已成不可收拾之局。"宛西战役展开后，陈赓虽然是前线总指挥，并不十分紧张，指挥作战之余，他沿途视察民情，访贫问苦。因经常步行，他受过伤的腿有些疼痛，就请当地一位老中医给他针灸。当时，有的人认为针灸不是正规医学，劝陈赓说："司令员，这种江湖医生的治疗方法不可靠。"

陈赓反问："你怎么知道他是江湖医生？"

"看，这叫什么治疗方法呀。"

"你这真是世俗之见。"陈赓笑着说，"针灸在我国历史悠久，在民间广泛应用，怎么能说它不正规，是江湖医生手法呢？他扎针后，我的腿疼减轻多了。今后我们部队也应该推行针灸疗法。不过西医和你一样看不起针灸，推广会有困难。"

对于这次战役，刘伯承作了精彩的总结，他说："本战役是在蒋匪新战法'大的使我吃不消，小的使我吃不着'，与放弃次要据点、抓紧主要补给要点及实行盯梢战术等情况下进行的。我们采取使用优势兵力突然袭击敌纵深薄弱分散的宛西土蒋而不打南阳，避免了敌人集中增援；同时我保障兵团强大，迫使敌人援兵不敢轻进。"

他还说："本战役主要敌人是土蒋，其在宛西有相当的反动社会基础与统治经验，情报灵通，人地熟悉，且在'小的使我吃不着'的作战指导方针下，一经发现我主力和企图即会逃窜。我们采取了隐蔽秘密行动，由远距离突然奔袭包围即发起战斗，对溃散之敌实行猛追、穷追、搜剿等办法，以求彻底消灭之。"

宛西战役结束，标志着中原逐鹿的斗争进入了一个新的阶段，豫陕鄂根据地得到稳固，中共中原局和中原军区领导机关有了一个比较可靠的后方。中央军委为了加强中原部队的力量，决定华东野战军粟裕兵团改变推进江南的计划，南渡黄河，加入中原逐鹿的行列。因此，令中原野战军钳制位于临颍地区的敌胡琏兵团，使其不能东顾，以利粟裕兵团南下。

刘伯承、邓小平认为钳制胡琏兵团的关键，在于使其有南顾之忧，不敢放胆东去，于是决定发起宛东战役。

首先以第一、三、六纵队组成的东集团，佯攻平汉铁路线上的确山县之敌，吸引南阳的张轸兵团东援，使漯河的胡琏兵团不能他顾。果然确山一打响，张轸兵团即由南阳东来，胡琏兵团自漯河沿平汉铁路南下救确山。

刘伯承、邓小平计划，待张轸兵团进至赊旗、唐河县以东地区时，由陈赓指挥的第二、第四纵队及华东野战军第十纵队及桐柏军区、豫西军区第七分区部队组成的西集团，与陈锡联指挥的东集团共同歼灭之。

第十旅遵照陈赓命令，5 月 29 日在赊旗镇东南与东进的张轸兵团接触，周希汉报告："敌人向我第二十九团阵地猛攻，炮火甚烈，突击队也不少。"因为解放军为迷惑张轸兵团，要做出真打确山的样子，阻击张轸兵团的援兵，所以陈赓指示第十旅："坚决固守阵地阻击敌人。"第十旅是刚进入阵地，工事构筑较简单，而国民党的进攻却是有准备的，在猛烈炮火掩护下，轮番进攻，第十旅部队虽有伤亡仍坚守阵地。深夜零点，敌停止进攻，其报话机中却放出要继续东进的呼声。陈赓考虑，第十旅阻击是为了诱敌深入，于是命令第十旅将部队撤至赊旗镇以北，放张轸兵团东进。

第二天国民党部队虽然继续东进，但行动迟缓，前卫部队到了羊册镇，主力则仍在赊旗。陈赓计划在张轸兵团东行军时，以夜袭方式将其分割，如果他们猬集一团，聚歼起来就十分困难。于是命令第十一、第十三两个旅连夜赴羊册镇北面设伏，执行分割敌人任务。

这时，情报工作出现了差错。武汉的白崇禧在报话机上和张轸说："确山形势紧急，你们于明日拂晓坚决东进，以解确山之围。"张轸回答："我们坚决执行任务。"之后，白崇禧叫其他人用日语和张轸讲："据我们侦察了解，进攻确山敌人的主力一部已向西进，宛西敌人主力正在东来，你们处境不妙，赶快回南阳吧！"张轸回答："我们立即回南阳。"

当时，解放军侦听人员不懂日语，只将他们开始讲的话报告给陈赓，实际那是假话。致使陈赓对这个情报没有产生怀疑，做出了国民党要东进的错误判断。命令部队到东面做歼敌准备，指挥所也计划向羊册镇东北移动。

31 日凌晨，陈赓兵团指挥所已开始出发，通信部队一个排长在山上收电话线，急忙跑回来报告，说他在山上看见山那边公路上的国民党军队，并没有向东走，而是几路纵队在走回头路，可能是退回南阳去。这时陈赓骑马出村，听到报告后，迟疑一下，立即下命令给第十三旅陈康："部队不再东进，转向南阳方向，平行追击敌人！"并令二纵平行追击敌北翼的先头部队。但二纵未能及时钳住，没有实现战略意图。

陈赓考虑，刘伯承、邓小平首长已命华东野战军第十纵队昨晚到预定地点，估计敌人沿公路逃不回去，只要张轸兵团不绕道而行，在公路上就会遭到第十纵队的阻击，于是紧急命令第四纵队的 3 个旅调头向西追击，也许可以收到

“亡羊补牢”的效果。

这样忙了一阵，由于华野十纵未能及时在南面堵住敌人逃回南阳的退路，主力还是跑了，只抓住了张轸兵团的后卫部队——鲁道源的整编第五十八师。

6 月 1 日上午，陈赓指挥部队围歼第五十八师时，张轸又从南阳派部队来救援，遭到第四纵队的阻击。6 月 2 日清晨，敌人在飞机大炮的掩护下，向我军阻击部队猛烈进攻，战斗持续 16 个小时，敌军终被击退，弃尸遍野，向南阳逃去。被围的国民党整编第五十八师师部及它的第一八三旅主力被歼灭。张轸兵团未能全歼，成为憾事。

这个战役共进行 10 天，歼敌一万余人。战役结束后，各纵队负责人在中原军区司令部开会，进行总结，陈赓主动承担了责任。刘伯承司令员在总结时指出，对阻击敌人的部队，完成阻击任务之后，闪开道路让敌人东进是对的，因为不闪开扭住不放，敌人就不能东进，但在对敌人情况和意图未完全了解之前，就派十一旅向羊册以北前进是不对的。此为未全歼张敌的重大失着，是未能把握基本情况和发展的规律，迷失战役指导方向的重大教训。

6 月 12 日，中共中央发来贺电：“庆祝你们最近在宛西、宛东和江汉连续三次歼敌，并解放豫陕鄂广大地区的胜利。尚望继续努力，为消灭蒋匪解放全中原人民而战。”

虽然此役没能全歼张轸兵团，但实现了中央军委指示：钳制胡琏兵团，使其不能东顾，以利粟裕兵团南下。

二、整党前后

1948 年 6 月下旬，中原军区于驻地宝丰县城召集所属部队团以上干部会议，听陈毅传达中共中央 1947 年 12 月会议的精神和毛泽东的指示。这次会议传达得晚，是因为陈毅先去黄河北，对正在整训准备南下作战的华东部队传达。同时中原部队战事频繁，也耽误了些时间。但是传达才开始半天，又因为执行援助华东野战军歼灭河南省东部敌区寿年兵团的睢（县）杞（县）战役，会议暂停，干部各回本单位做战斗准备。

根据刘伯承、邓小平的命令，为了配合这一战役，第四纵队各旅于 6 月 28 日出发东进，担负阻击胡琏兵团北上的任务。此前在宛西、宛东打了两仗，不少人觉得打得不过瘾：宛西战役主要消灭的是土蒋地方武装；宛东战役虽然有所斩获，但不是歼灭战。听说这次打的是胡琏兵团整编第十一师，是国民党自称的“五大主力”之一，所以部队上下雄心勃勃，跃跃欲试。

当时，陈赓的意图是，如果整编第十一师有突出部分，即加以分割，争取歼灭他一个部分。开始整编第十一师很嚣张，扬言“一定突破共军的阻击，增援区寿年兵团”。同第四纵队碰了一下，觉得防御很坚强，后来又发现和他对垒的是陈赓部队，态度就变得消极起来：猬集一团齐头并进，白天向前走一段，晚上又缩回来，以后就干脆停止前进了。

7月2日华东野战军在睢、杞地区歼灭区寿年兵团所属的整编第七十五师和第二十一旅后，又开始围歼它的整编第七十二师和黄百韬兵团的整编第二十五师。蒋介石急命胡琏指挥他的整编第十一师和第二十师北援。第四纵队为保证华东野战军睢、杞作战，决定不许胡琏兵团在7月8日前超过太康县，遂进行了顽强的阻击，胡琏兵团多次在坦克和炮火掩护下向中原野战军四纵第十三旅等部队阵地猛攻，均被击退……直至7日拂晓，华东野战军睢杞战役全部胜利结束，第四纵队阻敌北援目的已经达到，遂撤出战斗，回到平汉铁路西边的襄城县地区休整。这一仗虽然歼敌3000余人，完成了掩护兄弟部队作战任务，但还不是歼灭战。很多战士有意见，认为路没少跑，歼敌不多。有人甚至发牢骚说："这是狗戴砂罐，乱碰。"陈赓听到这些反映后，不但不生气，还和干部说："要进行解释工作。但必须看到说这种话的战士是求战心切，这种情绪主流是好的。"

睢杞战役结束后，中原军区又将团以上干部集中到宝丰县城，继续听陈毅的报告，晚上看第四纵队京剧团演戏。传达报告用了4天时间，到7月27日结束。报告的内容是：为了加速全国解放的进程，在战争的第三年取得更伟大和对全局有决定意义的胜利，毛泽东提出了"军队向前进，生产长一寸，加强纪律性，革命无不胜"的号召。中共中央指出，最具决定性的重要任务，就是加

1948年7月30日至8月7日，在河南豫西宝丰县召开的团以上干部会议的全体合影。前排左二为李达、左三为陈毅、左五为刘伯承，后立左七为陈赓。

强中国共产党，使党的干部在政治上更加成熟，使党的政策更能统一贯彻，克服党内思想上的经验主义和无政府、无组织、无纪律倾向。

陈毅威信高，讲话又生动、深刻。对干部教育很大，也为 8 月份部队整党运动打下了坚实的理论基础。

他的报告一开始就说：“我这次到前方来，传达中央指示，毛主席向我提出两条要求：第一条要求是不准走样；第二条要求是不准借机贩卖私货。”此后，他在报告中，必须加以阐述发挥的时候，总是先声明一句：“以下是我的私货。”然后再讲个人意见。

他讲到一些地区执行政策时发生的“左”的现象时说：“我去陕北路过一些地区，见到那里搞‘贫雇农路线’，‘左’得很，贫雇农成分的人坐上席，非贫雇农出身的人坐‘混账王八蛋’席。我向毛主席汇报时说：若按这个标准办，我们这些人，都是‘混账王八蛋’了。”大家都笑了。

在讲到执行政策时，陈毅特别指出洛阳执行政策好。他说：“洛阳战争破坏不大，恢复得也快，工商业政策执行得好。黄河北有些新解放的城市，搞得鬼气森森，阴风惨惨。自己破坏了，还不是要自己重新把它建设起来。”

讲到刘、邓大军挺进大别山，刘伯承插话说：“至今有些人提起进军大别山，就感到是‘隔着被子挨拳头——软疼’。”陈毅说：“我们有一位团的干部讲：‘毛主席没犯过大的错误，这次把这么多、这么强的部队搞到大别山，拖成这个样子是错误。’这位同志的意见是不对的。我们党建军以来，一直处于战略防御地位，这次挺进大别山是我们党的战略反攻。反攻嘛！不用刘、邓的部队，用哪个部队？当然要用主力部队，谁叫你是主力呢！挺进大别山的决策是古今中外战争史上最伟大英明的决策。我们打到大别山，站住了脚，我们的战略反攻就胜利了，如果站不住脚退了下来就失败了。现在我们站住了脚，胜利了。挺进大别山是关系到战略反攻成败的重大决策，需要伟大的气魄和胆略，我想当初毛主席决定刘、邓大军挺进大别山时，他的心也要颤三颤！”

因为这个问题在中原部队不少人中有看法，所以邓小平在 4 月 25 日就曾给干部们讲过：“我们由黄河到长江跃进了一千里。这个跃进的意义可不要小看了，中国从北到南没有多少个一千里，从长江再跃进一千里就到了广东、福建的边界，剩下不到一千里了，蒋介石的反动政权就要垮台了。这个跃进的事实表明战略形势起了巨大变化……我们击破了蒋介石的反革命计划，使之由进攻转为防御，由外线转为内线，而我们则由防御转为进攻，由内线转到外线，改变了战略形势。”他还说：“我们几个野战军出来以后，是吃了苦头的，特别是大别山的部队遇到了好多困难。豫陕鄂的情况好一些，但总没有在太岳区内线那样舒服。……从中原 3 支野战军来看，在鄂豫皖、大别山的几个纵队是有削弱，减员约百分之十五，但江汉发展了百分之百，桐柏发展了百分之五十；豫陕鄂这边发展了百分之百；豫皖苏也是发展的。所以，从总体上说，力量比过去大了。”他批评说：“我们有些共产党员，马列主义思想方法太少，看见自己头上有一小块云，就认为天下都是云……”

陈毅讲话中还表扬了陈赓部队：“豫西的部队打得不错，和大别山、华东战场在中原互相策应。报纸、通讯社称它是‘陈、谢大军’，我还不知道他们就是这几个部队、这几个人哩！但部队没少打胜仗。不错嘛！”

他还讲了党内思想斗争及开展批评与自我批评等问题。他最后指出：“现在中原、华东两支野战军联合作战，逐鹿中原，我和伯承、小平都感到光荣之至。”说到这里，随口吟出两句诗：“中原还逐鹿，投笔事戎轩。”扭头问刘伯承：“好像是魏征的诗吧？”刘伯承微微一笑：“你是文武双全的帅才，不会记错，是魏征的诗。魏征是河北省馆陶县人，正在陈再道原来管辖的地盘上。”

陈毅讲话后，刘伯承作报告，主要讲了整党整军、总结作战经验和提高干部水平等问题。大家进行了热烈讨论。

然后由各纵队领导人在大会发言。别人上台都是念发言稿，只有陈赓没有稿子，他上台讲了自己的学习体会、坚决拥护中共中央指示等话后说：“我们部队能顺利渡过黄河，顺利在豫西作战，主要是敌人主力被陕北、大别山和华东三大主战场调走了，我们才能乘虚而入。我们这支部队是晋冀鲁豫军区野战军的一部分，现在又归还建制了。前一段时间，中央为了宣传，叫报纸、通讯社称我们为‘陈、谢大军’。我陈赓何人？怎敢与刘邓、陈粟并列？”他伸出右手大拇指说：“刘邓是这个，陈粟也是这个。”然后收起大拇指，伸出小拇指说：“我们只是这个。我经常告诫我们的部队，一定要谨慎谦虚，不能头脑发热，摆不正自己的位置。要兢兢业业的工作、战斗。”

他的讲话惹得全场大笑，但是他没笑，因为他是非常认真地在讲这番话，他也确实经常给自己部队讲类似的话。

会议中的一个午休时候，陈赓把戴其萼叫去，叫他要通鲁山县豫西军区的电话。

戴其萼问：“找哪位首长？”

“找傅涯说话。”

“啊！傅涯同志来了吗？”

“已经到了那里。”陈赓说，“有人未经我同意，就让她过黄河来了。”

“那还打什么电话？”戴其萼说，“派个骑兵带匹马去，把她接来就得了。”

“不。”陈赓摆手说，“我要和她通话。”

1939年3月8日，陈赓夫人王根英牺牲。3年后，他才开始考虑自己的婚姻问题。傅涯是抗日战争参加革命的知识分子，当时是抗日军政大学文艺工作团的团员，京剧唱得非常好，是团里的台柱子。陈赓早就和她熟悉，但还是由别人介绍，经过恋爱而结婚的。

陈赓说：“我要劝她回黄河北去。”

“这是干什么？”戴其萼不以为然，“人家大老远的来了，怎么就叫她回去？新区正需要大量女干部嘛！”

“嗨，你不懂。”陈赓烦躁地说，“咱们部队结婚的都是团以上干部，现在是最艰苦的时期，马上又要打大仗，要是家属们都过黄河来，将给战士造成不好的影响。今后的仗还怎么打？我不能带这个头。”

不一会儿，电话要通了，陈赓和傅涯讲话依然是：“你还是回黄河北去……还是开明一点儿吧！现在前方在打仗，我带这个头不好……好好，那就好。”

原来傅涯过黄河，是一位“好心人”以照顾陈赓为由，把她动员来的。陈赓事先不知道。

陈赓不愿意她来吗？当然不是。他们结婚以来，感情一直非常好。在战斗间隙时，陈赓时常拿出妻子和孩子的照片看，和战友们谈论家中的事；他的日记中也常有这样的句子：“忆起北地母子，怅惘系之。”“昨晚接涯来函，使我如获至宝。”“儿童节，想起小建，也许在想爸爸给他送礼，涯也许会请他吃顿好的。”字里行间洋溢着思念之情。他多么希望早日和家人团聚呀！但是，直到淮海战役结束后，傅涯才同部队其他家属一起再次过黄河，到河南省的漯河市和陈赓团聚。傅涯虽然是个“洋学生”出身，但是非常贤惠，对于自己没有见到丈夫的这次长途跋涉（那时都是步行），毫无怨言。因为她爱他，也理解他，更是全心全意地支持他的工作。

有人说：唐代大诗人杜甫名诗之一的《新婚别》，塑造的那位忠于国家、忠于爱情的妇女，所思念的“守边赴河阳”的丈夫，恰在陈赓转战的地方。陈赓顾虑的正是“妇人在军中，兵气恐不扬”；而傅涯也深感“誓欲随君去，形势反苍黄”。虽然两个时代、两种战争不能相比，但诗的意境、人的情操是相近似的。

宝丰县会议后，第四纵队在襄城县，第九纵队在禹县，集中干部进行整党学习，按照刘伯承提出的“三层亮”的办法进行。即每个干部根据中共中央、毛泽东的路线、方针、政策和指示，要接受下级、同级和上级的批评；同时也对下级、同级、上级提出意见。这个“三层亮”的做法，当时起了很好的作用。对全面贯彻中共中央、毛泽东的指示，进一步搞好新式整军运动，克服干部缺点，提高政治思想觉悟，加强上下级和同级干部之间的团结，都是个有力的推动。

“三层亮”刚提出来时，大家有些紧张，不知道怎么个“亮”法，“亮”到何时？真正“亮”起来之后，越来越生动、活泼，越来越深入、充实。这是解放战争以来，最长的一次干部政治教育学习，对每个干部都有很大的提高，对随后的作战也起到了有力的政治保证作用。

整党结束时，陈赓代表纵队党委作总结，讲了两个半天，基调是宣传中共中央的路线、方针、政策和学习毛泽东思想的重要性，总结打过黄河以来的作战和工作。鉴于当时在执行政策中存在着“左”的问题。他说：“毛泽东思想是同党内右的和‘左’的机会主义斗争中发展起来的。”他认为：“党内斗争，反‘左’比反右困难。陈独秀的右倾机会主义，蒋介石一反革命，党内起来一反就反掉了。可是后来几次‘左’倾机会主义路线，一次比一次厉害。瞿秋白的盲动主义刚反掉，接着就来了个立三路线，到处暴动，攻打大城市；立三路线垮台，又来了王明路线，统治党的时间最久，对党的危害也最大……”在总结中，他对渡河一年来工作中的缺点、错误，主动承担了责任，比如对“走马点火”，他认为“纠正得迟，我要负责”等。大家都深为他这种勇于代人受过的自我批评精神所感动。

在整党期间，陈赓极力为迎接新的革命高潮的到来做着充分的准备，除了组织部队认真学习中共中央、毛泽东的指示，打下思想准备的基础外，他要求部队坚定地树立顾全大局，团结协作，敢于打大仗、打硬仗，打前所未有的大歼灭战的思想。

他清楚地意识到，在大的歼灭战中，没有多数兵力牵制与阻击敌人，主攻部队就不可能取胜；而且就阻击战本身来看，常常是对方的兵力多于自己，非主力部队绝难完成此重任。所以他又特别注意打阻击战的教育，反复向部队说明打阻击战的重要与光荣，树立“对战局贡献的大小不取决于俘虏多少、缴获多少，而是取决于对整个战役的作用大小”的思想。

他还组织部署对阻击战的战术问题作了深入的探讨。他指出打好阻击战的关键有三：一是地形观察与阵地选择；二是阵地编成、火力配备与工事构筑；三是兵力使用和战斗指挥。

他要求在阵地选择上至少要做到三点：一是干部必须亲自观察与研究有战术意义的地形，在此基础上再确定火力配置和部队部署；二是工事构筑应按由主要方向到次要方向、由制高点到一般地形、由简单到复杂的顺序进行；三是干部要亲自负责，细密分工。

关于阵地的编成，他认为最有力的阵地是据点式、集团式，有纵深，由许多小的阵地组成的大的环形阵地。火力点应是低伸交叉的、侧射和远射相配合，活动、固定与弹性相结合，直射与曲射相配合。

在兵力使用和指挥上，他要求防御阵地应当有1/3到1/2的机动兵力，准备出击和作补充力量。

他于事前的这种准备，在后来的大战中发挥了无可估量的作用。

从上党战役以来，他考虑战术问题，强调夜战、近战，主要是以夜袭的方式作战，后来就增加了攻坚战斗中挖掘交通壕，即近迫作业以掩护自己接近敌人。他知道炮很重要，但当时陈赓部队只有山炮和迫击炮，只靠这点是很难在大战役中压制住敌人火力的。

所以，在整党之后展开的练兵运动中，部队战士除了三大技术外，陈赓要求开展群众性的爆破运动。以后攻坚战可能增多，但炮火不足，要借助于炸药，大量地使用炸药的前景是明显的。因此战士人人要学会爆破，并且要学会设计各种各样的阵前运送炸药的办法以减少人员的伤亡。

10 月 7 日，刘伯承、陈毅和李达，乘车来到第四纵队驻地方城县竹园庄，参加团以上干部会议。首长来到陈赓的指挥所。作战室墙上挂着用漂白布制作的、由善于绘画的程甲锐标的形势图，桌上整齐地摆着 3 部电话机，室内清洁整齐，井井有条。陈毅一进屋就高兴地说："你们的作战室搞得好排场。"刘伯承看了下墙上的地图说："这个办法不错。"

陈赓向他们汇报了部队训练情况后说："我已经通知团以上干部下午集合，看部队的实战演习。多年来大家一直盼望首长们来我们部队视察，今天你们来了，正好给大家做些指示。"刘伯承说："你们部队单独作战时间多，有些团的干部我都不认识。你给我个干部花名册，我讲话前先点点名，认识认识。"

纵队参谋长王启明在村边将团级以上的干部集合成一个小方队。陈赓陪着刘伯承、陈毅和李达来到队伍前，大家立正。陈赓说："首长关怀我们部队，亲自来检查指导我们的工作。现在请刘司令员指示。"

刘伯承手持花名册一一点名，干部们见状十分诧异，不禁交头接耳，悄声议论。刘伯承严肃地说："列队、点名是军队最基本的课目，连这样的课目也感到惊奇，说明我们头脑中一点儿没有正规化的观念。我们很快就要在中原放手大打，形势的发展对部队建设提出了更高的要求。过去那种稀稀拉拉、各自为政的游击习气，再也不允许存在下去了。大兵团作战，更要有严格的组织性、纪律性，今天首先从到会的团以上干部做起，以此带动部队的管理教育。"接着，他强调指出："干部应学习战术，总结经验，教育部队，借以提高战斗力，其次在战斗组织方面，一定要认真地侦察敌情、观察好地形，不能蛮干……"

陈毅插话说："我们部队正在迅速地壮大，自卫战争第一年我们有 127 万人，第二年发展到 280 万人，每年增长 100 万人。部队壮大了，要像个样子。'装个舅子要像个舅子。'在我们部队壮大的同时，一定要用组织纪律管教部队、约束部队。"

接着，刘伯承又讲到要加强政治理论学习。他说毛泽东常讲读书是"攻书"，每天要抓两小时读书，我们也要学习这种精神。谈起军事工作，他又说："办事情要有个方法。比如杀猪，有的人一刀可以杀死，不会杀的就杀不死。杀猪要一刀捅中要害才成，打仗也是这个道理，要找着敌人的弱点，抓住要害。用棍子打人是痛的，用棍头捅人就更痛，捅到要害就能痛死。打仗也得抓住敌人的要害部位……"

他们这一席话，使与会干部感到，大战即将来临，确实有必要使自己的思想和行动提高一步，才能跟上形势的发展。陈赓当即表态，拥护两位领导的指示，坚决把部队整顿好，随时准备执行艰巨的任务。

下午，与会人员参观第四纵队的军事演习。当战士们准确熟练地完成使用“飞雷”抛射炸药包、架设浮桥、架梯子登城等一连串的动作时，刘伯承、陈毅同大家一起报以热烈的掌声。陈毅连声称赞说：“就是要练成这么个样子！”刘伯承特别赞扬了“飞雷”，他说：“它的诞生，表明了人民战士的智慧是无穷无尽的。领导上热心扶持这种智慧的发展，就会变成无坚不摧的力量。”

刘伯承对演习作了讲评后，陈毅讲话，着重讲了今后打大仗需要整体配合的问题。他说：“有的部队要担负主攻，有的部队要担负阻击、牵制敌人，这些任务都是作战这个整体所不可缺少的。只想担负主攻，不愿意担负阻击或牵制敌人的任务，只想‘吃肉’，不想‘啃骨头’的想法是不对的，是全局观念不强的表现。”他强调今后一定要服从整体作战的需要，担负什么任务由上级决定，不管分担什么任务，都要坚决完成好，不能挑肥拣瘦。他说：“我们攻克襄阳、樊城是一个漂亮的战役，是第六纵队和你们纵队第十二旅打的（这个战役是 7 月 2 日至 15 日打的，由王宏坤指挥第六纵队、桐柏军区第二十八旅和陕南军区第十二旅完成的。第十二旅当时归中原军区直接领导，作战时暂归王宏坤指挥）。整个作战都配合得很好，一举攻克襄樊，活捉敌人司令官、国民党大特务头子康泽。可是结尾不太好，为了抢康泽，把十二旅的一位副教导员打死了。到现在双方还在争论：康泽是谁抓到的？这个案现在我来断，康泽不是捉到了吗？现在也没跑吗？他是我们解放军抓到的，就行了！至于是你还是他抓到的，我看就没有必要争了。”

部队听了刘伯承、陈毅的报告都很高兴，纷纷表示回去后要很好贯彻执行。本来陈赓就告诫部队不要议论襄樊战役中争夺俘虏的事，认为这不利于团结。经陈毅这么一讲，个个心服口服，都说：“陈老总这个案断得好。”

1948 年 8 月 23 日，是陈赓兵团渡河南征一周年的日子。司令部宣布这一年，与敌作战 245 次；歼敌 110828 名，俘虏将级军官 17 名，击毙 3 名；解放城市 51 座，解放人口近千万。这个时期，豫陕鄂根据地的建设有了很大发展，剿匪反霸取得显著成效，经过反复清剿和地方工作的逐渐展开，实行了减租退押，合理负担，建立农会等工作后，内地各军分区大股土匪已基本肃清，敌人只盘踞在南阳、郑州、陕县等几个孤立据点，全境都已得到解放。军分区武装有相当数量的发展，除基干团外，全区又有了 12 个独立团，每县有一个大队，连同区干队共有五万余人。民主政权更加巩固，根据地进入了发展的新阶段。

三、大战前奏曲

1948 年 9 月，中共中央召开了一次政治局会议，提出建设 500 万人民解放军，以 5 年左右时间（从 1946 年 7 月算起），歼敌 500 个旅，从根本上推翻国民党反动统治。中央军委根据会议精神，计划解放军在战争第三年的任务，歼灭国民党正规军 115 个旅，把革命战争继续扩大和深入到国民党统治区。指示全国各战场，立即发起秋季攻势。

9 月 12 日东北的辽（宁）沈（阳）战役发起，解放军切断了北（平至辽）宁铁路，孤立了锦州。蒋介石恐东北有失，穿梭往返于南京、北平、沈阳之间寻求对策。

在这种形势下，徐州“剿总”副总司令杜聿明，研读了毛泽东的《目前形势和我们的任务》一文后，发现解放军制胜之道完全在于集中绝对优势兵力，力求在运动中各个歼敌的战略战术；而国民党失败恰恰在于处处设防，造成处处挨打。于是便积极向蒋介石建议：集中强大机动兵团，吸引共军于某一坚固据点决战。

蒋介石终于采纳了他的建议，准许徐州方面放弃其他城市，仅守郑州、徐州、济南三大战略要点。遗憾的是，当杜聿明刚刚完成部队整补，正准备实施他的计划，传来了济南市守军 10 万人被华东野战军歼灭的消息。杜聿明还不死心，企图趁解放军华东、中原两部东西分离之际，先发制人。其设想是：集中 4 个兵团包围华东野战军一部，进而歼灭其主力，收复山东省的泰安和济南。当时，他最担心的是中原野战军东援，故需要黄维兵团和第二军、第十五军进剿刘伯承和陈赓部队，以达到拖住他们的目的。

9 月 30 日，杜聿明拿着这个计划去南京见国民党参谋总长顾祝同，然后他们一同乘飞机到北平，去东城圆恩寺官邸面见蒋介石，虽然顾祝同一直问杜聿明这个计划“有无把握”，蒋介石听杜聿明报告后，还是批了“此案可行”。

但是此时形势发生了变化，东北战场上继国民党部队锦州十万余人被歼后，10 月 28 日廖耀湘兵团十万余人又全军覆没，沈阳危在旦夕，因此蒋介石奔波于北平与南京；华东的淮海地区也呈现“山雨欲来”形势，甚至惊呼“徐州会战大有一触即发之势”。蒋介石迫于无奈，只得命令驻守郑州的孙元良兵团东调津浦铁路线上的宿县等地，加强津浦铁路间的守备。实际上是想集中兵力，固守徐州、浦口间的津浦铁路线，以保卫国民党的统治中心地——南京。因此，杜聿明的“先发制人”的计划终成泡影。

为了破坏国民党军队的集结计划，中央军委命令中原野战军进攻郑州，吸引孙元良兵团回援。

郑州是河南省的交通要道和战略城市，是平汉、陇海两条铁路的交叉点，是国民党军队中原战场联络西北、华北战场的枢纽，战略地位非常重要，一直由孙元良的第十六兵团担任守备，9 月下旬济南战役后，蒋介石把它东调津浦铁路线，郑州防务由敌第十二绥靖区部队接手。

刘伯承接到中央军委命令后，即命中原军区休整待机的部队北上郑州，由陈赓、陈锡联统一指挥。陈赓分析守军是从黄河北面的安阳、新乡等地调来的第四十军的第一〇六师和第二六八师等部，因惧怕被歼，有如惊弓之鸟，估计不会死守郑州。于是决定：以第一、第三纵队组成东兵团由郑州城西南向东北方向实施突击，第四纵队和第九纵队组成西兵团，第四纵队由西面攻城，第九纵队直插黄河铁桥南岸，阻击新乡南援之敌并防郑州之敌北逃。命豫皖苏军区部队破坏郑州、开封间的铁路，并防止开封市方向的国民党军队西援郑州。

不出陈赓所料，10 月 20 日拂晓前，各路部队接近郑州，开始对守军实施包围，敌人见解放军兵临城下，畏惧被歼，不敢顽抗，于 22 日下午 6 时弃城北逃，想通过黄河铁桥回到新乡老家去。解放军乘虚而入，解放郑州；逃军在黄河桥头被第九纵队等部队包围，战至 23 日 5 时被全歼，共 11000 多人，第四十军参谋长和第一〇六师师长等人被击毙。此战对于第九纵队意义重大，在人员和装备上都得到了极大地补充，为以后参加淮海战役打下了坚实的基础。

部队进入郑州后，陈赓命令各部队，把敌人遗弃的物资看管好，等候由中原军区派来的以刘岱峰为首的接管小组统一接管。

本来以为攻打郑州，孙元良兵团会回援，谁知道，孙元良根本没有回援的意思；开封市的国民党军队慑于解放军威力，也于 24 日弃城东逃。至此，中原三大名城：洛阳、郑州、开封均获解放，中共中央发电祝贺。

10 月 21 日，邓小平和陈毅来到第四纵队指挥所，指挥中原军区部队。郑州解放后，他们召集团以上干部会议，传达中共中央 9 月会议精神和进行淮海战役动员。那时还不叫淮海战役，叫淮海大会战。先由邓小平传达中央 9 月会议精神。关于形势，他引毛泽东的话说："我估计再有三年左右就能根本上打倒蒋介石，解放全中国了。"大家听了很高兴。接着他又说："毛主席告诉我们，要向下传达这个估计，必须说明，这是对整个形势的估计，可能提前也可能推后，由于国际形势和国内各战场形势还在发生变化。这一点必须说清楚，不然我们党内有数学家，将来又要算账的。"邓小平讲到加强干部理论教育的重要性和学习中共中央制定的方针政策时说："毛主席讲：'如果我们党中央制定的方针政策，不为县委书记、县长所理解和接受，那我们中央还是孤立的。'我想，对于我们部队来说也包括团长、政委。"

邓小平讲完，陈毅说："大家说这几个月没打大仗，大家求战心切，都盼望能打个大仗。现在中央指示来了，可要打大仗了，养兵千日，用兵一时，党和人民养着我们干什么？就是要打仗。大家不是要求打大仗吗？真打起大仗来，大家可不要叫苦，准备像打济南一样，一个纵队可能伤亡 1 万人。"他继续说："毛主席指示，老根据地兵源枯竭，今后要依靠俘虏补充部队。"联系到我们部队的情况，他说："我们有些部队，对俘虏兵挑选得太严，个子小的不要，年岁稍大的不要，甚至脸上有麻子的也不要。今后能用的就用，不能靠老根据地补充了，要从新解放区动员一些，俘虏是最主要的兵源。要抓着像我这样大年纪的俘虏，扛机枪当然不行了，不过刮一刮胡子，当个伙夫、马夫，打打算盘，当个采买总还可以吧！"他讲到刮胡子时，还做了个手势，大家都笑了。最后他说:“这次作战是大兵团作战，不分华东部队还是中原部队，我们要并肩作战，紧密团结。”

中央军委《关于淮海战役的作战方针》是10月11日下达的，中原野战军做了很多准备工作。11月2日，辽沈战役结束，总计歼灭蒋军47万人，解放了全东北。11月14日毛泽东发表了《中国军事形势的重大变化》一文中指出：“中国的军事形势现已进入一个新的转折点，即战争双方力量对比已经发生了根本的变化。人民解放军不但在质量上早已占有优势，而且在数量上现在也已经占有优势。这是中国革命的成功和中国和平的实现已经迫近的标志。”又说：“这样，就使我们原来预计的战争进程，大为缩短。原来预计，从1946年7月起，大约需要五年时间，便可能从根本上打倒国民党反动政府。现在看来，只需从现时起，再有一年左右时间，就可能将国民党反动政府从根本上打倒了。”

在淮海这个战场上，当时国民党军队共有70个师，70万人；解放军有22个步兵纵队、1个特种兵纵队，加上地方武装共60万人。陈赓指出，敌人在数量上虽略占优势，但因屡遭失败，士气低落，内部矛盾重重，互相倾轧，更削弱其战斗力。我军经过整党整军，斗志昂扬，特别有毛主席的英明领导，广大人民支援，完全有把握取得全胜。

陈赓向部队传达中共中央和总前委的指示说，毛主席指出，淮海战役为南线空前的大战役。此战胜利，不但长江以北局势大定，即全国战局已可基本解决。刘伯承说，军委决定进行徐州会战，目的是消灭敌人在中原的主要力量，以提前实现中国革命的胜利。陈毅说，这次决战要检验所有部队是铁的还是蜡的。这一仗要有拼到底的精神。部队打光了师长可以当团长，团长可以当连长。邓小平强调要有破釜沉舟的精神。还说，只要歼灭南线的敌人主力，中原野战军就是打光了，代价也是值得的，全国解放军还是可以取得全面胜利。陈赓最后在部队面前表示：“刘邓首长带一、二、三、六纵队挺进大别山，艰苦奋斗，部队遭受了一定损失。我们第四纵队在这次会战中，理所当然应该担负起作战的主要任务。我准备部队打光了当班长。”

毛泽东和诸位领导人的战略决战的决心，加强了各级干部的历史责任感，部队决心以“破釜沉舟”精神、壮士一去不复返的凌云斗志、不消灭敌人决不罢休的革命英雄主义气概，以实际行动响应上级号召。树立打硬仗、打恶战的思想，树立整体观念和全局思想，发扬硬骨头精神，加强组织性、纪律性，严格执行政策纪律，以最大的决心，争取战役、战斗的胜利。

离开郑州前，天气已经转冷了，机关干部还穿着单衣。陈赓特地找到接管物资的负责人刘岱峰说：“打下郑州，我们司令部人员为了保护给你们的物资，出了很大的力。你现在是大老财，总得‘赏一赏’他们吧。”

“你不要说这些了，需要解决什么问题吧？”刘岱峰说。

“他们都是光着身子穿军衣，你给点儿钱，给每人买个衬衣衬裤，多少御点儿寒；你再请他们洗一次澡，吃一顿饭怎么样？”

刘岱峰满足了陈赓的要求。除了买衣服外，还真的请大家洗了个澡、吃了顿饭。大家高高兴兴地离开郑州走上前线。

四、全歼黄百韬兵团

济南、郑州、开封解放后，蒋介石急忙调整部署：以黄百韬兵团控制江苏省徐州市东面的新安镇、碾庄地区；李弥兵团固守徐州；邱清泉兵团守卫徐州西面安徽省砀山县地区；孙元良兵团和第四绥靖区部队向徐州南面的津浦铁路上的宿县地区集结；李延年在安徽省蚌埠地区组建新兵团，保护津浦铁路，以屏障南京。

据此形势，中央军委决定：淮海战役第一阶段，华东野战军集中 7 个纵队，歼灭碾庄地区的黄百韬兵团，以 6 个纵队进逼徐州，阻击可能由徐州东援之蒋军。

11 月 6 日歼灭黄百韬兵团的枪声打响后，8 日，驻守徐州东北贾汪地区的国民党第三绥靖区副司令长官、中共地下党员张克侠、何基沣率两个军起义，为华东野战军主力包围碾庄地区围歼黄百韬兵团敞开了北门。

为了配合华东野战军的行动，陈赓奉命牵制邱清泉兵团，不让他东援黄百韬。10 月 27 日陈赓率领第四、第九纵队，沿陇海铁路东进，扫荡了敌刘汝明第四绥靖区部队，给邱清泉兵团的第五军及第一八一师以沉重打击，俘第四绥靖区副司令官米文和等。

淮海战役一打响，国民党徐州地区守军惊慌失措，有的部队来回乱窜。孙元良兵团刚刚跑到宿县以南，又扭回头想增援徐州；而在徐州以北拒绝起义的冯治安残部，却没命地向南跑；北上和南下的国民党军队，乱哄哄地聚集在津浦铁路线上。

进攻郑州时，邓小平、陈毅来第四纵队指挥所，指挥中原部队作战。刘伯承和参谋长李达则坐镇豫西总部。11 月 4 日，豫西重镇南阳敌人逃走，南阳解放后，江淮河汉之间的战局更加改观，豫西全区更加稳固。为了进行淮海战役，豫西总部只留李达一人坐镇，11 月 5 日刘伯承偕人员，分乘一辆缴获的美制小吉普和一辆大卡车，从中原军区驻地宝丰县出发，走不多久，就进入了黄（河）泛（滥）区，这里的大水退了，留下很多水沼泥潭，车上人不时被颠得东倒西歪，不免有人嘀咕几句。刘伯承听到后哈哈大笑说：“你们难道忘了去年我们经过这里去大别山的情景吗？当时步行，后有追兵进逼，前有泥淖挡路，上有飞机轰炸，我们还是闯过来了。现在坐着汽车去追敌人，还有什么可埋怨的？”一番话说得大家笑逐颜开。

11 月 10 日刘伯承赶到河南省东部柘城县，来到陈赓部队的指挥所和邓小平、陈毅会合。陈赓为了保证他们的指挥效率，每天晚上都要将各方面情况汇集起来，经过认真的研究和思考，然后亲自向他们汇报。

过去，陈赓只管战役意图、进程、大局，现在每晚都要了解整个战场的情况，同参谋人员一起研究敌情和我军动态，准备好了之后，向刘伯承、陈毅、邓小平汇报，并听取他们的指示。现在他做的事过去都是由参谋做的，比如记敌人番号，过去他一般不管，现在不仅大部队番号，连团一级番号都记。即使是他指挥职权范围内的事，他也要向首长请示报告。这次东进为了向首长提供尽可能详细的资料，他特意在作战室里，专门绘制了一张国民党军队的战斗序列的图表，上面不仅有敌军团以上部队的番号，而且用醒目的颜色分别标示哪些已被歼灭；哪些受到歼灭性打击；哪些受到重创。按照毛泽东关于第三年歼灭国民党军 115 个旅的要求，已歼灭了多少，在尚余数额中，自己的部队应该承担多大比例等。深夜，常见他站在这张图表前算账和思考问题。

在生活上，陈赓要求部属给首长们以特殊照顾。对他们的安全非常关心，比如：途经当时的河南省会开封市，陈赓决定在那里吃饭、洗澡，此后为了防敌机轰炸，他亲自护送首长住到离城 8 里的小村庄，然后才回来组织指挥部人员休息。陈赓的细心、谨慎，使随行的人深受感动。

为了支援华东野战军歼灭黄百韬兵团作战，陈赓指挥第四纵队沿着陇海铁路奋力东进，11 月 8 日解放了砀山县城，继续向黄口车站猛进，将菏泽县和砀山县保安团歼灭。国民党第四绥靖区向徐州紧急求援，邱清泉又不得不派他的王牌部队蒋介石“五大主力”之一的第五军匆忙赶来救援……

11 月 10 日，第四纵队指挥所驻在河南省和安徽省交界处的永城县的一个小村庄里，刘伯承、陈毅、邓小平召集中原部队各纵队首长参加军事会议。会议室就是当时的作战室，是一间茅草屋顶的房子，外屋放着农家的农具和一架木制的织布机……就在这间简陋的茅屋里，聚集着一代英豪，运筹着决战决胜的计划。

陈赓首先发言：“邱清泉、李弥、孙元良 3 个兵团都向徐州缩，我们部队每天都上去拖，想把他们拖住，不让他们集中，但是拖不住，这里是大平原，你在前面阻击，他们一绕就过去了。我们部队很疲劳，且意图也容易暴露。我建议，我们不如将兵力集中，摆一个态势，叫敌人判断不出我们的意图来，我们就主动了。”

“陈赓同志意见很好。”陈毅接着讲，“我们摆个好的态势，就不愁没有好战机；如果没有一个好的态势，有了好的战机也会失掉。”

“好啊！二号（陈毅副司令员代号）的意见很好，可是，这个态势应该怎么摆法呢？”各纵队负责人议论纷纷。

陈毅说：“我主张在亳县、永城以东集结摆一个态势，叫敌人判断不清我们的作战意图，然后我们就可以争取时间，考虑下一步行动。我估计邱清泉、李弥、孙元良他们不会马上缩回去，这样，我们就可以争取时间，保证东面歼灭黄百韬兵团作战。”

刘伯承正在仔细看着挂在墙上的军用地图，他喊大家到地图前，指着地图说：“陈赓同志和陈毅同志的意见都很好，我们是需要摆个态势。怎么摆法呢？就是我们的主力直捣津浦路，破坏徐州、蚌埠之间的铁路，攻占宿县。大军集结在这一段铁路线上，会产生一个什么结果呢？这就叫先声夺人！蒋介石这时会怎么想呢？他就不会考虑支援徐州，而是考虑防守淮河、防守长江和保卫南京的问题了。这时杜聿明会怎么想呢？他的后路被切断了，他就不会想去援助黄百韬，而是想他的后路怎么办？邱清泉、李弥、孙元良会怎么想呢？他们会很快龟缩在徐州，考虑如何保存实力、保存自己的问题了。这时徐州就成了瓮中之鳖，我们就来个瓮中捉鳖。这个集团如南逃，我们可以南北夹击，不过估计他不敢，他没那个胆量。他当然想打通津浦铁路，但是不可能。他们要向西跑，就得通过我们解放区 1000 多里，注定要失败。唯一的办法就是丢掉辎重向南逃跑，目前东南还有个缺口。我想杜聿明还在想哩，还在犹豫不决，不愿意丢掉辎重。如果他们现在真想跑，真有可能跑掉；如果犹豫不决，我们还有时间补救。那就是叫韦国清这个集团（两个纵队）赶快堵住东南方向的那个口子……”

对刘伯承这番精湛、透彻的分析，大家都很赞成。陈毅由衷地说：“我真佩服你的高见。”

会后，刘伯承即将会议的决定报告中央军委，立即得到批准，毛泽东指示中原野战军全力“攻取宿县，歼灭孙元良兵团，控制徐、蚌段铁路，断敌退路”。

部队立即受领任务，第四纵队即在陈赓指挥下向津浦铁路线疾进。他命第二十二旅攻击夹沟车站和闵贤集等地，堵击北上的孙元良兵团；第十旅和第十一旅分两路向符离集和李庄车站出击。在各部运动到位时，孙元良兵团主力已经通过解放军预定作战地区北上了。解放军于 11 日攻占符离集车站、时村、夹沟等地，歼灭 3400 余人；13 日攻占闵贤集，歼敌 2000 人；14 日在时村以北歼敌近 2000 人，连打 4 个小仗，攻占津浦铁路车站 10 余处，斩断了这条钢铁交通线，歼灭 9000 余人。因系攻坚作战，解放军也伤亡近 3000 人。

由于邱清泉兵团进至徐州东南之尤集、潘塘镇、张集一线；孙元良兵团已集结在徐州以南 10 里的泰山营及三堡地区。根据这一情况的变化，刘、陈、邓命令陈赓指挥第四纵队、华东野战军的第三纵队和两广纵队，立即向徐州进逼，钳制邱清泉和孙元良兵团，以保证粟裕指挥的华东野战军主力围歼黄百韬兵团的顺利进行。

陈赓立即指挥第四纵队沿津浦铁路向徐州疾进，第二十二旅在闵贤集以北地区歼灭第三绥靖区部队 2000 人；第十旅和第十三旅在曹村以北歼灭第三绥靖区 2 个团，歼敌 2500 余人；在徐山村，第十旅和邱清泉兵团的 2 个师展开激战。华东野战军打援的几个纵队，也进至大许家一线，阻击敌人，不使其东援……16 日第九纵队协同第三纵队经 10 多个小时激战，攻克宿县。与此同时，第四纵队一部和华东野战军第三纵队、两广纵队及豫皖苏军区独立旅等部队，顺津浦铁路南下，连战连捷，占领了距蚌埠市只有 50 公里左右的固镇。至此，解放军占领了津浦铁路 200 里，完成了对徐州国民党军的战略包围，斩断其南逃的路。

11 月 22 日，华东野战军全歼了黄百韬兵团，黄百韬本人被击毙。淮海战役第一阶段胜利结束。

23 日毛泽东致电刘伯承、陈毅、邓小平说："在战役发起前，我们已经估计到第一阶段可能歼敌 18 个师，但对隔断徐州、蚌埠，使徐州敌人完全孤立这一点，那时尚不敢作这种估计。这种形势的造成，主观上是因为我华东、中原两大野战军会合并攻占宿县；客观上敌人只有某种程度的防御能力（对于这一点决不可轻视），很少有攻击能力（对于这一点必须有充分认识）。"对中原野战军在这次战役中所起到的战略作用，作出了恰当的评价。

斩断津浦铁路线，切断国民党徐州和蚌埠的联系，是淮海战役中有决定意义的行动。提前完成了对徐州的战略包围，这与辽沈战役攻克锦州"关门打狗"的形势颇为相似。邱清泉、李弥、孙元良几个兵团被关在包围圈内；从蚌埠北进的李延年、刘汝明两个兵团等部队，被关在大门之外。这一着卡住了敌人的咽喉，打中了敌人的要害。

当时国民党控制的杂志《新闻天地》第五十三期曾发表评论说："共军这一动作，一是截断徐州向南唯一而重要的补给线，二则为牵制徐州方面的孙元良、邱清泉两兵团，使国军不能用尽所有力量，去解决东翼共军。此外，还有一个最重要的动机，就是阻止黄维兵团的北进。"说明这一着的厉害，大家都看到了。

五、激战南坪集

为了统一领导中原、华东两大战略区和两大野战军的作战行动，中共中央军委决定成立淮海前线总前委。于 11 月 16 日致电中原野战军、华东野战军并华东局、中原局、华北局："中原、华北两军必须准备在现地区作战三个月至五个月（包括休整时间在内），吃饭人数连同俘虏在内将达八十万人左右，必须由华东局、苏北工委、中原局、豫皖苏分局、冀鲁豫区党委统筹解决。此战胜利，不但长江以北局面大定，即全国局面亦可基本上解决。望从这个观点出发，统筹一切。统筹的领导，由刘、陈、邓、粟、谭[①]五同志组成一个总前委。""小

① 刘为刘伯承、陈为陈毅、邓为邓小平、粟为粟裕、谭为谭震林。

平同志为总前委书记。”

这时，蒋介石急得像热锅上的蚂蚁，连日召开会议，终无良策，因为兵力不足，他已经没有机动部队可供使用。辽沈战役结束，华北的傅作义须防备东北解放军进山海关南下；武汉的白崇禧有意保存实力，拒绝从华中他那里调出兵来。蒋介石只能电令在平汉铁路南段的黄维第十二兵团，加快行动，来救援徐州；令驻在蚌埠一线的李延年的第六兵团和刘汝明的第八兵团北上驰援徐州，但李、刘两兵团惧怕被歼，畏缩不前。唯黄维兵团在向徐州方向积极推进。

黄维是黄埔军校第一期学生，和陈赓是老同学，是陈诚系的骨干分子，并深得蒋介石信任。兵团的副司令官是胡琏和吴绍周。下辖第十、第十四、第十八、第八十五 4 个军和第四快速纵队。全是蒋介石的嫡系部队。他的第十八军号称国民党军队的“五大主力”之一。解放战争以来，这些部队尚未受过解放军的重创。

该兵团组成后，集结于平汉铁路南段的确山县和驻马店地区。10 月中旬曾奉命向豫西的泌阳、唐河县地区“扫荡”陈赓兵团，因陈赓部队已经离开豫西，它扑了个空，一无所获。

徐州被围。11 月 8 日，黄维兵团奉命赶往增援。他的兵团装备笨重，只能走大路，经河南省的正阳、新蔡等县，沿安徽省的阜阳、蒙城大道向徐州方向前进。

从当时情况看，歼灭黄维兵团已成为淮海决胜之关键。如果让黄维兵团进到宿县，国民党军即可把徐州、宿县、蚌埠三点连成一线互相策应，而造成解放军解放徐州的更大困难。因此，总前委向中央军委提出，暂时不打邱清泉、李弥集团，集中力量先歼灭黄维兵团。立即得到批准。于是决定：华东野战军对徐州围而不打；以中原野战军为主，由华东野战军协助先歼灭黄维兵团。

黄维兵团从确山县等地出发时，中原野战军的第六纵队和陕南军区的第十二旅，就得到刘、陈、邓命令，叫他们日夜兼程，不顾疲劳，赶来拖住黄维兵团。黄维兵团在经过涡河、淝河时，都遭到了解放军的阻击和尾击。涡河与淝河间地区狭窄，不利于大兵团作战，总前委决定继续诱敌北至淝河、浍河间加以歼灭。于是命陈赓指挥第四、第九纵队和豫皖苏军区独立旅，在浍河一线阻击，打破其北进企图，创造全歼他的战机。

还在敌十二兵团组建时，蒋介石因国民党军内部派系矛盾，而对该兵团司令官的人选在胡琏与黄维之间犹豫未决时，陈赓就对二人作过比较。他说：“就作战经验而言，胡琏似高黄维一筹，胡有实战经验，非常狡猾，在战场上能够随机应变，比较难对付；而黄维虽有较高的军事素养，但比较呆板，习惯以典、范、令为准则，其行动规律比较容易掌握。但就他们的人事关系讲，因华中‘剿总’司令白崇禧对胡琏屡有攻击，故黄维很有希望击败胡琏而出任第十二兵团司令。”

事实证明陈赓的判断十分准确。此时，陈赓考虑，既然中原野战军被确定为歼灭黄维兵团的主力，而中原野战军，数第四纵队人员、装备充实，自然应勇挑重担。他将在浍河阻击黄维兵团任务争取到手后，就三番五次地向刘伯承、邓小平要求返回第四纵队，直接指挥这关键性的作战行动。

行前，他决定将通信分队全部留下，以保证总前委的指挥，并且亲自向他们交代："这场战争持续的时间可能很长，你们要准备几夜不睡觉，准备挨饿。不要怕疲劳，不能叫苦，一定要加强纪律性，不许犯自由主义。要知道，保障总前委指挥的任务很艰巨，也很光荣。"纵队司令部其他部门人员也基本不动，陈赓只带少数人员去前线。

陈毅在送别时，同陈赓进行了亲切的交谈："你这个部队前一段打了一些小仗，干脆、快速。解放战争以来，你们的部队仗打得很好，但据我了解，你们机动作战多，没打过大的阻击战，尤其像阻击黄维兵团这样的战斗，你们没有打过。"

"只要组织准备好，我们部队还是能顶住黄维兵团的。放不了鸭子，放不了羊。"陈赓回答。

陈毅进一步说："阻击到适当的时候，你们部队还要担负主攻任务。据我了解，你们过去歼灭'天下第一旅'，他也算是战斗力强的部队，不过那时是夜袭，敌人没防备。这一回担负主攻黄维兵团的任务，是明打明的交手仗，是要过硬的。"

陈赓回答："如果组织指挥得好，火力组织好，部队还是可以打的。我们部队满员，经得起伤亡。"

"我这是把丑话说在前面。"陈毅笑道，"将来你们打了好仗，我一定打电话向你们祝贺。"

陈赓当即表示："我们纵队一定要打好这一仗，完成总前委交给我们的任务。"

21日，陈赓抵达浍河岸边的南坪集，一到就忙着看地形，选择阵地，思考阻击黄维兵团的战术问题。他认为像豫皖苏军区独立旅那样，在颍河上与黄维兵团隔河对垒进行阻击，于己不利，因为对方有飞机大炮，可以隔河向解放军轰击，而我们却没有相应的火力去杀伤他们，甚至还没见到对方步兵的影子就挨上一顿炸弹和炮轰。同时，黄维兵团自从平汉铁路线出动以来，除渡颍河被解放军迟滞一天外，基本上是正常行军，只是受到一些骚扰，没有什么伤亡。如果来到浍河，只是不疼不痒地打它一下，就将助长它的气焰，而挫伤自己部队的士气。他也不同意和国民党军保持小接触、节节抗退的方法，指出，如果构筑工事坚守，平原作战极易受包围；如果边打边退，不仅不能给敌人以有力打击，还会使自己完全陷入被动挨打的境地。他认为阻击战不能这样打。

那么究竟应该怎么打呢？经过反复思考，并和大家商量后，他最后下了决心，即部队背靠浍河，在南坪集一线对黄维兵团摆开阻击阵势。

这种作战方法，古代人叫“背水一战”，是指部队退到水边走投无路时，转过头来和敌人拼老命地干一场，也许能死里逃生。1947 年在山西省的汾孝战役中，中街村的残敌背靠汾河无路可退，和陈赓部队进行拼死战斗，就是例子。也就是《孙子兵法》上说的“投之亡地然后存，陷之死地然后生”的意思。但是这次陈赓阻击黄维兵团采取背水战的作战方法，完全不是自己部队已经走到穷途末路奋力一搏的最后挣扎。这是陈赓的创举，是克敌制胜的新招，是自己部队处于不太有利的地位，而力争主动的作战思想的体现。

陈赓把在南坪集一线阻击的任务给了第十一旅。他说：“你们旅的防御正面从大王庙、南坪集到东坪集，大约 30 里。要想挡住强大敌人的进攻，必须在正面实施重点防御。重点就在南坪集，要在这里形成强大的拳头。黄维兵团装备笨重，行动离不开公路，过河离不开桥梁，而且南坪集正在蒙城至宿县的公路上，背靠浍河，河水深不能徒涉，只在南坪集有一座坚固的石桥，因此，这是敌人必经之路。南坪集背后是浍河，敌人也无法包围你们。你们可以放心地打，给我扼守 3 昼夜。”

这时，有人小声嘀咕：“你在这儿阻击，大平原上，敌人不会从别处绕过去吗？”

陈赓的嘴咧开了，笑着说：“黄维和我是黄埔军校一期的老同学，他是办教育的，不是打仗科班出身的军人，书生气十足，人也比较死板，不像蒋介石别的将领那样灵活。如果是一个狡猾点儿的，见我们部队这么多，就会往东向李延年、刘汝明兵团靠拢，那就会对他稍好一些；因为他缺少实战经验，就单独径直朝北来了。黄维很重视书本知识，不会打破常规办事。如果不首先进攻南坪集，而去进攻别的地方，在他看来，是有违《兵法》的。等他进攻不行改变方向的时候，我们就赢得了时间。”他指着地图说：“因此，在南坪集这里，必须经受住敌人的猛烈进攻。”陈赓显然已经摸透了他这位老同学的脾气，而不是那种“不知彼而只知己”的人。

具体的部署是：以第十一旅的第三十一团及第三十二团固守南坪集及大王庙至东坪集一线；第十旅守朱口及徐家至大王庙一线；第九纵队的第二十六旅位于东坪集至沈集一线；第二十二旅为纵队的预备队。陈赓要求部队抓紧时间构筑工事。对向南坪集前进的黄维兵团，沿途不予强烈抵抗，只让第十三旅留一小部队和他保持接触，了解情况，让他们走两天“太平路”，以纵敌之骄气，使他麻痹，待他抵达南坪集，再给予重大打击。

陈赓对第十一旅的干部讲：“我们有了坚固的阵地，就发挥了我们的长处，避开了敌人的优势火力。黄维兵团沿途没有受到有力的阻击，趾高气扬，一旦遭受我火力杀伤和顽强抵抗，必然不认输；加之，南坪集又是蒙城至宿县的公路要道，敌人势在必争，定会连续发起攻击。我们控制了这个要道和桥梁，就为我们重创敌人和下一步围歼敌人提供了有利的条件。”

陈赓对敌情及战斗的发展还作了进一步分析。他说：“黄维实战经验不多，他估计我们一定在浍河北岸防御，想不到我们会背水作战，更会对我们的防御力量估计不足。”他甚至判断：“敌人第一次进攻兵力不会太多，以后几次冲锋队形会很密集，我们可以猛烈杀伤之。在遭我多次打击之后，他们为挽救其败局，必然再组织火力，空、炮、坦克配合，更疯狂地进行大力袭击，以摧毁我军阵地。敌人火力袭击后，很可能又以为我们已失去了抵抗能力，必然又以密集队形向我发起冲锋，这时，只要我们的阵地不遭受重大摧毁，就为我们提供了第二次重创敌人的机会。待黄维清醒过来，就近黄昏了。黄昏以后他不敢正面进攻，他很可能从侧面迂回过河，过了河则更好歼灭他。”

第十一旅干部走后，陈赓就对通信人员说：“这场战斗不同一般，必须与各部队电话畅通无阻。告诉第一线的两个团，通向前面各阵地的电话，一定要经过电话总机，以便及时检查通向各部队的线路。”

22 日，陈赓集中精力督促检查防御部队构筑的工事和火力阵地组成等准备工作。部队克服困难，争分夺秒，连续苦战，不怕疲劳，构筑工事。在火力配系上，以轻、重机枪为骨干，构成相互支援的火力交叉网。重火器除了修筑基本发射阵地外，都修了 2 至 3 个预备发射阵地。在战术手段上，集中兵力扼守要点，把国民党军队放到几十米的近距离上，以密集火力阻击，结合小分队出击，大量歼灭其有生力量。

解放军在构筑工事时，得到人民群众的积极支援。群众送来大量门板、木料、席子、高粱秆、柴草和粮食等，给指战员很大鼓舞。大家抱定“人在阵地在，决不让敌人前进一步”的决心。

陈赓一直留在南坪集，亲自督促检查部队战斗前的各项准备工作。直到黄维兵团临近南坪集的时候，他还拄着棍子亲自到突击连去进行战斗动员。

22 日，黄维兵团第十八军的第一一八师，与陈赓部队第十三旅警戒分队接触，该分队按照陈赓指示采取移动防御，经一天战斗后撤回南坪集。

23 日拂晓，黄维兵团先头部队第十八军来到南坪集前面，与第十一旅第三十一团警戒部队打响。天亮时，国民党的飞机铺天盖地似的飞来，没有弄清解放军阵地的位置，把大量的炸弹扔到了村子里，一阵轰鸣，烟尘四起，几乎把这个小镇炸平了。

接着，在飞机、大炮的掩护下，黄维兵团以两个团的兵力，多路向第三十一团和第三十二团第一营阵地展开全面进攻。

国民党军十余辆坦克抵近解放军前沿阵地进行射击，解放军火力阵地大部被摧毁。各连反坦克小组连续向敌坦克投掷炸药包和集束手榴弹。扼守杨庄阵地的六连以“与阵地共存亡”的英雄气概与国民党军队进行反复激烈的搏斗，连续打退敌人 5 次冲锋。

12 时 30 分，黄维兵团发起第二次进攻，由于上次全面进攻受挫，这次改为重点进攻。先以飞机、大炮轰击解放军前沿阵地，然后以火焰喷射器为先导，以两个团向解放军第三十一团二营的杨庄和三营据守的胡庄阵地猛烈进攻。解放军英勇抗击，第十一连指导员负伤不下火线；第六连人员大部伤亡，阵地被突破，危急时刻，营长亲自率领两个排实施反击，与敌展开白刃格斗，打退了敌人的进攻，恢复了六连阵地。

扼守胡庄的第八连一排打退了敌人多次冲锋，排长负重伤，三个班长牺牲，到阵地救护伤员的营部卫生员挺身而出，代理排长，指挥部队将敌人打退……

陈赓一直在作战室，密切注视着战斗进展情况，偶尔直接给第十一旅领导打电话问情况，语气很平静，只是说："随时掌握情况，需要我们做的及时向我们讲。"不再重复"一定要守住阵地"等那些已经说过的话。

23 日 14 时许，国民党军队向第三十一团阵地发动第三次进攻，前有十几辆坦克引导，后有"执法队"督战，以一个团的兵力，向二营阵地轮番冲锋。解放军顽强固守，负伤的副营长、排长和战士都坚持不下火线，阵地被敌人突破了，解放军又组织反击夺回来，最后还是第六连阵地寡不敌众，伤亡太大，被敌人突破，敌人一个多营的兵力涌进突破口，冲到杨庄北面，距第三十一团指挥所只有二三百米了，情况十分危急。第二营营长组织部队反击，收效不大。团长梁中玉急了，亲自率领第二连和指挥所的干部、战士，猛烈反击。第二连高凤山班 12 个人在激战中全部牺牲。敌人受重大伤亡败走，第三十一团恢复了阵地。

接着，国民党军又用飞机、大炮进行轰击，持续一个多小时。陈赓非常注意敌人的轰击对我第一线部队阵地的破坏程度。他和第十一旅领导讲："要告诉大家，十来架飞机，带不了多少炸弹，也投不准，只要战士精神上不受威胁，起不了多大作用。讨厌的是重炮，咱们最好用山炮远射，轰击他的炮阵地，打中最好，打不中，在他附近落几颗，对他也是威胁。现在要多准备迫击炮弹，对付敌人的冲锋。"

正在敌人进攻最激烈的时候，陈赓来到总机室问："和三十一团的电话还通吗？"

"三线都通。"

"他们团指挥所通向各阵地的电话，通过总机吗？"

"都通过。"

"他们阵地有两个钳子头：一个叫杨庄，一个叫郭庄，电话也通吗？"

"继续通。"

"啊！如果电话还通，就证明我们的阵地并没有受到重大摧毁。"陈赓高兴地说。

陈赓想同第三十一团团长通电话，先问："他们团指挥所通各阵地的电话，究竟是经过总机，还是‘狗连旦’（即电话线扭在一起，不用总机）？”

“都经过总机，不是‘狗连旦’。”

“那就不怕了。”陈赓笑着说，“1936 年红军渡黄河东征，我的部队歼灭了国民党关麟征部队一个多营，我用他们‘狗连旦’电话线路给关麟征打了个电话说，‘对不起老兄，你那个部队被我陈赓消灭了！’今天可别叫黄维也来这一手，给我开个大玩笑。”关麟征也是陈赓黄埔军校第一期的老同学，不过那时陈赓就很讨厌关麟征装腔作势的神态。

可见，陈赓把部队放在浍河南岸阻击黄维兵团，自己的心还是颤三颤的。他相信自己的部队能经受住严峻的考验。

电话要通了，陈赓平静地问：“你们阵地遭到破坏的程度怎么样？”

由于陈赓没报姓名，三十一团团长梁中玉平时又没有多和他讲过话，加上炮火的轰鸣、飞机的震响，所以他当是纵队参谋人员在了解战况。回答说：“受到一些破坏，不过主阵地不严重。”

“伤亡情况呢？”

“伤亡很大，不过还能继续战斗。我们预备队还没用哩。”

“敌人又要发起冲锋了，你们有准备吗？”

“已经做好了准备，我们阵地不会丢。你听，敌人又向我们纵深打炮了，机枪也响了，确实冲锋又要开始啦！”

“好吧。”陈赓说，“你去指挥作战吧。”

这次通话，陈赓只是提问，不作任何指示，不说一句嘱咐的话，连一句鼓励的话也没有。可是过了不久，陈赓给第十一旅领导打电话，传达纵队党委对第三十一团的嘉奖令，并要求他们立即传达到各团的指战员；接着又要求其他旅迅速传达到部队。纵队党委的勉励传达到第三十一团阵地，指战员情绪更加振奋。

机关里有些人却为这个嘉奖令捏了把汗。因为它是个正式文件，又已传达各部队，是没有任何伸缩余地的；而现在离黄昏还有四五个小时，敌人火力准备后正在发起冲锋，一旦第三十一团把阵地丢了怎么办？那时，这一嘉奖令会成为人们的笑柄，领导威信、部队士气都将受到影响。

其实这种担心是多余的。陈赓通过和三十一团团长的简短谈话，已经感到敌人没有动摇他们阵地的可能；而下午的冲锋不可能比上午更猛烈，敌人再组织强大火力已没有时间。届时解放军的后续部队也会赶到，阻击也就更有把握了。

战斗进程完全证实了陈赓的预料。嘉奖令正是体现了他的胆略和气魄，以及中共纵队党委不惜一切代价阻击黄维兵团的决心，也极大地鼓舞了部队的士气。

下午，敌人在攻击杨庄的同时，从南坪集东、西两侧强渡浍河，企图配合正面进攻之敌，包围南坪集解放军而歼灭之。从右翼进攻之敌，由于解放军第十旅部队增援，攻击未逞，与解放军隔河对峙；从左翼进攻之敌，在飞机、大炮掩护下，企图在浍河上架桥，遭遇我第三十二团第十连和机炮连的顽强阻击，重机枪排向架桥之敌猛烈开火，击毙舟桥营长以下百余人。敌增强火力对解放军压制，付出惨重代价后终于架起了浮桥。重机枪排全力阻击渡河之敌，机枪打坏用手榴弹与敌拼杀，直至全排牺牲。敌渡过浍河一个营，遭遇第十连的阻击，经过白刃格斗，第十连将敌打退。营鉴于第十连伤亡过大，命第九连和第十一连从东、西两侧迂回出击。经过一场场血战之后，第三十二团胡尚礼团长指挥预备队反击，激战至黄昏，终将敌人击退……

第十一旅经过一天激战，予敌重大杀伤，胜利完成了阻击任务，为解放军合围黄维兵团赢得了时间。纵队政治部主任刘有光代表纵队领导，亲临阵地表扬部队打得英勇顽强。

黄维在他写的《第十二兵团被歼纪要》一文中也承认："解放军之有力一部，在浍河南岸南坪集凭阵地死守，阻止国民党军攻击。全线激战竟日。"

按照陈赓计划，是把南坪集作为围歼黄维兵团的口袋底，准备在这里再坚持阻击两天，然后等兄弟部队围上来聚而歼之。但总前委考虑，不可能一口吃掉黄维兵团，决定采取分割后歼灭它的办法：诱敌深入，先将第十八军放过河来，然后主力沿浍河实施东西夹击，断其后路，以先歼灭其2—3个师为目标。

当夜，陈赓奉命率部队撤出南坪集及浍河北岸的阵地，在公路两侧布防，以放第十八军过河。这引起了黄维的错觉，以为他的第十八军突击成功，遂下令该军经南坪集石桥过河，但一天战斗即损失2个团的第十八军却没有那样乐观，他和第十四军各一个师过河后，小心翼翼，东张西望，进展缓慢，发现自己处于不利态势，即慌忙缩回南岸来。

25日国民党第十八军仍无动静，没有渡河的迹象。解放军的任务是诱敌北进并与之隔河对峙，不主动出击。等到上午10时仍无动静，陈赓就让各旅迅速查明情况。不久，敌炮火即向我军实施猛烈轰击。当时陈赓判断，敌人此举既可能准备大举进攻，也可能是掩护其撤退。此后其无线电话完全停止，接着炮火也停止了。很快，情报证实敌人不再过河已向东方转移。最后查明敌人经湖沟集向津浦路上的固镇方向移动。但这一天敌人只行进了30里就停止了。

国民党军队为什么不再北进呢？黄维后来回忆说："……我认为难以击破当面之解放军，即使攻击再有进展，解放军仍然是节节阻击，而我军处于解放军的袋形阵地之内，态势不利；特别是北淝河和涡河，成为我军背后的障碍和威胁。此时，兵团后方联络早已全被遮断，如仍坚持战斗，将会被解放军困死。因此，决心终止战斗，脱离当面的解放军，向铁路线的固镇方向转移。"

26日凌晨，发现敌人转移，第四、第九纵队及豫皖苏军区独立旅，在陈赓指挥下，渡过浍河，向敌侧背实施猛烈出击。目的是把他拖住、拉住，不让他去固镇。

果然，敌人对屁股后面打来的解放军，不得不停下来组织反突击。敌 7 辆坦克掩护一个步兵营向东猛冲，四纵第十一旅第三十二团三营在行进间与敌遭遇。陈赓立即命令三营截击和堵住敌人。那时，我军没有反坦克武器，就是集束手榴弹、汽油燃烧瓶、手榴弹上捆炸药包等。在这关键时刻，三营营长侯补祥挺身而出，在火力掩护下，他开始投掷了一个集束手榴弹，没打中，坦克向他开了火。他负伤了，只见他一拉线手榴弹冒烟了，就地向坦克滚去，“轰”的一声，坦克被炸毁了，营长也壮烈牺牲。这时整个部队都喊起来：“为营长报仇！”一下子就冲了上去，和敌人混战在一起。

27 日，黄维集中 4 个主力师，向双堆集以南的解放军第六纵队和陕南军区第十二旅阵地猛攻。其中第一一〇师长、中共地下党员廖运周趁突围机会率部队起义，在敌军内部引起极大的震动。

为减轻敌人突围给第六纵队和第十二旅阵地的压力，陈赓命令部队白日出击，并要求他们尽可能地向前压，一定要把敌人拖住。部队沿途扫清小股敌人后，就与敌第十四军主力部队接触，攻入敌驻地，在混战中曾将第十四军军长熊绶春、副军长谷炳奎和参谋长梁岱活捉，但因夜间难以分辨，他们有的偷跑了，有的未查明身份给放了。

第四纵队的这次出击，勇往直前，大胆穿插，争先恐后，不少分队脱离建制，各自为战，与敌形成犬牙交错局面……主要是仓促间对敌情认识不足，误认为敌人是溃退。我军由防御转入出击，没有充分准备，虽然歼敌甚多，但自己也伤亡不少。只是对敌人背后猛击一掌，造成敌人混乱，迫使黄维为整顿部队而放弃突围，为中原野战军完成对他的大包围作出了贡献。

27 日薄暮，陈赓部队曾向李围子和沈庄的守敌发起攻击，冲锋受挫。陈赓给第十旅周希汉旅长打电话问原因。

周旅长回答：“火力掩护组织得还好，就是地形太开阔，冲锋出发地距敌人阵地前沿太远，还没接近敌人，就遭到敌人火力杀伤。”

“不要再进行第二次冲锋了。”陈赓说，“我们已经在中街村战斗里有了教训。再冲锋搞不好还会被打回来，只会增加伤亡。”

六、围歼黄维兵团

11 月 28 日，黄维兵团被压缩包围于双堆集狭小地区。按照这个兵团的实力、装备及当时敌我态势，它若迅速向东南方向疾走，原是能够挣脱解放军包围而向蚌埠靠拢的。因为当时只有陈赓的第四、第九纵队与它隔河对阵，而陈赓的任务是诱敌向宿县方向北进，但又不能叫它到达宿县，因为它到了宿县即可与徐州、蚌埠之敌相互策应，于我不利。在东面与黄维部队对阵的解放军当时还没有力量阻止它前进，因为主力部队尚未赶到。可是那一天黄维兵团只走了 30 里就停止前进了，给中原野战军其他部队赶到赢得了时间，被团团围住。所以陈赓后来说：淮海战役胜利的取得，主要是中央军委和总前委的英明决策，全体指战员的英勇奋斗，也包括蒋介石和他的高级将领犯错误……南坪集阻击战之后，黄维兵团为什么不积极向固镇、蚌埠方向靠拢，而是坐以待毙？当时人们认为是个不解之谜。黄维被俘后，有人拿这个问题问他，他曾高声回答："我还想打嘛！"在那种情况下的这种想法，显然是不切实际，自取灭亡。

淮海战役中被俘的第十八军军长杨伯涛和兵团副司令官吴绍周都说：24 日晚上，当他们在南坪集作战后同黄维磋商下一步行动方针时，"黄维紧锁双眉，焦急无计"。他们曾向黄维建议，趁东南面尚未发现情况的时候，兵团星夜向固镇西南的铁路线靠拢。黄维犹豫不决，一直拖到午夜才决定向固镇方向转移。当各军部署完毕时，黄维却又说："要等我命令才能开始行动。"这样左拖右拖，直到 25 日下午 4 时，黄维才下定决心，命令各军按计划行动，整整耽误了 11 个钟头之久，一切逃脱的机会都已失掉。

28 日黄维兵团再度突围，又未得逞。从 29 日起，他又调整部署，采取环形防御，等待徐州、蚌埠蒋军的增援。以第十八军守双堆集及其南北的平谷堆、尖谷堆纵深阵地；第八十五军守大王庄及李士楼地区，向西防御；第十四军守沈庄、李围子、张围子、杨围子地区，向东防御；第十军守东西马围子至杨文学一线，向北向南防御；兵团部位于双堆集以北之小马庄，并在双堆集东北修建临时飞机场，便于进行空中补给。

蒋介石没有料到黄维兵团会受挫。23 日，他召集刘峙、杜聿明到南京开会。由于黄百韬兵团的覆灭，会场里一片沮丧气氛。蒋介石为了振作士气，对黄百韬的顽抗到底赞扬了一番。当有人提到黄维兵团的处境时，他吹嘘黄维有十数万之众，装备精良，完全有独立作战和支撑的能力。因此，他决定徐州"剿总"的主力向南进攻，李延年兵团和黄维兵团向北进攻，打通徐州与蚌埠间的铁路交通。散会后杜聿明乘飞机回徐州，经过黄维兵团上空，用报话机和黄维通话，黄维叫苦，杜聿明回答："今天老头子已决定了大计，马上会给你下命令的。"

此后一连几天，按照蒋介石命令，黄维驱使各军轮番向解放军阵地进攻，均遭到坚强阻击，损兵折将，直至在双堆集被团团围住。他连连向蒋介石求救，蒋介石两手空空，已无兵可调，只是给黄维"固守待援"4 个字的回话，弄得黄维一筹莫展。

此时，陈赓已受命为围歼黄维兵团之东集团的总指挥，统一指挥第四、第九、第十一纵队及豫皖苏军区独立旅。

这时，总前委考虑到，如果陈赓指挥的东集团部队能将敌第十四军及第十军一部分阵地攻占，不仅敌人空投场、空降场为解放军控制，敌中心村庄双堆集东面也完全暴露，这样全歼黄维兵团将容易些。故令东集团于 30 日发起攻击。

陈赓接到命令后立即召集指挥员开会布置作战任务，大家认为现在发起进攻，条件还不成熟。但陈赓说："上级命令已经下达，事关全局，必须执行。"

他亲自到第十旅阵地上去看，发现部队冲锋出发地距敌阵地都太远，有的有 300 米，有的达 400 米，又完全是一片平地。他认为在火力不如敌人的情况下，这么远的距离，部队很难冲得上去。

于是他命令第四纵队、第九纵队和归他指挥的第十一纵队，立即集中力量搞近迫作业——挖壕前进，缩短冲锋出发地与敌人阵地之间的距离。并报告刘伯承司令员，请求推迟进攻时间。

怎样开展近迫作业？陈赓指示也很具体："采取个个跃进、分段作业的办法。夜里，部队轻装前进，然后分段拉成一条散兵线，每个战士先挖个人掩体，然后向两头发展，最后连成交通沟，再将几条交通沟连通。在前沿突出地段要给投弹手做好工事，做好各种火力阵地。阵地做好后，前面不要摆很多部队，但要摆几个投弹组，为防止敌人反扑，我们的火力阵地要进行掩护，保护冲锋出发地不被敌人占领，也防止屯兵过多遭敌人的炮火杀伤。"联系 1947 年中街村战斗的教训，他进一步强调："火力阵地距前沿一定要近，最好在 40 余米处。要组织好，将我们各种火器都用上，并且使用火器的人数要多于冲锋的人数。"

29 日，国民党军参谋总长顾祝同乘飞机亲临双堆集上空视察，和黄维通话，嘱其站稳脚跟，就地固守，并尽力扩大占领区。许诺空投粮弹补给。

30 日，人民解放军东集团向守敌发起全面进攻，虽然攻占了小张庄和小杨庄，取得歼敌近千人的胜利，但部队伤亡较大，攻击李围子、沈庄、张围子的战斗受挫。

鉴于这种情况，陈赓当即命令部队停止攻击。因为发现敌人不仅工事坚固，火力阵地组织严密，且守备部队多，每个小村庄至少都有一个团防守。而解放军的准备工作不充分，近迫作业还没完成……请求上级延长攻占上述各点的时间。

当夜，华东野战军的粟裕向陈毅汇报歼灭黄百韬兵团的情况，陈毅说："你先别讲了。我要问你一个问题，现在围歼黄维兵团有两种打法，一种是野战进攻的办法，即经过一定火力准备，接着就发起冲锋，这个办法好像是快，但近几天的攻击不大顺利；另一种打法是搞近迫作业，挖交通壕，把冲锋出发地和火力阵地向前推，经过周密的火力准备，然后发起冲锋，这个办法把握性可能要大些，但需要准备时间。你认为哪一种办法好？"

粟裕回答："只能用后一种办法打。我们在碾庄歼灭黄百韬兵团，开始用第一种打法，伤亡很大，攻不下敌人的阵地；后来改用后一种打法，才歼灭敌人的。黄维兵团战斗力比黄百韬兵团强多了，中原部队的兵员又没有我们部队充足，只能搞近迫作业，不能急躁。”

不久，陈毅给陈赓打电话说：“我们听了歼灭黄百韬兵团的报告后，研究了一下，认为你的意见对。你在前线了解情况，我们离前线很远，对具体情况不大了解。我们同意你的意见。”

接着，刘伯承也打来电话：“战术问题是根据战场具体情况决定的，你的意见很对。从现在起，西集团、南集团也要搞近迫作业，推广你们的经验。”刘伯承又说：“12 月 5 日再全线发起总攻，你看准备时间够不够？”

“足够了。”陈赓回答，“我们再有 3 天就够了。”

“还是等到 5 日吧，东、西、南三个集团好一起总攻。”

“我们一次攻几个村子，火力不足，第一天只攻李围子，以后每天攻一个村子，做到每攻必克。”

“好吧，就按你的意见办。”

原确定的 5 日总攻，后因华东野战军第七、第十三纵队进入阵地晚，搞近迫作业需要时间，又推迟到 6 日 17 时。

陈赓又要执行作战命令，又要拒绝执行命令，确实是很为难的。他何尝不想多歼灭敌人，快歼灭敌人。但两年前中街村战斗的教训深印在他的脑海中；而在山西省攻克长子县城、夺取曲沃县城挖交通壕、挖坑道取得成功的经验，也在激励着他。要设法使上级接受他的思考，对于他来说，还是那句话，需要有足够的勇气与胆识；对于上级来说，也确实要有从善如流的雅量才行。这虽然是个战术问题，但肯定了它，就使解放军从被动转为主动，保证了围歼黄维兵团作战的胜利。

邓小平后来在总结歼灭黄维兵团作战的经验时，也充分肯定了近迫作业的效用。他说：“我们的工事迫近敌人愈近，就愈易奏效和减少伤亡。”

总攻的第一仗，陈赓决定第四纵队攻打李围子。12 月 1 日，他对部队提出：“我军采取抵近进攻技术，以堑壕对堑壕，以地堡对地堡，从四面八方近迫作业，组成纵横交错的交通壕抵近敌人，进攻时从四面八方，向敌人冲锋。”他要求指挥机关组织各部队，包括第九、第十一纵的干部，对近迫作业、火力准备进行见学。他自己也亲自到部队去检查，甚至深入到进攻出发地，到团、到连。他走到哪里，哪里部队的士气就为之一振，指战员们纷纷表示：“你放心好了，我们一定完成任务。”第九纵队的李成芳政委一直在第一线检查组织战斗准备，进行战斗动员，司令员秦基伟也要去第一线，陈赓劝阻说：“总得留一个指挥全局嘛！”

被围困的黄维兵团因粮、弹、饮水、燃料等极度匮乏，已经士无斗志。正如黄维在《第十二兵团被歼纪要》中说的，他们“只希望自己苟延一时，对于共同作战的友军将被攻击歼灭时，并不积极策应，更说不上勇于赴援、视同一体了”。甚至，还常常因为争夺一点儿空投来的东西自相残杀。陈赓实施的逐点进攻、各个击破的战法，正加剧了敌人内部的这一矛盾。

12 月 6 日发起攻击之前，陈赓亲自和华东野战军支援他的 4 门榴弹炮的指挥员通了电话，问他们准备的情况，听取他们的汇报。因炮弹少，他要求在火力准备时 4 炮齐射，先给敌人以精神上的威慑。他又告诉自己的部队，榴弹炮只能打几发，待最后一发炮弹打出后，前沿其他火器再一齐开火，使敌人摸不透解放军是否没炮弹了。这样做还可以使敌人清晰地听到榴炮弹爆炸声，使其闻声胆寒。

总攻开始前，陈赓来到李围子正北方第十旅第二十八团第三营阵地前沿的交通壕里，距离敌人只有 40 来米，干部、战士都担心他的安全，劝他早一点儿离开，他却冷静沉着地和战士谈话，鼓励他们勇猛战斗，还检查了“飞雷”发射筒。接着又转到第十一旅第三十一团第八连的阵地上视察。敌人的炮火猛烈，随他去的一个参谋在战壕里中弹牺牲，但陈赓依然继续检查突击部队的战斗准备，在冲锋出发地和战士交谈……部队深受鼓舞。

为了便于陈赓随时和前线部队通话，电话员跟着他拉电话线，从前沿阵地回来的陈赓发现了，摆手说：“不需要拉了，这时我已经不起作用了。他们在前面全准备好了，我已经没话可说啦。目前正在火力准备，啊！打得多热闹，现在对上边也没有可请示的。我在观战，你们休息吧！”

陈赓集中了全部重火器：榴弹炮 6 门、野炮 4 门、山炮 13 门；还安置了 15 个“飞雷”发射筒。下午 4 时半，炮火准备一声令下，无数炮弹、“飞雷”向敌人阵地大量倾泻，震耳欲聋，山摇地动，敌人的鹿砦、地堡炸飞了，大碉堡盖子被掀掉了，尸体和武器满天飞……趁着弥漫的烟雾，部队顺利地冲了上去。

没多久，周旅长来电话，报告战斗胜利结束。由于近迫作业搞得好，冲锋距离只有几十米，部队基本没有伤亡。陈赓高兴地说：“你们打得好！明天九纵打张围子，你们组织火力支援；后天你们攻沈庄，九纵支援你们。”在回指挥所的路上，陈赓笑着和随行人员说：“我和你们说我不需要电话的时候，内心是很紧张的，因为连打两次李围子受挫，这是第三次了，这次总不该有问题吧？事不过三嘛！可当时心里紧张得像上刑场的味道。哈哈！”

回到指挥所，正好陈毅打电话来问情况，陈赓高兴地说：“发起冲锋一个小时内解决战斗，歼敌 1 个师部和 2 个团。我们伤亡不到 10 个人。俘敌第十师师长张用斌以下 600 余人。”

陈毅说：“这说明近迫作业、逐点攻击的打法很好。祝贺你们，希望再接再厉。”

12 月 7 日，第九纵队进攻张围子。守敌是国民党军队“五大主力”之一的第十一师改编的团，战斗力很强，在整个解放战争中没受过重大打击，阵地也比较坚固。陈赓很重视这个战斗，命第四纵队支援九纵一些山炮和重迫击炮。

陈赓说："九纵打胜这一仗就锻炼出来了。张围子比李围子难打，一定要打胜。"

黄昏发起攻击，敌人抵抗相当顽强。第九纵队的第二十六旅和第十一纵队从几面攻入村中，激战至午夜解决战斗。俘敌 700 多人，其余全被击毙。被俘的敌战防炮连连长说："我们是主力团中最顽强的团，你们能打败我们，别的团都不在话下了。"

第二天，第九纵队通过电话汇报战果，最后说："我们纵队成立较晚，作战经验不多。这次深感和主力部队配合作战，好处多。十一纵和我们共同进攻，四纵支援我们炮火……"陈赓听完放下耳机和参谋们说："他后面这几句话说得好。张围子是他们的主攻，但打了胜仗不翘尾巴，打了败仗不灰心丧气。这个部队在政治上就走向成熟了。"

8 日攻击沈庄。陈赓派一个科长到前线去看看，回来报告说："周旅长讲，请司令员放心，准备工作比打李围子还充分。"接着，科长谈起第十旅前线指挥所修得又简单又坚固，它是一个圆形的掩体，当中的支柱是自然土，围着支柱挖一圈深沟，上面用圆木盖顶，再压上一层很厚的土，迫击炮弹落上也打不垮。他建议给陈赓也修一个同样安全的指挥所。

陈赓笑着摇了摇头说："算了吧，别再麻烦工兵了。敌人飞机来了，我就到后面坟场里转一转，那里有个小塔，可以利用它和敌人飞机捉迷藏。前面部队在敌人炮火下搞近迫作业，很需要工兵。"

由于火力组织严密，部队冲锋出发地距敌人阵地只有三四十米，炮火一停止轰击，十几秒钟就突破了敌人的前沿阵地……不久，前方来报告："17 时进行火力准备，19 时全部解决战斗，全歼敌第八十五师师部及 2 个团。我伤亡很小，估计不超过 20 人。"陈赓向陈毅报告："沈庄战斗，炮火准备后，10 分钟突破敌前沿阵地，守敌被全歼。活捉了该师代师长潘琦。"

被俘的敌第十八军副参谋长姚继昭说："据我看，贵军战术已经达到了现在战术的最高峰。使我们最头疼最没有办法的，是集中的毁灭性炮火和不可捉摸的壕堑战术。你们炮火一口气轰炸一两点钟，我们人被震昏了，工事轰塌了，武器炸坏了，等刚刚清醒过来，贵军的攻击部队已经来到面前。贵军的壕堑战术更厉害，白天不定神看一看，有一两千米的开阔地，加上我们的火力，估计你们无论如何也上不来。但过了一夜再看，交通壕的网已经把我们围在中间了，相距只有几十米，我们还有什么办法？"

第四纵队攻占沈庄后，敌第十四军军部所在地杨围子已完全暴露。陈赓不让敌人有喘息工夫，命令第四纵队的第十、第十一、第十三旅和第九纵队作对杨围子进攻准备。

12 月 10 日黄昏，陈赓又亲自到前线视察，直走到距敌 30 多米的冲锋出发地，向突击队员讲话。去时，空中有敌机骚扰，不能骑马，他拖着伤残的双腿，拄着棍子一瘸一拐地走到火线上，深夜才非常吃力地返回东集团指挥所，伤残较重的左腿，发肿发黑，钻心地疼痛。前线的几位旅长关心他的安全，不断打电话给作战科，劝他不要到前面去，前面的情况会随时向他报告。陈赓哪里肯听。有一次他从前线回来，一边走一边说："指挥员上第一线大有好处，军心为之一振，我心也为之一振。"确实，全军上下同心共振，是胜利之本。

陈赓鉴于杨围子工事坚固，其外围集团工事伸出百米以外，守军也较多，我军不易一举突破。决定于 10 日夜先扫清其外围集团工事，然后于 11 日对村庄敌阵地发起总攻。部署是：第十旅的两个团，分两路由正北攻击；第十一旅一个团由东北攻击；第十三旅一个团由西南攻击；第九纵队一个团由东攻击。10 日 17 时，解放军炮兵对敌外围阵地实施了猛烈袭击。半小时后，各部队按预定目标发起攻击。18 时，全部占领了敌外围阵地的所有碉堡。敌以火力向我军急袭，并派守军在飞机、大炮、坦克掩护下反击，均被击退。

黄维兵团的第十四军军长熊绶春，率领他的军部和第十师、第八十五师残部守杨围子，已经好几天了。全军上千匹牲口已经大部被打死在外壕里，士兵们每天用马肉果腹，成百的伤兵躺在工事内外没人管。但熊绶春仍旧固执着，不接受解放军的劝降，凭着复杂的工事，凭着村外镜面一样平坦的开阔地，幻想能支撑到援兵的到来。

11 日 16 时 30 分，陈赓集中了百余门野炮、榴弹炮、山炮、迫击炮和几十具"飞雷"发射筒，对敌人前沿和主阵地实施了猛烈轰击。整个杨围子像经历了一次八级地震，强烈的颤抖之后，陡然变成了一片废墟。17 时，在烟雾正浓时，一串红色信号弹飞上天空，5 支突击队冲进敌阵地并向纵深发展；这时，一连串的白色信号弹又升空了，炮火立刻向敌人核心阵地砸去，敌人溃乱了，不少人向西南方向逃去。这时一连串杂色信号弹升上天空，炮兵火力延伸到西南方向，逃跑的敌人大部被截了回来。总计前后不到 10 分钟，敌人的阵地全部为解放军占领，剩下的事就是捉俘虏和收集武器了。此役毙敌军长熊绶春以下 1000 余人，生俘副军长谷炳奎、军参谋长梁岱以下 1800 余人。与此同时，第九纵队和第十一纵队也全歼了张围子之敌。至此，敌第十四军为陈赓指挥的东集团全部歼灭。

熊绶春原是黄埔军校第三期学生，陈赓和他熟悉。11 月 24 日陈赓部队向浍河南岸出击，曾俘虏了第十四军参谋长梁岱，当时梁岱冒充文书，释放他回去时，陈赓给熊绶春写了一封亲笔信，叫人交梁岱带回去。在总攻杨围子村前，又释放了一名被俘的排长，陈赓又叫他带一封亲笔信给熊绶春。熊看后把信给梁岱看，问："你看，像我这样的人，他们会不会杀？"此时，陈赓还叫电话兵连通与第十四军的电话线，准备直接和熊绶春说话，但未成功。正在熊绶春犹豫不决时，总攻开始了，熊绶春在逃跑时被击毙。

梁岱第二次被俘，曾在他写的《第十四军被歼纪实》文中，谈到他和陈赓的一次巧遇：

> 我被送往后方收容所的路上，碰见一位骑马的解放军军官，戴着眼镜，后边跟着几个卫士。他高声问我："你是哪个部队的？"我说是十四军的。他又问："你们军长呢？"我说已经阵亡。他又问："尸体在哪里？"我告诉他在村里。他叫我留下熊军长的卫士，并吩咐卫士说："我派人协同你去找，一定要找到，好好埋葬，立个碑，以后让他的家人好查找。"据我所知，熊绶春尸体找回来后，埋在南坪集一个土堆上，立了个木牌，写有"第十四军军长熊绶春之墓"几个字。解放军的人道主义精神，感动了所有被俘官兵。后来据说我碰到的那位骑马的军官，就是陈赓将军。

12 日，陈赓召集第四纵队各旅首长来指挥所开会。因为战役已经到了最后也是最艰苦的阶段。中原野战军其他部队在大别山后方作战中损失很大，部队减员、物资匮乏、装备削弱，影响了战斗力。所以陈赓总是说："我们应当自觉地多挑重担，多'啃骨头'，叫他们打'吃肉'的仗。"但经过这样长时间的战斗，第四、第九两个纵队伤亡很大，有的连一天伤亡 3 任连长，还有因伤亡大几个营并成 1 个营打仗的事。所以他计划在会上听取各旅汇报作战情况及交流经验后，提出整编部队问题：每个团与其保持 3 个营的架子，不如整编为 2 个营，战斗力要比 3 个营强些；另外准备将纵队警卫部队和各级领导机关非战斗人员补充到各团去。

但是周希汉旅长不同意，他举第十旅 1 个营的例子发言："我们这个营，原来有 500 多人，连续战斗伤亡了 500 多人，现在还有 500 多人。"

"你这个账怎么算的？"陈赓惊奇地问，"是不是算错了？"

"我没算错。"

"那是谁给你补充的？"

"是蒋介石给我补充的。"周旅长用具体数字说明：这个营伤亡了多少？轻伤不下火线的多少？第二次负伤的多少？伤愈重上火线的多少？最后讲了"立俘立补"的数字，所以这个营还是 500 多人。所谓"立俘立补"就是对俘虏来的士兵，进行短期的诉苦教育，提高其阶级觉悟，立即补充进部队作战。所以当时有些士兵连国民党的军衣都来不及换掉。"立俘立补"的工作早在部队中展开了，像第十旅补得这么多这么快的还少见。

陈赓笑着说："好！你们的经验要推广。看来这笔账没有算错。"

第二十二旅的查玉升旅长说："我们旅的近迫作业，已经抵近双堆集了。我到前面亲自投了一颗手榴弹，已经投到了双堆集的外壕。"

"好哇！"陈赓高兴地说，"以后攻打双堆集，就由你们旅来主攻。"

第十一旅旅长刘峰说："围歼黄维兵团作战虽然很苦，但部队情绪很高。比如三十二团三营一再要求打主攻。"

作战科长彭一坤忍不住插嘴说："上次堵截黄维兵团，我亲眼看见他们伤亡太重了，营长也牺牲了。到现在还没几天，担任主攻任务能行吗？"

刘旅长说："那次战斗后，我们很快将战斗骨干补充了进去。现在这个营情绪可高了，一再要求打主攻。"

"应该让他们打主攻。"陈赓回过头来对彭一坤说，"这是个英雄部队，这一仗你不叫他们打主攻，就会影响部队情绪。"他又转过头来对刘旅长说："你们把部队组织好、保障好，他们的战斗力就能保持下去。"

会议只开了半天，旅长们连饭都没吃就回前线去了。这个短会涉及许多带根本性的问题，所以陈赓会后高兴地说："对于这次战役的总结，我这个'官僚主义者'，不用再要参谋们提供材料了，就能亲自下笔写啦。"

杨文学村毗邻双堆集，是黄维兵团核心阵地之一，攻克这个村，便可直取敌兵团部驻地双堆集。守敌为第十军的第七十五师师部和 1 个整团、3 个营及 1 个炮兵营。黄维下了死命令，要他们"与阵地共存亡，否则以《军事连坐法》严惩不贷"！但几千人的部队集中在 30 户人家的小村中，为争夺空投食物经常发生火并；士兵在饥寒交迫中煎熬，反战情绪日益剧烈。黄维加强各级督战队进行法西斯统治来迫使其官兵们做垂死挣扎。

陈赓决定以第十旅 2 个团从北和西北方面攻击；第十一旅 1 个团从东和东北方面攻击；第十三旅在村西南方向阻敌增援、堵敌逃跑。集中全部火炮百余门和大量飞雷组成 4 个火力队支援战斗。

战前，部队再次进行火线整编，合并减员连队，从旅、团机关抽调警卫员、公务员、炊事员、饲养员、理发员、通信员补充到战斗连队，经过审查教育的解放战士占连队人数的一半多。指挥员决心与敌决一死战。

13 日 15 时整，解放军强大炮火轰击近一个小时，敌伤亡惨重。意想不到的是，各团发起攻击，敌人施放毒气，第十旅 2 个团伤亡较大，奉命撤出战斗。

14 日夜，部队对杨文学村继续进行近迫作业，战士们按照分工进行挖掘，衣服被汗水湿透，虎口被镐把震裂，没有人叫苦叫痛。指战员们一起干，还做鼓动工作："挖一公尺，等于消灭一个敌人！""交通壕是绞索，缠住黄维跑不脱！"一夜之间，几条 1 米宽、1.5 米深的数百米长的交通壕，直逼敌人面前。在挖壕过程中，敌多次反冲击，想破坏挖壕工作，均被击退。

15 日下午 3 时，解放军百门大炮及数十个"飞雷"进行轰击，隆隆的爆炸声，滚滚的浓烟，巨大的冲击波，强大的破坏力，敌人死伤狼藉，工事大部被摧毁。解放军几路冲入敌阵地，第十旅周旅长和吴效闵团长亲自带领旅、团警卫部队和部分机关干部投入战斗，敌人施放毒气，对于有准备的部队已经没有多大作用了。战至下午 8 时，守敌被全歼。毙伤敌 2000 余人，俘敌 1800 余人。

12 月 13 日第九纵队攻克了杨老五、三棵树、杨子全等村，歼敌 1 个团。15 日，第九纵队和第十一纵队攻克了杨四麻子村。

在淮海战役的所有攻坚战中，在炮火准备时，起了很大作用的是工兵英雄聂佩璋发明的"飞雷"。用自制的土发射管把二三十公斤炸药，送到 200 米外的敌人阵地上爆炸，威力很大，敌人管它叫“没良心炮”。

国民党军事委员会曾发了个文件给部队，说“这种武器不可怕”。可是被俘的军官说：“他们在南京当然说不可怕，我们在战场上就觉得可怕。几十斤炸药，飞来爆炸，地形变了，人被震昏，丧失战斗力，威力比榴弹炮大得多。”

杨文学村被攻克后，盘踞在双堆集的敌兵团部，直接受到了威胁。黄维被俘后在《第十二兵团被歼纪要》文中写道：

> 我和胡琏认为在双堆集已到了末日，或则再抵抗一两天，坐待歼灭也无意义，毫无裨益，如果立即突围逃走，还可以侥幸保存一部分残兵败将，好重整旗鼓，于是决定突围。一面电蒋介石和空军总部，要求务必于15日实施计划，并命令各军秘密做好行动准备……15日上午9点多钟，空军副总司令王叔铭飞到上空，与我通话。他说：“不能照计划实施。”我回答说：“你不照计划实施，我只好自己断然处置了。”

所谓“断然处置”，按敌第十八军军长杨伯涛的话说，就是利用夜暗，四处逃命。

参谋们听到黄维逃跑的消息后，立即跑步去向正在散步的陈赓报告。陈赓笑着说：“从此长江以北，再无大仗可打了。对徐州出逃的杜聿明的部队围困就行了。咱们下一步就是考虑渡江作战的问题啦……”

参谋着急地说：“司令员，敌人逃跑了，部队都在着急地等待着追击命令哩！”

陈赓摆了下手：“我们这边连拔敌人七八个大钉子，敌人不会朝我们这个方向逃跑。我们也不能到别的纵队防区去抢战果。”他思忖了一下说：“去通知第九纵队和二十二旅向双堆集攻击。命令所有部队不准到别的纵队防区去。大家要动员起来抓敌人溃逃的散兵，连直属队也不例外。”

各部队向双堆集实施突击，第九纵队的第二十六旅迅速占领了敌兵团指挥部并控制了飞机场。黄维和他的副司令胡琏、吴绍周3人各乘一辆坦克逃命，黄维、吴绍周被俘，仅胡琏侥幸逃脱。15日24时，黄维兵团被全部歼灭。他们的榴弹炮基本上为第九纵队缴获。

过去解放军与敌作战，通常是俘虏多，击毙的少，而这次围歼黄维兵团，毙敌数字超过了俘虏数字，可见战斗之激烈程度。另外从解放军伤亡情况中也可以看出战斗之艰苦。

1949年1月11日邓小平在《关于军队问题向毛主席的报告》中说：

> 歼黄维兵团，各部均下最大决心，不惜任何代价，消灭黄维（兵团）的意志一直贯彻到下面。故在整个作战过程中，各纵队虽经过三次四次编队，没有叫苦的。但在总攻的时候，中原各部伤亡近两万余人，气已不足，结果使用了华野两个纵队才解决了战斗。而在中原各部中，四纵、九纵、六纵比较充实，伤亡虽大（四纵九千余人，九纵六千余人，六纵五千

余人），尚能一直攻到底，战功已较大……

黄维兵团除廖运周率第一一〇师起义外，共 10 个师 30 个团。在攻坚战斗中被歼灭了 18 个团，其余的十来个团是在其突围逃跑时被解放军歼灭的。在攻坚作战中，第四、第九纵队共歼灭黄维兵团 13 个团。正如陈赓向刘、陈、邓首长保证的那样："双堆集以东的钉子，我们有把握一个一个地拔掉。"

有人说，歼灭黄维兵团，陈赓在战术方面的突出建树是：

一、坚持近迫作业。敌第十四军参谋长梁岱对此法的效用有过这样的叙述："解放军采取近迫作业掘壕前进的壕堑战术，每晚前进几十米，壕堑掘到一村，就消灭一村。面对这种情况，谁也想不出办法来。各级指挥只好蜷缩在掩蔽部里，面面相觑。军所在的杨围子，也已成了前线，村前不远就是解放军掘进的壕沟，夜间咳嗽都可相闻……"

二、逐点蚕食攻击。对此，黄维曾写道："解放军对国民党军用依次蚕食攻击的战法……即依次选定国民党军防守脆弱部分，作为蚕食攻击的对象，有如对要塞的攻击法，先用近迫作业，迫近阵地，再用各种火炮黄昏时实施攻击。其炮兵火力之集中和猛烈，使国民党军的野战工事基本上被摧毁，人员遭到很大杀伤，然后在炸药包爆破之下，攻击部队一举发起突进，以攻占阵地，歼灭守军……在这样零打碎敲之下，迫使第十二兵团残部仅保有地区愈为狭小的核心阵地，以致无法挣扎下去。"

三、巧妙地运用炸药弥补攻坚火器之不足。这方面办法很多，特别突出的是"飞雷"。

其实，陈赓在战术方向的建树何止这几项，这只是敌人印象最深的部分罢了。

比如，在整个淮海战役中，陈赓十分重视作战时的思想政治工作。部队的火线政治工作自始至终都很活跃、很出色，对鼓舞士气，树立敢打必胜信念，激发歼敌立功的热情，发扬整体观念，都起了很好的作用。近迫作业中，政治工作对干部提出了"三查""三评"的要求："三查"即查阵地配置、查质量、进行全面检查。这样不仅增强了干部的责任心，而且和战术要求有机结合起来。"三评"即边做边评比、班排互相参观评比、结合阵地演习进行评比。这样就把发扬军事民主和战术、技术要求结合起来。

火线政治工作不仅威力大，且效率很高。如在火线上评功、记功、入党的作用很大。因为战斗太频繁，伤亡又大，今天打了仗，明天又要打仗，党员和骨干伤亡了，部队需要及时补充这方面的力量；对于个人，说不定什么时候会伤亡，在人活着的时候给他记功、入党，总比伤亡后追记、追认的作用要大。"立俘立补"工作更是做得好，连队的人数和战斗力得以保持。有的士兵今天被俘，经过短暂及时的教育，明天就补到部队参加战斗，立了功；有的战役开始时补入部队的解放战士，不少人到后来就当了班、排长，觉悟高的还入了党。

此外对敌宣传、瓦解敌军的工作也很有成绩：有计划地释放俘虏回他的部队；火线喊话；用宣传弹把宣传品打到敌阵地；对敌开展政治攻势等，起了很大作用。

经过华东野战军的英勇作战，杜聿明集团在 1949 年 1 月 10 日被全歼，生俘杜聿明。至此，声势浩大的淮海战役胜利结束，人民解放军歼灭了国民党军主力 5 个兵团、22 个军、56 个师、共 55.5 万人，解放了长江以北广大地区。人民解放战争取得了决定性的胜利。

第二十四章　突破长江防线

一、第四兵团的诞生

国民党和共产党经过辽沈、淮海、平津三大战役的较量，力量对比发生了根本性的变化：长期处于劣势的中国人民解放军，已经转为优势，解放了东北全部、华北大部和中原广大地区。而国民党的主要军事力量已被消灭，剩下的约115万作战部队连同特种兵及军校约204万人，散布在从新疆至台湾的漫长战线上。随着军事上的惨败，国民党在政治上经济上也都濒临绝境，其统治集团内部的矛盾与斗争更趋白热化。

为了阻止解放军南进，争取时间编组新的部队，等待时机再进行反扑，在美帝国主义的策划下，国民党演出了“新戏”：一方面，蒋介石宣布“下野”，由代总统李宗仁出面同共产党进行“和谈”；另一方面，搜罗残兵败将，加紧布置江防，企图以残存的部队凭借长江天险阻碍解放军前进，希望能造成“南北朝”的局面，划江而治。

1949年元旦，毛泽东写的新年献词《将革命进行到底》发表。文中引用了《伊索寓言》中“农夫与蛇”的故事：“一个农夫在冬天看见一条蛇冻僵着。他很可怜它，便拿来放在自己的胸口上。那蛇受了暖气就苏醒了，等到回复了它的天性，便把它的恩人咬了一口，使他受了致命的伤。农夫临死的时候说：我怜惜恶人，应该受这个恶报！”他号召中国人民决不怜惜蛇一样的恶人，要“把伟大的人民解放战争进行到底”。

中共中央在1949年3月召开了七届二中全会，规划了夺取全国胜利的各项方针。

历史赋予人民解放军的任务：打过长江去，解放全中国。

为了准备渡江，在淮海战役后，陈赓率领第四、第九纵队奉命到河南省的周口、漯河一带集结整训。

陈赓对于《将革命进行到底》这一文献非常重视，接连两次收听广播，并叫政治部记录下来，印发给部队。他认为，学习好这篇文章，是使全军深刻认识形势，保持清醒头脑，完成好渡江作战任务的重要课题。他要求政治机关一定要把这个学习组织好，并具体提出了在行军中穿插学习的多种办法，如大休息时可以班、组为单位读上一段，也可以边休息边座谈讨论；行进时三三两两就所学习的内容进行议论，加深理解；到了宿营地，如条件允许，还可因地制宜地搞些学习活动等。

由于他亲自督促检查，部队从安徽省到河南省，走了一路学习了一路，这一路上的“毛毛雨”，待到驻地时，献词的内容和精神已经深入人心。不用动员，大家对下一步任务已经很明确了。纷纷表示：不能学《伊索寓言》中的那个农夫，要按献词的要求将革命进行到底。当然要打过长江去！因为那里的国民党军队还没消灭，那里受苦受难的人民还有待去解放……显然，这一学习活动，已经成了渡江作战前最普遍、最深入的大动员，为尔后的行动奠定了坚实的思想基础。

1 月 14 日，部队到达驻地后，除了抓紧政治学习外，陈赓还积极地总结淮海战役的作战经验，加强部队的军事训练，加紧情报的搜集，草拟部队到江南作战保证人马健康的指示，以及督促赶印渡江作战的军用地图等。

他还要求通信部门组织报话演习，编写新的通话密语；决定给下面部队都配发报话机，以适应渡江后分散作战情况下的联络需要。他认为，由于解放军力量占绝对优势，渡江后主要是追歼战，部队将处于非常分散、日夜兼程的运动中，有线电话已保证不了指挥，而使用电报又嫌太慢，不使用报话机，就难以实施有效的指挥，为了尽可能地保守秘密，他规定在接敌运动时用电报指挥，战斗打响后改用报话机直接说话。他说：“把敌人追上了，打响了，就是我们的意图被敌人发现也不可怕，照样可以歼灭他！1947 年的中街村战斗时，敌人用报话机修正榴弹炮的弹着点，我们知道了也没办法。所以打响之后用报话机是可行的。”从这段话里，可以知道他对那次中街村战斗的印象是多么深刻。

陈赓还确定他的代号改称“王先生”，这是他在上海做地下工作时的化名。如今和那时的形势已经有了翻天覆地的变化，他起用这个老称谓，许是表示对今日胜利的喜悦吧。

陈赓重点抓部队工作，但也不能不兼顾其他。比如部队初到漯河时，国民党飞机常来骚扰，特务趁机造谣国民党军要进行反攻等，致使民心浮动。陈赓就指示机关和部队积极开展宣传工作以安定民心。这时，留在黄河北岸的随军家属纷纷到部队驻地与亲人团聚。他又得亲自过问，特别是对过黄河作战以来牺牲的干部家属，倾注了更深切的关怀，从她们到驻地的食宿、返回的护送，以至今后的安排，他都考虑到了。

1949 年 1 月 24 日，陈赓赴商邱县中原局参加会议，2 月 9 日返回驻地，11 日传达会议精神，14 日正式传达中央军委关于组成中国人民解放军第二野战军的命令，下面编成3个兵团，陈赓被任命为第四兵团司令员兼政治委员；郭天民任副司令员兼参谋长；刘志坚任副政治委员兼政治部主任，胡荣贵为副主任。兵团下辖第十三、十四、十五等3个军：第十三军由原第十旅、第十三旅及豫西地方部队组成，军长周希汉，政治委员刘有光，副军长陈康；第十四军由原第十一旅、第二十二旅和起义的廖运周师组成，军长李成芳，政治委员雷荣天，副军长王启明；第十五军由原第九纵队组成，军长秦基伟，政治委员谷景生。每军辖3个师和5个直属营，兵团部设直属榴炮团。

第四纵队在淮海战役中是中原野战军伤亡最大的，故要组成3个军，担子很重。陈赓除了强调对淮海作战中“立俘立补”的人员加强教育外，还要大力开展宣传工作，发动获得解放的人民参军：于是成千上万的地方武装要求升级编入兵团，大量知识分子和农民拥入部队……他们都知道这意味着将要抛妻别子、远离故乡亲人，谁都料到渡江之后的艰苦生活，但是都义无反顾地勇往直前。

2月20日，第二野战军司令员刘伯承深夜乘火车到漯河市，第二天向第四兵团团以上干部作报告，传达了中共中央的指示并进行了渡江作战的动员讲话。在刘伯承讲话前后，陈赓曾多次到部队作动员，他曾热情洋溢地说：“国民党反动派老喊自己万岁，实际只能活20来岁了；现在该我们共产党喊万岁了！”有人问他从哪里过长江，他回答：“反正不会像长征那样，从云南、西康省那么远去绕弯了。”

1949年2月，陈赓（右三）任四兵团司令员，在兵团驻地——河南漯河与原四纵队领导合影。

3 月 8 日，兵团召开渡江南进誓师大会，全军上下斗志昂扬，驻地附近的人民群众也都赶来献旗献酒。下午 3 时，几千人就拥挤在寨西广场上。

身材矮小的刘志坚出现在台子上，他首先宣布了上级给第四兵团的打过长江去、解放全中国的命令，全场的人立即欢呼跳跃起来。然后陈赓代表兵团党委号召大家作好几件事：第一，要坚决执行上级的命令，争取在渡江歼敌运动中立功；第二，要高度发扬阶级友爱精神，实行思想上、体力上的互助，巩固好部队，打过长江去，争取获得最大的光荣；第三，要努力学习党的方针政策，执行三大纪律八项注意；第四，全军要努力走向现代化，克服游击习气。

陈赓的讲话使大家受到极大地鼓舞，欢呼声、口号声像是一片狂涛骇浪的大海，分不清声音的浪头，看不见惊涛的停歇。

因为前几天刘伯承给大家讲的话，已经深印在心头。刘伯承说：“大家想想，你们兵团是怎么来的呢？”他回忆着说：“一部分是从土地革命中，奋斗了 20 多年，经过了千百次战斗，到了今天的；有一部分是山西省的决死队，在和内外敌人斗争中一点点发展起来，到今天也奋斗十几年了；另一部分是我们在太行山、太岳山，从抗日战争中培养起来的；还有就是我们艰难困苦开辟了中原，建立起来的地方武装……我们部队是在党的领导下，千辛万苦、流血牺牲建立起来的，我们要珍惜自己的光荣啊！”陈赓重复刘伯承的话最后说：“现在党命令我们过江，我们要在中国历史上最后最大的战争中，创造更大的光荣！”

最后大家举着手、举着枪、举着旗帜宣誓。这如森林般的手臂，将创造一个新中国。在新时代的历史上，将书写上第四兵团光辉的胜利。

二、打过长江去

1949 年 3 月 9 日，陈赓兵团陆续从漯河、周口地区出发，向长江挺进。

国民党从上海市至湖北省宜昌的长江防线上，由于兵力不足，仅布置了两个重点防御集团：一个是上海、南京、杭州的汤恩伯集团，26 个军共 75 个师，约 45 万人，担任上海至江西省湖口的沿江守备，重点是防卫南京、上海。另一个是华中军政长官白崇禧集团，14 个军共 40 个师，约 25 万人，担任湖口至湖北省宜昌的江防，重点是武汉地区。

刘伯承称国民党的这个长江防线“是一条不能动弹的死蛇阵”。为突破敌人的“死蛇阵”，刘伯承确定第二野战军渡江地区，为国民党军两个集团的结合部——湖口地区。重点是第三野战军打击汤恩伯集团，为此要设法不让白崇禧集团东顾。

不让白崇禧集团东顾，就是要给他们制造自顾不暇的形势。刘伯承命令桐柏、江汉两个军区部队，向武汉市西面的安陆、应城、天门等县一带，进行宽大机动作战，实行佯攻，威胁武汉市的侧背；同时命令配属第二野战军的第四野战军的第十二兵团，直出河南省的信阳市，威逼平汉铁路南段，给白崇禧集团北面以压力；还命令行经大别山的麻城、罗田等县的右路军第四兵团，故意暴露行军企图，制造将出团风渡长江、包围武汉市的假象……白崇禧果然上当，急忙将安徽省安庆市的守军主力撤到湖北省的黄梅县等地，仅留一个师和一个团守备安庆及其周围要点，而第二野战军渡江地点正是在这一带。

陈赓根据刘伯承、邓小平的部署，令第十五军为先遣部队，由郭天民副司令员率领，于 3 月 4 日出发，取捷径，冒着大雨隐蔽运动，行军作战 20 天，连克湖北省的英山、罗田和安徽省的太湖、望江等县城，到达了长江岸边。

24 日，第十三军进入大别山抵达麻城县，城内守敌为蒋军第一七六师一部及保安团 1000 余人。这个县城设防坚固，自大别山红军诞生以来，从未被打开过，这次听说解放军又来到大别山，周围各地的国民党残余的军、警、宪、特及土匪、地主、恶霸武装人员，蜂拥般地跑进了麻城县城，认为它是固若金汤、万无一失的安全场所。但是他们想错了，解放军第十三军半小时的炮火准备，就把城门上下的工事摧垮了，把守军打得七零八落，没费多大的力就把麻城县城攻克，全歼了守敌。

解放军进入大别山时，那时春天雨季快到了，气候变化很大，大多时间是雷声隆隆，大雨倾盆；偶尔也会艳阳高照，人热得难受；但是转眼又会变成雪花漫天飞舞……部队日夜兼程前进，战士的衣服、背包、干粮袋全湿透了，冰冷的雨水、雪水顺着颈项流到脊背，潮湿的衣服紧裹着全身。原本平坦的道路变成了一条条泥沟，有些地方滑得站不住脚，有的地方脚陷进去拔不出来，许多人跌倒后全身沾满了泥巴。南方的水田多，北方战士不习惯走田埂小路，常有人一脚踩滑摔倒在水田里……对于行军的困难，部队广泛开展了体力互助运动，第十三军过唐家山时，山炮营领导干部和战士一起抬炮过山……部队广泛组织鼓动组、宣传站、广播站等，运用京剧、豫剧、快板、诗歌和戴“光荣花”“插红旗”等多种形式沿途进行宣传鼓动，及时表扬好人好事。战士们斗志昂扬，唱起“狂风暴雨，北往南扫”的豪迈战歌；也有人打着竹板说顺口溜：“天上下雨地下流，不过长江誓不休，行军哪怕下大雨，快到南京捉蒋光头。”

鉴于这种情况，陈赓要求机关人员下到部队，帮助部队在现场总结行军作战经验：如何在水田交错的地区行军？如何在新条件下和白崇禧部队作战？指示各部队尽快适应新的环境，抓紧在现有条件下的作战训练。经过调查，他很快掌握了白崇禧广西部队的特点：老兵多，单兵作战能力强，但火力弱，兵痞子多，怕死跑得快，进攻力不强等。据此，他在战术上着重提出：一、发挥我军火力比敌人强的优势；二、运动队形要疏散；三、尽量避免正面攻击，注意迂回作战。为了贯彻这一战术思想，陈赓派司令部的科长和参谋人员到部队去讲战术课。由于他抓得紧，一套适应敌情和地形的新战术在实践中逐渐形成了，部队迅速掌握了在大别山和沿江地区对白崇禧作战的办法。

第四兵团的老底子是鄂豫皖苏区的红四方面军，不少高级指挥员的家乡就在这一带。麻城县城解放后，第十四军军长李成芳就曾回到他麻城县老家去探望了一次，但家乡已被国民党反动派军队烧杀抢掠一空。

部队行军时，也常遇到一些老红军家属在路边打听他们亲人的下落。对这种情况，陈赓特别叮嘱大家："如果不清楚，不要作简单的回答，这太使人失望了。一定要说话热情，并要表示给帮助打听。"

一天，一位双目失明的老太太，向过路的部队打听：是不是红军？细一问，才知道她就是第十三军第三十八师师长徐其孝的母亲，因无人照料，流落街头讨饭。陈赓听到后，立即前去探望，并安慰老太太说："你儿子当师长了，就在后边，马上就要来看你了。"他指示有关人员："要好好照顾她，赶快给她些生活需要的东西。"还叫当地有关部门给她安排房子住，并打电报通知徐其孝来同母亲团聚。

有的地方群众，对解放军几次撤出大别山后，遭受国民党的摧残，以及1947年解放军挺进大别山执行政策的偏差，对解放军有疑虑，不敢接近。陈赓就命令部队积极开展宣传工作，自己也身体力行。他在3月29日日记中写道："昨日到今日我与群众谈话足有30余人，房东老太婆今日第一次赏光与我搭话，不胜欣慰之至。"

4月5日的日记中写道："我将收音机悬于街上，群众聆听新华社广播，一时拥挤不堪，群情兴奋。此种宣传方式甚好。"

4月11日部队到达安徽省的宿松县境，那里人民受国民党的残害，生活非常苦，以致在供应部队粮食上发生困难，使部队吃了几顿野菱角、野荸荠饭。这种东西什么味道也没有，吃起来像是嚼橡皮似的，比在淮海战役中的黑豆、高粱面还难吃。有人发牢骚说："不是讲长江沿岸是鱼米之乡吗？"

陈赓听到后，立即向大家解释："我们这么大的部队路过此地要吃饭，人民的负担是很重的。这些东西还是群众从沼泽地挖出来的，这就不简单了。现在我们好赖还能吃饱肚子，比长征那阵好多了。那时要有这个吃，不知道要少死多少人呀！"

一天夜里，陈赓听见驻地附近有家老乡的小孩总是在哭叫，就叫作战科长彭一坤去看看。原来那小孩病了想吃点儿稀饭，但粮食已被国民党军队抢光了，一粒米也没有。陈赓立即叫警卫员拿来米袋子倒出一些大米给老乡送去，小孩吃了稀饭果然就不再哭了。老乡很感激，第二天送来许多鱼，见陈赓不收，就急忙解释说："我们这里鱼还是有的吃，只是吃鱼已经个把月，没有油盐，用清水煮鱼吃，吃得肚里很难过。"陈赓对大家感慨地说："你们看，群众过的是什么日子？我们要赶快打过长江去，去解放那里受苦受难的人民。"

4月14日，陈赓在安徽省的宿松县和望江县之间的长岭铺，召集各军领导开会。他说："中央军委命令我们就地待命，渡江作战推迟一个星期，因为党中央在和国民党代表进行和平谈判需要点儿时间。但我们对谈判不要抱幻想，要抓紧时间筹粮、组织船队，做好随时渡江作战的准备。按照第二野战军司令部的部署，这次渡江作战，由三兵团担任主渡任务，在安徽省安庆市以西渡江。我们兵团作为预备队，在望江县华阳镇以西保障主渡部队的侧翼安全。我们的重炮团被命令调给三兵团协助他们渡江。”他笑着望着大家说：“这次渡江作战是具有历史意义的军事行动，我们不能跟在三兵团屁股后面渡江。我的意见是：十五军作为我兵团的主渡部队，与东边的三兵团同时渡江。”他指着地图说：“长江不是黄河，这里的江面有 2000 米宽，没有了重炮团，麻烦了一点儿，就用山炮和迫击炮掩护吧。没有大船，就组织帆船渡江。并力争同时渡江。十四军随十三军前进，并调山炮和重迫击炮支援两军渡江。只要组织好，我看没有多大问题。关键是要选好滩头阵地，集中炮火准确射击，把敌人阵地摧毁。我们部队北方人多，不会划船。不过可以先在这几个湖里训练。传说三国时候，曹操的 83 万人马下江南，就是在这个黄梅湖里练的兵。根据渡黄河的经验，最重要的是，要做好船工的思想工作，派专人协助他们，给他们解决困难。渡江的火力准备一开始，就用无线电话指挥，在此之前，报话机一律不准呼叫联络，以免被敌人发觉我们的行动。兵团部准备随十五军渡江……”接着各军的领导们展开了热烈的讨论。

“让十五军担负主渡任务，是兵团对我们的信任。我们保证完成任务。”秦基伟说。

“我们十三军和东线部队同时渡江没有问题。只是船只征集的数量还不够多，一次渡不了多少部队，还要继续征集。”周希汉表示。

“同意首长的作战方案，我们十四军可以将炮兵调出支援主渡部队。”李成芳发扬了风格。

会后，十三军充分依靠人民群众，搜集到了大小船只 500 多艘，开挖运船水道 500 多米，制作了大批渡江器材。在部队的紧张训练中，战士们很快学会了上下船、水上射击和抢占滩头阵地等战术技术动作。十四军组织营以上干部探讨了渡江作战和山地、水网、稻田地的作战指挥问题；还利用湖泊进行水上练兵，解决了北方战士不会水、对水有恐惧心理的问题；在群众的大力支援下，筹集和制作了一批木船和竹筏……大家都在争分夺秒地进行渡江的准备。

4 月 15 日，兵团指挥部推进到太湖县以南的徐家桥。陈赓对各军渡江的准备工作抓得很紧，自 17 日起，即令报话机人员昼夜值班，他自己也常常忙得通宵不眠。

就在这战备工作十分紧张的时刻，人们却常听见陈赓在散步时吟诵王安石的诗《泊船瓜洲》：

京口瓜洲一水间，钟山只隔数重山。
春风又绿江南岸，明月何时照我还。

这时正是江南的春天，但他想的大概不仅是美景，而是抒发自己的革命情怀，指的是即将吹绿江南大地的政治春风吧。当然也可能想的是过江后，第四兵团攻打南京的作战任务，因此想起了“只隔数重山”的钟山。

谈起渡江后的作战任务，陈赓还说：“渡江任务完成后，我要去上海找牛惠霖大夫，汕头医院的一位女护士和黄埔军校门前那个老补鞋工人，还要看望孙夫人宋庆龄。感谢他们对党的爱戴和对我个人的帮助。”除了那个补鞋工人外，其他的事情他都和参谋们讲过。往往一提起汕头市日本医院中那个姓李的女护士，他总是很激动地说：“当时白色恐怖那么严重，她对我们的帮助真是雪里送炭啊！”他还说：“对啦，到上海我还要去看看钱壮飞同志的女儿黎莉莉，她现在的生活过得怎么样？”

4 月 20 日，兵团部移驻长江边的陈家冲。由于国民党拒绝在《和平协定》上签字，21 日晨，毛泽东、朱德一声令下，劈波斩浪，千船竞发，人民解放军百万雄师渡江作战的历史时刻终于到来。

秦基伟亲临炮兵阵地，指挥炮兵以猛烈炮火掩护部队登船向长江南岸进发。由于炮兵训练有素，虽属远距离射击，命中率却很高，第一炮就击中了对岸的灯塔；接着国民党军队的弹药所中弹起火，敌沿江阵地尽被炮火烟雾笼罩……开始，国民党军在香口、毛林等村的阵地上还有零星的炮火还击，几十分钟后，就哑然无声了。

21 时，第四十四师趁天黑雨急的有利时机，战船齐发，直指对岸。突击队迎着国民党军的炮火，冲到江心，部分船只被击中漏水，有的船只迷失方向，少数船上人员伤亡较多……但大家抱定渡江必成的决心，奋勇前进，首先登陆的是第一三〇团的两个连，全歼守敌……

22 时，秦基伟报告：“我们渡江成功！部队已经登岸！现在炮火正向纵深延伸。”

陈赓高兴地说：“祝贺你们成功！”

午夜零点，秦基伟又报告：“部队已经过去了 5 个团。我同过了江的向守志师长的报话机已经联络上了，进展顺利。就是有几条船被大浪冲向东去，估计是船工受伤、船只失控造成的。”

这时风狂雨骤，但渡江勇士们个个奋勇争先。被冲向东去的船只，部队虽有伤亡，但还是登上了对岸。

22 日拂晓，秦基伟报告：“已经渡过去两个师，我要过江去指挥了。”

陈赓劝他：“你一天一夜没睡，现在时间还早，吃点儿东西，睡一会儿再去吧！”实际上他也一天一夜没睡了。

秦基伟说：“在这种情况下，睡也睡不着，还是过江去好。”

21 日黄昏，第十三军周希汉也在炮兵阵地上指挥，很快摧毁了南岸敌人八宝洲和三号洲的阵地。夜 10 时渡过去两个营，到 22 日拂晓渡过江两个团，占领了江边的滩头阵地……这时，他也过江去指挥作战了。

陈赓在4月22日日记中写道：

阴，微雨。昨晚我秦军渡过两个师，周军在马当亦渡过约两个团。当我突击部队登陆时，敌即仓皇溃退，遗弃山炮、野炮、榴弹炮、机关炮及火焰喷射器等武器甚多。至此，敌吹嘘的所谓长江防线，不一日即土崩瓦解。

下午据报，敌舰两艘在小孤山以西向我射击，经我轰击后，狼狈逃回九江。昨日到今日，只闻飞机嗡嗡声，但始终未见飞机，我军白日横渡自如，毫无阻碍，大概敌机正忙于输送“要人”逃离宁、沪故也。

黄昏，乘车到华阳镇以北一里之小村。通宵忙于各方通话，却不感疲惫。

23日拂晓，陈赓率兵团司令部人员渡江。当时大家从他的安全考虑，很担心国民党飞机骚扰，总感到江水茫茫，船行太慢。而他自己的心情却不是这样，在日记中写道：

晨光熹微，鱼贯入船，微风南送，疾驰如飞。不一时，船登彼岸，踏上了江南大地。当时满怀兴奋，不可言喻……

他在4月24日日记中写道：

大雨倾盆中，部队仍以无比英姿源源向南进。

昨晚东路军进入南京。原定我们攻占南京的任务已不需要我们了。想不到国民党一点抵抗也没有，呜呼哀哉……

从望江县的华阳镇过江就是香口村，国民党逃跑时丢弃的、破坏的、烧毁的东西“满地狼藉，恶臭不堪”，香口变成了臭口。陈赓决定在一个小山沟里叫作“公司”的小村设立指挥所。由于房子太少，电台工作展不开，参谋人员建议另找个大点儿的村子。

陈赓说：“不能中断指挥。就在这里。没有房子，大家就不争房子了。长征时爬雪山、过草地没有争房子，一到延安就争起来了。今后越到大城市越争，‘人心不足蛇吞象’么。快去工作吧！”虽然连续下了两天雨，电台还是支起油布坚持工作。然后指挥所才离开了这个小村。

行前，陈赓叫彭一坤向第十三军传达他的命令：叫周希汉派一名副师长率一个团（附炮兵）去马当要塞驻守，以防敌人白崇禧的炮舰沿江东来，扰乱第十四军过江。命令传达到第十三军，周希汉两手一拍：“我的部队都追敌人去了，马当附近已经没有部队了。”

这时，陈赓已经乘缴获来的吉普车先走了，怎么办？彭一坤急忙向刚渡江上岸还在岸边的第十四军李成芳军长汇报，请他想点儿办法。李军长很痛快地表示：“可以，我马上派个副师长，带个主力团过江到马当防守。既然十三军已经全去追击敌人，再去找回来也来不及了。”

彭一坤很高兴地返回指挥所，把情况向郭天民作了汇报，不料，他听后发了火说："命令就是命令！哪能那么随便？想执行就执行，不想执行就不执行！一定要周军长叫回一个团来！"这种情况使彭一坤感到严重了，意识到这么大的事情，未经请示自己就另行办了，是犯了错误。于是急忙跑到前面找陈赓承认错误，并请求处分。

陈赓听了反而说："很好嘛！当参谋的就应该这样，这才是真正理解首长意图的参谋嘛！只要能掩护我们兵团的右翼安全，管他是哪个军的部队哩。"

陈赓又找郭天民说："十三军都去追敌人了，周希汉手头确实没有部队，即使他手头有部队不派去马当防守，而派去追击敌人，也只能批评处分周希汉，而不能把已经去追击敌人的部队再叫回来呀！对不对？"

不久，周希汉来电话报告：部队已追上了敌人，并吃掉了第六十八军，活捉了一个副军长和一个师长……郭天民听到也高兴了起来。一场风波以皆大欢喜而宣告结束。

事实证明，陈赓的判断是准确的。国民党的白崇禧部队在第四兵团后续部队渡江时，派了几艘军舰沿江来了个反突击。由于第十四军已派出一个团在马当要塞防守，及时将其击退西逃。李成芳受到了陈赓的表扬。

至此，解放军百万雄师胜利渡过长江，敌人千里防线全面崩溃，国民党整个反动统治机构土崩瓦解，李宗仁、何应钦等立即南逃。解放军长驱南下，横扫残军。

三、四进南昌

暮春时节的江南大地，淫雨霏霏，芳草萋萋，山峦耸翠，江河碧透。但战士们顾不得欣赏沿途的旖旎风光，昼夜兼程，飞速挺进。不管气候阴晴多变，不管道路崎岖泥泞，滚滚铁流直向敌人纵深卷去。

这时刘伯承、邓小平首长根据国民党军队在江防被突破后，演变为溃乱的趋势，决定第四兵团直出上饶、弋阳县地区，尽快切断浙（浙江省）赣（江西省）铁路线，切断国民党汤恩伯与白崇禧两集团的联系。并指出："敌人已呈崩溃之势……追击越深入，敌人越惊惶，胜利也越有保障。这是我军作战不同于以往任何时期的最根本的特点。为此，各部队应不顾一切疲劳，不为地形及天候所限制，不为辎重及小的俘获所拖累，不为小股敌人所钳制，勇往直前，大胆迂回包围，务求抓住其主力而歼灭之。"

陈赓接到刘、邓命令后，即刻做出部署：右纵队第十三军紧追逃军，于5月3日解放了铁路线上的弋阳县城；左纵队第十五军连克浙赣铁路线上的上饶、横峰等县城；第十四军于5月5日占领浙赣线上的重镇鹰潭市，它的四十师解放了铁路南面的金溪县城。此后，部队继续向南、向西挺进。

1949年5月1日，兵团司令部到达江西省的景德镇，陈赓立即指示部队一定要保护好瓷业生产，不允许有任何破坏行为发生。

5月7日，兵团部进驻浙赣线上的鹰潭市，作战室设在国民党海军司令桂永清的家中。桂永清也是陈赓黄埔军校第一期的老同学。陈赓在日记中写道：

> 今日到鹰潭，住桂永清家。建筑尚未完成，但已够华丽。军阀剥削贪污，只为一己享受，不顾群众，令人发指。

陈赓到了鹰潭，立即要求参谋们把福建、江西及广东等省的交通情况，包括铁路、公路、水路的情况汇总起来，并分析研究国民党军队可能逃跑的方向，提出作战方案。他还访问了一些群众，了解天候、地方习俗和常见病等情况。因为部队北方人多，如何适应南方的气候水土、尊重当地风俗习惯，是他这时最关心的问题。

陈赓知道戴其萼曾在教会学校上过学，就对他说："今后只要我们住的地方有教堂，你就去宣传我们党的政策，特别是党的宗教政策，这对安定人心有好处。国民党造谣说，共产党毁灭宗教，杀信教的，你去辟辟谣。"

陈赓还指示成立鹰潭驻军军事代表处，领导临时治安机构等工作，派政治部保卫部长刘子毅为总代表；宣传科长苏策为该市驻铁路的军代表，解决铁路员工生活及学习问题和车站管理、火车行驶所需物资供应等工作。

按照第二野战军司令部指示，陈赓命第十五军向福建省追歼敌人；第十四军南下奔袭临川、南城等县之敌；第十三军沿浙赣铁路向江西省南昌市进击。陈赓在5月18日日记中写道：

> 今日开出三次列车，运输周军前进。
>
> 昨晚仍不能成眠，耳鸣如雷。饭后，偕刘（有光）、谷（景生）到车站。站内人山人海，尽为我待运部队，满野歌声，军乐悠扬，群情兴奋已极。我虽困顿，精神为之一振，到处作散步演讲。下午雨至，部队犹如落汤之鸡，但仍是满处歌声。

5月22日，第十三军先头部队在抚河西岸，与白崇禧第四十六军的4个团展开激战。待解放军大部队赶到，敌人畏惧被歼，弃城而逃。当日下午第十三军解放南昌市。

陈赓即令该军政治委员刘有光和兵团政治部副主任胡荣贵率工作组进城接管，命第三十七师担任警备。他向工作组指出："要严格执行中央的城市政策，对敌人遗留的物资要一律封存，将来交给接防的第四野战军。"

刘有光曾经带着工作组进驻河南省才解放的洛阳市做城市工作，所以到南昌市工作是轻车驾熟。陈赓还决定，不许兵团直属队及其他部队进入南昌市。

陈赓以身作则，自己带头不进南昌，和兵团部一起住在距城30里地的莲塘。不久，中央军委电示，由陈正人来担任南昌市军事管制委员会主任。陈赓高兴地说："陈正人同志是个老同志，也是黄埔军校第一期的。我们要尊重他。"陈正人6月5日到南昌，作为交代工作的主管，陈赓于6日到南昌去见他。这次进南昌城，他感慨万千，在日记中写道：

> 今日冒雨到南昌，这是我历史上第四次至此：第一次是1927年，蒋介石南昌叛变，我险遭不测，逃入武汉；同年8月，南昌起义，从起义至退出南昌止，我和李立三担任肃反工作是为第二次；1932年冬，在红军中负伤，返沪医治，至次年春，不意被捕，押解南昌，蒋介石亲自见我劝降，我始终不屈，是为第三次。这次则以胜利者姿态来此，前三次入城，或为亡命客，或者站不住，或为阶下囚，但均表现了我党之艰苦奋斗。无有前三次，则无今日人民之光荣。特志之，以纪此行。

陈赓在6月8日的日记中又写道：

> ……过百花洲，入南昌图书馆。此处三十年代为科学仪器馆，蒋介石曾在此指挥对我中央苏区之第四次围剿；我在沪被捕，蒋曾在此对我审讯，迫我投降，我曾以严词厉色拒之，几致使蒋无法下台。回忆昔年此室，我曾为阶下囚，受人审讯，今则我为此室主人矣。盖我三十七师师部驻节于此。兴奋之余，特志入日记内。

陈赓这次进南昌，虽然不能像旧社会那样来个“衣锦还乡”，按常理，也该庆祝一下经过如此艰难曲折的道路得之不易的胜利吧？陈正人一到南昌，即提出要举行迎军、劳军活动，却遭到陈赓的婉言谢绝，他说：“我们是路过的部队，任务完成后就该走了。这里是第四野战军的防区，为了扩大解放军的影响，应该让南昌市的人民欢迎他们入城，慰劳他们才合适。”

陈赓一向注意军队纪律。在向景德镇进军时，他看见在公路两边行军的部队军容不整，有的戴着斗笠，有的打着伞，有的还在枪上挑菜挂肉，很生气。马上就不客气地批评说：“我们这是在新区，一定要注意部队的军容风纪。你们虽然不是我兵团的，我也要批评你们！雨伞是防雨的嘛，现在没有雨打它干什么？枪怎么能用来挑菜挂肉呢？太不像话了！这会给这里的人民造成多不好的影响！”

“首长，我们错了。”带队的团长立正说，“我们是转移宿营地，出发前没有很好的检查。”

“没有检查就不好。”陈赓挥着手说，“你回去要向你们司令员、政委报告，就说我批评你们了！今后我见到他们也会讲这件事的。你一定要向他们报告，作检讨。”

但是在南昌，却出现了一件使他很为难的事情。就是两个村子因为争水进行械斗，其中一个村子的群众对部队一个小通信员说：希望他和他们一起去打“土匪”。通信员信以为真，就跟着去了，并开枪打伤了对方的人。陈赓听后非常生气，认为这是自己部队不争气、纪律松弛所造成。为了安抚群众，决定对这个通信员执行军纪。听到这个消息的两村群众，纷纷跑来为通信员求情。从这件事中，也深深教育了群众，在部队调解下，两村之间的矛盾也化解了。

第二十五章　大迂回、大包围、大歼灭

一、战略主张

人民解放军百万雄师打过长江后，很快攻克了南京、上海、杭州、南昌等大城市，解放了江西省赣江以东广大地区。但是，盘踞在湘、云、贵、川和“两广”地区的国民党残余部队余汉谋集团、白崇禧集团、胡宗南集团，以及地方军阀，总数还有 100 多万，他们既企图负隅顽抗，同时又随时准备撤退或逃出国境。为防止他们外逃，达到境内围歼之目的，1949 年 5 月 23 日，中共中央军委在《对各野战军进军的部署》中，在对包括美国出兵干涉可能性等形势做出客观分析和部署后，提出了对中南、西南之敌采取大迂回、大包围、大歼灭的方针，并明确指出：“从南面进军断其退路。”此时，二野四兵团正在江西南昌（莲塘）地区。对中央军委的这一战略方针，陈赓不仅在以后配合第四野战军主力进行“两广”作战和滇南作战指挥中表现出无比的坚定性，而且在思想认识上，他从一开始就和中共中央精神有惊人的相似处，1949 年 6 月 4 日的日记还充分展现了他这个高级指挥员纵观全局的个人见解：

> 我亦以为，为了防止可能发生的国际枝节（不一定有）与国民党的重整，此时有乘胜直趋两广与云、贵、川之必要。这种做法，将发生华中与东南新辟几省之巩固与西南几省接收之困难（主要缺干部）等问题，但若力量分配与部署得当，可免此缺点。我以为目前：（一）部署方面，应以三野有重点地配置于京沪杭、福州、厦门、长江与浙赣线不动，做地方工作，并防万一；四野以一部（至多一个兵团）守赣、鄂、湘，集中四野主力及二野全部，至少六个以上兵团，遂行作战。（二）作战计划，集中力量首先求得在赣、鄂、湘地区，歼灭白军主力，此着若成，则可顺利进占西南五省。然后以四野出两广控制广州、南宁、梧州，完全断绝蒋军之国际援助。二野首出云、贵，控制贵阳、昆明，使四川孤立，成为我囊中之物，迟早接管，均无关系。

1949年5月25日中央军委命令："二野应准备以4个或3个军由陈赓统率，归林（彪）罗（荣桓）指挥，第一步在宜春一带配合四野歼灭桂系主力，第二步待命入湘抄击白崇禧后路，尔后待命入川。"此后，第二野战军第四兵团暂时归第四野战军指挥，第五兵团的第十八军归第四兵团指挥，共同参加对国民党白崇禧集团的作战。

陈赓接到命令后和郭天民说："我们协同四野作战，一定要顾全大局，积极配合，拣重担子挑，让林彪放手指挥我们。"这因为他们的资格都比林彪老：南昌起义时，陈赓是第二十军的营长，而林彪是另一个军的连长。陈赓是黄埔军校第一期的，郭天民是第三期的，而林彪是第四期的。

"是啊，我们的资格老，就更要谦虚。"郭天民说，"还要教育全兵团，见了四野部队，一定叫老大哥。"

"应当叫老大哥。"陈赓点头，"我们兵团的老底子是大别山的红四方面军，四野的老底子是红一方面军，当然是老大哥呀！"

这时，林彪的指挥部还远在河南郑州市。不久，他派联络副官来了解情况并送电报密码，要求今后联络到师，称为"超越指挥"。根据第四野战军的要求，参谋们拟了一份长电报请陈赓签发。陈阅后把"沟通各师电台联络"一段勾去，改为"各师执行特殊派遣任务时，随时沟通联络"。他说："只有对执行特殊任务的部队才能进行超越两级的指挥。在一般情况下，我不超越指挥，更不要说超越两级了，不然要军长干什么？"

5月下旬，中央军委已发布湘赣作战计划，陈赓所部受命在赣境配合。为策应第四野战军，陈赓命令第十三军和第十四军西渡赣江作战。

第十三军的两个师过赣江后位置比较突出，白崇禧很快就调来4个师，还有5个师亦陆续开进，企图包围他们。国民党军队飞机也在空中狂轰滥炸，情况很紧急。这时，白崇禧在报话机中声称，已包围了陈赓部队主力、进展顺利……而十三军军长周希汉却一直没有情况上报。这就使有的指挥员很恼火，埋怨第十三军太靠前突出，担心会被白崇禧吃掉。陈赓没有说话，倒背着手在屋里踱步。从早上到下午，他没有休息，也吃不下饭。

"十三军的电台是不是还在联系呀？"他问作战室。

"他们和兵团一直保持着联络。"

陈赓叫人把郭天民和刘志坚请来，对他们笑着说："你们别担心，这一仗如果周希汉的部队被歼灭了或遭受到重大损失，我向中央和野司检讨，你们二人不必署名，由我一人负责。"

郭天民说："哎呀，司令员，不要安慰我们了，要检讨大家都有份。不过，这个仗要接受教训。周希汉不请示就将部队向前推进，非吃亏不可。"

"你不要泄气。"陈赓依然笑着，"我当纵队司令员的时候，打了那么多仗，主要靠的是七七二团、二十团、二十五团和三十八团。这4个团抗日战争时期就是主力团，从山西省到淮海战役，都打胜仗。这一次，你们看，”他走到地图跟前指着说，“这个正面尽管敌人来了 9 个师，但是由于地形限制，最多只能摆 4 个师。这 4 个师按照白崇禧的指挥习惯，通常分为两个梯队，这样正面只能算 2 个师，即 8 个团。就凭这 8 个团，想消灭十三军的 2 个师，谈何容易！就是我们这 4 个主力团中的任何一个团，国民党的 8 个团想消灭他们都不可能，何况我们现在有两个师呢。现在周希汉不报告，说明他完全可以控制局势。本来，我们让他在赣江西岸，可是他将部队向前突进了，也许是怕受批评才不敢报告吧！假如他真的被敌人包围无法控制局面，他是会报告的。你们看吧，周希汉如果有报告，不是情况危险，就是打了胜仗。哈哈哈。”

不久，第十三军电台发来密语，周希汉要求使用报话机。大家听到这个消息，一下子都拥进了报话机室。只听周希汉说：“请赶快向司令员报告，我们现在抓住了敌人，已经俘虏了几百，缴获了十来门大炮，敌人乱了，向后溃退，部队正在出击！”

郭天民高兴了，抢过话筒说：“周希汉，你们打得好啊！赶快给我追！我们马上组织后续部队支援你！”

陈赓接过话筒：“周希汉注意，立即撤回来，停止追击！我告诉你，明天拂晓前，你们在赣江西岸不能有一兵一卒。”周军长把命令复诵后，陈赓说：“记住，马上组织撤退，一定要撤到赣江东岸来，注意保护你们的渡口。”同时他命令政治部全力动员船只，接应十三军；命令炮兵部队立即在第十三军渡口的东南占领阵地，掩护他们渡江回防。

郭天民性情直爽，陈赓下达命令时，他在旁边不断地说：“我有意见。”

陈赓不断打手势：“你等等再说。”

部署完毕，大家回到作战室。郭天民首先开口：“司令员呀，你弄了这么一大套是什么意思？十三军处境困难时，你满不在乎，现在敌人溃退了，你怎么又叫他们后撤呢？”

陈赓走到地图前说：“你们看，白崇禧前面 8 个团固然歼灭不了我们 2 个师，可我们也歼灭不了他的 9 个师。他有 9 个师怎么会溃退呢？这就是说面对十三军白崇禧兵力施展不开，无法进攻。而且我们这么一条大鱼，他一口也吃不下。所以，他的意图是向后撤一下，吸引十三军前进，他就沿江将渡口切断，待十三军一成追击队形，就把十三军切成几段，实行分割包围。到那时，局面就难收拾了。十三军眼前的胜利，可能是钻了敌人调整部署的空子，是个巧合，打乱不了敌人的基本态势。现在，第四野战军主力未到，我们在赣江西岸和敌人拼消耗是毫无意义的，不如赶快撤回东岸进行短时间的休整，待四野主力过了长江，我们再进行配合，才有胜利把握。现在如不快撤，同敌人主力粘上，伤亡就大了。”

听了这番话，郭天民连声称赞：“佩服！佩服！你确实比我高明，不是一般的高明，而是非常高明。”以后他也曾多次对下面讲：“司令员比我高明，我要主动当好他的助手，让他有时间多考虑一些大事。”

郭天民命令第十三军乘胜追击，同样合乎逻辑。因为国民党军溃退，焉有不扩大战果之理？但是陈赓看问题要更全面些。白崇禧在国民党军队中绰号“小诸葛”，用兵出名的诡诈。陈赓研究了他的用兵之道，也看到了第四野战军主力未到的华中战场形势；他更熟悉自己部队并注意到了他们所处的位置和地形，因此下达了不同寻常的撤军命令。当然这次“不同寻常”的表现，在陈赓一生的作战指挥中并非是唯一的例子，对日军，对胡宗南、阎锡山、李铁军、黄维等作战时，都有过。

《孙子兵法》说：“军争之难者，以迂为直，以患为利。”陈赓的指挥所以有迂有直，主要建立在“知彼知己，百战不殆”的原则之上。

兵团部驻扎在鄱阳湖畔的进贤县的时候，陈赓发现每个居民的家里都放置有船，并了解到长江涨水，倒灌鄱阳湖，赣江的水也会随之大涨。不仅下雨时涨，有时此处大晴天，但上游下雨，也会涨水，他表示：“我们指挥机关不能住在这样的地方，应马上向高处转移。”于是，决定移驻莲塘附近的山顶上。由于山上条件较差，有的人表示异议。陈赓说：“指挥部的位置应有利于指挥和安全，而不能光考虑住得是否舒适。”坚持首先把司令部搬上了山。政治部和后勤部机关行动迟缓，睡到半夜，房屋被淹，纷纷告急，经派工兵营用船才把他们接出来。陈赓批评说：“看！这就是想住好房子的结果。”这种事，对于部队中的北方指战员来说，是完全想不到的。

二、南下西进序曲

1949 年 6 月 22 日，陈赓和刘志坚副政委离开南昌（莲塘），经上海前往南京参加第二野战军前委扩大会议。时值铁路未通，公路也没有修复，所以他们 26 日才到上海。陈赓旧地重游，感慨不已。

在上海逗留的四五天中，除拜见陈毅等上海领导人外，曾参观市容，凭吊一些革命遗迹，还看望了阔别多年的王根英的亲属，以及他在上海做地下工作时的老战友。7 月 1 日，上海人民隆重庆祝中国共产党诞生二十八周年。在纪念大会上，陈赓见到了孙中山先生的夫人宋庆龄。她一生伸张正义，献身革命，坚决站在人民一边，为人民的解放战斗不息……陈赓怀着久别重逢的喜悦，向她表示深深的敬意。会后不久，宋庆龄特意设家宴招待陈赓。她见陈赓从一个革命青年锻炼成身经百战的解放军高级将领，感到由衷的高兴。这次见面后不久，宋庆龄移居北京，陈赓夫妇和她见面的机会就增多了。

7 月 17 日，第二野战军前委扩大会在南京召开。会议传达了中央军委向华南和西南进军的命令和歼敌方针，研究了第二野战军进军大西南的部署和加强部队政治思想工作及后勤保障等问题。在这次部署中，没有第四兵团的份儿，他们被进一步明确参加第四野战军的行动。于是，会后陈赓和刘志坚很快又返回江西省的莲塘。

就在陈赓开会未返回的 7 月初，第四野战军即将渡长江南进时，国民党军宋希濂部为巩固其沿江防御，调集第二、第一二四军和湖北保安第四旅等部向当阳、荆门袭扰，并以一部前出远安抢运存粮。第四野战军首长认为：宋在西线发起进攻的同时，白崇禧主力可能在东线湘赣边有所行动。经军委批准，林彪决定 7 月 6 日在西线发起宜（昌）沙（市）战役的同时，7 月 8 日令第十二军、第十五军和第四兵团共 9 个军发起湘赣战役，求得围歼白崇禧部主力于万载、宜春地区。在奔袭奉新、高安扑空的情况下，林彪 7 月 10 日再令第十二军和第四兵团分别由湖北通城、江西新干"全力取捷道向萍乡前进"，求得在浏阳、醴陵以东合围歼敌。

接到命令后，郭天民召集各军领导开会研究部署，并立即行动，于 7 月 13 日第十三军占领新余，第十四军占领峡江，第十五军占领安福。但此时白崇禧已察觉了对手迂回动机，遂于 13 日令所属部队全线星夜撤至攸县、茶陵，逃出包围圈。至 19 日，湘赣战役结束，人民解放军未达到预期目的，仅歼敌 4600 余人。

这期间，陈赓虽然不在兵团，但已知道了这个战役情况，他有自己的考虑。回到后方司令部时，湘赣战役虽已结束，但他还是急着打电话给郭天民，表示不同意部队去湖南打仗，要他正式向林彪提出建议：部队南下，迂回广东省。陈赓认为白崇禧十分狡诈，正面作战不易歼灭他的部队。而这次行动，不是真正意义上的大迂回、大包围，构不成对白崇禧的威胁。宜沙、湘赣两战役不能达到预期歼敌目的，主要原因是对白集团力避与我决战的特点认识不足，对南方作战特殊要求缺少准备造成的。他再三权衡之后，认为有必要立即向中央军委陈述个人意见：

1. 从双方所处的态势看，按照这个计划，我兵团只能侧击到白崇禧敌军尾部，而使其主力像被"赶鸭子"似的迅速向两广退缩，从而造成尔后聚歼之困难。

2. 根据在长江以北与白崇禧较量的情况看，此人十分狡诈，正面与之决战极可能是一厢情愿的事情。

3. 部队多为北方人，到南方过第一个盛暑季节，非战斗减员已经不少，故不能再让他们作那种徒劳无益的消耗。

4. 建议利用第四兵团之有利态势，继续向南推进，实行中央军委确定的大迂回、大包围作战方针，占领广州，截断白崇禧到广东的退路。

电报同时上报林彪和刘伯承、邓小平。

白崇禧集团退守衡阳、宝庆（邵阳）后，企图东面与余汉谋集团、西面与宋希濂集团组成湘粤联合防线，阻止人民解放军南进。中央军委 7 月 16 日致电第四野战军："白匪本钱小，极机灵，非万不得已，决不会和我作战。"因此，和他作战，"不要采取近距离包围迂回方法，而应采远距离包围迂回方法，方能掌握主动，即完全不理白部的临时部署，而远远地超过他，占领他的后方，迫其最后不得不和我作战"。遵照这一指示，第四野战军确定了东、中、西三路南进行军作战计划。7 月 17 日，林彪下达了"陈赓、邓华兵团两部目前即按旅次行军方法向广东出动"的命令。

经过几天思考并和兵团党委讨论后，陈赓又于 7 月 22 日和郭天民、刘志坚联名打电报给林彪并报中央军委及刘伯承、邓小平首长，同意中央军委指示，但提出了新的建议：

> 我们考虑：甲、目前正值酷暑，如马上行动，则极为困难，我们这次行动到吉安，热病七千多人，马热病者数百余，如勉强酷暑行军，将发生严重减员；乙、这次行动距离较远，并进入山地行军作战，部队思想与物质均须必要的准备。我们部队渡江以来，战士体重普遍减轻（有的减轻四五斤，有的减轻十余斤），在进入长途山地行军作战之时，须尽力争取休息一下。对于执行这一光荣的又是比较艰苦的任务，需要在全军进行充分的政治动员。二野补给我们的物资，现在都尚在途中，须争取补到部队，否则部队越走越远，东西丢在后面用不上，部队亦无法行军作战。由于以上原因，我们建议出发时间推迟到三伏以后。

7 月份，江南正逢酷暑和雨季。部队除了日夜兼程追击国民党逃军，还得和炎热与疾病作斗争。如何战胜炎夏，对这支来自北方的部队是个严重的考验：进军中，烈日晒得战士脸上脱皮；下雨天，战士背包常被雨水淋透，被汗水浸湿。因为没有时间洗涤、晾晒，有些人的背包里发了霉。第十五军冒着酷暑兼程时，小路崎岖难行，通过山的隘口牲畜不能驮载，战士们要抬炮行进；用被单撑起遮太阳，用竹筒自制水壶储水。沿途村庄稀少，经常冒着大雨露宿野外。由于对酷暑不适应，加上过度疲劳，不少体弱的人中暑晕倒，或染上各种疾病；从北方来的骡马有许多也生了病。多数干部战士水土不服，加之雨具、蚊帐及药品准备不足，以致病员增多，一般连队发病率为 25%，高的达 70% 以上，马匹伤亡和病马数量也剧增，严重影响部队的战斗力。因此，四野前委于 7 月 23 日报告中共中央军委并指示各兵团：湘赣主力部队三伏天内不作大的行动。

7 月 24 日，中共中央军委致电林彪并告陈赓、邓华，批准部队三伏以后行动，并指出："陈赓所提应将南进新任务在部队中进行充分的政治动员一点是很对的。"

8 月 1 日，四野前委经中央军委批准，全军转入 40 天的休整期。陈赓指挥部队总结前一段行军作战经验教训，进行适应性训练，并广泛开展以治病、防病和增强部队体质为中心内容的"兵强马壮"运动。在一次部队高级干部会议上，陈赓号召全军都要为保障部队人马健康做文章：要用一切办法，防止疾病的发生。各级指挥员，必须十分关心战士的生活与健康。他命令医务机关，大量收购灭蚊药物消灭蚊虫，购买奎宁等药品防治疟疾和其他病；供给部门制作和发放蚊帐，发放水壶，部队行军时，沿途要烧开水喝，要有热饭吃；战士要有卫生习惯，洗澡、洗脚、洗衣服、剪指甲……把人马健康工作，作为当时全军的中心工作。

兵团党委指示和陈赓讲话向部队传达后，政治机关积极组织战士、干部讨论，充分发挥群众的积极性和创造性，动脑筋想办法，保持部队人马健康。经过全军上下的共同努力，这个运动开展一个月后便取得很好的成效。病员减少了，战士体力增强了。就是骡马的鞍伤、漏蹄、鼻疽、肺炎等疾病，经过预防和治疗，也恢复了它们的服役能力。部队战斗力大大提高，为部队继续进军打下了良好的基础。

第四兵团领导机关9月4日进驻赣州，当时中共中央华南分局第一书记叶剑英和第三书记方方等人，以及第十五兵团部也都到了那里。9月7日，陈赓协助叶剑英召开了解放广东的作战会议，传达中央军委和毛泽东关于大迂回、大包围的作战方针，研究向广州进军的计划和部署。

会议结束，陈赓亲自起草给中央军委的报告，请叶剑英审批。叶剑英看后说："写得很好，没有意见。"随手把电文后的署名"叶陈"改为"陈叶"。

陈赓急忙说："不行，不行！我的名字怎么能放在参座前面。"

"这是作战问题，不是别的问题。"叶剑英坚持说，"中央叫你指挥作战，你的名字当然要放在前面了。不然你就一个人署名好了。"

陈赓取回电报稿，又将署名勾回来，才送到机要处去，译好后，报中央军委。

9月9日，部队休整即将结束，中共中央军委指示第四野战军前委：除留3个军担任地方工作队外，其余10个军分3路向"两广"挺进，第四兵团的第十三、十四、十五军，第十五兵团的第四十三、四十四军及两广纵队组成东路军，由陈赓统一指挥，经赣州、南雄、始兴南进，歼灭余汉谋主力，占领广州，然后挺进桂南，侧后合围白崇禧，完成广西作战后，西出昆明，占领云南。

9月中旬，南下作战开始。

三、追歼战的第一个胜利

9月14日，陈赓部队在赣州召开团以上干部动员大会。会上，叶剑英着重传达了中央指示，方方介绍了广东省的革命斗争历史和现状，以及风土人情等。

陈赓讲话中强调：部队在第四野战军指挥下，在以叶剑英为首的中共华南分局领导下，进军广东省，配合第四野战军及两广纵队作战，一定要注意团结，向四野老大哥学习。并具体要求："道路拥挤时，我们部队走小路；住房紧张时，我们部队住小村；艰巨的任务，我们要抢着去担承。"他号召大家要不顾一切疲劳，克服一切困难，完成中央军委交给的任务。第一步是翻越大庾岭，先打下广东省北部门户韶关，假如余汉谋固守，就攻坚；如果他逃跑，就直取广州市。以后作战是连续作战，要做好足够的思想准备。最后他指出："我们没有建设军区的任务，作战过程中，除野战缴获外，其他一切缴获都不准动用，要保护好，悉数交给地方政府和四野部队。"

9月下旬，陈赓率部向广东省的韶关前进。为了巩固"兵强马壮"的成果，使部队逐渐适应南方的生活，陈赓亲自规定了行军节奏：开始时进行适应性行军，每天四五十里，而且主要是利用晚上天气凉爽时走路，打前站的人事先在沿途烧好开水，还设有宣传鼓动棚，敲锣打鼓、唱歌、呼口号、说快板，使部队保持轻松愉快的情绪。距韶关还有两日行程时，即星夜兼程、奔袭包围之。

韶关历来是兵家必争之地，占领了它就切断了粤（广东省）汉（口）铁路线，也就切断了白崇禧集团和广东省余汉谋集团之间的联系，堵住了白崇禧集团南逃广州的退路，使余汉谋集团处于孤立境地。

正在部队向广东省进军途中，1949年10月1日，听到毛泽东在北京天安门城楼上向全世界宣告中华人民共和国成立的消息，群情振奋，纷纷召开庆祝大会，表示决心夺取"两广"作战的全胜，向新中国献礼。

1949年9月，陈赓指挥第四、第十五两兵团发起广东战役。陈赓（右一）在战役前召开联合作战会议。右起：邓华（右二）、赖传珠（右三）、洪学智（右四）等。

陈赓指挥部队翻越过江西省和广东省交界处以梅花闻名的大庾岭，迅速夺取了广东省的南雄、始兴等县城。这时，四野主力已开始衡宝战役，正在围歼白崇禧集团的一部，原在湘粤赣布防的白崇禧的另一部被迫北调增援，其所谓的“湘粤联防”自行瓦解。这样，粤北的余汉谋部队就孤立了，因此在广州的余汉谋大为震惊，急忙将部队集结在英德县地区，仅留一个军在韶关。陈赓指挥部队加速向韶关前进，余汉谋的那个军害怕被歼，弃城南逃，韶关遂告解放。国民党军虽然在重要桥梁及铁路设施上安放了炸药，准备破坏，但由于解放军进军速度快，大都来不及引爆，追兵即到了。

韶关解放，广东省门户洞开，部队潮水似的沿着通往广州的道路奋勇追击。余汉谋急迫间想在广州外围部署最后防线，但尚未完成，清远、英德等县即被陈赓部队占领，广州外围已无险可守了。

当时，第四野战军在湖南祁阳以北包围了白崇禧集团主力 4 个师，林彪于 10 月 10 日致电中央军委：“敌战力甚强，敌其他各军亦正回头北援，我十三兵团正由芷江东进，但一时赶不到，而我在祁阳以北兵团没有迅速歼灭敌之绝对把握。韶关至广州线之敌主力正向铁路以西撤退，广州必将放弃。建议陈赓兵团即由现地（英德韶关线），沿公路直向桂林、柳州之线前进，借以增大消灭桂敌的计算。目前似应以集中兵力歼灭白匪为主。”令第四兵团停止待命。陈赓当时从香港等地得到的情报：余汉谋并无西去的计划，打算在广州外围抵挡一阵，争取时间，退入海南岛或从海上逃跑。他认为，第四兵团不去攻打广州，让余汉谋集团从容跑掉，实在不应该，对今后作战也极为不利。而且第四兵团与桂林、柳州直线距离 1300 余里，从时间考虑，可能桂林、柳州“消灭桂敌的计算”达不到目的，反而放跑了余汉谋，这不符合中央大迂回大包围的精神。问题是，中央军委已经同意了林彪的意见。一个前线战役指挥员，自己有了与中央军委不一致的想法，如果向上提出，会不会干扰统帅部的决心？但是陈赓和兵团党委研究后，并征得叶剑英同意，还是决心向上提出。于是由陈赓亲自起草，以叶剑英、陈赓联名的电报于 10 月 11 日 13 时发给林彪、邓子恢并报中央军委：

一、我们赞成中央军委和四野在湘、桂边求得歼灭白匪主力的方针。

二、但依目前情况，四兵团前锋已进至清远地区，本日在英德以南 60 里之连江口，我先头部队正在围歼敌两个团；十五兵团正围歼佛冈敌之一个团；各团每日以 130 里以上速度向广州前进中。

三、在此情况下，四兵团为了执行断敌（白崇禧集团）后路的任务，如去桂林，直线距离有 1300 里，以时间计算，不如十八军、四十六军及十三兵团来得快。因此，我们意见，四兵团不如直下三水，打入广州后不停留地用水路运输，经梧州直取南宁。

四、广州敌人增加了胡琏兵团，四兵团若不参加，仅邓（华）赖（传珠）兵团两个军（六个师）及广东省曾、雷、林平部攻打，则时间会拖长了。因此，四兵团如立刻向桂林、柳州前进，实际仍须集结部队、重新动员的时间。则一方面路远赶不上，另一方面广州不能迅速解放，有两头失当的顾虑。

五、也许这是偏重局部的看法，你们从全局打算认为必要，我们坚决执行。如何请复。

林彪在接到陈赓等的电报后，于 11 日 21 时致电中央军委：

在广东敌人不与我作正面战斗情况下，我们仍主张暂不夺取广州，以免促成粤桂敌人之集中。……但如敌守广州或我军有可能在广州或广州以外求得消灭敌人有生力量时，则陈赓邓华两兵团仍继续向广州前进，达到歼敌目的。在对粤敌企图未判明前和我军能否抓住敌人未证实以前，陈赓邓华两兵团目前仍继续照原计划向广州前进。

12 日 6 时，毛泽东复电林彪，并告叶剑英、陈赓、方方、邓华、赖传珠及刘伯承、邓小平、张际春、李达：

你们十一日二十一时电的意见很好，即如敌守广州或我军有可能在广州或广州以外求得消灭敌人有生力量时，则陈邓两兵团仍继续向广州前进。但请陈邓注意先以必要力量直出广州、梧州之间，切断西江一段，断敌西逃之路，不使广州敌向广西集中。如查明广州一带之敌向广西逃窜时，陈赓兵团即不停留地跟踪入桂。如广州一带之敌并不向广西逃跑，则陈邓两兵团仍执行原计划占领广州不变。

收到毛泽东的电报后，陈赓对广州守敌两种可能的作战方案更加清晰，对中共中央大迂回大包围的战略决策更坚定了信心。

广州国民党军队畏惧被歼不敢抵抗，于 13 日炸毁市内的海珠大桥弃城向西南方向逃跑。

10 月 14 日，陈赓得知部分部队进入广州市区，便和郭天民、刘志坚研究后，命令第四兵团各军一律不进广州市，继续向西南追歼逃军。他亲自打电话给最前面的第十五军秦基伟军长说："我们决定部队不进广州，命令你军第四十五师急行军直插佛山，如发现广州逃敌，就坚决截住，待主力到达后，合力围歼之；如果逃敌已越过佛山，你们就继续追下去。"

秦基伟回答："我们坚持执行！"

陈赓对他的答复很满意，放下耳机说："哈，我原以为不让他们进广州城，他们会有意见哩。殊不知他们全局观念强，看到追击敌人比进广州空城图个虚名意义大得多。他这样做，那两个军就更好说了。"

陈赓判断：广州逃军不会从珠江口逃跑，因为他们不可能有那么多船。陆上逃跑的路有两条：一条路是沿海岸向雷州半岛逃窜，控制雷州半岛，策应白崇禧集团由雷州半岛逃往海南岛。所以他命令第四十五师直插佛山进行拦截。

另一条路是向广西省逃窜。所以陈赓立即用报话机和第十四军李成芳军长通话，命令他们兼程前进，迅速占领广州以西的三水、四会等城。

李成芳回答得也很干脆："坚决照办！"

接着，陈赓又和第十三军周希汉军长通电话，简单介绍了秦、李二军的行动计划，要求他们沿北江南下，直奔高要。周希汉的回答也是："坚决执行！"

郭天民听了三位军长回答后，高兴地说："都是二话不说，真是少见。这么听话的部队，这么听指挥的军长，有的部队就凭不让进广州这条，也得扯半天皮。我们这个部队太好了，也说明司令员威信高。"

"不。"陈赓说，"是因为大家都懂得中央和毛泽东的战略思想。有了这一条，我们说话就容易被他们接受了。"

同第十四军通过话后，当夜就没有能和他们的报话机再联系上。不知什么原因，陈赓有些着急。15 日拂晓，十四军的报话机出现了。李成芳报告说："我们已攻占了三水县城，和西南镇的敌人已经接上火了。司令员有什么指示？"

陈赓看着地图问："天呀！从英德县到三水县，总有一百四五十里地吧？你们一夜怎么走得这么快，是飞去的吗？"

李成芳回答："我们从英德上船，沿北江顺流而下。两岸有敌人射击，我们没有理他，一直向前走。现在西南镇追上了敌人的第三十九军。"

"好哇！"陈赓大声说，"坚决把这股敌人歼灭。今后为了保持指挥不间断，我们要和各师直接联系。你们指挥所移动时，我们直接指挥各师；师指挥所移动时，你们可直接指挥各团。"

"我们在船上也架了天线。"李成芳说，"不知为什么和你们总联络不通，也很着急呀。"

通话结束，陈赓高兴地说："在两岸敌人的袭扰下，乘船一夜走了一百四五十里，这是李成芳的杰作。我们占了三水，卡住了北江、西江的汇合点，控制了敌人西逃的道路，这一着很重要。再歼灭敌人两个师，我们就完全主动了。现在，既取得了追歼逃敌的有利位置，又查明了逃敌的去向，广州逃敌他插翅难飞。"

陈赓、郭天民、刘志坚等四兵团领导在顺利指挥部队追歼国民党逃军的同时，于 10 月 15 日致电中共中央军委并四野前委："广州敌已向南及西南撤退。我左路军（十五兵团）14 日晚 19 时 30 分进广州。为避免混乱，右路军（四兵团）不进广州市，继续向南及西南追击。"此时林彪及四野前委考虑到第四兵团与国民党余汉谋集团相距较远，担心如第四兵团追赶不上，反而促成余部逃窜广西与白崇禧集团聚集，故立即复电给陈、郭、刘并报中共中央军委："如你们追不上敌人，则望停止追击。关于广西作战，须待整个部署与配合，然后再统一行动。"

林彪的电报都是同时发到各军的。陈赓想到，这时如果对南逃的国民党军队停止追击，就会放跑他们。如果他们逃到海南岛去，以后将会增加我解放该岛的困难。陈赓认为，应该追上国民党逃军，也有能力追上。他立即果断地给部队下达继续追击的命令：

一、我十四军已控制了三水城西南镇，敌一〇三师表示愿意投诚，十四军正在四会、高要、高明地区兜击敌二十三军、七十军、六十三军残部。

二、必须用一切力量围歼当面之敌。此敌若灭，则桂白（崇禧）将更孤立，战争可提前结束。望以最高责任心待之。

三、估计单以十四军力量围歼上述各敌，力量单薄，故决定立即抽调十五军之两个师，即刻乘车赶至三水（越快越好），归李（成芳）王（启明）指挥，参加上述地区的作战。十三军之三十八师亦应急速前进，以加入李、王集团之作战。

四、各部于战场上必须发动政治攻势，争取与瓦解敌人。

周希汉、李成芳、秦基伟三位军长，均回电坚决执行陈赓的命令。

10 月 16 日，第十四军追歼国民党第三十九军，迫使第一〇三师 4000 余人投诚。17 日清晨，李成芳报告："据投诚的师长讲，余汉谋已逃至湛江，他的广州逃军正向海边的阳江县逃窜，企图经阳江去雷州半岛。"此前，监听室也监听到余汉谋的逃向。摸清了他们逃跑方向后，陈赓立即决定：由李成芳统一指挥在前面的第十四军 3 个师、第十五军 2 个师和第十三军的 1 个师，共 6 个师，星夜兼程向阳江县地区合围。

10 月 17 日夜 10 时，陈赓收到毛泽东复电林彪并告叶剑英、陈赓的电报："广州逃敌不是向正西入广西，就是向西南入海南岛。我第四兵团似应乘胜追击。"接着，叶剑英报中央军委并转发第四野战军及陈赓的电报也来了，建议陈赓兵团向西南追击。

第十四军自三水向阳江县方向前进中，又乘了一天船。这次在船上架设的报话机很顺利，和兵团联络畅通。

陈赓发现第十五军的第四十五师前进速度较慢，就通过报话机找崔建功师长问原因。

崔回答："我们不是不想快走，因为带的东西太多，走不快。"

"快把东西扔掉。加速前进！"

"我带的是……请'王先生'（陈赓）等等，我向你汇报。"崔建功对密语不熟，查了一阵才说："我们捉了几千俘虏，带着他们走不快。"

陈赓笑了："用小部队押送他们，主力部队快去追击敌人！"

放下话筒，陈赓思索了一会儿说："以后追击敌人，光靠平行追击不行，还要进行超越追击。要躲过敌人小的阻击部队，绕到敌人前面去。十四军从英德到三水的追击就是这样。不过那是水路，今后旱路追击也应该是那样。还有，处理俘虏问题，也确实要解决。”

广州的国民党逃军第四兵团和第二十一兵团残部共 4 万余人，当发现解放军追赶后，即将大批辎重和汽车焚毁，向西夺路逃跑。23 日在阳江一线被解放军三面包围，25 日第十四军的第一二〇团奋勇超前，抢占要点，形成四面合围。国民党军为了逃命，在这一天以 3 个师的兵力，向西发动了 8 次绝望的进攻，都被解放军指战员击溃，尸横遍野。于是逃军转而向南，企图到海滨乘船逃跑。解放军就势分割包围，经过一天激烈战斗，26 日，全部歼灭了包围圈中敌人 4 个军大部。第十三军乘胜前进，11 月 3 日攻克茂名、信谊等城，歼敌数千人。第十五军第四十五师解放江门、新会等城，歼敌一部，俘虏 3000 余人。广东作战历时一个月，部队连续作战，发扬了英勇机智、艰苦顽强的光荣传统，总共歼灭 6 万余人。为解放战争的追歼战，谱写了光辉的篇章。

战果上报后，林彪于 10 月 27 日发来嘉奖电：“庆祝你们全部歼灭由广州向西南逃窜之敌主力的伟大胜利，这一胜利对于解放琼崖和解放广西均有重大意义，对于你们坚决执行毛主席指示的精神，连续十昼夜穷追猛打精神特予表扬。”

陈赓在 1961 年写的《在祖国南部边疆的三次追歼战》一文中谈到这次战役：

> 以勇猛的进击、追击开始，以大围歼告终，是我们协同兄弟部队执行毛主席大迂回、大包围、大歼灭作战计划的第一个胜利。在作战中，指战员接受了毛主席大迂回、大包围、大歼灭的作战思想，又受到了毛主席乘胜直追的指示的鼓舞，因而能够克服一切困难，顽强地进行了连续 26 天的作战，终于歼灭敌余汉谋集团主力。这个胜利，不仅摧毁了国民党匪帮残酷压榨华南人民借以苟延残喘的海滨巢穴，关死了美帝国主义从海上援助国民党残匪的一条通路，歼灭了余汉谋集团主力，而且完成了对白崇禧集团东南面的包围，对于解放海南岛和解放广西都有重大意义。

战后，陈赓曾和彭一坤说：“在江西省，我们一开始归四野指挥，那时我不同意他们直接联络到师，只让联络到军，那时你还不甚理解，现在明白了吧？如果他们直接联络到师，停止追击的命令一下来，正按我们计划行动的各师，马上就会乱了套。各师停了下来，我们再下继续追击的命令，一天时间就白白过去了，敌人就很容易争取到时间逃向雷州半岛，仗就不好打了。”

这次战役，陈赓连续进行了 3 次机动指挥：一是发现广州守军弃城逃跑，决定部队不进城，全力追击逃军；二是正确理解林彪“如你们追不上敌人，则望停止追击”的指示，果敢地命各军继续加快进击；三是得知国民党军向阳江县方向逃窜，即决定由李成芳指挥 6 个师围歼之。由于情况紧急，这都是他在未经请示上级的情况下断然决定的，他心中所承受的压力可想而知。直到 10 月 25 日部队在阳江地区包围住了国民党军，他心里才“一块石头落了地”。

26 日全歼了余汉谋部之后，陈赓在匆忙中兴致勃勃地领着参谋人员到韶关街上转了一圈，给大家讲韶关在历代战争中的重要作用，回忆大革命时期攻打韶关的往事。带大家在一个小饭馆里吃了面条，还亲自下厨房做了一盘鱼给大家吃。

四、追歼白崇禧集团

10 月 27 日，战役结束的第二天，陈赓率兵团部从韶关乘火车向广州进发。乘火车走，当时很多人不赞成，特别是负责城市军管的同志。因为沿途各车站的职工大多跑散，英德铁桥被国民党军队炸毁，火车不能直达，铁路行车不安全。但陈赓着眼点是指挥不能间断。当时，部队向南追击国民党逃军时，兵团部一直在韶关未动，就是要保证不间断指挥。这次向广州移动，路上不能拖得太久，别的交通工具太慢，只有乘火车。由于英德铁桥被破坏，陈赓先乘火车到桥前，再由广州派火车来大桥接迎。一路上，由侦察部队和铁路工人坐压道车在前面探路、扳道岔，车上还备有高射武器防空。

广州不仅是陈赓重游的旧地，而且是他从事革命生涯的起点。从青年时代进入黄埔军校开始，他在广州经历过紧张的战斗生活，经受了尖锐的政治斗争的考验。23 年后，恰好是他又指挥部队解放广州，他对这座富有光荣革命历史的英雄城市怀有深厚的感情，许多人文与自然景物，都能使他忆起大革命时代那些峥嵘岁月。

可是，这次广州对他却很“冷淡”。走进司令部，屋里什么家具也没有。参谋们好不容易才找到一把破椅子，请陈赓坐下。他一挥手：“算了，快把地图铺在地上！指挥作战要紧。”要把地图铺在地上，是因为陈赓怕把墙搞坏不愿往墙上钉钉子。他趴在地板上看地图。

不久，叶剑英同邓华、赖传珠、方方、林平等人来看望陈赓，陈赓热情地寒暄着：“这里只有一把椅子，只好请叶参座坐。对不起，诸位只得站着了。”

叶剑英不解：“你们怎么都在地上办公呢？”

陈赓笑着双手一摊：“我们来了以后，屋里的东西全没有了，只得这样。”

叶剑英转身进了陈赓的住房，没床，只有睡地铺。

“这样好。”陈赓笑道，“保持战争年代的传统作风嘛。”

叶剑英吩咐手下人尽快为陈赓解决办公和住宿用具。接着，陈赓向叶剑英汇报阳江战役情况和部队向雷州半岛挺进的作战行动。

叶剑英问：“我看了你们每天的战报。你们部队分散，前进速度又快，可先头营的作战情况及位置都能很准确地报告出来，是用的什么方法？”

陈赓回答说：“我们使用了缴获的报话机，有些营也用了，所以指挥员能随时掌握情况。”

叶剑英点头：“哦，我明白了。这个办法很好。”

此时，第十三军已进抵廉江县，第十四军攻占了湛江港，已经完全封锁了雷州半岛的入口。陈赓放心了，请各军领导来广州开会，总结前一段歼灭余汉谋集团的作战。这时，第四野战军在湖南省衡（阳）宝（庆）战役中，歼灭白崇禧集团 6 个师，陈兵湘、桂边；陈赓兵团在广东省歼灭余汉谋集团 1 个兵团部、3 个军部、7 个师，陈兵广东西部，这就形成了南北夹击白崇禧集团的有利形势。因此要进一步研究和部署下一步的作战计划，最后确定部队在廉江、信宜线布防、阻击白崇禧部队逃往雷州半岛的作战预案。

11 月 11 日，广州市人民欢庆解放，举行了 20 万人的大游行，叶剑英和陈赓等检阅了部队。当天晚上叶剑英举行祝捷宴会，宴请陈赓和第四兵团在广州的团以上干部。会上叶剑英讲话，高度评价陈赓的指挥才能，表扬第四兵团是英勇顽强、具有高度阶级觉悟的部队。

11 月中旬，陈赓决定离开广州，将兵团指挥部前移到茂名。后因司令部到开平县以西的赤坎镇后，接到林彪的命令而滞留在赤坎，直到粤、桂边战役结束。

白崇禧是只老狐狸，此时他手上还有 5 个兵团，加上各地逃去的残部，共约 17 万人。他的逃跑道路有两条：一是西去贵州省和云南省；二是南逃海外。11 月 15 日，第二野战军第五兵团解放贵州省会贵阳市，白崇禧感到西去的计划难以实现，同时认为解放军南路兵力不强，故决定发动“南线攻势”，控制广东省西部海岸，打开逃向海南岛和国外的道路。他在动员令中说：“此次南路攻击，乃我生死存亡之关键，胜则大量美援立即可获，败则涂地。”为此，白崇禧命令其主力张淦兵团向广西省的博白、陆川、玉林等地秘密集结，准备夺取雷州半岛。同时命令鲁道源兵团的 1 个军在张淦兵团东面的岑溪县佯动，吸引解放军注意力，以掩护张淦兵团的南线攻势。

当时毛泽东给第四兵团的任务是：应尽一切可能切断白军退往越南的道路。这就是叫陈赓沿着祖国南疆兜击白崇禧集团。但林彪 22 日中午下令调第四兵团北上歼灭鲁道源兵团，只留 1 个师守雷州半岛入口的廉江县。

陈赓和郭天民感到诧异，认为一个师是无论如何也挡不住白崇禧几个兵团。如被突破，白崇禧集团占领雷州半岛后，歼灭他将很困难，他从海上逃走将很方便。如果第四兵团在廉江一带堵住雷州半岛的入口，待第四野战军主力赶到，不仅可以歼灭鲁道源兵团，整个白崇禧部队都是瓮中之鳖。陈赓认为林彪的命令恰恰中了白崇禧的“调虎离山”之计，便向林彪提出了自己的建议。林彪决心不变，仍令各军按规定时间、路线出击鲁道源兵团。

郭天民是个急性子，一看林彪的复电就火了，立即提笔亲自拟电给中央军委，措辞激烈。

陈赓看后笑了：“你这稿子完全是批评性的，感情太盛了。我们还是用建议的语气，由我来写吧。”

陈赓再致林彪的电文，除重申上次的意见外，又提出：如上边计划不能改变，可否“用（临时归第四兵团指挥的）四十三军及十五军合歼敌鲁道源兵团的第一二五军及五十八军，而以十四军、十三军两个军钳制敌三兵团及粤敌，以确保廉江”。最后还附了一句：“各军正待命出动，准备随时执行第四野战军命令。”此电同时报送了中央军委。

24日当天，毛泽东就这个问题致电林彪、陈赓，指示第四兵团“除一个军仍照陈赓前提部署由罗定、容县之线迂回敌之左侧背外，主力似不要进入广西境，即在廉江、化县、茂名、信宜之线布防，置重点于左翼即廉江、化县地区，待敌来攻而歼灭之”。

郭天民看电报后非常激动，挥着电报大嗓门地说：“毛主席英明伟大！真理在我们手中！”

陈赓低声提醒他：“老兄，别这样激动，参谋们看见要笑的。”

实际上，参谋们都看见了，都笑了。

于是陈赓布开阵势：把第十三军摆在廉江县以西，把第十四军摆在信宜县以南，第十五军摆在信宜县以北，紧紧把守着雷州半岛的入口，专等敌人前来。

10年后，陈赓在《在祖国南部边疆的三次追歼战》中提到了这件事，但他回避了上述细节，只能笼统地写：“回忆这一战役，深感毛主席的英明伟大。当时有人提出了另外一种部署。这种部署是违背毛主席的战略方针的。如果按这种部署，白崇禧集团就会从雷州半岛逃跑了。”

11月25日晨5时，陈赓收到林彪发来的电报说：白崇禧在陆川的第一二六军突然向贵县撤退，估计主力将全部西撤。因此，急令陈赓部队除第十三军留原地不动外，即刻全线向西追击。对于这个消息，部队都很兴奋，正待出动，10时又接到林彪急电说，敌人仍按原计划向茂名进击，第一二六军西撤乃是该军后方向贵县撤退之误。因此，又令各军原地不动。

11月28日，白崇禧的主力张淦兵团果然来了，向第十四军、十五军阵地发起攻击。攻了两天，损失惨重，未能越雷池一步。在12月1日受到第十四军和第十五军反突击时，余敌向广西省的博白县方向退去。

白崇禧得知夺取雷州半岛此路不通之后，改变计划，转向西南方向，打算从广西省的钦州、北海等地由海上逃往海南岛。

陈赓了解白崇禧意图后，指挥部队沿海岸向西追击。不料，在第十三军离开廉江县、向西走了一天多路程时，白崇禧为拖住解放军，命喻英奇、沈发藻等部万余人乘虚占领了廉江县城。

陈赓得知这一情况后，决定第十三军继续前进。因为白崇禧主力已西进，截击其主力是当前头等大事。廉江残部可暂时丢下不管。但指示还未发出，陈赓和郭天民就从报话机里听见第十三军副军长陈康在给第三十八师下命令，叫他们回头去打廉江。

郭天民说："既然他们已经给部队下了命令，就让他们回去吃这块送到嘴的肉吧！"

"不行！"陈赓坚持说："这样的仗在长江北面是可以打的。现在战略形势变了，不能再吃这块肉。十三军必须继续前进，占领钦州、北海，挡住白崇禧的主力部队，那才是块大肉哩！"

接着，报话机里又传来陈康给第三十七师下同样的命令。因距离远，声音小，兵团的报话机始终没能和第十三军沟通。

怎么办？陈赓焦急地挥着手说："算了，不要呼叫了！部队已经回头走了，再叫他们回来也赶不及了。陈康这次是先斩不后奏了。现在赶快给我呼叫李成芳。"

陈赓和李成芳讲："现在白崇禧的第一、第十两个兵团由北向南进军，离钦州还有 400 里，你们十四军离钦州还有 600 里。你们的任务是要赶在他们前面到钦州，堵住敌人逃往海外的路。我算了一下，你们每天必须走 160 里，这是件非常困难的事，但是你们必须做到。公路少，你们要人休息路不休息。不要考虑前队、本队、后卫，谁能赶到前面就好。部队饿了就闪开路吃饭，让后面的部队往前走。总之，要交互前进，充分利用道路，不准停留！"

任务布置了，但部队连续行军，每天走 160 里路究竟行不行？陈赓有些担心，就叫参谋们注意了解各师长接受命令后的态度，当得知各师接受任务都很坚决，他才放心了。

第十三军返回廉江的部队当夜就解决了战斗，歼敌 6000 余人，粤桂边剿匪司令兼第三二一师师长喻英奇被活捉。

陈赓给部队下达了西进的命令之后，需向上面报告各军的行动。对第十三军回廉江打仗怎么报法？本来第十三军在前面，现在第十四军跑到了前面，怎么说呢？开始参谋拟的电稿是"第十三军违背战役意图""擅自返回廉江"等词句。陈赓看后说："不，不能这样写。我们当时也没有料到白崇禧会叫喻英奇来这么一手嘛！"还说："歼灭敌人总是好事，是战斗积极性！他们好战，我们也应当给他们点儿机动性。"于是，他摘下眼镜擦了擦，重新戴上，用笔把电报稿仔细改成："喻英奇率两个师占领廉江，十三军主动出击……"

向钦州前进的第十四军开展了激烈的走路竞赛，后面的部队拼命向前跑，前面的部队也不甘心被超过。大家边走边高呼"绝不能叫敌人跑掉！""追上敌人就是胜利！"等口号。脚上打泡、腿脚走肿的人越来越多，但是部队你追我赶，一心向前。

国民党军的 400 里，是由北向南，有公路，有大道；解放军的 600 里，是由东向西，要翻越南北向的山岳、河流，没有大道，小路也崎岖难行。指战员身体不行的掉队后，后面专门组织了收容队。战士鞋子走坏了，腰上都挂着备用的新鞋，换上新鞋继续前进。可是骑马的团长、师长只是脚上一双鞋。马累死了或是让给了病号骑，人只得下来走路。鞋坏了没有换的，听说有人用稻草绑在脚上追赶部队。为了赶路，有的部队一天只能吃上一顿饭；有的吃饭也不能休息，饭装在茶缸里边走边吃。结果，第一天行军就超过了150里。

第十四军先头部队刚过钦江，江水突然上涨，后续部队受阻，李成芳告急。不过，很快就搞清是海水涨潮，倒灌钦江。陈赓说："我知道，这一带的潮汐间隔不大。"要李成芳迅速将部队沿江一字摆开，变纵队为横队，潮水一落，一拥过江。大约在零点时分，李成芳报告：部队已全部渡过了钦江。

此时，白崇禧已飞到海南岛，又乘军舰回到钦州湾。为安定军心，宣称第二天要亲自登岸指挥部队渡海。郭天民听到这个消息很高兴，叫马上告诉李成芳，准备活捉这条上岸的"大鱼"。

12月2日到5日，第十四军按上级指示猛烈急进，4天前进了600里，渡过钦江的第四十二师主力在第四十一师一二二团配合下，协力围攻钦州城。6日19时发起总攻，经过激战，至7日凌晨1时结束。全歼白崇禧华中长官公署及其直属的炮兵第十五团、工兵第十五团、汽车团、警卫团、装甲车队、军官教导营及第六军一部，共12000余人，缴获大炮42门，汽车400余辆，其中有国民党政府代总统李宗仁和白崇禧的轿车，连李宗仁代总统佩戴的宝剑也缴获了。只是没有捉到白崇禧，因为他根本没有上岸。

第十五军按照兵团的命令向广西省博白县方向前进时，一路歼灭了许多白崇禧的小股阻击部队，因此前进速度慢了。陈赓通过报话机催他们快速前进，要求用小部队对付敌设置的阻击部队，主力部队绕过去迅速前进！

十五军击溃第一七一师后，于11月30日占领陆川县城。为截断黄杰兵团逃向越南的去路，陈赓再次命令秦基伟率部向西急进，直奔上思县。

这时，又接到林彪的命令，让第十五军留在当地剿匪。陈赓想，自从归林彪指挥以来，已经争了几次，这次不是原则问题，不好再争了。于是他向秦基伟发出指示："剿匪就要认真地干，你们要将博白地区张淦兵团的散兵游勇和土匪流寇一网打尽！"

由于部队高度分散，秦基伟用报话机直接指挥到营，嗓子都喊哑了。陈赓赞叹说："无条件地接受任务，还如此认真地指挥，这就是党性。"

第十四军的走路竞赛克服了意想不到的困难，忍受了极度的疲劳。有个战士说："走到最后两天，我的脚上满是血泡，一休息就站不起来，直想睡觉。可是，我想起毛主席，想起了党，想起阳江战役不怕疲劳追上敌人，浑身的劲就又来了。"他们穿山越岭，昼夜行军，歼灭了钦州之敌后，又挥师北上，在小董圩、大寺圩地区截住了白崇禧所部的残敌数万人。12月7日晨粉碎了他们的抵抗，俘虏近4万人，并与追击南下的第四野战军先头部队胜利会师。

第十三军副军长陈康于12月6日率第三十七师赶到钦州地区。这时陈赓发现黄杰兵团正向越南逃窜，立即命令陈康率领第三十七师迅速西进，冲上十万大山，追歼黄杰兵团。他们紧追不舍，但只抓住了黄杰兵团的尾巴，歼灭 6000 余人，其余逃入越南国境。

至此，历时 1 个月零 9 天的广西战役胜利结束。国民党军白崇禧集团被全部歼灭。在这一战役中，仅第四兵团就歼灭 7 万余人。广西战役的胜利，实现了中共中央军委和毛泽东关于以大迂回大包围的作战方针，聚歼白崇禧集团于广西境内的作战计划，为解放海南岛和第四兵团进军云南创造了条件。

12 月 9 日，国民党云南省政府主席卢汉宣布起义，四川军队将领刘文辉、邓锡侯、潘文华等也于同日宣布起义。陈赓听了高兴地说："我们再没有大仗可打了。蒋介石靠黄埔军校起家，他的反动事业，现在可以说已经结束了。我们这个部队打了不少胜仗，部队伤亡不小，太岳区、太行区的父老乡亲和他们的儿女功劳最大。我们不应该忘记他们。"

第二十六章　进军云南

一、从广州到南宁

1949 年 12 月 11 日，根据中央军委的命令，第四兵团重新归第二野战军指挥。陈赓开始做进军云南和移防交接的准备工作。12 月 8 日晚上，他给林彪发电报说：白匪主力基本上已被歼灭，但溃散甚多。建议粤、桂地区趁敌混乱时来一个大清剿。首先应控制沿海海口即廉江、合浦、钦州、防城、东兴之线，防其陆续从海上逃窜。这些地点现均为我兵团占据，我又势必在几日后向南宁集结准备入滇，此线防务望即派队接收。

为了参加中共华南分局的祝捷大会，同时为部队集结南宁、开赴云南做准备，12 月 12 日，陈赓由开平县赤坎镇出发去广州。晚上登上炮舰，绕过虎门要塞，登上黄埔岛时天已经亮了。陈赓兴致勃勃地领着大家去参观黄埔军校旧址，热情地介绍哪里是升旗的地方、出操的地方和住宿的地方等，还特别介绍了孙中山先生的故居，他说这些地方要好好地保护起来，留作纪念，以教育后人。

陈赓的一生，从进入广州黄埔军校开始，经历了无数传奇的生活和战斗，所以他对这座名城和这所学校怀有深厚感情。在他给大家作介绍的同时，当年学校中轰轰烈烈的军旅生活又在他脑海中一幕幕地闪现。

这次到广州，他除了有胜利的喜悦外，也有忧愁。他说:“有两件事没办好，感到遗憾。一是没有找到当年在黄埔军校门前修鞋的那位老工人，二是派人到汕头，没有找到医院里的那位李姓女护士。他们是在党最困难的时候，热情帮助过我们的。现在形势好了，我更加怀念他们。”他仰望着迷蒙的天空问：“他们现在会在哪里呢？”

12 月 15 日，中共华南分局召开祝捷大会，祝贺广东、广西两大战役的胜利。陈赓致词说，这次两广作战，是毛主席大迂回、大包围战略方针的胜利。我们同敌人展开克服疲劳和饥饿的走路大竞赛，先敌占领各海口，关门打狗，瓮中捉鳖，全歼余汉谋集团和白崇禧集团于陆地上。由于我们是中国共产党领导的军队，是毛主席思想武装起来的，所以这场竞赛最终是我们胜利了！他的讲话博得了全场热烈的掌声。

在广州，陈赓请郭天民找华南分局的有关干部，联系解决部队向云南进军需要的汽油和鞋子等问题。当时第四兵团总人数已超过 20 万，每人 3 双鞋就是 60 万双，数量确实大。那位干部感到困难，不愿意解决。郭天民觉得事情不好办，就请陈赓出面向叶剑英报告。陈赓则认为，叶参座身兼数多要职，够忙的了，这种事不能去麻烦他。他拍着郭天民的肩膀说："我们一块去找那位同志说说。追击敌人，干部、战士鞋子烂了，光着脚走路。不解决汽油和鞋子，我们怎么去云南？"但是陈赓出面也没用，不管他怎么说，那位干部还是不答应。陈赓火了："假设我们都不是共产党员，你是商人，我们出钱向你买行不行？广东是党和人民的，不是你的。中央命令我们日夜兼程进军云南，你要是不同意可以向中央打报告嘛！"说罢扭头走了。

叶剑英这时在办公室听到了动静，出来问："刚才是陈赓同志说话吧？他为什么事生气？"

郭天民急忙回答："部队向云南进军，急需汽油、鞋子和粮食，这些问题没得到解决，他有点儿急。叶参座忙，他不愿麻烦您。"

"这些问题我们应该解决。"叶剑英平静地说，"我来华南前，毛主席关于四兵团的事有两条指示：第一条，解放广东省要靠强大的第四兵团；第二条，两广解放后，要大力支持第四兵团进军云南。现在是执行毛主席第二条指示的时候了。你们将需要的物品开列出清单，在我职权范围内的由我批，超过了的，我报中央批。今天晚上就将大商户召集起来开会，先购买鞋子，所需汽油由军管会拨给。"

没想到，事情就这样顺利地解决了。郭天民非常高兴，回来后就和陈赓商量开列物品清单。陈赓说："叶参座这么关心，我们要按最低数报，不能'趁火打劫'。行军到少数民族地区，由于货币不流通，部队需要和他们交换物品用的食盐、棉纱、布匹等东西，我们自己买吧，不要向广东要了。"

12 月 17 日凌晨，兵团部在沙面上船，向广西省梧州进发。

部队出发前，在昆明宣布起义的原国民党政府省主席卢汉派周体仁将军代表他，中共滇桂黔边区纵队派政治部宣传科长郭兆华代表边纵，一同来广州欢迎第四兵团进军云南。随后和兵团一同回云南。行军中，政治部宣传科长苏策借机从郭兆华那里了解边纵游击队的情况、云南民族风土习俗以及民歌小调，并把它整理出来，印发部队进行教育。

陈赓要求把报话机、电台架设在船上，他用报话机指挥各部队的行动。除了地名外，基本都是用明语讲话。大家都有一种轻松感，充满胜利的喜悦。

江上有许多激流险滩和暗礁，又是枯水季节逆水行舟，所以引水员显得很重要。但找来的这些人年纪都比较大，而且吸鸦片烟，还很迷信。在险要地段，岸上都建有小庙，引水员见到小庙就要下船，到庙里烧香磕头。有个干部对此非常反感，就去和陈赓说："这像什么话！抽大烟之外，还到处烧香磕头。这船是咱们军用的，影响不好。应该告诉他们，不准搞迷信活动。"

陈赓瞪起眼睛："你别这么革命好不好？你的觉悟高，你能领水吗？你不迷信，又不吸鸦片烟，还信马列主义，可你不会领水。让你领水，不搁浅就翻船，咱们还进什么军？"接着他解释道："你要明白，如果不让吸鸦片烟，他们就像生大病一样，行船就要出事。解决戒烟和破除迷信的问题，不是一朝一夕能做到的，要经过长时间的教育和组织工作。欲速则不达。"

12 月 23 日，船到白马傍案宿营。天色还早，当地群众来慰问部队，要演京剧。陈赓爱看，但要求大家不能上岸去看。宣传科就在岸边找了一块较平坦的地方，挖坑埋竿子搭戏台。陈赓和大家在船上看完戏，又在船上挂起银幕，放《百万雄师下江南》的电影，答谢岸上的群众。很多群众都是第一次看见人民解放军，第一次观看表现解放军英勇善战的电影。人山人海，群情振奋。

12 月 27 日，船队到达广西省的贵县，陈赓上岸。驻守在那里的是第四野战军第十二兵团的部队，副司令员兼第四十五军军长陈伯钧和陈赓是黄埔军校的老同学。两人一见面，陈赓就说："伯钧同志，你给我准备的房子在哪儿呀？"

陈伯钧说："放心好了。你来了，我还敢住好房子吗？最好的房子给你留着。现在先请你们到司令部去坐坐。"

"谢谢，谢谢！"陈赓环视陈伯钧的司令部一周，说："可是，我看上你这司令部了，就请你搬到留给我的房子去住吧！"

陈伯钧无奈，只好把司令部搬走了。郭天民责怪陈赓："你这个人真怪，给你留的房子不住，怎么偏要让人家搬家？"

陈赓笑了，指着房子说："我这老同学肯定会给我留最好的房子。可是你看他这司令部，原先肯定是个客店，临街，又乱，他们在这里怎么办公？咱们是过路客，住这里没关系。"

第四兵团要出发了，陈伯钧请陈赓吃饭。没等菜上桌，陈赓就带着几个参谋跑到厨房里，把人家准备的好菜都吃掉了。开饭时，陈赓看着端上来的菜说："哈，怎么尽是这些，你是舍不得拿好东西给我们吃呀！"陈伯钧抓着后脑勺纳闷："是呀，这是怎么回事？"亲自跑到厨房去才弄清真相，走出来对陈赓说："哎呀，你已经把好菜都吃掉了。"

"没有的事。"陈赓争辩着，"我一个堂堂司令，怎么能跑到厨房吃你的菜呢？这一次不算，不算！"

"好，不算，不算！明天再请，明天再请。你呀，还是从前的老样子。"

在愉快的笑声中，会餐结束，老同学分了手。

从贵县改乘汽车出发，陈赓于 12 月 30 日到达南宁市。

1950 年 1 月 4 日，陈赓在南宁主持召开了第四兵团党委扩大会议。会上，他代表党委总结了广东作战和广西作战的经验教训；下达向云南省进军任务。从云南赶到南宁来的滇（云南省）桂（广西省）黔（贵州省）边区纵队政治委员林李明，介绍了云南省情况。广西军区司令员张云逸传达了中共中央指示，重点讲了党的统一战线政策；详细介绍了“北平解放方式”，指出云南就属于“北平解放方式”，要求“大家要好好执行这些政策，不要犯‘左’的错误，要做起义部队和起义政府人员的团结工作”。

1 月 7 日，陈赓在讲话时指出，广东作战和广西作战所以能完成任务，是毛泽东战略思想的伟大成功。他说：“在江西省作战时，我们部队一过赣江，白崇禧部队就跑了，打不上。毛主席就指示：这样打法不行。白崇禧集团是敌人残留的最后一支最狡猾的部队，要主动实行大迂回才行。所以我们由江西省到广东省，向廉江、钦州迂回，结果胜利了。我们又一次亲身体验了毛泽东战略思想的伟大。”他联想到林彪的几次指示和命令，指出：“这个方针是曾有过几次动摇，毛主席一发现就立即给予纠正。”他号召大家坚决执行上级的命令，又要与机动配合起来。他解释说：“机动是在上级意图下进行的，与坚决执行命令并不矛盾。”

作为兵团党委书记，陈赓最注意掌握政治方向和坚决执行中共中央指示问题。部队进军广东省之前，在江西省赣州召开的兵团党委扩大会议上，根据陈赓提议，作出了反对骄傲、蛮横的决议。广西战役开始前夕，兵团党委又一次发出指示，重申赣州会议的决议精神：“必须继续贯彻兵团党委会议反对骄横的决议。”对作战胜利后可能发生的松懈麻痹、骄傲轻敌等思想，必须及时纠正。在即将进军云南的时候，陈赓再一次代表兵团党委在南宁会议上强调：“这个会议仍然是赣州会议的继续，赣州会议的决议今天仍有重要意义。”针对个别部队出现的违纪问题，他指出：“有些军、师领导撕不破脸，不坚决、彻底地解决问题，往往留下尾巴。必须经常揭露缺点，进行批评与自我批评。不要怕得罪干部，不怕他哭，不怕他不干工作睡大觉。否则，迁就下去，就要葬送干部。”“一切要从党的利益出发，不要从个人得失出发。要敢于向缺点作斗争，敢于打开窗子说亮话，敢于正面批评。这次要处罚几个人，对那些不自觉分子，必须绳之以纪律，并且教育大家。”最后他要求大家：进入云南省后，要谦虚谨慎，尊重地方党和政府的领导，既要模范地担起战斗队、工作队的任务，又要反对骄傲自大，以“云南王”自居。

会前的一天，陈赓把在钦州战斗中缴获的李宗仁、白崇禧的两部轿车摆出来。陈赓尊称张云逸为“张老”，请“张老”任选一部。张云逸说：“汽车是你们缴获的，说明胜利很大。我要白崇禧这辆吧。”实际两部车都一样，只是李宗仁汽车里有一柄副总统的佩剑。张云逸认为这支佩剑应当送到北京去。

有一天，陈赓找张云逸说：“我们部队进军云南，路上大约需要 100 万斤粮食。兵团还有点儿金子、银元，但我们自己不便上街去买，请军区出面帮助买一下。”

张云逸说：“让你们买粮还像话吗？我们广西再穷，也应该想法保障嘛！”

当天夜里，张云逸把南宁的大粮商召来开会，省里用金子和银元作抵押，向他们借100多万斤粮食，送给了第四兵团。

1月20日，越南民主共和国和印度支那共产党（1951年2月改为越南劳动党）主席胡志明来到南宁市，会见了陈赓和张云逸。部队向云南省开进时，陈赓指示后勤部和司令部的通信科，将在两广作战中缴获的武器和通信器材都带上，保管好。当时大家都认为云南省已起义，没有多少仗好打了，带着这些东西行军太麻烦，想少带点。但陈赓不同意，仍要求都带上。从南宁到百色，运输靠的是船，事情还好办，过了百色要走陆地，高山峻岭，运输太困难，后勤部和通信科的人就去找陈赓提意见。陈赓说：“这些东西我们当然够用了，还用不完。可是，我们还要讲点国际主义吧！”

“唔，是援助越南吗？”

“这还用问吗？”陈赓扬起脸，“这种事，不用我说，你们就应该想到。”

后来，部队进入云南，在文山县将这批武器和通信器材，全部移交给越南部队。

1月27日，第四兵团部机关到达百色。倘是在北方，这时正是隆冬季节，天寒地冻，雪花飞舞。但这里却很热，河中有人游泳，小麦已在扬花，不时还有雨和闪电雷鸣。北方战士都感到稀奇。陈赓给大家介绍说：“这里是红七军发祥地，当年是邓小平和张云逸等同志领导人民起义的地方。起义后组建了红七军，他们就是红七军的创始人。这里是老区，对这里的人民，就要像对大别山和江西苏区的人民一样，要尊重，要热情。”

早在第四兵团归第四野战军指挥时，陈赓指示，第四野战军下发的文件应和第二野战军发来的文件一样看待，都要传达学习。当时林彪对去农村工作干部的一个讲话材料，是在广东省时发下来的，并在部队中进行了传达。这个讲话中有一段说：“归根结底，目前的工作重点还是在农村。所以动员大家去做农村工作。”陈赓看后感到吃惊，这不和毛主席在党的七届二中全会上的讲话“从现在起，开始了由城市到乡村并由城市领导乡村的时期，党的工作重心由乡村移到了城市”的提法相违背吗？当然，重视农村工作是对的，但不能提“工作重点还是农村”。当时，他不便提出这个问题。到了百色，陈赓考虑到部队到云南省还有“工作队”的任务，城乡关系必须弄清楚。于是就指示兵团政治部给干部讲一课，在理论上正确阐述毛泽东在中共七届二中全会上的讲话精神。宣传部长以“谈谈学习体会”为题向干部做了一次理论报告。讲到目前的工作重点由乡村转向城市、城市领导农村问题时，他说：“这是党中央毛主席决定的方针，我们到云南就根据这个方针进行城乡工作，调整城乡关系。在广东我们学过林总的一个对去农村工作干部的讲话，说目前的工作重点仍然是农村。我理解他是作为动员干部去农村说的，不是作为总的城乡关系说的。”

二、第三个追歼战

毛泽东和中央军委在指挥华南和西南的大歼灭战中，曾多次指出不能叫国民党白崇禧集团和退到四川省的胡宗南集团进入云南省。指出如两敌或两敌之一退入云南，则不仅易于逃往国外，并且由于云南的地理形势，不可能派几个兵团入云南省作战，歼敌就要拖延时日。因此，毛泽东十分强调首先夺取贵州省，既切断胡宗南、白崇禧两集团的联系，又防止他们退入云南省。第二野战军和第四野战军执行了这个指示，使这两大集团都未能退入云南，这就形成了解放云南的有利条件。同时，在中国共产党的领导下，滇桂黔边区纵队经过长期的艰苦斗争，武装力量已发展到 3 万多人，形成了一支巨大的力量。

卢汉宣布起义，实际仅昆明市得到了解放，云南其他广大地区尚为蒋介石的第八军、第二十六军及从四川、贵州等省逃入云南的各种军队控制着。他们不仅数量多、装备好，战斗力也较起义部队强。卢汉起义后，蒋介石即派陆军副总司令汤尧从台湾飞抵云南，指挥由第八军和第二十六军组成的第八兵团进攻昆明。

起义部队奋起抵抗，工人、农民和学生也在中国共产党地下党领导下组织起“义勇自卫总队”等组织，配合起义部队展开了一场激烈的昆明保卫战。不久，市区内的昙花寺、大树营及塘子巷火车站失守，情况危急。卢汉向重庆的刘伯承、邓小平告急。但是，第四兵团还远在千里之外的广西南宁，无法赶到。刘、邓遂令第十七军一部自贵州驰援昆明。仅隔了一天，第五兵团的一个师乘汽车赶到了昆明市东北部的曲靖、陆良地区，歼灭了国民党陆军总部宪兵团及第十九兵团残部等 3000 余人。加上滇桂黔边区纵队在敌人侧后及运输线的打击、骚扰，汤尧和他的第八兵团被迫放弃进攻昆明，仓皇南逃。刘伯承、邓小平怕汤部逃往国外，即令第五兵团暂停于曲靖地区。

国民党第八兵团退集于离国境只有 100 多里的蒙自县地区，准备负隅顽抗不成即逃往国外。

为了能歼敌于国内，中共中央军委令驻在广西省百色地区的第四野战军一部，沿着国境线西进，占领云南省的边境城镇河口、金平一线，切断敌人向越南逃跑的道路；又令陈赓兵团火速向蒙自地区前进，直插国民党军第八兵团心脏。

陈赓接到命令，立即命令第十三军政治委员刘有光、副军长陈康率领主力第三十七、第三十八师的 4 个团为第一梯队，第三十九师为第二梯队，轻装急进，迅速入滇。

从广西省的百色市到云南省的蒙自县，按老乡说法是15个“马站”，每站90里，要翻越无数大山，跨越难以记数的江河。第十三军指战员不畏艰险，不顾疲劳，翻山越岭，每天以急行军速度前进。沿途多属滇桂黔边区纵队根据地，人民群众热情拥军，筹集粮草，修桥铺路，介绍敌情，照顾备至，极大地鼓舞了部队的斗志，减少了行军中的困难。部队仅用9天时间，走完了15个“马站”的路程。

为了迅速切断国民党军队的空中逃路，陈赓命令第三十七师部队：不必等主力到达，大胆急进，占领蒙自县机场。于是，第一一〇团从砚山县境出发，昼夜兼程，绕过汤尧部在鸣就的警戒部队，1月15日20时，一举占领黑龙潭、布衣透等处，乘势扑向蒙自机场。机场乱作一团，3架飞机，1架刚起飞，另2架被缴获。次日凌晨，蒙自县城解放。第一〇九团在蒙自县城南的新安所，迫敌两个营投降；第三十八师的第一一三团在开远县大庄地区歼敌1700余人。

国民党军陷入慌乱状态，分路逃窜，第十三军分路追歼。陈赓指挥第三十七师攻击个旧市之敌，经两小时战斗，歼敌3000余人，解放了锡都个旧市。他命令部队全力保护锡矿，立即派干部去接管锡矿，组织工人，迅速恢复生产。因为中共中央在卢汉宣布起义后，就给当时远在广东的陈赓发来急电，叫他到云南省后“要保护好个旧锡矿不受破坏，并立即恢复生产”。此时，陈赓立即将个旧锡矿情况向中共中央作了汇报。

解放个旧市同时，第三十七师一部在鸡街与国民党第八军后卫部队遭遇，经反复争夺，歼敌一部。当得知第八军主力正向建水、石屏、元江等县方向逃窜，第二十六军向红河、元阳等方向逃窜时，陈赓即令第三十七师主力和第三十八师分头追击。

18日，第一一〇团追至普雄，俘敌副团长以下300人。

19日，第一一三团在追击中，第五连急行军超越敌人，在宜德把敌人堵住，将其歼灭。

国民党军第八兵团部和第八军残部2万余人逃往元江县方向。21日凌晨，第一〇九团追至营盘山地区与敌后尾接触，第二营的一个连换上缴获敌人的服装，趁夜暗从敌人队列中穿过，赶到营盘山隘口，控制了制高点。此时，元江大桥已被逃过元江之国民党军第一七〇师炸毁，江这边的国民党军无法过江，决定控制桥头，抢修铁索桥渡江。解放军第一〇九团赶到，与敌展开激烈争夺桥头战。23日，解放军各路部队赶来加入战斗，击退敌军8次拼死反扑，实施穿插包围，将第八兵团部和第八军残部全歼，毙敌1500余人，俘敌6000人，国民党陆军副总司令兼第八兵团司令汤尧、第八军军长曹天戈均被活捉。汤尧苦笑着说：“我是飞机送来的俘虏！”

为追歼逃过元江的国民党军第一七〇师残部，不使其流窜国外，第三十七师师长周学义率领部队忍饥挨饿，不顾疲劳，连续追击 8 昼夜，终于 2 月 4 日在镇沅县西南的按板井地区追上敌人。敌垂死冲杀 18 次之多，均遭失败。在解放军的政治攻势下，第一七〇师师长率部 2400 余人投降。

在追击过程中，国民党军一七〇师另一股约 800 人，经思茅、普洱地区向中缅边境逃窜。解放军第三十七师副师长吴效闵率部队急追，于 2 月 19 日在西双版纳的南峤（今勐海县）追上残敌，经激烈战斗，歼敌 500 余人。至此，滇南战役胜利结束。

滇南战役是第四兵团第三个大追歼战，历时 49 昼夜，部队征战 3000 里，歼敌约 2.56 万人。对保卫边疆、巩固国防作出了重要贡献。

第四兵团执行大迂回、大包围、大歼灭的作战任务，从 1949 年 10 月初到 1950 年 2 月初，4 个月中，行程 8000 余里，进行了广东作战、广西作战和滇南战役，歼敌总数为 15 万人，俘虏将校级军官 1000 多人。

三、云南解放

1950 年 1 月 31 日，第四兵团部自广西省入境贵州，后经册亨县到达安龙县城。这时，宋任穷带工作队来到安龙，就任第四兵团政治委员，陈赓、宋任穷和滇桂黔边区纵队司令员庄田、政治委员林李明等开会研究进入云南省的各种问题。由于要与起义部队和滇桂黔边区纵队会师，到昆明举行入城式，政治部的宣传部门就特别忙了起来。那些天，陈赓经常叫宣传科长兼文工团政委的苏策去汇报准备工作情况。他甚至细致地想到进昆明之后，卢汉起义部队的篮球队可能要求与客人进行友谊比赛，问怎么办。苏策说："政治部有几个人会打球，但是水平很低，根本无法和人家较量。"陈赓皱了半天眉头，说："这样吧，政治部用我的名义发电报，叫各军把篮球人才赶快送到兵团来！我们军事、政治胜利了，体育上也不能太不像样子。"

安龙县古为"夜郎国"，也是明朝逃亡皇帝的最后一个都城，古迹很多。但由于交通不便，关山阻隔，纸币不流通，部队用盐巴和农民换食品。开始 1 斤盐换十几斤肉，陈赓认为农民太吃亏，改为 1 斤盐换几斤肉，当地人又说盐太便宜了。为了减轻人民负担，陈赓指示部队刻苦一点儿，尽量少向农民换食品。

2 月 2 日，卢汉写信到安龙，表示欢迎解放军尽快进驻昆明。陈赓草拟了一个回信稿，找了两个人抄写，他都感到不太理想。最后他说："还是我自己写吧。"他用毛笔亲自给卢汉复了信。

2 月 4 日，根据陈赓和宋任穷的指示，第四兵团政治部副主任胡荣贵向直属队干部作了进昆明的政治报告，着重强调了要学好中国共产党的各项方针政策，特别要学好统一战线政策。此后政治部又向干部们传达了 1950 年部队的工作任务，为部队进驻昆明做准备。

因为要等中共中央和西南局有关云南省党、政、军各部门人员组成的批复，陈赓、宋任穷在安龙县住了近半个月。上级的批示终于来了：宋任穷任云南省第一书记兼云南军区政治委员；陈赓为省委第二书记、军管会主任、云南省政府主席、云南军区司令员；周保中任云南省政府副主席；郭天民任云南军区副司令员兼昆明警备区司令员；卢汉任云南省军政委员会主任。

1950 年 2 月 14 日，陈赓、宋任穷率领兵团部离开安龙县城，经过贵州省的兴义县，进入云南省罗平县城。这里是滇桂黔边区纵队的根据地，沿途旌旗招展、歌声嘹亮、舞蹈翩翩，群众敲锣打鼓夹道欢迎解放军，争相邀请“大军”到自己家里去住。新参军的青年和刚解放过来的战士，没见过这种军民鱼水情的热烈场面，有的感动得掉下泪来。

当地的干部说，公路两侧山区老根据地的人民盼望看看“大军”，希望派个部队绕到那些地方走一趟，让群众看看。陈赓立即表示：“一定要去。那里群众艰苦奋斗了好多年，想看看解放军，不去一趟说不过去。”于是命第十四军派 1 个团去执行这个任务。

这个团一下午爬一座大山，还没爬到山顶，天就下雨了，路又滑，不少人摔得满身泥水。个别战士发牢骚：“就是为了让人家看一眼，绕这么多冤枉路，爬这么大的山，真划不来。”爬上山顶时天已黑了，向下一看，小路被两侧的火把照得通明，原来群众已在等候迎接“大军”了。部队一下山，群众拥上来争着把战士们拉到自己家里去，又是烧开水，又是做饭，问长问短，热闹了一夜。战士们高兴极了，连说怪话的战士也承认：“这一次绕路是值得的，应该的。陈司令员就是了解人民的心。”

在宜良县，第四兵团和滇桂黔边区纵队举行会师大会。陈赓高度赞扬中共云南地下党和边纵部队艰苦卓绝的斗争，对人民给予子弟兵的深情厚谊表达了最诚挚的谢意。他讲得很激动，嗓子都有点儿哑了。

进昆明前，陈赓对部队政策教育抓得很紧，强调要正确对待卢汉，团结卢汉。机关有些干部对政策学习不大重视，一到政治学习时，就借口工作忙避开。陈赓批评说：“党的政策是大事，再忙也要学习。进了昆明以后，你们都要掌握政策，不懂政策就没办法工作。”对昆明的历史及革命运动发展情况，他也常和大家讲。还说：“朱总司令曾和我讲过，昆明是中国的瑞士，是世界的花园。风景秀丽，气候宜人，文物古迹很多，一定要保护好。”

1950 年 2 月 20 日，陈赓、宋任穷率部举行入城式，正式进驻昆明。24 日，中共云南省委召开地、师级干部会议，作为省委第二书记的陈赓，代表省委在会上庄严宣布：“从今天起，云南已获得解放，中共云南省委正式成立。”接着又指挥第十五军的第四十四师为右翼，第十四军第一一九、第一二四两个团和边纵部队第七支队为左翼，北上参加歼灭胡宗南部队的西昌战役。胡宗南这次

1950 年 2 月 20 日，和平解放昆明入城式。各界人民群众夹道欢迎解放军，陈赓（车上站立者）敬礼致谢。

再无能力和陈赓较量了，丢下部队，只身乘飞机逃走，部队被全歼。

至此，陈赓完成了中国共产党在解放战争时期所赋予他的重大历史使命。第四纵队和第四兵团在陈赓指挥下，在三年半的解放战争中，转战 13 个省，征程 3 万里，歼敌 70 万，解放城市 306 座，缴获飞机 12 架，坦克 26 辆，各种炮 2 万余门……为祖国的解放事业，为新中国的建立，立下了不朽的功勋。

第二十七章　援越抗法

一、秘密使命

1950 年 1 月陈赓带着他的兵团来到广西省的时候，胡志明穿越原始森林步行十几天从越南来到了南宁市，和陈赓、张云逸会晤后，就去北京与刘少奇、朱德见面；接着又去苏联，在莫斯科会见了斯大林和正在那里访问的毛泽东和周恩来，请求中、苏两党和两国政府对越南抗法斗争给予全面援助。

1944 年，印度支那共产党在祖国土地上开展广泛的武装斗争，1945 年 8 月，越南人民在胡志明率领下举行总起义，从战败投降的日本军队手中，夺取了政权，建立了越南民主共和国。

1946 年冬，法国殖民军卷土重来，试图将新生的越南人民政权扼杀于摇篮之中。印度支那共产党被迫带领人民放弃城市进入农村，进行艰苦的游击战争。

1949 年，中华人民共和国成立时，法国在越南的总兵力已达 25 万人，并取得美国的军事顾问团和美式武器的援助。他们的意图是：巩固南部占领区；维持中部几个较大据点的控制；集中半数兵力，围剿越北共军主力；封锁中越边境，以“阻挡共产主义势力南下”。侵略军常常突然投下伞兵，袭击越军和它的军政首脑机关；飞机白天常在越军根据地上空低空飞行，扫射投弹；陆军也敢一个排驻扎孤立据点，胡作非为……

此刻，越南人民的抗法斗争正处在极为困难的时期，除在中部拥有两块长形根据地和在南部有几块小根据地外，主要力量在越北山区，有 100 多万人口，要养活十几万军队和党政干部。每年二三月青黄不接时，群众要上山采集木薯、野菜、野果维持生活，加上病疫流行，严重地威胁着人民的健康……形势非常严峻。

这时，新中国才刚刚成立，大陆及沿海岛屿追歼国民党军队的作战尚未完全结束，巩固人民政权的工作正在进行，财经状况也很困难，同时又面临百废待兴的局面。1950 年与中国东北毗邻的朝鲜半岛，爆发内战，美国直接进行武装干涉，威胁到中国的安全……但中共中央仍毅然决定，承担起援助越南的国际主义义务，率先承认越南民主共和国，向处在抗法战争紧要关头的越南人民提供一切必要的援助。

早在1950年1月中旬，中共中央派遣罗贵波为联络代表，常驻越南与印支共中央协商中国援越抗法重大事宜。7月，又组成以韦国清为团长的军事顾问团，协助越南军队建设及其他工作；同时向越南提供了大批武器装备及粮食等物资援助；并帮助越南卫国军部分主力部队来中国云南省进行整训和换装。

此时，印支共中央提出，争取先在中、越边界打一仗，以开通中、越之间的交通线，为中国援越抗法打开一条通道。请求中共中央提供充足的后勤保障，并派一名经验丰富的高级指挥员到越南，具体帮助组织、指挥这次战役。

正在中共中央考虑期间，胡志明已经等不及了，致电中共中央和毛泽东，要求中国派他的老战友陈赓，就近由云南省去他那里帮助工作。

在1925—1927年大革命时期，陈赓和胡志明就在广州相识。陈赓在黄埔军校工作，兼任周恩来的秘书，胡志明当时任孙中山苏联顾问鲍罗廷的秘书兼翻译。那时二人就是好朋友了。

毛泽东很快复电胡志明，“同意让陈赓先去越南”，并随即在6月18日和6月30日两次致电陈赓，一是明确他去越南的任务，二是告诉他，到越南后可用中共中央代表名义进行工作。除帮助印支共中央组织实施边界战役，并统一协调处理中国对越南军事援助的各项事宜。

1950年7月7日，陈赓启程赴越南，他的随行人员有曾延伟、王砚泉、杨进、王振夫、杜建华、周毅之等十余名干部和一个警卫队及运输队（主要是运输送给胡志明主席及其他领导人的礼物），从昆明出发，先到云南省的砚山县去看望在那里由第四兵团帮助训练的越军主力第三〇八师等部。这一段路程虽然在中国境内，但因才解放，道路失修，很难行走。

当时同去越南工作的副师长王砚泉在回忆录中写道：

> 当时我们国家财政经济还相当困难，部队的装备还比较简单，连雨衣都没有。我们离昆明时，每人只发了一把雨伞，到胡志明主席处，胡主席说越南人很少用雨伞的，用雨伞会暴露你们是中国人，不利于保密，亲自动手把雨伞都收走了，每人发一顶小草帽，所以行军中经常被雨淋得透湿。陈赓同志和大家一样地淋雨、踏泥路，还不断说一些开玩笑的话……

陈赓回国后曾说：“那次去越南，真比长征时期还苦。”因为长征时他好赖还有匹马可骑。但越南那时没有解放一座县城，全是爬山钻林走小路，而在那些丛林中根本不能骑马。陈赓双腿都负过重伤，走这样的路要比别人困难十倍。但他在这“比长征时期还苦”的情况下，依旧迈着自己伤残的双腿，坚定不移地去履行自己的国际主义义务。

陈赓在进入越南国境前，曾在云南省边境小镇麻栗坡休息了一天，为的是对跟随他出国的人员进行出国动员。

在开会时，陈赓首先宣布了赴越工作的任务：（1）协助印支共中央确定切实可行的边界战役作战方针，拟订具体作战计划，并协助越军实施战役指挥；（2）确定向越南提供物资援助的计划，协调各项援越工作；（3）帮助越南卫国军进行建军工作。

陈赓向全体人员严肃指出："援越抗法，是新中国建立后第一次援助邻国抗击外来侵略，是我们党第一次直接帮助兄弟党打仗。我们受党的委派到那里工作，肩负着国际主义的崇高义务，光荣而艰巨。我们的一举一动，都代表着党和国家，必须非常谨慎。"他还说："边界战役，就其规模来说算不上个大仗，但我们切不可掉以轻心。因为它对越南的抗法战争来说，是至关重要的一仗，打赢了，整个越北战场的局势将为之改观。现在我们既不熟悉敌人，对越南人民军也不够了解，要当好参谋，出好主意，很不容易。我们应充分意识到任务的困难所在，要竭尽全力，帮助越军打赢这一仗，不辜负毛主席、党中央对我们的信任，也不辜负胡主席和印支共中央对我们的期望。"

7 月 19 日黄昏时分，陈赓等人越过中越边境第十三号界碑，走过清水河上的铁索桥，越方接待人员早在河边搭起凉亭，备好水果、饮料，等候多时了。

由于沿途受到当地党政机关的热情款待，令历来生活俭朴的陈赓深感不安，特别看到越北山区群众生活很清贫，提出自己不该享受这种特殊照顾。他在 7 月 20 日日记中写道：

> （河阳）城内房屋全被破坏，所剩残垣败壁多为钢骨水泥者，足见当日之繁荣。越（印支）共为了不给法帝以任何凭藉，全国城镇房屋均自动破坏。革命初期之幼稚行动，虽无法避免，但群众之严重损失与国家元气之消耗，则不堪设想。

因此他在 23 日日记写道：对当地的招待"数次谢绝，均说是越（印支）共中央指示。令人不安"。

陈赓一行于 7 月 25 日顺利到达太原省白木县境内。休息一日后，在随行人员曾延伟、周毅之陪同下，由印支共中央统战部长范文同引导，前往 60 余里的密林深处印支共中央的秘密驻地，胡志明和印支共中央的几位领导人在一间竹屋迎接陈赓。胡志明见到陈赓，就和他的这位老战友热情拥抱。经过几十年的风雨沧桑，那时两个不同国籍的青年革命者，一个成了中国人民解放军的高级将领，一个成为越南党和国家的领导人，在这个时间这个地点这个场合见面，又要携手合作办革命大事，焉有不心潮激荡之理？

印支共中央原来设想，边界战役在西北和东北战场同时展开，即夺取与中国云南省交界处的老街和与中国广西省交界处的高平。由于西北战场初战不很顺利，兵力有限，不能两个拳头作战，则决定边界战役主要在东北边境进行，即集中兵力攻占高平。7 月 9 日，印支共中央即将对边界战役的设想通知了尚在中国的陈赓。

因此，陈赓一路上都在思考这个问题。在砚山县时曾和那里的越军领导探讨过；在路上每到一地都要通过各种渠道了解情况作调查研究；在新街、麻栗坡等地分别和在那里的越南党政军干部交换过意见……通过这些工作，他对越南战场情况有了初步了解。

当时，法军的基本部署是：加强对中、越两国边界线的封锁。为切断中、越之间的联系，在西起老街、东至芒街绵延上千里的边界线上，扼守要道，分兵把口，构成一条边界线。其中高平至谅山的四号公路地段，因地处通往中国广西省的大道，故重点设防：头为高平，尾为谅山，此二城为核心据点，工事坚固，兵力众多；公路中间的同登、那岑、七溪、东溪等据点则兵力较薄弱。

法军作战特点是：装备精良，善于固守；飞机和空降部队，除支援地面部队作战外，经常对越南党政机关的所在地进行突袭，实施“扫荡”，甚至夺粮抢牛，毁坏庄稼，“打击‘越盟’的胃”……所以，有些越南干部谈起法国飞机伞兵，脸上流露出恐惧的神色。法军作战的弱点是战术思想呆板，一味按条令、条例打正规战，缺乏主动精神。其部队为职业兵和雇佣兵组成，技术较熟练，作战不勇敢。

越南卫国军的状况与其正好相反，为祖国解放、民族独立而战，官兵士气高昂，不怕吃苦，勇于献身。由于长期进行游击战争，缺乏运动战和攻坚经验，缺乏大兵团协同作战经验，真正能打硬仗、打大仗的部队不多。

援越抗法期间陈赓在越南越北地区

根据上述情况，陈赓敏锐地觉察到，印支共中央所确定的边界战役作战方针，恐怕难以达到预期目的。他认为，基本的军事形势是敌强我弱，要摧毁法军的边界防线，打通中、越交通线，越军的作战指导思想，应当着眼于消灭其有生力量，而不是攻城略地。因此，以进攻高平城为战役唯一的作战目标，并非上策。法军的优势是装备好，火力强，驻守高平之敌又系精锐部队，工事坚固，利于防守；越军擅长野战，攻坚技术不熟练。进攻高平，无疑是以己之短对敌人之所长；何况高平的地形三面环水，背靠大山，对进攻不利。

那么用什么战法有利呢？陈赓经过慎重考虑，感到以围城打援战法较妥当，包围高平，围而不打，引诱谅山之敌增援，然后集中越军主力部队在援军必经之路设伏，争取在野战中歼灭他，然后才能视情况解决高平之敌。

陈赓一直在思考这个问题。7 月 17 日，他在日记中写道：

> 整日考虑越南作战。越南作战方针，应该是争取完全主动，求得消灭法帝机动部队为目的，改变敌强我弱之局面。高平作战，应该是围困高平，引诱谅山敌增援，求得在运动中歼灭其五个机动营。如达到此目的，对越北作战即有决定性之胜利意义。

陈赓进入越南境后，一路上通过调查研究，不断深化与完善自己的认识，对自己的战役设想作了修正。在听取越方介绍情况时，陈赓了解到，越军主力部队有限，不可能同时兼顾围城与打援两项任务。围困高平的任务只能由地方部队来承担，地方部队装备差，又没有接受过攻坚训练，难以真正打痛法军；要调动法军，仅靠围困高平是难以奏效的。假使高平之敌闭城坚守，谅山之敌又不出援，则反陷越军于骑虎难下的被动局面。这不仅会影响到边界战役的结局，还关系到能否打响中国援越抗法第一炮这样一个政治影响问题，因此得另觅良策。

在研究敌情过程中，陈赓注意到法军部署上的一个弱点，即法军在高平至谅山段顺着四号公路摆的是"一字长蛇阵"，龙头高平与龙尾谅山兵力雄厚，工事坚固，中间的东溪、七溪等据点则兵力单薄，一旦遭到攻击，要靠高平、谅山的部队增援，而各据点也是在崎岖山地，便于越军设伏。陈赓由此设想，与其围困高平，不如集中兵力，将其防御体系拦腰斩断，孤立高平，迫使谅山之军出援；同时可以使越军取得实战经验，提高越军的斗志。经过周密考虑，陈赓选择了一个恰当的首战地点，即这个"一字长蛇阵"腰上的最小的据点——东溪。它位于高平以南 40 公里，七溪以北 20 公里处。守军为法军 2 个连及越南 1 个伪军排，附有炮兵分队，共 350 多人。工事虽然构筑得比较坚固，但越军兵力够用，除进攻他的兵力外，还可集中 3 个主力团准备打援。首战东溪，陈赓认为有很大把握，且可为下一步作战创造条件。

7 月 22 日，陈赓将自己对边界战役的基本设想，致电中共中央军委及西南局。中央军委同意陈赓的设想。7 月 26 日毛泽东主席致电陈赓说："我们认为你的意见是正确的……目前不要直打高平。先打小据点，并争取围城打援是适当的。"

在印支共中央驻地，陈赓把自己的作战设想向胡志明作了汇报。当天晚上，经过商谈，胡志明和印支共中央接受了陈赓提出的战役指导方针：主要应着眼于消灭敌人的有生力量，改变越北敌强我弱的形势，争取完全主动；越南卫国军还缺乏大规模作战经验，先打敌人较小据点，取得胜利，积累经验，锻炼部队，提高士气，原则上采取围点打援办法，野战中大量消灭敌人机动部队，然后才能拿下高平、谅山等大据点。印支共中央接受陈赓意见后，委托陈赓前往位于边界地区的越南卫国军前线指挥部，帮助他们制定具体的作战计划，实施战役指挥。

陈赓离开胡志明前，胡志明请他到自己的“公馆”共进午餐。原来这“公馆”只是竹林中的一间茅草顶的高脚屋，屋内地下铺竹子，竹子上是一张草席，就是他的卧榻。旁边有一木箱，箱上摆着一架打字机，就是办公桌。陈赓踏上“吱吱嘎嘎”响的竹楼时，胡志明因为这几天与老战友回忆往事、畅谈形势，心情非常喜悦，顺口吟出两句汉文诗：“乱石山中高士卧，茂密林中美人来。”表示欢迎。

陈赓忙说：“不妥，不妥。胡主席过誉了。”他指着自己的脸庞和开始谢顶的头说：“你看我这个模样，怎能称得上‘美人’呢？”他这么一说，周围的人都哈哈大笑起来。

胡志明摸着自己的胡子也笑了：“根据你的意见，就改两个字吧！‘茂密林中英雄来。’高士与英雄合作，我们定能打赢这一仗。”

二、确定作战计划

8 月 4 日，陈赓到越南卫国军前线指挥部所在地广渊，与越军总司令武元甲、总参谋长黄文泰等高级将领以及韦国清等中国军事顾问团会合。经过讨论，双方对战役指导方针取得一致意见，越军前线指挥部请求陈赓与中国军事顾问起草具体的战役计划。

陈赓与韦国清是老战友了。在两万五千里长征途中，陈赓是中央干部团团长，韦国清是他领导下的特科营营长。两人多年未相遇，这次在异国重逢，激动之情溢于言表。中国军事顾问团在陈赓指导下工作，韦国清更是格外高兴。

陈赓指示随行人员及中国军事顾问团抓紧研究情况，争取 5 天内完成战役计划的起草工作，并要求他们掌握 4 条原则：（1）不打无准备、无把握之战，务求首战告捷；（2）打歼灭战，不打击溃战；（3）集中优势兵力，先打弱敌，再打强敌；（4）围城打援，坚持运动中歼敌。

经大家昼夜奋战，战役计划起草工作提前完成。8 月 20 日，陈赓、韦国清与越军领导对计划进行审查后，予以通过。

这个计划的主要内容是：以地方部队和民兵、游击队围困、监视高平之敌；以在中国整训过的第二〇九和第一七四两个独立团，首先进攻东溪敌据点，拦

1950 年 8 月，陈赓在越南高平附近越军总部制定作战计划时，与胡志明（左二）、长征（左一）及中国政治顾问团团长罗贵波（右一）交谈时留影。

腰斩断敌四号公路的防御体系，吸引谅山之敌北援。将在中国整训过的主力部队第三〇八师在东溪以南山地设伏，以野战方式歼灭这股敌人。如敌不来援，待东溪战斗结束后，第三〇八师即去攻打四号公路上敌另一据点七溪；最后挥师北上，进攻高平。整个战役预计为 30 至 40 天，争取歼敌 5 个营，解放高平，打通与中国广西省的陆上交通。

8 月 23 日，越军前线指挥部召开团以上干部会议，部署边界战役。武元甲宣读了作战计划，话音未落，会场上即出现了阵阵骚动。越军人员对这一计划所体现出来的战术思想，感到既新鲜又陌生。觉得中国来了一位大将军，一定要大打大干，怎么会是这样？他们对这一计划所体现出来的战术思想，与自己头脑中的想法差距太大，因而提出了各种问题，要求给予说明。

既然战役目的是解放高平，为什么不一开始就进攻高平？自己主力部队数量有限，如在打东溪、七溪时消耗掉了，那还怎么打高平？高平打不下来，整个战役岂不是白费了力气。

进攻战斗，应讲究突然性。先打高平，可使守军猝不及防，不待其兵力增援即攻占之。先打东溪、七溪，高平之敌必然会增强守备、加固工事，会增加以后进攻的难度。

先打弱敌，后打强敌，道理虽好，但战役时间拉长了，部队没有连续作战经验，体力又不好，恐怕难以坚持到底……

会开成这样，越方人员思想接受不了这个计划，这个仗怎么打呢？武元甲十分着急，跑去找陈赓，希望他参加会议，解答他们提出的问题。

陈赓思考了一下，表示同意。于是在 8 月 24 日出席了越军作战会议，作了 4 个多小时的精彩发言。

陈赓说，大家提出的问题，概括起来有三点，就是为什么先打东溪、七溪？为什么不先打高平？为什么要连续作战？

> 首先我要说明的是：解放高平，是我们边界战役目的之一，但不是全部目的所在。我们最终的目的是打垮敌人四号公路防御体系，打通中、越交通线。而要实现这一目的，就必须大量消灭敌人有生力量，而不是追求攻城略地的暂时胜利。你没有消灭敌人有生力量，占了高平，敌人还会夺走。
>
> 为什么要先打东溪？理由很简单：一是我们取胜比较有把握；二是打下东溪，可以切断高平、谅山间的联系，迫使敌人北援，这样我们就有了在野战中歼灭敌人有生力量的机会。所以打东溪并不在于占领那个地方，而在于打痛敌人，调动敌人，为我们在运动中歼敌创造机会。
>
> 作战的突然性很重要，但这个突然性会受到各种各样因素的制约。我们考虑作战问题，不能只考虑对我们有利的一方面的因素，而要全面的考虑各方面的因素。为什么不先打高平？主要原因是我们没有取胜的把握。高平是敌军边界防线上核心据点，工事坚固，守军多为雇佣兵，战斗力较强。乘敌不备，突然进攻，我军开始可能进展顺利，但要彻底解决守敌则困难重重。首先地形对我不利，高平背倚高山，三面环水。我们进攻必须要强渡江河，而合适渡过江的地点只有一处，只好一路强攻，就是这一路突然渡江成功，敌人用陆、空火力封锁渡江点，我后续部队将无法跟进，仅靠突进据点内的一点部队是无法解决战斗的。万一形成僵持局面或我军被迫撤出战斗，在敌陆、空火力追击下，后果不堪设想。实事求是地讲，依我军目前的技能战术水平，要担负这样艰巨的攻坚任务，确实有点力不从心。作战的突然性，解决不了我们在攻坚作战中所要遇到的所有问题。
>
> 如果歼灭了敌人的有生力量几个营，四号公路又被我们切断，那时高平成了孤城一座，内无粮草，外无救兵，形势就大不一样了。侵略者的本质是得势时穷凶极恶，失势时惊慌失措。趁敌军士气低落，我军挟胜利之威，解决高平问题就要容易得多了。先打弱的，后打强的，强的也就变弱了。
>
> 不打无把握之仗，掌握战场主动权，以己之长攻敌之短，这些都是指挥作战的基本准则。有的同志提出我们的主力部队数量有限，这一点很重要。因为我们手中的本钱不多，所以更不应该一开始就和敌人打硬仗、拼消耗。打高平，能不能打另当别论，如果把老本拼光，敌人一旦反扑，我

们拿什么应敌？整个战役就会变得虎头蛇尾。这是兵家之大忌。我们决不能打这种得不偿失的仗。

我判断，四号公路是敌人重点设防地区，它决不会一战即拱手相让给我们，肯定会与我们反复争夺。只有真正消灭了敌人大批的有生力量，才会迫使敌人知难而退。所以我们应该准备连打几仗，积小胜为大胜，不断地削弱敌人，直至最后战胜敌人。同时，通过小仗的锻炼，部队可以逐步积累运动战和攻坚战的经验，扩大我军在战场上的优势，我军越战越强，敌军越战越弱，赢得战役胜利就有把握了。

有的同志对连续作战有顾虑，这种心情可以理解，但形势要求我们非连续作战不可。因此，一要抓好战时政治工作，二要抓好伙食。抓好这两点，部队的士气和体力就有了保证。同时也不要把问题看得过重。我这些天在你们这里爬山不止，也察看了战场地形，我认为，我们完全可以坚持到底。大家可以作个比较，我的肚皮恐怕比在座的诸位肚皮都要大，我能爬山，大家肯定更能爬山；我能坚持，大家更能坚持，因为你们的肚皮小，动作比我利索呀。我相信，只要我们把工作做好、做扎实，部队肯定会胜任连续作战的任务……

几个小时不知不觉地过去了。陈赓以通俗易懂的语言，透彻地解答了越军方面的问题，并引申了一步，对作战指挥的奥秘作了深入浅出的讲述，使他们大有耳目一新之感。武元甲在会上几次发言，要求越军方面认真领会陈赓讲话的内容。当夜 12 时，陈赓已准备就寝，突然接到武元甲的电话，说："你的讲话，既介绍了中国革命战争的宝贵经验，又澄清了我们干部思想中的模糊认识。我甚觉兴奋，以至无法成眠。希望你能多传授一些中国革命的宝贵经验。"又说："我军从游击战转向运动战太快，许多高级干部适应不了。我本人的能力，也就只能当个团长。"希望陈赓留在越南到战役结束后再走。

会后，战役的准备工作在加快进行。陈赓为使作战计划能得到更好的贯彻，又组织了几个具体问题的讨论会，分配随行人员和军事顾问团的干部分头参加。目的是加深越军干部对计划的理解，把大家的思想统一到计划的轨道上来。8 月 24 日，陈赓还在武元甲的陪同下，参观了第一七四团的攻坚演习，特别赞扬了炮兵射击准确等。演习之后，他又应武元甲的请求，对部队进攻时的火力组织、干部指挥方法以及进攻之准备工作等问题，介绍了中国的经验。

中共中央也在关注着越南的边界战役，除了在后勤和物资援助上予以大力支持外，并多次对陈赓和军事顾问团的工作给予指导。对于陈赓的汇报，毛泽东 7 月 26 日曾电示陈赓，同意陈赓先打小仗、先打小据点，争取围城打援的意见"是适当的"。8 月 24 日，毛泽东指示陈赓："同意你们的作战计划。为保证此役胜利，应在思想上作好连续作战的准备，以便对付增援部队。如果谅山方向敌援兵被歼灭，则敌人统帅部可能迅速改正对越方力量的过低估计，而命令高平之敌逃跑，或于越军打谅山援敌时，命令高平之敌弃城向南增援，夹攻越军，则越军于歼灭谅山援敌后，又有可能与高平援敌作战。因此，照你们的计划，在 40 天内歼灭边界之敌，是稳妥的，有利的。而如照上面估计的情况，则须准备在 20 天左右时间，打大小三四个仗。”

毛泽东在肯定陈赓主持拟订的作战计划的同时，又预见到谅山出援兵，虚弱的高平之军有弃城南下的可能，因此提醒陈赓要有连打几仗的思想准备……后来事实证明，战局的演变，完全按照毛泽东预料的情况发展。正确判断敌情，掌握了战争辩证法的将帅，才能真正做到：运筹帷幄之中，决胜千里之外。

三、战役始末

首战东溪，这是经过陈赓周密安排的，中国的军事顾问团曾分别到越军部队去帮助完成政治动员和战斗准备；战役所需的粮、弹已从中国源源不断地运到越南……可以说已经做到了“万事俱备”。

但是，陈赓发现自 9 月 3 日起，法军飞机连续轰炸越军前方指挥部所在地广渊，并加紧了对四号公路沿线地区的空中侦察；同时，谅山、东溪一线守军调动频繁，东溪守军得到了增援，正在加修防御工事等。这是怎么回事呢？

陈赓再三查询，得知确实发生令人担忧的事情：有两名越军侦察员在东溪附近执行任务时被俘；另有两名第三〇八师派出的小团（营）干部侦察至今未归，也有被俘可能。突袭东溪的计划很可能已经泄露。

在此之前，陈赓曾几次阻止越军派人到据点周围活动，就是怕暴露作战企图。现在要是真的暴露了作战企图，必将增加作战的难度，甚至会影响整个计划。陈赓对此十分恼火，向越军总参谋长黄文泰严肃说明了问题的严重性，要求今后一定要杜绝此问题的发生。

由于东溪守军兵力增加，越军部分干部对攻打东溪的决心产生了动摇。陈赓冷静地分析了局势，认为敌人可能是调整部署，对付越军的进攻；但也有别的可能，比如换防，或准备出动“扫荡”越军根据地……但不管怎么说，对于东溪这个据点，越军在兵力、火力方面仍占绝对优势，只要严格执行作战计划，完全有把握取胜。据此判断，陈赓坚持首攻东溪决心不变。越军前方指挥部也接受了他的意见。

胡志明了解到这一事件的处理过程之后，对陈赓说：“你做得好，对越南干部的缺点，就是要不客气地指出来。”

战役发起的时间日益临近，越军前方指挥部由广渊向前推进。9 月 15 日，胡志明、武元甲和陈赓等人也到达了新驻地。这里是中、越两国的边界线：陈赓住在中国广西省龙州县下冻区布局圩；胡志明和越军前方指挥部住在紧靠布局圩的越南境内。两地紧挨着，中间只隔着一个“布局关”山隘口。当晚，陈赓和武元甲又研究了有关情况及作战部署。

9 月 16 日拂晓，东溪战斗打响，边界战役由此拉开了帷幕。担任主攻任务的越军第一七四团迅速扫清东溪以北和西北方向的外围据点，占领了攻击出发地。另一支主攻部队第二〇九团却与前方指挥部失去联系，直到下午才搞清它的具体位置。总攻时间被迫推迟。黄昏时分，总攻开始。3 个炮兵营实施火力急袭，炮击效果很好，守敌乱作一团。越军第一七四团、第二〇九团和第四二六营、第十一营从不同方向向城区发动进攻，战至午夜时分，越军前方指挥部打电话告诉陈赓说：攻击部队已突入敌人核心工事，战斗即将结束。一直守候在电话机旁的陈赓如释重负，放心地去休息了。

不料第二天拂晓，越军前方指挥部又来电话说：部队进入市区，根本没有打进敌人核心阵地，现在正与敌对峙。天亮了，法军飞机马上会来扫射，准备把部队撤出城区。

陈赓一听，焦急万分，在电话中强调：千万不能把部队撤出来！应坚守既得阵地，否则不但前功尽弃，后撤时稍有不慎，就会造成不应有的伤亡。然而就在陈赓与越军领导对话时，攻入城中的部队已经开始后撤了，由于缺乏严密组织，又遭飞机轰炸扫射，损失很大。

为了弄清事实真相，17 日上午，陈赓亲赴武元甲总部，研究攻击失利原因。原来部队没有严格遵守作战计划中的时间规定，炮火急袭后，步兵本应立即发起冲锋，但他们一味要求延长炮击时间，直到午夜过后才攻入城内。结果打了

1950 年，陈赓与胡志明在越北边界前线研究作战计划。胡志明在此照片背面题词：“运筹帷幄之中，决胜万里之外。”

不久，天就亮了，部队又对敌机有恐惧心理，无心恋战，所以仓促撤出了战斗。另外在战斗中，各级指挥员存在有“打得下就打，打不下就走”的消极思想，大多没有随部队一起行动，指挥位置太靠后，有一个团指挥所设在离前线 6 公里的山洞里，怎能随时掌握敌我双方情况之变化，实施及时的指挥呢？

越军攻打东溪的部队，都是徒手进入中国的云南省和广西省，接受中国短时期的训练，然后携带中国配备的大炮、机枪和步枪等全套武器返回越南的，火力都比较强，总兵力相当东溪守军的 20 倍。以这样优势的兵力，攻了一夜，竟然被对方反击出来了。

陈赓帮助越军前方指挥部总结经验教训，重新调整部署，重新动员，于 17 日黄昏，部队再次对东溪发起攻击。到夜间 9 时，第二〇九团率先攻入市区，和其他部队一起，战至午夜，也只是占领了部分城区，始终无法接近敌核心工事。

陈赓坚决反对部队后撤的意见，督促越军前方指挥部迅速查明攻击受阻原因。结果发现各攻击部队之间缺乏协同，四面围攻变成一面硬攻，使守军得以集中力量对付越军主攻部队，致使攻击受阻。

陈赓立即提出两条意见：（1）打到哪里就要像钉子一样钉在那里，决不能后撤；只要大胆地与敌军扭在一起，敌机来了也无可奈何。（2）立即调整部署，改一面突击为四面进攻，西面、东面部队为助攻，北面、南面部队为主攻，使敌人无法招架。

越军接受了这个建议，于 18 日凌晨 2 时调整完部署，随即发起总攻，不到一小时即突入法军核心工事，到上午 8 时，战斗全部结束，守军 260 多人被歼，只有 20 余人逃往七溪。

边界战役首战告捷，这是越军有史以来第一次夺取两个连守备的法军据点，越军上下兴奋异常，求战情绪空前高涨。胜利的当天，胡志明来到陈赓住所，兴致勃勃地吟诗一首：

携杖登高观阵地，
万重山拥万重云。
义兵壮气冲牛斗，
誓灭豺狼侵略军。

陈赓兴奋地说：“胡主席下这么大的决心，敌人一个也跑不掉了。”

胡志明问陈赓对这仗怎么看？陈赓思忖了一下，如实说来：“攻克东溪，当然是个胜仗。但问题很多。所谓胜仗，是全歼了守敌，震动了敌军指挥部；从战术看，问题不小，以绝对优势兵力和火力，还要打两天三夜；自己伤亡 500 人，只歼敌 260 多。从战斗过程看，战士很勇敢，问题在干部。营以上干部多数是刚从学校出来的学生，缺乏实战经验；今后恐怕还是要从有战斗经验的老战士中培养、提拔才好。”他说的话当然是留有余地的。

陈赓（二排右二）与胡志明（二排右三）等在越共指挥部

陈赓在9月29日日记中写道：

东溪作战算是胜利，震惊了法帝内部，使之不敢即刻收复东溪。但从战术上讲，则是一大败仗。东溪敌实际人数为二百六七十名（越方虚报八百名），我攻击人数将近一万，经两日三夜战斗，中途几乎被迫撤退，我伤亡五百余人，敌尚逃掉二十余人。我方兵力、火力均居绝对优势，以如此之战斗力，希望攻击约二千人据守之七溪，则不啻缘木求鱼。因此我以为越军仍须打小据点，以逐渐锻炼战斗力；特别是改正领导作风，改良组织，加紧干部训练。不然，作战计划都是空的。巧妇是难以为无米之炊。

东溪法军指挥官被俘后曾说："你们是中世纪战法，炮击之后，很长时间才冲锋。"

越军战士和基层干部，多是贫苦农民出身，作风艰苦，战斗勇敢；但营以上干部多是缺乏实战经验的知识分子。在高级指挥员中，也多受日本、法国和中国国民党军队的所谓"正规战"的思想影响较深，认为工农分子缺乏知识，重视从法国学校念过书的知识分子和从伪军过来的军官……

知识分子当干部不好吗？完全不是。抗日战争中，成立太岳军区，陈赓任司令员，薄一波任政治委员。薄率领的决死队中知识分子多，陈赓率领的第三八六旅中老红军干部多，他们两人决定把两个旅的干部进行交流，以提高部队的素质。这一着很成功，结果很多知识分子锻炼成优秀的军事指挥员，而在军队中做政治工作的知识分子就更多了。后来，陈赓在办军事工程学院时，对知识分子的态度，更是有口皆碑。问题是要对他们进行教育和实战锻炼，使他们具有真才实学才行。

越军一个团在中国广西省训练，是按中国人民解放军的制度发给津贴，但这个团的领导把战士的津贴降低，提高连以上干部的津贴，比战士高几十倍。行军时，营以上干部另起小灶，吃鸡吃鸭，战士只有盐巴下饭。有一个营长，竟拿全营的盐巴换了一匹马自己骑。到达宿营地，部队在村边淋雨过夜，干部进村住民房。部队中还有吃空名额和体罚战士的旧军队作风……

还有一件事，引起陈赓的重视：在东溪胜利后 5 天，忽报法军两个连从七溪北上，朝越军总部方向窜扰。因为越南部队都在前线，总部的人们慌乱起来，机关人员纷纷向中国境内跑。武元甲给陈赓打电话，要求派中国人民解放军两个班去保护他的总部。这时，胡志明也来到了中国的布局关前，却停在越南国境线那边不肯进关，并传令越军人员，一律不允许进入中国境内。陈赓估计：这股法军只是盲目窜扰，绝不敢穿过群山到这边来，即使来了，也不难歼灭。他领会胡志明不肯进关的用意，没有派两个班去保护越军总部，却派了一个排控制布局关前的制高点，以保护胡志明的安全。

陈赓通过这些事情看到，越军有许多根本问题尚未解决，必须加以改进，并逐步进行改造。

陈赓 9 月 22—26 日的日记中写道："这五天均在病中，疟疾竟找上了我。早几天写信给（傅）涯，说什么'疟疾无法侵入我身'，话未数日，牛皮一吹就破，好笑。"除了工作外，陈赓先是牙痛，还有头痛，这又染上疟疾，负伤的双腿痛更是经常地疼痛……可以想象当时他身上的负担该有多重。

东溪战斗后，战场情况发生了一些变化。两天之内，法军从谅山等地向七溪紧急调运部队，使在七溪集结的兵力达到 3 个步兵营和 1 个空降大队，而且全系精锐的外籍雇佣军，组成了机动兵团，由勒巴热中校指挥，准备北进，但是又知道越军主力在东溪，不敢轻举妄动。为此，法军总部又搜集了约 5 个营的兵力，向在西北方向太原省附近森林中的越南党政军首脑机关驻地进行"扫荡"，希望把在东溪地区的越军主力吸引过去，创造勒巴热兵团北上的条件。

东溪胜利后，按计划应打七溪。越军也非常想打七溪，但看见勒巴热的 4 个营摆在那里，又不敢打……这样，越军原来不同意先打东溪的干部又纷纷抱怨起来，说"打东溪是错误的，消耗了自己的力量，把打高平的有利时机也丢掉了"。在他们看来，战役计划已不能实现。这些议论、牢骚，实质是对陈赓指挥作战能力的怀疑，通过各级中国顾问反映到陈赓耳朵里来，陈赓不予理睬。他判断，法军增兵七溪，总是要北上的。因此他建议，越军可以先后撤一步，在东溪附近设伏，待敌北上时，争取在野战中歼灭之。胡志明、武元甲接受了陈赓意见，调整部署：以 2 个团位于东溪，3 个团摆在东溪东南方向高地，以 2

个营摆在西南方向高地，形成一个向南张开的口袋阵。待七溪法军钻进口袋后，两翼部队从敌侧后发动攻击，封住口袋口，正面部队再从正面攻击，将其聚歼。

连续几天，阴雨连绵。法军只是加紧对太原地区的“扫荡”作战，七溪这边却按兵不动。法军到底在酝酿着什么阴谋？陈赓一直在思索。越军部队长时间在风雨飘摇的野地埋伏，牢骚就更多了。

在这关键时刻，中共中央军委给陈赓以支持，几次致电指出，敌图重占东溪，给我以运动战的机会。你们的部署是对的。敌人一定要增援，只是还不知道你方的虚实。要准备进行几个月的战斗。如果粮食供应有困难，可以从中国增援……军委指示增加了陈赓以运动战方式歼敌有生力量的信心。

9 月 27 日，疟疾初愈的陈赓到胡志明住处，与胡志明、武元甲商谈。他指出，要坚持原定方针不变。鉴于七溪之敌迟迟不动的情况，可命令西北地区的部队加紧对黄树皮、那岑等据点的进攻，威胁云南省河口对面的重镇老街。同时让围困高平的部队把包围圈收得更紧一些，敲山震虎，迫使七溪之法军及早出动北援。同时，派第一七四团向七溪以南佯动，给敌人造成人民军主力已回师太原省地区的假象，让敌人放胆北上……这一建议得到了胡志明、武元甲的认可。

这样，终于调动了法军，法军指挥部认为，他们进攻太原地区越南首脑机关的目的已经达到，把东溪地区的越军主力已经调到那边去了。便命令勒巴热兵团向北进犯。

9 月 30 日晚，勒巴热兵团星夜出动，向北推进，10 月 1 日晨，在东溪以南数公里处与越军警戒部队接触。

很快，勒巴热兵团进入了越军的伏击圈，这是送到嘴边的一块肥肉，但是，担任伏击任务的越军大部分人去背粮了，只有一部分兵力投入了战斗，但无力歼灭敌人，勒巴热率领他的兵团连夜逃到东溪西南 7 公里处的谷社山地。越军丢掉了这一次在较有利地形中歼敌的好机会，陈赓深感惋惜。在那天的日记写道：

> 越南和法帝真是一对绝妙的对手，两方的战斗力不相上下。法军从未主动冲过锋，每次都是摆着挨打的架子。越南部队行动之迟缓，动作之不积极，均出乎我预料之外。因此，每次战斗都几乎形成相持局面。

越军指挥部发现勒巴热兵团跑到谷社山地后，命令部队追击，7 公里路竟然“追击”了 4 天，5 日越军才向据守谷社山各高地的法军进攻，但无一处成功。

此时，情况已明朗。法军总指挥部已为越军的攻势所震惊，总司令加尔庞吉埃决定放弃北部边界沿线的军事据点，收缩兵力，决定暂时放弃高平，集中兵力退守红河三角洲。勒巴热兵团北上，真实意图是接应高平之敌南撤。10 月 3 日，高平守军 1000 多人在上校指挥官沙格东率领下，组成兵团，炸毁发电厂等设施后，弃城沿四号公路南撤，以期与勒巴热兵团会合，撤到七溪一带。

早在战役发起之前，毛泽东曾向陈赓指出过高平法军有弃城南撤的可能。

所以，法军的行动，并没有出乎陈赓预料。他认为，高平之敌脱离重兵设防的坚城，正是越军发挥自己的长处，在野战中大量歼敌的有利时机。陈赓力促越军把握这一绝妙战机，先歼勒巴热，再歼沙格东，夺取边界战役的全胜。

勒巴热兵团突出包围圈，跑到了谷社山地，陈赓深感遗憾。谷社山地，地势险峻，溶洞众多，便于防守。法军总指挥部得知这一情况后，令高平南撤的沙格东兵团，丢掉大炮、汽车和辎重，沿着森林小径，迅速向勒巴热兵团靠拢；同时命令七溪部队组成那本兵团，在那本上校指挥下，再次北援，企图让这两个兵团南北对进，对包围谷社山地的越军实施反包围。同时调集大部分飞机，整天狂轰滥炸，并向勒巴热兵团空投弹药和给养；还空降了伞兵部队加强其防御能力。

战局骤然紧张起来，越军指挥部感到情况危险，产生动摇。一位官员给陈赓打电话说："北上、南撤之敌即将会合，还有飞机助战，谷社一带都是石头山，勒巴热兵团一时难以消灭。现在越军部队连日苦战，已很疲劳，继续打下去，恐怕坚持不住，所以想让部队撤出战斗。"

陈赓一听，急了，说："这样的仗再不能打，就无仗可打了！"还说："敌人所以来打野战，正是我们调动它来的。"陈赓很清楚，战役发展到这种程度，正是敌我双方进行最后一搏的关键时刻。谁能坚持住，谁就有可能获胜。如果越军此时撤出战斗，不仅前功尽弃，后果也不堪设想。陈赓进一步说明："尽管形势严峻，但敌人已是强弩之末。只要坚持下去，必定胜利。现在决不能姑息部队的情绪，而要动员他们克服困难，拿出狠劲，在气势上压倒敌人，不惜任何代价夺取胜利。"

陈赓及时把情况报告中央军委，毛泽东于 10 月 6 日复电说："先集中主力歼灭谷社山地被我包围之敌，然后再看情况围歼高平南逃之敌，此计划是正确的。除对谷社山地之敌必须坚决彻底加以歼灭，即使伤亡较大也不要顾惜、不要动摇外，并要将高平逃敌确实抓住，不使之逃脱；还要对谅山等处可能出援之敌有所部署。只要上述三点处理恰当，胜利就是你们的。"

陈赓决定向印支共中央和胡志明反映情况，争取支持。他将毛泽东电报及自己对战役指挥意见写成一封信送给胡志明，提出：一定要按既定计划打到底。要求越军干部，坚决克服游击习气，树立不怕牺牲敢打硬仗的信念。建议胡主席采取适当方式鼓励前方指战员，决不能让勒巴热兵团与沙格东兵团会合。

胡志明看过信后，亲自干预战役指挥，立即命令越军指挥部集中第三〇八师和第二〇九团对勒巴热兵团实施总攻。他又给前线官兵发出慰问电，要求全体官兵"不惜任何牺牲，坚决歼灭敌人"。并说："我每时每刻都在等待着你们胜利的消息。"同时，他给陈赓回信诚恳地说："你的意见很使我感动，已令他们照办。"

胡志明亲自下达命令，使越军指挥部震动。在陈赓帮助武元甲具体筹划了总攻部署后，越军指挥部决心不惜任何代价打赢这一仗，限令部队务必在 7 日歼灭谷社山地之敌。

陈赓在6日的日记中写道：

> 今日我改变态度，以鼓励为主，不再批评，并为之积极想办法。对武（元甲）表示，解决了谷社之敌，即转而围歼高平南逃之敌，必要时围攻七溪。若计划成功，局面即可打开。

勒巴热兵团被围，他本人斗志丧尽，只求尽快脱身。他在电台上向上司呼救："我的伤亡严重，再不来援，今晚即有悲剧发生。"他的上司无奈，只好令其设法突围。勒巴热回答："满山遍野都是越盟军队，突不出去。你们还是快派飞机把我们运走吧！"

但是，想跑已来不及了。6日晚，越军第三〇八师等部队发起总攻，战至7日清晨，侧后部队占领了法军阵地中的制高点——猫耳朵山。勒巴热兵团立即乱作一团，越军从四面八方攻上来，将勒巴热兵团4个营全歼，勒巴热本人也做了俘虏。

在沙格东兵团距勒巴热兵团所在地只有一公里时，不仅没有挽救了勒巴热兵团，自己也陷入重围中。陈赓立即向越军指挥部建议，以第二〇九团负责在谷社山地搜索残敌，命第三〇八师迅速转向北面，投入歼灭沙格东兵团的战斗。同时以部分兵力缠住那本兵团，待消灭了沙格东兵团后，主力再挥师南下，消灭那本兵团。此时，欣喜异常的胡志明也给部队写信说：

> 抗战以来，我军第一次在运动战中连续战斗几天，这是一次大考验……你们已经勇敢地完成了这次考验的十分之七，你们要努力消灭沙格东兵团。

受到胜利鼓舞的越军，立即转而围攻沙格东兵团。这股法军自离开高平城后，一路上遭到越军地方武装和民兵、游击队的拦截和袭扰，大炮、汽车、辎重全丢了，早已精疲力竭。因此，聚歼沙格东兵团的战斗发展异常顺利。7日上午，越军发起进攻，下午即占领了沙格东指挥所，活捉了沙格东和他的参谋人员。法军部队群龙无首，四处逃散。到9日，谷社山地战斗全部结束，勒巴热、沙格东这两支法军精锐部队约4000人悉数被歼。从七溪北援的那本兵团见势不妙，仓皇南撤，在付出一定代价后，逃回七溪。

这个战役，使法军在越北战场上的机动部队丧失过半，这是自印度支那战争开始后法军所遭受的最惨重的失败。法军遭此沉重打击，惊恐不安。总司令加尔庞吉埃下令，叫边界据点的部队立即后撤到内地——河内、海防一线：10日法军撤离七溪，扫荡太原省地区的部队也于同日撤回河内。此后几天，边界地区的法军感到风声鹤唳、草木皆兵，在越军乘胜进攻的声势中，太原、那岑、同登、陆平、安州、谅山等处敌人纷纷逃跑，紧靠中国云南省边境的老街、黄树皮等重要城镇也获得解放。越南与中国的国际交通线完全打开了。越南人民欢欣鼓舞。

边界战役胜利结束，共歼敌近 8000 人，将法军势力范围推回到红河三角洲平原地区。

10 月 24 日，胡志明在一次会议上讲话时，讲到这次胜利的原因，把中国的援助放在了第一条。他说：边界战役的战果，远远超出我们原来的计划，“这次战役的胜利，一句话就够了，大家就明白了，这就是伟大的无产阶级国际主义的胜利”。

武元甲在会上讲到这次胜利的原因时，也是把中国的支援放在了第一位。他说：“这次战役的胜利，证明毛泽东军事思想不仅适用于中国，也完全适用于越南。”

陈赓针对这种论点，在总结讲话中说：“边界战役胜利的原因是胡志明主席、越南前线总指挥部的坚强领导、正确指挥和越南卫国军广大指战员英勇战斗，及地方党政机关、广大越南各族人民全力以赴的支援、参战的结果。我们中国只起了协助作用。我们中国共产党人来越南协助作战，流血流汗是分内的事。”

四、使命完成

战役胜利了，越南抗法战争的局面打开了，陈赓和中国军事顾问团都为此欢欣鼓舞，按说，他的“秘密使命”已经完成了。然而，胜利并不能说明越南卫国军已经成熟。越军，特别是一些干部在战役过程中所暴露出来的问题，使陈赓深感不安。

对于越军中存在的一些问题，在部队里的中国顾问感触更深。有的人见几次建议不见成效，产生急躁情绪，干脆自己直接指挥作战。方法不对头，得不到越军指挥人员的理解，反而影响了关系，弄得不好工作。因此也有的顾问不想干了，要求回国。

陈赓严厉批评了这种思想和做法，指出：“我们现在的工作环境与国内不同，完全照搬我们过去的做法是不行的。我们是顾问，只能出主意，而不能越俎代庖去直接指挥部队。只能提意见，而不能下命令。要正确认识越军，既要看清他们的缺点，也要看到他们的优良品质。在工作中，要诚恳热情，认真负责，从现状出发，循序渐进，谆谆善诱，帮助他们逐步克服缺点，最后建成真正过得硬的卫国军队。”

毛泽东也在关心着越南卫国军队的建设。边界战役后，电示陈赓说：“越军大胜，甚慰。越军经此胜利，必能提高一步。越军还年轻，只有从今后多次作战中，才能逐步学会近战的各种技术和战术。你们应更好地帮助他们。”

根据这个指示，陈赓调整了工作重点，把主要精力放在了帮助越军进行战役总结及建军等工作上。他认为，越军当务之急，不在扩编多少部队上，而在于结合战役总结，整顿干部思想，克服自身缺点，为以后的发展打下基础。

10月8日，陈赓与胡志明在布局圩作了一次深谈，谈话内容十分广泛，重点是交换了对建军问题的看法。第二天，胡志明派人给陈赓送来一封信，要求陈赓将自己意见整理成书面文字给他。陈赓立即写了一份题为《战役胜利后的工作意见》的书面建议送去，并与胡志明、武元甲会晤，具体讨论了这一《意见》书的内容。在这份文件中，陈赓提出了训练干部、整编部队的建议；紧缩机关，充实连队，统一主力部队编制；从实战中提拔干部，对部队进行以战养战的教育，以及正确对待俘虏等问题。胡志明、武元甲接受了这些意见，同时委托陈赓代表越军指挥部在战役总结大会上作总结发言。

10月26日至30日，越南卫国军总部在南山兵工厂，举行边界战役总结大会。主要内容是听取陈赓的总结报告。为了使越军干部通过这一总结，能在思想认识和工作作风上有新的变化，陈赓在随行人员和顾问们的帮助下，精心准备了报告内容。其所下功夫之精细，令许多长期在他身边工作的中国干部感到惊异，因为陈赓素以才思敏捷、思路清晰著称，在国内工作时，常是准备一个简单的发言提纲，即开始作报告。像现在这样对报告内容和词句再三斟酌的情况，实不多见。

27日，在热烈的掌声中，陈赓登上大会讲台，开始作报告。他手上拿着的提纲上方，写着一行表示自己心态的字："国际主义精神，知无不言，言无不尽。"

他首先阐明了战役胜利的伟大意义，接着又结合战役过程，对战役的几个阶段一一作了客观的评述，然后引申出战役指挥的几个重要原则，对战役进程中出现的问题作了分析。此后，陈赓又详细介绍了中国革命战争的战略战术，对毛泽东军事思想的基本原理作了阐述。

报告的第三部分，标题为"几个领导问题"。陈赓以国际主义共产主义老革命家的坦荡胸怀，对越军建设中存在的问题作了详尽的分析并提出改进的建议。

谈到官兵关系，指出越军干部平时对战士生活关心不够，在战场上对伤员关心不够。建议加强爱兵教育，并立即废止体罚。

谈到部队纪律问题，他指出，越军干部在接到命令后，常常不是讨论怎样执行，而是讨论命令有没有缺点，讨价还价，拖延迟缓，不坚决执行。建议加强部队的纪律教育。

谈到干部提拔、培养问题，他说，部队的干部来源，除了学校培养一部分外，主要应依靠从部队中提拔大量优秀的、经过战争考验的积极分子。认为工农干部不能指挥正规作战的观点是不对的。要大量培养、提拔、使用工农干部，要帮助他们在实践中锻炼和改造自己。

还谈到越军干部有些人平时浪费人力，虐待民工，损害人民利益。打胜仗不注意收集敌人丢下的武器和粮食，只顾拣罐头和日用品。建议加强对干部进行爱人民、爱国家、爱护武器资财的教育……

他对越军存在的种种问题，一一提出纠正的措施、改正的方案，为建设一支强大的人民军队打下坚定的思想和组织基础，以便迎接以后更艰巨的战斗任务。

他的报告，讲了4天，在越军干部中引起强烈反响。在准备报告时，随行人员中有人曾担心，把问题这样和盘托出，在越军历史上可能是第一次，他们是否受得住？事实证明，这种担心是多余的。尽管有的受了批评的干部有点儿不高兴，可是绝大多数干部反应热烈。武元甲在会议结束时说：“陈赓同志的意见既尖锐又中肯，非常深刻，包括总部在内的各级干部都要很好的予以领会、反省。”胡志明则称赞陈赓的态度“是一个完完全全的老布尔塞维克风格”。

陈赓的临别赠言，是他留给越南党和军民的一份珍贵礼物。他回国后，中国军事顾问团继续留下帮助越南进行整军运动。

在参加完边界战役总结大会后，陈赓打点行装，准备回国。

越南军民深深依恋着这位中国的卓越的军事家。他那敏锐而准确的判断能力，高超而娴熟的指挥艺术，坦诚而灵活的工作方法，坚定果敢的原则立场，赢得了越军干部的由衷敬佩。有的越军干部说：“陈赓同志既能指挥自己的部队，还能指挥调动敌人；不仅会打仗，还精通建军工作，又能团结教育人，没有一点儿架子，这样的领导真是难得。”有些越军干部向中国顾问询问：“像陈赓大将（当时越军干部对陈赓的尊称）这样的将领，你们中国还有几位？能不能让他留在越南指挥我们打仗？”

陈赓准备回国前，胡志明派人给陈赓和随行人员每人一张亲笔签名的照片和一些战利品，送给陈赓几瓶缴获的香槟酒和一封信，陈赓拆开一看，原来是胡志明根据中国唐代诗人王翰的《凉州词》改写的一首诗：

香槟美酒夜光杯，
欲饮琵琶马上催。
醉卧沙场君莫笑，
敌军休放一人回。

陈赓于11月1日离开南山。他在这天日记中写道：

胜利完成任务，凯旋归国。武元甲、陈登宁等远送十余里登车。夜宿广渊，此间农民表示非常亲热，大有依依不舍之概。

一路上陈赓看到，群众扶老携幼，肩挑手提，纷纷返回新解放的家园，这战后的越北根据地又恢复了和平和安宁，荒芜的土地上又出现了耕作的人群，战火毁坏的城镇又升起了缕缕炊烟……被法军践踏过的土地上又显出了勃勃生机。

水口关到了，像是要为陈赓洗去身上的征尘似的，天空飘起蒙蒙细雨。陈赓驻足关前，再一次回首眺望越南这片自己为之工作、战斗了近4个月的土地，那充满喜悦的群山已笼罩在朦胧的雨雾中。

陈赓与送行的越南干部挥手告别，登上广西军区迎接他回国的汽车，重新回到祖国的土地上。陈赓肩负的这个秘密使命出色完成了，新的使命又在召唤着他。

第二十八章　抗美援朝

一、请缨杀敌

1950年6月25日，朝鲜内战爆发后，美国立即进行武装干涉，并于7月7日操纵联合国安理会通过组成以美国为首的“联合国军”的决议，扩大侵朝战争，但朝鲜人民军英勇作战，于8月初即将南朝鲜的军队，赶到洛东江以东的大邱、釜山一隅，解放了朝鲜南部90%以上的土地和人口。

为了挽救败局，9月15日，以美国为首的“联合国军”7.5万余人，在300艘军舰和500架飞机支援下，在朝鲜人民军的后方、朝鲜西海岸的仁川地区登陆，朝鲜人民军被迫撤退。10月9日美军大举越过三八线，把战火推到了中、朝边境的鸭绿江畔。朝鲜处境危急，中国的安全受到了严重的威胁。中共中央被迫组成中国人民志愿军，于10月19日入朝，开始了伟大的抗美援朝、保家卫国的战争。

那时，正在越南履行国际主义义务的陈赓，对朝鲜战争非常关注。他的心被唇齿相依的友邦朝鲜的存亡及祖国的安全紧紧地牵动着。1950年7月8日他还在赴越南途中，日记中就写道：

> 朝鲜人民军继续前进，突破汉江以南防线，歼灭美军一部。呜呼！美军可怜也。自觉越南行动，信心更高，配合朝鲜，两翼钳击，亚洲胜利，一定属于亚洲人民。

9月7日，陈赓在越南为说服越军将领积极作攻打东溪法军据点的计划，说得口干舌燥，法军飞机8架，两次在他头上盘旋时，心中却还想着朝鲜战争。在日记中写道：

> 朝鲜这次发动进攻……是采取正面压缩，两翼钳击，有将釜山完全包围之势。虽然节节胜利，但仍有一场或两场的艰苦恶战，敌人是不会轻易放弃对朝鲜的侵略的。只有凭着我们的力量，将它赶出去。

9月28日，越军夺取了东溪敌据点，越军振奋，但仗打得并不理想；这时法军集结了4个营的兵力准备北上，重新夺回东溪。陈赓又得了疟疾才将痊愈。就在这种情况下，陈赓心中还是挂念着朝鲜战争，在日记中写道：

> 朝鲜战争可能受到挫折（指美军9月15日在仁川登陆），甚至是大挫折，半月来我即担心此事。朝战一起，毛主席即说有两个可能：一是速胜，一是持久，并说须做持久准备。新华社评论也如此说。但不管怎样，朝鲜战争必有最后胜利之日。此役完全揭穿了美帝是纸老虎，美帝并不是可怕的东西。

陈赓在越南的"秘密使命"完成后，回国到了广西省省会南宁市。11月5日应省委书记张云逸之邀，在他家午宴。宴中自然谈论了朝鲜战争。陈赓在当天的日记中写道：

> 闻悉我出兵北朝鲜，我认为是斯（大林）、毛（泽东）最明智之举。战争始终不可避免，迟打不如早打，早打可以打一个美国无准备，也许还可求得有利于我之和平。我甚兴奋，昨晚为之失眠。

陈赓在第二天的日记中继续写道：

> 昨晚失眠，总是思考着朝鲜战事。工作是艰苦与残酷的，我准备贡献我的一切。

陈赓回到国内，通过广播、报纸等多个渠道了解朝鲜战争情况，于是他做出了自己的判断。在11月9日日记中说：

1950年，陈赓（右）从越南回国后，在中南海向刘少奇汇报情况。

1950年11月，在北京怀仁堂的一次宴会上。左起：陈赓、毛泽东、程潜、张澜。

估计美国将又在联合国名义之下，对我采取行动，但目前至多是轰炸。中国已成为破碎之躯，索性让其轰炸，战后再建设，没有什么了不起。

从这些日记中可以看出，陈赓作为一个老革命家、老军人的敏锐思想和他的赤胆忠心。其实，一生的操劳，他身上已经隐藏着病症，但他抱着“贡献我的一切”的革命思想，一抵达北京，便向中共中央请缨赴朝，当时提出同样要求的还有他的亲密战友陈锡联。

陈赓争辩说：“你已是炮兵司令员了，建设炮兵很重要，你要走还得交代工作；我刚从越南回来，国内工作还没接手，不存在交代工作问题，自然我去更合适。”

所以，他回到北京，没有和妻儿团聚几天，就马不停蹄地奔赴朝鲜战场，了解战况，视察阵地，参加会议，看望部队，转了一大圈才重新回到北京。虽然发现朝鲜和越南是完全不同的战争，但他还是不改初衷。

毛泽东和金日成的一次谈话中曾说道：“陈赓从越南回到北京，向我汇报援越抗法的事情。他提出要求，想去朝鲜。我说，你陈赓就是好战，刚听说和美帝打，他就有了精神，病也好了一半。我说，那你要感谢（美国总统）杜鲁门喽！”

1951年3月，陈赓被中央军委正式任命为志愿军第三兵团司令员兼政治委员，率领第十二军、第十五军和第六十军入朝。

他马上坐飞机前往昆明，从原第四兵团抽调一些军、政、后勤工作干部，组成第三兵团的领导机关；还特地到南京，邀请王蕴瑞当他的参谋长。

在准备去朝鲜前，他的左小腿突然剧烈肿痛，不能行动了。这次是因为在越南工作期间条件太艰苦，经常风里来雨里去，翻山越岭，徒涉江河，使他伤残的腿承受不了这么大的压力，终于暴发出来。他急得不得了，请医生几天之内治好，只要能拄着棍子走路，他就要随第三兵团入朝。经医生会诊，确认是左踝关节创伤性关节炎，必须治好才能行动。这样，他只得在北京医治。直到这年 6 月，中国人民志愿军在朝鲜发动的第五次战役结束的时候，还未能够成行。6 月中旬，陈赓到达大连，住进老虎滩工人疗养院，继续治疗。

其实，他身上还隐藏着更严重的病。1951 年 3 月初他乘飞机从昆明到重庆的途中，曾和身边的戴其萼说：

> 你常在我身边，深知一打起仗来，我就几昼夜不睡觉，因为我反复思考，预想了各种可能发生的情况及处置的对策，所以从表面看来，我指挥作战从容不迫，胸有成竹，处置临时发生的情况迅速果断。可是从战斗打响之前直至战斗结束，我的思想一直处于紧张状态，因为我担任主要指挥任务，身系战斗、战役的成败和部队的安危，稍一疏忽，就会招致作战损失，增大部队伤亡，责任重大，所以内心处于长时间的紧张之中。几十年的战争生活，当然会对身体有影响。人们都说我是个乐观主义者，无忧无虑，成天高高兴兴。从战略方面说是这样的，我坚信革命必胜，不怕任何艰险，不计个人安危。但在战斗中我不是盲目乐天派，总担心考虑不周，招致作战损失，总怕发生意外情况，思想上一直保持高度紧张，而不能有任何松弛。

1951 年夏在大连，陈赓（左一）、傅涯（左二）与周恩来（左三）、邓颖超（左四）合影。

从他的这段自述看出，他确实知道自己身上有病，常感到胸闷、呼吸不顺畅；但又觉得一个革命者应当工作，应当勇敢、无畏，不怕牺牲才对；身上有点儿病，怎能退缩不前呢？

戎马倥偬中，陈赓很难得同家人团聚，儿子小建刚出生，上党战役就开始了；进军云南前妻子傅涯才随军，他又去了越南，回来几乎还没有喘一口气，现在又准备赴朝了。家庭的欢乐只能在战争的间隙中得到，所以在大连治疗腿疾时，是带着全家去的。6 月 1 日，中央军委又任命他为志愿军第二副司令员仍兼任第三兵团司令员，他决定迅速入朝。8 月 17 日他送妻子返京时，尚在襁褓中的女儿小进竟紧紧地抱着爸爸不放，使人不胜依恋。

陈赓到了沈阳，遇见越南访华代表团。他们见到陈赓非常高兴，高度评价他在越南的工作，认为“是越南解放战争良好的开端，为以后的胜利奠定了雄厚的基础”，还转达了越共中央和胡志明真诚盼他再度赴越南工作的愿望。

二、入朝参战

1951 年 4 月 22 日志愿军发动的第五次战役，到 6 月 10 日结束，歼敌 8 万多人，是志愿军入朝以来消灭敌人最多的一次，迫使美国不得不到谈判桌上来谈和。7 月 13 日的美国报纸《美国新闻与世界报道》不得不承认：“一个美军司令官，在美国政府的命令下，插起白旗，前去和敌人谈判，在美国立国以来的历史中，这是第一次。”但这次作战也充分暴露出志愿军装备与技术落后对于作战所造成的影响。在战役临近结束的时候，第三兵团所属的第六十军的第一八〇师，遭美军飞机和机械化部队的袭击及领导指挥不当等原因，损失 7000 人。陈赓得知此事，心急如焚。他腿部刚消肿，就离开大连，急忙走上朝鲜战场。

陈赓乘车过鸭绿江，遇到美机狂轰滥炸，沿途备历艰险。他在 8 月 21 日的日记中写道：

> 过平壤，见被炸甚惨，残墙断垣，满目疮痍，但人民仍操作自若。朝鲜民族在世界和平事业上，尽了如此之大的贡献，至今困苦不堪，但其志甚坚，从不叫苦，此种伟大之国际主义精神，令人肃然起敬。

第五次战役后期，彭德怀曾派副司令员邓华和参谋长解方回北京，向中央军委和毛泽东汇报朝鲜战争情况及下一步作战设想。陈赓也在座。在邓华汇报正面防御作战时说：“彭总和志司领导同志认为我军一方面要巩固阵地，一方面要对付敌人的阵前进攻。对如何组织阵地防御？如何依托阵地歼灭敌人？我军正在摸索经验，一般采取小分队于夜间摸到敌人阵地前，在现有炮火支援下向敌班、排阵地攻击，消灭敌人一个班或一个排，拂晓前撤回阵地。以小胜来不断歼灭敌人，同时从中吸取经验，再逐步增大兵力、火力，发展依托阵地，阵前歼灭敌人。”

毛泽东听完汇报后说：“这个方法好，积小胜为大胜，阵地防御作战，就采取‘零敲牛皮糖’的办法，一小块一小块地敲掉敌人、消灭敌人，从消灭敌人一个班、一个排积累经验，再逐步发展到歼灭敌人一个连、一个营。这个办法好。”

“零敲牛皮糖”这是一句湖南省的土话。1951 年 6 月下旬，在解方向志愿军党委会传达毛泽东这句话时，有些不是湖南省的人，不完全明白是怎么回事？后来陈赓解释说：“这是我们湖南方言，毛主席用这句话作形象化的比喻。牛皮糖是把糯米磨碎熬出来的糖块，由小贩装在箩筐里走乡串村叫卖，小孩没有多少钱，一两个铜板小贩就敲一小块给他。箩筐里一大块牛皮糖，就这样一小块一小块敲下来卖掉了。你们明白了吧？毛主席就是用这个比方，叫我们在阵地防御作战时打小歼灭战的。”

这样，毛泽东提出的“零敲牛皮糖”的战法，就成为志愿军在阵地防御战初期的作战方针。后来由于志愿军防御阵地不断巩固和加强，入朝部队不断增加，后方供应不断改善，各种装备不断增强……到 1952 年下半年，志愿军依托阵地，实施战术反击歼敌的规模就不断加大了。

据杨迪《在志愿军司令部的岁月里》书中记载：志愿军党委在伊川西北的空寺洞志愿军司令部驻地，召开各兵团司令员、政委和各军、各兵种的领导人参加的作战会议。彭德怀在会上作了关于如何贯彻中共中央关于充分准备持久作战和争取和谈达到结束战争的指导方针报告。大家学习讨论了两天。

第三天邓华作第五次战役的总结发言。接着彭德怀讲话，他非常坦诚地作了自我批评，然后高度赞扬了第十二军第三十一师的九十一团和第九兵团的第二十七军等部队。当讲到第六十军时，喊道：“韦杰、袁子钦[①]来了没有？”韦杰、袁子钦急忙答应着站了起来。彭德怀气了：“你们是怎么指挥的？把一个师都丢了！造成我军建军以来极少有的一个师遭到惨重损失！”他越讲越生气，站了起来问：“郑其贵是怎么当的师长？作为一师之长，应该临危不惧，可是他……一定要撤职查办，军法从事！”

会议是从午饭后开始的，一直开到黄昏，中间没有休息。因为彭德怀在气头上，会场空气凝重，没人敢吭气，邓华等几位副司令员很想缓和一下空气，但不敢开口。于是邓华扯了下陈赓的衣服，悄悄对他耳朵说了几句。因为大家都知道，陈赓和彭总有几十年深厚友谊，别人不敢和彭总开玩笑，只有陈赓可以。

于是，陈赓笑嘻嘻地站起来说：“老总，开了大半天会，大家都不敢动一下，我看他们的脸都憋红了，想出去小便都不敢，现在肚子里又提意见了，饿得不

① 韦杰时任志愿军六十军军长，袁子钦时任志愿军六十军政治委员。

行啦。你发这么大的脾气，一定也累了。我建议是不是休息一下？让大家小便、吃饭，吃饱后再开会，你再接着批评，好不好？”

彭德怀扭过头去，眼睛瞪着陈赓，陈赓还是笑着。终于，彭德怀明白陈赓心意了，气也消了很多，说：“你陈赓肚子饿了，那就吃饭吧！”站起来就走了。

彭德怀离开会议室，大家才松了一口气，都对陈赓说：“陈司令，你可救了我们啦，我们真是憋着尿也不敢出去。”

陈赓笑着说：“你们赶快去撒尿，不要一松气，尿到裤子上了。”大家都知道他爱开玩笑，凝重的气氛消失了，你一言我一语地热闹起来。

大家吃完饭，准备继续开会。这时，陈赓走进门来说：“告诉你们一个好消息，会不开了，你们可以走了。现在请邓华同志传达彭老总的指示。”邓华推让着：“还是请你说吧，不要客气了。”

陈赓说：“好。刚才我们陪彭老总吃饭时，我们向他建议，暂时休会。老总要讲的，基本上都讲了。你们现在也不好发言了，也不敢讲了。叫你们回去开会，自己好好深刻总结经验教训，然后报告志司。彭老总同意了我们的意见。”

大家听后，都笑了说：“陈司令、邓司令真理解我们的心情，真感谢你们救了我们啦！请你们报告彭总，我们回去后，一定认真总结，并写出书面报告。”

陈赓说：“你们不要谢我们，以后都要打好仗，不要叫彭总生气就好了。”

志愿军第三副司令员兼第九兵团司令员宋时轮和第十九兵团司令员杨得志说：“陈司令，请你放心，我们有了这次教训，以后一定打好仗，向彭总报喜，那时请你和邓司令向彭总给我们请赏呀！”

陈赓笑着说：“你们想拍拍马屁了，我可不买账。如果下次还开这样的会，我就先吃饱肚子，让你们挨饿，不帮你们解围了。”

大家都大笑起来，纷纷敬礼告别。

陈赓喊道：“王近山、杜义德[①]，你们等一下，我随你们到兵团去。”

陈赓虽然担任了志愿军副司令员，但还兼任着第三兵团司令员和政治委员。他是第五次战役后到朝鲜的，彭德怀一直留他在志愿军总部工作。

陈赓到达第三兵团指挥部，下吉普车时拄着拐杖，腿还是一瘸一拐的。他一到，就会见干部，听取汇报，召集会议，询问情况，忙碌起来。

干部们听说他来了，像是见了久别的亲人，个个面带喜色，到处传诵着：“这一下我们该打翻身仗了。”虽然第十二军受到表扬，别的部队也打得不错，但第六十军的第一八〇师出的问题，使大家都觉得脸上无光。

当时志愿军司令部准备发起第六次战役，陈赓抓紧了第三兵团的各项准备工作。当然对第一八〇师的问题，要做严肃处理。他对此事件批评得很严厉，各级都作了认真的学习检查，总结经验教训，订立改正措施……但是最后进行

① 王近山时任志愿军第三兵团副司令员，杜义德时任志愿军第三兵团副政治委员。

组织处理还是很宽的，对师长郑其贵只是撤职，并没有送交军法处，而是将他送回国，还分配到东北一个军分区任副职。陈赓和彭德怀商量后，也没有撤销该师番号，而是重新组建，仍归第六十军建制。

陈赓是个非常注重调查研究的人，一过鸭绿江就想尽办法多方了解敌情我情，到了志愿军司令部更是抓紧时间做这方面的工作。他在 8 月 26 日日记中写道：

> 朝鲜战争的各种条件，逐渐对我变得有利。首先运输条件改善了，饥饿事，不久即将成为过去。部队经过两个多月的锻炼和作战，已经习惯了朝鲜的生活，特别是深深了解了敌人。这都是下次作战胜利的保证。

他到了第三兵团后，通过和各级干部座谈，调查研究，对朝鲜战场形势和美军情况又有进一步了解。他在 8 月 28 日日记中写道：

> 美帝是整个帝国主义的支柱，政治军事都有一套，作战上非常客观，不株守成规，善于变化。五个战役中，各有其花样。我们绝不能忽视，必须加紧准备，拼命训练部队，想一切办法加强火力，改变战术；对它一点也不能松懈，然后才能将其战胜。这几天均本着这点精神教育干部。

每次任务变换，陈赓都尽力地调查研究，及时改变训练部队的方法，转变战术，以适应新的环境，使自己部队立于不败之地。这就是《孙子兵法》上说的："知彼知己，百战不殆"和"多算胜"的道理。他在山西省和胡宗南交手时是这样；在淮海战役中和黄维作战是这样；一进入越南他就动员全体随行人员进行调查研究，了解越军和法军的各种情况，还认真了解风俗民情……以制定切合实际的作战计划。这次来朝鲜，他又像吸墨纸似的吸收各种各样的情况和意见，来丰富自己。

9 月 3 日，陈赓回到志愿军司令部，向彭德怀汇报了第三兵团情况后，随

抗美援朝时，陈赓在志愿军司令部。

后即参加了志愿军党委扩大会。会上除了听彭德怀关于继续贯彻持久作战方针与学会阵地攻坚与阵地防御的作战思想的报告外，主要是听取各兵团、各军的汇报。

此后，他根据所了解到的大量材料，沉浸在深深地思考中，他在盘算整个战局的发展，怎样才能进一步改善已出现的有利形势，探索在当前情势下对美军作战最适宜、最有效的方法和手段。

9 月 8 日，铁原、金化之线的志愿军各军均有出击，美军之突出部分，尽被攻占，全天共歼美军千余人，缴获甚多。这个战例最终催化了他对整个作战构想的完成。他在这天日记中写道：

> 在目前情况下，我供给困难，进行大的战役，倒不如这样小打。虽然是小的歼灭战，但可积小胜为大胜，逐渐削弱敌人，打击其士气，造成进行大战役的基础。

志愿军司令部原来设计的第六次战役，已经宣布推迟举行。陈赓认为根据战场形势，志愿军应该坚决贯彻毛泽东的指示，实行“零敲牛皮糖”的战法，同时加快技术军、兵种建设。他在第二天的日记中写道：

> 从目前形势看来，朝鲜作战变成长期的持久战了。因此必须巩固现有阵地，构筑第二、第三防线……目前作战应该是小打，寻找敌之弱点或突出部，集中全力，彻底歼灭其一部，哪怕是一个排或一个连也好。连续小打，逐渐削弱其力量，降低其士气，造成大战役的基础……以前线八个军论，每军每月能歼灭他一个营，一个月就是八个营（或者更小一些也好）。如此者数，就可很大削弱他。然后再准备大战，对我一定有利。

9 月 10 日，他在日记中继续写道：

> 目前，美我对比，算是旗鼓相当。敌在技术及装备上优于我，但是只有这点优势，其余优势（如兵力、士气、正义……）均在我方。因此决定了目前作战的长期性，但决不是十年八年的长期。因为技术装备，我方正在改进，不久就可逐渐弥补我的这一劣势。这是我的感觉。

陈赓参加了 3 天会议，他说“对我颇有帮助”。这 3 天的日记就是在这种“帮助”下升华出来的思考。

稍后，他根据自己的构想，写了一个战术指示，去启发自己部队改正一些缺点。彭德怀对此件非常赞赏，决定以联司（中国人民志愿军与朝鲜人民军合组之联合司令部）名义下发。

许多迹象表明，美军有由朝鲜西海岸的南浦港登陆的企图，登陆后即可威胁北朝鲜首都平壤，袭击三八线志愿军的侧背。不过，陈赓实地观察后，认为该地区狭小，大兵团不易展开，并且志愿军有精锐部队在那里，只要筑成几道坚固的防线，敌人是很难达到目的的。

彭德怀支持他的意见，说：“是的，应该立即发出命令，在那里构筑工事，严防敌人登陆企图。”

因为陈赓还有这样的设想：西海岸反登陆作战，如果防御得好，可以迫使偷袭的美军偷袭不成，不得不改变为正面攻击，这就给志愿军提供了予以严重打击的机会。

奔赴西海岸的志愿军，根据陈赓的指示，冒着隆冬季节的风雪严寒，挖掘冻土，构筑了坚固的防御工事，严阵以待。美军见状始终没有敢贸然行动，喧闹一时的西海岸登陆计划终成泡影。

9 月 14 日，志愿军司令部为便于东、西海岸的作战指挥，移驻平壤市以东之桧仓。陈赓等人下午 3 时出发，通过美军几个封锁区，没受到任何威胁，“但美中不足，大雨倾盆，人似落汤鸡”。拂晓到桧仓。这里原是朝鲜五大金矿之一，住在矿洞中，非常安全，美军飞机丢下再大的炸弹也炸不穿，但“潮湿又黑暗”，陈赓常感到“洞中空气缺乏，使人头痛欲裂，窒息得呼吸不灵”，曾多次想出洞换换空气。陈赓一直感到身体不适，这可能就是他心脏病疾患的症候。但他仍坚持开会、听汇报、看电报、研究问题，下达指示，一刻不停地工作。自到志愿军司令部以来，彭德怀要求他亲自动笔起草各种指示。他后来说：“彭总迫我写东西，倒给我以锻炼。”

9 月 21 日，为了配合谈判，美军指挥他的第二十五师、第七师、南朝鲜第

金雄（左一）、朴一禹（左二）、金日成（左三，朝鲜劳动党总书记、内阁首相、朝鲜人民军最高司令官）、彭德怀（右三）、陈赓（右二）、甘泗淇（右一）在中国人民志愿军司令部驻地矿洞外合影。

二、第六师各一部共 8 个营，在 60 余辆坦克、20 余架飞机的配合下，向志愿军第六十七军阵地猛攻，激战竟日，美军伤亡千余人，被击毁坦克 14 辆，而第六十七军阵地屹然未动。陈赓对该军之顽强与进步很赞赏，立即以志愿军司令部的名义去电嘉奖。

9 月 25 日，有人将傅涯的信带给了陈赓，他如获至宝，有“说不出的愉快，将来信读之再三”，仔细地品味信中渗透着的爱妻的柔情蜜意，勾起了他对妻子儿女深深的思念。他在日记中写道：“人笑我痴，我却痛快。”这可以说是“烽火连三月，家书抵万金”的现代版。

9、10 两月之交，战事频繁。10 月初，联合国军猛攻夜月山、天德山及 418 高地等处志愿军阵地。陈赓立即给夜月山防御的第十九兵团及第四十七军“以基本指示”；给守卫天德山的部队电令是“必须组织一切火力猛击敌人，必要时组织出击，达到歼灭其一部并给以极大的杀伤”。陈赓 10 月 5 日日记中写道：“西线战争仍激烈进行中，六十四军及四十七军均打得很好。”10 月 7 日日记中写道：“敌人西线进攻，已经受挫，伤亡达九千余人，完全达到了我们的目的。我仅伤亡约一千五百人。”10 月 8 日日记中写道：“敌人连续局部轮番地向我攻击，其西线攻势已挫。现铁原、金化地区敌运输频繁，似有进攻铁、金以北之企图。我起草一作战计划，指示各兵团、各军准备迎敌，继续大量削弱敌人。彭（德怀）完全同意。”

果然，从 13 日起，美军指挥 4 个师，向志愿军第六十七军阵地正面展开进攻，以 30 多架飞机和 200 多辆坦克助阵，每天发炮 300 到 600 发，阵地成焦土，树木被炸飞，经过 8 天战斗，美军前进了 5 公里，但死伤惨重。

陈赓在 10 月 20 日日记中写道：

> 美军的猛烈进攻，“不过如此而已”，“证明我军若是装备改善，能操有制空权，美军是完全可以击败的。在现在情况下，敌要把我赶回鸭绿江，那是幻想；但我想把美敌赶下海去也是不容易。这证明战争将是持久的与艰苦的。我们准备长期坚持吧！逐渐改善我军装备与交通，争取最后胜利”。

中线战场经过 9 天激战，战斗空前惨烈，联合国军死伤严重，阵前遗尸累累。“虽然我放弃一些阵地，但敌气焰已衰。”陈赓决定命第三兵团的第十二军加入第二十兵团作战。11 月 15 日陈赓发电报指示第十二军：在换防后，第一线兵力要节约使用，要加强纵深，构筑据点式工事要坚固。各种火力特别是炮火必须能随时支援前沿部队。组织隐蔽火力突然杀伤美军。守备二线的部队，要切实熟悉情况，地形道路，就地演习。应设法选择美军的落脚处或突出部位，进行攻击，目的要消灭其 1—2 个连，但必须要妥为准备，特别是炮火的准备与集中，不要心急。攻击一点时，要准备他们的反击，志愿军不必死守已得阵地。在给敌人大量杀伤后，及时转移，乘敌立足未稳，再组织反击，这样可不断歼

1951 年冬，彭德怀（右一）与陈赓（左一）在志愿军司令部附近坡地上看墙报。

灭敌人。这次西线第四十七军采取这种打法，几次均歼灭了敌人。11 月后志愿军总部准备在中线和西线，同时举行一次反击，收复失地，使敌人在旬日以来付出重大损失所换取的有限进展，化为乌有。志愿军第一线部队，遵照志愿军司令部的指示，经过充分准备，自 10 月 30 日至 11 月底，均在各自正面，选择敌人突出、暴露或防守薄弱的营以下阵地进行了连续不断地攻击。此次反击作战，志愿军取得了很大的胜利，歼敌 1 万余人，攻占敌阵地 21 处，经过与敌反复争夺，巩固地占领了 9 处。

陈赓于 1952 年 2 月下旬回国，1952 年 3 月下旬又第三次入朝，这是因为彭德怀身体欠佳，中央军委命令他去换彭德怀回国治病。他在 27 日的日记中写道："涯及建等送别车站，令人依依"，"但坚决执行命令，不讲一分价钱"。

3 月 31 日黄昏，经过长途乘车，陈赓到达志愿军司令部，当晚即向彭德怀转达了毛泽东促其尽快回国治病的意见。彭德怀则认为他还有很多事要处理，回国恐怕要到 5 月份。陈赓深感"其负责严肃的态度，令人起敬"。

由于中共中央不断催促，彭德怀只好决定 4 月 7 日启程回国。这样，此后彭德怀的一切职务均由陈赓代理。在一切事情交代完时，彭德怀谈了他考虑的最后一个重要问题："如果停战实现，我预想以邓华为志愿军司令员，甘泗淇为政委，杨得志为副司令员。但如果要打下去，你就出任司令员。"对于这个意见，陈赓当然不能说什么。因为他体会彭总所以这么和他说，实质是加重他的责任感；因为彭总知道，如果停战不打了，国内会有更重要的任务等待着陈赓去担负。

4月8日，陈赓召集党委会，研究确定彭总走后的重新分工：副政委甘泗淇主管党务、干部和政治思想工作；副司令员宋时轮主管作战、训练及炮兵；代理参谋长张文舟主管后勤、运输及装甲兵；副参谋长王政柱主管司令部及直属队。陈赓抓总（此时，邓华副司令员在国内治病，5月31日回到志愿军司令部）。

美军凭借他们钢铁多，不但地面炮火占优势，海、空军也占优势，战斗中常把大量的炮弹和炸弹倾泻到志愿军阵地上。美军在重点进攻中，火力更加集中，毁坏工事，摧垮阵地，使志愿军的伤亡增大。为了避免美军火力杀伤，增强战斗依托，1951年6月志愿军第四十七军有战士在野战工事里的墙壁上，挖了个“猫耳洞”小掩体掩护自己，连里干部认为这个办法好，就叫大家在山麓下挖小洞，防美军炮火及飞机的轰炸，半个班一个洞，但是在洞里时间长了，里面的人感到憋闷。大家琢磨，索性把它挖成两头通的洞子，空气流通了，再也不会感到憋闷，同时进出也方便。这就形成了坑道，坑道成了屯兵洞。于是就自发地推广起来。志愿军司令部于7月3日曾将四十七军的经验通报各军。1951年秋季防御作战中第二十四军阵地上也挖了坑道工事。志愿军司令部及时推广一线部队挖抗道的经验。为此，于9月16日和10月21日两次发出指示，要求主要工事必须是隧道式的。在阵地上以坑道为骨干，与交通沟、堑壕结合起来，对抗美军的轰炸和攻击，的确是个好办法。

陈赓回忆淮海战役期间，由于国民党军火力强，解放军搞近迫作业、挖交通壕曾起过巨大作用；又分析了朝鲜战场的情况，积极支持彭德怀关于部队挖坑道的号召。于是推动第三兵团第十二军动手，使他们的阵地很快坑道化了。后来，1952年6月，在官岱里西山的防御战斗，他们坚守坑道一昼夜，尽管美军施放毒气、喷火、爆破、轰炸等多种手段，最终仍将它的进攻粉碎，充分显示了坑道工事在防御作战中的优越性。

陈赓在彭总回国后与志愿军党委研究，认为很有必要召开交流总结构筑坑道工事的会议。1952年4月26日至5月1日，志愿军司令部召开了第一线各兵团及各军参谋长会议，由代参谋长张文舟主持。

第十五军秦基伟军长是亲自来参加会议的，因为他的军要去上甘岭接防，特意来听取各军防御作战的经验。但是他接防的阵地上，坑道工事较少。他向陈赓报告后，陈赓说：“那怎么行！”立即命令第三兵团第十二军和第六十军抽调技术能手，去帮助第十五军在上甘岭原来六十二军构筑坑道工事基础上，进一步开挖坑道，他们每昼夜组织四五班人轮换挖，并请国内工业部门解决炸药、抽风机和打炮眼的工具等。经过几个月的努力，到这年8月，不仅第十五军，而且志愿军整个第一线阵地全部形成了以坑道为骨干的完整的坑道体系。以后在赢得世界声誉的上甘岭战役中，第十五军经受住了世界战争史上空前集中火力的严峻考验。

那时，如何对付美军技术装备上的优势问题很自然地成为志愿军指挥机关议论的话题。有人主张大量发展中国空军，“训练几万名驾驶员”；有人说那样办要花很多钱，目前国家经济上还难以承受。有人则争辩说：“那就是卖了裤子也要大搞空军。”陈赓笑了，幽默地说：“裤子还得要穿，光屁股总不好看。”他当然认为发展空军很重要，但发展空军需要一个过程，主张在当前的国防建设中，在发展空军的同时，要首先强调炮兵的作用。他说：“只有炮火占压倒优势时，才能保证步兵进攻。”

志愿军副参谋长王政柱谈起陈赓时曾说：“大家感到，在研究问题的时候，这个人可是顶认真……在考虑有关作战的问题，特别是遇到比较复杂的问题的时候，可是不大一样。常常是饭熟了，工作还没有告一段落，只有等着，饭菜凉了再热，是常有的事。”

彭德怀在位的时候，陈赓分管作战，帮助彭德怀处理有关作战方面的日常事务，还要到前方部队了解情况，研究美国国情、军情和作战特点，制定作战方案，考虑作战部署。那时准备到朝鲜去的部队，都先派参观团来了解情况，陈赓要向他们介绍情况和经验，同时也要了解他们部队的情况。干部需要调动、任命或离开朝鲜的，他都要接见、谈话。还有祖国各地派来的慰问团、民主人士，朝鲜来的高级负责人，他也都要出面接待。自己部队的兵团领导人和军长、政委前来，也要谈话，还要招待他们吃得好一点儿。此外还有许多其他方面的工作……虽然工作忙、生活苦、病痛多，他的心情是愉快的。

1952 年春天，在朝鲜东线的文艺工作者，奉命去志愿军司令部作汇报演出。陈赓请了几位演员到他的平顶石头小屋中坐，给大家苹果吃，问：“你们说，是朝鲜苹果甜？还是祖国的苹果甜？”大家一时不知道怎么回答好，后来有人说：“都甜。”他笑了：“我认为朝鲜苹果更甜些。你们不要笑，这苹果里有着朝鲜人民的一份情谊。”

谈起演出，他因为看了《战地小休息》剧中，战士们脸上被硝烟熏黑的脏相不满意，说：“为什么要把我们志愿军战士搞得那么脏？那么野蛮？挽袖子捋胳膊，很不雅观。我们的战士是很文明的，很讲卫生的。美国兵在阵地上捉虱子，我们战士自己造洗澡桶，一天洗一次澡；还在阵地上种花草，这才是真正的乐观主义哩。”

陈赓不抽烟，不喝酒，也不打扑克、跳舞，有空就在树林里转转，呼吸新鲜空气，用棍子打打树叶上的露水，哼个歌。他没有架子，遇见什么人都能聊聊，摆摆“龙门阵”，讲讲笑话。

但他很关心彭德怀，一见他工作太累，精神太紧张时，就找人和他下一盘象棋。有时找不到人，就自己勉强上阵，他当然不会赢，输棋后还时常开个无伤大雅的玩笑，逗彭总和大家笑起来。彭德怀常说：“我们的陈赓同志是一个乐天派将军。”

彭德怀不愿意照相，摄影记者就来求陈赓，陈赓总是叫他们预先准备好，由他领着彭德怀出来散步，满足记者们的要求。

三、总结初战经验

1951年7月以后，中国人民志愿军经过了连续五次战役，将以美国为首的“联合国军”和南朝鲜军从鸭绿江边打退到“三八线”南北附近地区。经过5次战役的较量，战争双方的军事力量趋于平衡，战线相对稳定。转入了战略防御与持久作战。7月10日，双方开始停战谈判，虽然都在调整部署，巩固阵地，准备在战场上最终比个输赢，但那时整个战场相对稳定。

据原志愿军司令部作战处副处长杨迪回忆：1951年秋后，彭德怀考虑到利用这一短暂的相对稳定的时间，及时总结抗美援朝战争的经验。他和志愿军其他首长一商量，大家都同意，都认为把初战经验作一总结很必要。但是此事由谁来负责呢？彭德怀思考了以后说：“就请陈赓同志负责吧。”

陈赓说：“彭总既然指定要我负责，我就不好推给别人了。但是我要说明，我来朝鲜时间不久，前几次战役都没有参加，不了解整个情况，如果总结不好，你老总可不要批评我呀！”旁观者认为，陈赓的回答既幽默，又有大将风度，也只有他敢在彭德怀面前说玩笑话。

彭德怀说，又不是要你写，是要你负责，要你领导。你陈赓大家都知道，都了解，黄埔军校一期的高才生，你一定能总结得好。就这么定了。你去准备人马，只组织一个小写作班子就行。

其他几位副司令员、副政委都拥护彭德怀点的将。

陈赓笑着说：“既然老总点了我，你们各位又都同意，我只有一票，少数服从多数，我就负责干。有什么问题、有什么事找你们几位，可要支持我。”

此后，陈赓找来作战处副处长杨迪商议，由杨迪具体负责。陈赓说：“你通知各兵团，就说彭总要我陈赓负责，总结抗美援朝作战经验。我要抽调他们的作战处长来写，谁也不准讨价还价。不仅人要来，而且要将作战的资料带来。要他们一个星期内来志司报到。其他的生活安排就是你的事了。你准备好后，我来检查。人员到齐了，告诉我来看望他们。就这样定了，你去执行吧！”

杨迪在志愿军司令部不远的地方，找到一个矿山原来的炸药库，它坐落在一个小山沟里，四面是厚厚的围墙，其中有个矮小的房间，已经没有堆放炸药。他请陈赓来看，陈赓同意在这地方，还要他多开几个窗户，一是白天光线足，二是敌人飞机光临，也好跳窗子出去躲一躲。在外面还要挖几个防空洞，以防万一。还指示一切工作条件，包括吃饭、睡觉都要负责安排好。

写作人员除杨迪外，有九兵团的金冶、三兵团的王振夫、十九兵团的原星、二十兵团的杨尚德及40军的尹璨贞共6人。当他们到齐后，陈赓来和他们一一握手，然后叫大家坐下，具体布置总结的目的、要求及写作方法，说这次请你们来总结抗美援朝战争经验，是彭总的决定。志愿军入朝已有一年多的时间了，经历了几次战役，各种作战形式也都用上了，而且都打得很好。特别是在没有制空权的条件下，利用夜间作战、近战歼敌。在后方供应不上的极为困难的条件下，连续作战克服了难以想象的困难，发挥了人民军队的长处，取得了很大的胜利。志愿军以劣势装备，在没有空军支援的条件下，消灭了有大量海、空军优势的现代化装备的美军，迫使美军撤退到三八线，不得不提出停战谈判，这是个很了不起的伟大胜利。

他接着指出，现在敌我双方都转入战略防御，处于面对面的阵地防御。志愿军以劣势装备不仅在运动战中打败了敌人，而且现在正尝试着以劣势装备实施阵地防御。5 个多月来，志愿军在阵地防御中顶住了敌人的多次进攻，并正摸索如何巩固阵地、保存自己、歼灭敌人。现在阵地防御作战时间虽然很短，但已经创造了很多很好的经验。

现在来总结战争的经验，不仅要总结前几次战役的经验，还要总结阵地防御初期的经验。目的就是遵照毛泽东主席所说的，要从战争中学习战争。抗美援朝战争与国内红军时代的战争、抗日战争、解放战争不同，我们是以劣势装备，与世界上第一流的现代化的、拥有海、空绝对优势，又是经过第二次世界大战，打败了德、日、意法西斯军队，自称天下无敌的美国军队作战，这个经验是十分宝贵的。所以彭总提出来要总结经验，既用于指导志愿军继续与美军作战，又可用于国内部队吸取这场现代战争的经验，改进与提高国内解放军军事训练的质量。这就是这次总结经验的目的。

因此，总结这场战争的经验，主要要从战略的高度来进行总结，不要只写几次战役是怎么打的，也就是说不要就战役总结战役，要从战略的角度、高度来总结经验。这是总结的总指导思想。

陈赓接着说，总的想法是，首先写个总章，我们是在什么情况下抗美援朝的。然后再写战役，也一定要将当时敌我双方的政治、军事和战略意图、战场情况简要地写清楚，然后再写战役的发展情况。朝鲜战争情况特殊，战役后出现了一个停战谈判，这要单独写一章，这是世界战争史上没有的创举。敌人打不赢就要求谈判，一边谈一边打，而且都采取阵地防御方式，这也是世界战争史的新纪录。他还判断，战略防御阶段时间短不了，是持久战，等到以后再来总结吧。要把入朝参战后的战略反击阶段的经验教训，很好地总结出来，这是重要的。要求写作组先写出一个写作提纲。

陈赓要求写作组成员一定要实事求是，既不夸大也不缩小。打胜仗要写，打得不好的仗也要写，经验要写清楚，教训要写透。还有就是不要争功，要注意团结，各个兵团都是来自各个野战军，而且都是各野战军的主力。一定要注意照顾各方面，不能偏颇，要站在志愿军总部的立场上写，可不能站在你们各个兵团的立场上来写，这样才能写出志愿军的总结来。

陈赓还向杨迪交代，要他不仅要负责组织好总结的写作，各方面的保障工作也要负责安排好，特别是伙食，在现有条件下吃得好一点；注意身体，请医生常来看看，不要生病，叫大家能高高兴兴地、健康地集中精力来思考和写作。

写作组经过几天深入学习讨论，最后由杨迪把大家讨论的结果整理成提纲，送给陈赓审定。陈赓看后，又来到“炸药库”，对大家说，你们干得不错。提纲虽然好，还没有内容。希望你们每人先写出一节来，看看你们脑壳里想的和写作方式、写作风格是不是一致，还要研究是不是站在志司的立场上写的志愿军的总结。然后他转向杨迪说：“小老乡，生活保障得怎么样？不仅要吃好，还要休息好。我说的休息好，不仅是睡足觉，还要尽可能注意运动，锻炼身体。可以搞个排球来玩，还可以用木板钉一个大一点儿的桌子打乒乓球。志愿军政治部有个文工团和一个京剧团，如果演出，还有祖国慰问团来演出，杨迪，你一定要叫他们送票来，还要位置靠前一点儿的优待票……如果生活调节不好，他们向我告状，我找你杨迪是问。”

第九兵团的金冶爱喝酒，他冒出一句：“老杨只管我们吃好，不管我们喝好。”

陈赓瞪起眼睛说：“金冶，你是宋时轮那个兵团的，他是顿顿少不了酒的酒桶，你这个作战处长跟你们首长学了这个本事。杨迪，你得想法子搞点儿酒给这个小酒桶解解馋。你知道吗？唐朝诗人李白，喝了酒才能写出好诗来。但要立个规矩，只准每个星期日喝酒，而且只一瓶。如果不限制，你们喝得醉醺醺，还怎么写？”

大家听得都笑了。以后，陈赓又多次到“炸药库”看望写作组，了解总结写作情况。1952 年 2 月下旬，陈赓由于健康原因回国治病。3 月 31 日回到志司。4 月 3 日，他在日记中记载：“今日参加朝战经验写作委员会开会。”陈赓因要全面负责志愿军工作，已无时间与精力再亲自抓作战总结，因此他请志愿军副司令员宋时轮继续负责抓总结工作。不久写作组即编写完成了一套《朝鲜战场对美军作战的几个战术问题》，其内容包括战场情况、敌情研究、进攻、防御、战斗保障五个部分共 40 多万字。这是志愿军抗美援朝参战以来，对美军作战的第一次较全面系统的战术总结。此时陈赓已奉调回国任职，1952 年 7 月经宋时轮审定，下发到志愿军师以上机关，作为作战指挥和部队战术训练的参考教材，这对志愿军的初、中级指挥员更好地指挥作战和组织训练起了重要的作用，也是后来人民解放军指挥院校战术教学的重要参考教材。

第二十九章　创建军事工程学院

一、创办哈军工

新中国成立后，为防止帝国主义侵略，巩固国防，毛泽东和中共中央、中央军委领导人就一直考虑创建国防工业与建设一支强大的、现代化军队的问题。抗美援朝实践表明，现代战争中，现代化武器装备是军队战斗力不可或缺的物质基础，必须大力发展国防现代化建设。这就包括培养大批能够掌握科学技术和驾驭现代化武器装备的人才。创办各种军事院校就成为军事现代化建设的重要一环。

1950年10月，中共中央、中央军委①决定刘伯承筹办中国人民解放军军事学院。随后，又陆续创办了一批军事院校。斯大林也曾建议中共中央创办一所高等军事工程技术学院。

随着抗美援朝战局趋于稳定，1952年6月，中共中央研究决定，调陈赓从朝鲜回国创办军事工程学院。接到调令，陈赓立即将工作交给邓华代司令员。陈赓交代工作特别仔细，使一周前才从沈阳到朝鲜的邓华能十分清楚掌握志愿军的情况及敌我态势。抗美援朝战争已经取得了初步胜利，夺取最后的胜利，任务仍十分艰巨、复杂。他还同各兵团司令员谈话告别。

6月13日，陈赓从志愿军司令部驻地起程，6月14日到达平壤，受到金日成首相盛情招待。金日成热情地握着他的手，感谢他为朝鲜战争的胜利立下了功勋。为此朝鲜民主主义共和国最高人民会议常任委员会授予陈赓一级自由独立勋章。

6月16日，陈赓满载朝鲜人民的伟大友谊，渡过鸭绿江，踏上归国之路。

6月20日，陈赓一到北京，来不及与妻儿叙说，就直奔中央军委报到，请求安排向毛泽东和周恩来汇报。

---

① 1949年10月至1954年9月中央军委全称为中央人民政府人民革命军事委员会。

6月23日，陈赓急匆匆地来到中南海会议室，毛泽东、朱德、周恩来等中央领导已经坐在那里了。陈赓一进会议室就向他们问好！

毛泽东走上前紧紧地握着陈赓的手，微笑道："陈赓，快请坐，你辛苦了！"

陈赓心急地问："叫我从战场回来，有急事吗？"

毛泽东从上到下地打量了他一下说："不要急嘛，坐下来慢慢谈。"

陈赓不好意思地坐下了。周恩来微笑地看着陈赓说："先谈谈朝鲜战场的情况吧。"

陈赓说："现在抗美援朝战争正处于战略相持阶段。第五次战役已经打过，志愿军党委坚决贯彻中央军委指示的持久作战及积极防御的方针，我们用落后的武器打了胜仗，但代价很大，我们凭战斗意志，不怕流血牺牲，狠狠打击了美帝国主义。要彻底打败现代化武器装备的敌人没有先进的技术装备不行，技术兵器的确是决定战争胜败的重要因素。"

毛泽东风趣地说："有人说美帝国主义是不好惹的，其实中国人民也是不好惹的。他用联合国军名义，也没有把我们吓倒。要是我们有了现代化武器装备和掌握先进技术的干部，把敌人赶出朝鲜是不成问题的。"

"抗美援朝战争表明，武器的重要作用越来越明显，是军队战斗力不可忽视的物质基础。为了取得战争的彻底胜利，必须加紧培养技术人才，掌握现代化技术，把我军建设成为优良的现代化军队，以利于将来有把握地战胜帝国主义的侵略。"陈赓提出建议。

毛泽东面带笑容赞扬道："说得好！问题就在这里，为了彻底打败美帝国主义，我们必须抓紧培养现代化军事人才！下决心解决技术装备的落后问题。"

"陈赓，我们召你回来，就是为这件事啊，党中央决定创办一所军事工程学院，你看怎么样？"周恩来说。

陈赓兴奋地说："那太好了！"

毛泽东问陈赓："你看谁来办校合适？"还没等陈赓作出回答，毛泽东接着说："就由你来办吧！你去创办一所高等军事工程学院。"

"我来办？"陈赓有些迟疑地问，"主席，我来办……这个学院，我不懂，我可是隔行，恐怕办不好！"

毛泽东笑了："你不懂？你隔行，你说我们党内还有哪位懂行？你办不好，谁能办好？你指出来。"

周恩来接上说："陈赓，我看你是最合适的人选……你住过黄埔军校，办过红军步兵学校，还带过红军干部团，都干得很出色。你干不了，别人连你这点儿经验都没有啊！"

毛泽东高兴地挥舞着右手对陈赓说："朝鲜战争爆发后，斯大林在援助我们部分技术装备时，就提出建设现代化军队，中国人民解放军有必要组建一所高等军事技术院校。我们接受了这个建议。国防现代化需要大批技术军官，苏联也要派专家来协助我们办学院，我看就由你来当军事工程学院的院长兼政委吧。”

毛泽东说完后转过头来问周恩来、朱德和彭德怀：“你们的意见呢？都说说看。”

周恩来马上表态：“我完全同意。”

朱德和彭德怀也表示赞成。

毛泽东又把目光转向陈赓，微笑道：“大家都认为你行，我们相信凭你的才智和干劲，一定能干好，放手去干好了。你有什么困难可随时请总理给你解决。”

陈赓转向周恩来恳切地说：“我来办学，你可得当我的后台老板啊。”

周恩来说：“行，你有困难就找我。这样吧，你先成立一个筹备机构，考虑一下建院方案，要尽快上马，早出人才。党中央、政务院大力支持你们。”

毛泽东舒心地吸了几口烟，半开玩笑地说：“陈赓，你在学院里要既当爹又当娘，你和总理好好谈一谈，然后正式任命院长兼政委。”

其实，对于新中国建立后，解放军第一所军事技术高等学府院长的选择，毛泽东是经过一番深思熟虑的。

毛泽东早在 20 世纪 30 年代就提出，要办一所学校，第一件事就是选好校长。陈赓身经百战，不仅有丰富的实践经验、优秀的政治素养，而且有较高的文化基础。无论是国内战争，还是赴越南、朝鲜，同法、美帝国主义的作战中，他积累了实战经验，再加上他年轻时经过军事院校较系统的理论培养和严格的军事训练，对作战具备从感性到理性的认识。

创办军事院校，陈赓是最合适的人选，毛泽东对此深信不疑。

就这样，陈赓领受了创办军事工程学院的任务。

二、兵贵神速

从司令员到军事工程学院院长，这是陈赓人生旅程中的一次重大转折。

1952 年 7 月 11 日，毛泽东任命陈赓为军事工程学院院长，免去其志愿军第二副司令员兼第三兵团司令员、政治委员职务。

然而，摆在这位新上任的院长陈赓面前的是，一无校舍，二无教师，三无教材和设备，连教育计划怎么制定都不了解。况且陈赓从未办过军事技术院校，更不要说办综合性的高等军事技术院校了。再加上朝鲜战争正在进行，前线等着要技术干部，任务艰巨，时间紧迫。

困难吓不倒陈赓，他的一贯作风是，只要干，就要干得漂亮、精彩。他对身边的工作人员说：“解放军是一只猛虎，创办军事工程学院，就是为猛虎添翼。当然，创业是艰难的，但是革命的一切都是从无到有的，军事工程学院也一定能够从无到有。我要是办不好军事工程学院，誓不为人！”

陈赓说到做到，他像指挥打仗一样，先从调查研究入手，制定作战部署，勇敢地踏上了办学的道路。

周恩来总理为了帮助陈赓迈出办学的第一步，致函苏联部长会议副主席兼国防部长布尔加宁，为军事工程学院聘请顾问、专家。

1952 年 7 月，苏联政府派出了以瓦·依·奥列霍夫空军中将为首的 4 人专家设计组来到北京。陈赓陪同苏联专家组乘飞机从北京到哈尔滨、长春、沈阳、大连、南京、上海和武汉等地考察。经过反复论证，最后确定把校址定在哈尔滨。同时提出按军兵种需求，学院设空军、海军、炮兵、装甲兵、工兵 5 个工程系、23 个专科的具体建院方案。经过一个多月的调查研究，陈赓提出了一个边建、边教、边学和以教学为中心的办学思想和建院方针，明确了军事工程学院的性质、任务、培养目标、专业设置、招生人数、毕业去向、校址选择、组织机构以及教师、教材和教学设备来源等一系列的问题。陈赓将这些构想向中共中央作了汇报。

中央军委决定以西南军区第二高级步兵学校和华东军区司令部军事科学研究室，以及志愿军第三兵团的部分干部为基础，组建军事工程学院。

1952 年 8 月 22 日，经中央军委批准，军事工程学院成立筹备委员会。陈赓为主任，徐立行为副主任，委员有：张述祖、李懋之、张衍、胡翔九、黄景文、赵子立、任新民、沈正功。办公地点在北京地安门恭俭胡同 59 号院。

就在这天，陈赓以筹备委员会主任的身份主持召开第一次会议，他在会上说，我国第一个五年计划明年开始实行，五年计划包括国防建设计划在内，建设军事工程学院是国防建设的重要内容。本来应该按军兵种分别建立军事工程学院，由于国家力量有限，目前只能办一个“联合的”军事工程学院，为各军兵种培养工程技术人才。掌握现代技术是军队建设的大事。因此，党中央、中央军委决定创办军事工程学院，外国朋友也有这个建议。过去我们没有条件创办这样的学校，现在全国胜利了，条件改善了，已经有了一批知识分子，在座的华东军区军事科学研究室的各位专家就是创办军事工程学院的一支“主力军”。

说到这儿，陈赓停顿了一下，然后大声说：“靠我们齐心协力，办好我军的第一所军事工程学院。现在军工已‘怀胎’，明年‘出世’，它将在我军建军史上占有一个重要位置。办好这个院校有优越的条件，有毛主席、周总理的关怀，有中央军委和各总部的坚强领导，有中央和地方政府及军队各军兵种领导机关的大力支持，有苏联专家的帮助。我们校址已选在哈尔滨市南岗区。周总理决定将哈尔滨医科大学的校址全部给我们作为扩建基础，他们另建。国防现代化迫切需要技术军官。周总理指示，军事工程学院要尽快上马。”

陈赓的目光环视了一下大家，用力地挥了一下右手说：“军中无戏言。任务紧迫，时间不允许我们迟缓，筹备工作要立刻开始，争取 3 个月内基本完成各项工作，12 月份迁往哈尔滨办公。”

这次会议明确了筹备工作的各项主要任务，对学院的总体方案、体制编制的拟定、聘请教授、选调助教、招收学员、校舍建筑、申报采购器材等几项主要工作做了分工。

最后陈赓强调既要分工，又要互相支持，密切配合；既有各自的主要任务，又要交叉兼顾。陈赓以主要精力抓师资和校舍两件最紧迫、最棘手的大事。

9 月 3 日，陈赓再次召开筹委会，让大家谈谈这几天工作进展情况以及遇到的困难。大家七嘴八舌地把情况一说，发现困难还真不少，于是有人建议：请周总理召开一次政务院有关部委、军委各总部、各军兵种领导参加的会议，讲讲建立军事工程学院的意义，请他们给予大力支持。

陈赓正准备向周恩来汇报学院筹备情况，于是说：“行！我找周总理去，我们要借用上方宝剑的作用。”

9 月底，刚从苏联访问回来的周恩来召集由国家有关部委、解放军各总部及各军兵种领导参加的关于哈军工建设的专门会议。到会的有：中央军委委员兼华东军区司令员和上海市市长陈毅、财经委员会副主任兼财政部长薄一波、人事部部长安子文、教育部副部长钱俊瑞、建筑工程部部长陈正人、总参谋部副总参谋长粟裕、总政治部副主任萧华、总干部部副部长徐立清、总后勤部部长杨立三、空军司令员刘亚楼、海军司令员萧劲光、炮兵司令员陈锡联、装甲兵司令员许光达、工程兵司令员陈士榘等。

周恩来讲了创办军事工程学院的重大意义后说，在座的各位应协助陈赓尽快建成这所军事工程学院。要人、要钱、要东西，要尽可能无私地慷慨支持，此事已告东北局和松江省[①]，要省委大力支持军工学院的建设。陈赓也要抓紧时间开展工作。以后需要开会，由陈毅负责组织。

周恩来讲话后，陈赓站起来拱手环顾一周说：“各位政府‘大臣’，各位将军、‘元帅’，兄弟才疏学浅，诚惶诚恐接受这个史无前例的任务，实在寝食难安，竭诚祈求各位军政首长，大力扶持兄弟一把，共同来完成党中央、毛主席交给的任务。”

薄一波插话说：“你什么时候都少不了说俏皮话。”

趁着会场上大家积极性都很高，陈赓把哈军工创办的构想与规模一一作了介绍，真诚地说：“会后我就把建筑方案和各项工作计划提出来，由筹委会各分工负责同志向在座各位首长汇报请示。我们是直属军委的学校，也是直属各军兵种的院校，学校除军委赋予的任务外，每个系都要向自己的军兵种首长汇报请示工作，接受领导，希望各军兵种首长多加指导。”

接着，陈毅说：“建立军事工程学院是非常重要、非常迫切的。周总理指

---

① 1954 年撤销，划归黑龙江省。

示要尽快上马，陈赓提出边建边教边学，请调教授同时招生，这样就能保证早出高质量的人才，打响第一炮。希望大家根据这个会议的精神，大力支持陈赓，把军工学院尽快建起来。”

薄一波发言说：“我们全力支持陈赓办好这所学院，有什么要求尽管提出来，国内有的优先调拨；国内没有的，去国外订货，要尽最大努力来满足你们的要求。”

萧劲光、刘亚楼、许光达、陈士榘等都表示全力支持办好军工学院，已有的武器装备要多少给多少，现在没有的，从国外进口，先满足建院需要。

陈赓欣喜道：“大家真慷慨，要多少给多少，其实多了也不要，每样两套就可以，一套做实物教学，一套解剖研究。”

会议圆满结束了。散会后，别人都走了，可是陈赓仍然不走，他请示周恩来道：“我们请来那么多苏联专家，该怎样向他们学习，不要让我犯教条主义错误呀？”

周恩来说：“你跟我一块去请示毛主席吧。”

后来毛泽东指示：在军事科学技术方面要全学人家的，咱们不懂，没有办过这样的学校，在学习过程中随着我军的发展实际不断提高，吸取精华为我所用，这就是“洋为中用”的方针，不能说是教条主义；在军事行政管理与训练方面主要是学习人家的正规化建设与训练方面的经验，不要怕有点儿形式主义；在政治思想工作方面，要发扬我军数十年来行之有效的思想领先、政治挂帅的传统，不搞一长制、命令主义。不学的地方也要讲究方式方法，不卑不亢，多做耐心解释工作，不能影响团结。

陈赓还将这次的会议情况向中央军委副主席彭德怀作了详细汇报。

彭德怀主持军委日常工作后十分重视军队现代化、正规化建设，特别重视军事院校的建设。他和陈赓在朝鲜战场的枪林弹雨中共同指挥战斗，有同感，有共识，深感军队现代化建设需要一批知识军人，提高战斗力。

彭德怀对陈赓提出的哈军工要“边建边教边学”的方针很赞赏，连连说：“这个方针很好，体现了我们的急需，国家要快出人才。虽然新中国百业待兴，经济困难，但大家对创建哈军工都慷慨支持，我很高兴。”

陈赓立即将中共中央和军委领导同志的讲话精神传达给军工筹委会的全体人员，他让大家按分工赶快提出计划，分头呈送各主管部门，趁热打铁，抓出成效。并鼓励大家说：“干得好是你们的工作成绩；出了问题，我承担责任。”当时，筹委会的同志都激动得满眼放光。

三、哈军工拔地而起

打仗，陈赓是一个常胜将军，在战场上指挥千军万马用兵如神。

办学，他这位刚上任的院长面对的却是空荡荡的一片空白：教授在哪里？学生在何方？校园如何建？

戎马生涯闯过来的陈赓当务之急是要把中国第一所高等军事工程技术学院，由领袖们的期望变成现实。

陈赓点名调来了在志愿军第三兵团任副参谋长的李懋之，来帮他一起办学校。

能带兵打仗的李懋之，当时对办学心有疑虑，他对陈赓说："我干学校工作恐怕不行。"

陈赓鼓励道："你住过西北军士官教育团，当过太岳抗大分校教育长，总有点儿学校生活体会，不会就学，大胆去干。"

就这样，老领导发话了，李懋之认定了跟着陈赓干没错，走马上任进了筹委会。

陈赓总是亲自参加筹委会请调小组会议，听到介绍有专长的高级知识分子，他就当场拍板："抓紧要来。"土木工程专家高步昆就是这样调进来的。

10 月初，陈赓、李懋之和高步昆去哈尔滨看校址。

选中哈尔滨，在很大程度上是出于政治与军事的综合考虑。哈尔滨距离苏联较近，在当时，苏联是中国强大的后方基地。这种影响力的结果，我们可以看到 20 世纪 50 年代上马的中国最大的常规兵器试验基地、中国海军试验基地等，均设在靠近苏联地区。

奥列霍夫率领的苏联专家组，对哈尔滨的人文环境和城市建筑及生活方式也感到很亲切。苏联顾问提出：校园要宽大，要能满足军营生活需要与将来发展需要，要建成一个园林式的校园，多种花草树木，给教学和生活创造一个优雅、清新、安静、舒适的良好环境。

就这样，校址定在哈尔滨市南岗区的文庙街和一曼街北部。李懋之和高步昆站在这片土地上放眼望去，心里不由得冒起一口凉气。校园用地 3500 余亩的范围内，有哈医大将要移交的校舍，还有一座传染病院和麻风病院要拆迁，孔子庙要保留，3000 多座坟墓要搬迁，剩下的就是一大片乱草丛生的荒地。要建成园林式的校园谈何容易！

李懋之将情况汇报给陈赓后，陈赓的眉头皱了皱，很快就舒展开来。对此他早就有思想准备。

两个月前，陈赓勘察选址时，选中了这片土地，考虑到这里大部分是荒地，搬迁工作容易，没想到选址报告送到东北军区，迟迟得不到答复。后来他听说哈医大不愿搬，就亲自给东北卫生部卢部长打电话询问此事。

卢部长说："陈院长，不是医大不同意搬，是高主席[①]有想法。"陈赓心里

---

① 高岗时任东北人民政府主席兼东北军区司令员。

直冒火，建院时间这样紧迫，高岗还从中作梗。于是，他拿起电话要通了东北军区副司令员贺晋年："老贺啊，听说要你的一块地皮，都要到国外去了。"

贺晋年一愣，没回过味来。

陈赓又继续说："你这大司令员可要帮我一把呀！"

贺晋年说："不是我不同意，是高主席有考虑呀！"

放下电话，陈赓心里已经明明白白，问题出在高岗那儿，是他不同意把军事工程学院建在哈尔滨。他对身边的工作人员说："高岗醉翁之意不在酒啊。"

当时陈赓面对高岗的"不表态"，是不会耐心等下去的，他眉头一皱计上心来，去请"上方宝剑"。

第二天，陈赓急匆匆地赶到政务院去找周恩来。碰巧周恩来正在接见民主人士。于是陈赓就在接见大厅外，坐在等待接见的民主人士后边排队。

陈赓面色红润，性格豪爽，看上去和等待接见的民主人士一样心情激动。他这个人无论何时何地何事有何困难，都是笑嘻嘻，乐哈哈，妙语连珠，无拘无束，一言既出，四座生风，被老战友们戏称为"陈赓式的幽默"。然而，这天他很规矩地坐在队伍的最后。

周总理一一接见完民主人士，就问秘书："外面还有人吗？"

秘书答："还有陈赓司令员在等待您接见呢。"

周总理立即迎出去，笑着说："陈赓，你有事就进来嘛！怎么也当起民主人士了？快进来吧！"

陈赓说："我是不愿意打扰总理的接见次序，我要单独汇报啊！"

周总理在听了陈赓汇报关于军事工程学院的校址问题后，深思片刻说："你先将情况给聂荣臻、邓小平同志谈谈，然后我在会上讲，再向毛主席汇报。"

一周后，中共中央、政务院、中央军委正式下发文件决定军事工程学院校址定在哈尔滨市。

鉴于任务紧迫，陈赓亲自替毛泽东起草请东北军区给予支持的电报。政务院命令国家卫生部和东北人民政府把位于哈尔滨市南岗区医科大学 4.7 万平方米校舍拨给军事工程学院作为立足点，哈医大另选校址。周恩来随即派检查组前往沈阳、哈尔滨督促、落实。

在接收医科大学房产时，陈赓亲自登门拜访了医科大学的校长，诚心诚意地向他道谢和致歉。为了使医科大学附属医院不中断门诊，陈赓又主动把已拨给军事工程学院使用的一些房子暂让医科大学门诊部使用，并带筹建组的人去看医科大学选的新校址是否理想。

这年 10 月，国庆刚过，陈赓对先期到达哈尔滨的组建部队作了动员讲话。那是陈赓第一次对哈军工的官兵们讲话，他精神抖擞地走上讲台，用热诚的目光环视了一下他的新部属，和蔼可亲地说："今天我就不照稿子念了，就按自己想的讲吧，你们都是部队挑选出来的精兵强将，肩负着建设哈军工培养我军高级技术人才的任务，希望大家团结一心，努力工作，我们共同完成这光荣而又艰巨的任务……”陈赓的话音一落，台下掌声雷动，大家都说这个讲话开门见山，实在亲切，节省时间，风趣幽默。

在先期到达学院的部队干部里有 100 多人原是文工团员，由此组成了哈军工文艺工作团，排出一台文艺晚会节目。陈赓就让文工团首先给省市党政机关和哈医大等单位慰问演出，向他们表示感谢。

经过多方做工作，很快赢得了当地政府和哈医大的支持，只用了不到两个月的时间，文庙街南北两侧的房子全部腾出来移交给军事工程学院，从而使来自西南、华东和抗美援朝前线的数千名各类工作人员及其家属在严冬季节里有了落脚之地。

哈尔滨城市建设委员会将南岗区文庙街一带 3500 亩的空地划拨给军事工程学院作为永久校舍建筑基地。

为落实校舍建筑计划，陈赓命李懋之负责组织领导校舍建筑委员会及其办公室的行政工作，技术上由土木工程专家高步昆和殷之书两位教授把关，拟定校舍建筑规划，提出“长期打算，正规要求，坚固适用，节约美观”的建筑方针。计划中的学院规模宏大，校舍基本建设任务非常艰巨。陈赓指示基建部门立即制定校舍建筑规划，做好设计、材料、施工等各项准备工作，有困难他就亲自出面解决。

1952 年 10 月下旬，陈赓带李懋之去见薄一波。他们刚一进大门，薄一波就边走边说地迎了上来：“陈院长，有事让懋之来谈就行了，何必劳你大驾。”

陈赓爽朗地一笑道：“你是上司，下官岂敢不来晋见。”

薄一波握住陈赓的手说：“你呀，说话总带刺。”

他们坐在客厅里寒暄了一阵儿后，陈赓说：“薄部长，我这次可是来求援的，你得助兄弟一把。懋之你把咱们的困难说说。”

李懋之向薄一波汇报：根据学院边建边教边学的方针，到 1956 年底要全部建成 60 万平方米教学用房和必需的办公、生活用房，任务相当急，需要把设计单位、施工单位和建筑材料落实到一个部门，安排力量，才能保证按时完成。几天前关于军工筹备工作，曾通过中央军委办公厅主任肖向荣向苏联驻军委总顾问柯托夫征求并听取他的意见，柯托夫一再说：“办这样诸军兵种综合性的技术学院，在亚洲、甚至在世界各国还没有过。”

薄一波说：“我给陈正人（时任建工部长）打电话，你明天去找他谈，把设计、施工和材料供应单位落实下来。”

第二天，李懋之找到陈正人，请他帮助落实设计、施工单位和三材（钢材、水泥、木材）供应渠道，以便早日开展工作。陈正人马上叫来有关局长当面研究，指定松江省建筑设计院和东北人民政府的建筑设计院负责设计，力量不足时，由部属设计院协助；施工力量全由松江省负责，力量不够再由沈阳抽一部分去；建筑材料由建工部拨交松江省优先供应。至此，问题得到解决。

可是，当下大队人马的住房还是很成问题。

1952 年 11 月 4 日，先期到达哈尔滨的徐立行，给陈赓打电话报告了一个重要消息：随着中长铁路向中国移交，中长铁路局的苏联专家正陆续回国。他请陈赓设法把苏联专家住的房子要过来，给即将来院的苏联顾问和老教授居住，其中“大和旅馆”可容纳苏联顾问团的全体成员。

陈赓放下电话，立即叫来李懋之，让李懋之以他的名义给周恩来写报告，而且必须当天写好。陈赓是带兵打仗的人，办事历来雷厉风行，说干就干。

11 月 5 日清晨，陈赓拿着报告去找周恩来，周恩来正在主持一个重要会议。趁着周恩来开会中间上厕所的机会，陈赓就站在了厕所的门口。当时有人疑惑地看着他，他不在乎。如果是别人遇到此情况，早就打道回府了，改天再办。可是陈赓不，此事立马就要办。

这时，周恩来刚出厕所门，陈赓就拿着报告迎上去：“请总理批一下吧！”

周恩来奇怪地问：“什么事这么急？”

陈赓一脸诚恳道：“你不是要我们抓紧时间建军工吗？”

周恩来开玩笑地说：“陈赓啊，你真有办法，找到厕所要我办公，这是你的一个发明，应该写到你的自传里。”

周恩来看完报告后，当即批示：“请滕代远部长与陈赓面谈。电话即告哈尔滨铁路局余光生同志，务必按照军事工程学院所需的房子拨给他们，并将结果告我。”

1952 年 11 月 7 日，陈赓带着李懋之去找铁道部长滕代远，滕代远给余光生又是打电话，又是写信，要求他按周总理批示，将中长铁路局专家用过的房子拨给军工学院用。房子问题终于得到了圆满解决。

12 月 3 日，陈赓到达哈尔滨，至此哈军工的筹备工作重点也从北京转移到哈尔滨。

陈赓带李懋之，又叫上徐立行、张衍等人勘察了学院院区。院区内有一座文庙，陈赓指着文庙说：“这是应保留的文物，还可以利用它作图书馆和专家办公室，可以使教员、学员常常想到孔夫子教导门生的学习方法，‘学而时习之不亦说（悦）乎’。”他们边说边走，4 人来到极乐寺门前，陈赓回过头来，开玩笑地对后面的 3 个人说：“大家要安心在学院工作，活着创业光荣，死了可登‘极乐世界’。”

12 月 18 日，学院成立了建筑委员会。陈赓对分管基建的人说：“军委拨款越宽裕，越要注意节约，浪费就是犯罪，如果将来出了问题，我去坐牢，我坐牢你们也得陪着。我这个人别的都不怕，就怕寂寞。”

教学大楼要不要盖大屋顶，当时争论不休。苏联专家叶果洛夫主张盖俄国式的，李懋之等主张盖中国式的大屋顶，屋脊按各系特点制成飞机、大炮、军舰、坦克等小模型。最后陈赓拍板搞中国式的大屋顶，但是，他强调要节约经费，不能用琉璃瓦，盖的都是普通的灰瓦。后来有人对陈赓打趣地形容：好像穿西装戴了一顶瓜皮帽。

陈赓不置可否地笑笑了事。他知道军工基建任务相当重。一个月前的 11 月 20 日，他在给中央军委写的《呈请批示军事工程学院校舍建筑初步计划》中提出的建筑总面积是 41.19 万平方米，计划 3 年完工。由于任务重，时间紧，要求高，加上哈尔滨冬季零下三四十度，冰天雪地施工，困难很多，设计单位和施工单位一听都摇头，担心难以如期完成任务。

1953 年元旦，陈赓起了个大早，挨家挨户招呼学院领导："你们几个老兄早点儿起，咱们一起去拜年。"陈赓率几位学院领导一起到了省长和省委书记家。省长怎么也没想到陈赓会亲自上门拜年，论资历、论职位陈赓是中央委员，而松江省当时还没有一个中央委员，论贡献陈赓也比他们大。现在陈赓亲自登门来拜年，一脸和蔼和诚恳，感谢地方支持学院工作。省长马上表态："哈军工在当地有什么要求，松江省和哈尔滨市一定尽力办好。"

陈赓一行又来到吕市长家，吕市长慌得没有穿袜子就跑出来连声说："陈司令，你还亲自到我这里来了，有事打个招呼就行了。"陈赓说："我们来，一是向你拜年，二是感谢哈尔滨市对军事工程学院建设大力支援。"市长说："实在不敢，我们的工作没有做好。"由于军工对地方党政机关的尊重，从而也得到地方政府对军工建设的大力支持，军工在哈尔滨十多年有求必应。没有省、市的支持，军工迅速建成是很困难的。

1 月总政治部通知，军事工程学院暂执行兵团级党委权限。2 月中央军委发布命令，军事工程学院隶属中央军委和总参、总政、总后直接领导，学院下设 6 个部：政治部、干部部、科学教育部、技术部、队列部、物资保障部；5 个系：空军工程系、炮兵工程系、海军工程系、装甲兵工程系、工程兵系；一个预科大队。

4 月 25 日，第一期建筑工程破土动工。在举行建筑施工奠基典礼时，陈赓在施工现场铲了第一锹土，全院 40 多万平方米的建筑任务从此揭开序幕。省建筑公司边总经理率领 5000 名工人与军工近百名施工检查员并肩战斗在工地上。

当时工地如战场，喇叭成天响，昼夜苦战，风雨无阻，白天红旗招展，夜间灯火辉煌。陈赓经常一个人到工地各处走动，了解施工进度和施工质量，给工人讲"百年大计，质量第一"的道理。

陈赓闲不住，总是这里跑跑，那里转转，平易近人，关心群众，在基建工地各工区都有他的身影，连工人住的工棚和食堂他也去看看。遇到工人休息，他就在工人群众中问寒问暖，关心工人的生活和工作，鼓励他们以主人翁的态度来完成毛主席交给的光荣任务。不管是寒冬还是酷暑，他三天两头拖着打仗受过伤的腿在工地上到处转。陈赓和工人们一见如故，说着幽默的笑话，向工人们问长问短了解施工进展情况。

建筑面积近 5 万平方米的空军系教学大楼快要封顶了，陈赓和工人一道爬到最高层，在上面转了一大圈。他还冒着暑热多次登上其他快要竣工的教学楼顶。

就是这楼顶，也够他烦心的。负责基建的人向他报告：“不搞琉璃瓦，设计院不愿意设计！”因为，当时的教学楼都是“大盖帽”。大屋顶需要金碧辉煌的琉璃瓦，琉璃瓦要花大笔钱。陈赓坚决不同意，一律改成灰瓦。

基建负责人又报告说：“设计院还提出，把柱子都漆成红色。”

“咱们又不是盖宫殿，不要漆红。”陈赓语气坚定。

“不行啊，不同意他们的方案非误了工期不可！”

“误了工期找你算账！”陈赓不容置疑道，“你跟设计院讲，一不要琉璃瓦，二不要红漆柱子，他们设计也得设计，不设计也得设计，这是命令！不能讲价。”

事情就这样拍板定案了，陈赓还要亲自上楼顶再看看有什么问题。

军工 50 多米高的水塔，当时是哈尔滨最高的水塔，快要修建好了，陈赓望着塔顶动了爬上去的念头：“这可是制高点，我要上去看看质量如何。”

“不敢不敢，院长，太危险。”许多人劝他不要上去。

陈赓亲自攀登视察的水塔，它是哈军工最早也是最高的建筑。

“我又不是去跳楼，怕什么？”陈赓拿定了主意。

“水塔太高，年轻人上到一半都觉得头晕。何况现在还没有修好，只能顺着脚手架往上爬，院长您的腿在战争中还受过伤。”

这次，陈赓是铁了心非到塔顶看看不可：“过去打仗都不怕，上水塔怕什么？”

警卫员知道陈赓的脾气，他要干什么是很难拦住的，赶快上前跟随搀扶。陈赓一摆手，示意警卫员不要扶：“放心吧，我自己能上。”

正当陈赓满头大汗往水塔顶端爬时，他没有注意下面来了许多人，大家都仰着头看他，为他捏着一把汗。

竹子搭的脚手架，人登上去迈一步晃一下。政治部副主任张衍刚才再三劝阻陈赓不要上去，现在却不得不跟着陈赓往水塔上爬。

上到一半时，张衍身上全都汗湿了，头上直冒冷汗，从上往下瞄了一眼，水塔下的人小得像支笔。当年张衍 36 岁，而陈赓 50 岁。张衍真为在他上面正往水塔顶端爬的陈赓担心啊！手里捏着一把汗，腿都有点儿发抖了。

他们一步一步地往上爬，张衍已经气喘吁吁，陈赓也开始喘着粗气。张衍想扶一下陈赓，陈赓一挥手，继续往上爬。

陈赓终于站在水塔顶部，俯瞰四周，哈军工的工地上热火朝天，哈尔滨的各大建筑物尽收眼底。陈赓兴奋地对张衍说："这水塔真高，全校都看清楚了，我们的哈军工就要建好了。"

张衍气喘吁吁地点头赞同。的确，那种登高望远的感觉真是好极了。

陈赓的手插在腰上，举目远望道："将来在水塔顶上装上霓虹灯，安上八一军徽，让大家老远一看就知道这是我们哈军工……"

话是这样说，可陈赓心里比谁都急，要保证 1953 年 9 月 1 日开学，校舍建设是头等大事。教员、学员总要在房子里读书、学习和住宿呀。

1953 年 6 月 5 日上午，陈赓请来了中共松江省委书记李长青、省主席强晓初，中共哈尔滨市委书记王一伦、市长吕其恩到军事工程学院主持施工单位、设计单位和学院三方联席会议，研究解决施工进度与质量问题。

针对施工中存在的问题，最后陈赓发言说："同志们努力啊，为了保卫祖国的安全，我们必须加快国防军的现代化建设，而我们这个学院就是为了加快培养现代化的技术军官去驾驭现代化的武器装备。这是党中央、毛主席交给我们的紧迫任务。参加军工学院建筑任务的全体干部和工人都担负着这项紧迫的光荣任务，我们要像志愿军打仗那样克服一切困难，加快工程进度，保证工程质量，按时完成任务。"

这次会议，协调解决了各方面提出的问题，进一步保证了施工进度与质量。

那时，为了学院基建的事，陈赓常往市政府跑，省市领导也都知道"陈赓式的幽默与厉害"。市长吕其恩就曾遇到过这样一件事。

一天，陈赓坐着他的黑色吉姆车去市里办事。车开到半路就看到一名交通警察摆手拦车。司机回过头来请示："陈院长，咱们停车吗？"

陈赓说："停车吧。"

坐在前排的警卫员伸出头问警察："你有什么事？"

警察说："把我送到市公安局去。"

警卫员刚要张口说不行。陈赓说："让他上来，咱们送他去市政府。"

汽车开到市政府大楼前，那位警察要下车，陈赓拍拍他的肩膀说："老兄，你先别下车，等一下。"

陈赓对警卫员说："你上楼去把吕其恩市长叫下来。"

吕其恩来后，陈赓走下汽车，一边和吕其恩握手一边说："他是你的兵，拦住我的车，要搭车到这儿来。现在我已安全送到，将他交给你吧。我有急事告辞了。”说完上车就走。

其后，吕其恩以此事为典型，对民警们利用职权随便拦车图自己方便等谋私利行为进行了整顿教育。

在省市党委政府的支持下，陈赓亲自检查督促，学院建设进展迅速。1953年7月，学院向中央军委和政务院建工部申报1954年建筑计划。列入计划的各系教学大楼、办公大楼、礼堂、体育馆共20万平方米，需建筑费4000万元。为此，负责此项工作的李懋之，7月7日晚8时，向副总参谋长兼总后勤部长黄克诚专门作了汇报。黄克诚听完汇报后，从国家整个财经状况、原材料供应、建筑施工能力等情况一一做了说明，最后结论是：“从整个国家的能力看，很难批准你们明年20万平方米的建筑要求。”

怎么办？李懋之愁眉紧锁，将情况报告了陈赓。

陈赓果断地说：“黄部长讲的道理都对，可我们的事也要办，看来不找‘上帝’是不能解决问题了。”

7月10日，陈赓急匆匆地直奔中南海去见毛主席。

毛主席一看陈赓一脸急不可耐的样子，就笑了。老人家想起一件往事。1943年一个炎热的夏日，毛泽东在延安抗大作整风报告。忽见台下最前排的陈赓抓耳挠腮，东张西望，然后整衣起立直奔主席台。毛泽东一愣，奇怪地问：“陈赓同志，有何急事？”陈赓不语，伸手拿过讲台上毛泽东的搪瓷杯，“咕咚咕咚”就喝下去。然后，擦嘴、立正、敬礼、报告说：“天太热，借主席一口水喝。现在没事了。”全场顿时哄堂大笑，毛泽东也宽容地笑了。

毛泽东了解陈赓，对陈赓的幽默喜爱有加。据毛泽东的秘书叶子龙回忆：

> 1947年6月在陕北的小河村村西的石屹崂，毛泽东主持召开了一次中央扩大会议。这是一次军事会议。周恩来、任弼时及彭德怀、贺龙、陈毅、陈赓、王震等各部队的负责人以及中央后委的杨尚昆等参加了会议。会议讨论了解放战争第二年的形势和任务，决定刘邓所部“下决心不要后方，以半个月行程，直出大别山”。
>
> 会议结束后，毛泽东关照工作人员举行一次会餐，款待诸位领导同志。高朋满座，很长时间没有相见了，这次聚首，自然备感亲切。饭桌上充满了热烈、欢快、轻松的气氛。
>
> 交杯换盏时，厨师把一碗菜放在桌上，说“这个菜叫‘三不沾’，请各位领导都尝尝！”
>
> 这是一道用鸡蛋做的菜，因为油比较多，吃时不沾筷子不沾碗不沾嘴，所以取了个菜名叫三不沾。这时陈赓把鼻子凑到碗边：“好香啊！哎，诸位，在上海时有一次我在街头一个饭馆吃饭，正吃着，来了个讨饭的，你们猜他是怎么要法？”说着，他“扑！扑”往碗里吐了两口，“你看，这

还怎么吃，我只好把饭给了他。噢，该死，该死！我怎么真吐了！”

毛泽东大笑着说：“好你个陈赓，想吃你就吃呗，别跟我们大家耍滑头么！”

陈赓也笑了：“还是主席了解我，那我就尊敬不如从命了！”说着，他捧起碗来，几筷子就把一碗三不沾报销了。[1]

这时，毛泽东微笑地看着陈赓说：“你今天又为什么事情找我呀？”

陈赓说明来意，这次是为了学院解决教员和建校舍的问题。

毛泽东说：“不要急嘛，先喝杯茶，我请朱总司令一起来听你的汇报。”

陈赓坐下来，端起茶杯喝了几口，朱德就到了。

陈赓将9个月来学院建设的情况扼要作了汇报，然后，提出对国内形势和急需加快国防现代化建设的看法，进而又提出学院培养任务急，教员缺，建筑规模大，国防经费少，黄克诚部长不愿批明年20万平方米的5幢教学大楼及礼堂、体育馆，筹建工作遇到了实际困难，陈赓竹筒倒豆子般的都说了出来。然后，他长出了一口气，目视着毛泽东。

毛泽东说：“陈赓对形势分析得很对。战争还在打，战备不能放松，苏联援助我们的现代化武器装备正在不断送到部队，光靠几个专家顾问指导不行，我们急需要有自己的军事工程技术干部。陈赓提出的问题我看都能解决。”说完他回头问朱德：“你的意见呢？”

朱德说：“我同意主席的意见。朝鲜战争的经验教训，要求我们加快国防现代化建设，军工学院培养现代化技术军官是部队搞现代化的一个先决条件，有先进的武器装备没人会用不行。国防费用是少了一些，但应分轻重缓急，有重点开支。军工学院所需经费，应该充分保证。”

毛泽东说：“你去告诉黄副总长，召开军队有关部门的首长会议解决问题。”接着他又用征求意见的口气问：“陈赓，你还有兴趣办这个学院吗？我想调你到军委来工作，你的意见呢？”

陈赓爽快地说：“主席，我很愿意办这个学院，而且兴趣很高，请主席批准我办下去，多学几年建设现代化军队的知识，以后再说调不调的问题。”

毛泽东点了点头，赞同说：“我支持你把学院办好！”

陈赓趁此提出请求：“我们学院今年9月1日就要开学，请主席在百忙中为学校写个《训词》，再为学院的报纸起个名字。”

毛泽东谦虚地一笑，答道：“我现在已不常写东西了。这样吧，《训词》我让肖向荣（时任军委办公厅主任）起个草，我修改修改。还有校办报纸，南京军事学院的叫《军学》，你们军工叫《工学》好，就两个字，我可以写。”

因为很快要召开军委扩大会议，研究解决军工的问题，陈赓第二天又去向

---

① 引自《叶子龙回忆录》，中央文献出版社2000年版，第114、115页。

周恩来汇报了与毛泽东、朱德谈话的情况。周恩来欣然表态，各有关部门都要大力支持办好这个学院，要人尽量抽，要器材尽量给，建筑计划照准。最后，周恩来语重心长地提醒陈赓道："陈赓，明年建筑任务数量大，你要防止完不成任务哟。另外，你要跟在他们屁股后边抓紧催办，免得落空。"

有了"上方宝剑"，陈赓又告诫李懋之等人：不要以为有了"上方宝剑"，就到处张牙舞爪，盛气凌人，惹人讨嫌。以后向各军兵种要求解决问题，要精打细算，掌握紧一点儿。对地方党政领导和有关部门也是这种态度。并要李懋之当晚就给远在哈尔滨的徐立行和张衍打电话，并转告各部、系。

7 月 13 日，军委召开扩大会议，请政务院人事部、高教部、建工部的部长参加。陈赓简要汇报了建院进展情况和困难，提出了需要解决的教员、干部、建材、器材等问题。人事部部长安子文、高教部副部长凯丰、总政副主任萧华分别发言，表示给予支持。经过研究讨论，黄克诚总结说："陈赓创建哈军工是军队现代化必须走的第一步，是国防现代化基础的基础，毛主席、周总理都十分关心，大力支持，各方面要慷慨支援。陈赓同志是两手空空，白手起家。9 月 1 日哈军工就要开学，困难确实很大。毛主席指示：'陈赓提出的问题都应该给以解决。'大家应本着这个精神，大力支援哈军工。陈院长提出要人的数目不变，但要照顾大家困难，同意分批调，望各单位按时调去。校舍建筑明年是重点，确定 18 万平方米，3500 万元资金，大礼堂、体育馆可以放到后年去，要保证建成 5 座教学大楼。9 月 1 日开学，总参负责通知，请各总部、各军兵种和政府有关单位派代表参加，当地党政领导和兄弟院校由学院直接邀请他们参加。"

结论有了，会结束了，陈赓自然兴奋无比，这段时间他呕心沥血，把主要精力都放在建校舍和调教师这两件大事上，现在终于初见成效。他高兴地站起来说："承蒙大家关照、支持，我在这儿向大家表示感谢了！欢迎大家到我们哈军工参加开学典礼。"

就在开学前夕的 8 月 6 日，军委副主席、政务院副总理、中国人民志愿军司令员彭德怀在朝鲜停战协定上签字后回到祖国，他回国的第一站就是到哈尔滨视察即将宣告成立的军事工程学院，也顺便看看老战友陈赓。

抵达哈尔滨前，彭德怀特意打电话告诉陈赓："这次我到军事工程学院去看看，你可不要组织部队欢迎，我只要你一个人到火车站来接我。"

陈赓笑答："一言为定。"

就这样，陈赓没有惊动任何人，他到火车站把彭德怀接到了哈军工自己的住处。而这次彭德怀也不兴师动众，只带了一个警卫员，来看望陈赓。当时松江省领导得知彭德怀要来哈尔滨，早已给他安排好高级宾馆。可是彭德怀不去，他就是认准了陈赓那简陋的小平房。

彭德怀环顾四周，陈赓的住房简单而整洁，没有任何豪华的装饰，只是比朝鲜战场的宿舍里多了些书，增加了一些儒雅之气，彭德怀感到非常温馨。他对陈赓带头住小平房，把好房子让给教授们住感到很满意。赞扬道："陈赓，你还是老革命的作风啊！"

该吃饭了，陈赓真发愁了，夫人傅涯不在哈尔滨，彭德怀不但要在他这里住，还要在他这里吃，他总该给刚从朝鲜战场归来的彭德怀吃点儿好的吧。于是，陈赓跑到隔壁张衍家求援。

陈赓急匆匆地对张衍说："帮帮忙，你快点儿给我准备几个菜。"

张衍被搞了个措手不及，无奈地说："我家里一时也拿不出什么能摆到桌面上的好菜呀。"

陈赓说："你老父亲带来的小干鱼味道不错，先支援我吧。"

就这样，陈赓从张衍家里拿来了一盘小干鱼，再加上准备的 4 个家常菜，两个老战友有滋有味地吃了一顿家常饭。

晚上，彭德怀就住陈赓的小平房里，两个老战友同住一间屋。彭德怀让警卫员睡在外屋，他开玩笑地对陈赓说："没人站岗我睡不着觉，习惯啦。"他们躺在床上，从解放全中国谈到朝鲜战争，一直说到建设哈军工。

陈赓与彭德怀一聊就聊到了大天亮。

第二天上午，陈赓陪同彭德怀到哈尔滨市斜纹二道街 14 号和 30 号看望住在那里的教授、专家们，在饭厅里彭德怀对教授们说："朝鲜战争结束了，我们胜利了，功劳大家都有一份。现在我们办军事工程学院，需要有真才实学的教授，你们为了国防建设，从全国各地来到哈尔滨，我向你们表示衷心的感谢！"然后，陈赓又陪同彭德怀到王字楼、之字楼巡视刚刚建立的基础课教授会，给教授们很大的鼓励。

陈赓还特意安排在王字楼的小礼堂请彭老总接见学院团以上干部，并给他们也讲讲话。

彭德怀很高兴地接见了这些从战场转到军队最高学府工作的团以上军官们，他说："我们志愿军在朝鲜作战，基本上还是小米加步枪，以这样的劣势装备，同最现代化的美国军队作战，是很困难的，我们必须办好学校，培养出大批的军事技术人才。你们经过战争的考验，现在来到学校工作，要努力学习科学文化，积累办学经验，把我军第一所高等军事工程学院办好。"

学院开学后，仍然坚持"先教学，后生活"的原则，边教学、边建设，继续抢时间，赶进度，勤俭建院。到 1955 年 4 月，5 座教学大楼，巍然屹立在哈尔滨市最高点。这年还建了大礼堂、体育馆、院办公大楼和教员、学员、干部宿舍。到 1956 年，院内院外，共建起了四十多万平方米的校舍，超计划完成了任务。

反浪费运动开始了，1956 年夏，中央派王世泰带检查组到哈军工检查基建方面的铺张浪费情况。5 幢教学大楼虽然是有特色的军兵种标志大屋顶，但没有琉璃瓦，造价低，质量好，又显得庄重朴素，拿来项目表、价格表仔细一算，按国家定额标准，还节省了480多万元。

王世泰回京后对陈赓说："你们哈军工建院规模大，花钱多，风声大，议论多，本来去军工是要找个浪费典型，想不到你们成了节约典型，还应受到表扬，介绍经验。"

这时陈赓哈哈笑起来："你背着'圣旨'，举着'上方宝剑'到哈军工找浪费典型，没有宰我，感谢不尽，还介绍什么经验？不过我要告诉你，我们有个好管家——李懋之，山西人，会管家，不乱花钱。"

陈赓放心了，军事工程学院在哈尔滨市南岗区文庙街已经形成了一大片军人城，到1957年拥有校舍60万平方米，实验室149个……学院的基础设施犹如一块坚实可靠的基石，为培养高等军事技术人才提供了良好的物质基础。

四、请来"知识英雄"

"为政之要，惟在得人"，"能安天下者，惟在用得贤才"，"得人才者，得天下"。这些至理名言早已深深扎根在陈赓心中，武将办学，加上儒将的谋略，陈赓以非凡之举为哈军工呼唤来大批的优秀教授和专家学者。

身经百战的陈赓像指挥打仗一样，先从调查研究入手，再制定作战方案。学院筹建完全从无到有，开始起步时就明确提出了"以教学为中心"的办学思想。

陈赓看准了教学之本，也就认准了名师出高徒。建校之初，他面临的最大困难就是师资力量缺乏。眼看就要招生开学了，教授调不来怎么行！陈赓八面威风，带兵打仗百战百胜，可不能派军队把教授抓来呀。此事火烧眉毛，却难不倒陈赓。他想方设法，从全国各地选调来一批又一批具有真才实学的教授，为哈军工组织起一支优秀的教师队伍。

哈军工创办之初，陈赓常给校领导们念叨的一句治校名言是：在学校，学员是"吃饭吃菜"的，教员是"做饭做菜"的，领导是"端盘子"的。

他这个一院之长，把全校看作一盘棋，而且组建教师队伍是他最看重的一步棋，他要一步一步地实现目标。

陈赓抓教师队伍的办法是：上方宝剑加八方求援，最后广聚人才，依靠事业拴心留人。

陈赓对军事科学研究室的教授、专家十分器重，这不仅源于他向来爱护知识分子，还因为这个科学研究室是陈毅一手创办的。

1949年，陈毅率军挺进江南，注意到这片文化丰厚的土地上散落的高级知识分子，他们必定是建设新中国的有用人才。5月27日，上海市宣告解放。陈毅任上海市长。陈毅提出先建一座"庙"，把失散的教授、专家们聚到一起，妥善安置好他们的工作和生活，使他们有个家，部队同时有了一个人才的聚宝盆。

陈毅专门在华东军区司令部设立了军事科学研究室，会聚了这些高级科技人才。当时，在研究室工作的成员多为海外归国学者，他们中的一些人今天已成为中国著名的科学家。

此时，为了支持陈赓办学，陈毅慷慨地把研究室和盘托出，一个不少地端给了陈赓，成为陈赓办学最初的教授力量。

陈毅和陈赓在战争年代结下了深厚的友谊，而且两个人都有豪爽、幽默的儒将风度，早在 1947 年 8 月 6 日，陈毅就曾写电稿报告中央军委和华东局："我认为我党二十多年来创造杰出的军事家并不多。最近粟裕、陈赓等先后脱颖而出，前程远大。……"陈毅自然要助陈赓一把。因为他 1930 年曾亲任红军干部学校校长，他知道办学最需要的是教员。他毫无保留地端出"聚宝盆"，虽然忍痛割爱，却丝毫没有犹豫。

陈毅对战友陈赓的评价有著名的三句话广为流传，一曰："陈赓像一块玻璃，从里到外都是清楚的，透明的。"二曰："陈赓是一块磁铁，风趣幽默，能够团结大多数人一起革命。"三曰："陈赓是我们党的一门炮。可惜现在我们这种炮少了一些，希望能有更多的这样的炮。"

事实印证了陈毅的"三句话"，陈赓这门炮，一开"火"，就弹无虚发，相当厉害。

陈毅苦心召集来的 15 名教授一到陈赓手下，就成了"星星之火"，大有"燎原之势"。

陈赓依靠这些知名教授组成一个请调小组，熟悉教育界、科技界情况的张述祖、马明德、任新民教授摸清了分散在政府机关、高教系统、科学院和工业部门的专家、教授的情况，提出可以请调人员的名单。其他人也都提出几个自己熟悉的老同学、老同事，介绍他们的专长和经历以及现在任何职。请调小组一开会兜情况，陈赓就亲自来听，当听到介绍有专长的高级知识分子，他就会两眼放光，当场拍板："抓紧调来！"

有一次，请调小组正在议论，提到高步昆和殷之书是清华大学土木工程系的教授，在建筑设计上很有一套。陈赓一听当场表态："咱们就要成立学院建筑委员会，正好有他们的用武之地，赶快调来。"当他听到在军队系统工作的王受莳、浦发、董绍庸等教授的情况后，兴奋地说："他们在军内工作，更好调来。我们学院需要名教授。只要他们愿意来学院工作，我去看他们。"

然而，新中国建立之初各行各业都急需科技人才，一些名教授都是所在单位的宝贵财富，要把他们从多年从事的工作岗位上和良好的生活环境中一下调到关外寒冷的哈尔滨去，谈何容易！单位愿意放和个人愿意去都成了难题。

陈赓请德国留学归来的弹道专家张述祖教授根据学院所需专业和请调小组

的意见，提出了所要聘请的教授和专家的名单。

张述祖拿着那一长串的名单递给陈赓时连连咋舌：“我是写出来了，可是要把这些人调来难啊！”

“你说吧，”陈赓从上到下看着名单问，“调他们要经什么人同意？”

“地方的，军队的都有，起码要政务院副总理批，也许可能还要找周总理批……”张述祖用迟疑不定的目光看着陈赓。

陈赓说：“人身上最有价值的就是知识。学校是传道、授业、解惑之地，教师队伍建设自然要摆在首位。”陈赓也考虑到国家师资短缺，大量请调有困难，第一批先选调62名有真才实学的教授、副教授作骨干，其他的以后再调。于是他拿着名单去找贺龙、陈毅副总理，又去找分管此项工作的习仲勋、安子文、杨秀峰等领导同志商量，经中央军委同意后，陈赓要亲自将请调教师的报告呈送周恩来总理审批。

周恩来日理万机，追踪到他的行踪不容易。上班时间找不到，陈赓就起了个大早，在总理上班前到家里去“堵”。结果把周总理堵在厕所里。

周恩来一出厕所，好生奇怪，问道：“陈赓，这么早你来作什么？”

陈赓赶紧把纸和笔递上去：“我要调几个教授，请你批一下。”

周总理说：“你等一下不行吗？”

“等一下，你就走了。”陈赓实话实说。

“你真是个急性子。”周总理看完报告后问：“你这个陈赓啊！怎么要这么多教授？一次抽调62名教授太多了，能否减少一些？”

陈赓说：“这是最低要求。不能再减，务请如数调聘。你不批，我就不走。”

周恩来看陈赓迫不及待的样子，微笑地点了点头，接过陈赓手里的笔，在报告上批示“同意”。然后又嘱咐道：“军事学院的两名教授，我已经跟刘伯承同志说过，你再去找他一下，请他多支持。”

陈赓出了周恩来家，就直奔刘伯承家。

刘伯承闻讯迎出来，一眼望见陈赓急匆匆的样子，故意把脸一绷问：“你的手真长，挖我的墙脚来啦？”

陈赓故意喘了口大气，毕恭毕敬道：“老师长，我哪敢！”

“你的鬼心眼我还不知道？”刘伯承握住陈赓的手，“你办学院我能不支持吗？你还叫周总理给我打电话……”

实际上周恩来早就在支持着陈赓，帮助哈军工解决师资问题。因为学院上报请调教授和专家来自于高等教育部、华东工业部、轻工业部、铁道部、邮电部、重工业部、兵工总局、船舶工业局、中国科学院和总后勤部等许多单位。要把教授们从祖国的四面八方会聚到哈军工，相当不容易。

当时国内师资短缺，面对人才需求与人才短缺的矛盾，陈赓以非凡之举选聘人才，以博大的胸怀去发现人才，爱惜人才。他为建立一个强有力的人才工程，去识才、聚才、爱才。

哈军工是新中国第一所高等军事工程学院，保密单位，对要调进来的人员都要进行政治审查，可忙坏了保卫部门。一些政治历史有“问题”的人，都要送陈赓审定。

一天，保卫部部长又把一份名单送到陈赓面前，其中有黄德馨等3位军事教员，曾任国民党军队的少将，后起义。陈赓说：“你们保卫部审查一下，没有其他的问题他们完全可以来当军事教员，他们都受过正规的军事训练。我们要用人不疑，人尽其才嘛！”陈赓指着数学教员俞大贞的名字问：“你打这个问号是什么意思？”

“她是有疑问的。”部长解释说，“按照政审条件她不合格，她有一个哥哥俞大维是台湾国民党政府的要员，她在我们学院工作不合适。”

陈赓问：“她本人工作表现如何？”

“工作表现认真负责，没说的。”

陈赓风趣地问：“那么我们政务院部长的亲人能不能在我们这里工作呢？”

部长答：“当然可以！”

陈赓把手一挥：“你呀！你忽视了很重要的一点，你只知道她有一个哥哥是台湾国民党要员，而不知道她还有一个至亲是黄敬同志，是我们第一机械工业部部长。她没有跟那个国民党的哥哥跑到台湾，却跟这个共产党留在祖国，这不正好证明她是进步的吗？”

保卫部长满脸通红。

陈赓语重心长地说：“做工作不仅要有坚定的原则，而且要有丰富的社会知识……”

这时外面传来敲门声。张述祖探了一下头，陈赓连忙喊：“张教授，你进来，我正要找你呢！”

张述祖进屋坐下来。

“张教授，你说说那弹道专家到底怎么样？”

张述祖扶了一下眼镜说：“他叫沈毅，曾经留学法国。现在学院正缺弹道专家，可惜呀……”

陈赓说：“那咱们赶紧要呀！”

张述祖满脸复杂的表情摇了一下头：“恐怕要不来。”

“是不是又要周总理批？”

“我看谁也批不了他。”

“为什么？”陈赓用疑问的眼光盯着张述祖，“我不信！你说说他究竟是个什么人？”

“沈毅曾任国民党第三战区少将专员，解放战争时期在东北起义，对我军建设兵工厂制造枪炮有过贡献……”

“他起义了，咱们既往不咎嘛！”

“陈院长，你不知道，他以后到了民航总局任财务处长，贪污了巨额公款，‘三反’运动中被打成‘大老虎’，要判他死刑，谁还敢打他的主意？”

陈赓怎么也没想到沈毅竟是个死刑犯。他从座位上站起来，皮鞋踩着木地板嘎吱嘎吱作响，又抬起头看着窗外，沉思良久。他知道以毛泽东为首的中共中央，为了共和国的长治久安，发起了全国规模、声势浩大的反贪污、反浪费、反官僚主义的“三反”运动。1952 年正是“三反”运动的高潮时期，人们称大贪污犯为“老虎”，让“老虎”出来工作谈何容易。可当下学院需要人才，打成“老虎”就来不成了。

陈赓紧锁浓眉问张述祖：“你说沈毅是个人才，那么我出面要下这个罪犯如何？”

张述祖万万没有想到陈赓做出这个大胆的决定，迟疑地问：“这能行吗？”

“可以叫他立功赎罪嘛！”陈赓决心已定。

他当即叫来了筹备处的李懋之：“你立即给薄一波同志挂个电话，他是中央‘三反五反’运动的领导人，请他刀下留人。”

李懋之拨通电话，感到事关重大，自己不便讲，就把话筒给了陈赓，请他亲自给薄一波讲。

薄一波听了陈赓的要求，说：“你真爱惜人才，这个贪污犯判了死刑，你也敢要？”

“敢要。既然是人才，请你留他一条命，我还可以用他。我要改造他，让他戴罪立功。”陈赓语气坚定。

“你敢要我就敢给。不过光我一个人还不行，咱们要共同给董老打电话，咱俩都得给董老打保票。”薄一波提出了条件。

“行，一言为定！”陈赓放下电话，总算长出了一口气。董老即董必武，时任政务院副总理兼中央政法委主任。

陈赓又给董必武打电话：“董老。刀下留情，你把民航总局那个贪污犯沈毅给我们哈军工吧！”

董必武奇怪地问：“你要那个犯人干什么？”

“他是弹道专家，又懂法、英等国文字，我们现在正缺翻译，你能不能给他一条生路，让他立功赎罪？”

“我明白，你的意见可以考虑。”董必武说，“但你不要着急，我再跟最高人民法院院长沈钧儒商议一下，沈院长是法学家，请他主持高法讨论一下，能否将沈毅的死刑改为死缓监外服刑，以观后效。”

“那太好了，董老，您可要快些！哈军工太缺人才了！”陈赓放下电话，高兴地把两条胳膊往上一举，他知道董必武可是个说话算话的人。

一个星期后，最高人民法院派人将戴着手铐脚镣的沈毅押送到北京市恭俭胡同哈军工筹备处办公室，交保卫部签字接收。然后，法警取掉了沈毅的手铐脚镣说："这个罪犯就交给你们哈军工管理了。"

在陈赓面前，沈毅羞愧地低下头，活动了一下卡出印痕的手腕和双脚，干黄的脸埋在胸前，他不敢看陈赓，也不敢说话。

陈赓宽厚地安慰他："沈毅，我们保你出来，是希望你用你的专长继续为人民做工作。明天就送你去哈尔滨，到军工后你就翻译科技情报资料，一边工作，一边改造，重新做人。"

"扑通"一声，沈毅双腿跪下，痛哭流涕，呜咽道："你们给我一条生路，我一定好好干，立功赎罪。"

陈赓把沈毅拉起来："不要这样。以后将功补过吧。"

陈赓命军务参谋沈清波负责把沈毅送到哈军工去，临走特别嘱咐道："小沈，你要一路小心，沈毅既是人才，又是罪犯，路上可不要出差错啊！"

沈毅到哈军工后，交政治部保卫部管理。科教部让他专门翻译国外有关弹道方面的科技情报资料，以供学院教学和科研参考。他翻译的资料对弹道专业的教学和研究很有参考价值。为了奖励他，陈赓与学院的保卫部研究决定给他减刑，鼓励他更好地工作。

1959 年沈毅特赦，不再服刑，他和其他老教授一样同住在教授楼里，一直工作到晚年。

将近半个多世纪的时间过去了，至今著名航天专家任新民和一些老教授一提起这件事还记忆犹新，动情地说："陈赓院长是真心实意地尊重知识，爱护人才。"

陈赓让教授们住进条件优越的教授楼，自己却在寒气袭人的简陋小平房里安家，还乐呵呵地对别人说："我这小平房真不错，与朝鲜小山洞相比有天壤之别……"

那时候，陈赓经常以朝鲜战争中的英雄事迹，教育和鼓励大家，克服困难。

陈赓不仅爱才也爱兵。那时朝鲜战争刚结束，当时哈尔滨住着不少从朝鲜战场回来的伤残军人。有一次，哈军工校门口的汽车站上一辆公共汽车开来了，正当人们排队按顺序上车时，突然，一窝蜂拥来了十几个年轻的志愿军伤残军人，争着要上车，旁边有几个老百姓不太满意，说了他们几句。谁知这几个伤残军人发火了："老子在前方流血牺牲，现在身残归来，还不该优待优待？"群众中有几个转业军人看不惯，说了他们几句。这下，更激怒了这群伤残军人，他们高门大嗓地喊："除了志愿军司令员，谁也别来管老子！"

就在这当儿，一声霹雷，把这几个人震了个愣："我就是志愿军司令员，今天我就管管你们！"一听这话，旁边有几个人冷笑几声："居然冒出个志愿军司令员？"

这时又听一声雷吼："我是陈赓！"

那十几个人一听，刷地一下立正行了个军礼，连手也不敢放下来。

“警卫员！把他们带走！”

陈赓对着车站上的群众歉然地说：“战士无礼，干部有责，这是我陈赓教育不严。”接着他又朗声对着那几个转业军人说：“总算还有几个懂得遵纪守法的，不然，我这个司令员可无脸见江东父老了。”

后来，陈赓把那十几个年轻的伤残军人狠狠“克”了一顿。然后，要了一部车子，派人带他们游了斯大林公园和太阳岛，又把他们送回休养院。临走时，陈赓与伤残军人一个个拥抱了一下，还亲切地刮了一下他们的鼻子，深情地说：“在战场上你们都是英雄，是有功之人哪，人民敬重你们，你们千万不要居功骄傲，要保持志愿军的荣誉，万万不可把自己降成兵痞！要是人民厌恶、嫌弃了你们，你们就连亲爹亲娘也没有啦！”

陈赓爱才、识才、聚才还有一股锲而不舍的精神。那时想调一个知名教授、学术带头人来哈军工可真是不容易。别看有“上方宝剑”，拿着调令到高等学府里调人，照样会遇上婉言拒绝。

调复旦大学的数学教授卢庆骏可真是惊动大了。

黄景文原是陈赓第三兵团司令部军务处处长，筹建哈军工时，陈赓知人善任，让他拿着周恩来亲自批准的调令去各地调人。

在当时来说这是一项最艰难的工作。尽管各级党委对来自中共中央的红头文件都很重视，可是以陈赓为首的哈军工党委立下一条规矩，就是说服被调教授同意去军工工作，教授不同意，是不能强行调动的。负责此项工作的黄景文和赵子立就遇到这样一件事，一位讲师听说要他去哈军工工作，先是给他们讲了一大堆困难，最后干脆跪在他们面前，黄景文双手扶起他，并将他的名字从名单上划掉。

调卢庆骏教授时情况很特殊，当时正值全国高等学校进行院系调整，卢庆骏随系从浙江大学调整到复旦大学。卢庆骏服从组织调动，但是他所在单位——复旦大学和他的老师苏步青、陈建功教授提出不同意见，因为卢庆骏无论是在浙江大学，还是在复旦大学都是教学和学术骨干，不想放他离开是可以理解的。再说，哈军工初建有严格的保密规定，本来校名全称叫军事工程技术学院，为了保密起见，周恩来特意删去“技术”两个字。有些情况是不能对外讲的。而复旦大学的校系领导，当时还不能理解一所军事工程学院为什么要调他们数学系的学术带头人，起初不同意放卢庆骏教授。为调卢庆骏，黄景文和赵子立给张衔主任写了一封信，分析了原因，提出了四种解决方案，其中缓调卢庆骏的建议有可能被复旦大学采用。

陈毅说：“陈院长，有人告你们哈军工的状啦，说你们哈军工要挖复旦卢庆骏教授，人家培养好多年才出这么一位叫得响的数学家，你们拿张调令就想把人挖走。苏步青先生在上海市民主党派会议上提意见说：‘军工是挖工事的，指名要卢庆骏去干什么？’苏先生一说，好几位民主人士都不满意啦。你可要想个办法去解释一下呀。”

苏步青是中国教育界泰斗、国际数学界杰出人士。1931年在日本获理学博士学位。同年，苏步青回到灾难深重的祖国，受聘于浙江大学数学系，开始了他“精培细育勤扶植，不出人才誓不休”的教书育人生涯。他专长微分几何，创立国内外公认的微分几何学派，在国际数学界占有无可争辩的地位。这样一个重量级人物，又曾任过浙江大学校长，当然很看重他精心培育的得意门生卢庆骏的数学研究前途啊！

陈赓万万没想到，调一个数学教授竟会惊动这么大。陈赓立刻派军工筹委会副主任徐立行专程到上海拜访苏步青，向他说明，军事工程学院的任务是培养我军陆、海、空武器装备的高级工程技术人才，迫切需要各门基础课的教授专家，请苏步青给予支持。

苏步青说：“我这才清楚了。你早告诉我军工这么重要，我早就同意了。我还以为‘军工’是挖工事的。既然这样，就调给你们吧！卢庆骏可是我的得力助手，他年富力强，数学功底厚，放他走我还真有点儿舍不得。你们可要发挥他的作用啊！”

卢庆骏调哈军工后，任数学教授会（数学教研室）主任，对数学教学和科研工作发挥了很大作用。他主编了数学教学讲义，他对青年教师和学生强调要独立思考。当时24岁的助教汪浩拿到讲义后，仔仔细细地看了一个月还没完全弄明白。于是，汪浩去请教卢庆骏，卢教授和蔼地看着他的助教说：“过去我是不问的，现在你们可以问，但是最好不问，应该独立思考。”这段话深深地记在汪浩的心中，对汪浩以后的教学和科研工作起了重要的作用。

卢教授治学严谨，对教学工作认真负责，以及他为人师表的人格魅力深深地影响着年轻的汪浩。当时在年轻的教师中培养共产党员，汪浩对组织部的人说：“做人要做卢庆骏那样的人，我要向卢庆骏教授学习。”那人惊讶地问：“你怎么向他学习？”汪浩真诚地说：“我应该向他学习，卢教授就是我身边的榜样。”

就是这样一位数学骨干，带起了一支年轻的数学教师队伍。后来，汪浩任国防科技大学政委，一级教授、博士生导师，却永远忘不了他的老师卢庆骏。

还有一些教授专家也类似于卢庆骏这种情况，工作离不开，指名调也不给。几经周折，最后还是周恩来出面，问题才得以解决。他们到哈军工都发挥了学术带头人的作用。

有一次，陈赓走进周恩来的家门，一脸严肃认真，他把请调教授的名单放在周恩来的办公桌上，周恩来抬头看着他说：“陈赓，你怎么又来了？上次不是说好的是最后一次了吗？”

陈赓说：“上次说的不算，这回是最后一次。这次可是学院急需要的，这些专业需要学术带头人。”

周恩来指着名单说：“你把名牌大学的知名教授都调到你那儿，别人会有意见的。”

陈赓说：“这回批了，我不再找你要人了。”

周恩来沉思了片刻问：“已经给你不少教授了，这次我不批好不好？”

陈赓还是执意请周恩来批，脸上的严肃变成了顽皮的笑容：“你不批，我就不走。”

周恩来点了一下头说：“这次可是最后一次了，你可不能说了不算啊！”

陈赓接过这份周恩来亲笔签名的名单，高兴地说：“谢谢总理支持！”“啪”的一个立正，敬了一个军礼，转身出门。他拿着那个批件，那个高兴劲儿就甭提了。一登上车，就对秘书说：“走，咱们有了‘上方宝剑’，立马就办。”

就这样，到1953年8月军事工程学院成立前夕，已拥有各类教师500多人，实验人员300多人。当时，刘伯承看到陈赓对教师队伍抓得这样紧，这样快，这样有成效，开玩笑地称赞他：“你的手长，你的腿勤，能争取到各方面的支持，哈军工进展神速啊！”

第三十章　为国防现代化造就人才

一、知识分子的知音

经过一年的紧张筹备，中国人民解放军历史上第一所高等军事工程学院正式成立了！1953年9月1日，军事工程学院成立暨第一期开学典礼，举行隆重的阅兵式。副总长张宗逊代表中央军委向陈赓院长兼政委授旗。

毛泽东给全体师生和工作人员颁发训词，指出："中国人民解放军军事工程学院的创办，对于我国国防事业具有极重大的意义。为了建设现代化的国防，我们的陆军、空军、海军都必须有充分的机械化的装备和设备，这一切都不能离开复杂的专门的技术。今天我们迫切需要的，就是要有大批能够掌握和驾驭技术的人，并使我们的技术能够得到不断的改善和进步。军事工程学院的创办，其目的就是为了解决这个迫切而光荣的任务。"

周恩来以喜悦的心情为哈军工成立亲笔题词："努力学习，建设现代化的国防军。"朱德的题词是："努力学习近代科学技术，为建立巩固的国防，保卫祖国而奋斗。"

1953年，陈赓在哈尔滨军事工程学院开学典礼主席台上。左起：徐立行、陈赓、张衍。

陈赓在哈军工开学典礼上讲话

陈赓在开学典礼上讲话。他对全校师生说："中央军委给我们学院的任务就是为建设正规化、现代化的国防军而培养对党对祖国高度忠诚，积极负责，英勇顽强，能克服困难，坚决执行命令，有高度的组织性，精通现代化军事科学技术的各军兵种军事工程师及国防技术人员，以适应今后国防建设的需要。这一任务是光荣的，同时也是艰巨的。我们学院全体教职员工必须团结一致，戒骄戒躁，钻研业务，努力工作，以完成上述的光荣任务。"

为了完成这一光荣任务，陈赓充分发挥教授、专家的聪明才智，为他们施展才华创造各种条件。这天，陈赓特意请学院教育工作者协会负责人周明鸂教授坐在主席台上，代表全院教师发言。

周明鸂想起到哈军工筹备的前前后后，深有感触地对别人说："从陈赓将军身上，我看到了共产党人捧向科学家们的是一颗赤诚的心！"

周明鸂 1935 年赴美国留学，获博士学位后，留在密歇根大学航空学院任讲师。后应钱学森的邀请，前往加州理工大学任研究员。当时钱学森正与导师冯·卡门合作开展火箭及喷气技术的研究。周明鸂来后，就在冯·卡门的指导下做火箭喷气研究工作，这在当时是美国的尖端技术。1942 年，周明鸂任道格拉斯飞机制造公司应力分析专家及结构设计高级工程师。作为飞机设计师，他有相当好的工作和研究条件。1947 年 6 月，周明鸂以新婚夫妇探亲的名义获准回国后，便留在国内任武汉大学机械系教授。

1952 年 10 月，正在筹建的哈尔滨军事工程学院给武汉大学发了一封经周恩来总理审阅的电报，邀请周明鸂去哈军工任教。随后哈军工派了两名军人专程来武汉接他。两名军人拿出中央军委的调令给他看，上面清清楚楚地写道：调周明鸂为中国人民解放军军事工程学院教授。

来人对周明鸂说："周教授，成立中国人民解放军军事工程学院是党中央的决定，建设现代化国防的需要。您的调令是周恩来总理亲自签发的。"

听到这些话，周明鸂心里有一种说不出的激动。他一个从旧社会过来的知识分子，漂泊海外，既曾受过别人的监督，也曾受过别人的鄙视，可有谁这样关怀过他。现在，共和国的总理亲自签署调令，调他去哈军工任教，他深深地感到政府的信任。尽管他当时还不了解军事工程学院，更谈不上兴趣爱好，他还是毅然踏上北去的征程。他要先去实地考察这个新建的军事工程学院。

寒冬腊月的哈尔滨，整座城市像一座美丽的冰宫，树上挂着一串一串的冰凌。洁白的冰雪包裹着中国人民解放军军事工程学院。

然而，周明鸂一踏进宿舍门，心里顿时涌起温暖的春潮，屋里整洁干净，床上毛毯大衣等生活用品都是新的。他有点儿受宠若惊地问："这都是给我用的吗？"

小通信员说："周教授，这是陈赓院长亲自关照的，要把毛毯和大衣送到你这里。还缺什么，你就找我。"

周明鸂的眼睛湿润了，这就是他的新家，他需要的早已给他准备好了。

哈尔滨的大雪纷纷扬扬地下着。第二天夜晚，周明鸂正在看书，满身雪花的陈赓敲开了他的房门。

陈赓一进门就热情地握住了周明鸂的手："我是陈赓，欢迎你来建设哈军工！"

陈赓，真是陈赓？潇洒的风度，平易近人。周明鸂心里顿时升起一团火。他真是没想到，那个赫赫有名的黄埔军校第一期高才生陈赓，那个令敌人闻风丧胆的常胜将军陈赓，怎么也应该是大将军八面威风，怎么也和他一样戴了一副大眼镜呀？

周明鸂肃然起敬地看着陈赓，一时不知说什么好了。陈赓拍打掉身上的雪花毫不见外地说："我在北京开会，今天刚到哈尔滨。听说你来了，这么晚来敲门，是不是打搅你了？"

"下这么大的雪，您还来看我。"周明鸂感动得说不出话来。

陈赓爽朗地笑道："你能从南方的大城市来到我们哈军工，我真高兴。只是这里条件不好，委屈您了！"

周明鸂见陈赓平易近人的样子，紧张的神经一下放松了，坦诚道："我久闻您的大名，原想您是一个带兵打仗的武将，没想到您还这么关心人。"

陈赓握着周明鸂的手说："周教授，您收下我这个学生。您需要我办什么事，您就直说。只要能把咱们的军事工程学院办好，能为我们的祖国培养国防建设人才，您说怎么干我就怎么干！办学院，您是专家呀！"

陈赓自己拉了把椅子坐下来说："我知道你们这些教授都睡得晚，这里条件差，我来看看你们工作生活上有什么困难，我要当好后勤部长。"

周明鸂听着陈赓这一番热情真诚的肺腑之言，心潮起伏。

突然，陈赓一拍脑门说："你看，我还忘了，我从北京还带了一瓶酒来，在大衣口袋里。"说着他从大衣口袋里掏出一瓶二锅头，笑着说："周教授，来，我敬你一杯，我不会喝酒，你多喝点儿，咱们慢慢喝，慢慢叙着。"

陈赓斟满一杯酒放在周明鸂面前说："我了解过你，从你 1947 年回国，从你由上海滩奔向珞珈山，我就认为你与咱们党和军队是一条心了！我们现在都是国家的主人了，以后咱们一起当主人来干家里的事吧。”

“主人！我也是主人么？”周明鸂简直不敢相信自己的耳朵。他的心再也不能平静下来，他忘不了从上海码头启程去美国留学，同样是读硕士、博士，怀着一腔热情回祖国，谁又把他当主人？他今天反复咀嚼着“主人”两个字的含义，陈赓院长就是这样说的，他是国家的主人，哈军工的主人，这就是他人生的价值。

陈赓和他面对面坐着，微笑地看着他说：“周教授，有人欺负我们，有人看不起我们，为什么？是因为我们的国家太弱了，我们太穷了，别人才敢欺负我们啊！你在国外十几年肯定体会很深。如果我们的祖国强大，像美国一样强大，还有谁敢小看我们呢？祖国需要你，人民需要你，中国共产党需要你呀！”

紧接着陈赓交给周明鸂一个任务：“你在教师中有威信，为了把教师们团结起来，咱们成立个教育工作者协会，你来当这个协会主席如何？”

接着陈赓满怀深情地给他描绘了一幅美丽的图画：“我们国家刚刚解放，条件还不好。我真想有一条漂亮的大船，把我们学院的科学家都请到船上，船上有音乐、有鲜花，让这条船漂啊，漂啊，漂得很远很远……”

周明鸂听着听着眼睛湿润了。他被深深地感动。周明鸂想起 1935 年，他和钱学森一起赴美国留学，当时都是风度翩翩的英俊少年，在驶向大洋彼岸的轮船上，他们唱啊，跳啊，闹啊，做着科学家的梦。现在想来，那一船同学都学有所成，应该是中国的一船希望啊！人生最难得的就是信任啊！“士为知己者死”，他决定就在哈军工干下去了。虽然陈赓所憧憬的“大船”现在还没有，但是周明鸂相信，有陈赓这样的共产党人，这条“船”将来会有的。他周明鸂作为一个中国人，一个中国知识分子，不能只是坐等这条“船”，而要跟着陈赓院长去建造这条“船”，去献智献策，流汗出力，亲手送这条船远航。

一瓶老酒醇香甘美，将军与教授各端一杯，共饮畅谈，他们谈历史：中国、美国、小米加步枪、飞机加大炮；他们谈今天：社会主义、资本主义，建设新中国，办好中国历史上第一所综合性的高等军事工程学院。

教授记住了将军的话，新中国需要千千万万的人才，一个人的力量是有限的，如果能培养出千千万万的人才，那对祖国是多么大的贡献呀！周明鸂铁了心要在哈军工当一个教书匠，当一个好老师，桃李满天下。

陈赓迎着黎明的雪花离开了教授的住处。

周明鸂还久久地注视着那昔日驰骋疆场，今日登门来看他的陈赓将军的背影。面对着满天飞舞的雪花，他仿佛觉得整个哈军工就是一条大船，它正起锚出港，向着一望无际的大海破浪前进。

1953 年，周明鸂作为哈军工“五一”天安门观礼代表登上了天安门城楼。毛泽东接见了他们。接见时陈赓特意将周明鸂介绍给毛泽东。毛泽东对周明鸂说："你们是哈军工的开国元勋啊！"共和国主席的这一句话，使周明𬶐受到了很大的鼓舞。是啊，陈赓院长理解他，毛主席鼓励他，在哈军工他大有作为，他要不辜负领袖的希望，好好在哈军工干下去。

周明𬶐马上写信给夫人叶惠兰。叶惠兰早年毕业于燕京大学。1938 年赴美国留学，先后就读于密歇根州立大学和密歇根大学医学院生化系，获硕士、博士学位，以后去了康奈尔大学和加州大学洛杉矶分校任研究员等职。夫妻俩有自己的寓所和汽车，有很好的工作条件和丰厚的酬金。然而这对科学家夫妇舍弃了靠自己双手创造的优越的物质条件，于 1947 年初夏，双双归国了。在这些大事上，妻子叶惠兰既是一个生物化学家有自己的专业，又是一个贤妻良母尊重丈夫的选择。因为周明𬶐说了："树高千丈，叶落归根，咱们有自己的祖国。咱们要去建设她。"叶惠兰毫不犹豫地跟丈夫回国了。现在叶惠兰接到丈夫的来信，她非常理解周明𬶐的决定，毫不犹豫地办理了调动手续。自己带着两个孩子，把家从武汉搬到了哈尔滨。

全部家当随着夫人和孩子一起到了哈尔滨，周明𬶐也无暇顾及。马上就要开课，没有教材，周明𬶐自己编写了上百万字的讲义，开始了军事工程学院的第一课。

由于长期在美国工作和生活，周明𬶐一直习惯用英语讲专业术语。可现在面对的中国学生，有许多是从部队选送来的，听不懂英语。为了让同学们听得懂、听得准，他改成全用汉语讲课，由于不太习惯，他就在家里试讲几遍再上讲台。

他常想，陈赓院长这样信任他，他一定要完成好教学任务，困难再大也要克服。当时哈军工师资力量缺乏，需要迅速培养一支助教队伍，而助教都是各大院校毕业不久的学生。为了高质量地培养这支助教队伍，周明𬶐亲自动手编写了几门专业课讲义。

陈赓还要求院党委"一班人"都要尊师重教，坚决执行中国共产党的知识分子政策。他称教授专家们是"国家最宝贵的财富"，要求党委成员要从思想观念上，把知识分子当作自己人，而不是当外人；不要以改造者、教育者、领导者自居，而是要对知识分子平等相待，推心置腹，亲如手足。他对学院政治部主任张衍说："从中国历史上看，知识分子同你相交，不是看你官位大小，而是看你是否把他们视为知己，真诚相待。所以，古有'士为知己者死'的说法。这样政治工作才能做到他们的心坎上。"

陈赓用革命家宽厚的胸怀去关心人、爱护人、理解人、信任人，在哈军工努力创造出一个"拴心留人"的好环境。

可是毕竟创业时的军工在哈尔滨，比起上海、南京等南方大城市的条件还是差得太远。教授们初来乍到难免不习惯，且不说吃不惯高粱米、小米饭、窝窝头之类的粗粮，就是冰城的寒冷也着实让他们受不了，有人说笑话，到哈尔滨撒尿，手里拿着根棍子，边尿边敲，要不就结出冰柱来。这么冷的天，住房一时解决不了那么多，就先住到老百姓的民房里。

哈军工好不容易把一些江南名校的名教授调过来，可是，这些留洋回来的教授，已经适应了南方大城市的生活，一时很难适应哈尔滨寒冷的冬天和艰苦的住房条件。对于老教授来说，要过好三个关：一是家庭关，他们舍不得离开原来的上海、南京、杭州等城市的家；二是山海关，从温暖的江南到寒冷的哈尔滨气候不适应；三是军队关，教授们过惯了地方院校生活，一时很难适应严格紧张的军队生活。

一天，陈赓接到一位老教授打来的电话，这位老教授心情似乎不太好，本来就是上海话再加南腔北调、中西合音就更不好懂。老教授语速极快，一说就是半个多小时，陈赓什么也没听明白，但他还是把电话放在耳边，耐心听下去，直到半小时以后老教授心里话都倒出来。陈赓才谦虚地对教授说："您别急，我马上让秘书去听取您的意见。"

秘书到老教授家问明白情况，向陈赓汇报说，那位老教授是因当时借住的民房条件太差，而心情不好。为此，陈赓专门到教授家登门拜访。

陈赓真诚地说："您放弃大上海那么好的工作和生活条件到哈军工来培养军事科技人才，我应该向您致谢呀！"

老教授不好意思地笑笑："陈院长您坐。我在上海好好的，非要把我调到这儿来，借住在老百姓的民房里。"

陈赓坐下，打量着简陋的房间，到处堆的都是书，拥挤不堪，心头涌起敬佩之情。他对老教授说："这房子太小，又冷，确实难为您了。学院初建，住房遇到暂时困难，我希望您把学院当成家，咱们共同来克服困难。这样吧，您先搬到我那儿去住，我有两间小平房，有一间可以当客厅兼书房，还有一间可以做卧室。我先搬到您这儿住，凑合一段时间，咱们都会有房住的。"

老教授看到陈赓的住房也和大家一样艰苦，深受感动地说："咱们还是各居其室，共建军工吧。"

陈赓非常关心教授、专家的政治进步，善于用伟大的事业来凝聚人才。他要求政治机关积极在教授中发展党员，他这个党委书记亲自做培养教育工作。

当时，从各地调来的教授们大多数不是共产党员。许多人来时既不想入党，也不想参军，而是抱着到这儿来先试试看，过不惯就走的临时观念。

1953 年 7 月 1 日，陈赓让政治部召集教授、专家们和老干部一起开个座谈会纪念党的生日。会议刚要开始，陈赓走了进来，会议主持人请他给大家讲讲话，他环视了一下会场，看到老干部和老教授们都来了，高兴地说："那我就给大家讲讲党的优良传统和党的基本知识吧。"他讲了两个多小时，还给大家讲了毛泽东、刘少奇、周恩来、朱德的革命经历和高尚品质，他们遵守纪律、顾全大局、忍辱负重的光辉实践。他从四位伟人讲到了共产党的伟大。他告诉大家：

革命领袖毛泽东和刘少奇在历史上都曾被撤过职，刘少奇在长征中还做过筹粮工作。人一生中不论遇到什么困难，都要勇往直前，以革命利益为重。中国革命的胜利需要工农干部，也离不开知识分子。办好军事工程学院也一样，老干部和老教授要团结一心，携手办校。我们既要承认老干部的“两万五”（指长征），又要承认知识分子的十年寒窗苦。革命和建设没有这两方面的人都不行。他真心诚意地说：“党的大门是敞开的，各位教授、专家来到军工要努力改造世界观，以实际行动早日争取加入党组织。”

陈赓话音一落，周明鸂就表态说：“我也要争取做一名真正的共产党员。”

据周明鸂入党介绍人张衍回忆说，由于当时“左”的思想影响，没人敢介绍周明鸂入党，大家认为像周明鸂这样的人历史背景复杂，应该经过长期考验。直到30年后的1982年，张衍当时已任国防科技大学校长，才作为周明鸂的入党介绍人介绍他加入了中国共产党。

当时许多教授听完党课后，写了入党申请书，积极争取入党。但他们心里都有各种不同的顾虑。

陈赓为了鼓励他们政治上进步，让他们放下包袱轻装工作，在发展第一批教授入党时，还亲自参加了党员的入党宣誓仪式。

陈赓尊师重教，礼贤下士，与教授们推心置腹，平等相待。1952年12月，陈赓在和老教授座谈时说：“我们请诸位来军工任教，不是马马虎虎、随随便便的，是经过一番调查和慎重选择的，如果不信任又何必请你们来呢！正因为相信，才把你们请来，才敢于赋予你们如此的重托。”

后来陈赓听说有的老教授因为自己的出身、历史、社会关系问题背了沉重的思想包袱，怀疑组织不信任自己。陈赓就开诚布公地给他们讲党的“有成分论，但不唯成分论，重在表现”的政策，并以自己作例子，现身说法。

陈赓坦诚地说：“要说社会关系复杂，谁有我复杂？我家是大地主。在东江讨伐陈炯明时，我当过蒋介石的侍卫参谋，冒着炮火把蒋介石背出重围，救了他的命。不少同志批评我说，当初不该救他，好像我犯了个大错误似的，我承认当初我要知道他会叛变，我才不干那种蠢事呢！问题不在于同蒋介石有没有关系，而在于同蒋介石是什么样的关系，不要把过去的社会关系当成包袱。再说成分吧，1927年在长沙制造‘马日事变’的许克祥，出身是很苦的。他家距我家只有几里路。他的父亲许七是碓匠，在乡里走街串巷谋生，每年冬夏两季都要到我家来干活。由于选择的道路不同，我这个大地主的儿子成了共产党员，他这个穷苦家庭出身的人却成了屠杀共产党人的刽子手！我说这些就是想说明一个道理，关键在于你自己选择什么样的道路，树立什么样的世界观……”陈赓推心置腹的一席话，把老教授说得心服口服。

哈军工不管是老干部还是老教师都喜欢听陈赓作报告，他的报告生动、风趣，而且又深刻，他讲话也毫无拘束，像磁石一般吸引着大家，个个目不转睛、掌声笑声不断，听众的鼓励使陈赓也越讲越激动。

1953 年 2 月 18 日，学院党委在《关于执行教育任务中几个主要问题的决定》中明确指出，在执行军事工程教育任务中，争取、团结、教育、改造知识分子是一个重要问题。以陈赓为首的院领导对这支来之不易的师资力量极为珍惜。陈赓说："我们学院是全军知识分子最集中的单位之一，我们应该成为贯彻知识分子政策的模范。"根据党的知识分子政策，学院党委提出了"政治上信任爱护，工作上大胆使用，生活上关心照顾"的方针。

在院党委研究安排教授的工作时，陈赓提出要充分发挥知识分子的作用，"既要他们工作，就要他们有职有权，大胆地干。要让教授做科教部的工作，就让他当部长，因为他懂行。老干部当副部长，做政治思想工作"。

就这样，学院第一任科学教育部部长是张述祖教授，第一任科学研究部部长是高步昆教授，第一任教务处处长是曹鹤荪教授。他还特意安排了几位德高望重的教授当各系的教育副主任。

陈赓对教授们说："我是枪杆子出身，一生戎马，赳赳武夫，不懂技术，办学校拜托诸位了，将来功劳是你们的，有错误打我的屁股。你们是学院的主人，而不是客人，要树立主人翁思想，安心工作。我办学校不过是跑跑龙套，将来学校要交给你们办。你们有许多智慧和本领，把这些智慧和本领用于军事科学和国防建设事业，那就是了不起的功劳。同志们要在科学技术上做什么，我都积极支持。"

学院任命导弹专家张述祖教授担任科学教育部部长时，还给他任命了一个副手——1938 年入伍的"三八"式老革命张文峰担任副部长。张文峰入伍时就是高中生，在那个年代部队的高中生是不多的。他曾经在陈赓部队里参加过上党战役，又跟着陈赓在太岳纵队随营学校和豫陕鄂军政大学工作过，后从西南军区第二高级步兵学校调到哈军工来。

陈赓对张文峰（后任国防科技大学副校长）说："办好我们高等军事工程学院，首先要依靠老教授，不能光靠'两万五'和'三八式'老干部，不能光看到你们在'太行山'八年艰苦抗战，也要看到教授们在'旧金山'十年寒窗苦读。我们的口号是老教授和老干部携手办学，共同完成党交给我们的光荣任务。对教授们政治上多关心，大胆使用；生活上多照顾，让他们安心工作。这是我们办好学院的根本保证，我们哈军工要成为落实党的知识分子政策的典范。"

陈赓既要落实党的知识分子政策，让知识分子各尽所能，又要按组织原则办事。1953 年，国内许多单位还不能大胆使用从西方国家留学回来的知识分子。但是，哈军工教授专家紧缺，陈赓亲自拍板调来了一些留洋归来的教授，并在工作上信任他们，大胆使用。

1953 年 10 月 19 日，陈赓亲自打电话请示张宗逊说："军事工程学院空军工程系航空发动机教授会教授梁守槃是原交通大学航空系教授，曾留学美国，并获博士学位，据审查该人政治上没有问题……现在他是该教授会的唯一教授，如果要他授课，有关苏联喷气式飞机许多绝密材料都要给他看；如果不给他，他就不能授课。”最后陈赓在电话中明确表示了自己的意见：“可以把材料给他，让他教。”

张宗逊接完电话，认为事关重大，当天给彭德怀副主席写了一份请示件。10 月 23 日，彭德怀批示：“宗逊同志：同意陈赓同志来电意见，喷气式飞机已先后多次被敌国获得。”

后来梁守槃不仅在教课看资料上得到信任，而且从 1956 年开始他从事运载火箭和导弹的研制工作，成为著名的火箭、导弹专家，中国科学院院士。

陈赓认为，军事工程学院的根本任务，就是为国防现代化的建设培养德才兼备的高级科学技术人才，这是中心任务，离开这个中心，自己的工作就失去办学校的意义，所以，提出一切以教学为中心，教学成绩是衡量一切工作成绩的标准。

建院之初，生活条件较差。有些教授虽然拿着调令到了哈尔滨，却没有长期在学院工作的打算，他们不适应寒冷的气候和紧张的军队生活。当时住房条件十分困难，陈赓就把一幢最好的楼房作为老教师的宿舍，自己则同一些学院领导住在院区的一排小平房里。他要营建部门专门为老教授修建一个饭厅。当时哈尔滨的建筑工人还不善于在寒冷的冬季施工，在陈赓亲自督促下，一座木结构的食堂很快就修建起来了。陈赓了解到老教授中南方人多，特意从湖南请来一个厨师给老教授做南方菜，让一大批来自南方的教授们品尝到南方风味的饭香菜美。

有一次，营建处给教授们配发营具。按部队的团、营等级标准给教授们配发。陈赓得知此事，找上门去询问负责人：“这是谁规定的？谁叫你们把营、团概念套到教授们身上去的？”

营建处的人支吾了一声：“他们这些人从哪调来的都有，也没个标准，我们就按营团标准掌握了。”

陈赓说：“老教授们应该住得比我们好一点儿，家具也应该多发一点儿，这是工作需要。他们的书多，桌子小了不行！你们就按我说的办吧。”

陈赓还热心地为教授们解决后顾之忧，要干部部门负责联系教授的家属工作安排和子女上学等问题。碰到难题，他亲自打电话帮助联系，让秘书跑去落实，一定要解决好教授们的生活问题。

年轻教授在学院结婚，陈赓要亲自参加婚礼，有时还热情地给他们当主婚人。26 岁的朱起鹤从美国留学回来后就到哈军工任教，不久他在军工结婚，陈赓亲自为他主婚。1953 年“五一”国际劳动节，朱起鹤作为哈军工青年教师代表去北京观礼，陈赓特意在北京全聚德烤鸭店宴请朱起鹤这对年轻的新婚夫妇，祝贺他们在哈军工喜结良缘。朱起鹤深深地感激陈赓的知遇之恩。他出身于一个天津的大资本家家庭，刚到哈军工时背着沉重的思想包袱，他从陈赓身上认识了中国共产党，认识了中国人民解放军，他积极要求进步，并争取加入中国共产党，以高度的责任心对待工作。后来他担任了物理教授会主任，工作十分繁忙，中午不回教授宿舍，就在院区大食堂买一个馒头、两块咸菜充饥，随便吃几口就投入到紧张的科研教学工作中，对工作极其认真负责，受到师生们一致好评。

陈赓对院党委一班人说："我们对老教授政治上要信任团结他们，教学上发挥他们的专长，生活上关心照顾他们，帮助他们解决实际困难。"

当时学院内小车很少，陈赓规定教授因公外出可以派车。有一次，陈赓到校医院看病，排队等待看病的人就主动让院长先看。陈赓走进诊室，听到有人在外边说："我马上要上课了，还排这么长的队，赶不及了。"陈赓立即站起来说："快让教授先看，不能耽误他上课。"

为此，陈赓和院党委统一了认识，专门规定了教授优先制。教授看病、购物、理发、洗澡可以不排队。他还规定了在学院里看戏，要让老教授坐在前面，老干部坐在后面。他说："学院就是要养成尊师重教的良好风气。"

1955 年春节，陈赓亲自带领几位学院领导挨家挨户给教授拜年，同时也看看他们生活中有什么困难。

第一家是一位物理学博士，已经年近七旬。在国外待了几十年，新中国成立后才回国，现在是学院教研室主任。清晨，老教授一开门，他被六个院领导突然驾临拜年惊呆了，搓着双手，不知该怎么办才好。还是他老伴灵快，把来客让进会客室说话。虽是短短几分钟，可老教授还是不善应酬，一会儿搓搓双手，一会儿推推他的金丝眼镜，问一句，答一句，激动之情，溢于言表。

陈赓走出门来，感叹地说："我听过他的课，口才可好啦，滔滔不绝。谈起他的物理学时，真像身经百战的元帅在指挥千军万马一样。在外国呆到 65 岁，冒极大风险返回祖国，这是国家之宝呀！"

接着，进入一个年轻讲师的家里。他大年初一还在闷头备课。看见六个学院领导一起走进家门，也吃了一惊。他没有想到院首长还会到他这儿拜年，因而眼圈儿发红了。而院领导看见他新春佳节，连家都不回，还在学院备课，更是感动。小伙子的一双手，被院领导握得白了泛红，红了又泛白，陈赓感动得语塞了，一手重重地握着，一手不停地拍打着他的肩膀，用以表达他对年轻知识分子的深情和重托。

沉默许久，陈赓又发感叹了："我呀，我将来解甲不归田；我要归学，要为这批知识分子做点儿工作，作他们的后盾，让他们专心致志地干好教学、科研事业。"

最后一家，是一位教授，因为有 9 个孩子，靠夫妇两人的工资养活 11 口人，是教授院里最清贫的一家。陈赓进门来，就皱了眉头。四室一厅里都放有末铺。教授在很挤的卧室里放了张写字台。备课时，床下的资料全翻到床上，备完课，又搬回床下。床下成了他的书柜。因为生活清苦，营养不良，一家人的脸色都是黄黄的，过年也没有欢乐气氛。陈赓和学院领导在这家坐的时间最长，还掏出本本，详细地询问了教授一家的生活开支情况。深思良久，他对教授说："陈赓一定努力，改善先生的处境，减轻先生的生活负担。国防科学事业需要先生，决不能让先生如此度日！"

不久，院党委批准，给这位教授发了生活补贴——负担了他5个孩子的生活费；又另外给了他一个套间，作为教授备课、休息之用。

这些事情后来一直温暖着哈军工教授们的心。

由于陈赓和学院党委的推荐和中央军委的关怀，1955年第一次安排了张述祖、卢庆骏教授为全国政协特邀委员，以后还陆续安排了孙本旺、曹鹤荪、曾石虞、周明鸂等教授为全国政协特邀委员。对知识分子政治上关怀与信任，成了哈军工的一个优良传统。

二、靠"两老"办院

"两老"指军队中的老干部和教师队伍中的老教师。"两老"并不完全指年龄，老干部是指参加革命的资历深，如红军时期参加革命的干部，当时一般只有40岁，抗日战争初期参加革命多数为30岁；而老教师是指职称而言，当时一般老教授也只有40岁，而年轻教授还不到30岁。建院之初，陈赓就提出：依靠'两老"办院，即教学上依靠老教授，军事管理及思想政治工作依靠军队老干部，使他们拧成一股劲，发挥老干部、老教师的中坚骨干作用，把全院的人带动起来，办好学院。

当时全军第一所综合性高等军事工程技术学院应当靠谁办？认识并不是完全统一的。可办军校必须要依靠这两部分人，缺一不可。许多在枪林弹雨打出来的老干部看不惯喝洋墨水的老教师，认为院党委对老教师的尊重和优待是"右倾"，是路线有问题。针对老干部的思想实际，陈赓耐心细致地做说服教育工作。1952年12月9日，他在全院党员干部会议上要求老干部了解创办哈军工的意义，安心在学院工作，学会自己不懂的东西，同时团结好专家、教授，尊重他们，发挥他们的才能，不要因为他们没有经过战争的考验而轻视他们。最后陈赓给大家明确说："我们的口号是'两老'办院，就是依靠老干部、老教师，上上下下团结得像一个人一样，齐心协力共同完成党交给我们的任务，这就是我们团结建院的指导方针。"

12月11日，陈赓在老教授座谈会上说："在我们学校建设中，你们是根柱子，军队老干部也是一根柱子，许多工作没有他们不行。不过军队干部不懂科学技术，拿我来说，是半生戎马，讲到冲锋陷阵，同志们也许要向我们学习，但是讲到科学技术，那我要向你们学习，要尊你们为老师。”

老教授们说：“陈院长这样给我们做工作，我们不好好干，不是太不识抬举了吗？”

可是让军队工农出身的老干部和高级知识分子融合到一起却不是一件容易的事。比如在教授宿舍区专设小食堂特聘了高级厨师为他们服务，这使教授们很满意，可是开饭时吹哨子，这原是军队中习以为常的一桩小事，却使一些教授感到不自在，认为这是以带兵的方式来管理知识分子。

后来这件事反映到专门负责教授思想政治工作的第一政治处，又往上反映到陈赓那里，陈赓可没把这件事当作微不足道的小事。他对政治处的领导说：“教授是国家的宝贝，是我们办院依靠的力量之一，依靠他们培养起我们自己的教师队伍，要通过我们的工作，把从旧社会过来的知识分子改造成终生为军事科学服务的专家。”并说：“你们要在青年教授中发展党员。为减少他们在思想改造中的阻力，可否成立一个‘教育工作者协会’？这是让教授自己管理自己的群众性组织，由政治处领导，但不可发号施令。”

陈赓不仅说了，还亲自过问落实。因为在军队中成立教授群众性组织过去没有先例，因此得报总政批准。后来经总政治部正式批准，1953 年 9 月哈军工成立了“教育工作者协会”，由老教师自己组织政治学习、文娱活动，并且派了两名干部协助他们开展各项工作。

由于陈赓创造性地贯彻执行中国共产党的知识分子政策，赢得了知识分子的拥护和爱戴，教授、专家们都称陈赓为“我们的知心朋友”。

哈军工还有许多跟着陈赓扛过枪的工农老干部，在战争年代陈赓率领他们打到哪儿，胜利到哪儿。可是如今他们对陈赓这样器重、关心知识分子想不通了。几个人相约一起到陈赓宿舍里发牢骚。

“司令员！”一位跟着陈赓南征北战的老部下狠狠地掐灭了烟头，粗声粗气地说，“我们是从大炮、机关枪下爬出来的，他们是住洋楼、吃面包走过来的，舒舒服服念了几年书，就捧得那么高！”

一位老干部天生一张黑脸、一副粗嗓门又接上说：“司令员，我们对你个人没意见，你身经百战，劳苦功高，光明磊落，没说的！我们是说那些知识分子，纯粹是无功受禄！他们凭什么资格都当各部门的正职，而我们这些老革命都当副职？”

“谁是主？谁是客呀？”有人小声嘀咕，“现在不打仗了，‘老粗’无用了，我们还是到部队吧！我们都成了没人管的老客了。”

陈赓说：“就因为我把你们当主人，所以没必要更多的热情，对客人才应该盛情接待。我们老同志要树立为教授端盘子端碗的服务思想。”

“那也不应该拍知识分子的马屁！”

“连劳改犯都捧着、供着……”

“也不知屁股坐在哪一边……”

乘着人多，老兵们发泄着积怨，越说声音越高。

陈赓看看老部下都是一脸愤愤不平，和蔼地说：“你有你的长征两万五，他有他的十年寒窗苦。任何人不仅要看到自己的艰苦经历，也要看别人的艰苦经历，要互相承认。不能说谁轻谁重。搞教学人家是内行，我们这些老革命不要居功骄傲，要看到自己的不足，用能力说话，凭素质和贡献晋升。要同教授、专家交朋友。我们工农老干部要和知识分子相结合，要讲团结，才能办好学院，才能实现国防现代化。”

有位老干部还是不服气，他的话像火灼着陈赓的心：“别的我没意见。主要是这些教授成分太复杂，你想，过去没钱的哪能念得起书，念得起书的都是有钱人，哪个出身好？”

陈赓略加沉思，解释道：“我们党的知识分子政策是团结、教育、改造，要在政治上信任他们，放手使用他们，思想上要耐心帮助他们，改造他们，吸收技术人才，争取知识分子。从国家观点看，我们要办好军事工程学院，培养技术干部，首先需要的是师资，因此必须争取一批从旧社会过来的爱国的教授、专家、大学毕业生、工程师。要反对宗派主义倾向，而不是用我们的优点去和他们的缺点比。我们要帮助他们树立革命的人生观，要提高政治觉悟，吸收他们参军入党。应该看到，中国革命没有知识分子是不能胜利的，社会主义建设没有知识分子同样也不能胜利。”

屋里静下来，飘着浓烈的烟味。陈赓用温和的目光环视了一圈自己的老部下说：“在我们学院建设中，你们是一根柱子，知识分子也是一根柱子。许多工作没有你们不行。不过咱们不懂科学技术，拿我来说，是半生戎马，讲到冲锋陷阵，他们要向咱们学；但是讲到科学技术，那我和你们都要向教授、专家学习，尊他们为师。要和老教师交心，把他们看成自己人，动员他们参军，培养他们入党。你们再想想，我说的话有道理吗？”

“我才不学他们呢？”一个老干部嘟囔了一声，吱的一声扭了一下椅子。

“你胡闹！”陈赓火冒三丈道，“我讲了半天你左耳朵进，右耳朵出。我们都是受党教育多年的党员，难道这点儿觉悟都没有！”

房间里铁炉子的火光和灯光使书架上的书脊染上了金色。整座房子里寂静无声，只有煤块在噼啪爆裂，溅着火星。

陈赓考虑片刻又温和地说：“你能设计一个‘风洞’吗？如果不能，我们老同志就要树立为教学端盘子端碗的服务思想。我们还要千方百计地培养、发现和选拔人才。萧何‘月下追韩信’，促成刘邦建汉；刘备‘三顾茅庐’，成就三国鼎立的伟业。难道我们共产党人还不如古人吗？”大家的目光在房间里四处飘荡，慢慢地集中到陈赓的书桌和书架上，那上面堆满了书籍。陈赓已经给他们做出了榜样。

陈赓语重心长地对老干部们说："你们有你们的二万五，功劳很大。可是，他们的十年寒窗苦熬起来也不容易呀。现在我们国家的国防建设迫切需要知识和技术，你们有吗？我们应该多看人家的长处，向人家学习，争取早点儿从外行变成内行。今后从学院领导开始，各级干部都要主动与老教师交朋友，融洽关系，研究教学工作。"

陈赓站起身来，准备送老部下们走。

那位老同志不肯离开，露出踟蹰不前的样子，吭吭哧哧地说："司令员，我请求回朝鲜战场。"

"靠你那两个拳头能打败美帝？你老老实实地给我在学院呆着，给你一个好好学习的机会。《将相和》看过没有？"

"看过。"

"想过没有？"

"……"

"别看《苏三起解》激动得尿裤子，看《将相和》却打呼噜，明天我邀请省京剧院专门来演这出戏，你好好想想。"说完有力地拍了一下老部下的肩膀再次强调说："办好我们这个学院，要靠两根柱子来支撑，你们是一根，老教师是一根，二者缺一不可。他们有丰富的教学经验，许多工作离开他们是不行的；你们有部队的优良传统，二者结合，两根柱子齐心协力，都把自己的长处发挥到军事科学和国防建设上去，学院就能办好。"

陈赓送老部下走出房门，目送他们走远，他确信这些在枪林弹雨中跟他出生入死的老革命是会想通的。

果然，一些老干部通过陈赓做深入细致的思想工作，能够正确对待组织安排。

原空军工程系副主任、后任导弹工程系主任戴其萼回忆他初到哈军工时的情景。

陈赓在志愿军第三兵团任司令员兼政治委员时，戴其萼在第三兵团司令部任通信处长。1953 年 5 月，戴其萼由朝鲜战场归国奉命到军事工程学院工作。刚告别炮火连天的战场和敌机爆炸声，离开紧张的战斗环境，进入学院静谧校园生活，他突然有种若有所失的不自在、不习惯的感觉。因为他曾跟着陈赓打了十几年的仗，就去找陈赓说："我还是愿意去部队工作，我文化水平低，到学院工作成了文盲，起不了多大作用。"

陈赓耐心地对他说："毛主席命我主持学院筹建工作。我说自己是个外行。毛主席让我在军队高级将领中提出一个懂高级工程技术的人来。我提不出来。于是，毛主席说：那你就应该干。我就坚决服从命令了。建设军事工程学院为我军现代化所必需，开始需要一批老干部传帮带，过些年就让教授专家们干了。"

戴其萼马上表示："我服从组织决定。为了干好工作，我利用晚上、星期天自学大学基础课，争取两年内补上。"

陈赓笑着说："我看这就不必要了。哪个助教的数理化基础都比你强。而你的军事作风要比他们强。你除了保证党的路线方针政策和教学计划正确执行外，你要将全部精力用在教师、学生身上，为他们创造教学科研条件、学习条件和生活条件。你要将全部的感情倾注在教师学生身上，没有感情就不会全力为他们做事。你要拿出战争年代的那种精神，用我们艰苦奋斗、顽强毅力，果断和雷厉风行的好传统，带出一批又一批好的学员来。"

戴其萼有点儿为难地说："讲道理，大学生都懂。学校不是战场，我又不会上课、做实验，怎么对师生施加影响呢？"

陈赓爽朗地笑道："我告诉你个办法，你到系里工作时，少坐办公室，天天围着教师学生转，日久天长，总会有些影响。"

戴其萼照着陈赓的办法办，果然大见成效。早上出操，他这个系主任早早地站在操场上，哪个学生也不敢迟到、掉队。上课铃还没响他就早早地来到了教学楼，哪个学生也不敢迟到或早退。后来他经常深入教师和学员队帮助解决教学和科研中的实际困难，和知识分子们搞好团结，密切了和师生的关系。

哈军工初创时期，有 4 位红军时期入伍的团级干部，因为文化程度低，被分别安排到各食堂当食堂主任，他们兢兢业业地做好本职工作。有一次，陈赓到食堂看到炊事员将许多好好的白菜帮子扔了，他感到很可惜，就和通讯员一起捡出比较鲜嫩的白菜帮子，并告诉几位食堂主任："这些白菜帮子扔了多可惜，洗干净可以放在坛子里腌成咸菜。"临走，陈赓说："你们都是战争年代过来的人，不要小看火头军，大家吃饱吃好，全靠你们。现在我们国家还不富裕，就是富裕了也不能浪费，我们要把红军的光荣传统传下去。"以后在哈军工的饭桌上每天都会摆上 6 个不同样的小碟免费咸菜，供大家品尝，被大家誉为"菜坛子"精神。

陈赓经常说："我们有两种人最可靠，一种是从小参加革命跟着党走的人，纯洁、热情、忠诚；另有一种人也很好，那就是在旧社会走过曲折的路，历尽坎坷，然后才找到党的人。他们从实践中认识到只有共产党才能救中国。"哈军工以陈赓为核心的党委领导班子，也具有这两种人即老干部和老教授共同携手做好工作的特点。

建院之初，陈赓在行政上是院长兼政治委员，在党内是党委书记，全面主持学院工作。创建时，任务紧迫，陈赓工作压力很大，后来，周恩来和彭德怀商量，给陈赓配一个能干的副手，要求这个人熟悉部队及武器装备，又有较高的文化程度，文武双全。陈赓想到在朝鲜前线中国人民志愿军铁道运输司令员兼政治委员刘居英，他 20 世纪 30 年代考入北京大学化学系，后来参加中共地下党组织的"一二·九"学生抗日爱国运动，被北大开除。刘居英弃学从军，成长为解放军年轻有为的指挥员。正当刘居英在朝鲜战场上指挥着“铁血大动脉”，突然接到通知，让他回国任职。

1954 年 4 月 14 日，刘居英踏进了中国人民解放军总干部部领导的办公室。

副部长徐立清满面春风地迎上去：“刘司令员，陈赓院长打了好几次电话，让你赶快去哈军工，你看这是毛泽东主席给你的任命状。”

刘居英接过任命状，上面清清楚楚地写着：“任命刘居英为中国人民解放军军事工程学院副院长。”

刘居英二话没说，第二天就急匆匆赶到哈军工去找陈赓报到。

和刘居英一起前后脚报到的还有，志愿军第三兵团政治部主任刘有光，他被任命为哈军工的副政治委员兼政治部主任；志愿军第三兵团政治部组织部长张子明，被任命为哈军工的科学教育部副部长。

刘居英、刘有光和张子明于 1954 年 5 月 5 日增补为学院党委委员。和他们同日增补为党委委员的还有空军工程系主任唐铎。唐铎 1919 年参加五四运动，1920 年赴法勤工俭学，1923 年在广州参加革命工作，1925 年被派往苏联空军学院学习，1926 年入党，参加苏联卫国战争，获卫国战争勋章和列宁勋章。作为留学归国知识分子的先进代表，唐铎参加了党委工作。

这时院党委成员中有南征北战的老革命，也有教学科研的学术带头人，在工作中十分注意落实党的知识分子政策。1954 年 7 月 19 日，陈赓代表院党委在全院团以上党员干部会议上，就知识分子问题作了重要讲话：

“党对待旧知识分子的政策在我院来说非常重要，我们必须贯彻，因为教学人员是我院重要组成部分，是办好学院的关键。党对旧知识分子是团结、教育、改造的方针，这些同志无论从阶级上说，无论从需要上说都必须团结到我党的周围，他们也能够和我们一道进行革命到底的。他们是有科学知识的，他们的知识将给我们建设社会主义以很大的贡献。但是，因为他们许多是剥削阶级家庭出身，尤其长期受过资产阶级教育，所以必须进行马列主义教育，从思想上和政治上逐渐加以教育和改造，才能更好地进行革命工作。”

他还说：“根据我院具体情况所提出的‘思想严应有步骤，生活宽要有制度’的方针是合宜的、正确的。但是生活宽，思想也宽就错了，这是一种丧失立场的行为。另外，生活宽也是以制度来规定的。因为生活宽而不顾制度，无止境的宽也是不对的。有一些同志对于给这些同志生活宽在内心不服气，想‘思想严生活也严’，认为他们也应该锻炼一下，认为‘自己经过多少年艰险而在生活上还不如他们’就感到不平，这实质上是不了解科学知识在国家社会主义建设中的重要性，不了解在缺少人才的情况下党对知识分子团结教育的重要性，是从个人主义出发的狭隘的妒忌表现。正确地执行党的知识分子政策，是从思想上和政治上不断帮助他们，使其逐渐清除资产阶级的意识，而代之以革命人生观。应树立坚强的党的领导作用，而决不隐讳这个作用。党与政治机关要敢于公开地对其进行领导，党的干部要主动地向其接近进行工作。”

陈赓的讲话给党员干部上了一堂生动的政治教育课，也得到了军队老干部的拥护。

1956 年 5 月 10 日至 28 日，哈军工召开第一次党员代表大会，选举出新一届院党委会委员，由陈赓、刘居英、刘有光、张衍、张子明、徐立行、李懋之 7 人组成学院党委常务委员会，陈赓任书记，刘居英为第一副书记，刘有光为第二副书记。刘居英和刘有光是土地革命时期参加革命的老干部。其他常委也都是抗日战争初期参加革命的干部，陈赓对这些经过长期革命斗争考验的老干部说：“要办好军事工程学院，首先要依靠老教师。老教师的知识也来之不易，他们在科学技术上奋斗了几十年，也是老资格。一个干部只要是积极努力工作，总是想把工作做好。在工作中有了缺点错误领导上要主动承担责任。如果有了错误就向别人身上推，谁还敢在你领导下工作？”在陈赓的领导下，常委领导班子成了名副其实的团结战斗集体，大家都从事业和工作出发，积极做好老教师工作，千方百计完成各项工作任务。

1957 年 5 月，黄克诚到军事工程学院检查工作时，进一步明确了“两老办院”的思想。他说：“办好学院，除了依靠老干部，还要依靠老教授，充分发挥‘两老’的作用，学院是一定能够办好的。”

三、保护老教授

1954 年 10 月，陈赓被任命为中国人民解放军副总参谋长，还兼哈军工的院长和政委。他的工作重点转移到北京后，心里仍时刻装着哈军工。那年代政治运动很多，在历次政治运动中，陈赓对于一切正直爱国的知识分子，总是采取爱护帮助的态度，不让随便给他们戴政治帽子。并且在学校党委中统一认识，在频繁的政治运动中，学院里要安定团结，按计划完成教学任务。

1955 年全国开展“肃反”运动后，哈军工党委与“肃反”领导小组按中共的政策与陈赓的一贯指示，决定在“肃反”运动中对专家教授的问题，一律采取背靠背调查核实，不搞群众性的审查与批判斗争。尽管如此，有些老教师因出身不好，又在旧社会读书和工作过一段时间，个人历史上有过一些这样那样的事情，思想背了包袱，精神压力很大，许多人闷闷不乐。

陈赓得知此情况，特意从北京飞回哈尔滨，1956 年 7 月 28 日学院在哈尔滨中苏友谊宫举办庆祝“八一”建军节晚会。参加这次晚会的有学院高级技术职称 6 级以上的老教授和军衔大校以上的老干部。

那天，陈赓和刘居英少将特意穿着将军礼服，走进会场挨个与每一位老教授和老干部亲切握手。陈赓在会场上转了一圈后，就开始讲话了。他说：“各位老师们辛苦了！利用‘八一’建军节和大家见见面，一来看望同志们，共同欢度咱们的节日；二来还要告诉大家，开展‘肃反’运动，你们不要怕，要解除顾虑，放下包袱，我们无非是把自己历史上的问题讲清楚，打开包袱给党看。‘肃反’运动很重要，你们的包袱没我重，你们个人历史上有再大的问题也没我大，我曾救过蒋介石的命，1925 年秋，国民革命军举行第二次东征。东征军总指挥蒋介石于惠州华阳镇遇险，敌军从侧面进攻东征军，距蒋介石已近在咫尺。是我身背蒋介石急行数里，同时指挥部队掩护，边战边走，渡河脱险。……我襟怀坦白，给组织上全都讲清楚了。”

陈赓如此这般地一说，会场气氛顿时活跃起来。其实陈赓心里明白，就是这件事也有别有用心的人来抓他的小辫子。延安整风时期，一天，陈赓正与彭德怀在窑洞里聊天。康生掀开门帘进来，问：“你们在聊啥？”彭德怀随口答道：“陈赓救老蒋。”康生阴沉着脸说：“陈赓，当年你要把蒋介石毙了，现在哪里要打那么多仗！”陈赓坦然对答：“那老蒋不就跟廖仲恺一样成了烈士？我岂不成了反革命？”康生自觉无趣，讷讷而退。陈赓对此事胸无羁绊，他也希望老教授放下思想包袱轻装上阵。

陈赓讲完话，长舒了一口气说：“我还有公务就先走了。下面大家联欢，尽情地跳舞，欢度‘八一’建军节吧！”

那天，老教授们高高兴兴地玩了一天。陈赓对各项工作是大事抓得紧，小事放手让大家干。他常对学院其他负责人说：“跟别人干工作也许有越权问题，跟我干没有越权问题。发挥你们的主动性把工作干好，干得好，成绩是你们的；干得不好，我来承担责任。”

那时候，人们的工作积极性都很高，可是政治运动一个接一个，按照陈赓在学院定下来的保护知识分子的方针，涉及学院老教授的问题，都要请示到他那里去，他总是态度明朗地保护知识分子。他对学院负责人说：“知识分子在科学技术和教学上是有贡献的，对其他问题有些不同见解没什么，发点儿牢骚也没什么，咱们总该让人家讲话嘛！”

1957 年，反右派斗争开始，学院原确定要将 4 名教授划为右派。其中有两位教授当时还挂着，从群众批判的情况看要给他们戴右派帽子，学院领导给在北京的陈赓打电话请示此事。

陈赓正在家里接见参与筹备成立导弹工程系的几位教授。

陈赓拿起电话，听完对方的汇报后说：“这两位教授我是了解的。张教授在建院之初发挥过很重要的作用，是有功的。再说张教授和胡教授都是学术带头人，教学工作也抓得紧。老教师都是从旧社会走过来的，多多少少要受点儿影响，人的思想怎么能改变得那么快呢？再说谁都有点儿缺点。我的意见不要给他们戴右派的帽子，我们学院是知识分子集中的地方，不要随便把老教授打成右派。他们从大城市来到哈尔滨，天这么冷，不就是为了国防建设吗？你们就按我的意见向总政汇报。”

当时站在他身旁的几位老教授听了陈赓这番感人肺腑的话非常感动，暗暗下决心一定要把导弹工程系建设好。

政治运动中要保护教授，这是陈赓的一贯思想，1957 年至 1959 年政治运动频繁，哈军工提出政治运动与教学两不误的原则，尽量减少政治运动对教学的冲击，而涉及教授的问题常采取“背靠背”的揭发，很少进行“面对面”的斗争。1958 年进行的“红专辩论”、交心运动、“拔白旗，插红旗”……运动中，哈军工则组织老教授到各地参观人民公社和大跃进的“成绩”，“拔白旗”运动则未进行。

1958 年夏，在全国“鼓足干劲，力争上游”的“大跃进”运动中，“大炼钢铁”又开始了，社会上的大气候自然要波及学院。一个星期天，空军工程系的戴其萼率领系里师生到附近的哈尔滨火车站帮助卸煤。

陈赓给戴其萼打电话问：“你现在忙什么呢？学院搞大炼钢铁了没有？”

戴其萼答：“我们系现在利用星期天搞勤工俭学，帮助火车站卸煤、卸货。”

陈赓态度十分明确地说：“煤你们不要去卸了，也不要大炼钢铁。国家花这么多钱办军工，也没让你们去卸煤，去炼钢铁！这多浪费呀！你们马上停止，回学校可以搞科研嘛！毕业班还要搞毕业实践。教师回校抓好教学，这是重中之重！”

与此同时军事工程学院来电报请示，是否可让学生停课去参加大炼钢铁。陈赓本来对社会上这种做法不赞成，从秘书手里接过电报，他就生气地说：“岂有此理，我找黄老去。”

陈赓拿着电报就进了黄克诚的办公室，随后他又和黄克诚一起进了聂荣臻元帅的办公室。

过了一会儿，陈赓又拿着电报回到自己的办公室，对王勉秘书说：“我和黄老、聂帅的意见一致，不能让学生停课去大炼钢铁，学生的主要任务是学习。你去拟个电报复军工党委。”

陈赓对秘书们说：“讲原则，讲政策，不是让你死搬硬套，执行中更不能有私心杂念。必须正确理解中央政策，全面领会中央意图，否则就会忽‘左’忽‘右’。咱们在工作上一定要多动脑筋。”

陈赓又给学院领导打电话，语重心长地说：“我们的国防建设急需人才，学院工作的重点是搞好教学和科研。我们不能辜负毛主席和党中央的期望，要培养出大批的军事科技人才来！”

当时，刘居英坚决按照陈赓的指示办。学院既要坚持正常的教学不停课，也要搞政治运动。哈军工的门口架起了两口大炉子，家属们在大炉里大炼钢铁，干得红红火火，吸引来了众多摄影记者一个劲地拍照，还围来不少看热闹的人。而学校里朗朗的读书声不绝于耳，学院没有停课搞运动。有陈赓的支持，刘居英的胆气壮了，他亲自驾驶军工学院研制的拖拉机支援地方建设，他对全校师生说："我们哈军工要又红又专，我们要按党中央的精神参加政治运动，你们老师要教好书，搞好科研，学生要上好课，掌握好科学技术知识。我们要第一个迈上全军现代化的台阶。"

哈军工迅速掀起了技术革新、技术革命、土洋结合、因陋就简地进行科学研究工作的高潮。一批科研成果相继完成。装甲兵工程系的教师与实习工厂的技术人员结合，昼夜苦战，设计、试制用柴炭、谷糠作为燃料的拖拉机，在不到一个月的时间就试制出第一台命名为"松花江 8 号"万能拖拉机，受到黑龙江省有关方面的重视。工兵工程系三科教授会接受了黑龙江省水利厅委托设计的冻土破碎机，教师带领学员奋战 15 个昼夜，完成了任务。海军工程系一科教授会为黑龙江省航运局设计了 400 马力、载重 1000 吨的快艇。空军工程系教授会为黑龙江省广播事业管理局设计了电视台和超短波通信台。炮兵工程系四科教授会试制成功了细菌肥料。

院、系党委提出"面向部队搞科研"的口号，把教师的技术革命活动引导到改进部队技术装备的方向上来。空军工程系由 101 教授会牵头、其他教授会通力协作，共同设计东风—113 歼击机。炮兵工程系研制橡胶火药、电子引信、"三无枪"、双级小火箭等。海军工程系研制水翼艇、气垫船、最新自动舰炮、新型鱼水雷、军用电子计算机及适合中国海域的快艇雷达等。装甲兵工程系研制水陆两用坦克、快速布雷车等。经过短短几个月的努力，全院完成 321 项成果。当时认为已经达到国际水平的成果有 43 项，在国内属于首创的成果有 25 项。从 1958 年 7 月到 1959 年 10 月全院取得科研成果 381 项，完成技术革新任务 105 项。

1958 年 7 月 29 日，国防部电贺学院海军工程系的教师、学员试制成功铁淦氧电声转换器。8 月 1 日前，学院派科学研究部副部长张文峰带领 13 名教师，携带 36 项技术革新成果到北京向中共中央和中央军委报捷。当这批成果在 8 月 1 日展出时，陈赓把在京的中共中央和中央军委的领导人刘少奇、周恩来、朱德、陈云、邓小平、林伯渠、彭德怀、刘伯承、陈毅、叶剑英、粟裕、黄克诚以及各总部、各军兵种的领导人请去观看。9 月初彭德怀视察学院时，专门到试验基地观看海军工程系研制的水翼艇和气垫船，对主持研制工作的顾懋祥教授说，搞科学研究不要怕失败。总书记邓小平 9 月 16 日视察学院时，听说空军工程系在研制东风—113 飞机的设计中遇到困难，指示说，失败一百次，搞成功了就是胜利。

1959 年 12 月 23 日，周恩来视察军事工程学院时，到空军、炮兵、工兵 3 个工程系和新成立的导弹工程系察看了实验设备和科研成果，还观看了海军工程系的无线电操作的舰艇模型发射导弹的表演。

在当时频繁的政治运动中，哈军工结合教学取得了丰硕的科研成果，让教师、专家一心一意搞科研搞教学，陈赓确实动了一番脑筋保护知识分子不受冲击。

1959年，庐山会议批判了“彭、黄路线”，学院接到上面的文件，让学院停课搞“反右倾”运动。

当时任哈军工政委的谢有法将军在回忆文章《我在军事工程学院工作的八年》中写道：

> 1959年8月底，我们（谢有法、刘居英、张衍）回院后即召开团以上党员干部会议和营、连、排三级党员干部会议，学习中央文件，联系实际揭发批判斗争。共有党员干部71人受到错误的批判，在有组织结论的14人中给4位同志戴上了“右倾机会主义分子”的帽子。直到1961年才给他们甄别摘帽。这次斗争由于只限于党支部内进行，党外及排以下党员（包括全体学员）只进行“反右倾，鼓干劲”的正面教育，对老教师则遵照陈院长的指示，由居英同志带着他们到外地参观去了，运动没有波及他们。这样才没有造成像反右派那样大的打击面。

庐山会议以后，陈赓从北京打长途电话到哈尔滨找刘居英，严肃而急切地说：“这次运动是毛主席亲自定的，上面已经发文件要停课、要揭发，我们得按上面的要求办。庐山会议批判彭、黄路线是党内的事，可是咱们这个学校非烧到教授们不可。知识分子们遇事爱发表意见，这次你带老教师们出去走上一个月，参观学习各地方的‘大跃进’成就和先进经验，他们有什么意见就出去和你边走边谈吧。出了问题由我负责。”

刘居英放下电话，根据陈赓的指示精神，立刻组织了由高教六级以上近百名老教师组成的参观团，安排了去外地的参观日程。由他亲自带队的哈军工教授参观团很快从哈尔滨出发，去吉林长春第一汽车制造厂、机床厂和长春电影制片厂等单位参观学习，座谈讨论，教授们很受教育，越发觉得自己肩上的责任重大，要为祖国培养更多的有用人才。时间不知不觉地在参观活动中过了三个星期，刘居英给学院打电话，得知运动高潮已经过去，教授参观团才高兴地返回学院。教授们又愉快地走上讲台。

开始有的教授还迷惑不解，甚至还有人埋怨这次参观活动时间太长，后来才知道陈赓的真实用意，参观团的教授外出没有发表意见的机会，也就没有一个被打成“右”倾分子。

后来，有人赞扬刘居英这次参观活动安排得恰到好处，保护了一大批教授。刘居英坦言道：“这是陈赓院长让我这样干的，只有他敢这样干，我们不行，别人不敢。”

谈起这事，刘居英回忆说：“陈赓是个很有个性的人。有一次，毛主席召见他。陈赓接到通知立即驱车直奔中南海，警卫不认识他，挡着就是不让进。陈赓好话说尽也无效，一挥手让司机打道回府。毛主席左等右等不见陈赓来，就让人打电话问。陈赓说，我已经去了，中南海警卫说什么也不让我进去，我只好又回来了。毛主席知道后发了火，让秘书立即去办，以后陈赓到中南海，谁也不准拦。后来学院有件事陈赓让我向周总理汇报一下，我说，中南海我可进不去呀。陈赓说，不要紧，你坐我的车就可以进去。果然，我坐他的车很顺利地进了中南海。”

陈赓在落实知识分子政策上，也自然有一些独到之处。在政治运动中，他总是想方设法保护知识分子。一些老教授感慨地说：“陈院长这样关心我们，真是用心良苦！”

陈赓对知识分子的关心爱护，深深感动了留洋回来的教授们，他们中的一部分人刚到哈军工时三心二意，后来逐步转变成一心一意为国防建设搞好教学工作。

曾石虞教授就是被陈赓的人格魅力所感动，从走进哈军工的大门开始，一直干到去世。他是著名的火炸药专家、化学教授，在来哈军工前是复旦大学化学系教授。

此人有非同一般的经历，也极有个性。早年留学德国，拜师于德国最负盛名的火炸药专家普门德教授的门下，获得博士学位后立即归国。能说6国语言，曾做过蒋介石的德国顾问端纳的德文翻译。后来，中央陆军大学（其前身为黄埔军校）邀请曾石虞出任少将教官，他以工薪少为理由婉拒。上海解放后，他曾与张述祖等人联名上书陈毅，请求恢复兵工专门学校。后来，同时上书的人全让陈毅召进南京“华东军区军事科学研究室”，唯有曾石虞没去。

曾石虞来到哈军工后，闭门研究火药，自知出身不好，开学典礼也不参加。一开会学习，他就低着头，想自己的心事。有一次，他正在实验室做化学实验，陈赓穿着一件布衬衣走进了他的实验室。

陈赓指着装有各种化学试剂的小瓶问：“曾教授，这些都是什么？”

曾石虞抬起头来，扶了一下眼镜问道：“你是谁？”

陈赓说：“在下陈赓。我前来拜师，向你学习。”

曾石虞说：“陈院长，你有什么事就说吧，只要我能办。”

陈赓说：“学院正在搞施工，我想请您给施工人员讲讲水泥配比……”

第二天，陈赓请曾石虞给施工的技术人员讲了一堂课。曾教授讲课前，陈赓对大家说：“我们建军工学院不能烂泥巴糊墙，这是百年大计。大家要认真听课，不懂的可以提问。”说完陈赓亲自给曾教授倒了一杯茶水，放在讲台上。

那天，曾石虞讲了一上午，陈赓听了一上午。下课后，曾石虞对陈赓说：“我没讲好，讲课时我老想着院长您在亲自给我倒茶水。”

后来在历次政治运动的风风雨雨中，陈赓总是保护曾石虞。陈赓对学院领导说：“千秋大业在选人、用人，用人是关键。我们要用其所长，任人唯贤，把他放到最能发挥作用的地方，不要求全责备。”就这样，曾石虞平安地度过了一次又一次政治运动，他铁了心，一直在哈军工干下去。哈军工后来迁到长沙改名为国防科技大学，曾石虞还在教书。一直干到90岁高龄，他提出还要继续带研究生，学校领导考虑到他年老身体也不太好，劝他就不要讲课带学生了。

曾石虞的两道白眉毛立即竖起来，厉声说道："这是陈赓院长赋予我讲课的权力！"

学校领导只好让化学系每周给曾教授安排一次研究生课，课就在他家上。讲完课后，他的5个研究生，主动把他家的卫生打扫干净。

在陈赓的影响下，从哈军工到国防科技大学，几十年来一直是对教授做到"政治上信任、工作上放手、生活上关怀"。中国共产党的知识分子政策深入人心，迅速建成一支德才优良的教师队伍，为培养国防科技人才发挥了重要作用。

四、与苏联专家相处

哈军工是一所高级的综合性的军事工程技术学院，这不仅在解放军属于首创，就是在中国的历史上也属于首创，缺乏经验是主要的困难，因此必须努力学习，包括学习外国的先进经验。当时，中苏两国关系友好，斯大林向毛泽东建议：中国应办军事技术学校，培养军事工程师，苏联给予支持。

1952年6月3日，粟裕向周恩来呈送《关于军事工程学院聘请顾问的报告》，并草拟周恩来致苏联部长会议副主席兼国防部长布尔加宁《关于军事工程学院聘请苏联顾问》函，经周恩来审批后于同日发出。信中说，中国现正筹备创办一所军事工程学院，主要培养中国人民解放军各特种部队的高级工程技术人员。学院拟设5个系、23个专科、72个班，计划招收1100名学员。中国无创办此类学院的经验，需有顾问的帮助。为此，请他能够根据这样的组织机构，或看还需增添必要的系、科，派遣足够的顾问，并准备课程前来帮助。

7月8日，苏联政府派出一个以奥列霍夫空军中将为首的4人专家设计组来到北京，对总参谋部提出的建院方案进行论证和修订。在北京，陈赓与苏联专家组一起进入紧张的筹备军事工程学院的工作中。

通过20多天从南到北的考察校址，陈赓与苏联首席顾问奥列霍夫结下了友谊，同时对苏联专家的个人情况也摸了个门清。奥列霍夫长陈赓一岁，1927年加入苏联共产党，1933年进入茹柯夫斯基空军学院学习，1938年毕业后在苏共中央委员会工作，1942年被任命为苏联空军干部部部长，1949年被任命为列宁格勒的茹柯夫斯基空军学院副院长。他对办军事工程学院充满了热情和使命感。他向陈赓表示，愿意继续配合陈赓办学。

哈军工初建时，全院各系、各专业总共要开设几百门课程，各门学科的师资力量奇缺。再加上当时准备开设的许多专业课程在中国还是缺门，找不到学过、懂行的人，寻找能进行教学的老师尤其困难。因此，陈赓非常重视苏联专家的作用。

10月4日，陈赓向中央军委呈送《关于聘请苏联顾问问题的报告》，根据学院任务及当时条件，请求向苏联政府聘请50位顾问。以后根据专业建设的需要，申请增加顾问名额，总人数为84人，每人工作期限两年，到期轮换。

然而，苏联顾问团迟迟不到，教学计划怎样订？23个专科怎样设立？以后大批的学员怎样组织教学？一系列的问题摆在学院领导的面前。因为没有办学经验，都毫无头绪。

同年10月16日，陈赓又给毛泽东呈上一份报告，详细汇报了学院筹备工作情况，最后提出：目前请求急需解决的问题：一、催请苏联顾问先来一批；二、翻译人员，请中央编译局调拨俄文翻译30人。

陈赓为此去请示军委副主席彭德怀，彭德怀果断地回答："咱们立足自力更生，我相信你能办好学院。"

六个月后，苏联专家来了。以奥列霍夫为首的军事工程学院顾问团第一批成员8人和工作人员3人先后来到北京。除首席顾问奥列霍夫、副首席兼教育顾问叶果洛夫外，还有一位合同战术教研室顾问和5位系主任顾问。

4月29日晚7时，陈赓院长由徐立行、徐介藩陪同，在中南海约请奥列霍夫和叶果洛夫谈话。

4月30日下午，朱德总司令宴请军事工程学院苏联顾问团全体人员，陈赓和各军兵种司令员出席作陪。朱德在简短的致词中说：中国党中央和毛主席都很重视办好军事工程学院。他表示对派顾问团来帮助建设军事工程学院的苏联政府表示感谢，对苏联顾问团的到来表示欢迎。军委副总顾问柯托夫说："办好军事工程学院，对中国人民解放军来说，好比空气对生命一样重要，苏联顾问要帮助做好这项工作。"

5月1日，陈赓陪同顾问团全体成员参加了天安门"五一"观礼。5月5日，陈赓又陪顾问到南苑参观空军司令部举办的教学模型展览。

接着，陈赓提前回到哈尔滨，召集院领导研究迎接顾问团和安排他们工作的问题。在顾问团到达之前，学院组织学习了中央军委关于做好顾问工作的指示，并请在苏联学习、工作过的教师徐介藩和赵唯刚介绍苏联人的生活、风俗习惯等。一切准备工作就绪。

5月13日，顾问团到达哈尔滨，陈赓亲自前往车站迎接。他特意安排首席顾问奥列霍夫住在市内的一幢小别墅里，其余的苏联专家住在大和旅馆，并给他们配了专车。

苏联顾问工作积极性很高，到哈尔滨的当天，就听取了学院的基本情况介绍，第二天巡视了院区。7月初，陈赓又责成张衍代表院党委向顾问团征求意见，顾问团很重视，提出了许多宝贵意见。顾问们经常主动找各部门负责人交谈，经过短期调查研究，提出了各专业4年制教学计划和各专业应设的教研室名称以及应配的教学人员名额的意见；草拟出《军事工程学院教学过程组织基本条例（草案）》，还对校舍建筑布局、预科学员的文化补习、本科开课的准备工作等提出了一系列建议。最后他们说：“仅供你们参考，请陈赓院长裁决。”

关于如何向苏联学习的问题，陈赓请示过毛泽东主席。毛主席指示的基本精神是：先按人家的意见办，在办学实践中尽快总结自己的经验，有了经验再改。还说：“技术上学，政治上不学，军事上又学又不学。”即对苏联先进的技术要全学，必须将苏联的先进技术学到手；行政管理方面主要是学正规化建设的经验；政治工作不学，保持我军政治工作的优良传统。

周恩来也曾对陈赓讲过聘请苏联专家的原则和对待苏联专家的态度。他说，对苏联专家要尊重，但应“不卑不亢”。

鉴于有的同志盲目学习外国，认为苏联专家提出的经验都是“先进”的，要“全面”地学习，甚至说要像“牛吃草”一样地学。

对此，陈赓很忧虑，在一次党委会上，他郑重地说：“学习外国先进的东西是需要的，特别是要学习苏联的先进经验，但是学习外国的先进知识不能把我们自己的好东西丢了。什么叫先进经验？经过实践证明的行之有效的，而且效益最高的，才是先进经验。外国的东西并不都是好的先进的，中国的东西并不都是不好的落后的，我们学习外国绝对不能盲目地学。”然后他郑重地说：“学习苏联，有的全学，有的半学，有的不学。具体说，科学技术要全学，行政制度要半学，政治工作不学。”陈赓的意见成为军工学习苏联的指导思想，军工学习苏联的过程中没有出现大的偏差。

当时，苏联顾问提出：学员上午六节课一贯制，下级见上级要有一套完整的报告词，值班交接班必须要有军乐团奏乐等一系列照搬苏联军校做法的意见。

党委会上大家对此发表看法，有的同意，有的不同意，但讨论结果基本同意。最后陈赓说：“既然多数同志同意，遵照民主集中制，我就少数服从多数吧，但是我个人保留意见。上午六节课一直上到下午两点才吃午饭，我 50 多岁了，按中国千百年的习惯，我可是中午 12 点就要吃饭的。对那些繁琐的报告词和动不动就奏乐我也不赞成，先试行一段，咱们再改。我们创办军工是前所未有的，我们没有一点儿经验，只好先跟着别人学，还要注意不能将师傅惹火了，否则人家不教你，咱们也难办。”

在军队值班交接班的问题上，按苏联制度每天早晨院、部、系全体值班员集中，先由军乐队奏乐然后交班，哈尔滨冬天零下 30 度，大号小号未吹完就结了冰，这需要在奏乐之前先把大小号灌入酒精才行，陈赓对此情况说：“这种做法完全是形式主义。”不久便取消了这种“礼仪”。

当学院干部向他汇报从苏联顾问那里领受的任务时，凡是不符合中国军队优良传统的，他都予以改正。

陈赓说：“我们任何时候都应学习外国先进的东西，但学习必须以我为主，为我所用，绝对不要把我们自己先进的东西丢掉了。”

陈赓主持军事工程学院的工作中，以毛泽东思想为指针，坚持中共的绝对领导，曾与苏联顾问发生分歧。苏联顾问主张在学院里推行苏联的“一长制”，各系只设主任，负责政治工作的为副主任。陈赓始终坚持实行党委制。为此，他多次同苏联首席顾问进行谈判。1954年，有一次，陈赓由哈尔滨返回北京，奥列霍夫到火车站送行，在汽车上他们一直在谈论“一长制”和“党委制”的问题。到北京后，陈赓将此事报告中共中央。后来中共中央同意各系设政治副主任，以后适当时候改过来仍叫政委。1956年，按陈赓的意见，哈军工各系的政治副主任都改成政委。

陈赓既重视尊重苏联顾问团的合理意见，又强调学习别人的经验要同自己的独创相结合。尽管在工作上陈赓与苏联顾问发生过一些分歧和争论，但双方关系一直是友好的、融洽的。每逢中国的节庆日或苏联的节庆日，陈赓都要设宴招待苏联专家，他亲自负责菜单，而且尊重苏联人的习惯吃西餐。平时他也非常关心苏联专家的生活，帮助解决困难。有一次，首席顾问奥列霍夫心脏病发作，他派专机从北京送治疗心脏病的专家黄宛医生到哈尔滨去抢救。有一位苏联专家在大和旅馆触电受伤，他立即派人马上护送到北京治疗，还偕同夫人傅涯带上鲜花到北京医院探视。陈赓对学院领导说：“不要把生活上的事情看作小事，我们都应当重视，这是关系到苏联专家能否安心在哈军工工作的问题。”

那时，许多苏联专家是真诚帮助中国进行社会主义建设的。陈赓也非常注意发挥苏联专家的作用。让他们给中国教师上课、答疑，培养教师队伍，然后再由这些教师给学生上课。奥列霍夫对学员要求很严，经常戴着手套到学员宿舍去检查，摸到哪儿有灰尘就要严厉批评，有的学员脏鞋、臭袜子没洗干净，他毫不客气地给扔到院子里，还对教官说：“这是游击习气，必须改正。”虽然态度比较生硬，但陈赓对奥列霍夫的工作是支持尊重的。奥列霍夫长年坚持工作，不休假，一心扑在学院工作上，累得经常犯心脏病。在工作上，他与陈赓互相理解，互相支持。

在学习苏联先进经验的过程中，陈赓非常尊重苏联专家。他与苏联首席顾问结成亲密的朋友，但对“老大哥”中的大国主义作风也给予必要的斗争。有一位苏联专家住在军工专家招待所，对招待所的一位女翻译有不礼貌的行为，女翻译愤然回院向领导报告此事，并提出不再回专家招待所。苏联专家发现翻译不辞而别，立即向教育长提出，限24小时之内，要女翻译回招待所工作，否则……为此陈赓找张衍商量，要坚决顶回去。他说：“这件事你可以找首席顾问谈，把事情的详细经过及女翻译的意见如实向他反映，并把以前军工专家中两次发生类似情况，也一同告诉他，同时告诉首席顾问，我们接受这位女翻译的意见，不让她再回专家招待所。”当张衍要离开时，陈赓又说：“带着我们的翻译去，看他的翻译能不能如实译出，否则立即补充纠正！”张衍立刻带着俄语资深教师粟林约苏联首席顾问谈话，首席顾问很重视此事，当即表态：“请陈赓院长放心，我一定严肃处理这件事。”后来学院举行国庆宴会，那位不规矩的苏联专家一见陈赓，连头也不敢抬，就悄悄溜了。

1956 年 9 月，中国共产党第八次全国代表大会选出第八届中央委员会，陈赓当选为中央委员。奥列霍夫得知这个消息很快给陈赓发来一封贺信，全文如下：

陈赓大将同志：

我谨以我个人的名义并代表哈尔滨军事工程学院全体顾问衷心地祝贺您当选为中国共产党中央委员会委员，并祝您身体健康，以便大有成效地和顺利地工作，俾能更多地造福于伟大的中国人民。

奥列霍夫

1956 年 9 月 29 日

1957 年 3 月，奥列霍夫准备到各地检查哈军工第一期学员在部队、工厂进行毕业设计和毕业实习情况。原定 3 月 29 日动身，不幸在 3 月 27 日正在下棋，突发心脏病，抢救无效，永远地闭上了双眼。

苏联政府派出专机到哈尔滨接奥列霍夫的灵柩回苏联，哈军工全体教职员工和学生们都到机场为这位苏联专家送行。后来，陈赓充满感情地对大家说：“苏联专家为了帮助我们的建设，远离自己的国家和家乡，不幸在我国逝世，我们应当表示沉痛地哀悼。”

由于苏联专家与军工学院有良好的关系，通过他们使哈军工与苏联有关学院开始有了联系。1957 年 3 月 21 日，陈赓向军委呈送《军事工程学院要求赴苏参观的报告》。报告中说“由于军事科学日新月异，为了不断提高学院的学术水平，适应我军现代化建军的要求，必须打通与苏联有关学院学术上的联系，经常取得新的教材与研究资料，过去这些资料的获得，均由各专业教授会的苏联顾问带来，今后顾问将大批回国，资料来源困难，因此有必要仿照中国科学院及高等学校与苏联科学院及有关院校参观并签订合作合同。其次，学院创办 4 年，虽规模初具，但教学任务尤其科学研究任务日益繁重，目前领导水平和学院的资料很难适应新的发展要求，迫切需要参观苏联学院，从实际考察学习中来解决这些问题。”

中央军委同意并批准了陈赓的报告。陈赓决定哈军工派出 10 人代表团，由刘居英副院长带队，苏联顾问协助。代表团先后到莫斯科、列宁格勒，参观了茹柯夫斯基空军军事工程学院、捷尔任斯基炮兵军事工程学院、斯大林装甲兵军事工程学院、库比雪夫工程兵军事工程学院、海军军事工程学院、空军军事工程学院等，进行了友好的学术交流，促进了教学和科研工作。

1959 年春夏之际，中苏两国关系出现裂痕，当时哈军工还有一些苏联专家。为了继续争取他们的支持，陈赓特地邀请在哈军工的苏联专家到北京。陈赓一身戎装很高兴地在家中接见了他们，给他们做工作。陈赓对苏联客人说：

“你们来中国，我们是欢迎的，希望你们为中国多作贡献，我们会感激你们的。”晚上，他和国防科委副主任、总参装备计划部部长万毅在北京饭店宴请苏联专家吃饭。陈赓说：“还有什么问题，你们尽管提。”苏联专家表示，我们一定好好干，多作贡献。陈赓的工作很有成效，这些苏联专家以他们的知识和经验热心地帮助哈军工提高教学水平与科学研究能力。

五、真情育人

陈赓十分重视对学生的培养教育工作。他认为，哈军工的一切工作都是为了培养高质量人才，是为军队培养高级军事工程科技军官的，检查与衡量各项工作均应以此为标准。他很重视学员的训练质量，非常重视德、智、体全面发展和革命军人素质的培养。他对学院培养的学员提出要求：有较高的政治素养，通晓军事，遵守纪律，能够掌握使用、修理并懂得制造与设计的高级技术人才，是精通技术的一流工程师。

新中国成立之初，解放军官兵的文化程度不齐，哈军工招收学员，从抓预科教学开始。第一期学员由全军各大军区从 1952 年 12 月至 1953 年 1 月共选拔了 1040 人，入学编成预科大队。他们都是 1949 年前后参军入伍的，要求文化程度为高中毕业，但入学后发现文化程度仍参差不齐，所有学员都补习半年高中课程，打好文化基础，然后进入大学本科学习。

作为一所高等军事工程学院，最重要的环节就是提高科学技术课程的教学质量。当时遇到的最大困难是，从部队调来的许多干部都不懂行。早在筹备期间，陈赓就曾带领一些干部访问过全国知名的理工科大学，如北京的清华大学，哈尔滨工业大学等；开学以后，他又带领大家主动向老教授和苏联顾问请教，并且组织领导干部和机关干部钻研学术，掌握科学技术知识，每周请教授讲课，使自己成为内行。在学院工作的许多军队干部，经过长期不懈的学习，以后逐渐成为精通科技教学的行家。

对于科学知识的教育，他也十分注意理论与实践的结合，重视实习工厂的建设。在学院基本建设中，他始终坚持勤俭办院的原则，反对铺张浪费，但是对于学院实习工厂的设备及教学和科学研究所必需的实验设备的购置，则又坚决支持，甚至亲自联系申请购买重要器材。

对学院的教学工作，陈赓提倡独立思考，让学员成为学习的主人，不要成为书本的奴隶。第一期学员开始补习文化不久，他在教学检查中听到学员反映负担过重，课堂上教授讲的内容多，而复习时间少，消化不了。陈赓一边组织学员座谈，了解他们的实际困难和意见，同时一边领导教学人员研究改进的办法。

当时许多学员是部队保送到军事工程学院来深造的。例如，工兵工程系学员谭国玉，是个战斗英雄，入学前只有初中一年级文化程度，在 1953 年新生大队文化补习教育期间，他对所补习的高中数、理、化课程一窍不通，上课听不懂，下课看不懂，作业不会做。头两个月测验，没有一门功课及格。在按文化程度重新编班的考试中，5 门功课全不及格。苏联顾问团对学院招收这样的学员颇有意见，明确提出："这是高等学府，怎么能收初中一年级的学生？"谭国玉自己觉得学习太困难，越往后日子将会越不好过，坚决要求退学回部队。

这件事一直报到了陈赓院长那里，陈赓没有同意让谭国玉退学，而是对这个学员投入了更多的关心和帮助。陈赓了解到他家是四代雇农，7 岁就给中共地下党送信，17 岁参加东北抗日联军，解放战争中参加过辽沈战役，从东北一直打到广东，多次立功，是第四野战军某部"老虎连"的指导员，来学院后学习刻苦，上进心强。陈赓要破例把这个战斗英雄留在学校，把他培养成才。

有一天，陈赓特意把谭国玉叫到小平房自己的家里，和他一边吃饭一边谈心。

陈赓语重心长地说："小谭，你当指导员的时候，对战士们喊'人在阵地在'。现在学院给你创造这么好的条件，让你好好学习，你还想要求走，那不是啥也不在了吗？"

谭国玉看陈院长这样关心他这个普通的学员，心中涌动着热流，自己不能辜负陈院长的一片好心，他激动地表示："院长你放心，我一定以'人在阵地在'的劲头攻克文化堡垒，死也要死在学校！"

陈赓拍拍他的肩膀笑了："有什么困难你就给我说，我会尽力帮助你的。"

从此，谭国玉在跟全班同学补习高中文化的同时，自己还挤时间补习初中的数理化。晚上熄灯后，经常能看到他在走廊里、锅炉房路灯下学习，有时躲在被子里用手电筒照着学习。因为睡眠严重不足，他经常累得晕倒在锅炉房和过道有灯光的地方，被同学们抬到门诊部抢救。任课老师和同学们都被他的拼命精神所感动，尽管如此他还是有些功课不能考及格，苏联顾问认为他这样的文化程度根本不可能跟上。院领导决定让他拼搏下去，争取最后的胜利，还跟他的任课老师打了招呼：谭国玉考试不及格干脆别给分，免得引起非议。平时，对他多辅导，多补课，多帮助。谭国玉经过刻苦努力，在文化补习的后期，他第一次数理化都考及格了，他看到了希望。

在升入大学本科的考试中，谭国玉只有数学一门及格，物理、化学都不及格。按规定，两门不及格就退学了。苏联顾问也认为他跟不上，就退学吧。谭国玉如释重负地长出一口气："这一下子可以跳出苦海回部队了。"

这时，陈赓又把他叫到家里和他谈话。陈赓拍拍他的肩膀，半认真半开玩笑地说："谭国玉同志，你是战斗英雄，现在学院的门大开着，你是英雄，还是狗熊，就看你从哪个门出去了！"谭国玉愣愣地看着陈院长，一时不知如何回答好。

“小谭，你虽然文化底子薄、基础差，但你学习刻苦，进步大。这次考试有两门不及格，我相信你完全有希望学好的。”陈赓停顿了一下问：“你告诉我，你还有信心继续学下去吗？”

谭国玉的脸突然涨得通红，他不敢直视陈赓的目光，终于他的嘴动了一下，小声迸出了三个字：“有信心！”

陈赓和蔼地说：“那就好，院党委已经决定，破格把你分到工兵工程系试读一年，给你一年的时间，你继续努力吧！”

谭国玉一个立正，大声说：“陈院长，你放心，我一定不辜负您的希望！”

果然，谭国玉试读一年后，期末考试功课全部及格，由试读生转为正式生。到了第三学年期末，他各门功课的考试成绩都是 5 分。专科和系领导既高兴又怀疑，期末考试时亲自到考场观察检查。有一次考试，谭国玉看见系主任、科主任都在考场作陪，就对他们说：“请首长放心，这次我准能考五分，我要对得起陈赓院长对我的帮助。”果然，他的考试成绩获得五分。

然而，苏联顾问团对谭国玉的学习成绩仍抱怀疑态度，工兵工程系的苏联顾问克拉辛柯夫每当谭国玉抽题作答时，都到考场观察、监督。在铁的事实面前，他也服气了。他对专科主任林铁峰说：“在谭国玉身上，我看到了中国人民解放军是战无不胜的。”首席顾问奥列霍夫为谭国玉的学习曾和副院长刘居英打过赌，最后也只好认输地说：“中国军人是无坚不摧的。”

陈赓非常关心学员的学习，党委在讨论学习问题时，有人提出，应刻苦学习，独立思考。还有人提出，学员之间水平不完全一样，应当开展互助。对此学院师生引起争论。苏联顾问也站出来反对学习互助。

陈赓就此事专门召开了一次讨论会，邀请苏联顾问也来参加。奥列霍夫骂学习互助是“放屁”。翻译段钢听到首席顾问讲出这样的话，只是抿着嘴笑，不敢翻译。陈赓对他说，你翻译嘛，什么话都可以讲。段钢才把这个词翻译过来，惹得在场者窃笑。陈赓平心静气，继续引导大家发表意见。

最后，陈赓总结说：“我们这个军队，不能不要互助。我们对学员要求的是：政治上要集体主义，学习上应个人独立钻研，刻苦学习。所以要发挥学员个人的学习主动性、创造性、独立性。在此基础上，提倡学员在学习上互助。同学之间的个别请教，互相探讨，自愿帮助是有益的。但是要在独立思考的前提之下进行。”

1953 年 4 月，陈赓指示教学部门组织力量对教学工作进行一次检查。4 月 21 日，听取各检查组汇报的情况以后，陈赓指出：“我们有成绩，缺点也不少。”“我们所有的工作部门，都要为学员服务。”针对当时学员中“负担重，时间少”的呼声，他在这次会上特别强调“领导上要注意时间问题。例如：会议应开，但要少开，越向下越要少开；学员担任工作不能超过一职；不要乱提口号；领导方式不要以带兵的方式来带学员，因为对象不同，不能采取简单方式。我们的任务重点是培养学生，围绕着培养科技人才来开展各项工作”。

陈赓很重视对学员的革命传统教育。1953年秋，秦基伟军长从朝鲜回国途经哈尔滨来看望老领导陈赓。陈赓非常高兴地握着秦基伟的手说：“秦军长，你来得正是时候，给我们军工的教员和学员们上堂课，讲讲我军的光荣传统吧。”

由于当时学院的礼堂还没建好，秦基伟的报告会就安排在小树林里。陈赓亲自主持了报告会，当他说道：“现在请指挥上甘岭战役的秦基伟军长为我们作报告……”，小树林里全校师生爆发出雷鸣般的掌声。

秦基伟开始就说：“陈司令员要我给大家讲讲朝鲜停战前上甘岭战役的情况……”他以深厚的感情、生动的语言讲述了志愿军在朝鲜上甘岭战役中所表现出的爱国主义和革命英雄主义精神，当他讲到黄继光等战斗英雄为了胜利而英勇献身时，数千人的会场一片肃静。

陈赓当即提议，全体起立，为中国人民志愿军牺牲的烈士们默哀三分钟。

然后，陈赓沉痛地说：“上甘岭战役我们打胜了，但是代价太大。我们志愿军是靠勇于克服困难、不怕牺牲的精神打赢的，而美国人怕死，他们必然失败。我军牺牲太大的原因是，我们以步兵为主，而我们面对的敌人是以飞机、坦克、大炮等先进武器装备起来的美国军队。所以，我们学院要培养出有军事科技知识的指挥员和工程师。那时候，我们既不怕死，又有现代化的武器装备，我们的军队就如虎添翼，必能战胜任何侵略者。我们培养的学生，在政治上要不怕苦、不怕死，技术上要过得硬，这就是又红又专，要为我军步入现代化迈上一个新台阶。”

这次报告会对全校的师生教育极深，许多学生表示，要以战斗英雄为榜样，攻克科学文化堡垒。

这之后，陈赓还请过别的领导来给学生们作报告。直到1961年3月陈赓逝世后，陈毅到学院作报告，还对大家说：“我这次来作报告，是来还欠你们陈赓院长的账的。”

军事工程学院对学员的选拔是很严格的，要求德智体全面发展。院党委强调“宁缺毋滥”，所以招生数往往达不到计划数。当时学员中有一些高干子女，陈赓对他们很好，也非常关心，严格要求，让他们以实际行动为父辈争光，而不能抹黑。

在哈军工招收的第一批学员中，有军委副主席彭德怀的侄儿，他报考学院时，因文化程度不够，陈赓考虑到他是彭家留下的一根独苗，应该好好培养，主张录取。作为特殊问题，陈赓提请学院党委常委讨论。常委们一致认为，彭德怀的侄儿虽然是初中文化程度，但学习努力，表现好，一致同意让他入学。

彭德怀知道这件事后，批评陈赓说：“你们学院录取的都是高中毕业生，你们把他招来就是破坏了学院的招生制度。你们不能为了他一个人，降低了整个招生标准。请你们让我的侄儿退学。”

陈赓看彭德怀有点儿生气，答道："这是党委常委会决定的，我个人说了不算，我再了解一下情况听听大家的意见吧。"

于是陈赓就把这件事提交常委们讨论，常委们认为，彭德怀的侄儿虽然学习有些吃力，但他努力学习还能跟得上，就不要退了。

因为学员入学之后，还要进行一年的预科教育，补习高中课程，进行政治、军事的初步训练，然后反复审查、考核才能进入本科学习。根据彭德怀侄儿的情况，系里认为他经过努力学习是能跟上的。于是陈赓没有让他退学。

后来，彭德怀知道他的侄儿没有退学，又批评陈赓："军工的招生制度不能破坏，你们为什么要吸收他入学？我讲话是放屁呀，你马上让他退学！"

这时陈赓笑着回答："他自己已经考上了空军系，是我院一名合格的学生，我为什么还要让他退学呀？我是又关心、又照顾、又严格要求他。"

彭德怀说："你这个陈赓啊，总是有理。"

后来，彭德怀的侄儿顺利地通过了毕业考试，分配到一个空军机场工作。

陈赓在学院期间，每一期新生入学，他都要到新生大队去看望他们，引导新学员端正入学动机，鼓励大家攀登科学高峰。他去看望新来的同学时，和他们坐在一起谈家常，问东问西，态度和蔼，说话幽默风趣，有时还拍拍新学员的肩膀，使大家感到亲切。留院工作的第二期毕业女学员刘之回忆：

> 1953 年，我们来学院报到的当天下午，忽然一位"老兵"来到我们的宿舍。这个"老兵"穿的是布军衣，胸前佩戴"中国人民解放军"的符号，他一进门就亲切地问我们：从什么地方来的？叫什么名字，你几岁了？想妈妈不想？……我们一一回答，当他问到"妈妈"，这时我们一点拘束也没有了。虽然我们看到他背后跟着我们的队长，猜想他一定是一位首长，但我们也和他自由自在地随便谈开了。从离开家谈到当兵，从学院当前情况谈到将来的发展，不知不觉，谈了一个多小时，后来他看到我们疲倦了，就跟我们一一握手离去。他走以后，我们问队长，才知道这位"老兵"就是我们敬爱的陈赓院长。打这以后，我们经常在王字楼、宿舍、食堂、操场看到陈院长，他差不多能叫出我们每个人的名字。他经常给我们讲建设现代化国防的重大意义，讲青年人要做毛主席的好学生，走又红又专的大道。此后，我们每一想到他，就更加头脑清醒，方向明确，增添出无穷的干劲来。

陈赓关心学院，还表现在他对学员的感情和工作作风上。每当他来到哈军工，除认真听取刘居英、刘有光等院部领导人汇报，检查了解工作外，总要腾出尽可能多的时间，深入教室、宿舍看望学员，询问他们的学习情况，生活上有什么困难，关怀备至，有时还拉拉家常。1955 年 11 月，陈赓由大连来到哈尔滨。他不顾长途颠簸劳累，不顾地冻天寒，仍像以往那样，第二天就进教室和宿舍看望学员。他那密切联系群众的作风，和蔼可亲的态度，深受广大学员的敬重和爱戴。当陈赓来到空军工程系一个教室，遇见一位刚从苏联回国的某烈士的女儿时，亲切地询问她在国外和回国后的情况。这位女学员的汉语讲得很吃力，他就勉励她尽快学好中国话，学好技术为军队现代化建设服务。在他同学员交谈中，得知有的同学原籍是上海、湖南或广东的时候，陈赓马上就改用上海话、湖南话或广东话同学员攀谈。逗得学员们哈哈大笑。陈赓所到之处，总是掌声、笑声不绝，院长与学员之间的感情融合到了一起，大家都想让院长多停留一会儿，多谈几句，每当陈赓离开教室或宿舍时，屋里都会响起一片热烈的掌声。

陈赓非常关心学员的生活。建校之初，学员来自于学校和部队，有正副班长、正副排长，还有营连干部等。学院党委研究学员的伙食标准时，陈赓认为，学员学习紧张，负担很重，又正在长身体时期，要保证他们的营养，让他们的身体健康。陈赓说："我们不能让学生离开学院就进了医院。"

于是，他及时召集临时党委会，研究学生的伙食标准增加学生营养。讨论中空军系提出学生吃"飞行灶"，海军系提出要吃"舰艇灶"，装甲兵系提出要吃"坦克灶"，工程兵系的领导说："我们是与黄土打交道的，工程兵系该是什么灶？"

陈赓综合大家的意见说："为了学生的健康要提高学生的伙食标准，但是学员在同一学校学习，学习负担都很重，不能有不同的标准，我的意见是学生一律改成中灶标准，即团级干部的伙食标准。以保证紧张的学习生活。"

当时这在部队中是相当高的伙食标准，学员深感领导的关怀，加倍努力学习。陈赓还特意从志愿军第三兵团调来了几位善于办伙食的干部，在他的主持下，党委多次开会讨论改善学员生活问题，还要求各单位要把改善伙食的情况，一个月向学院报告一次。

1954 年 10 月后，陈赓的工作重点转移到北京，虽不住在学院，学院的工作仍然常在他的心头萦绕，他时刻都在关心学院的师生员工。

1954 年 11 月，中国人民解放军在胶东半岛举行诸兵种协同演习。海军当时最新型舰艇奉命驶到青岛。由于陈赓的关心支持，军委批准哈军工海军工程系可利用演习前的时间，组织教员登舰实习。

陈赓是以副总参谋长的职务来青岛组织和领导军事演习的，尽管工作十分繁忙，仍然亲自过问到舰艇上学习的 20 多名教员的实习情况，帮助他们解决难题。陈赓用谈心的语气对大家说："部队对我们学院不了解，以为是地方大学生。我在全军宣传，军工是我军自己的工程技术学院，我是院长，学员毕业出来都为部队服务，以后军工教员、学员要常来部队实习，请大家支持。你们在实习中有什么困难和要求，就来找我。"

当时，驱逐舰的指挥仪技术资料对海军工程系舰炮专业的教学和实验室建设很有参考价值。307 教授会希望从舰队借一套来用，完成翻译和技术审校，把它铅印成册。因为各舰只有自用的一套，大家估计舰长不会同意，谁也没敢张口提出此事。

当陈赓得知这个情况后，爽朗地说：“海军苏振华副政委也在青岛，我同苏副政委说说看。”

在海军苏振华副政委的支持和督促下，不久，指挥仪技术资料按保密邮件全部寄到海军工程系。系领导立即组织人力进行翻译和技术审校。然后，由学院印刷厂铅印成书。不仅为海军工程系教学及实验室建设发挥了作用，也为海军战斗部队学习和掌握舰炮射击指挥仪提供了教材。

1957 年三四月间，第一期本科学员学完了教学计划规定的全部课程，开始了毕业设计。第一期毕业生德、智、体三个方面都是合格的，8 个学期有 5 个学期的考试成绩平均都是优上等。他们在部队、工厂实习期间，普遍得到好评。一系六科的 4 个学员，1957 年 4 月在沈阳空军气象台实习的时候，正逢苏联最高苏维埃主席团主席伏罗希洛夫访华，当专机从北京飞往沈阳时，东北气象中心预报将有雷雨冰雹，要飞机停在鞍山。但经这 4 位学员与沈阳空军气象台的技术人员一起用雷达对气象进行观测计算，认为雷雨将在飞机到达后才来，飞机无须在鞍山停留。于是，空军司令部领导指示飞机直飞沈阳。外宾到达沈阳，进入迎宾馆以后，才开始雷雨交加。这期学员在毕业设计中的表现也说明他们知识掌握得牢，并且能够灵活运用，设计出不少有创造性的符合战术要求的武器装备，受到了参加毕业答辩工作的有关军、兵种司令部、工厂、院校专家的赞扬。当陈赓得知第一期学员毕业取得了良好成绩后，非常高兴。1958 年 3 月 25 日，他给全体毕业学员写了一篇热情洋溢的祝词，祝贺他们以优异的成绩圆满地毕业。

为了不辜负毛泽东、中共中央的期望，陈赓自 1952 年 6 月受命，到 1961 年 3 月 16 日病逝的 8 年多时间里，特别是建院初期夜以继日，废寝忘食，鞠躬尽瘁，死而后已，他把自己的聪明才智，全部献给了哈军工。在三四年内高速度、高质量地建成了 60 多万平方米的第一流校舍，使一个现代化的大学城拔地而起；建成了一支 2000 多人的教学科研队伍，使哈军工成为执行党的知识分子政策的典范；把来自四面八方的干部紧密地团结在一起，使全院以教学、科研为中心进行高效率的运转；使哈军工很快走上正规化，并形成特有的校风。

1958 年 9 月 1 日，彭德怀第二次到军事工程学院视察。这次他住的时间比较长，对教学和科研工作进行了认真考察。10 月 7 日，彭德怀在写给中共中央和中央军委的报告中说：“看到哈军工独立设计成功的一些新式武器和战斗器材，并且有些已经达到和超过了国际先进水平，很高兴。……军事工程学院经过了四五年的经营，规模很大，在远东来说，可能是唯一的。现在已经发展成为我国国防科学技术的综合学院，各种技术力量和设备能力都是比较好的。”

1959 年 1 月，著名科学家钱学森参观哈军工时说：“在我国现有条件下，在这么短的时间内办起这样一所完整的、综合性的军事技术学校，在世界上也是奇迹。”

由于哈军工越建越好，一些高级干部的孩子也把能上哈军工作为第一志愿。作为一院之长，陈赓也非常关心这些革命后代的成长。

1959 年 5 月 1 日，宋任穷的女儿宋勤随父亲一起上天安门城楼时，见到周总理，宋勤就问：“周伯伯，我就要高中毕业了，军事工程学院为什么不招收女生啊？”周恩来说：“怎么不收女生？第一期就收女生了嘛。”宋勤说：“以后就不收女生了。”周恩来立即回答说：“要收，要继续收。”宋勤听了非常高兴。

宋任穷是陈赓的老战友，宋勤自然也就成了陈赓家的常客。宋勤来到陈赓家里，陈赓见是宋勤来了，没等宋勤开口，就指着宋勤说：“好哇，你在总理面前告我的状啊！从今年起，军事工程学院要招收女生。但是，分数够了才能进去，分数不够可不收啊。分数够了才收，你听懂了吗？”宋勤满自信地说：“胡子伯伯，我一定努力学习，考好分数，上军工！”陈赓满意地说：“这才像个样子！”

随后，陈赓对导弹工程系主任说：“将来中央和军队一些领导同志的孩子要到我们学院来学习，他们大多想到你们系去，你们系要好好教育他们成才，将来为实现国防现代化工作。”

系主任为难地说：“对这些高干子女我恐怕带不好，因为我这个系主任在他们面前是普通一兵呀！”

陈赓开导说：“这些孩子的父母都忙于国家大事，没有多少时间和精力来管孩子们的事。我告诉你，这件事做好，要掌握两条原则：一是，学校的管理教育、生活制度，要一视同仁和其他同学享受同样待遇，不能有特殊化、优越感。不然放纵了他们，那样就会害了他们。所以，这方面一定要抓紧，不能有丝毫放松。二是，要有所不同。这些孩子听到、看到、知道的东西比较多，政治上很敏感。在学校对一些问题可能往往有些不同的看法，有些话不便于在同学们中间讲，但也不能让他们闷在心里，那样容易出事，你们要设法创造一点儿条件，叫他们有话对你们干部讲，讲对的就接受，采纳；讲得不妥当，不符合实际的，就作些解释工作，这也是思想教育工作嘛！”

1959 年 9 月，军事工程学院又恢复招收女学员了，招收的新生陆续到学院报到。一些领导干部的子女来到学院学习。导弹工程系是高干子女比较集中的一个系。先后有 7 个元帅、6 个大将的孩子在系里读过书。还有一些烈士子女到学院来学习。

陈赓的夫人傅涯在北京校友庆祝哈军工创建 40 周年大会上说：“我接触过的哈军工的一些老同志和学生，跟陈赓同志有着亲密的交往。在陈赓第二次犯心脏病时，一些孩子们围在他的床头说：‘陈叔叔，你给我们讲点儿什么吧。’陈赓说：‘你们哪，要以卧薪尝胆的精神，把我们的国防科技事业搞上去，我们这个国家才能强盛'。"

陈赓在身患重病的情况下，仍然不能静下心来休息，他还在考虑哈军工下一步如何建设、如何发展的问题。

1959 年起，陈赓开始考虑学院的任务调整问题。他说："处在今天的原子、火箭时代，我们有可能，而且必须积极运用各种科学技术成就，大力培养高科技人才，以加速我军现代化建设。"他还说，各军（兵）种过去对学院的创办给了很大的支持，现在我们已经初具规模，应该支援各军（兵）种建立自己的工程学院了。

陈赓在心脏病发作住院期间，也一直在考虑这个问题。1959 年 11 月 19 日，他给中共中央军委写报告，谈了自己对军事院校建设的看法。他认为：

> 由于我军技术装备和科学研究的迅速发展，工程技术干部的需要量日益增大，军事工程学院的任务也日趋复杂、繁重。建院初期，只有常规方面的几个系，培养目标是维护使用工程师和研究设计工程师两者兼顾。根据当时情况，建设这种综合性学院是有利的。以后，各军、兵种不断要求增加招生人数，特别是导弹、原子弹等尖端技术增加进去以后，学校是越滚越大了。现在，在校人数已达 7 千人，仍不能满足需要。从长远考虑，尖端技术方面的任务必须扩大，但学院在校学生总定额有一定限度，如果面面照顾，势必削弱尖端技术各系的发展，今后无论尖端或常规，所需工程技术干部数量都会增长很快。全军只办一所综合性学院无论如何不能满足需要，势在必分。从现实可能性看，军事工程学院常规武器各系，已具有一定规模，分建的条件已经基本具备。因此他建议"将现有空军、海军、炮兵、装甲兵、工程兵、导弹等 6 个系和防化兵的 3 个专业改变为 5 个系，即保留空军工程系、海军工程系、导弹工程系，把附属导弹系的原子武器科扩大为原子武器系，把空军、海军、炮兵 3 个系中的雷达、无线电专业集中起来并加以扩大，建立电子工程系（包括雷达、导航、自动控制、电子计算机等）。其余炮兵工程系、装甲兵工程系、工程兵工程系和防化兵专业，移交有关兵种，并入指挥学院。

中央军委接受了陈赓的建议。1960 年开始，学院分建工作全面展开。从此，中国人民解放军技术院校形成了三级分工的新体制：军事工程学院专门培养研究、设计和制造的工程师；各军（兵）种的工程学院培养维护和使用的工程师；中级技校培养基层技术干部。各级军事院校培养出一批又一批的知识军人。

1960 年 11 月 8 日，陈赓在病中亲笔写信给主持学院工作的领导谢有法、刘居英、张衍并常委，信中提出：要大力抓科学研究工作，要搞些成就。这是我们要卧薪尝胆，发愤图强，孜孜以求的大事，要大大提倡。他对调整后的学校工作提出六条建议：（一）抓思想；（二）发挥老教授的积极性；（三）培养更多更好的青年知识分子，组成科研队伍；（四）大力抓科学研究工作，要搞出成就；（五）要改善教授、教员、学员的生活，不能有丝毫疏忽；（六）要给教授、教员、学员充分研究和自学的时间。

这是陈赓写给学院党委的最后一封信。其后不到半年，他便与世长辞了。“以教学为中心积极开展科学研究工作，培养高质量的国防科技人才。”这语重心长、深谋远虑的指示，成为陈赓对办好军事工程学院的遗嘱。

第三十一章　在副总长岗位上

一、52岁授大将

1954 年 10 月 31 日，中共中央、中央军委根据中央政治局的决定发出通知：任命陈赓为中国人民解放军副总参谋长，仍兼任军事工程学院院长，但工作重点转移到北京。

12 月 1 日，总参谋部发出通知：陈赓副总参谋长已到职工作，分工掌管总参谋部所属作战部、通信部、军事交通部和测绘局的工作，并指导军委海军司令部、公安部队司令部、工程兵部、军事建筑和军械部的工作。

陈赓一上任，就碰上了解放军攻打一江山岛的问题，这是我军首次实施陆、海、空三军联合渡海登陆作战。

1955 年 1 月 18 日 8 时，参战的陆海空部队开始攻击一江山岛，至 15 时渡海登岛成功，经过三军部队协同作战，取得了解放一江山岛的胜利，共歼敌 1000 余人。这是解放军首次实施诸军兵种的联合作战。动用了陆海空的步兵、装甲兵、工程兵、防化兵、登陆艇、战斗机、轰炸机等，陆空协同、步炮协同以及登陆后的纵深发展，都配合得很好。打了一个漂亮仗，解放了一江山岛。

1955 年 9 月 27 日下午，北京。

中南海古老的红墙里呈现一片金色。树叶由绿变黄，树上已是硕果累累。怀仁堂的一砖一瓦在阳光的辉映下，依然是古香古色。共和国第一次元帅和大将授衔授勋大典在中南海举行。毛泽东要为中华人民共和国的元帅授衔，周恩来要为大将们授衔。

这天，为了迎接世人关注的中华人民共和国元帅和大将授衔大典，中南海一改往日庄严宁静的气氛，怀仁堂内外喜气洋洋，显得熙熙攘攘，不时地传来阵阵欢笑声。

新中国成立已经 6 年了，国家已经发生了巨大变化，人民解放军正在向现代化正规化迈进。授予对创建和领导人民武装力量或在领导战役军团作战中立

国防委员会第一次会议与会人员合影

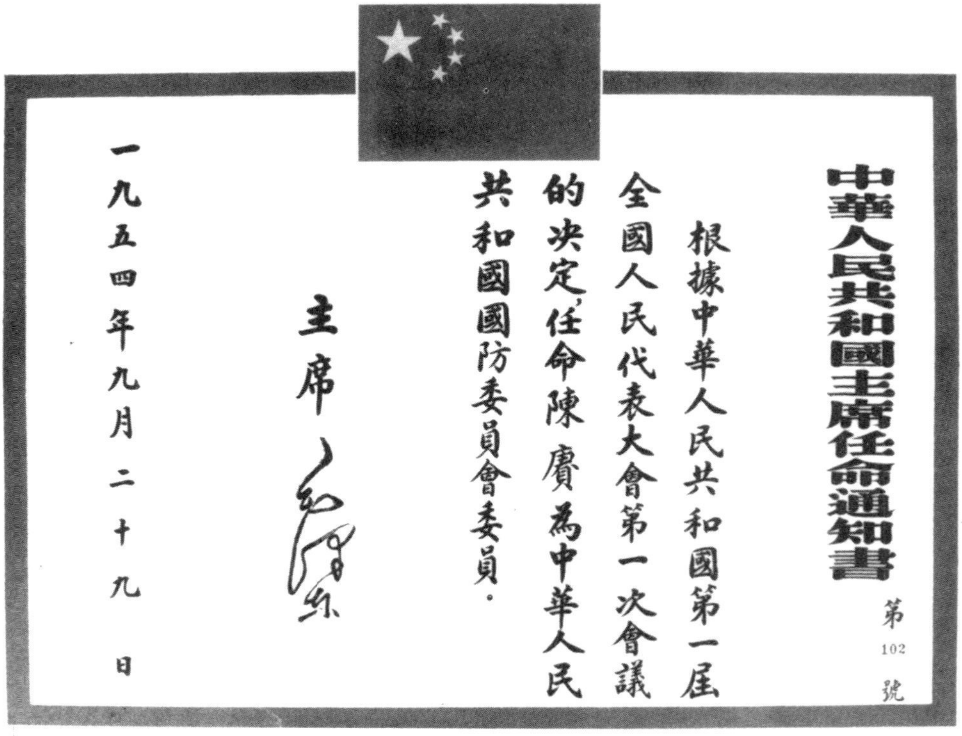

中華人民共和國主席任命通知書

第102號

根據中華人民共和國第一屆全國人民代表大會第一次會議的決定，任命陳賡為中華人民共和國國防委員會委員。

主席　毛泽东

一九五四年九月二十九日

陈赓任国防委员会委员的任命书

有卓越功勋的高级领导人以人民解放军十大元帅和十大将军衔。这是中国武装力量现代化、正规化建设中的一项重要措施。

下午2时30分，授将官军衔典礼开始。

中共中央和国家领导人周恩来、陈云、彭德怀、邓小平、邓子恢、贺龙、陈毅、乌兰夫、李富春、李先念、聂荣臻、程潜、张治中、傅作义、龙云等人，在主席台上就座。

主席台上面悬挂着毛泽东主席的巨幅画像，像两侧挂着国旗。授衔会场庄严而肃穆。

全国人民代表大会常务委员会典礼局局长用洪亮的声音宣布：中华人民共和国授衔授勋典礼开始！

军乐队立刻奏起了《中华人民共和国国歌》，那气势磅礴的乐章在中南海上空回荡……由国务院总理周恩来发布命令，授予粟裕、徐海东、黄克诚、陈赓、谭政、萧劲光、张云逸、罗瑞卿、王树声、许光达十大将军衔。

陈赓走到周恩来面前，端端正正地行了一个军礼，接过周恩来总理授予的命令状，上面写着：授予副总参谋长、军事工程学院院长陈赓以大将军衔，并授一级八一勋章、一级独立自由勋章、一级解放勋章。

陈赓和周恩来双目对视，双手紧握，两位老战友从黄埔军校时第一次握手，至今已经整整31年了。

中南海怀仁堂授衔授勋，是中国共产党领导的武装斗争取得的伟大胜利，是人民军队不断发展壮大过程中的一个新的起点，解放军正在向革命化、现代化、正规化的道路上大步前进。

这天，陈赓穿上海蓝色的将军礼服，戴上大将军衔，显得分外精神。

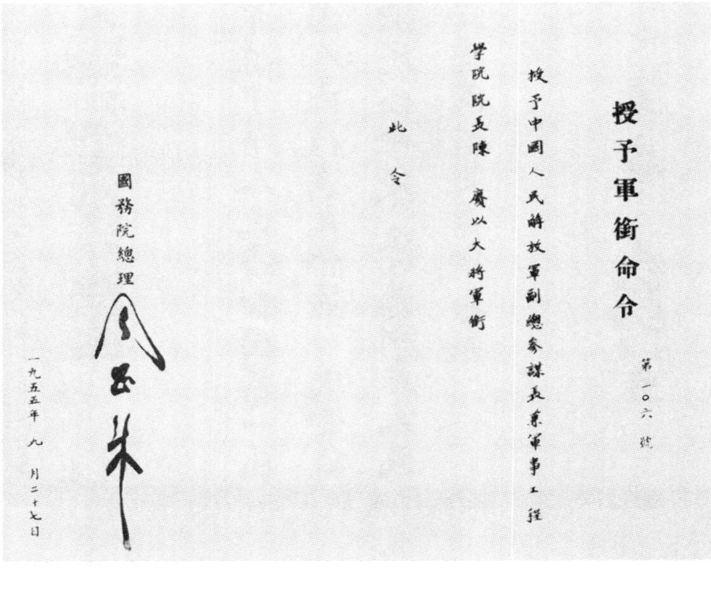
授予軍銜命令

第一〇六號

授予中國人民解放軍副總參謀長兼軍事工程學院院長陳　賡以大將軍銜

此令

國務院總理　周恩来

一九五五年九月二十七日

对陈赓的授衔令

在中南海怀仁堂的授衔授勋典礼结束后，陈赓就坐车直奔周恩来的家。周恩来也刚进家门，回头一看陈赓前后脚地跟进来，还没来得及说话，陈赓就一伸右胳膊拉住前来迎接他的邓颖超，对秘书说："你快拿相机，给我和小超大姐照张相。"

周恩来在旁边笑道："你这个陈赓……陈赓啊……"

照完相，陈赓又拉开橱柜的一个抽屉找吃的，嘴里还直叫："小超大姐，你们家的点心呢？怎么没有了，拿出点儿来，咱们庆祝庆祝。"

邓颖超赶快端出一盘糖果来，招呼周恩来和秘书们为陈赓祝贺一下。

1955 年，陈赓被授予大将军衔。

周恩来了解陈赓的脾气个性。在国家和军队领导人讨论实行军衔制的一次会议上，有位领导提出，解放军的军衔和军服应具有民族化。陈赓就发言道："那咱们一人插上两支雉尾翎，四面护背大旗，那就民族化了吗？"

叶剑英当场笑得说不出话来，指着陈赓说："陈赓啊，你这个家伙……"

陈赓就是这样一个人，对事业看得重于泰山，对个人待遇他并不在意。那时候，人们都议论军衔，毕竟是一个新生事物。连在学校上学的孩子们都喜欢议论爸爸的军衔。于是，在育英学校上学的儿子陈知建问陈赓："爸爸，你是什么将啊？"陈赓答："我是辣椒酱啊！"儿子不解地问："我同学的爸爸是少将、中将、上将，爸爸为什么是辣椒酱啊？"陈赓答："湖南人爱吃辣椒酱啊！"说完陈赓开心地大笑。

话是这样说，工作中陈赓一丝不苟，言传身教，为人师表。1955 年冬，陈赓参加完辽东半岛抗登陆演习后，由大连去哈尔滨为军事工程学院的干部授衔。他乘坐的"公务车"抵达哈尔滨后，即告诉秘书把它退掉，不要专为他留着。后来秘书考虑他工作忙，走时方便，没有及时退掉车，他得知后严肃地批评秘书："车在这里压一天，要花很多钱。军费是国家给的，是人民的血汗，我们不能浪费掉啊！"停了一会儿，他又耐心地讲道理："这节车厢早些退掉，投入使用，又可为国家赚来很多的钱，你就不会算算这个账？"一席话说得秘书很内疚，连忙把车退掉了。

1955 年国庆节，陈赓（右一）与粟裕（右二）、萧华（右三）、洪学智（右四）在天安门城楼阅兵。

陈赓不吸烟，不喝酒，生活十分简朴。外出工作，到下面视察，从不吃请，和大家一样的伙食标准，临走时他总要叮嘱秘书按规定结算伙食费，不能占公家的便宜。哈军工给他做了两个木制衣服架挂军装，他也让秘书去交钱。他说："领导干部严于律己，说话才能有人听。"

这一年陈赓正好 52 岁，大将军衔对他是一个鼓励，一次加油！可他并不看重它。

那时在家里，陈赓爱唱昆曲南宋名将岳飞的《满江红》，陈赓常有滋有味地唱着："抬望眼、仰天长啸，壮怀激烈。三十功名尘与土，八千里路云和月。莫等闲、白了少年头……"这时傅涯就在一旁吹箫伴奏，孩子们也前来观看，感受父母为国立功、满腔奋发的豪气。

二、忘我工作

在陈赓的履历表上，可以看到他很少任副职，从连长、营长、队长、校长、旅长、师长到司令员，都是正职，后来任第二野战军第四兵团司令员兼政委，哈军工的院长兼政委，身兼军政一把手，是个说话就算数的高级指挥员。担任副总长后，虽然领导的部队范围大了，许多事都需要他出面协调，上呈下达，配合中央军委和总参谋长把工作做好。陈赓还是勤勤恳恳为党工作，"不邀功，不诿过"，勇于承担责任，完成好各项任务。

陈赓任副总长后，分管作战工作。一个星期六晚上，粟裕总参谋长要总参作战部出面宴请苏联专家、作战部顾问鲍尔铭少将等人去全聚德吃烤鸭，作战部王尚荣和贾若瑜陪同。正在这时候，华东军区要给一个师进行嘉奖，新华社要发表这条消息。于是，他们给作战部值班室去电话，要求作战部对这条新闻报道提意见。值班室把电话传到了全聚德餐厅，由于当时不便在这种场合处理公务，作战部的人就要值班室转告新华社，请他们把这个新闻稿送给陈赓副总长审阅。送稿者在陈赓身体有病已就寝后才送到，而且说这则新闻稿是经过作战部同意后才送给他的。陈赓以为公开的新闻稿既然作战部已看过了，他相信作战部是会把关的，随即答道："既然作战部看了，就可以了。"

第二天，新华社发布了这条消息。刘少奇看到后，立即给粟裕打电话询问此事，并严肃地指出，中央军委已经有过决定，对师级（含）以上单位的表扬，只有军委才有这种权力，大军区级无权批准。他要粟裕查询此事。粟裕当即查询作战部，方知该事原委。这时作战部领导和有关同志立即表示对这件事承担责任，陈赓马上表态说此事是他同意的，应由他承担责任。粟裕则说他是总参谋长应由他承担责任。出了问题，领导争着承担责任，充分体现了共产党的优良传统。刘少奇知道后说："你们这种精神很好，今后注意就行了。"当时领导们真诚主动地承担责任的精神，对作战部的参谋们有很大的教育作用。

陈赓对中共中央和国家的方针政策，对中央军委的指示决定，一贯是认真学习，深刻领会，坚决贯彻执行。对上级交办的每一项具体任务，都是严肃认真，一丝不苟，竭尽全力去完成。为了准备一份报告，起草一份文件，常常是饭顾不上吃，觉顾不上睡，废寝忘食地工作，他常对身边的工作人员说："事情办好了，饭才吃得香，觉才睡得甜。"为了不误上级交办的事，他一再向秘书们交代："凡是叶子龙（毛主席办公室秘书）、郭英会（周总理的军事秘书）、彭德怀办公室和各位军委副主席办公室等上级领导部门打来的电话，交办的事情，一刻也不能耽误。"有一次，陈赓从外面开会回家，车刚停稳，正准备下车吃饭，早已等候在门口的任金池秘书，迎上去向他汇报："下午 6 点多，郭英会同志来电话，要您去一趟，周总理找您……"还没等秘书把话说完，他立即驱车直奔中南海周恩来总理的住处。

1953 年，高岗、饶漱石结成反党联盟，进行分裂活动。那一年，陈赓到大连出差，高岗专程来看他，找他谈话，高岗知道陈赓因为工作中的一些问题和几位领导人的看法不太一致，企图利用他们有不同意见拉拢陈赓，一起反刘少奇、安子文和薄一波。高岗谈完就走了。

陈赓立即打电话报告周恩来，高岗举动很不正常。

不久，在中共内部高层领导的一次会议上，有人提出，高岗想拉拢陈赓。周恩来马上站出来说："第一个向我报告高岗野心的是陈赓……"周恩来在会上讲清情况后，薄一波和陈赓立即消除了误解，两个老战友的关系更加融洽了。

陈赓对党忠诚，周恩来是胸中有数的。据宋时轮回忆：

长征中红军一方面军将要同四方面军会合，陈赓说："张国焘这个家伙，不是好家伙。"要大家注意。后来周恩来见到张国焘，张国焘要扣留陈赓，说："陈赓是蒋介石的人，是特务，叛徒。陈赓被俘时，蒋介石找他谈过话，陈赓还救过蒋介石的命。"周恩来很清楚这段历史，一听笑了，没理他。当时的干部团有这么一批子人，包括董老、成仿吾、徐老、冯雪峰、萧劲光、许采风，还有李一氓、郭化若等。萧劲光消息灵通得很，他是上干队队长，被判了无期徒刑，郭化若是永远开除党籍的托派人物，政治教导员许采风原先是陈独秀的秘书。当时董老对陈赓好得很，告诉陈赓，要他注意张国焘。一方面军与四方面军会合以后，不知是周恩来告诉了毛泽东，还是毛泽东听谁说了，毛泽东找到陈赓，要他离开，避风险，开始调到总部，后来又调到一军团林彪那里。为此，四方面军的参谋长李特专门来打听陈赓到哪里去了，宋任穷、莫文骅都知道此事。后来陈赓讲，他把张国焘详细情况报告了毛泽东和周恩来，毛泽东说："知道张国焘这个人是老右倾机会主义。"同四方面军分裂时，一方面军传达要走，萧劲光、莫文骅等同志说："等一等看。"陈赓说："赶快走！"态度很坚决。我这时还在干部团，遵义会议以后，我没有尾巴了，自由了，但仍是留党察看的人。当时陈赓处境已经很危险了，他还是偷偷摸摸回来，把干部团队伍带走。遵义会议时，不但博古、李德，而且罗迈也对陈赓深恶痛绝。为防止会议有意外发生，周恩来命令陈赓率干部团保卫会议，说："你应当像在上海保卫党中央那样保卫这个会议的召开。"陈赓率干部团保卫遵义会议能够顺利地召开，建立了历史的功勋。长征路上的这几件事情，反映了陈赓作战勇敢坚决，对党绝对忠诚，始终坚持在毛泽东的领导下贯彻正确的路线，坚决执行党的决定。

1954 年初，高岗被揭露出来后，陈赓坚定地站在中共中央毛泽东一边，揭露和批判反党分子高岗。为了准备好大会发言，他亲自写揭发批判稿，任秘书在一旁誊写，直到深夜。1954 年 2 月中共召开七届四中全会揭露和批判高岗问题，临开会前，陈赓向任秘书要出由他代为保管的手枪和子弹，拉了拉枪栓，满意地点了一下头，说："这枪保养得不错，你再给我 20 发子弹。"随即把子弹上膛。这时宋任穷也在陈赓家，他

陈赓从长征时期就一直携带的手枪

们一起走到院子里，陈赓瞄准烟囱上的第二块砖，对站在身旁的儿子说："小建你看。"随即枪响砖碎。随后陈赓把枪放进衣兜里，他和宋任穷走出了院门。

当时，任秘书心情很紧张，他知道陈赓是一个神枪手，此次到中南海怀仁堂开会一定是中央领导让他执行一项特殊使命。陈赓回来后，对任秘书爽朗地一笑道："完璧归赵。"就把枪和子弹放在了任秘书手上。任秘书也没敢问，点了点子弹，20 发一发没少，枪膛里也是干干净净。原来陈赓那天去参加批判高岗的会议，他在会议上不仅作了批判发言，而且由周恩来亲自安排，让陈赓坐在高岗的身后，以防会场上出现意外。由于周恩来精心安排了这次会议，顺利解决了高岗的问题，没有出现意外。

事后，刘少奇说："你们别看陈赓平时爱开玩笑，他的组织纪律观念可强着呢！"

陈赓对保守中共和国家的机密十分重视，严格遵守保密规定。他经常嘱咐秘书要注意保密。1956 年 6 月 5 日，陈赓出席总参谋部在京召开的全军机要工作会议并讲了话。在这次会议上，陈赓着重讲了在历次国内革命战争和抗美援朝战争中，机要工作所作出的贡献。他还例举了无数的机要人员，为中国共产党的事业勤勤恳恳、任劳任怨、兢兢业业、埋头苦干，甘当无名英雄的感人事迹，在危难时，用鲜血和生命保卫机密不被泄露的英雄壮举。他对大家讲了 1951 年 5 月下旬朝鲜第五次战役第二阶段 60 军 180 师被围困时，译电员赵国友、魏善洪和一名机要通信员焚烧密码本的时候，美军的机枪子弹朝他们扫射来，炮弹也很快打过来。在猛烈的爆炸声中，魏善洪和机要通信员负伤滚下悬崖。赵国友怕密码烧不透，不顾个人安危，坚持蹲在那里用树枝拨旺烈火燃烧密码本，一直到他身中数弹鲜血流尽，死在火堆旁边。用他们的英雄壮举实现了他们参加机要工作时"头可断，血可流，党的机密不能丢"的豪迈誓言。

接着陈赓讲了随着解放军革命化、正规化、现代化建设，机要工作也要实现现代化、机械化、电子化，不能再靠手工操作，要实现机械加密，电子加密，以适应科学技术的发展和未来反侵略战争的需要。他给全军机要工作者上了生动的一课。

陈赓对工作一贯认真负责，有时也会着急发火的。

1955 年的一天上午，彭德怀副主席办公室秘书打来电话说："彭总要陈赓大将去一下。"

陈赓立刻放下手头工作，很快来到彭德怀面前。他一见彭总，心里顿觉不对劲，彭德怀严肃地板着面孔。

没等陈赓开口，彭德怀就把手里拿着的一份"报告"交给了他，严厉地批评道："你看看怎么写这样的报告？乱弹琴……"陈赓一看，愣了，他未曾签署过这份报告，不知道这回事。但在彭德怀面前，他无法申辩，只好接受批评。

陈赓回到办公室，很窝火，气得手都有些颤抖。他先把秘书任金池叫去，敲打着从彭德怀那里取回的报告质问："这是怎么回事……"

任金池看了一下，没见过这份报告，不曾经办过，便对陈赓说："不是我办的，不知道这个报告。"

陈赓一听更急了："你不知道？到底是谁干的?!"接着他又把徐嘉谷秘书、王勉秘书叫来，追查此事。他们看后，也都不知道。三个秘书站得笔直挨训，你看我，我看他，面面相觑，都没经办此事。

陈赓更火了，大声训斥道："这么大的事，未经我同意，竟敢以我的名义给彭副主席写报告，彭老总把我狠狠地训了一通。"

这时，粟裕办公室的一位秘书一脸羞愧地走到陈赓面前低声说："报告是我写的，盖了你的章子送给彭总的……"

没等他讲完，陈赓便大声批评道："你的胆子太大了，这么重大的事儿，不经我同意，竟敢以我的名义，给彭副主席写报告。你不是在骑着我的脖子上拉屎吗！……"陈赓狠狠地把这位秘书批评了一顿。

因为当时粟裕外出疗养，由陈赓代总长。粟裕的5个秘书都到陈赓这里来请示工作，有一个秘书就自作主张，给"报告"私盖了陈赓的图章。

陈赓把问题查清了，该批评也批评了，可是这事把他气得面红耳赤，这股火一时半会儿难以压下，他叫秘书任金池随他乘车外出转转，让自己消消气，尽快平静下来。陈赓和任金池先到军人服务社转了一圈什么也没买，又去了王府井大街的东安市场，这时候他冷静下来，一边走，一边自责："我怎么发这么大的火？我好多年没有发过脾气了，不该发这么大的火……"

等陈赓从街上转回来，他回到办公室已经心平气和了。

当时陈赓的工作量很大，由于战争年代的紧张劳累，他患了严重的失眠症，每晚都要服用安眠药才能入睡。有时还要连续工作到深夜才能蒙眬入睡。就是这样，只要有总参作战部的电话和加急电报，他都会马上处理。

1955年底，四川、甘肃、青海等部分地区和西藏先后发生不同规模的武装叛乱，波及139个县，130万余平方公里，叛乱人数累计达46万余人，陈赓要负责平息叛乱的各项工作，电话、电报一来就是急件。有时秘书们真不忍心把刚刚入睡的陈赓叫起来。有的秘书就请示有关领导："这件事能否第二天清晨再向陈赓大将汇报？"

没想到陈赓得知此事，严厉地批评了身边的工作人员："不能这样爱护我，少睡一会儿是小事，误了国家的事大。重要的事情我还要请示主席、总理和总书记，你们要分清轻重缓急……"

陈赓的话说得很严肃，秘书和警卫副官都要照此办理。

1955年11月，四川省人民代表大会决定采取和平协商方法，在凉山、西昌、康定、茂县约有200万藏、彝民族聚居的农业地区进行民主改革。部分反动奴隶主、封建主不愿意放弃其统治特权，抗拒民主改革，以民族、宗教为借口，蒙骗胁迫不明真相的群众，进行武装叛乱。叛乱从 1955 年 12 月 24 日始于凉山，继而波及川西 48 个县。

12 月 27 日，成都军区报告，凉山北部彝族地区有 5000 余人叛乱。总参作战部立即将情况报告了周恩来、粟裕、陈赓。陈赓按周恩来的指示，负责掌握分析叛乱情况，及时报告中共中央、中央军委，为制定平叛方针政策提供依据，并亲自领导指挥部队平息川西叛乱。

陈赓为了掌握部队平叛斗争和遵守政策纪律的情况，派总参作战部组成检查组对川西北地区平息叛乱的情况进行调研检查，并亲自听取汇报，及时将总参作战部《关于川西北地区平息叛乱情况的检查报告》批呈彭德怀审阅。

后来，经过部队和地方政府的共同努力，到 1960 年彻底平息了川、甘、青、藏等地区的武装叛乱，保证了少数民族地区的民主改革和社会发展，维护了西南少数民族地区的社会稳定和各族人民正常的生产、生活秩序。

陈赓在工作中非常重视军民关系，1956 年 6 月 11 日，陈赓就国务院召开的体制会议上，对军队提出的几个意见进行归纳整理，亲自给彭德怀副主席并军委写报告如下：

> 在这个会议上对军队提出以下意见：
>
> 一、军队占用不少民房、公房，在没有房子时是可以的，当军队营房盖起来了，或部队走后，有些部队将占用的民房、公房封存不用，作为军队财产，不归还地方。
>
> 二、沿海修国防工事地段，不允许渔民去附近打鱼，渔民有意见。
>
> 三、军队靶场、练兵场等占用耕地太多。
>
> 四、军队修建营房仓库时，不将公路支线列入预算内，而要地方修公路支线，地方亦无此经费。
>
> 五、济南有一地名龙洞，军队现占为仓库，不让游人游览参观。
>
> 以上意见，主要是山东省所提，其中第四点提意见较多。总理指示：要我们检查研究一下，提出解决意见报告总理，以便对体制会议上有所交代。我们已责成作战部对上述情况商有关部门查明研究，特此报告。

由于陈赓的积极努力，使这些问题得到较好地解决。

三、走边海防导演军事演习

陈赓的左腿在南昌起义后受了重伤，形成创伤性关节炎，虽然没有截肢，但已致残，行走困难。为了深入部队了解情况，他经常走边海防，随野战部队翻山越岭，每当渡水过河或道路非常难走时，他就拄上拐棍，一瘸一拐地走。然而站在大部队面前，他总是精神抖擞，军容严整。

在陈赓 1955 年的日程表上，有如下记载：

1月25日，副总参谋长陈赓率空军第一副司令员王秉璋、防空军副司令员成钧等9人组成的代表团赴苏联伯力参加远东防空会议。会议由苏联远东军区副司令克雷洛夫大将主持，双方讨论了防空作战协同动作问题，形成了关于歼灭越境敌机的协同动作计划、协作练习实施计划和防空作战协同方案图。2月4日，双方签署了上述文件。代表团于2月6日回国。

6月15日，陈赓参加了总参谋长粟裕在北京主持召开研究拟制作战计划问题的座谈会。参加会议的有总参谋部和各大军区主要领导人张宗逊、王震、邓华、彭绍辉、杨成武、杨勇、黄永胜、陈伯钧、王尚荣等。会上，主管作战的陈赓作了重要讲话。

9月3日至8日，陈赓陪同国防部长彭德怀、副部长黄克诚到福建地区视察战备工作。他们在福建军区司令员叶飞陪同下，勘察了沿海地区的地形，听取了陆军第二十八、三十一军的工作汇报，并研究确定了“确保福（州）厦（门）、夹路（指鹰厦、外福铁路）、夹江（指闽江）设防”的方针。

9月11日至24日，陈赓与黄克诚陪同彭德怀到广州军区视察，先后视察了汕头、深圳、海南和珠海地区，听取军区及野战军领导汇报。彭德怀对广州地区设防作了指示。

1955年11月，人民解放军在辽东半岛举行抗登陆战役演习，历时12天结束。演习课目为在使用原子、化学武器条件下的诸军兵种合成集团军抗登陆战

1955年，陈赓（右）与萧劲光（左）在辽东半岛军事演习中。

役，由集团军和军两级首长司令部带部分实兵进行现地演习。演习由国防委员会副主席叶剑英元帅担任总导演，总参谋长粟裕、副总参谋长陈赓、副总参谋长兼沈阳军区司令员邓华、总政治部副主任甘泗淇、训练总监部副部长萧克担任副总导演。

参加演习的有陆军 1 个兵团、4 个军、1 个机械化师，空军 2 个军，海军旅顺基地等 18 个师以上指挥机关、32 个团，共 4.8 万余人，飞机 262 架、舰艇 65 艘、坦克和火炮 1000 余辆（门）。全军中、高级干部 809 人随演习部队一起作业和参观见学。刘少奇、周恩来、邓小平、彭德怀、贺龙、陈毅、聂荣臻等党、政、军领导人观看演习并检阅了演习部队。当时全军许多高级将领都来参观这次军事演习。陈赓是副总导演，他的腿上有伤，走多了路腿就疼，可在部队面前他从不拄拐杖。他不仅自己军容严整，注意领导形象，而且敢于给比他职务高的领导提出批评意见。

有一次要检阅部队，陈赓对黄克诚说："黄老，彭总批评你了吧，你军容不整，赶快去改正吧。"

黄克诚笑道："我服从指挥，立即改正。"

此时，黄克诚是中央军委秘书长，协助彭德怀处理军委日常工作。可谓是位高权重，而陈赓照样批评于玩笑之中。

演习期间，陈赓和粟裕等总部负责人，还乘鱼雷快艇亲赴长山列岛等地视察海防、看望守岛官兵。

参观这次演习的还有越南、朝鲜、苏联、蒙古四国的军事代表团。越南军事代表团由国防部长武元甲率领，陈赓和韦国清陪同越南代表团参观了演习。

1956 年，陈赓 53 岁，他的工作更加繁忙了。

这一年 1 月 4 日，总参谋长粟裕动身去广东养病，陈赓代他主持总参工作。2 月 21 日，粟裕回到北京。2 月 24 日，陈赓给粟裕写了一份报告，汇报近期所做的工作，全文如下：

粟总长：

兹将我们在最近期间所做的几项主要工作汇报如下，请指正：

一、一九五六年国防筑城问题，根据您的指示，经请示军委和主席，已于二月十八日经彭副主席批准实施，现正由作战部草拟命令，下达修建计划。

二、一九五六年战役集训已确定在五月份进行。课目是："在使用原子武器和化学武器条件下方面军抗登陆战役"，对各军区和各军种亦分别拟订了相应的战役训练计划，具体问题，正由作战部办理中。

此外，并决定于今年三月下旬将去年学习的"在使用原子武器和化学武器条件下集团军进攻战役"组织一次测验，由总参、各特司、各军区分别举行。

三、作战计划：先后于一月十一日和一月十四日召集总参各部及有关各总部、各军种兵种首长作了两次研究，现已由作战部根据大家意见作了修改，以备军委扩大会议使用（目前文字部分已印好，附图到二十五日亦可印好）。

四、自一月十三日起至二月九日期间我国共发现美帝侦察气球201个，其中经过我国上空的有82个，另仅发现其呼号一次但位置不明的有157个。我共击落气球12个，发现自行坠落的气球11个。现三部已初步研究出用电码操纵使气球坠落的办法，拟作进一步的试验。

五、关于周赤萍同志代表沈阳军区与外贝加尔军区签订情报协同问题，超出范围甚多，且不对等，我已根据总理及军委指示的精神，和副总顾问谈过。他拟建议苏联国防部将该文件修订后再执行，现在他们正研究这些文件。

六、苏联驻华武官富敏科上校二月十一日来见我，传达了苏军总参谋长索柯洛夫斯基元帅的建议于今年五月间两国互派舰队分别至上海、海参崴访问，九月间苏海军再派潜艇舰队访问。此事我已报军委，尚未批复。

七、一九五六年修建机场计划已确定，空军修建沧县、静海、诸城、新沂、赣州五个机场，海军修建莱阳机场。

八、越劳中央来电，要我们帮助训练干部数增加五十名，共计一五一六名；另以短期训练方式代训越南各军校教员一一六名，训练民航

1955年，陈赓（左二）与苏联、朝鲜等国的军事代表观看军事演习。

人员四十五名；派七十三名工厂干部和工人来我国实习等；已经中央同意，并已用中央名义电复越劳中央。复电中还同意了越劳的要求，确定由我于四月间率一批专家赴越帮助工作一个月。

九、……

十、关于加强对情况的控制问题，二月十一日总理曾召集我们谈了一次，除通报各区注意外，总理并批准了我们订购 N-20 雷达和增加一些通信设备，已布置通信部于三月上旬前提出方案。

十一、关于苏军派来我福建永宁、平海的两个特别使命队，其中平海见学人员原由防司组织，后总顾问提出意见，又划归情报部门领导。现防司要求仍归防司负责，尚待研究。特别使命队与伯力、海参崴的通信联络，我们提出应由北京转，以便保密。此方案苏国防部已同意。另该队家属来华问题，南京、福建军区均同意接来，联席会议研究后已同意其来华。

十二、一月十日，公安军召开边防会议，研究公安军边防部队编组定额、领导关系等问题，已初步拟订了方案，报军委审批中。

十三、这一时期，在组织编制上的变动有：防化学部已成立，其日常工作决定由我负责；国务院已决定成立国家测绘总局，我们拟从测绘局调出三个大队、两个区队及部分行政、技术干部约相当于三分之一的机构充实测绘总局，此方案已报总理，尚未批示；作战部所属的情报处已调归情报部与情报整理处合并，现正办理交接手续；战争经验研究处拟拨给训练总监部条令部，已向军委提出报告；通信部拟成为兵种，由总参代管，已经一月二十五日第六次联席会议通过；此外，拟组建一个兵器研究机构，吸收钱学森等专门研究火箭。

最后，总长、副总长每星期三、六上午的集体办公已开始实行，部务会议定为每月一次，尚未举行过。总参工作计划纲要已报告军委，尚未批示。

特此报告。致以

敬礼

陈赓

二月二十四日

1956 年 1 月 17 日，总参作战部将美军高空侦察气球 13 日进入领空的情况上报。陈赓指示：对进入领空的美军气球应查明位置坚决击落，不必请示。作战部向空军司令部、防空军司令部传达了陈赓的指示，同时要求总参三部及时向空军司令部、防空军司令部通报美军侦察气球的情况。18 日，由陈赓签发总参谋部关于组织防空兵力击落美军侦察气球的指示。

23 日，作战部报经陈赓并送呈周恩来批准，答复沈阳军区，同意苏军飞机在跟踪追击的情况下入境打气球。2 月 10 日，总参谋部通报，向有关部队介绍苏军击落气球的经验，要求部队提高警惕，严密监视，积极攻击。2月中旬，作战部专门召开会议研究击落气球问题，并组织苏联及各人民民主国家驻华武官参观被击落的气球。

由于美军高空侦察气球频频侵入中国领空，进行侦察骚扰。在陈赓的组织领导下，空军司令部和防空军司令部想方设法击落美军高空侦察气球。后来，总参某部采用科技手段，不放一枪一炮，无须升空截击，无线电控制气球，让它按照指令自动坠落下来。陈赓得知后高兴地蹦了起来，立即报告周恩来、彭德怀等中央军委领导，并指示该部要继续努力，务歼全部入侵之敌。对有功人员要给予重奖。

这一年陈赓出席和主持了几个重要的会议。

3月6日至15日，出席军委扩大会议，会议通过战略方针文件。

3月20日至22日，陈赓主持召开有关军区、各军兵种及总后勤部、总军械部和总参谋部各部负责人参加的会议，对总参谋部拟制的作战计划草案进行讨论。会议认为，作战计划符合军委扩大会议精神，所提各项措施是切实可行的。

3月31日，军委第62次会议决定，粟裕因病休养半年，总参谋长工作由陈赓代理。

6月2日，陈赓参加聂荣臻奉周恩来指示召集的商讨为导弹研究院选调技术骨干的会议。

6月5日，陈赓出席总参谋部在京召开的全军机要工作会议并讲话。

6月11日，写报告给彭德怀，就地方对军队侵犯群众利益的意见提出改进措施以密切军民关系。

8月1日，在京主持中国人民解放军建军29周年招待会，招待各国驻华武官及武官处工作人员。

8月11日，参加接见中国新民主主义青年团解放军总直属队第一次代表会议的全体代表并合影留念。

9月，陈赓出席中国共产党第八次全国代表大会，当选为中共中央委员。

11月20日，中央军委通知，中共中央决定增补陈赓为中共中央军事委员会委员。

1957年，陈赓深入基层视察了许多军事院校和边海防部队。

2月26日至3月3日，陈赓与彭德怀、总政治部主任谭政一起到南京军事学院检查工作。

当时军事学院战役系是毛泽东为落实“三化”（革命化、正规化、现代化）建军方针，培养组织与指挥现代战役军团的高级将领而开设的。全军选调52名正军职以上的高级干部从1954年至1957年底，系统地学习组织指挥现代战役的军事理论。院长兼政委刘伯承对这批将军学员寄以厚望，要求严格，要战役系学员成为全院同学的表率与带头人。学员们都不甘落后，积极勤奋学习，努力通过学习提高军事理论水平，为军队“三化”建设作出自己应有的贡献。由于参加学习的将军们年纪偏大，文化程度不一、身体强弱状况也不齐，由于学习生活也很紧张，因此有的同志血压增高等症状出现了。于是，有人向中央军委写信反映战役系学习负担过重，压垮了身体，在教学中存在“教条主义”问题等。

陈赓到军事学院后，到战役系看望学员，耐心听取学员的意见，实事求是地帮助学员解决问题。他邀请学员一起吃饭，共叙战友之情，使许多学员变压力为动力，增强了克服困难的信心。

3月5日，陈赓与彭德怀、谭政一起在工程兵司令员陈士榘等陪同下，视察南京军区。勘察了宁、沪、杭地区和舟山、嵊泗列岛的地形，检查了部分国防工事，就地研究了该方向的设防和战场建设等问题。

在这期间，陈赓写给夫人傅涯三封信谈了他的工作和生活。

1957年3月8日写信给傅涯

亲爱的涯：

在南京整整工作11天，检查了军事学院、总高级步校及南京军区的工作。收获确是不小，但是没有得到休息。失眠又发作，只好恢复吃水药，吃水药后又可以每夜睡到6小时了，只是没有水药就不行。明天准备去长江两岸及宁沪线上作实际勘察，预料半个月后才能到达上海，这样的勘察旅行，可能对我的身体有好处。这次在南京，曾乘暇去雨花台凭吊烈士，在许多陈列的照片中，发现了很多是我过去的老战友和难友，一时情不自禁，潸然泪下，因此，想到我还活着，较之他们（烈士）占了大便宜，若果我还不振作，如今有些疲惫感的话，那我太对不起他们了。

这几天总是想着您和儿女们，涯子的活泼天真时时绕着我的心灵，有时竟想早些言归，但我不能这样做。你们的情况希望得到您的报知，到上海后无论如何要通一次电话。我这次准备到宁波，我很想去沥海所[①]一游。到上海再写信给您。祝

你好，吻你并建进树涯！

您的赓

三，八日

1957年3月16日写信给傅涯

亲爱的涯：

我比预定的时间，提前几天到了上海。沿途勘察地形，经过无锡、镇江、苏州、嘉兴等地，特别是太湖这是我平生第一次到达，风景之美，实

① 沥海所，即浙江上虞县沥海所镇，是傅涯的祖居所在。

是出我意料之外，即西湖也不能超过它。不巧的是我们这次两遇寒流，气温均在零度左右，这又是美中不足。

我们按预订计划提前几天到了上海，刚下汽车，柯庆施等即来迎接我们，柯笑着递给我一封信，阅之是你的信，这真是意外之财，此时也顾不得与迎接者寒暄，即拆函阅读，引得人家一场大笑。您真聪明，这样的做法给我安慰，就简直无法形容。几天来在上海不是开会就是勘察地形，偷闲去了璇妹①家一次，老太太特别健康，她和璇妹很想来北京看看我们。

进树涯子是那样的健康活泼，涯子又是那样多情，真使我要高兴得跳起来，而且诱起我的思家之情。我们在上海仅有7天计划，18日即将去海上勘察岛屿，然后经宁波到温州之线，也许还要去浙东海面（一江山、大陈）一次。失眠症仍在继续，每晚必须服药才可入睡。到温州后再写信给你们。祝

你们好，吻你和建进树涯！

您的赓

三月十六日

1957年4月6日写信给傅涯

亲爱的涯：

7天的海上生活，虽未遇险风巨浪，我却弄得头晕目眩。四日由舟山经宁波到温州，终因时间关系未能去您的沥海所，甚以为憾。这次出游所经海岛我均随人攀登，未落人后，过去的气喘这次证明已好些，但脚力已不如以前了。到温州时因失眠关系，服安眠药过了量，因而引起头晕，稍一不慎，跌了一跤，现肋部有些隐痛，呼吸咳嗽均受影响，在温州找了一个中医吃了一些药，昨日经金华时又找人按摩了，昨晚到杭州又请了一位有名的按摩专家推（拿）一番，今日已显得好一些了。这几天失眠症反而好了一些，昨晚未服安眠药，已经睡了足足5小时。准备在杭州停两天，然后经天目山去芜湖再到南京，总结此行，提出勘察具体意见，大约12日以前可以抵家。我想您及儿女们已想得发慌，现在归心似箭。回家时小涯子大概已不认识爸爸了。祝

你们好，吻你及建进树涯！

您的赓

四月六日

① 璇妹，即王璇梅，是陈赓已故妻子王根英之妹。

写这封信时，陈赓还有一个“小秘密”没有详细告诉傅涯，那就是他在温州滑倒在澡堂里，摔得可不轻，摔断了三根肋骨，腿上的旧伤又添新伤，两天两夜疼痛得不能入睡。不过工作照旧，伤痛不过是避重就轻地向夫人报告一下。等陈赓回到北京，傅涯才知道问题的严重性，因为陈赓是被人用担架抬回家的……

20 世纪 50 年代中期，国民党军飞机连遭打击后，从 1957 年开始，使用 B-17G 飞机进行暗夜、低空窜扰活动。2 月 26 日，总参谋部发出关于组织打击窜入大陆内地活动的国民党军飞机的指示，部署航空兵和高炮部队进行防空作战，并要求提高情报、通信和指挥引导等保障能力。

7 月份，陈赓又率领总参作战部雷英夫等人到广州、福州军区检查工作。在边海防前线，陈赓发现，虽然解放军夺取了福建和粤东地区的制空权，迫使国民党军飞机停止了对大陆的空中轰炸。但是国民党军飞机改为以侦察袭扰为主后，使用战术侦察机、夜间低空侦察机及高空侦察机继续对东南沿海地区和大陆纵深进行夜间侦察和高空侦察。

陈赓指出，防空作战多偏重于对付敌大规模的袭击，对打敌单双机偷袭重视不够，今后除应准备对付敌机大规模袭击外，还必须增加同敌单机、小机群的侦察破坏活动作斗争。

8 月 24 日，中央军委批准陈赓检查广州军区和福州军区工作的报告。报告分防空作战、备战、设防和整风反右派斗争四个问题。关于防空作战，陈赓提出在相当时期内，防空作战的主要对象是国民党军飞机袭扰活动，担任防空任务的军队，必须树立积极主动的作战思想。关于备战，提出海防部队应拟制并熟悉应付敌袭扰活动的各种作战方案，使部队和有关人员明确自己的任务和行动方法。

当年 11 月 20 日夜间，1 架 B-17G 飞机，先后窜至福建、江西、湖南、湖北、河南、山东、河北等地，驻上述地区航空兵部队先后起飞歼击机 18 架次，层层拦截，但未获战果。陈赓根据周恩来关于应用一切方法将国民党飞机击落的指示，迅即在总参作战部召集有关部门研究对策。会后，总参谋部下发《对打击蒋大型机深入大陆进行窜扰活动的作战指示》。指示要求北京、上海、广州、重庆等地驻军应高度警惕，加强戒备，坚决击落夜间深入大陆内地活动的国民党军飞机。并对各军区夜间防空作战问题做出规定。还强调要切实加强空情掌握与上报。

陈赓还向中央军委写出《关于 1957 年国民党飞机窜入大陆活动情况和加强防空作战部署的报告》，彭德怀审阅后呈报毛泽东。毛泽东于 12 月 18 日批示：“彭德怀同志，非常必要，请你督促空军全力以赴，务歼入侵之敌。”

第二年 5 月，空军在广州召开落实毛泽东指示的防空作战会议，确定了航空兵夜间作战布防方案。防空部队在训练中也着重攻破发现关、截获关、射击关的各项战术技术措施。1959 年 5 月 29 日夜，空军航空兵第 18 师击落敌

B-17G 侦察机 1 架。

1957 年 11 月 15 日，总参谋部在上海组织课目为在使用原子、导弹、化学武器条件下方面军抗登陆战役的战役集训，参加集训的有各总部、各军兵种、各军区及军区各兵种，高级院校的首长，以及军事学院战役系学员，总共 309 人。陈赓大将任总导演，总政治部副主任甘泗淇上将任副总导演，许光达大将，李达上将、彭绍辉上将、陈士榘上将、陈伯钧上将、洪学智上将、阎揆要中将、曹里怀中将、刘道生中将、王尚荣中将、万毅中将、陈锐霆少将等为小组教员。苏军总顾问率领顾问和译员共 82 人进行协助和指导。集训于 12 月 4 日结束。陈赓在集训总结中指出，集训中对敌我力量估计、歼敌于陆上、阵地战结合运动战、战役布势、防御工事体系、指挥关系和该方向作战方案等问题曾有很大争论，但最后取得了比较一致的认识，达到了预期的目的。陈赓说：集训根据积极防御的战略方针，从敌强我弱的装备条件出发，研究了战争初期抗登陆战役的指导原则和上海、南京方向可能的作战方案，统一了认识。陈赓还对上海、南京方向抗登陆战役中的一些问题作了解答。

四、接受邀请再赴越南

1956 年 3 月 20 日，越南政府副总理兼国防部长、越南人民军总司令武元甲给中国国防部长彭德怀写信，极其诚恳地提出："希望由陈赓同志率领军事代表团能于四月份来越。我们正做准备以便有效地与代表团工作。"信的最后，武元甲进一步明确地说出他的意图："我们正待陈赓同志来到后即进一步地与他交换意见，以便有根据地建议我党中央做出决定。"

在越南领导人的眼里，陈赓是一位智勇双全的常胜将军，一位富有国际主义精神、坚强的革命战士，一位忠实、亲切、重情、充满乐观和热爱生活的"越南人民军的伟大朋友"。

1950 年 7 月至 10 月，陈赓以中共中央代表的身份，应邀赴越南，协助制定并指挥边界战役获得辉煌胜利后，又帮助越军总结边界战役经验，针对越南人民的实际情况，对以后的建设与发展提出了建设性意见。

1954 年 5 月，越南抗法战争在中国军事顾问团的帮助下，取得奠边府决战的胜利，很快导致日内瓦会议《印度支那停战协议》的签订，法军撤出越南、老挝、柬埔寨三国。越南北方全境获得解放，但为了防止美军及南越军队反扑，越南党和政府全力组织越南人民军进行防御，由于战线太长，如何组织有效防御，存在不少问题。此时越南政府遇到了困难，胡志明主席及越南党政军领导人又想起了陈赓，致信中国党和政府，邀请陈赓，希望他能再次赴越帮助他们制订防御作战方案及对军队建设计划提出意见。

国防部长彭德怀 1956 年 4 月 3 日给毛泽东并中央书记处邓小平报告："最

近武元甲经过韦国清带来越南人民军的‘作战计划草案’和‘五年建军计划草案’各一份，已分送军委在京的几个委员和王稼祥同志阅读，并交陈赓同志负责研究。”

三天后，彭德怀又给武元甲发去电报：中共中央和中国政府同意派陈赓前往越南协助工作，建议陈赓去不必公开，也不必叫军事代表团。让陈赓在他能理解的程度上提出自己的意见，供你们参考。但是，中国在现代化军事问题上经验还不足，并且对越南全面情况了解有限，所以一切问题最后还是由你们做主，根据你们的实际情况，请你们自己作决定。

遵照中共中央指示，陈赓于4月率一批军事专家赴越帮助工作一个月。

陈赓又踏上了越南的土地。他看到战后越南北方山青青，水蓝蓝，已经恢复了和平与安宁。过去荒芜的土地已耕作成良田遍野，战火毁坏的城镇又逐渐兴旺起来。陈赓一行受到了武元甲的热情欢迎。

武元甲握住陈赓的手，高兴地说：“你能来太好了！我想请你帮助我们越南人民军制定防御作战方案。”

此时陈赓了解到越方还想让别国军事人员参与此事，对此，他很不以为然，故很坦然严肃地说：“既然你请我来帮你搞作战方案，你就不要再让其他国家的人参加，军事机密慎之又慎嘛。”

武元甲点头说：“行！”

陈赓一到越南首都河内，晚上胡志明主席就主持宴会欢迎他再次来越帮助工作。越南党政军领导及政治局成员都参加了。胡志明在宴会上心情特别高兴，与陈赓无话不谈，他们畅叙长期革命凝成的战斗友谊，同志加兄弟的深厚感情溢于言表。

为了制订好防御作战方案，在河内做了必要准备后，很快由武元甲陪同陈赓去外地勘察，他们俩坐在同一辆吉普车上，陪

1956年访越时，陈赓与越南老渔民合影。

同的还有越南人民军总参谋长黄文泰、中国驻越南军事专家组组长王砚泉等一行近 20 人，先后到越南南北军事分界线即北纬十七度线以北的洞海、义安、清化、南定、海防、鸿基、安沛、木州、山罗、巡教、奠边府等地。在勘察中陈赓与武元甲交谈了有关抗法战争各个主要战役的一些情况，讨论了防御作战方案的有关问题。

在奠边府勘察时，越方比较详细地介绍了奠边府战役的情况。当时胡志明坚持采纳毛泽东的建议，把主力继续指向越西北、上寮。在 1953 年冬、1954 年春的战略进攻中取得了很大胜利，不仅把法军的战略布局打乱，夺取了战略上的主动权，还把法军抑留在奠边府地区，为越军与法军在越南北方进行战略决战创造了有利条件，并最后取得了奠边府战役大捷。

陈赓乘吉普车到奠边府看地形，经过巡教西面楠果河上游时，越军的一位领导对陈赓和王砚泉等人说："这条河一到雨季汽车就不能过了，1954 年奠边府战役时，如果 5 月 10 日前（越北雨季一般在 5 月中旬前后开始）还不能解决战斗，不管你们中国说什么，我们也不打了。"

陈赓听后笑笑说："实践证明，我们毛主席的建议是对的。1954 年 3 月打响的奠边府战役，是越法两军的战略决战，越军取得了决战的胜利。"

站在旁边的越军总参谋长黄文泰说："我们越南抗法战争的胜利，是因为中国将军指挥，中国的武器装备，中国的粮食供应和后勤保障，和我们越南士兵一起打胜的。"

陈赓此行还特意去胡志明的家乡看了看，听越南老乡讲胡志明的家庭情况。越南人民对胡志明的拥戴之情，给陈赓留下了深刻印象。

最后在河内与越军领导共同研究制订了战略防御计划。鉴于越共与越军一些领导人对防御作战思想一直只重视越北河内海防附近的平原及沿海地区，认为那里经济发达，人口又较密集，是防御作战的重点，而忽视广大西部及西北山地。陈赓一再指出越南北方的西部及西北山区，土地面积广，基本群众都心向越共，又背靠中国，战略回旋余地大，具有战略防御作战胜利的基本条件。若南越及美国军队从海上进攻河内、海防，中国作为越南的真正朋友，决不会坐视不管。经过深入讨论分析，最后一致同意陈赓所建议的既照顾沿海及平原地区，又重视西部及西北山地的战略方案及计划。

陈赓这次赴越，连续二十多天到各地勘察地形，由于道路难行，吉普车一路颠簸、劳顿，加上步行爬山，体力消耗大，拖着致残的双腿，有时肿胀疼痛难忍，但他咬紧牙关，坚持工作。他那竭尽全力、不惜牺牲的国际主义精神，使所有与他一起工作的中越两军干部深受感动与教育。

一个月后，陈赓返回了中国。越军总司令武元甲一直送到中越边境睦南关前，两人才依依惜别。

胡志明还特意给陈赓写了一封送别信。原文如下：

寄

东同志（注：胡志明对陈赓的称呼），

祝你和同志们一路平安。

请你代表我问候毛主席和中共中央诸同志；

并祝福你的爱人和小孩们。

关于专家问题之迫切，请你替我们转呈中共中央。

明天我不去送你们。今晚你也不要来辞别。我们是“心心相印”，不拘形式也。再见！

祝你健康！

志明　谨

1956/5/21

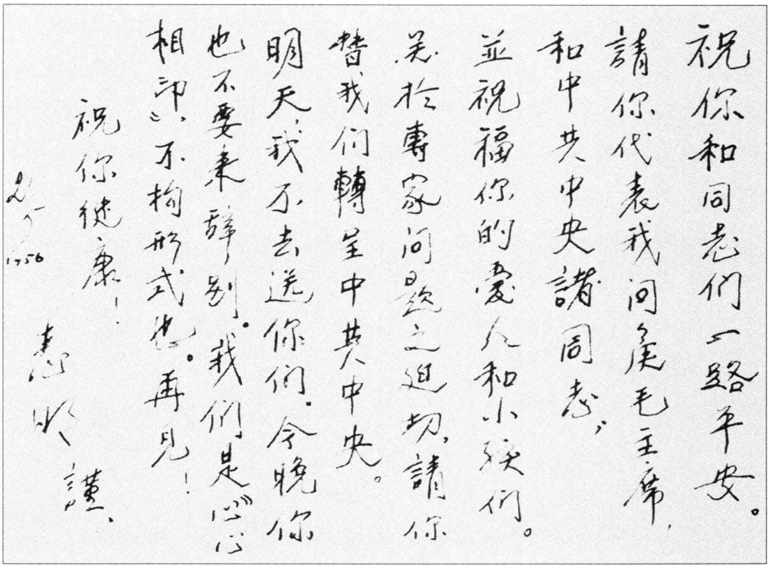
祝你和同志们一路平安。
請你代表我问候毛主席，
和中共中央諸同志；
並祝福你的愛人和小孩们。
关於專家问題之迫切，請你
替我们轉呈中共中央。
明天我不去送你们。今晚你
也不要来辞别。我们是心心
相印，不拘形式也。再见！
祝你健康！
志明　謹

胡志明给陈赓的亲笔信

陈赓离开越南时，胡志明主席专门派人定购了一批瑞士手表，想送给陈赓和他率领的随行人员，以表感谢。陈赓坚决不收。在离开越南的回国途中，他发现越南政府派员悄悄地为他带了一批珍贵的动物，经过南宁时，陈赓执意将这批动物全部送给了南宁动物园。

回到北京后，5 月 28 日，陈赓向中央军委并中共中央报告在越南帮助工作的情况。报告中说：

在越南了解到的情况，证明军委向越方提出的有关作战方针，基本决心，兵力部署等意见是适合越南实际情况的，因此我在越南只是作具体解释说明。关于作战方针，着重说明如何实施“积极防御”以及运动战在当前条件下的重要性；在基本决心方面，主要说明既要照顾平原又要经营山地的战略思想；建军问题，则说明应根据国情，不能要求过急过高；训练上，着重说明军事基本训练的重要性。这些具体意见和分析，越共政治局已完全同意和接受。至此，圆满完成了中央交办的援越使命。

由于陈赓在20世纪50年代承担援越抗法的国际主义义务，为越南人民的解放战争作出了巨大的贡献，加强了中越两国的友好关系，那几年胡志明每年都要到中国来过生日。每逢胡志明到北京，因为他没有夫人和孩子，而他又特别喜欢小孩，陈赓就带上儿子和姑娘，邀上刘少奇、邓小平等老领导、老战友，带上各自的儿女，一起请胡志明吃生日晚宴。有一次，邓小平的小儿子天真地对胡志明说："胡伯伯，你老来中国吧，你一来我们就能吃上好吃的了。"把饭桌上的人都逗笑了。

胡志明还特意从越南带来一只漂亮的鹩哥送给陈赓。

一天下午，胡志明从中南海出来后路过西单灵境胡同，听说陈赓家在此，不顾外交礼仪，当即让司机停车，他要去看望病中的陈赓。陈赓穿着短裤正在院内乘凉，也来不及穿上正规场合的套装，就把胡志明迎进了客厅。两位老朋友正坐在客厅谈话，调皮的小知涯跑了过来，喜欢小孩的胡志明笑着对小知涯招了招手，他就高兴地爬到胡伯伯身上，毫不犹豫地伸出小手揪揪胡伯伯的长胡子。

陈赓见状，大叫一声："小涯子快下来。"冲过去把小儿子抱了下来。

胡志明却不介意地笑着说："没关系，没关系。这小涯子还挺招人喜欢的。"

在得知陈赓患病后，武元甲特意写信给陈赓致以慰问，原信如下：

陈赓同志：

近闻你突患急性心肌梗塞之症，我们深感忧虑，幸而病情业已转危为安，实为庆甚。谨特去函致候。至今静养结果如何，望能告知为盼！

胡主席也寄语探候并祝你迅速恢复健康。

我们自回国以来一切都好，请勿挂念。根据这次参观所取得的知识和经验，我们已经调整建军计划并获得了中央政治局批准。最近已向全国高级干部进行传达。目前各项工作正在着手展开，具体情形待后详述。

最后望你安心静养早日痊愈，并应以保重身体为贵，切勿急于工作以至影响健康。并请代向夫人和孩子们问好。

武元甲

一九五八年三月七日于河内

1958年8月13日，武元甲又托人带信给陈赓，询问："你最近休养情况如何，健康是否业已完全恢复，望能告知为盼。"

那个年代，中越两国领导人的关系非常融洽，两国关系十分友好。

陈赓去世以后，武元甲特意写了一篇长5000多字的纪念文章《越南人民军的伟大朋友——陈赓大将》。文章详细回忆了他们共同战斗的生活。

其实，陈赓与武元甲在越南的边界战役中也曾有过分歧。1950 年，陈赓指挥越军攻克东溪法军，首战获胜，继续追敌于谷社山区，敌军拼死顽抗，进攻遇到困难。武元甲见状命令停止进攻。而陈赓对敌情的分析是必须乘胜追击，于是，生气地说："如果这样的仗还不打下去，我就卷铺盖走！"在这战役的关键时刻，胡志明支持陈赓，命令武元甲按陈赓的作战方案，指挥部队坚决打下去，使战役获得全胜。

从此，武元甲对陈赓非常佩服。武元甲有次来中国访问，陈赓特地从北京赶到哈尔滨专门陪同他参观军事工程学院。陈赓还指示学院，接收越南军队派遣的留学生来院学习，为越南人民军培养高级军事技术人才。

胡志明派武元甲率代表团专门参观了哈军工，越南代表团对哈军工的办学非常满意，代表团回越南后向胡志明作了详细汇报。胡志明说："陈赓办的学校，我们一定送人去学习。"然后果断决定，从苏联撤回留学生送到哈军工。越南留学生队起名为胡志明·越南队，简称：胡南队，以后又改为 7 系。

陈赓出色地贯彻毛泽东军事思想，以他卓越的军事才能，为越南抗法战争的胜利和为抗美斗争战略防御作出了重要贡献，他不愧为杰出的无产阶级国际主义战士，不愧为越南人民军的伟大朋友。

第三十二章　为导弹、原子弹事业开道

一、赴苏参观核军事演习

1954年10月，陈赓被任命为中国人民解放军副总参谋长，仍兼任军事工程学院院长，但工作重点转移到北京。

就在他上任副总长的前一个月，也就是1954年9月10日，彭德怀同刘伯承率领中国军事代表团赴苏联参观有原子弹爆炸的实兵对抗军事演习。代表团成员有粟裕、陈赓、许光达、刘亚楼、邓华、陈锡联、宋时轮、周希汉、王尚荣等高级将领。

1954年9月，陈赓（二排右七）随同彭德怀（前排左五）所率中国军事代表团赴苏联参观原子弹实爆的军事演习后合影。代表团成员有：刘伯承（前排左三）、粟裕（前排左六）等。

访问苏联行前，彭德怀专门约请核物理学家钱三强给军事代表团的将军们介绍有关原子弹的科学技术知识。

8 月 20 日，钱三强如约来到中南海永福堂，在院中等候的彭德怀迎上去，与他握手，谦逊地说："今天拜师求学，老师请进。"

钱三强走进会议室一看，在座的都是解放军的高级领导干部，心里不禁紧张起来。

彭德怀风趣地对钱三强说："我们将要参观苏联的核爆炸试验，为了不要闹出笑话，今天请你来给大家讲讲原子弹的有关知识。"

于是，钱三强就从什么是原子弹开始讲起，着重讲了原子弹、氢弹的原理和构造。彭德怀等都耳听手记，遇到不明白的地方还要一问再问。

他们花了近两个小时听钱三强讲原子弹，末了，彭德怀问钱三强："中国要搞原子弹，怎么办？最关键的东西是什么？"

钱三强认为彭德怀访苏正是打通上层关节的好机会，便急迫地说出要有一座实验性反应堆和一台回旋加速器两大件，用以开展核科学实验研究，为建设核工业和研制核武器做技术上的准备。

"人家会给我们吗？"彭德怀进一步问。他听得很认真，还一一记在本子上。

"给，不要作指望。能在技术上给些帮助就行了。"钱三强说。

就这样，去苏联参观的将军们记住了钱三强关于一"堆"一"器"的话。

9 月 10 日，彭德怀一行到达苏联。9 月 17 日，在参观苏军有原子弹实爆的实兵军事演习后，在演习总结会上，苏联国防部部长布尔加宁把一个包装精美的礼品盒赠送给彭德怀，内装有飞行员投放原子弹的金钥匙。

会后代表团的成员们争相传看。陈赓看了一眼说："光给把钥匙，不给原子弹有啥用？"

彭德怀立即说："你是军事工程学院院长，你可以组织研制嘛！咱们还是自己干吧！"

彭德怀的话对陈赓触动很大。

演习后，中国军事代表团还参观了苏军演习部队的武器装备，他们发现解放军装备的和国内正在生产的苏式武器都是老型号，苏军基本上已淘汰。此时，陈赓已下决心与彭德怀一起，要为发展中国军队的现代化武器开道。

中国军事代表团回国后，向中共中央汇报了去苏联参观的情况，明确提出了中国也应该逐步研究和生产核武器的意见。

陈赓从苏联参观回国后，就在考虑军事工程学院要着手培养研制导弹、原子弹的人才。此时已担任副总参谋长的陈赓，感到军队武器装备的进一步发展，必须要有现代新式武器。军事工程学院要适应这一新的形势，他与学院党委研究提出：必须紧密结合教学，自觉解决国防工业生产中的技术问题的科学研究方针，积极开展科学研究工作。1955 年 6 月学院制定出了《军事工程学院科研

1955 年 11 月，中国人民解放军工程兵第一届积极分子会议，前排左三为陈赓，左四为彭德怀。

工作条例》，进一步鼓励推动学院科研工作的开展，不断提高师资水平。陈赓深知培养人才与搞导弹、原子弹等现代化武器，国内这方面人才奇缺，尤其是高水平的科技专家。因此陈赓曾向周恩来等领导人建议，要争取留美的中国科学家和留学生，如钱学森等回国效力。新中国成立后，因为美国方面的阻挠，这些人一直不能回国。

1955 年 1 月 15 日，毛泽东在中南海主持的中共中央书记处扩大会议上，做出了发展中国原子能事业和研制原子弹的决定。此后，国务院、中央军委有关部门又抓紧对中国发展导弹问题进行多方面探讨与研究，陈赓深知发展现代新武器对加强国防的重大意义。

二、请钱学森出山

由于周恩来总理和中国政府的外交努力，1955 年 8 月 1 日，中美两国大使级会谈在瑞士日内瓦开始。经过一个多月的争论，双方终于在 1955 年 9 月 10 日就平民回国问题达成协议。其主要内容是：中美双方承认，在各自国家内的对方平民享有返回的权利。并宣布已经采取、且将继续采取适当措施，使他们能够尽速行使其返回的权利。钱学森等留美科学家和留学生就是在这个背景下，才得以回国。

1955 年 10 月 8 日，著名空气动力学家、火箭技术专家钱学森回到祖国。

当他站在中国的土地上，看到他从洛杉矶启程那天的一份美国报纸，用特大字号在第一版刊出两行通栏标题“火箭专家钱学森返回红色中国”时，脸上露出会心的微笑。中国科学院派来迎接他的朱兆祥紧紧地握住了钱学森的手。当时中国科学院拟请刚回国的钱学森筹建力学研究所。

还有一项工作，钱学森当时是没有思想准备的，那就是军队的高层领导对他的殷切希望：把中国的火箭、导弹搞上去，加强国防建设。

后来，钱学森回忆说：“我回国搞导弹，第一个跟我说这事的是陈赓大将。”

陈赓得知钱学森回国后，立即向彭德怀建议：军事工程学院有懂航空、火箭的专家、教授，也有教学仪器及设备，最好请钱学森去参观一下，再听听他对中国研制火箭的意见。彭德怀十分赞成陈赓的建议。在得到周恩来支持和毛泽东等中央领导人同意后，彭德怀立即转告陈赓可以让钱学森去哈军工参观。

与此同时，为了使钱学森对新中国的建设发展有一个感性了解，科学院副院长吴有训等领导对钱学森说：“你刚回来，先去看看中国的工业吧！中国工业最好的是东北。”钱学森十分高兴能安排他去东北参观。

于是，钱学森从 1955 年 11 月 22 日启程，在东北地区整整参观、访问了一个月的时间，第一站就到了哈尔滨。原来给钱学森安排的日程并无参观哈尔滨军事工程学院一项。但钱学森本人提出，他有两个朋友在哈尔滨，一个叫庄逢甘，另一个叫罗时钧，希望这次能见到他们。陪同的朱兆祥事先已知道，罗时钧是钱学森在美国的学生辈，而庄逢甘也属学生辈，现都在军事工程学院任教。只因这所军事院校的保密要求很高，地方上只有省委委员以上人员才能进入哈军工参观。陪同钱学森在哈尔滨参观的省委统战部部长觉得不大好解决这个难题，未敢把参观该学院列入日程。第二天一早，他们在出发参观烈士纪念馆前，朱兆祥把钱学森的要求电话报告了中共黑龙江省委。当他们参观回到宾馆时，省委来了电话，说军事工程学院请示了北京，陈赓院长明确表示欢迎钱学森来访。要他们改变日程表，明天上午就去哈军工。

陈赓为了陪同钱学森到军事工程学院参观，特意大清早乘专机从北京赶到哈尔滨，他要亲自全程接待钱学森的参观访问。由此，钱学森回国后接触的第一位解放军高级将领就是陈赓。

11 月 25 日上午，钱学森一行来到哈军工，出乎他意料的是，站在学院门口迎接他们的竟是副总参谋长兼哈军工的院长陈赓。陈赓热情地握住钱学森的手说：“欢迎钱先生来学院参观指导工作。”这使钱学森很感动。

陈赓在欢迎辞中说：“我们军事工程学院打开大门来欢迎钱学森先生，对于钱先生来说我们没有什么密要保的。那些严格的保密规定，无非是在美国人面前装蒜，不让他们知道我们武器装备发展水平。”

陈赓陪同钱学森参观了空军工程系、海军工程系、炮兵工程系等。陈赓说：“钱先生，我是一个军人，说话直来直去。你到了学院也别客气，有什么建议和意见，尽管提。”钱学森看到这所军事工程学院用军队办法管理，井井有条，设备、仪器均一尘不染。而且学院的专业建设也发展很快，现代化的风洞、水槽都已建起，实验室里的教学演示设备也很齐全，各专业都有很好的学习条件，钱学森感到耳目一新。另外，钱学森还看到这所学院当时请了二十多位苏联专家。

陈赓又陪同钱学森参观了学院的陈列馆。馆里陈列了许多在朝鲜战场上缴获的飞机、坦克和带有电子管能够自动寻找目标的炮弹等。陈赓用手指着这些东西，笑着对钱学森说：“这都是缴获美国人的战利品，没有什么可保密的。”

陈赓又把钱学森领到一个小火箭试验台前，钱学森站住了，他仔细观察那个简陋而又原始的固体燃料火箭试验装置，然后很有兴趣地和正在安装调试的几名教师讨论起来。陈赓在旁边看到钱学森如此感兴趣就试探地问：“钱先生，你看我们能不能自己造出火箭来？”

钱学森很有信心地回答：“有什么不能的，外国人能造出来，我们中国人同样能造出来，难道中国人比外国人矮一截不成！”

陈赓听到钱学森的这句话，兴奋地握住钱学森的手，激动地说：“钱先生，您说得真好！我就要这句话。”然后，陈赓的目光落在了钱学森宽阔的前额上，他想起了周恩来在钱学森归国不久的嘱咐：“要好好待钱学森，科学家是我们国家的精华，他是科学家的一个代表。”

那天，陈赓很高兴，他在专家俱乐部专门宴请了钱学森一行。罗时钧、庄逢甘作陪，他们久别重逢，心情非常愉快。宴席后，陈赓仍然兴致不减，开玩笑地对学院领导说：“如果中央让钱学森到我们哈军工来当主管教学的副院长，你们可要支持啊！”多年以后，钱学森才知道，陈赓是带着周恩来和彭德怀的指示，专程赶回哈尔滨，就中国发展火箭、导弹等问题专门请教钱学森的。也许是因为这次参观和陈赓与他的谈话，决定了钱学森走上了从事中国导弹和航天事业的道路。

钱学森参观完后回到寓所，兴奋地对朱兆祥说：“我国解放短短几年，迅速建立起来的哈军工，教员和教学质量是不错的。教员们想问题想的很多，但是解决问题的勇气不足。”停顿片刻，他又说：“要这么多苏联专家来干什么，难道我们中国人自己不会干么？”

陈赓在哈尔滨军事工程学院接待完钱学森以后，立即飞回北京，向彭德怀汇报了钱学森认为中国人能够搞导弹的信心和看法。陈赓还介绍了钱学森是在美国搞了十几年的空气动力学、飞行器飞行力学和火箭导弹技术的科学家，他很有信心，中国一定能造出火箭、导弹。陈赓说得很激动，语言富有鼓动性。

彭德怀很希望尽快见到钱学森。彭德怀出身很苦，没读过多少书，但他对知识分子一向很尊重，很爱护。钱学森还在东北参观时彭德怀办公室的秘书就几次给科学院打电话，询问钱学森回来没有，什么时候能到京，彭老总想要会见他。

1955 年 12 月下旬，钱学森一行从东北回到北京。陪同钱学森参观的朱兆祥向中国科学院汇报情况时，办公厅的人告诉他："彭老总办公室来了几次电话，叫你回京后赶快到他家去找他。"说着，递给他一张写有地址的纸条。朱兆祥看了看那极其普通的门牌号，并不知道那上面写的是陈赓家的地址。

朱兆祥按地址所写找到了西单灵境胡同一座四合院的门前，向门卫说明来意，门卫似乎已知道此事，请他到客厅坐下，就去通报了。

朱兆祥正为彭德怀找他，不知有何事而心里有些紧张时，突然陈赓大将走进门来，爽朗地笑着说："欢迎科学院的同志光临！"接着就直截了当地提出一个问题："我想问问你，钱学森先生参观了哈军工，他有什么看法和意见？"

朱兆祥想了一下，坦率地挑他认为重要的说："钱先生参观哈军工时，看到有几十名苏联专家很不以为然。他说，为什么要这么多外国人来帮助工作？难道我们中国人自己干不出来？"说这话时，朱兆祥心里还在敲鼓，因为当时全国各工厂企业、学校、机关都以能请到苏联专家来指导工作为荣，而钱学森的观点显得非常突出。

谁知陈赓一听此话非常激动，站起来说："啊呀！钱先生有这么强的民族自尊心，多么可贵啊！我们中国就需要这样的人。你们科学院的同志真是有办法，一下子就把这么爱国、这么知名的科学家欢迎到科学院去了。"

朱兆祥惊异地看着陈赓，他没想到这位大名鼎鼎的常胜将军陈赓是这么风趣、幽默，他们的距离一下拉近了，他不再紧张了。

陈赓说："我们彭老总知道钱先生是火箭专家，很想见见他，要向他请教几个问题。你们还在东北的时候，他问过几次了，你们回来没有？可惜现在他患病住院了。等我跟他约好了时间，我们一起去看看彭老总怎样？麻烦你把这个意思转达给钱先生。这件事，我们一定请科学院的同志支持啊！"

临别时，陈赓热情地握着朱兆祥的手说："请你跟钱先生说，我们想请他吃顿饭，表示我们部队同志欢迎钱先生回国之意，你和他一块儿来。"

几天后，陈赓就在高干俱乐部举行了一个小型宴会。在座的还有王震和总参谋部装备计划部部长万毅。陈赓热情地向钱学森介绍道："王震同志和万毅同志都是对钱先生研究的火箭技术和新式武器特别感兴趣的人。咱们志同道合，边吃边谈。"

在陈赓的引导下，宴会上的话题一直在围绕着导弹武器转。当时报上还没有对弹道导弹的固定译名，大家还特意讨论了这种导弹的直译名是"弹道导弹"还是"飞弹"？讨论了各种导弹的性能和功效，用什么名字更准确。

后来，陈赓又邀请钱学森到他的办公室来谈话。刚开始钱学森有点儿拘束，他总是让中国科学院一位干部陪着来见陈赓。

一次陈赓对秘书说："你带上科学院的同志去看看军服展览吧。"

当时，军委领导办公地点居仁堂正在举办各国军装展览，苏、美、英、法、东德、波兰等各个国家的军装都有。任秘书就带上那位同志转着看。以后，科学院的那位干部也许意识到陈赓与钱学森的谈话是军事机密，就不再陪钱学森到军队机关了。

不久，在陈赓的陪同下，彭德怀在北京医院会见了钱学森。彭德怀和陈赓就像对待老朋友一样，和钱学森推心置腹地讨论起国防科技的发展。

彭德怀谈话，喜欢直截了当，没有寒暄，没有客套。彭德怀说："我们不想打人家，但若人家打过来，我们也要有还手之力。"他试探地问钱学森："我们能不能先搞出一种短程导弹，比方说射程 500 公里左右，这都需要什么样的人力、物力和设备条件？你估计需要多长时间能造出来？"

钱学森略作思考，回答说："搞导弹当然不是一件容易的事，需要有一支搞研究和设计的队伍，需要建一些地面试验设备，也需要有专门的加工制造工厂，原材料可能需要全国各有关部门的支持。至于人力、物力，这需要仔细估算一下。而时间嘛，美国从军方开始支持搞导弹，到搞出第一枚导弹，用了近 10 年的时间。我想，我们可以比他们快，有 5 年的时间我想是可以的。"

彭德怀听后高兴地说："好，钱先生，有你这些话我们就放心了。中国的国防现代化就靠你们这些知识分子了。"接着彭德怀又向钱学森请教了一些有关导弹的技术知识，他很有兴趣地听着，听完后感慨道："听君一席话，胜读十年书。很长见识啊！"

彭德怀又转向陈赓说："我们军队不能老是土八路，也要学点儿洋玩意儿，你安排钱先生给我们高级干部讲讲课。"

钱学森走后，彭德怀看着他的背影对陈赓说："钱学森是个人才呀，是国家的宝贝，你要照顾好他的生活。"

中国科学院院长郭沫若、副院长吴有训等对钱学森的工作安排也抓得很紧，钱学森一回国，他们就积极支持钱学森成立了力学研究所，让钱学森出任所长。

吴有训副院长对朱兆祥说："院里的意思是，趁钱学森回国之际，把力学研究所建立起来，可以以钱伟长在数学研究所建立的力学研究室为基础，再加一些研究人员。此事已经和钱伟长、周培源酝酿过，大家都赞成钱学森当所长、钱伟长任副所长。我们希望钱学森先到科学院来，暂时不要到国防部门去，这样在国际上的印象好一些。请你跟钱学森委婉地谈一谈。"

就在中国科学院力学研究所的所牌刚挂起来，陈赓就找上门来，盛情邀请钱学森给在京的高级军官讲演火箭技术。

1956 年 1 月，北京总政排演场。在陈赓的亲自安排下，钱学森给解放军高级军官作火箭导弹技术的讲演。

钱学森那天心情很激动，早早就来到会场，用粉笔在黑板上写着他要讲的内容。聂荣臻走了进来。

叶剑英迎上去说："聂老总，你也来欢迎钱大博士……"

"听说学森同志来讲课，我给这位科学家当学生来了。"聂荣臻说着就握住了钱学森的手，感叹道："很年轻嘛！"

钱学森答："我已经45岁了。"

叶剑英说："正是年富力强。"

聂荣臻说："你比我小12岁呢！"

这时，贺龙迈着矫健的大步走过来说："这位年轻人就是钱博士吧？"说着使劲握了一下钱学森的手。

钱学森"啊"了一声，满脸通红。

陈赓急忙走上前介绍说："这是贺龙元帅。"

"什么元帅？"贺龙爽朗地把手一挥道，"对现代科技我是一窍不通，今天是来给钱先生当学生的。"

叶剑英连忙道："我也是。咱们不能光会打仗，还要学会科学技术啊……"

"我来也！"陈毅的大嗓门把众人的目光吸引过去，"钱先生，不不，还是叫学森同志好，你可把我们等急了啊！"说着，他就对钱学森来了一个外交式的拥抱。

钱学森对陈毅的热情有点儿不知所措。

陈赓连忙介绍道："这是外交部长陈毅元帅！"

钱学森说："久闻大名，久仰、久仰！"

"不敢，不敢！"陈毅双手抱拳，微笑道，"钱大博士的名声如雷贯耳，今日一见，三生有幸啊！"

钱学森连忙说："你们这些元帅、大将都太客气了，新中国靠你们打的江山……"

陈毅说："今天我们可是都来拜你为师的。请你给我们讲讲，火箭、导弹是一个什么玩意儿？"

陈赓看看军队的其他高级将领和来听课的陆海空校级军官都到齐了，就走上讲台宣布："今天，遵照彭德怀同志的建议，专门请钱学森同志来为驻京部队和军事机关校级以上军官讲火箭技术与导弹武器课……"

元帅、将军们听钱学森讲火箭、导弹入了迷，一不留神过了吃饭时间，还是陈赓发现了问题："老帅们，将军们，导弹不能当饭吃呀！我的肚子饿得嗷嗷叫……"

人们哈哈大笑，一看表早该吃午饭了。

陈赓说："学森同志，你太辛苦了！我们越听越带劲！不过有些问题还是不太弄得明白，比如，什么叫'弹道'？什么叫'再入'？你再辛苦辛苦，下午接着讲。"

就这样，钱学森一连给元帅、将军和校官们讲了3天的火箭导弹技术，引起解放军高级将领们的极大兴趣。

钱学森一下记住了陈赓，这位幽默的大将对搞导弹很积极。以后钱学森回忆起陈赓来仍然记忆犹新，钱学森说："陈赓大将很直爽，他想干什么，让人一下就明白。'君子坦荡荡'，他的心是火热的，他的品质透亮，像水晶一样。"

做了这些高层的科学普及工作后，创建中国火箭导弹事业的部署很快就正式启动了。

从 1955 年冬，陈赓在哈尔滨军事工程学院设宴接待钱学森参观，得到中国可以进行导弹武器研制的结论意见后，他就开始为此事积极奔走。1955 年 12 月下旬，受陈赓有关开展科学研究指示的启发。军事工程学院任新民、周曼殊和金家骏三位火箭教授会专家向国防部写信，提出开展研制火箭的建议。彭德怀与军委秘书长黄克诚看后将信批交万毅，让他征求钱学森的意见。万毅和钱学森两人仔细分析了国内研制导弹武器的有利条件和需要解决的问题。钱学森认为研制射程 300 至 500 公里的火箭弹体，燃料估计有两年时间就能解决，但还有 80% 的控制问题需要解决。钱学森还认为研制工作不宜放在军事工程学院。因为要有大的靶场和专用设备，试验中可能还会出现危险。万毅将此情况向彭德怀、黄克诚、陈赓等作了汇报，并向中央军委提交了书面报告。

1956 年 1 月 12 日彭德怀与陈赓在接见苏联军事总顾问彼德鲁瑟夫斯基时，进一步征询对中国发展火箭、导弹的建议，并提出请苏联提供图纸、资料及有关技术援助的问题。1 月 20 日军委会议讨论了万毅提交的《关于研究与制造火箭武器的报告》。

1956 年 2 月初，一个周末的下午，叶剑英会见并宴请钱学森夫妇。陈赓也应邀在叶剑英家共进晚餐。

席间他们谈话的主题还是导弹问题。三个人越谈对火箭、导弹的兴趣越浓，越谈他们的心情越加迫切。于是，叶剑英便直接提出："钱先生，我们希望你能在科学技术上支持火箭、导弹的研制。"

钱学森毫不犹豫，当即表示："我感谢领导的信任，一定努力做好这项工作。"

这时饭菜已摆好，陈赓突然说："今天星期六，周总理晚上一定在三座门跳舞，吃了饭，我们就去找他，请总理亲自抓。"说着就伸筷子给钱学森夹了一大块炒鸡蛋。

钱学森和夫人蒋英看着陈赓的举动，笑得合不拢嘴。

吃完饭。叶剑英、陈赓和钱学森，驱车来到了三座门。果然，周总理和一些中共中央领导人都在这里。陈赓招呼钱学森坐在舞场旁的椅子上，等待着一场舞下来。

舞曲刚落音，叶剑英就急步走向周恩来，把他们刚才谈到的想法都给周恩来汇报了。

周恩来认真地听着，频频点头，脸上露出微笑，赞扬道："好啊！我很赞同你们的想法。"

说完，周恩来迈着潇洒的步伐，向钱学森走来。他热情地握着钱学森的手说："学森同志，刚才叶帅向我谈了你们的想法，我完全赞成。现在交给你一个任务，请你尽快把你的想法，写成一个书面意见。包括如何组建机构，调配人力，需要些什么条件等，以便提交中央和军委讨论。"

钱学森听到周恩来称他为"同志"，感到非常亲切，他从周恩来那炯炯有神的目光中，体会到中国共产党和人民对他的信任和重托，显得有点儿激动。他尽力抑制内心的起伏，只说了两个字"好的"。这就是钱学森意见书的由来，也是中国火箭、导弹研究开端的重要步骤之一。

1956 年 2 月 17 日，一份由钱学森起草的关于《建立我国国防航空工业的意见书》(以下简称《意见书》) 送到了周总理的案头。钱学森的《意见书》，提出了发展我国国防航空、火箭、导弹事业的组织方案，发展计划和某些具体措施。《意见书》还列了一批国内这方面的 21 位高级专家名单，其中包括任新民、罗沛霖、梁守槃、庄逢甘、林津、胡海昌等。

钱学森的《意见书》由周恩来批示印发中央军委各委员和黄克诚，受到了中共中央、中央军委的高度重视。1956 年 3 月 14 日，周总理亲自主持中央军委会议，研究决定组建导弹航空科学研究的领导机构——航空工业委员会（简称航委）。4 月 13 日，国防部发出通知：国务院决定成立航空工业委员会，直属国防部，聂荣臻任主任，钱学森等为委员。随后聂荣臻仔细研究与征求钱学森等人的建议和意见后，于 5 月 10 日向国务院、中央军委提出《建立我国导弹研究工作的初步意见》的报告。5 月 26 日，周恩来出席中央军委第 71 次会议，

1956 年，陈赓在工作中。

讨论了聂荣臻的报告，这次会议做出了发展中国导弹事业的决策。周恩来在会上说："中国发展导弹不能等一切条件都具备了才开始进行研究工作，应当采取集中力量，突破一点的方针。"会议还决定由航委负责，组建导弹管理局（国防部五局）和导弹研究院（国防部第五研究院）。中国的导弹武器研制发展的壮丽事业从此大步前进了！

几十年过去了，中国的"两弹一星"取得了辉煌的成果，钱学森回忆往事时认为，陈赓是创建中国火箭、导弹事业的一位关键人物，他在中国火箭、导弹事业的决策和创建中发挥了重要作用，功不可没。

三、签订《中苏国防新技术协定》

国防部五院成立后，中国导弹事业正式起步，当时存在的最大难题，一是技术力量不足；二是争取苏联技术援助，以减少工作中的弯路。1957 年 4 月 24 日，聂荣臻召集陈赓、安东等人一起研究如何集中技术力量开展导弹研究与仿制等问题。聂荣臻说："搞导弹事业不能平均使用力量，应遵照周总理讲的以导弹带动其他的精神办。"

陈赓接上去说："应该贯彻中央确定的这个精神，坚决搞，集中力量搞。国防部航空工业委员会负责领导火箭、导弹的研制工作，要努力扩大影响，有些问题要去磕头求援，有些问题要大声疾呼，不搞这个东西要亡国。"为了解决国防部五院技术力量问题，陈赓如同几年前创建哈军工那样，倾注了大量心血。

中国政府请苏联政府对中国研制现代武器提供技术援助一事，经过整整一年半的不断商谈，1957 年 7 月，苏联领导人对于向中国提供新技术援助的态度终于有了松动，同意中国派遣政府代表团去苏联进行具体谈判。

当时，聂荣臻领导国防新技术的开发工作，很需要陈赓这样在军内外都很有影响，并对开发新技术不畏艰险、满腔热情的高级军事领导人。聂荣臻很欣赏陈赓的为人和他的工作魄力。所以在中共中央明确由他率领中国政府工业代表团赴苏联谈判时，聂荣臻建议，代表团的两位副团长，由陈赓和主管原子能方面的宋任穷担任，整个班子很精干。

1957 年 9 月 7 日，一架苏制伊尔 –18 专机从北京西郊机场起飞了。以聂荣臻为团长，陈赓、宋任穷为副团长的中国政府工业代表团赴苏联，代表团成员有李强、刘杰、万毅、刘寅、王诤、张连奎、钱学森等，还聘请了二十几名火箭、原子能、飞机、电子等方面的专家，就新技术援助问题同苏方进行谈判。

当天下午，莫斯科时间 6 点钟，专机到达莫斯科。苏联部长会议第一副主席别尔乌辛与中国驻苏大使刘晓在离飞机不远的地方，等候欢迎中国政府代表团的到来。机舱门打开了，聂荣臻、陈赓、宋任穷等站在舷梯上挥了挥手，就疾步走下舷梯。别尔乌辛及众人走上前去，与聂荣臻握手拥抱。聂荣臻在与别尔乌辛握手时，感到了一种俄罗斯式的热烈。这似乎是此行的一个好兆头。

谈判从 9 月 9 日开始，10 月 15 日签订协定，共进行了 35 天。在这段时间里，中苏两国代表团人员围绕新技术问题进行了广泛的谈判。谈判的进展较为曲折，不过，这也正如估计的那样，苏联方面不会无保留地把一切新技术都交给中国，聂荣臻和陈赓等对此是有思想准备的。整个国防新技术谈判，分为若干部分：军事、原子能、导弹、飞机、无线电电子及有关试验基地建设等方面分别由陈赓、宋任穷、钱学森、张连奎、王诤为组长。各自分头进行。每个方面，可以说是一点一点地取得进展。所幸的是，代表团各个方面的准备都比较充分，中方提的要求也非常具体。

在谈判过程中，代表团内部出现了重大分歧，一种意见是，将火箭、导弹和飞机的研究工作都统一在同一研究机构内，而重点放在研究火箭、无人驾驶飞机和控制方面；另一种意见是，主张飞机研究仍然保持单独系统，即使合并在火箭研究机构里，第二个五年计划期间也应开展飞机（有人驾驶的）和发动机（喷气涡轮式的）研究工作。代表团经过反复讨论认为，苏美飞机和导弹的发展史，是他们走的一条成功的道路，但他们有他们的历史条件和具体情况，不宜照搬。中国应根据自己的情况，按照中央提出走自己的路的方针，迎头赶上，以火箭、导弹为主，飞机和其他装备的仿制、研制同时进行。火箭、导弹

1957 年 9 月，中国军事代表团访苏。左起：李强、陈赓、聂荣臻、刘晓、宋任穷。

的研制，在人力、物力、财力上，肯定会遇到重重困难，但决心不能动摇，否则，将长期落后并受制于人。这个争论的实质，还是经济和人才问题，中国家底薄，钱不够，人才匮乏，不能两全，只能用于主攻方向。陈赓和聂荣臻、宋任穷的意见一致，坚决支持重点上导弹，其次是飞机，继续仿制。他们的意见得到代表团多数同志的赞同，代表团中心组及时将这一分歧意见报到军委和中央，军委和中央批准火箭、导弹是重点的主张，这一决策非常重要，为中国研制“两弹”争取了时间。否则接下来的中国三年经济困难，加上中苏关系破裂，必将影响“两弹”事业发展的进程。

钱学森作为聂荣臻的科学技术顾问，同苏方的专家进行了认真仔细的讨论。在总体方面，全面了解苏联火箭导弹的概况、计划规划、组织体制和人员结构；从技术方面，又深入探讨了冲压式发动机、液体火箭高能推进剂、固体火箭及新型固体推进剂、各种大型试验设备、靶机和靶场等；还同苏联专家探讨了中国火箭导弹的发展和苏联专家来华帮助工作及苏联可能接收的中国留学生等。

中国代表团还参观了苏联科学院的有关研究所和导弹研制机构。苏方还邀请钱学森在苏联科学院作了学术报告。这次中国就引进原子能技术、导弹、飞机等问题，与苏联举行的谈判，在谈判桌上，苏联人总的来说是友好的，别尔乌辛甚至对聂荣臻说，有些项目你们提出的型号性能已经落后了，可以提出更新一些的型号。但有的技术项目也有保留，不是只给资料，就是只给样品。经过 20 多天的谈判，9 月底，双方终于达成了协定草案。

中苏双方经协商起草了《关于生产新式武器和军事技术装备以及在中国建立综合性的原子能工业的协定》，简称《中苏国防新技术协定》，聂荣臻和陈赓、宋任穷看了草拟的协定，心里轻松了许多。如果苏联政府能够认真地执行协定，中国在突破导弹、原子弹、现代作战飞机等尖端技术方面，就有把握得多了。聂荣臻派人立即把草案送回北京，交周恩来总理，等待中共中央、毛泽东主席审批。

紧张的谈判暂时休会，大家终于有了几天休息时间了。苏联政府安排中国代表团沿着伏尔加河游览参观。正值 10 月，这是领略苏联迷人秋色的最好时节。

毛泽东、周恩来对这个草案表示满意。很快，回国的人把草案和修改意见带回了莫斯科。苏联方面上送的草案也得到了批准。

10 月 15 日签字仪式在苏联国防部举行，苏联式的高大建筑富丽堂皇，大厅天花板垂下的许多巨形吊灯，齐放光芒。出席签字仪式的中苏两国代表，都很轻松，彼此微笑，热烈握手祝贺。

聂荣臻副总理同苏联部长会议第一副主席别尔乌辛分别代表本国政府在协定上签字。协定规定，在 1957 年至 1961 年底，苏联将供应中国几种导弹样品和有关技术资料，派遣技术专家帮助中国进行仿制，并提供有关导弹研制、试验靶场的工程设计和重要设备。苏联还将向中国提供原子弹教学模型及有关资料，派遣有关专家，增加接收中国火箭技术及原子能专业留学生的名额。根据这个《中苏国防新技术协定》内容中各重大项目，中苏双方各有关部门，还相应签订具体合同。有关火箭、原子弹的试验靶场，原子弹储存库等建设的合同是由陈赓同苏军副总参谋长安东诺夫大将签字。

中苏正式签订了《中苏国防新技术协定》后，陈赓非常高兴，拉上刘杰一起去看望在苏联的中国留学生。

陈赓对留学生们讲:“我们这次谈判很成功，苏联答应在原子能工业、导弹、火箭武器、航空新技术以及导弹和核试验基地建设等方面，对中国进行援助。苏联政府答应我们在导弹、原子能专业各接收50名中国留学生。你们在航空学院学飞机设计的有的要改学导弹设计。你们要有思想准备，好好学习，把在苏联学到的东西，变成自己的财富，将来报效祖国，把中国的火箭、导弹事业搞上去。苏方还提供我们两发供五院仿制用的P–2导弹（即苏联仿制改型的德国V–2导弹），先给我们样品仿制。以后，还要靠你们去研制中国的火箭、导弹，把我们中国的国防科技搞上去。”

顿时，台下的留学生们都兴奋地欢呼起来，雷鸣般的掌声包围了陈赓。陈赓停顿了一下，接着说：“协定是写在纸上的，要使协定真正落实，还得做出更多的努力。在今后的几年里，还要抓紧做好接受技术援助的准备工作，催促苏联政府履行协定，使中国的原子能工业、导弹、火箭和作战飞机加快研制步伐。”

中国代表团回国后，10月25日，聂荣臻、宋任穷、陈赓联名向周恩来并毛泽东主席和中共中央写报告，详细汇报代表团在莫斯科同苏联政府代表团就援助中国建立综合性的原子能工业、生产新式武器和航空技术装备等所进行的谈判经过、结果和今后各有关部门为落实协定应分别做好的各项工作。

10月31日，中共中央政治局常务委员会吸收彭德怀、聂荣臻、陈赓、宋任穷讨论了这个报告，并原则同意代表团的报告。

12月18日，中央军委召开第135次会议，听取了聂荣臻、陈赓向军委汇报的中国政府代表团在莫斯科同苏联政府代表团就援助中国建立综合性的原子能工业、生产原子武器、火箭武器和航空技术装备等所进行的谈判及取得的结果，会议还研究了今后军队及有关工业部门应做好的各项工作。

中苏在莫斯科签订《中苏国防新技术协定》后，苏联承诺提供有关实物、样品及技术资料，并派遣有关的技术专家来华，这对中国尖端武器研制的起步工作起了促进作用。

四、呕心沥血搞“两弹”

陈赓从萌生为发展“两弹”事业开道，到不遗余力地上下奔走，请钱学森出山，广泛物色发展“两弹”新技术的人才，再到参与对苏谈判争取发展新技术的外援，在中国“两弹”登场准备的全过程中，无不渗透着他的辛勤汗水，表现出他的大将风度。

中苏协定签订后，“两弹”事业的发展又进了一步，许多工作迅即开展。陈赓积极参与研究新形势带来的新情况、新任务和新问题，讨论导弹研究工作的领导和机构的组织形式如何适应今后工作开展的需要，并协助聂荣臻落实一系列的组织工作，狠抓落实。

首先是要加强五院领导层的建设。1957 年 11 月，他参与研究提供人选，最后报请周恩来任命：钱学森为院长兼一分院院长；刘有光为院政治委员；刘秉彦为副院长兼一分院副院长；王诤为副院长，全力领导五院工作并兼二分院院长。二分院原是通信兵部的军事电子科学研究院，前不久已报请军委批准划归五院的。此外与二机部（当时的国防工业部）协商，将该部 211 厂划归五院一分院作试制工厂，以解决研究工作中的试制和生产问题。同时与各单位进一步协商增调一些科技人员和技术工人。

要开展五院的工作，离不开各有关单位的帮助，首先要加强组织五院与二机部的协作。但很快就有人提出把五院并入二机部的意见，陈赓坚决反对，他支持聂荣臻的意见，五院还是由国防部航委直接领导好，这样才能在尖端武器研究上形成拳头，加强导弹的研制工作。

苏联专家即将来华，有些工作要早做准备。涉及总参的陈赓要管，如示范部队部署在哪里？将来的生产规模，以及维护保管等问题，总参谋部要拿出意见。关于人员、物品和资料的保卫保密问题，苏方会提出一系列的要求。同时，我们自己也需要加强保卫保密工作，制定相应的严格措施，严防失密泄密事件的发生。此事由于周恩来、刘少奇过问，由聂荣臻召集国务院和军委的有关单位领导专题讨论研究，提出具体措施，报周恩来和中央书记处同意后，中央科学小组监督执行。

“两弹”试验靶场和原子武器储存仓库的选址定点及建设问题已提到工作日程上，陈赓除参与研究外并为靶场和仓库的主官人选物色对象。

有些并非总参谋部的工作，例如研究五院明年（1958 年）工作方针和任务的会议，聂荣臻也通知陈赓参加。所以，协定签订后，陈赓工作非常繁忙。

关于“两弹”建设中所需的各类技术人才问题，一直兼任军事工程学院院长的陈赓当然责无旁贷地要主动考虑到。他与聂荣臻多次研究，先是确定：今后军事工程学院、北京航空学院等四院校的专业安排、培训计划、师资与研究工作的调配、协作等事项均由航委统一掌握。后又确定：军事工程学院、北京航空学院等六院校的有关专业的规划与协调由五院负责安排。关于军事工程学院拟增系、科的问题，陈赓早在代表团出国前已向聂荣臻提出。经过研究讨论，最后只同意增设三防（防原子、防化学、防细菌）系，至于导弹专业暂不设系，只于空军系中设立一个科，待以后发展了再扩建成导弹工程系。

1959 年 2 月 15 日，军事工程学院导弹工程系正式成立。随后又以导弹工程系有关核弹头的几个专业与海军工程系的反应堆专业为基础组建了原子工程系。陈赓为了培养新技术人才，加速原子弹的研制，特指示哈尔滨军事工程学院派人向二机部汇报该院原子系的教学情况，征求意见，请求指示，并拟承担核科研项目，受到宋任穷部长、刘杰副部长的亲切接见。经过一系列院系专业的调整建设，哈军工成为一所名副其实的专门培养军队武器装备（包括原子弹、导弹）研究设计人才的高级军事学府，该院的日常工作即由刘居英副院长主持。

陈赓深知国防高等教育的重要性，只有把科学和教育搞上来，才能兴国强军。1957 年 5 月 16 日，清华大学校长蒋南翔给聂荣臻写信，说学校筹办几个国防新专业，但缺少急需的设备器材，请求国防部有关部门给予援助。聂帅阅后，批请陈赓解决，陈赓坚决照办。后来清华大学成立自动化系，也是陈赓批由国防科委资助的。

为了统筹国防科技人才的培养，集中国家有限的人力、物力、财力，办好国防科技高等院校，陈赓提出把有关院校划归国防科委领导。他指示国防科委安东秘书长同有关工业部的业务部门和院校领导商量。其中有第一机械工业部教育局局长周一萍、北京航空学院院长武光、北京工业学院院长魏思文、西北工业大学校长寿松涛等。陈赓亲自向中共中央和国务院主管部门汇报、请教。直到各方面的意见一致了，再由聂荣臻向周恩来、邓小平、彭真等中央领导人报告，1961 年 2 月 6 日中共中央批准并发出通知将北京航空学院、北京工业学院、哈尔滨工业大学、西北工业大学、南京航空学院、成都电讯工程学院、上海交通大学 7 所国防科技工业高等院校划归国防科委统一领导与管理，为国防科技工业培养人才。这些院校划归国防科委领导前，为取得中央有关部门的领导和支持，加强院校建设，提高教学质量，陈赓支持并去中央书记处请求批准把这些院校列入了国家重点院校，在经费和物资方面增加投入，使院校教学、科研工作，得到更快更好的发展。

陈赓为国防科研战线大力培养人才之事，聂荣臻直到晚年写回忆录时仍念念不忘说：“陈赓同志是我们党内热心科学事业的老同志。”并称赞陈赓以高度负责的精神，源源不断地为国防科技事业培养了大批研究设计人才。

《中苏国防新技术协定》实行后开头的一年多时间里，协定执行得比较顺利。从 1957 年底开始，苏联相继运来了几种导弹样品以及有关的图纸资料和工程设备，派来了几批技术专家。这些专家大多态度比较好。对中国科技人员熟悉情况、掌握技术，是有帮助的。在原子能、导弹、火箭和作战飞机、试验基地建设等方面，使中国的前进步伐得以加快。

但是，陈赓心里非常清楚，从根本上说，不能奢望苏联会把最先进的东西提供给中国。在国防新技术产品上，若认为苏联会对我们毫无保留地支持，那是太天真了。所以，他对哈军工领导干部说：“国防新技术协定是签了，但我们工作总的指导思想还是自力更生为主，争取外援为辅。你们不要完全依赖那个‘大公无私的援助’，苏联给我们的东西，都是我们花钱买的。他们有许多资料不给我们，先进的实验室不叫我们看，有些东西不是现在的装备，都是他们用过的，不是最先进的。当然专家来了，我们还要好好关照。多知道和了解一些情况，总比我们自己从头摸索研究好嘛。‘自力更生’不是说不吸收别人好的东西，美国等西方国家的资料和技术我们也照样用。”

1958 年 5 月 27 日至 7 月 22 日，中央军委在北京召开扩大会议，研究加强军队建设问题。毛泽东在会上提出了研制、试验核武器的任务。他说：“原子弹就是这么大的东西，没有那东西，人家就说你不算数，那么好吧，我们就搞一点儿吧，搞一点儿原子弹、氢弹，我看有 10 年功夫完全可能。”[①]

1958 年 9 月，苏联援建的 7000 千瓦实验性重水反应堆和 1.2 米直径的回旋加速器在北京建成，聂荣臻参与验收，随后发表了热情洋溢的讲话。此时，二机部已成立了核武器研究所，中国科学院的物理研究所已更名为原子能研究所，接受二机部和中国科学院双重领导，以二机部为主。中国的核武器研制加快了步伐。

1958 年秋，陈赓邀请核物理学家钱三强来到三座门的军委会议室探讨研制核武器的问题。

陈赓问道：“搞导弹的事落实了，我们现在究竟能不能研制原子弹？时间能不能再提早一点儿？我想听听你这位专家的意见。”

钱三强说：“我们的科技力量还是有的，关键是核反应堆的问题还卡着脖子。”

陈赓问：“咱们不是有了核反应堆吗？”

钱三强答：“那个研究型的核反应堆不能搞，要搞浓缩铀的。”

陈赓又问：“我们不是正在建造吗？”

钱三强说：“是在建造，基本建设刚刚开始，今后设备安装、调试及生产的技术问题会很多，苏联的扩散厂又不接受我国实习人员，所以技术人员的培训还是问题。需要我们自己培养。”

陈赓在了解情况后，向中共中央有关领导人反映，采取措施抓紧浓缩铀工厂的建设和扩散厂技术骨干的培养。

陈赓办事向来快刀斩乱麻，走一步看两步，他已经在为核武器研制做各方面的准备工作了。

1957 年夏天，西藏军区副司令员李觉将军回北京疗养。当汽车驶过庄严的天安门广场的时候，他的眼睛有些湿润了。1936 年，他作为一个进步学生离开北平投身革命，和这个古老而美丽的城市阔别整整 20 年了。在戎马倥偬的岁月

---

①《毛泽东军事文集》，军事科学出版社、中央文献出版社 1993 年版，第 374 页。

里，他曾不止一次地思念过这个象征着中华民族悠久历史的古城。他想念过他读过书的大学，想念过故宫里的汉白玉栏杆，想念过饱含着人民泪水的昆明湖，想念过北京郊外的周口店……他特别喜欢考古，他一直想考察周口店北京猿人遗址的心愿，可以利用这次疗养的机会实现了。但是，没有想到，等待着他的不是考察历史，而是开拓未来、创建一项崭新的事业。

他住进医院不久，陈赓来看他，笑着对他说："老李，好好休养，过几天部队准备欢送你。"

李觉一怔，问："是不是要我改行？"陈赓笑而不答。李觉以为他是开玩笑，也就没在意。

陈赓和李觉谈了一会话，心里有数了，临走握着李觉的手说："43 岁的将军年富力强、大有可为啊！"

李觉身体复原以后，总干部部副部长赖传珠正式通知他转业，调到刚开始组建的核工业部门工作，并说核工业部部长宋任穷要亲自找他谈话。几天以后，他坐到了宋任穷的办公室里。

宋任穷用平稳的语调说："调你来，是党中央决定的，准备让你来搞原子弹。"

啊？原子弹！李觉心头一震，似乎不相信自己的耳朵了。他接触过成千上万的子弹、手榴弹和炮弹，可从未想到过搞原子弹呀！

宋任穷看出了他的担心，鼓励他说："党是信任你的，你也从未辜负过党的期望。"随后，宋部长向他传达了中共中央和毛泽东的决策：我们现在已经比过去强，不但要有更多的飞机和大炮，而且还要有原子弹。在今天的世界上，我们要不受人家欺负，就不能没有这个东西。

一句话，中国，不能没有原子弹！

李觉的心头热了，他是一个容易动感情的人。此刻，他懂得了这些话的分量。这是党的决策，是整个民族的期望。

从此，他离开了西藏军区，开始了筹建核武器研制基地的工作。中央很快批准了他们的筹建报告，要求全国为他们开绿灯。

1958 年 9 月 25 日，彭德怀主持第 157 次军委会议，讨论通过军委给周恩来并毛泽东、中共中央的报告，这个报告说："国防科学技术的研究已经掀起了一个高潮，并且获得了一定的成就。但是也出现了一些问题：有些相同的项目，几个单位都在设计和试制；各研究机构之间互相通报交流经验不够；试制赶不上设计；设计、试制和使用单位之间缺乏必要的联系等。"为了发挥各方面的积极因素，统一组织力量，把研究设计、试制和使用三方面紧密结合起来，加强组织领导、规划协调，并进行监督检查，"建议把原国防部航空工业委员会改组为国防部国防科学技术委员会（简称国防科委），在军委、中央科学小组领导下进行工作"。

国防科委主任由聂荣臻兼任，副主任只编制一人，聂荣臻提议由陈赓担任。聂荣臻习惯严肃，但一遇到陈赓就马上心情愉快，话也多了。对陈赓总是直呼其名："陈赓！"好像哥哥叫弟弟一样亲切。聂荣臻说话方言较重，他的四川话，不容易让和他接触少的人听明白。遇到这种情况，陈赓就把其中的重要句子重复一遍，让大家听明白。四川戏中有帮腔，聂荣臻的秘书们在背后常开玩笑说："陈赓大将是聂帅的最好帮腔。"

在长期的工作接触中使聂荣臻认准了一点，陈赓是他得力的"右臂"，陈赓任国防科委副主任是最合适的人选。

陈赓与聂荣臻之间情谊长久，从黄埔军校，上海中央特科到烽火连天的抗日战争和解放战争的战场，他们在工作上配合默契，互相信任。聂荣臻尤其赞赏陈赓见困难就上和解决问题的能力。

酒泉靶场的建设初期，设计和施工单位发生了一些矛盾，聂荣臻拟派人前往协调。当陈赓得知那人不愿去时，他愤慨地说："我去！"聂荣臻很感激，但又考虑陈赓当时身体不好，心脏病吃不消劳累，去那里的路途艰难，气候条件极差，没有同意陈赓去。

10月16日，中共中央批准了军委的报告。国防科委以聂荣臻为主任，陈赓为副主任；委员由万毅、刘亚楼、萧劲光、陈士榘、宋任穷、赵尔陆、许光达、张爱萍、张劲夫、黄克诚、钱学森等22人组成。

国防科委的主要任务是，贯彻执行中共中央、中央军委关于国防科学技术研究的方针、政策，负责加强对军内外有关国防科学技术研究工作的组织领导、规划协调和监督检查。随后，中央军委决定，国务院军工产品定型委员会的工作移交国防科委。

为了适应仿制苏联几种导弹和研制原子弹的需要，当务之急是建设研制基地、导弹发射基地和核试验基地。研制导弹、原子弹，要建立大型的试验基地。基地需要装备大量技术复杂、精密度要求很高的仪器设备。由于试验这两种武器的特殊要求，试验基地又必须建在没有人烟或人烟极为稀少的大漠戈壁地区。因此，建设试验基地复杂性和艰巨性，不亚于研制"两弹。"

根据《中苏国防新技术协定》，1958年初，苏联专家参加在中国进行导弹发射场和核试验基地的选址考察。中方由谁来担此重任？

在核武器试验场的选址考察和初期创建时，陈赓想到了他的老部下，当时任志愿军三兵团参谋长的张蕴钰，他曾参加过淮海战役、渡江战役、朝鲜上甘岭战役，是个有勇有谋的将才。

1958年8月初，张蕴钰在大连接到在北京开会的第三兵团副司令员曾绍山的电话："你的工作有变动，电话中不便讲，你立即到北京来，我在北京饭店等你。"

第二天，张蕴钰乘火车赶到北京。当晚，曾绍山和张蕴钰一起到灵境胡同陈赓家里。他们一进门，人还没站稳，陈赓就迎上来说："叫你去搞原子弹靶场，这是我推荐的，好好搞。靶场建设好了交给别人，可以吗？"

张蕴钰答："我服从命令。"在他的心目中，陈赓办事果断、宽宏大度，是可尊可敬可亲的首长，在陈赓面前他甚至不敢说一个"不"字，也不能说"不"字。

陈赓继续说："好！你去找安东，叫他给你说说情况。"

第二天，张蕴钰到国防部航空委员会去见安东。安东一见张蕴钰就热情地说："我知道你这几天要来，见到陈副总长了吧？"张蕴钰答："见到了，他说请你给我介绍情况，交代任务。"

安东说："工程兵陈士榘司令员和原商丘步校政委常勇组织了一些人已经到西北地区勘察地形，选试验靶场场区位置。你先回去交代一下工作，就和他们一块干吧。"

在北京常勇向张蕴钰介绍了勘选试验场的情况：中央军委组织了选场委员会，1958 年 6 月陈士榘已经带领委员会成员和四位苏联专家到敦煌地区进行了实地勘察，认为敦煌城西北约 120 公里处的后坑适合建场，并经总参谋长黄克诚批准，组织勘察大队，张志善任大队长，常勇任政委，在敦煌西北选定的地方进行地质测绘和道路、通讯建设的勘察。

1958 年 10 月 20 日，张蕴钰乘火车离京去敦煌。

敦煌有世界闻名的艺术殿堂莫高窟，是中国几千年的文化艺术瑰宝，世界上少有的文化艺术珍贵遗产。这里是古代通西域的要衢，西汉时，继武威、张掖、酒泉之后，在瓜州设敦煌郡。脍炙人口的"春风不度玉门关""西出阳关无故人"的诗句中的"玉门关"和"阳关"都在敦煌境内。由于这里长年干旱少雨，人民生活用水极其困难，生活条件也很艰苦。

张志善带着张蕴钰察看了选定的后坑场区，在选定的靶场中心桩周围，偌大的场区无草木，地质是大孔土，汽车陷下去无救援不能前进。张蕴钰认真考虑这些情况，更为了保护敦煌这片宝贵遗产，便和常勇、张志善商量，还是另外选场为好。

张蕴钰回到北京向有关负责人汇报这个情况。在陈赓主持召开的办公会上，张蕴钰做了汇报。张蕴钰认为原定的核试验场址有三个问题：一是距敦煌才 120 公里，不利于保护文物；二是大孔土水土渗透性强，不能搞工程建筑，更不适宜建大型发射场；三是施工及将来试验和生活用水困难。

陈赓听完汇报赞同地说："那里不好，你们可向主管部门汇报另找一个嘛！"

有陈赓这句话垫底，张蕴钰心里有数了。

此时，苏联专家根据高空气象资料分析，由于风向原因，原选定试验中心区的高空风向为自西北吹向东南，敦煌地区处于其下风，为此正式函告中方建议将试验场区改到新疆罗布泊地区。

由于上述原因，从11月底到12月中旬，陈士榘、万毅多次召开会议进行研究，进一步查找整理已有的气象资料。张蕴钰参加了研究，一致认为敦煌西北地区不宜选作场区，在报请中央军委同意后，决定派遣张蕴钰和张志善立即率勘察大队到新疆罗布泊地区进行选场勘察。

12月24日，张蕴钰、张志善带勘察队乘坐4辆吉普车，带4辆生活车拉上10天的饮水、油料、帐篷，粮、菜、柴和一部电台上路了。

经过几天戈壁滩的路程，他们已经精疲力竭，不想动弹了。吃的、喝的眼看都快没了，极目无涯，到处都是渺无人烟的荒野。烈日当空，风吹起沙土打得脸火辣辣地疼。吉普车开进了千百年风蚀沙流的雅丹地带，沙丘像一堆堆隆起的坟墓布满荒野。他们爬出汽车，坐在汽车阴影下休息片刻，细沙像水一样从身旁流走，一波连一波，与风共舞。

突然，他们看到戈壁上有一道车辙，是新轧的解放牌大卡车的车辙。他们顺着车辙前行，晚上9点多了，西天的太阳还有一丈多高，天边泛着青光。太阳落山时，他们来到了梦幻般的罗布泊。这里是孔雀河的入泊口，河两岸有柳树、芦苇，也有水了，他们手捧河水喝了个够，然后洗了脸上的灰尘，又把汽车洗得干干净净。这时，有群黄羊也来到河边饮水，向他们投来好奇的目光，谁也不想惊扰黄羊的悠闲自得，它们饮足水后，大模大样地坦然离去。第二天，张蕴钰等人西行百余公里，目测这个地势开阔的戈壁滩基本平坦，选一个中心点，打下了一根木桩，这就是中国未来核武器大气层试验靶场。

1959年3月13日，中央军委正式批准核试验场定点在罗布泊西北地区。

由于陈赓点将，张蕴钰成为第一任核试验基地司令员，他带领大部队进驻罗布泊时，在当地人称作马兰滩的地方，将军捧起一束马兰草，倾吐满怀诗情，“万顷黄沙一点蓝”，就在这里安营扎寨吧。

于是，在马兰这片贫瘠荒芜的土地上，张蕴钰等人带千军万马创造出了惊天动地的业绩。他在这里参与组织指挥了中国首次原子弹、氢弹、核导弹等科研试验任务。

半个世纪过去了，张蕴钰至今都不忘，是陈赓点将，使他有了施展才华的机会。张蕴钰满怀深情地说：“陈赓大将是有权威，没架子；布置任务干脆，对下级态度和蔼可亲，在部队中口碑极好。”

陈赓认为，一个单位的建设，主要领导尤其是第一任领导一定要选最好的、最优秀的。一个连队，要把连长和指导员选最好的，一个团要把团长和政委选好，要把作风带好，领导干部疲疲沓沓的，部队作风肯定带不好。

成立五院时，陈赓说：“研究院要选能尊重科学、尊重知识，并愿意为科学技术事业无私奉献的干部去。”他把军事工程学院的副政委兼政治部主任刘有光调去当政委。

1958年2月，毛泽东、邓小平批准在内蒙古自治区和甘肃省境内建设综合导弹试验靶场。陈赓又亲自点将，建议让第二十兵团副司令员孙继先到基地当司令员。1959年2月孙继先上任后，带领创业大军在戈壁滩上改天换地。孙继先去世时，留下遗嘱，他的骨灰安放在戈壁滩的东风烈士陵园，他要在亲手开创的戈壁滩航天城看着祖国航天科技事业的发展壮大。

陈赓上任后，首先抓规划。他与聂荣臻汇集各方面汇报后，一致认为，有必要对全军武器装备的科研、试制项目按轻重缓急，需要与可能进行规划排队，把有限的人力、物力、财力用在刀刃上，也便于组织协作。规划时，陈赓强调先搞什么，后搞什么，有个前后次序。

在规划过程中，他反复说明一个主导思想，既要保护革命的干劲，也要反对浮夸风。陈赓说这不仅是我个人的意见，也是聂帅的意思。规划中，他切实贯彻了“两弹为主”的方针亲自调查研究，认真听取意见，花费了大量心血。原子弹方面，主要是大力解决原材料、设备，加强组织协作突破技术关；导弹方面，主要消化技术资料，大力组织仿制，再通过型号改进和试验基地建设，抓紧中苏新技术协定的执行等；常规武器、装备方面，涉及各军兵种，面广而繁杂，陈赓的交代是，要什么武器装备，由军兵种提出，国防科委汇总，最后由总参谋部拍板。研究、设计、试制、仿制的安排与工业部门商定。具体的商计工作由国防科委副秘书长张震寰办。他时常参加讨论、听汇报。最后形成了一个包括仿制米格十九歼击机、中型坦克、自行设计小型潜艇、轻型坦克等常规武器研究、设计、试制的规划排队。“规划排队”是陈赓首先提出的。

规划制定后，陈赓叫秘书王勉起草报告，连同这个规划送聂帅审阅后送彭总审批。主持军委日常工作的彭德怀批送毛泽东阅。毛泽东批示：“此件阅过，很高兴。努力奋斗，促其实现。”毛泽东这一批示，使这个规划就更具有权威性了，这样把大家的积极性充分调动了起来。

1959年1月6日，陈赓召集国防工业部门的领导研究生产试制与研究设计任务，在会上陈赓主要讲了三个问题：

> 1. 工作中碰到困难，这是很自然的，但必须坚持下去。碰到困难，说明工作已经接触实际，现在的任务就是要进一步深入实际，找出解决困难的办法。仿制近程导弹1059是重点，要尽一切力量仿制成功，并通过仿制带动自行研制的近程导弹东风一号。
>
> 2. 工作中战线不要太长，要集中力量突破一点。无论尖端项目和常规项目，都要排个队，刷掉一些、确保重点。排队以后，必须重新组织力量，组织协作。美国在发展导弹时，三军各搞一套，力量分散，搞不起来。苏联则完全相反。我们要接受这些经验，要组织共产主义的大协作，把力量集中在解决主要问题上。
>
> 3. 要尊重苏联专家和苏联资料，要踏踏实实地学习。通过苏联发射宇宙火箭，五院要在全院务一务虚，对那些不尊重苏联科学成就的思想给予

批判。要善于发挥苏联专家的积极性，要把他们的经验接受过来。

对英美的资料，也要重视，要有批判的参考学习。

常规武器的任务也明确了，措施如何呢？按当时流行的话："十分指标、十二分措施。"陈赓听取了一些专家们的意见，他想照五院（研制导弹）、九院（研制原子弹）的做法，常规武器也需组织研究队伍，只有过硬的队伍才能攻坚。研究院不但把科技人员组织起来，还要充实必要仪器设备。他说，和平时期不打仗，可以少建些生产厂，少生产些武器装备，少养些兵，多腾出钱来建设研究机构。他这个"三少一多"的思想，得到了聂荣臻的赞同。他嘱咐国防科委秘书长安东同多方面商量，听取有关人员的意见，然后建议先成立航空（即后来的国防部第六研究院）、舰艇（即后来的国防部第七研究院）、无线电（即后来的国防部第十研究院）三个研究院，条件比较成熟后，陈赓又亲自同各方面的负责人交换意见，并两次向邓小平汇报。中共中央于 1960 年 12 月正式批准成立这三个研究院。

1959 年 2 月 21 日，中国驻苏联大使馆商务参赞处王历给宋任穷、刘杰部长写了一封信，汇报"如何利用苏联杜布纳联合核子研究所科学技术条件培养我国科学人员，提高我国科学技术水平的意见和情况"。信中说：

苏联联合所（杜布纳联合原子核研究所简称）为苏新各国（注：苏新各国即苏联与东欧新民主主义各国）针对西方资本主义国家原子核中心机构建立的和平利用原子能和高能物理研究中心。该所当时主要研究方面包括高能物理实验，核结构，核反应，中子物理，理论物理等，那时正在进行多电核高能实验和最新的螺旋线式强聚焦回旋加速器的研究和设计。该所具有苏新国家较新、较高的科学技术设备，科学情报（包括西方各国）较为完备，也有些杰出的科学人材，所以从技术设备、资料情报、科学力量等都是较为雄厚的。科学技术条件也是比较苏联其他大学、研究机关都全面些。建议国内有关部门派专业技术人员去参加科研工作并从中学习。

宋任穷将这封仅有两页纸的信转给陈赓阅。

陈赓对这封信很重视，在信上批示："请送彭总阅，我以为应该利用这一机构多抽派一些大学生去。"

彭德怀于 2 月 24 日又在信上批示："陈赓同志：我同意利用这一机构培养人才。待聂总日内回京，请提交总理批示办理较为有效。"

后来此事报告给聂荣臻，聂荣臻与宋任穷商量，中国又派出一些大学生、留学生、研究生去杜布纳联合原子核研究所学习和工作。

曾经在该所工作过的核物理学家王淦昌和理论物理学家周光召都在那里为中国赢得了世界性的荣誉。

王淦昌作为派驻苏联的第一批访问学者，作为一个实验物理学家，作为中国科学家的代表来到杜布纳联合原子核研究所，他组织并领导了一个实验小组开展了高能物理实验工作。1960 年，王淦昌领导的研究小组发现了反西格马负超子，为中国争得了世界第一的荣誉。

第四任中国科学院院长、中国首位既是科学院院士又是中央委员的周光召，28 岁时被派往联合原子核研究所从事高能物理研究工作。在此期间，他曾两次获得研究所的科研奖金，还在世界权威学术杂志上发表了 33 篇论文，从那里他开始脱颖而出。

王淦昌和周光召铭记在心的是：科学是无国界的，但科学家有自己的祖国。他们 20 世纪 60 年代初从苏联回国后，都为中国的第一颗原子弹研制作出了重大贡献。后来都成为中国“两弹一星”功勋科学家。

1959 年 9 月 16 日，陈赓被任命为中华人民共和国国防部副部长。9 月 26 日，中共中央通知，陈赓为中共中央军事委员会委员。

1959 年 10 月 30 日，陈赓在病中写报告给林彪、贺龙、聂荣臻副主席并报军委，汇报导弹研究、生产的情况，对军工生产管理体制提出了意见、建议。这是一封长信，摘要如下：

> 最近，军委开会讨论军工生产问题我因病不能参加，只好写这封信，向您们报告一下导弹研究生产情况和我对军工生产管理体制的意见，供参考。
>
> 几年来，我国在掌握导弹技术和发展军工生产方面，取得了很大的成绩，但也暴露出一些矛盾，主要是管理体制上，缺乏一个强有力的机构，通盘考虑，全面安排，以致力量有些分散，甚至相互抵消；研究设计、试制和使用三个方面结合不紧。
>
> 掌握和发展导弹技术，包括以下三个方面：
>
> 第一是培养干部，建立研究基地。这个研究基地要建设弹体结构研究院及附属试制工厂；试车台试验中心；空气动力中心和控制系统研究院及附属试制工厂。它的规模相当大，研究基地全部建成以后（约在 1961 年、1962 年），可以独立设计中、远程弹道导弹，也可能设计小型人造卫星。显然，建设这种规模的研究基地，根据国家经济、技术、干部情况，应该采取相对集中的方针。航空与导弹研究设计所需大型、复杂设备，多可共用，分散建设是不合适的。
>
> 发展导弹的第二个方面是建立生产基地和组织生产网。整个生产过程是一个牵涉面极广、非常复杂而又细致的工作。它首先要求拟制一个全面的规划，然后缜密地组织资料配套、器材供应配套、设备配套、工艺装备配套和工程技术人员的配套。
>
> 发展导弹技术的第三个方面，是发展原材料工业，建立原材料供应基地。就仿制 P-2 的情形来看，它所需要的主要金属材料（不包括控制系统）共 509 种、1900 余项；非金属材料 326 项，其中很大一部分有特殊要

求，如耐高温、高强度、耐油、耐磨、特细、特薄、冷加工等等。必须有一个机构通盘考虑各种型号的要求，按时编制原材料发展计划，并组织协作，以求实现。

鉴于以上情况，必须从体制上把这一繁重而复杂的工作统一起来。其次，在常规武器的发展上，以仿制为主的阶段已成过去，今后应着重设计和生产适合我国、我军情况的新装备。

因此，建议军委考虑，可否恢复过去的办法，以导弹技术为中心包括全部军工生产，组建一个国防工业部，建制属国务院，日常业务归军委领导。这样做的好处有：第一，可以从组织上保证导弹技术的统一领导，使研究、生产和原材料供应三个方面密切协调。第二，可以密切研究设计、试制和使用三方面的结合，加速我军装备的发展。第三，可以通盘考虑军事工厂的发展和布局，平时按国家计划担负一部分民用生产，一旦有事就可以全力以赴作为战时工业的骨干。

五、千钧重负

万事开头难是事物发展的一般规律，国防尖端技术事业的发展更是这样，从一开始就遇到多种困难。首先是为五院调集人员的困难。因为尖端科技是新事业、新机构，需要调入大量的科技人员，尤其是当时特别缺少的尖端科技人才。然而那时已有的老机构人员刚刚配套，正想扩大发展，自然不愿舍己为人。为此，周总理多次指示：只要是五院需要的技术专家和党政干部都可以从工业部门、高等院校和军队中抽调。大家都要克服本位主义，顾全大局，共同推动中国科技事业的发展。

1956 年 6 月 2 日，聂荣臻邀请国务院秘书长习仲勋、副总参谋长兼军事工程学院院长陈赓、科学规划委员会委员兼秘书长范长江、国家科学技术委员会主任黄敬、中国科学院副院长张劲夫、清华大学校长蒋南翔等国务院各有关部委领导 33 人开会，商量为导弹研究院选调科技骨干的问题。

会议在三座门召开。这天的会本来是由周恩来主持的，因为他临时有事，便委托聂荣臻召集。聂荣臻首先讲了一下中国发展火箭、导弹等尖端武器的计划。这些话，他用的时间很短。他要做的主要文章，在下面的话里：发展尖端武器迫在眉睫，国际上的技术援助还没有落实，但中央下了决心要搞，当前急需的是各类人才，请在座各位大力支援，鼎力相助。

聂荣臻讲完以后，会场上出现了一段时间的沉默。这也给大家提供了思考的时间，人们可以在心里翻翻自己的家底。

会场上的沉默，被陈赓的发言打破了。他站起来明确表示："搞导弹需要集中全国的有关技术力量，否则不可能进行下去。为此，哈军工将抽出 6 名教授支援五院。调哪个给哪个。除已经提名的外，还可以多抽几个。军队有关部门的技术专家也可以商调。”陈赓的表态，使聂荣臻非常满意，他的脸上露出了笑容。

陈赓是个性格开朗、胸怀坦荡、原则性强且在处理行政事务上非常干练的人。

陈赓表示了鲜明的态度之后，会议室里又出现了一阵沉默。

后来，有人发言：“搞尖端武器是重要，可是我们的科学技术人员太少。每年只分给我们几个大学生。我们恨不得拿他们一个当三个用。老科学家是我们的老母鸡，大学生是未来的母鸡，我还指望他们给我下蛋呢！”会场上发出一阵笑声。

聂荣臻听了这些话有些不高兴，认为这是缺乏全局观念的表现，但他没有批评。因为当时国家百废待兴，各个部门都感到科技人才不足，谁也不愿主动把自己的科学家让出来，各单位把专业人才牢牢抓在手里，不敢有须臾放松。对此他是理解的。

陈赓第二次站起来了，他对聂荣臻说：“聂总，没有导弹、原子弹我们国家就站不起来。我们勒紧裤带也要搞导弹。选调专业技术干部，哈军工准备再增加 3 至 4 名。”说完他就坐下了。会议室里不再有人笑了。陈赓支持导弹事业的决心之大的确惊人，老帅与将军们都知道，陈赓这是“忍痛割爱”，当年成立哈军工时，这些宝贵人才都是陈赓想方设法“挖”来的，可是不容易啊！现在他慷慨大方地主动支持五院的火箭、导弹事业，让许多人为之而感动。各个部委、科学院都表示尽力支持五院的工作，给五院提供用人方便。会议达到了预期的目的。

聂荣臻最后决定，请范长江组织一个专门小组，为筹建导弹等研究机构商榷和解决抽调各类科技人才的数量和人选。但是一个多月过去了，7 月底，钱学森对人员调集抓得不紧很有意见，以致生气地说：“究竟还搞不搞火箭、导弹?！要搞就应很快着手，有多少人就搞多少，不应再拖延。”

聂荣臻将此情况报告给周恩来。周恩来就约钱学森面谈，商定一个可行的计划，由国务会议通过后付诸实施。就这样，到 9 月 18 日，聂荣臻给周恩来报告说：除军事工程学院和通信兵部的 10 余名科技人员已报到外，其余还未落实。可见此事难度之大！

在陈赓的积极支持下，航天专家任新民来到五院，他当时任哈军工炮兵工程系副主任、教授、火箭教研室主任等职，是系里的学术带头人。任新民以当年自己在美国的实验室工作经验作参考，把自己研究固体火箭技术带到哈军工，建成了相关的实验室。由于陈赓的提名，他在 1956 年 8 月调到北京，参加筹建国防部第五研究院，从事导弹、火箭总体技术方案的研究设计工作。他从仿制到自行研制导弹、火箭发动机，到长征系列火箭均做出了重要贡献。还有空气动力学专家庄逢甘、火箭专家梁守槃都在那时来到了国防部五院，就这样五院很快集中起来 30 多名科技专家和 100 多名大学生，组成了中国发展导弹事业的第一批骨干力量。1956 年 10 月 8 日，中国第一个导弹研究机构——国防部第五研究院（简称国防部五院）正式宣布成立，钱学森任院长。这是中国导弹、航天事业奠基的历史性纪念日。从此，开始了火箭技术的探索与研究。在这些穿军装的科技人员中，只有院长钱学森穿便衣，他仍兼任中国科学院力学所所长。

中共和国家领导人及军队、政府部门负责人对国防部五院的建设和发展非常重视和关心。周恩来专门听取了国防部五院的工作汇报。邓小平、彭真、贺龙、陈毅、薄一波、陈赓、安子文、刘澜涛等领导人，先后视察了正在建设中的国防部五院在北京的一些研究所、试验站和工厂，彭真还会见了在国防部五院帮助工作的苏联专家。聂荣臻更是经常深入到国防部五院的基层单位指导工作。然而抽调专业技术人才还是一个老大难问题。

当时特别缺少高科技人才。已有的老机构人员刚刚成龙配套，正想扩大发展，自然不愿舍己为人。为筹建导弹研究院调集人才的会议由周总理亲自出面，指示聂荣臻召集各有关单位负责人开会商讨解决办法。大家原则上都表示支持导弹事业，但涉及具体人选和选调数量，有的单位就强调本单位困难吝惜割爱了。陈赓言行一致，态度鲜明地表示："我们坚决拥护周总理的指示，军事工程学院的人，无论师生员工，随便挑，要谁给谁。"他不仅带头表态，还呼吁各单位要极力支持中共中央发展导弹的战略决策。可是仍有个别单位一直按兵不动。

1957 年 12 月 18 日中午，陈赓很晚才回到家。

妻子傅涯还埋怨说："我等你到 1 点钟还不回来吃饭，你呀，你这样做还没有什么，你还年轻，你把老帅们拖垮了怎么办？"傅涯担心的是老帅们的健康，当时她还没有意识到陈赓会出问题。

这一天下午会议上，陈赓再也忍不住了，在会上就争论起来，他激烈地批评一些部门有严重的本位主义，不顾全大局。也许因为感情冲动比较厉害，陈赓感到非常累。

吃过晚饭后，陈赓就对傅涯说："今天我什么事也不干了，你陪我去看看戏吧。"

陈赓不抽烟，不喝酒，也不爱玩扑克、棋类，唯一的休闲方式就是去剧场看戏。他也很爱唱歌，工作不是太紧张的时候，喜欢轻声哼唱一些歌曲，有时吹吹口哨。他爱唱《国际歌》，打仗的时候也唱，病中也常哼哼，尤其爱唱其中的"从来没有什么救世主，我们是天下的主人"。他还喜爱看话剧、京剧、晋剧、评剧等，遇到部队文工团请他看话剧，他不仅认真地看，还直率地提出意见，当场就说出来。有个时期部队文工团爱唱《小河淌水》，舞台上新的节目少，老是重复旧的，“炒冷饭”。他一看到就在台下嘟囔：“又是《小河淌水》啊！”有次总政治部请他看戏，前排坐的都是熟人，他嫌部队文工团演的节目缺乏战斗气息，看到舞台上都是出现谈情说爱的场面，就在座位上高声说：“这不是‘三无世界’么？”

陈赓看戏很投入，常常把自己的感情带入戏中，经常为剧情着急，有时还在台下喊起来。有一次，陈赓和张衍在哈尔滨一起看京剧《破洪洲》，台上演员表演穆桂英生孩子痛苦的表情，台下陈赓就着急地大喊起来“不要紧，不要紧，现在生孩子有无痛分娩法，你快去找医生啊！”

台下观众听到后，把目光转向了陈赓，陈赓这才如梦初醒。

不过，下次看戏他又忘了，他的感情总是随着剧情走，在看京剧《老少换》时，陈赓在台下打抱不平地喊道：“50岁就该倒霉啊！”

那一年，陈赓正好50岁，他还想好好干一番大事业。

不过这次到中南海看戏，陈赓没有碰到让他激动的剧情，也许他太疲劳，话都没有多说。

从中南海看完戏回家后陈赓就休息了，傅涯一点儿也没有意识到会有什么事情发生。

第二天，陈赓像平时一样，吃完早饭，穿好军服，准备去总参谋部上班。傅涯已上班去了。孩子上学的上学，上班的上班，都走了。

这时，因为有人登门来访，陈赓和客人稍稍谈了一会儿，客人刚走，陈赓突然感到胸闷，整个胸部都在剧烈的疼痛中膨胀，他喘不过气来，一下跌倒在沙发上。满脸冷汗，汗水淌进眼角，像一颗颗泪珠。2岁的小儿子知涯正在地板上玩耍，他爬到爸爸身边。用小手擦擦爸爸的眼睛，拍拍爸爸的脸说：“爸爸别哭，爸爸别哭。”可是爸爸从来没像今天这样不理睬他，吓得小知涯从客厅里跑出来，在厨房里拉住阿姨的衣角说：“爸爸哭了。”阿姨正忙着，以为孩子说着玩的，没理睬。

知涯又跑到前院，站在院子里大声哭喊：“爸爸哭啦！”司机闻讯出来，知涯又跑过去说：“叔叔，爸爸哭了，爸爸真的哭了。”

说着，拉着司机来到客厅，只见陈赓果然倒在沙发上，脸色苍白，满头大汗。

张副官也急忙跑过来，马上给北京医院打急救电话，并告诫大家：“不能搬动！就地抢救！”

不一会儿，司机开车到医院接来了抢救小组。此刻，陈赓已陷入昏迷，手脚冰凉，脉搏跳动微弱，血压也测不到。诊断结果是心肌梗塞。从上午到晚上一直休克，不省人事，抢救一直到深夜。陈赓仍紧闭双眼。直到深夜11点多钟，他终于苏醒过来。可是醒来第一句话就是：“对×××不能让步！”站在他病床旁的陈锡联听到陈赓的情绪仍很激动，就半笑半气地说：“咳！你可醒过来了，你这老命都不保了，还管那么多事！”

陈赓就是这样一个对事业极端认真的人，他能为某个人不支持国防尖端事业的发展而大动肝火，以致引起心肌梗塞，休克十几个小时。现在陈赓被抢救过来，他慢慢地睁开眼睛，看了看守候在他周围的人，微微一笑说：“你们可别哭丧着脸，好像我死了。”

陈赓病倒的当天，中央军委和各军兵种部分负责人知道了就赶来看他。彭德怀来了，聂荣臻来了，粟裕、张爱萍来了，空军司令员刘亚楼来了，小小的胡同里一时挤满了汽车。

宋庆龄听到陈赓病倒消息后，致函慰问。她在慰问信中写道：

陈赓同志：

我离京前一天听说你生病，很想去探望你，但据悉医生不让探病，致惊扰病人，因而未果。特致函慰问，并希望你好好休息，早复健康。

此祝

痊好

宋庆龄

1957-12-26

一向以坚强著称的陈赓，终于病倒了。他不得不在北京医院住院三个月。医生鉴于他病情严重，不准他工作，必须全休。如果他能像普通人那样，安静地遵守医嘱，休息一段就好了。但是，陈赓是一个闲不住的人，住院好比老虎关进了笼子里，他心急如焚，就像战争年代听不到枪声一样寂寞，像不能指挥打仗一样难受。在和平建设时期，他仍保持着战争年代养成的生活习惯。每天都得把工作排得满满的。现在躺在医院里，他怎不能憋得心慌。好不容易住满三个月，病情有些稳定了，医生准许他回家，但依然不准他会客，要他全休疗养并商请总参派来的护士全日照料。

邓颖超很关心陈赓的身体健康，给他写来一封信：

陈赓同志：

我知道你已能去公园散步，证明健康已恢复一些，很欣慰！送上鲜花一束，供你在养病中欣赏，希笑纳。

我近来健康有进步，请勿念！

祝

你和傅涯同志好

小超

1958年4月2日

陈赓是个不甘病榻寂寞的人，生性好动，从来没有过闲暇时光，病休使他度日如年，医生看他急性子，就劝他，生气着急，就容易心肌梗塞。让他动静交替利于养生，古人说“性静者多寿考”嘛。医生和一些来看他的老同志都劝他要静养，让他读书和练字，磨炼性格，修身养性。为了养病，争取早日康复，陈赓接受了大家的劝告，出院回家后即坚持每天练字看书。

陈赓的旧学根底较厚，文学造诣颇深，记忆力也特别强。中年以后，还能滚瓜烂熟地整篇背诵幼时熟读的经书和诗文。有一次在中原前线的战斗间隙，在伏牛山东麓的一个村镇中，他同太岳军区副司令员孙定国一起，整本地背诵经书。结果，旧学底子也较扎实的孙定国比输了，只好甘拜下风。陈赓很爱读《资治通鉴》。打仗的时候，行军每到一个地方，他都设法找《县志》看，找老乡谈，亲自去看地形，对记述地方情况和当地人物的材料都很重视。

陈赓一向喜欢读书，他和鲁迅有过交往，喜欢鲁迅的为人，爱看《鲁迅全集》和“二十四史”、古兵法书。有一次，他在家里读《旧唐书》，看见傅涯回来，就递过书去说：“傅涯，你读一读这篇《武则天传》，断断句，解解它的意思。”傅涯一一照办，讲完了，问他如何。陈赓笑着点头说：“可以及格。”

陈赓文笔流畅，书法也有些功底。后来因为工作忙，再加上他的性子比较急，有时遇到不合理的事容易激动，写毛笔字也就少了。为了早日恢复健康，陈赓根据医生的建议决心控制自己这种不利于严重心脏病的性格，让身体早日康复。

陈赓幼年读私塾，练过毛笔字，书法功底还是有的，什么《九成宫》《多宝塔》《玄秘塔》等碑帖他都练过。他在初时练习楷书，写了一段时间，嫌它拘束，改为行楷。一年以后，开始悬肘。用帖喜爱王羲之、苏轼，不喜颜真卿。为了广览百家，他买了《三希堂法帖》，又专门购买了一本明拓《神龙兰亭序》，还收藏了一些如像《圣教序》等名帖。虽然有帖，但他练字时并不完全照帖，有时家人看他写字，讲他所写的字同帖并不一样。他说：“为什么一定同帖一样？可以创造嘛！”有时还要反问别人一句：“各人有各人的风格嘛，为什么要照帖？”在这方面也表现了陈赓的独创性格。

他走到写字台前，开始练大字。他一笔一画临摹王羲之的《怀仁圣教序》，心血来潮，微颤的手臂写了一段辛弃疾的词：

想当年，金戈铁马，气吞万里如虎……

凭谁问：廉颇老矣，尚能饭否？

这几句词正对他的心思。他写完，如释重负，畅快地嘘了口气。又一遍一遍低吟浅唱，竟出现了一种激动的心绪。几十年来，他踏遍了大半个中国进行了数不清的战斗，公开的，隐蔽的，和平的，流血的，他不相信自己九死一生的性命，会断送在这可恶的心脏病上！几十年来，他一直与敌人战斗，与朋友、战友、上级、下级、群众在一起为事业奋斗。可如今身边除了家人，只有医生、护士和秘书。

“爸爸！爸爸！”小女儿知进跑来，跪在凳子上看爸爸练字：“爸，你还练字呀？”

“字不练就写不好。你们学校有写字课吗？”

“有。我最不喜欢写毛笔字。”

“来，我教你。”陈赓又抽出一张白纸，边写边说：“我小时候是从描红模子开始学写字的，先画描，再临仿，你要一步一步学。”

陈赓在纸上写了“毛泽东时代的少年最幸福，努力学，听老师话。知进”几个字交给了女儿。

“唉。”女儿脆声答应。

“等爸爸身体好了，带你到哈尔滨，看看哈军工的叔叔阿姨怎么学习。”

女儿认真地说：“爸，我不跟你去，你不会扎小辫。”

“我给你梳娃娃头。”他说着，爱抚着女儿松软的头发，替女儿挽挽棉衣袖。

陈赓就这一个女儿，知进又聪明活泼，陈赓自然倍加喜爱。也许他想让女儿从小爱军习武，培养个花木兰。有一次，陈赓把女儿带到大连去看军事演习，早晨起床发现女儿的长头发乱七八糟，急得他笨手笨脚不知该怎样把女儿的小辫扎上，随行的秘书是个小年轻，两个大男子汉急得手足无措。陈赓急中生智找来服务员，赶快给女儿扎上小辫，才算领出门去。回到北京，陈赓一进家门把女儿交给傅涯就提出建议：“快让人给女儿剪个娃娃头吧！”结果从此女儿从小到大头发再也没有长过肩去。

陈赓经过医生治疗和他自己坚持静养锻炼，心脏病算是稳定了，未再发展。

陈赓不想在家休息了，他开始找医生，要求准许他上班工作，态度极其恳切地说：“我的病已好了，让我出去上班吧，工作对我来说就是享受，老让我这样休养，我的病会更加重的。”

经全面检查，医生认为陈赓的病情比以前稍好一点儿，于是就报告中央军委，批准他每天上半天班，再观察一段病情看看。

陈赓一听医生松口，高兴地回答医生：“太好了，只要允许我上班，我一定遵守医嘱。”

话虽是这么说，可陈赓一旦工作起来，医生的话就仅供参考了。他是一个工作狂，不管自己大病初愈，工作起来没有节制。那年头，真是忙啊！搞尖端武器的研制，问题太多，担子太重，往往一件事还没有做完，另一些事又等着他去处理了。

聂荣臻深知此情，他说：“国防科委的任务，从一定意义上讲，比国家科委的任务还繁重，问题比较多。”聂荣臻很担心陈赓身体，他和陈赓谈了，让万毅过来办公，减轻陈赓的负担。聂荣臻还告诉国防科委的人：“陈赓的身体不好，应该给予照顾。”

可陈赓对工作满腔热情，见重担子就挑，见困难就上，干起工作来，就把自己的病抛在了脑后。1959 年 3 月，陈赓仅参加国防科研方面的会就有 5 次之多。其中，3 月 12 日至 14 日，每天一个会，内容也很费研究，有关派往苏联留学生的计划问题；有关苏联援助中国海军装备技术协定问题；还有五院研制导弹的有关问题。一个接一个的会，许多问题都让他来拍板定案，这对一个心脏病患者来说，负担的确是太重了。开完会，3 月 26 日他又乘火车去上海，出席中共八届七中全会。会议结束后，4 月 12 日，陈赓陪同聂荣臻到达南京，在南京视察了雷达厂和天文台，又视察了南京军事学院。4 月 15 日，才回到北京，前后共 20 天。就是一个健康人，这样一连串的活动也够紧张劳累了。

5 月 3 日，聂荣臻奉周恩来和刘少奇的指示，召集罗瑞卿、刘晓、黄克诚、陈赓、赵尔陆、宋任穷、张劲夫、韩光、李强、罗舜初、王诤、万毅、安东等座谈加强尖端科学技术、特别是接受苏联援助的国防尖端技术的保密问题。

5 月 9 日，陈赓就国防部五院的建设与发展，给黄克诚总参谋长写了一份报告，全文如下：

> 国防部第五研究院组建以来，由于缺乏经验，该院各级机构的编制，一直没有固定下来，现经过两年的摸索，并参照苏联专家所提的研究部门的组编意见，经五院党委反复研究，拟出了该院的编制方案。我们研究后认为：
>
> 一、可原则批准该院所提的编制方案，将来如有不合适之处，视情况再作调整。
>
> 二、编制中生产人员（技术干部、工人）和非生产人员（行政干部、

1957 年 4 月，陈赓（前排左一）与聂荣臻（前排左二）在南京军事学院。

政治干部、公勤人员）的比例虽为4：1，但仍需本着行政机构要尽量小、行政人员少而精的原则，进行具体安排，切实注意干部质量并合理配备。

三、行政机构的人员，应随着科学研究机构的发展而逐步充实。

四、目前对于器材、保卫保密和总院技术部门应予以适当加强。

五、保卫保密工作是一个统一体，为加强这一工作，该院各级保密检查处应合并到各级保卫部。

六、分院的技术部要精干，具体研究设计工作由专业设计部负责。

七、科学情报研究所下设的处，统改称室，不设政治处，而改称协理员办公室。

以上意见当否，请批示。

致

敬礼

陈赓

1959年5月9日

黄克诚看到这份报告考虑得周到细致，5月12日，他即批示："同意陈赓同志的意见。"

钱学森回忆当时的情景说："对于我的工作，陈赓同志总是大力支持。当我感到当五院院长，行政事务太多，请求免去我的院长职务时，陈赓同志深表理解。他甚至向聂老总表示，愿意降格到五院来工作，以解脱我的行政事务。对此，我是非常感谢的。当然，后来组织上考虑到他身体不好，没让他来。但陈赓同志这种一心为党的事业，不计较个人级别待遇的品德对我的教育至深。"

陈赓在工作中虚心听取科技人员的意见，尊重和信任科学家，善于和他们共事，在导弹、原子弹事业的初创时期，起了非常重要的作用。

1959年6月4日，陈赓的心脏再也经不住劳累了，第二次心肌梗塞发作，入北京医院住院治疗。经过一个多月的医治，病情好转。7月21日，经医生同意，陈赓出院在家休养。

病成这样，陈赓也不能静下心来养病，他还是心系着中国的国防尖端事业的发展。他不相信他的心脏病很严重，他总是不在乎地说："过去枪林弹雨都没把我打死，这点儿小病又能怎么样。"可是，他的胸口常常疼痛，每逢胸口痛的时候，他就一面工作，一面不停地用手摸着胸部，日子长了，衬衣都被他摸破一大片。

从1959年春夏开始，苏联方面对执行《中苏国防新技术协定》的态度有了变化。这年6月20日，苏共中央致函中共中央，借口当时苏联与美国等西方国家正在日内瓦谈判关于禁止核武器试验的协议，怕西方国家获悉他们正在新技术方面援助中国，"有可能严重地破坏社会主义国家为争取和平，缓和国际紧张局势所作的努力"。因此，信中提出，中断若干重要援助项目，两年以后看形势发展再说。其中特别提到不再提供原子弹教学模型和技术资料。从这时起，对部分项目苏联单方面终止执行《中苏国防新技术协定》。许多答应给的技术资料和样品都拖延不给。一些专家顾问的态度，也有了很大的变化。他们采取措施，对中国技术人员接触苏联技术资料严加限制，给中方科技人员的研究工作带来极大不便。

在病中的陈赓面对国防科学技术发展的问题，心情非常焦急。同年 12 月 29 日，他抱病给军委聂荣臻写了一封长信，详细谈了自己的看法，摘要如下：

> 目前全国技术力量没有很好地组织起来，科学院在搞探空火箭和人造卫星，一机部四局、第四设计院、北航等单位也在设计导弹，再加上超音速歼击机的试制，等等任务，都压在工业部门身上，这就使尖端技术和工业水平的矛盾更加紧张起来。究竟以哪一项为重点，必须排队。因此，目前迫切的问题是把遍地开花以后形成的局面，组织起来，扭成一股劲。否则，将对发展科学不利。
>
> 学习与独创的问题，五院党委的提法是正确的。目前要根据六中全会的精神，整顿作风，防止和反对浮夸。对待科学，必须实事求是，无论学习和独创，均应如此。浮夸本身就不是科学的态度，遇到困难，必倒向另一面：泄气、自馁。现在是，提倡实事求是，既反对浮夸，也要防止自馁。
>
> 对于协调全国技术力量问题，现已十分迫切。我同意五院的看法。各项尖端任务，应根据需要和可能，分别轻重缓急。不能齐头并进，失去重点。这件事应作为国防科委的一项重要任务，建议聂总回京后，召集有关方面解决。

此信深得聂荣臻的赞许。

1960 年，当中国仿制 P-2 导弹的工作进入最后阶段时，赫鲁晓夫下令撤走全部苏联专家。8 月 12 日，在国防部五院工作的苏联专家全部撤退回国。由于苏联突然断绝援助，给中国的导弹仿制工作造成了一定困难。在这种情况下，聂荣臻指示国防部五院：一定要争口气，依靠我们自己的专家，自力更生，立足国内。仿制 P-2 导弹决不能动摇，无论如何要搞出来。

8 月 23 日，在核工业系统工作的 200 余名苏联专家全部撤走，并且带走了重要的图纸资料。陈赓对苏联的毁约非常气愤，下决心豁出命来也要把导弹、原子弹搞上去。他认为这几年中国国防工业一边接受苏联的援助，一边贯彻执行中共中央自力更生为主的方针，培养出一批自己的科技人员，还有从国外学成归来的科学家，他就不信中国人自己搞不出来。

此时，陈赓心脏病已非常严重了，可他对工作仍念念不忘。聂荣臻和其他老帅们询问陈赓的病情，他们多次交代让陈赓多休息，保重身体。可陈赓就是不能安心养病，他是一门心思要把国防科技工作搞上去，开足马力工作。在有

1960年6月19日，陈赓视察山西大众机械厂时题词。

他参与的国防科技的日程表上有如下记载：

1960年4月12日，他同贺龙、聂荣臻一起视察国防部五院211厂。

6月19日，陈赓在视察大众机械厂时为他们题词："帝国主义本性不可能改变，我们要随时提高警惕，为此必须努力攻克尖端，大众机械厂更应努力前进，丝毫不能满足现状。"

6月23日，参加聂荣臻召集的会议，商谈国防工业体制调整和对待苏联援助的方针等问题。

6月29日，聂荣臻约罗瑞卿、陈赓、杨成武、萧华、张爱萍、宋任穷、安东等座谈国防工业体制问题。

10月11日，陈赓同聂荣臻、罗瑞卿、刘亚楼、张爱萍、安东等一起听取宋任穷、刘杰关于二机部工作安排的汇报。

10月17日，沈阳航空发动机厂试制的国产首批1059型地地导弹液体发动机，在北京南苑导弹总装厂装弹，进行地面试车。

这次导弹发动机地面试车与导弹的仿制成功关系重大。陈赓知道后非要到现场参加不可。

这天一早，傅涯同时接到两个电话，一个是中央军委办公厅的，一个是中央保健部门的，都是不叫陈赓到试车现场去，要傅涯一定劝阻他。

傅涯把这两个电话都告诉了陈赓，劝他千万别去。傅涯说："医生们的意见是，郊区路途远，怕你犯病，建议你最好不要去。"可陈赓不听劝告，把军装一穿，叫上司机，还是坚持去了。傅涯又给那个单位打电话，请他们注意一下陈赓的身体，准备好急救药品。

试车现场，耸立着20多米高的火箭。聂荣臻、陈赓、张爱萍等人仰着头，仔仔细细地上下端详着这个庞大的家伙。

聂荣臻对火箭专家任新民说："新民同志，你们这次任务完成很好，连我都不知道。这么大的家伙，什么时候运到北京的？"

陈赓笑道："哎，聂帅，这枚火箭不能叫'家伙'，它有个代号叫 1059。"

王诤说："巧合，神奇的巧合！"

人们好奇地望着他。

陈赓问："你说什么巧合？"

王诤答："长征路上，我编的密码，'1059'是个'鹰'字。"

张爱萍兴奋地说："好哇！火箭、导弹要发射，就像鲲鹏展翅，直冲云霄！"

聂荣臻对众人说："咱们紧急动员起来，为'1059'早日上天而奋斗！"

这天，国产首批 1059 型地地导弹的液体发动机，通过了 90 秒钟的地面试车，性能、数据完全符合技术条件的要求。

陈赓满面笑容地回到家，一进门他就大声说："傅涯，你汇报吧，就说我活着回来了。"

提心吊胆的傅涯见他安全归来，喜不自胜，高兴地说："没出事就好，没出事就好啊。"

再仔细一瞧陈赓的脸，气色不好，一脸疲惫。

傅涯递给他一杯茶说："还是别逞能了，看你，脸色苍白，累了吧，快休息吧。"

陈赓不相信自己的心脏病很严重，他依然为中国的导弹、原子弹事业奋力拼搏，呕心沥血做工作。

就在这一年，苏联全面撕毁了同中国的协议。苏联这一背信弃义的行动，发生在中国经济遇到了前所未有的困难时期。在这样的时刻，中国的国防科技究竟怎样才能发展？它要走一条什么样的道路？这些问题时刻萦绕在陈赓的脑海中。医生让他休息，可他满脑袋都是国家大事，却常常忘了自己身患重病，不能劳累过度。

当苏联撤走全部技术专家的消息传到北戴河中央工作会议上时，毛泽东以他特有的气魄说："要下决心搞尖端技术。赫鲁晓夫不给我们尖端技术，极好！如果给了，这个账是很难还的。"①

这时候陈赓的心脏病已经很严重了，他仍在关注着中国导弹、原子弹的研制。作为聂荣臻出色的得力助手，他是中国"两弹"事业的奠基人之一，为人民解放军的现代化建设，呕心沥血，忘我工作，努力开创科技强军，科教强军的新局面。他在抱病思考和领会毛泽东的意图，采取有力措施，加快研制步伐。赫鲁晓夫背信弃义的行为，从反面激发了中国科技人员和工人的爱国热情和坚强意志，更加促进了中国自力更生，成为自行研制"两弹"的历史性转折点。

---

①《当代中国的国防科技事业》上卷，当代中国出版社 1992 年版，第 45 页。

第三十三章　决战岂止在疆场

1924 年至 1926 年陈赓入黄埔军校学习并留校工作，从那时到 20 世纪 50 年代末，已经是很遥远的事情了。然而，那段短暂的历史却与陈赓结下了不解之缘。有趣的是，黄埔军校的“老资格”陈赓的名字还为国民党军队黄埔系将领所熟悉、所敬佩，他那传奇的战斗故事在黄埔军人中广泛流传。

解放战争时期，许多国民党将领成了陈赓的手下败将，他们被俘虏后，陈赓注意做好他们的转化工作。

上党战役结束后，国民党第十九军军长史泽波被俘。陈赓亲自接见了史泽波并与他进行谈话，耐心向他交代共产党的俘虏政策，陈赓问他：“你认为你们这次作战失败的原因是什么？”

“抗战 8 年中，贵军在上党地区和日军作战，日本投降后我们来抢占地盘是不对的，不过没想到失败得这样快，真是天助你们！”史泽波感慨地说。

“你讲对了！《水浒传》上说梁山泊的好汉们‘替天行道’，我们也是‘替天行道’，我们的‘天’，就是人民。我们依靠人民打败了日本侵略军，也依靠人民打败了你们。历史证明，与人民作对，必然要失败！希望你今后能站到人民的立场上，为反对蒋介石、阎锡山发动内战作些贡献！”

陈赓的话，深深打动了史泽波的心。后来，他领衔联合上党战役被俘的高级将领发通电揭露蒋介石、阎锡山挑起内战的罪行。这给部队提出一个新课题，如何教育俘虏提高觉悟，认清形势，掉转枪口。

当时，陈赓任太岳军区司令员，在上党战役中解放军的俘虏多达 31000 余人，陈赓除亲自同国民党将领谈话外，还反复教育部属认真执行共产党的政策。在陈赓的带动下，各旅旅长都亲自向补入部队的解放战士讲话，有两位在土地革命战争时期起义的太岳部队副旅长，还以现身说法对俘虏的国民党士兵（又称解放战士）进行教育，动员他们参加解放军，深得陈赓的赞赏。

解放战士经过教育补入部队后，大部分人作战都很勇敢，还有许多人立了战功，加入了共产党，当了基层干部。当时补充到电话队的解放战士张有福，经陈赓亲自谈话，作战积极勇敢，加入了共产党，当上排长，在渡江作战中光荣牺牲。

在淮海战役中，陈赓指挥的四纵担负阻击与围歼国民党军黄维兵团的任务，由于战争进行得十分激烈，有的营、连伤亡很大，部队采取立俘立补的方法，将俘虏来的大批原国民党士兵，立即进行审查与短期的忆苦教育，在提高思想觉悟后，及时补充到连队参加作战，这对当时保持部队战斗力，取得战斗胜利起到很大作用。

一些被俘的国民党高级将领经过陈赓的耐心教育，也转变了立场。国民党第十九军参谋长安克泰被俘后，陈赓看见安克泰绘制的作战地图准确、清晰、明了。

于是，陈赓亲自找安克泰谈话。

陈赓说："你现在有两条路可以选择……我给你提个建议，你在战场上看到了，我们共产党领导的人民军队，官兵团结，打仗勇敢，以后还要解放全中国。我希望你参加到我们的军队里，继续发挥测绘专长。"

安克泰低着头没有马上表态。

陈赓接着说："你认真考虑一下，再和家人商量商量，然后再答复我。"

陈赓派人把安克泰的家属接来与他团聚。

安克泰被陈赓的诚恳态度所打动，毅然参加到陈赓的部队里。

陈赓把安克泰安排在太岳军区司令部侦察科工作，把他的家属安排在留守处，孩子也上了学。

这时部队里有些人想不通，认为对一个俘虏来的国民党军官安排得太好了。

陈赓耐心地对大家解释说："测绘是专门的军事技术。现在我们太岳军区改编为晋冀鲁豫野战军第四纵队，纵队里虽然有几万人，但有此专长的人很少，革命不分先后，眼光要放长远一些，胸怀要宽广一些。"

陈赓在工作上信任安克泰，让他不要背包袱，放手工作。陈赓率纵队打过黄河后，亲自主持举办了一期参谋训练班，让安克泰给大家讲授测绘课。部队打仗，每到一地，陈赓带上安克泰到要地勘查，让他绘制兵要地图，下发部队参阅。渡江战役后，陈赓率第四兵团进军江西、广东和广西，解放云南。在这中间，陈赓指示安克泰认真查阅缴获的国民党档案，将两广和云贵的民族和风俗及兵要地志绘制成图册，编写成教材，并在樟树镇的第四兵团举办的干部训练班讲课，为解放大西南作出了贡献。

1992 年，安克泰在昆明见到一起在第四兵团司令部工作的老战友戴其萼和彭一坤，第一句话就是："我已患脑疾，将不久于人世。所幸的是我已加入党组织。我死后，悼词不会再称我先生，而是称我同志。陈司令员给了我第二次生命，我死而无憾。"接着安克泰深情地说："你们回北京后，到了八宝山革命公墓祭拜陈司令员时，替我向老首长三鞠躬，就说'共产党员安克泰同志怀念你！’”

陈赓为人处世有他自己的“规则”，对上对下，对“左”对“右”，他都表现得非常洒脱，平时也爱开个玩笑，说话诙谐很有风趣。他是黄埔军校第一期的学员，由于历史关系，他和林彪很熟悉。抗大成立后林彪是校长，有次林彪召集队长们开会。林彪要求队长要加强管理，严格要求学员遵守规章制度，并强调队长要和学员打成一片，贯彻“官兵一致，军民一致”的建军原则。当大家说起官兵一致时，陈赓笑着说：“在黄埔军校时，我们的官兵关系是十分融洽的。例如当时林彪校长还是一个年轻的学员，他脑袋壳上肉很多，我就摸过他的脑勺。”林彪听后半羞半恼地说：“不要胡扯了，散会。”离开会场后，贾若瑜对陈赓说：“你今天玩笑开得太大了。”陈赓笑着说：“今天我还没有像过去那样摸他的肉脑勺呢。”其实这在陈赓看来是很自然的事，没有丝毫恶意，用不着掩饰，上下级关系并不因此而改变，更不存在不尊重服从领导的问题。陈赓率直、诙谐，使熟悉他的人都觉得很有意思。但是他在重大问题上，他是严肃认真，讲究原则，注意分寸的。

全国解放后，陈赓在北京定居以后，特别是他担任解放军副总参谋长、国防部副部长期间，许多黄埔出身的原国民党军队起义将领，被俘获释的黄埔系军官，以及流落在社会上的黄埔军人，经常前来找他叙旧，或者带着一些个人难以解决的问题向他求助；党和政府的有关部门，也常请他出面接待这些朋友。虽然陈赓工作繁忙，以后又身患重病，但他总是乐于接受，从不推辞，为此付出了不少精力和时间，热情地接待他们。

陈赓配合周恩来积极做昔日黄埔同窗的统战工作，他利用自己在黄埔军人中的影响，耐心地对他们进行开导，宣传共产党和人民政府的政策，解决他们思想上的疑虑，并且帮助他们解决各种困难，促使他们转变立场，改恶从善，把立足点逐步转移到中国人民这一边。后来，这些黄埔军人为新中国也做了许多有益的工作与贡献。

全国政协常委宋希濂曾写过许多文章回忆陈赓。他们是同乡，两个人结伴一同考入黄埔军校。曾经是朝夕相伴的黄埔学子，同窗好友，那时都是投身革命洪流的热血青年。可是“四一二”事变后，两人便分道扬镳了。陈赓成为共产党军队的将领，宋希濂成为国民党军队的将领。

1936 年 12 月 12 日西安事变，宋希濂奉命率国民党第三十六师进驻潼关。事变解决后，宋希濂担任西安警备司令。1937 年春，陈赓由延安来到西安，宋希濂请陈赓吃饭，两位黄埔同窗久别重逢，共叙往事。陈赓坦率地告诉宋希濂，他曾在上海搞地下党工作，被国民党特务抓进监狱，蒋介石亲自劝说他这个“救命恩人”脱离共产党，到国民党来任高官。陈赓当场拒绝，后被共产党派人营救逃离脱险。当时，宋希濂深深地感到陈赓对共产党的忠诚和坚定的共产主义信仰，他没法说服陈赓。

历史就像跟宋希濂开了一个天大的玩笑。1949 年 12 月 19 日，曾任国民党川湘鄂绥靖公署主任的宋希濂在四川峨边县的沙坪不仅全军覆灭，他也成为解放军的俘虏，被关押于磁器口白公馆。

白公馆位于重庆市歌乐山麓，原为四川军阀白驹的香山别墅。1939 年国民党将之改为监狱。1943 年美国和国民党合办“中美特种技术合作所”（简称中美合作所），白公馆改为第一看守所，监狱四周高墙上电网密布，墙外制高点上有岗亭和碉堡，国民党统治时期，这里囚禁过许多有名的共产党人和抗日爱国将领。在人民共和国诞生的礼炮声里，一批国民党高级战犯被关了进去。

宋希濂恰恰就被关进白公馆当年国民党囚禁叶挺将军的牢房。当时他苦闷极了，知道自己罪大恶极，也许活不了几天，就天天和同狱的后来接任他的原国民党第十四兵团司令官钟彬在棋盘上厮杀，常为一步棋、一个子的得失争执得面红耳赤。他们都认为身为国民党的高级将领即使不被枪毙，也会一直在监狱里关到死。生活毫无希望，心情也就极其烦躁。

1950 年，一个春天的早上，解放军桂滇黔边区纵队朱家璧副司令员突然来到白公馆，通知宋希濂、钟彬和曾扩情（曾任国民党四川省党部主任委员，被称为蒋介石十三太保之一），他们的黄埔一期同学陈赓要来看他们。这三位国民党将领一听喜出望外，他们万万没想到陈赓这位共产党的常胜将军会来看望他们这些被关押的战犯，而且他们是陈赓的手下败将。当时他们既高兴，又惭愧。高兴的是陈赓不忘旧日的黄埔同窗，身居高位还能主动来看望狱中的老同学，他们由此看到了改造的前途；惭愧的是，他们追随蒋介石与人民为敌，最终成为历史罪人。

作为战胜者的陈赓见他们究竟要说什么？

等待他们的是什么结局？

三个人心里都在打鼓。上午 10 点，宋希濂、钟彬和曾扩情三名战犯随西南军政委员会公安部长周兴乘车来到重庆市区。汽车在国民党军统特务头子戴笠住过的公馆前停下来，周兴领他们走进一间宽敞而明亮的房间。因为他们是陈赓的手下败将，真有点儿不好意思见陈赓。

陈赓一见他们三位黄埔一期的老同学进来，立刻笑容满面地迎上来和他们一一握手。

当陈赓的手和宋希濂的手握在一起时，陈赓爽朗地笑着说：“你好啊！我们又有好久没见面了，看见你身体这样好，我很高兴！”宋希濂见陈赓没有一点儿以胜利者自居的神气和他说话，他的心被折服了，他佩服陈赓的大将风度，坦诚地说：“惭愧得很，没想到您还会来看我。”

陈赓若有所思地问：“还记得我们最后一次见面吗？”

“那是，1936 年‘西安事变’后，你到西安警备司令部来看我。”宋希濂回忆说。

陈赓爽快地说："对，那次我是奉周恩来副主席之命特地去看你的。记得当时我曾说，你是国军师长，我是红军师长，十年内战，干戈相见，现在又走到一块来了！这该给日本鬼子记上一功啊！一晃又是十多年，我们见一次面好不容易啊。"

接着，陈赓又同他们谈起了许多黄埔军校的往事。

中午，陈赓请他们出外吃午饭，这顿午餐是由周兴叫公安人员准备的。正遇上重庆特有的大雾。陈赓对他们说："你们的头脑里现在也有大雾，然而雾总是会散的，太阳一出来就会云消雾散了……"这顿午饭大家边吃边谈，陈赓对3位黄埔同窗并没有把他们当手下败将给他们训话，而是非常诚恳地开导他们。一顿午饭吃了两个多小时，大家心情非常愉快，席间谈笑风生，毫无拘束。

下午又谈到4点多，所谈多为国共两党二十多年来的一些事情。

临走，陈赓又对这3位国民党的高级将领讲了新中国成立后的国内外形势，勉励他们好好改造思想，他说："你们不要有什么思想负担，利用这个机会多看看书也很好。"说完又转过头对周兴说："你这个公安部长，要关照一下，在生活上多照顾他们。"

宋希濂多喝了点儿酒，有些醉意，眼圈直发酸，忏悔道："当年没跟着陈将军去为穷人打天下，反而跟着蒋介石成了历史罪人……"

陈赓说："过去的事就让它过去吧，你们应该好好想想以后怎么办。"陈赓又说了几句鼓励他们好好改造的话就告别了。

宋希濂、钟彬和曾扩情一回到白公馆，就把陈赓接见和宴请他们的情况，转告给同狱的战犯们，大家都感慨万分。曾扩情在白公馆住在宋希濂的楼下，他宁愿降低等级跟国民党军统、中统的小特务挤在一起，也不愿同大战犯一起住在楼上的"高级房间"，他认为大战犯就是罪大恶极，没有好结果。见了陈赓后，他逐渐解除了对共产党改造政策的怀疑，开始考虑如何改造自己，后半生应该如何度过了。

宋希濂和钟彬回到同一监室，仍然喜欢下棋。

钟彬往桌前一坐，啪啪地敲着棋盘，叫着："老宋，来再杀一把。他妈的，在战场上输给这样的对手，我心服！"

宋希濂默然不语，背靠着潮湿阴冷的墙壁，好像闭目养神，情不自禁地说了一声："你不服不行啊！"

他后悔极了，当年他和陈赓一同从湖南走出，一同走进黄埔军校。1926年初，他在黄埔军校教导二团四连当连长，驻在潮州附近的一个小学里。也是陈赓来看他，谈了两个小时，希望他参加共产党，他同意了，并且他按陈赓的意见接受共产党员团长金佛庄的领导。不久，"中山舰事件"，金佛庄调离了团长职务，他也脱离了共产党的领导。1927年"四一二"事变后投靠了蒋介石。这是他此生最错的一步棋。

宋希濂后悔得连眼睛也不想睁了，伸出手说：“你给我一支烟！”

“你不是不抽烟吗？”钟彬疑惑地问。

“我要抽！”

钟彬顺从地递过来一支烟。火柴一亮，烟点着了。宋希濂猛地吸了一口烟，呼地坐起：“来，下！真没想到，陈赓又给我指了一条路，而且他没有一点儿训话式的教条。看来，咱们后半生的棋还有活头！”

1956 年 11 月 12 日，是伟大的革命先行者孙中山先生诞辰九十周年纪念日。长眠着中山先生的南京中山陵，这一天有 4 万多人前来谒陵。

下午 3 时，中共中央谒陵代表团来到了中山陵前。朱德、李济深和陈赓等所有的谒陵代表走上了 392 级石阶，来到松荫环抱的祭堂前。

在这里，陈赓见到了苏联代表团团长，曾在孙中山先生创办的黄埔军校任总顾问的契列班诺夫，陈赓又在代表团队伍里找到黄埔军校的同期同学侯镜如和廖运泽等几个“黄埔同窗”一起来见契列班诺夫。

契列班诺夫见到昔日的黄埔学生感慨地说：“当年我们黄埔军校的人仅仅在一个小岛上见面。如今，我来到了你们整个国家。”是的，今天，有千千万万个继承了中山先生遗训的人，团结在我们祖国的大家庭里啊！

黄埔师生在中山陵聚会，大家都是心潮难平，思绪万千。

侯镜如和陈赓是黄埔一期的同学，1925 年侯镜如从黄埔军校毕业后，参加国民革命军东征。部队打到潮州时，在西湖的笔架山上，经周恩来和郭俊介绍并亲自为他举行了入党仪式，侯镜如秘密加入了中国共产党。

大革命动荡时期，侯镜如在上海，因顾顺章叛变，中共组织遭到破坏，他与中共组织失去了联系。后经黄埔军校同学举荐，他在国民党军队里任职。抗日战争爆发后，侯镜如的指挥才能使他在对日军作战中屡建战功，他的职务也随之高升。1945 年，侯镜如北上任北平的警备司令。时任九十二军中将军长的侯镜如，被推到了“北平和平起义”的历史舞台上。

周恩来、陈赓在北平与侯镜如的会面，成为他参加北平起义的关键。在一次十分偶然的机会中，侯镜如与军调处中共代表周恩来见了面，想不到在这种场面与自己秘密加入中共的“入党介绍人”和“两次中共起义的老领导”见面，侯镜如一时语塞。想不到周恩来反应敏捷，首先开口：“二十年未见面了，好久好久了。”侯镜如心里很明白，周恩来这“二十年”之说，把“上次见面”的时间挫到了黄埔军校的年代，从而把他在中共地下党（参加两次起义及其后在地下党工作）的五年时间，掩护了起来。侯镜如答道：“是呀，是呀，军校一别，二十春秋了。”这一问一答，周恩来保护了侯镜如，而侯镜如也希望能向周恩来暗示自己在中共地下党的历史“尚未暴露”的情况。

也是在这段时间，陈赓见到了侯镜如。

由于陈赓的勇敢机智，不管共产党部队还是国民党部队的“黄埔同窗”，都佩服他的军事才能。陈赓和侯镜如不仅是黄埔一期的同学，而且还一同参加过南昌起义，共同率兵打赢了会昌之战。在上海地下党并肩工作过，地下党遭到叛徒顾顺章的破坏后，两人才各奔东西。这次相遇一个是共产党军队的高级将领，一个是国民党军队的高级将领。突然会面，两人心中各自一惊，陈赓为了保护侯镜如，若无其事地装作“从不相识”，擦肩而过。

当时，陈赓与军调处其他人员同住北京饭店，他让人把侯镜如请到饭店的一间房中，与侯镜如秘密会了面。陈赓一见面就说：“周老师（周恩来）问你好！”侯镜如正好借此机会，告诉陈赓当年在上海他登了报寻找组织的经过，因为局势混乱，而没结果。

陈赓没有直接回答侯镜如的问题，却把话题巧妙地转到两人分手后，参加抗日战争的共同点上。

两人都没有贸然深谈，话虽不多，侯镜如为自己有机会讲出当年“登报寻人”（实为寻找党组织）一事向陈赓说出，心里一块石头落地。高兴之余，他们以“不打内战，合作建国，再会”而匆匆结束了这次会面。

侯镜如回到在北平的家中，仔细回味了一遍他和陈赓的谈话，猛然想起陈赓和周恩来的穿着单薄，并感觉他们在穿着上“与其一方代表的身份不相配”，就派人买了几件呢子大衣，秘密地送到陈赓在北京饭店的下榻处，一并送给陈赓和其他中共代表。按侯镜如自己的说法是这叫“暗示心意”。

陈赓回去后，向中共中央周恩来和安子文作了报告，并对侯镜如脱离组织关系的那段历史作了调查和结论，但是，因为国共内战又爆发了……在解放前的那段日子中，陈赓一直没有机会把这个结论亲自告诉侯镜如。

1948 年，侯镜如升任第十七兵团司令，经过北平地下党负责人刘仁等共产党员的策反工作，在北平圆恩寺 14 号侯镜如的家里，地下党与第九十二军代表商定了起义事宜。

第九十二军起义与解放军协议后，中共北平地下党组织把傅作义的大女儿、共产党员傅冬菊从天津《大公报》社调来北平，去做父亲傅作义的工作。父女之间谈起话来两军对垒，女儿对父亲说：“如果你不起义，有人起义。”经过激烈争论与思索，傅作义终于接受女儿的劝告，为保卫北平的历史文化古迹，接受和谈。

这样第九十二军取消起义计划，与傅作义部队一道接受改编。

1949 年 1 月 31 日，解放军胜利进入北平城，北平和平解放。

1949 年，侯镜如率部到南方后，又与廖运泽共商了起义大计，想为新中国的诞生贡献一份力量，但他思想有顾虑，曾一度滞留香港。后来，周恩来、安子文、李克农分别给他发电报，对他的工作和历史贡献给予了充分的肯定和鼓励，并欢迎他回到祖国内地共商国是。经周恩来批准，由中央社会部为其办好回内地手续。

1952 年 7 月 1 日，侯镜如和廖运泽从香港回到北京。陈赓去看望老同学，热情地握着侯镜如的手说：“欢迎你回北京。你不要有顾虑，组织上早已对你做了结论，你不是叛党，是脱党，过去的事情就让它过去吧。今后咱们在共产党领导的新中国一起干事业。爱国不分先后，爱国一家嘛。”

回到家，侯镜如对儿子侯伯文感慨道：“十五年河东，十五年河西，我虽然并非叛党退党，却是无脸见江东父老兄弟呀。”

陈赓为了打消侯镜如的顾虑，还陪同他一起到监狱去看望关押的国民党战犯，给那些昔日的黄埔同窗做工作。

侯镜如在陈赓等的鼓励下，积极工作，作为著名的爱国将领、爱国人士，他被任命为政务院参事，后又被选为国防委员会委员，当选为全国政协委员、常委，第七、八届全国政协副主席，还担任了中国和平统一促进会会长。1994 年 10 月 25 日在北京逝世，享年 92 岁。

周恩来一贯对统战工作十分重视，1958 年 11 月 16 日晚，周恩来和陈赓、萧劲光夫妇等一起应约到 1949 年参加湖南起义的原国民党将领唐生明家一起吃饭。席间，他们谈了许多往事，由此，陈赓理解了周恩来的意图。

周恩来一直在考虑和平统一祖国的问题，由于种种复杂的国际和国内原因，这项工作十分艰难。但是，周恩来从来没有灰心过，他对陈赓说：“急是没用的，我们这辈子如看不到解放台湾，下一代或再下一代总会看到的。我们只要播好种，把路开对了就行。”

陈赓对此心领神会，身体力行。

1959 年 12 月 4 日，人民政府特赦了 10 名蒋介石国民党军队的高级将领、战争罪犯。他们是杜聿明、宋希濂、曾扩情、王耀武、陈长捷、邱行湘、杨伯涛、郑庭笈、周振强、卢浚泉。这年年末，在周恩来总理接见以后，根据他们个人的意愿，杜聿明、宋希濂、王耀武、周振强、郑庭笈、杨伯涛 6 人被分配到北京大兴县红星人民公社旧宫大队当农民，特赦后从抚顺战犯管理所来京的溥仪被分配到北京植物园当园丁；其他 4 人离开北京：曾扩情去沈阳，陈长捷去上海，卢浚泉去昆明，邱行湘去南京。

1960 年 4 月，陈赓从广州疗养回京，听说杜聿明等 6 人到北京南郊红星公社参加生产劳动，改恶从善，分到旧宫大队果木队后，还学会了培植果树的技术。他们还提了一些合理化建议，群众反映还好，因在群众中没有公开他们的身份，有的群众还以为他们是下放锻炼的干部。有关方面知道这些人都是陈赓在黄埔军校的同学，提出请陈赓出面约他们聚谈一次，以便于今后开展统战工作。陈赓高兴地答应了。

4 月 7 日中午，陈赓走进民族饭店宴会厅的时候，中共中央统一战线工作部副部长徐冰已经来了。他俩一起仔细看了宴会的菜单，谈论一阵行将到来的

6位客人的情况：他们先后都曾进过黄埔军校，杜聿明、宋希濂、周振强都是陈赓在黄埔第一期的同学，杜聿明还和陈赓同队，宋希濂又是陈赓湖南湘乡小同乡；王耀武是黄埔第三期，郑庭笈是黄埔第五期毕业；而自称是“黄埔小老弟”的杨伯涛毕业于第七期，那时陈赓早已离开黄埔军校。他们同是出自黄埔军校，自然有同学的情谊。

这时，杜聿明、宋希濂、周振强、王耀武、郑庭笈、杨伯涛6位黄埔同窗，一同来到民族饭店宴会厅。见到6位同窗，陈赓见面第一句话就说：“我们又走到一起来了。”

这意味深长的一句话，让6位黄埔同窗感慨万千。

陈赓语重心长地说：“我们从黄埔军校到大革命时期是团结在一起的，由于革命形势向纵深发展，把我们分向两条截然不同的道路。此后大家各走各的路，以致‘兄弟阋墙’，打了几十年仗。打来打去现在终于又合到一块来了，这是很难得的。过去的事就不谈了，过去的事让它过去了。从此以后，我们应该团结走到底，好好在共产党、毛主席领导下做一些事情，永远不再分开了。”说完，举杯同大家碰杯，一饮而尽。

陈赓这几句简短的开场白，使这几位经过曲折道路走向新生的国民党高级将领深受感动，大家不禁缅怀往事，思绪万千。

此刻，情绪最激动的是杜聿明。他和陈赓同在黄埔第一期学习，又同在第三队。杜聿明早年思想一度倾向进步，他们朝夕相处，交往较多。以后分道扬镳，杜聿明走了一段漫长的反革命道路，成为罪行累累的战犯。因此，这次重逢，杜聿明和陈赓握手的时候，喜悦、羞愧和感激的心情，顿时交织在一起，他只激动地说了一句：“感谢党和毛主席，我今天又和你团聚了。”

这时，陈赓提出一个问题：“如果孙中山先生不早死，大革命时期是由他领导，还会不会国共分裂，以至进行长期的内战呢？”

大家畅谈往事，每个人都谈了自己的看法，宋希濂说：“如果从阶级斗争的观点来说，国共两党的分裂最后总是不可避免的，但孙中山先生的本质是革命的，是全心全意想把中国搞好，可能会和共产党合作下去，至少不至于搞到打内战。蒋介石的本质是反革命的，个人权力欲望高于一切，私心极重，所以国共很快就分裂了。而蒋介石的失败，也正在这方面。”

对此，陈赓没有谈他个人的看法，而是亲切地询问他们在红星公社学习和劳动的情况，征求他们有什么意见需要提出，有什么困难问题需要解决。客人们争相谈论各自的经历，从硝烟弥漫的战争年代，到他们被俘后在各个拘留所的学习生活，一直谈到特赦获释后的感想。

杨伯涛此刻想起淮海战场的对垒。他在过去没有见过陈赓，但是在战场上曾经多次领教。在淮海战役这最后一次对垒中，这位原国民党五大主力之一的第十八军少将军长，开始就在浍河一线被陈赓部队的铁拳揍得头破血流，经过

20多天的较量以后，在第十二兵团全军覆没之际，终于和这个兵团的中将司令官黄维、副司令官吴绍周一同举起手来投降。经过共产党10来年的教育，他的政治立场已有了不小的转变。

可惜原先驻守洛阳的蒋军青年军第二〇六师少将师长邱行湘，这时已经回到江苏溧阳老家去了，未能参与这次叙谈。邱行湘毕业于黄埔军校五期。这个被士兵叫作“邱老虎”的国民党将军，是在洛阳战役中经过激战终于被陈赓部队所俘虏的，也是这次特赦获释10名战犯中陈赓在战场上首先见过面的。邱行湘此刻如在这里，可能感触更深。

杜聿明是在淮海战役中被俘的，当年他坚决不投降，他的副官送给他毛泽东亲自写的劝降书，他连看也不看，一脚踢得远远的，连拿这文件给他看的人也被他大骂一顿，最后逃走时还下令施放毒气等。这次和陈赓重逢，既羞愧又激动，热泪盈眶，举起酒杯说：“干杯！”

这时有人轻声唱道：“怒潮澎湃，党旗飞舞，这是革命的黄埔！”

众人附和起来——

怒潮澎湃，党旗飞舞，这是革命的黄埔！主义须贯彻，纪律莫放松，预备做奋斗的先锋！打条血路，引导被压迫民众，携着手，向前行，路还远，莫要惊。亲爱精诚，发扬本校精神，发扬本校精神。

陈赓与黄埔同窗推心置腹，促膝谈心。宋希濂也是与解放军顽抗到底而被俘的。王耀武是顽抗到全军覆没化装潜逃时盘查出来的。经过教育改造，他们转变了立场。这次见面，时间在不知不觉中一晃而过。在几个小时的叙谈中，30多年恩恩怨怨的往事都有了新的认识，大家为陈赓的真诚而深受感动。

他们回到红星公社后，6个人联名给陈赓写出了一封感谢信：

敬爱的陈赓大将：

去年十二月我们获党和政府特赦后，就获悉你身体不适，时在怀念之中。这次您回到首都，尘装甫卸，就备盛席邀我们畅叙，握手言和，使我们感到无比温暖。

您对我们所倾谈的每一句话，我们听之动容，更深刻了解新中国的伟大气象，社会主义制度的无比优越，“一日等于二十年”的大跃进雄姿，振奋万分！

尤令我们衷感且内疚的，是您的诚挚的态度，坦率的语言，说：“我们打了几十年仗，现在又在一起了，这是很难得的。”我们深深体会您这话的语重心长，启发特深，我们千错万错，走上反革命道路；千死万死，不足以蔽反革命罪行。承您不念旧恶，一如当年，感激无比。谨向您表达我们的决心：“将心交付给党，全心全意地永远跟着共产党、毛主席走！”

我们感谢您的诚意，并切盼您为国珍重，多加调摄，使贵恙早日康复。

谨致

敬礼

周振强　杜聿明　王耀武

杨伯涛　宋希濂　郑庭笈

一九六〇年四月十四日

于红星人民公社旧宫大队

这年八九月间，陈赓又派人到红星人民公社，约请他们6人到北京四川饭店叙谈。同时邀约黄埔一期毕业的起义将领郑洞国、陈明仁、侯镜如，以及他在黄埔四期的学生唐生明作陪。宴席丰盛，陈赓笑着对大家说："来，我们拿出黄埔的精神，把桌上的菜一扫而光。"这话使得杜聿明和所有在场的黄埔同学都很激动，感到陈赓是以黄埔同学的身份在这里关照他们，格外亲切，格外温暖。

同年10月间，张治中先生在颐和园介寿堂休养。周恩来总理让张治中以黄埔军校教育长的身份，邀请在京的黄埔同学到颐和园聚会，并且叮嘱凡是眷属在京的都要偕同参加。周恩来为此事还亲自打电话给陈赓，要他务必偕同夫人傅涯前往。

10月19日清晨，中共中央统战部派人到红星公社，接杜聿明、宋希濂、周振强、王耀武、郑庭笈、杨伯涛前来；应邀前来的还有邵力子、屈武、郑洞国、侯镜如、黄雍、李奇中、覃异之、周嘉彬、唐生明和他们的夫人。中共中央统战部副部长平杰三、童小鹏也来参加。周恩来和邓颖超、陈赓和傅涯都按时到会。邓颖超热情地向大家说："我和黄埔没有关系，但我对黄埔同学也是关心的，今天非常高兴和你们见面。总理工作很忙，总是早出晚归，连我也很少见面。"

周恩来满面春风，心情愉快，同大家握手招呼，请大家就座后说："这次聚会是黄埔师生联欢。今年收成不好，毛主席都不吃肉，我们文白先生本事大，弄到这么多菜，让我们高高兴兴地在一起聚餐。"

席间，周恩来亲切地同杜聿明等6人交谈，从他们的家庭到他们的生活，询问他们在红星公社的锻炼情况，同他们纵谈国内外的大好形势。当时正在汇编出版毛泽东在解放战争时期的著作《毛泽东选集》第四卷开始发行，周恩来谈到学习的时候说："其他东西暂时停下来，你们先学《毛选》第四卷吧！在第四卷上诸位都有名字，学起来比较亲切。你们学了以后，我和你们座谈座谈。"

周恩来最后对杜聿明等人说："你们是第一批特赦的，要做好改造的标兵。你们是得到特赦了，但是过去的历史罪恶还是客观存在，是不能改变的，不能因为特赦就一起抹掉了，而人的思想行为是可以改变的，赦人不赦罪，大家要引以为戒，继续改造自己。"

在跟这些黄埔同窗一起散步时，陈赓同他们畅谈了国家社会主义建设的大好形势。最后，陈赓对大家说道："将来解放台湾，还要靠你们到台湾去做他们

1960 年 10 月 19 日，以张治中名义在颐和园介寿堂宴请第一批释放的战犯杜聿明等人。陈赓陪同周总理和旧日黄埔时期的同学、同事们参加了这个聚会。前排左起：周恩来、陈赓、邵力子、张治中、郑洞国。中排左起：李奇中、黄雍、唐生明、覃异之、侯镜如、杜聿明、郑庭笈。后排：王耀武（左一）、周嘉彬（左三）、宋希濂（左五）。

的工作，对这一点要有思想准备。”说得大家全都笑了。

陈赓还坦诚地对宋希濂等人说：“现在我们还面临着许多困难，赫鲁晓夫想要控制我们，毛主席坚决拒绝，他就撕毁合同，撤走专家，真是可恶极了！今后我国可能会有一段短时期处于相当困难的境地，但是我们一定能克服这些困难的。”

随后，陈赓又和他们谈起了红军长征。

陈赓说：“红军沿途的困难，尤其过雪山草地那种艰苦的情况，简直使人难以想象，其所以没有全部覆灭，主要就是毛主席坚决依靠人民的思想和他卓越的指挥天才。而蒋介石使用那些杂牌部队沿途堵截，一击即溃，也帮了我们的忙。”他又接着说：“1949 年 10 月间我指挥第四兵团由江西越大庾岭，在韶关一带击溃国民党刘安祺兵团后昼夜不停地追击，许多官兵脚上都起了水疱，快要到广州了，大家以为到广州一定可以休息一下，毛主席和中央军委指示我兵团迅即向雷州半岛前进，务必赶在桂系张淦兵团到来之前到达，广州的接收守备等事概不要管。结果，我兵团比张淦兵团先一天到达雷州半岛，在该地区全歼桂系残余队伍十多万人。实践证明毛主席的决策是完全正确的。”

陈赓对黄埔同窗推心置腹的叙谈，坦率诚恳，谆谆教诲，赢得了黄埔老同学的信赖。

1960 年，陈赓（中）与黄埔同学原国民党高级将领在颐和园。

杜聿明 1960 年 10 月 30 日给陈赓写了一封亲笔信。全文如下：

敬爱的部长：

这次在颐和园亲承教导，总理和你对我们关怀的亲切，感动的深刻，非我这拙笔可能写尽的。今后只有遵照您们的指示，积极争取劳动，努力钻研马克思列宁主义毛主席思想，时时、事事检查自己的立场、观点和方法批判旧意识，不断改造自己，以免在政治上、生活中重复错误，并在你的领导下，为解放台湾而斗争。绝不忘恩负义，尽自己有生之力报答党和主席和您们的恩情！

现寄上当日拍的照片五张，作为我重生的留念！

敬礼

革命的敬礼！

杜聿明

60.10.30

后来有一位原国民党高级将领，无论遇到什么难以处理的问题，包括家庭里儿女婚姻方面的事情，也来找陈赓商量，足以见对他的信赖之深。

第三十四章　最后的岁月

一、政治风浪使他的心更加沉重

1961 年初，陈赓的心脏已接近停跳的边缘。陈赓坐在客厅，后脑勺紧紧靠在沙发椅背上。他的目光朝窗外望去，树梢上是一片凝然不动的天空。近来他一直感觉房子里闷，他对傅涯说："这房子太矮，气压低，我呼吸不畅，胸闷不舒服。"当时谁也没有意识到，其实是他的心肌梗塞已经很严重了，严重的供氧不足，使他总是感觉胸闷和心绞痛。犯病时他仰靠在沙发上，右手在左胸的心脏部位抚摸着，像安抚一只惊魂未定的小鸟。

行政管理部门要为他修房、铺地板、添家具，他都不同意。后来，朱德总司令亲自关心，劝他换个大居室，对身体有好处，也被他婉言谢绝了。

当时陈赓并不相信自己病得那么重，家里有氧气筒，他的病已经到了吸氧也不解决问题的地步，他还不以为然地对傅涯说："咱们过去打那么多仗都没死，活到现在已经不容易了，这点儿病算什么！"

傅涯知道他心情不太好，也没多说什么。因为从庐山会议开始，彭德怀的"意见书"受到了中共中央的批判。其实，庐山会议陈赓并没有参加，当时他的心脏病频频发作，中央军委安排陈赓在颐和园清华轩养病。

在这之前的一天，陈赓刚迈进院门就大声叫她："傅涯，彭老总建议我去国防部工作，接他的班，你看我这身体……"

傅涯知道，陈赓当时已患心脏病，为了他的身体健康，邓小平和彭真都曾说不让他在一线工作，减轻他的工作负担，让他把身体养好。于是傅涯就说："这事不是你个人愿意不愿意的问题，要听从组织安排。"

庐山会议上批判彭德怀时，有人还追问彭德怀："你为什么要推荐陈赓当国防部副部长？你们俩是什么关系？"

正在养病的陈赓得知后，心里更加沉闷。

后来连彭德怀赞扬哈军工的话也成了罪状，有消息说，要把彭德怀的"意见书”拿到哈军工来批判，肃清流毒。现在彭德怀被罢免了，陈赓又被命运抛在了林彪的帐下。他和林彪是老相识了，从“八一”南昌起义开始，他们就多有冲突。发展到解放战争中的正面冲突，现在大跃进中的不同意见……然而林彪处处得意，扳倒了彭德怀，他当上了国防部长，一个接一个地施放政治卫星，那浮夸的、卷地而起的烟尘，掀倒了多少个脚踏实地的忠臣！此时又适逢台湾蒋军叫嚣“反攻大陆”，背着“救过蒋介石”恶名的陈赓，自然是坐在了一触即发的火山口上！政治运动的风浪，在他礁石般的坚强心脏上留下了梗死后的血痂。他已经两度心肌梗塞，第三次意味着死亡。

陈赓看看窗外，心里感到格外烦闷与沉重。对当时的政治运动，陈赓也有自己的看法。他本是一个急性子、热心肠的人，对中国共产党忠心耿耿，旗帜鲜明，直言不讳，在大是大非面前从不含糊，他对一切错误倾向不能容忍，总是抱着不妥协的态度进行斗争。就像在他身边工作的一位同志说的：他虽然有病了，心却没有停下来，对于什么事情都要表示态度，都很费脑筋。这也加重了他的病情。

当时陈赓见机关里头也把许多有用的铁器拿去化铁，有些人没有引火的东西，把大梁都拿去烧了。这分明是劳民伤财，天天还要当作成绩上报。陈赓便批评他们：“你们是‘左’倾幼稚病！”那个时候，需要很大的勇气才敢这样实事求是地讲话。

这一年，在“左”的指导思想影响下，在军队中突然发动了一场所谓“反教条主义运动”。这场矛头指向军事院校的运动，直接影响到军事工程学院。从上边派来指导运动的人，“下车伊始”就说学院原来制定的教学计划全部错了，使得一些主管教学的领导干部受到了错误的批判，被扣上了“教条主义”的帽子。当时陈赓仍兼任军事工程学院院长，他感到这股风的气味有些不对头，曾经告诉主持学院日常工作的副院长刘居英坚决顶住，对于完全否定以前学院成就的歪风不要让步。由于陈赓的干预，这个运动的开展在军事工程学院受到限制，不像有的院校造成那样大的损害。

1960 年 11 月 8 日，陈赓亲笔写给军事工程学院党委的一封信中，提起这次错误的“反教条主义”运动时还说：“对于反教条主义问题，我以为教条主义应该反这是主要的，院内反过一次教条主义，对工作也有一些收获，至少敲了一次警钟，我认为并不坏。但是某某同志一到学院，就说教育计划错了，想推翻以前的成就，甚至有人附和，我当时也是反对这一种意见的。我曾经叫刘居英同志顶住，不让步。我认为事情已经过去，现在谈清楚（小范围）就可以，好在那时这个意见并未占主流。”实践证明，陈赓这些看法是对的。以后中央军委主席邓小平指出：“那次反教条主义是错误的。”中央军委副主席徐向前说：“建国以后，办了许多学校，有很大成绩，但后来吃了两个大亏：一个是反正规化吃了亏；一个是反教条主义吃了亏。”中央军委领导人的讲话，是完全符合历史事实的。

想起政治运动中出现的反常现象，陈赓的心就会更加烦闷，生气和激动常常引起心绞痛，似乎能感觉到左胸的血液被阻断，听到疼痛的撞击声。

1960 年春节前后，陈赓在广州留园休养。

1960 年 3 月 15 日，正是春寒料峭的时节，“大跃进”的热浪席卷着湘中大地。曾经是绿色原野的锦绣江南，到处是一片片裸露着的黄土，自然灾害使农业受到了严重创伤。

陈赓坐在车里，两眼凝视车窗外的家乡大地，多少年来，他魂牵梦绕想回家乡看看，这次他终于和傅涯，还有秘书陈克勤一起回到了家乡。

上午 11 时，陈赓在湘乡县委负责人陪同下，来到老家龙洞公社泉湖大队陈家湾。由于他在战争年代多次负伤，加上患过心肌梗塞，行走十分艰难，但他仍然撑着拐棍，挨家挨户看望乡亲们。他来之前，听说由于“大跃进”刮共产风，办公共食堂，弄得一些地方严重缺粮，有的人不得不用野菜充饥。但这天他走过的农家，家家有白米做饭、有鱼有肉。但从乡亲们的面黄肌瘦，难以舒展的表情中他似乎察觉到了什么。他突然对陪同的负责人说：“我今天不看锅里的饭，请你们打开米桶和谷仓。”结果家家米桶里没有米，谷仓里没有谷。陈赓顿时严肃起来：“蒋介石瞒不过我，日本鬼子也骗不过我，你们哄得过我吗?！”陪同的负责人十分难过地说：“由于我们工作没做好，群众生活还十分困苦，为了不让您看了伤心，县里专门调拨了一点米、猪肉和鱼发给陈家湾的每家每户……”

陈赓打断他的话说：“农村出现的困难，责任不完全在你们，但作为基层负责同志，任何时候都要讲真情、说实话，如果大家弄虚作假，只能导致更大恶果。”

听了陈赓的话，那位负责人原以为一定要挨批受骂，见陈赓说得入情入理，心悦诚服了。

陈赓对于自己戎马一生，出生入死，跟着中国共产党闹革命，为的是老百姓求解放，过上好日子，现在乡亲们如此贫困，没有摆脱饥饿，内心十分不安。他总想为家乡经济建设添上一砖一瓦，后来便与有关部门协商，从部队退役的

1960 年 3 月，陈赓（右五）与傅涯（右一）回故乡看望乡亲。

物资中，调来 10 辆汽车、10 匹军马，交给了湘乡县政府。从此，湘乡组建了第一个车队、第一个畜牧场，为以后湘乡的经济发展奠定了基础。

病中的陈赓十分想念他曾经战斗过的地方，特别是当年参加和平谈判的地方。1960 年，他来到山西太原，指着当年他们和平谈判时住的宾馆，对傅涯说："阎锡山为了干扰和谈，向我们示威，经常派队伍全副武装地在我住过的楼下走。我的随从参谋王亭兰就是从这里出发，踏上了阎军埋下的地雷而牺牲的，那一次我也险遭不测。"陈赓本来要到老区安泽、沁源那里去转一转，可北京要开会叫他回去。他很怀念那里的群众，恋恋不舍地说："我要是到那里去，有一些人会向我说要儿子要丈夫的话，那里牺牲了好多人，打了好多仗。我的部队基础就是从那里来的，许多老战士都出生在那里，所以我想见见那里的父老乡亲们。"后来有慰问团到老根据地慰问，他就找慰问团的人谈，仔细向他们打听老区的建设、恢复的情况，生产搞得怎么样。他的心里总是牵挂着老革命根据地的发展。

二、亲情与友情

临近春节时，北京正是隆冬腊月，正是全年里最冷的时候，北风凛冽，吹到脸上好像刀割一般。家里的温度也很低，玻璃窗上结着冰花，冰又把窗帘冻在了玻璃上。陈赓每天在院子里顶着寒风散步，都得戴着帽子，蒙上口罩。看到这种情景，人们劝他找个暖和一些的地方“避寒”疗养。既然病情使他不能离开大城市，比较理想的地方是广州。可是他考虑到，已经在前一个冬季去过广州，这时中央军委正在广州召开全军训练工作会议，他因身患重病，许多会议不能参加，所以有人问他愿意不愿意去广州小住的时候，他说：“我不去了，不愿去凑那个热闹，到那里人又多，不容易安静。”就在这个时候，上海的老战友打来邀请电话。陈赓盛情难却，便决定前往上海小住。

陈赓有事外出，最忌“前呼后拥”。每次行动，他都不愿意多带人，尤其不愿意家里的人因他治病而耽误工作。他开头提出不带随员，也不让家属同去。他对傅涯说：“你等我从上海回来，咱们一起到哈尔滨去。”他是哈尔滨军事工程学院的创办者和院长，时常惦记着那里的师生和工作人员。他早有考虑，等天气转暖的时候，到哈尔滨军工学院去，帮助那里的领导班子解决一些问题，去看看那里的教师和学员。

1961 年 1 月，陈赓临去上海前，在国防科委机关干部会上语重心长地说：“现在国家正处在困难时期，每人每天配售三两菜，大家不要小看这三两菜，三两菜是党对咱们的关心，三两菜就是政治。大家都要振奋精神，听党的话，努力工作，要坚信困难一定会克服的，国家定会强大起来。”接着，他还风趣地说：“不久的将来，就怕你们大腹便便的走不动路了。”大家谁也没有想到，这次讲话竟成了陈赓大将的临别遗言。当时谁也不知道，陈赓一家的生活也是很艰苦的。陈赓有病，傅涯给他特殊照顾两菜一汤。一个月全家 7 口人，一共 18 斤肉，只有星期天改善一下生活，全家人一起吃顿肉菜。那时傅涯自己舍不得吃肉，总是先让丈夫和孩子们吃，傅涯瘦得体重只有 82 斤。为了节省几个钱，陈赓的衬衣、衬裤都是傅涯用缝纫机做的，穿破了，傅涯再给打上补丁，陈赓从不挑剔。

傅涯说：“陈赓这个人是大事清楚，小事装糊涂，家务事根本顾不上管。他身体不好，工作又累，吃得也不好，脸色发黄发青，却从不说什么。”

陈赓去上海的随员，他开始只接受组织上安排的身边工作人员：医生、秘书和警卫人员，但他不赞成傅涯去，不能耽误她在中共中央组织部的工作。后来，中共中央组织部部长安子文给傅涯安排了一项任务：了解上海市委组织工作情况，并陪同陈赓在上海疗养，陈赓才算点头同意。考虑到正放寒假，陈赓最后也同意正在放假的儿女去上海陪他住几天。

陈赓一行乘坐公务车前往上海。战争年代上海曾是陈赓在中央特科开展地下工作的城市，在他的脑海里留下了许多难以忘怀的记忆。平时他总是忙工作，很少顾及孩子们的事情，这次坐在火车上，时间一下子变得这么多，他就打开话匣子，给孩子们讲自己过去的经历。

陈赓先问孩子们：“你们知道从前这种车叫什么车？”孩子们说：“不知道。”

他说："这是花车，是阔佬要人们乘坐的。那时我只能坐得起普通车厢，三等客车。"

于是，他给孩子们回忆了一段往事：20 世纪 20 年代他在上海中央特科工作时期，一次从上海前往天津执行任务。火车在浦口站停车的时候，他巧遇国民党将领钱大钧的故事。

陈赓讲完这段经历，告诉孩子们说："胜利得来不易啊！为革命要锻炼应付各种困难环境的本领，机智灵活地对付狡猾的敌人，善于抓住各种可以利用的条件，才能转败为胜，完成任务。"

陈赓一家到达上海后，住在丁香花园。传说这里原是李鸿章一个收房丫头丁香的住宅，坐落在华山路 849 号。园内占地 10 余亩，宅院宽阔，以栽养紫丁香而得名。花园坐北朝南，一进园门，前面是瞩目的龙墙，蜿蜒的龙墙顶上覆盖着绿色琉璃瓦。龙墙后面是一片水池，池中建有凉亭，曾是拍摄电影梁山伯与祝英台十八相送的地方，这里由一条弯弯曲曲的小桥与岸上连接起来。水池两旁，竖立着很多姿态奇特的太湖石。园内有幢西式二层楼的别墅，古色古香。别墅前面是一片草坪，四周尽是五色缤纷的花草。陈赓和傅涯住在一楼，二楼是秘书、警卫副官、护士和孩子们的住处。园内种植着雪松、龙柏、香樟和法国梧桐。这里是上海一个清静的地方，周围是高级住宅区，有许多花园洋房。因它远离闹市，环境幽雅，宜于疗养，当时许多党和国家领导人都曾在这里住过。

陈赓来丁香花园养病时，粟裕大将正住在他附近的院子里。

"工作第一"是陈赓他们那代老革命的固有观念，没有什么可以改变它。一到上海，傅涯就拿出有关上海市委的材料来看，想做点儿准备。陈赓比傅涯还着急，说："我没有看到像你这样做干部工作的，做干部工作嘛，就要到干部那里去了解情况。"

傅涯说："市委还没通知我下去。"

陈赓拿起电话就对市委书记陈丕显说："傅涯来这里是有任务的，你快给她安排工作吧。"

于是，傅涯被安排到徐汇区委工作，每天一大早出发，到晚上 9 点钟左右才能回来。

有一天陈赓催着傅涯去上班。"我坐一会儿，你快去上班吧。"陈赓望了一眼外面阴暗的天空，又嘱咐："带上雨衣。今晚能早点儿回来吗？快到我的生日了，你给擀点儿雪里蕻肉丝面吃吧。"

这些温存的话使得傅涯的眼睛蒙上了泪花。多少年来，陈赓还是头一次提起自己的生日。她不由得在门口停住脚，又望了一眼陈赓。他明显地衰老了。星星白发也日渐稀少，直到耳根后面头发才厚实些。他的脸不像从前那样圆鼓鼓的，变成虚虚松松地往下垂着。其实，他才刚满 58 岁。他向前倾斜着，把重心移到手杖上，又向傅涯挥挥手说："你快走吧。"

傅涯想起阴历二月初一，是陈赓的生日，过去陈赓从来不让人给他过生日，今天他突然提出要傅涯为他做一碗雪里红肉丝面，傅涯不知怎的，心里涌起一股情感的浪潮，深情地说："我早点儿回来，给你做你最喜欢吃的面条。"

陈赓脸上露出微笑，目送着傅涯举着雨伞，踏入了霏霏细雨之中。

当时傅涯还没有意识到陈赓已经危在旦夕，她只知道陈赓病得很重，在漫长的革命战争中，陈赓曾多次在火线上负伤。1927 年 8 月，南昌起义后在会昌战斗中，他的左腿三处中弹，膝盖处的筋断了，胫骨、腓骨都被打折，历尽艰难方得脱险。1932 年 9 月，在鄂豫皖苏区的胡山寨战斗中，他右腿膝盖处又负重伤，曾躺在担架上指挥作战。其后在陕北直罗镇又被弹穿左手拇指，抗日战争时，在河北香城固和山西榆社城又曾数次中敌人的毒气。虽说依靠高超的医术保全了两条腿而未截肢，却留下了终身的伤残痼疾。许多年走路离不开拐杖，两条腿不打弯，蹲不下去。医生要他做蹲起动作的双膝锻炼，并且锻炼腹肌的收缩，逐渐丢开了拐杖。陈赓性格坚强，尤其是在众人面前，部队面前，他是不拄拐杖的。随着疾病缠身和年岁的增长，他此时又重新拄起拐杖。

现在他的心脏又不太好，1957 年和 1959 年两次心肌梗塞发作，虽然陈赓尽力和病魔拼搏，不愿离开工作岗位，可他一直无法摆脱疾病的纠缠。最近，陈赓因为心脏病时常心绞痛，引起他烦躁不安，甚至有些古怪。他根本不承认病有多严重，别人劝他安心休养，他就说："过去打那么多仗都没有死，现在好好的就死啦？"

因为他的心脏病，医生不让他吃肥肉，他就当着众人面，冲着傅涯喊："傅涯你最坏了，不让我吃大肥肉！"

到了上海，当傅涯依着他，让他吃，他却把肉盘子朝旁边一推："主席、总理都不吃肉啦，我们在这里为什么还要吃肉？"他犯病之后，战友来看他，他冲着人家问："你们又开会？什么内容？为什么不告诉我？"到了上海，他一直嘀咕："在广州，他们开会，不告诉我；到了上海，连看的人也没有了……"傅涯跟他解释："许多人都来过了，被医生挡驾了，怕影响你休息。"他马上对傅涯说："那他们一定骂我官当大了，架子大了，不行，你明天就去登门道歉！"

傅涯总是按陈赓的意见去办，让他高兴，安慰他安心养病。

当时，陈赓对自己的病也有所感觉，他半开玩笑地对傅涯说："我现在就担心我死了以后你会受不了，你的头发会刷的一下子全白了。"陈赓摸了一下自己苍白的头发，接着说："家庭重担都落在你肩上，你的更年期也不好过。万一我不在了，你还要给孩子们多讲讲我的过去。"

傅涯说："你快别说这些了。"

陈赓也就转了一个话题问傅涯："萧华的日记已经出版了，我也写了那么多日记，你看能不能出版呢？"

傅涯一时还没想好，就说："我记住了。以后我帮你一块儿整理。"

那段时间上海总是淅沥淅沥地下着小雨，阴冷潮湿。天气不太好，可是陈赓却不忘要带孩子们去看看王根英的母亲。

陈赓是一个非常重感情的人。前妻王根英1939年3月8日壮烈牺牲在日军的刺刀下，他的长子陈知非从小在外婆家长大，1946年陈知非17岁时，陈赓才托人从上海找到他，带到了解放区。那天晚上，陈赓让儿子知非睡在身旁，他从头到脚细细地抚摸着儿子，一片舐犊情深。

外婆对王根英和儿子知非的养育之恩，陈赓一直不忘，而且让傅涯像对待亲妈妈一样对待知非的外婆，称外婆为奶奶。傅涯对知非如同己出，和其他儿女一样平等对待。1960年8月，陈知非和钱如琴夫妇的女儿出生了。陈赓得知后高兴地给孙女起名叫陈怀申，以纪念上海曾经是他战斗过的地方，他的前妻王根英一家人都是上海人。

所以，这次身患重病的陈赓到上海后，依旧像以前一样，和傅涯带上孩子们去看望外婆。

外婆住在上海当时的下只角，那是很贫穷的地方，巷子里的居民从来没有看到过漂亮的小卧车开到这个穷巷子里，都从家里出来看热闹，一些警察不得不出面来维持秩序。

陈赓和傅涯一去，就亲热地叫王根英的母亲："妈妈。"陈赓拉着岳母的手问寒问暖，问问生活上有什么困难。

陈赓对王根英的母亲一直挂念在心。1949年6月初上海解放，陈赓和傅涯到上海出差，送给老母亲一床新丝棉被和一件毛皮长袍，每到冬天老母亲就穿着过冬，暖和极了。老人家逢人就说："陈赓真是好良心啊！难为他老想着我，老照顾我。"

他们回到丁香花园，陈赓还要询问儿子知建和女儿知进见到外婆，向外婆问好了吗？孩子们说："外婆听不懂普通话，叫她'外婆'，她不吭声。"陈赓就教儿女们用上海话喊"阿婆好"！

当时年幼的知建很调皮，再去外婆家，就故意学说上海话，大着嗓门喊："萝卜。"听起来和"阿婆"音相近，耳有点儿背的外婆一听到上海话，高兴地笑起来。

陈赓对王根英的妹妹王璇梅也很关心，王璇梅1930年到1932年跟着二姐王根英和姐夫陈赓住在上海。当时陈赓和王根英在做中共地下工作，经常用小璇梅做掩护，让她携带文件、枪支、传送材料。有一次，王根英带着儿子知非和妹妹王璇梅坐一辆黄包车经过外滩南京东路路口，突然被一男一女两个巡捕叫住要他们下车。那个女巡捕上来搜查王根英，在她身上摸了半天也没搜出什么东西。那时王璇梅还小，只管在路上看人来人往和汽车、电车。女巡捕从王根英身上什么也没搜到，又看看两个不懂事的小孩，就把他们放了。

1946 年在山西阳城，陈赓（右一）与夫人傅涯（右二）、儿子知建（右三）、知非（右四）、王璇梅（陈锡联夫人，左一）合影。

解放以后，陈赓见到王璇梅还说："你这个小傻瓜倒是满不在乎的，那次可把你二姐给吓坏了，你二姐把手枪缝在你棉袄背里，你一点也不知道，还好女巡捕没搜你。"当时，王根英经常在王璇梅晚上睡觉后，悄悄地把要传送的文件和材料缝在她的棉袄里，第二天带着她出去传送。因为小孩不受国民党注意，他们从未出过事。

王根英牺牲后，1946 年 10 月陈赓托人将陈知非和王璇梅接到山西阳城太岳军区驻地。陈赓对他们说："送你们去北方大学学习，先武装头脑以后才能工作。"这样，王璇梅进了北方大学医学院读书，陈知非进了工学院读书。

王璇梅参加工作以后，陈赓又介绍她认识了老战友陈锡联，促成了他们的美好姻缘。

解放以后，陈锡联担任解放军炮兵司令员，两家战友情加上亲情，常来常往，互相帮助。

这次在上海陈赓身体感觉稍好点儿，就带孩子们去看解放前在上海中央特科工作过的地方，去看望牺牲烈士的家属，帮助他们解决困难。并告诉孩子们，新中国的解放和现在的幸福生活是烈士们用鲜血和生命换来的。

1961 年春，陈赓到上海治病时，恰好宋庆龄也在上海。宋庆龄热情邀请陈赓一家到她家里去做客。

宋庆龄 1949 年当选为中央人民政府副主席，之后又当选为中华人民共和国副主席，可她对老朋友陈赓格外地客气，特意让廖梦醒专程到丁香花园来接陈赓一家。

廖梦醒一进陈赓的屋门，就对前来迎接的傅涯说："孙夫人很惦记陈赓大将和你的身体情况，陈大将就那样去吧，你最好化化妆，涂点儿口红，不然孙夫人就会问你，今天气色不对，是不是身体不好啊？"

傅涯是当兵出身，从来都是素面朝天，可要见宋庆龄，还是简单修饰了一下，她尊重宋庆龄的习惯，她知道他们两家的友谊源远流长。

1952 年，陈赓从朝鲜归国。为了迎接陈赓，庆祝他在朝鲜打的胜仗，宋庆龄亲自到饭店订制点心，到果园买回葡萄，邀请陈赓和傅涯到她家去做客。那天宋庆龄非常高兴，和陈赓谈朝鲜战争，和傅涯谈妇女工作。陈赓发现宋庆龄对部队的英雄模范深怀好感和敬佩，喜欢听战斗故事，回家后，陈赓为宋庆龄准备了几十枚各式各样的战役纪念章和英模代表会议纪念章。当时陈赓急急匆匆地离京去创建哈军工，嘱咐傅涯代他把这些纪念章转送给宋庆龄。宋庆龄热情地接待了傅涯，高兴地收下这份特殊的礼物，当场打开来，抚摸着一枚一枚的纪念章，仔细地看。

那时，陈赓只要在北京，宋庆龄从外地回北京时，陈赓必到飞机场或火车站去接她。

1957 年 12 月，陈赓心肌梗塞发作。宋庆龄知道后，派人把她的亲笔信和一束鲜花送到北京医院，对陈赓表示亲切的慰问。陈赓对此十分感动，病情稍有好转，便让傅涯向宋庆龄当面汇报，请宋庆龄放心。宋庆龄详细地询问了陈赓的病况，嘱咐傅涯一定要照顾好陈赓，让他注意休息，早日恢复健康。

1961 年春节前夕，陈赓和傅涯在宋庆龄上海的家里，又回想起许多往事，老朋友们共叙友情，过得非常愉快。

一个多月后的 3 月 12 日，是孙中山先生逝世 36 周年纪念日，陈赓为了表示对这位伟大的革命先行者的怀念和敬仰之情，特意上街买了一个精美的花篮送到宋庆龄住所，宋庆龄嘱秘书回信致谢！

原文如下：

陈赓、傅涯同志：

孙中山先生逝世三十六周年纪念日，你们送给宋副主席的美丽花篮一只，已收到了。宋副主席十分感谢你们对中山先生的怀念和对她的致意。宋副主席说：陈赓同志近想已日臻健康。并说：气候不正，希陈赓同志多加保重！

仅此奉达 并致

敬礼

宋庆龄副主席办公室

1961 年 3 月 13 日

陈赓在上海养病期间，恰逢他的老战友、中央军委情报部部长李克农上将也在上海，陈赓和李克农在白色恐怖的艰难岁月里，都曾在周恩来领导的中共中央特科做党的地下工作，两人有生死之交。陈赓任副总长时，李克农也任副总参谋长，分管情报、技术、联络三部工作。陈赓与李克农两个老战友一直常来常往。当时上海市委第一书记柯庆施，也曾和他们一起做过地下党的工作，得知陈赓和李克农都在上海，特意在上海文华俱乐部宴请这两位老朋友。席间，老战友们共叙友情。陈赓是湖南人，喜欢吃辣椒，因为他的病情，医生不准他吃辣椒，可他一高兴，就忘了这码事。李克农知道陈赓爱吃辣椒，就给他的碗里夹。他就大口大口地吃辣椒。

李克农也忘了医嘱，陈赓给他续酒，他就端起酒杯，就和陈赓喝起来。陪同的傅涯和李克农的女儿怎么劝阻都失灵了。那一天，他们都忘了自己的身体有潜在的危机，吃着，说着，开心极了。

陈赓喜欢开玩笑，他的观点和意见往往从玩笑里表现出来。1959 年，郭沫若所作五幕话剧《蔡文姬》在北京公演时，邀请陈赓去看。第四幕第一场幕启时，曹操在书房看书，其夫人卞氏坐在一旁缝补被面，开头有几句对话：

卞氏：这条被面真是经用啊。算来用了十年了，补补缝缝，已经打了好几个补丁。

曹操：补丁愈多愈好。冬天厚实，暖和些。夏天去了棉絮，当单被盖，刚合适。

卞氏：（笑出）你真会打算。

曹操：天下人好多都还没被盖，有被盖已经是天大的幸福了。

陈赓听了这些对话，不以为然，坐在那里直摇头。他认为，过去人们对曹操的评价不够全面，给他翻案是可以的。但是把他写得这样完美，也太过分了。一个封建时代的霸主，好也不至于好到这样嘛！看完了戏，在休息室里，郭老征求意见的时候，陈赓就幽默地说："我看曹操可以填写一张申请入党的登记表了，郭老可以作介绍人嘛！"此言一出，大家哄堂大笑。

陈赓是一位原则性很强的人，尽管他平时谈笑风生，但在原则问题上，对错误，他从不让步，总是旗帜鲜明地进行斗争，有时甚至不讲情面。有一次，有一位老干部找他，此人过去能打仗有战功，就是多次在生活问题上犯错误，一再受处分。这次他为了避免调边疆去，就提着礼物找陈赓帮他说情，陈赓一看就气了，狠狠批评他，不思悔改，还想钻空子、走门子！就让副官把他连人带东西都请走，毫不留情。

陈赓按原则办事，从自己做起。他对身边的工作人员既严格要求，关怀备至，还考虑他们以后的发展，给他们创造机会读书学习。

1956 年 8 月的一天，陈赓参加军委关于精简机关的会议后，回到办公室把总参办公室谭主任找来，简要地传达了会议精神，接着谈了他的看法和意见："精简，精简，每次都是光减下面，上面越减越多，这怎么行？！这次我们要下决心减上面，要从我们自身做起！"说到这里，他指着在一旁站着的秘书任金池对谭主任说："像任秘书吧，他这么年轻，不让他学习去，要耽误他的前途的……"最后，他坚定地说："这次一定要下决心减上面，首先从我们自身做起！"谭主任离去后，他关切地问任秘书："你想不想学习？"任秘书立即回答：

“想，很想！”“好，你选学校，我批。”过了几天，当任秘书捧着请求进“通信工程学院”（后改名为“军事电信工程学院”）学习的报告呈交陈赓审阅时，他看后即批“同意学习。陈赓”。在任秘书赴通信工程学院学习后不久，他身边的另一名秘书徐嘉谷，也进入南京军事学院学习。

陈赓很重视他身边工作人员的学习，对警卫副官曹德广说：“人在年轻时要多学点儿知识，我这里古今军政文集很多，看了不懂，咱们可以研讨。”陈赓常常工作到深夜，这时他就催身边的曹副官赶快去休息，不要耽误两个人睡觉。

有一次，一位战争年代负伤回家的警卫员到北京来治伤，陈赓知道后，马上帮他找医院，并安慰他要把伤治好再回家。

陈赓喜欢孩子，家里有他自己亲生的 4 个儿子和 1 个女儿，还抚养了好几个老战友的孩子和烈士的孩子、亲戚的孩子。他经常和孩子们谈笑风生，寓教于乐。他因为只有一个女儿陈知进，所以倍加喜爱。女儿在昆明出生后，陈赓逢人就说：“我终于有个女儿了。”一群小文工团员听说陈司令员新添了个女儿，就相约结伴到他家来看。

正好出生不久的小知进吃牛奶过敏脸上起了好多红疙瘩。于是，小文工团员们就故意调皮地说：“小丫头这么丑。”陈赓一脸不高兴地说：“看你们谁敢再说我女儿丑？”就是这个唯一的宝贝女儿知进上小学时，陈赓不让自己的专车接送，可女儿又小，学校又远，他就和朱德、刘少奇家合租了一辆三轮车，改造成儿童车，三家共用专门接送孩子们上学。

在学习上，陈赓对孩子们的要求是极严格的。陈赓总是耐心教育小女儿，从小要养成艰苦朴素的好习惯，在学校里要和普通老百姓的孩子搞好团结，不要有特殊化的思想，穿着要尽量与普通老百姓的孩子一样，尽量穿着朴素一些。

陈赓在孩子们的眼里，既是一位慈父，又是一位严师。在生活上，他细致入微，关心孩子们的身体成长，穿衣服方面不求质地很高，但求干净朴素大方；吃饭方面，不求每天有鱼有肉，但求吃饱吃好不浪费一粒粮食。他时常给孩子们讲中国刚刚开始建设，各方面都需要资金和人才，大家都要同老百姓一起同甘共苦、一起过艰苦的日子，勤俭节约，艰苦朴素。他要求孩子们穿衣服不要追求时尚。他自己的衣服穿旧了，就让保姆拿去改一下，给大孩子穿，大孩子穿小了就给小的继续穿。往往一件衣服要穿上好几年，有的破了补上补丁继续穿，孩子们也都很懂事从不伸手要这要那的。他要求每个小孩子都要做到认真刻苦、一丝不苟。陈赓不管工作多忙，回到家多晚，每天他都要抽出一定的时间查看一下孩子们的作业。有时发现有错别字，他就让孩子们自己查字典纠正过来，以便加深印象和记忆；有时发现作业写得不工整，他就要求重写一遍，从而让孩子养成一种认真的态度。

有一次，陈赓的侄子在上中学时，把成绩册上的 2 分改成了 4 分，陈赓发现后，气得一拍桌子，桌子上的铜墨盒一蹦好高，他严厉地批评侄子弄虚作假

"全家福"照。前排左起：知进、傅涯、知庶、陈赓、知涯。后排左起：知建、知非。

必须检讨。他的儿子陈知建站在旁边，看到父亲大发脾气，吓得拔腿就跑。从此，在孩子们幼小的心灵里牢牢记住了谁都不能弄虚作假，学习和工作都要实事求是。

陈赓患心脏病后，周恩来亲自交代要增加他的营养保健供应，可以按"四副二高"[1]待遇供应。因那时国家困难，市场上许多东西买不到。但是陈赓对家人要求很严格，一个大孩子在住宿学校上学，在学校食宿，不准随便回家，每周回来一次。两个小孩子走读，平时在家也是粗茶淡饭与工作人员吃的差不多。每周日全家人团聚的时候才改善一次伙食。有时老家的亲戚来北京，人少就住在家里，人多就住在部队的招待所里，都是由家人坐公共汽车负责接送；有时亲戚们要上北京的大商店转一转，买点儿东西，有的亲戚要到北京城逛一逛，看一看首都的新貌，陈赓就让大家自己骑自行车去。他说，小轿车是党和国家配备给我工作之用的，私人无权、也不能随意使用。

当时他工作很忙，苏联军事顾问几次提出为了他工作上方便，赠送给他一辆"吉斯"小轿车。陈赓婉言谢绝了，坚持乘坐国家给他配备的"吉姆"轿车。

---

① "四副"指国家副主席、国务院副总理、人大副委员长、政协副主席；"二高"指最高人民法院院长和最高人民检察院院长。

知建小时聪明淘气，有一次捣蛋气得陈赓骂他："你这个王八蛋！"没想到小知建嬉皮笑脸地小声答："哦，骂得好！我是个王八蛋。"陈赓奇怪道："你什么意思？好什么？"儿子不吭声。当父亲的一想不对头，哈哈大笑。陈赓告诉儿子，有一个老朋友的儿子调皮，气得他大骂儿子："你这个孬种。"儿子回答："我那个种就孬。"陈赓说："看来以后我不该骂你了。"

陈赓去世后，陈知建牢记父亲多次在信中的嘱咐："我们最关心你们的是，在各方面都很刻苦地锻炼和严格地要求自己，这样做，对于你们的将来有极大的好处，望你们牢牢地记住。"后来陈知建靠自己的努力考上了哈军工，他踏着父亲的足迹，成长为一名合格军人。如今，陈赓的5个儿女，长子陈知非当年在航天部工作已离休，陈知建、陈知进、陈知庶（小时候名为陈知树）、陈知涯都是继承父志，一身戎装。其中，陈知建和陈知庶站在中国人民解放军的将军行列里。

陈赓和夫人傅涯也有一个几十年不变的约定，那就是：各自努力把自己的工作搞好，互不干涉对方的工作。

陈赓与傅涯相识于1940年6月，当时抗大四周年校庆，抗大总校文工团在山西武乡县蟠龙镇演出，陈赓患了伤寒病在那里休养。有一天，他到抗大总校训练部长王智涛家里做客，照顾陈赓养病的卫生部长钱信忠关心地问陈赓："你现在还缺什么啊？"陈赓随口答道："我现在什么都不缺，就缺个老婆。"

1959年春全家合影

王智涛的爱人吴静是傅涯的同学，于是叫来了傅涯。当时傅涯还不知道他们几个的真实用意，非常有兴趣地听完了陈赓谈自己的经历，认为他的丰富经历是创作素材。让傅涯感动的是：陈赓上过军校，有知识有文化修养；在城市白区工作过，能不为酒色所动；被捕过，立场不动摇；打过仗，不怕牺牲。特别是他对第一位妻子王根英的怀念，让傅涯感觉到他对爱情的忠贞。

后来，陈赓诚恳地对傅涯说："你有很多自然知识，我可以向你学习。我这个人有许多朋友，有男朋友，也有女朋友，你愿意不愿意做我的女朋友？"

于是，他们成了朋友，有了更多的接触和了解。1943 年 2 月初的一天，陈赓从第一二九师师部给傅涯打电话提出想马上结婚。傅涯说："我们演出还没有结束，再等些时候吧。"陈赓直截了当地说："既然咱们定了，你就别小资产阶级意识了，你快回来吧！我明天派马来接你！"

第二天，陈赓接到了傅涯，表白了他的诺言："一、我会尊重你的革命事业心，不会妨碍你对前途进取的努力；二、我不会把你调到我身边做秘书；三、我会爱你到永远，这是真心。"

这时傅涯已经深深地爱上了乐观而豁达的陈赓。

1943 年 2 月 25 日，陈赓在河北赤岸第一二九师师部，由刘伯承和邓小平主婚，他们举行了婚礼。傅涯唱了两首苏联民歌《在高山上》《从这边到那边》，陈赓快活地说了不少笑话。政治部主任罗瑞卿悄悄地对傅涯说："你算找着了一个好人。"一听到这话，傅涯的心里甜蜜蜜的。

傅涯是千里迢迢奔赴延安的知识分子，在抗大总校文工团工作，她对陈赓说："你不能干涉我的工作，别把我当成你的附属品。"

"那当然。"陈赓满口答应："你有你的工作，我尊重你的意见。"

他们结婚以后，陈赓对傅涯说："咱们的目标是一致的，你得顾大局，支持

1943 年，陈赓与傅涯结婚之后的合影。

我工作，咱们都是为了一个共同的革命目标。”

傅涯也被陈赓锻炼得爱开玩笑了。有一天，傅涯突然问陈赓：“你老实说，你多大了？”

“四十呀。”

“谈恋爱时你怎么少说了三岁？”

“缩小咱们的差距嘛。”

“你呀，老婆到手，本性早露……”

对于“不干涉傅涯的工作”的约定，陈赓从不食言。婚后，罗瑞卿把傅涯从抗大总校调到野战政治部鲁迅艺术学校实验剧团工作，每隔七八天才能回去一次，有时一忙，很久也顾不上回去。而陈赓要是知道傅涯哪天回来，只要有时间，他就要到河边去等她。每当别人问陈赓干什么去，他总是直言不讳：“接老婆！”说这话时，他满脸的幸福感。有时星期六，陈赓就站在河边高声大喊：“傅涯快回家吧！”

不过，这样的日子并没有延续多久，他们便各自奔波在解放战争的炮火中。因为聚少离多、每逢陈赓出征打仗，傅涯就会送陈赓一个日记本。陈赓记完日记，再交傅涯保管。所以，傅涯的行装里总是装着陈赓的一本本的“战地日记”。这就是后来由解放军出版社出版的《陈赓日记》。

陈赓每天还有一个锻炼项目是洗冷水澡。这项锻炼从青年时代开始，一直坚持到最后的岁月。不管风霜雨雪的侵袭，不顾严冬酷暑的威逼，一年四季，从不间断。爬山回来，他就叫警卫员挑一担冷水，露天在凳子上用脸盆从头往身上冲洗，然后擦得全身通红。太岳军区司令部驻在安泽县桑曲村时，村边有

陈赓同志的部分日记及工作笔记

一条河，每天早晨，他就在河边脱下棉衣，到河里敲开冰块洗冷水澡，爬上岸来胳膊上还沾着冰屑。村边路人见了，感到奇怪。有一次，随着“扑咚”的声响，路边行人在远处看见有人“掉”进河里边，忙高声喊叫：“快来救人哪，有人跳河了！”这时警卫员忙跑过来，告诉那人别再叫喊：“这是我们首长洗冷水澡！”

傅涯至今还记得，陈赓要洗冷水澡时，站在延安河边上高声喊：“我要洗澡喽！你们别看呀！”这个洗冷水澡的锻炼项目，一直坚持到陈赓患心脏病后才停止。

20 世纪 50 年代中期，傅涯从部队转业到中共中央组织部工作。他们一个在部队，一个在地方，陈赓对傅涯的工作从不拉后腿。而且，在工作中和与同志的关系上，陈赓有一个明确的观点，多次跟傅涯说：“我因为工作问题与某些人意见不一致关系不好，你一定要跟他们处好关系。领导干部之间的问题，你不要插手，你也别管那么多。”

1959 年，中共中央号召机关干部下基层锻炼。傅涯回家征求陈赓的意见：“我在中央机关工作这么多年了，现在你的病情有所好转，你同意我下基层吗？”

陈赓考虑片刻说：“好，你去吧。咱们结婚时，我就知道你的事业心很强。”

倒是傅涯心里不放心了，从陈赓的病情考虑，她应该留在丈夫身边，家里留下 4 个孩子最小的 4 岁，最大的也才 14 岁。

可是，陈赓还是支持傅涯去基层的决定，嘱咐她要多给家里来信。傅涯把在农村的情况说给陈赓听，如果有不正确的，陈赓就会及时纠正。那天他们谈到对一个人的问题处理时，陈赓像一个长辈语重心长地对傅涯说：“看一个人要从发展去看，不要只从一件事情上看。这个人的问题处理有些过头了，

陈赓与夫人傅涯

不要算旧账。”

1959年林彪上台后，提倡把夫人调到自己的办公室工作，军队里有些高级领导也把夫人调到自己办公室当主任或秘书。一天，总政一位领导同志来看陈赓，顺便劝说陈赓：“你身体不好，就把傅涯调到你办公室来工作吧，也好照顾你。”陈赓婉言谢绝了这片好意，他说：“我们结婚前就约定了，婚后各自努力把自己的工作搞好，互不干涉对方的工作。现在我们还是坚守这一条。”傅涯知道后，笑着对那位领导说：“你怎么不先征求我的意见呢？部队是养老院吗？是养老院我就去啦。”

这次养病，到上海丁香花园住下后，陈赓也总不忘对傅涯说：“你从中央组织部下来，要多听听群众的意见。我养病，不要影响你的工作。你是做干部工作的，要深入到广大干部中去了解情况。”

说完，陈赓随手拿起电话，要通上海市委书记陈丕显，态度诚恳地说：“我身边有工作人员，傅涯到这里来是有任务的，要安排她到市委、区委去调研。”

从此，傅涯早出晚归去忙工作。

陈赓一个人在屋子里也待不住，他也想出去做一些社会调查。有一天，他自己走出了丁香花园，平时随身带的拐棍和治心脏病的急救药也没拿。医生、护士和警卫员一不留神，他就一个人悄悄地溜出了院门，“微服私访”去了。

1961年，陈赓与家人在丁香花园的最后留影。

院子里到处找陈赓，找不见人影，大家都急坏了。

傅涯得知后，赶快回家拿上拐棍和急救药追上他，想劝陈赓回去。可陈赓执意要在外面走一走，从大门向右一拐弯，进了一个电机厂巡视了一番，和工人聊聊天。后来又去了一家餐馆，询问了一下菜价。

傅涯看陈赓走累了，就劝他要注意身体，回家吧。傅涯知道陈赓的性格里有一种特殊的刚强意志和忍受痛苦的惊人毅力，他轻易不言累。果然，陈赓不在乎地说：“这么大个城市，还会死我陈赓吗！”

傅涯就找了一辆三轮车，拉上他们走，陈赓就在车上问三轮车工人，家中的生活如何？有几个孩子？上学了吗？

最后，陈赓感慨道：“群众生活有很大变化，比我在上海时好多了。我要亲眼看一看，不能光听汇报。”

三、心跳止在《序言》上

陈赓明显地衰老了。头发花白，脸也不像从前那样红润而有光泽，皮肤虚虚地布满了皱纹。其实，他才刚满 58 岁。尽管有心脏病，他并没有意识到生命已危在旦夕，他甚至不安心在丁香花园养病。他总觉得自己还应该做点儿什么事，别让时间白白流失掉。有人劝陈赓要静下心来，好好休养，按医生的叮嘱办，他却摇摇头，爽朗地笑着说：“对疾病也和打仗一样，对敌人不要怕；坚决和它斗就能战胜它，消灭它！”

有一天，上海警备区的副司令员来看陈赓，顺便告诉陈赓：“中央军委要求人民解放军所有中将以上的高级将领，都要就自己参加革命战争的整个战斗经历，写一篇作战经验总结……”

陈赓微笑着把文件拿过来，翻看了一下，看到最后一页，用手指戳了一下：“这份文件我在北京就应该看到，怎么到了上海才接到？”

“他们可能怕首长身体……”秘书一句话还没说完。

“我还没死！他们是成心的！”陈赓很激动地打断了他的话。

当时，确实因为陈赓病重，总参谋部决定暂不告诉他。可是，上海警备区的这位副司令员不了解他的病情，也不晓得总参的这个决定，听说陈赓正在上海，就把军委的通知送来了。

陈赓向来重视总结作战经验。在战争年代，每当一次大的战役结束了，他都亲自主持及时总结经验。

因此，陈赓看到中央军委这个通知，非常高兴，养病期间，正好把这件事做完。过去在战争年代，他对敌情了如指掌，总能知己知彼，百战不殆。如今在对疾病作战的时候，他对自己的病情发展，病情的严重程度，却是估计不足，一路来总是“轻敌”，以致一再犯病，终至不起。此刻他的病情已经极度恶化，体质变得异常虚弱。就这样，他也不愿意闲着。他很清楚，写出这个总结是吃力的，需要“翻箱倒柜”，反复回忆许多往事，起码也得花费一两周的时间去绞尽脑汁，睡不好觉。

傅涯担心陈赓的身体不能受累，就去问医生，能不能让他写作战经验总结。医生没想到陈赓做事会非常投入，觉得他非常乐意做这件事，他又是一个闲不住的人，再说他还有秘书可替他执笔，就同意了。

得到医生的批准，陈赓拄着拐棍，站在了中国地图前，一生戎马，半世沧桑，仿佛都浮现在他眼前。

他忽然神秘地一笑，出现了一种意想不到的大病初愈的感觉——那么畅意，那么轻快，那么自信！他的病痛似乎从肩上抖落下来，留下了一脸指挥员的尊严。当他走到离地图只有半尺远的时候，他提起了手杖，斜指着，像握着一柄指挥刀。

“我这条瘸腿走遍了大半个中国，打了三十多年的仗，现在不总结，更待何时？你给我找一份作战地图，我列个纲目，我口授，你来写！”陈赓对秘书王勉说。

果然，接连几天陈赓陷入深思。一旦打开记忆的闸门，遥远的峥嵘岁月，毕生的戎马生涯，连年的南征北战，无数次重大战役，宛如一部没完没了的长篇电影，一幕一幕地浮现脑际。心潮澎湃，不能自已。

陈赓从 3 月 7 日上午开始口述，王秘书根据陈赓的口述整理出一份材料，陈赓前前后后翻了一遍不太满意。

晚上，傅涯回来了，陈赓急忙把秘书写的开头给她看。他自己躺在沙发上叹气：“我觉得我的本意似乎未能充分表达出来……”

傅涯见他着急，不禁脱口而出：“你这个总结，谈的都是你自己亲身作战的经验，要秘书写这么重要的总结，秘书没有你的战斗经历，恐怕很难体会你的思想。等你身体好些，自己亲自写吧。”

“英雄所见略同！”陈赓有些兴奋，从沙发上站起来，坐回办公桌前：“我这就动手！”

“哎呀，你现在怎么能写？”傅涯急了。

“我现在不写，什么时候写呀？”陈赓也有些着急，“不是华东医院的医生刚给我会诊过吗？说我的心脏在重要的地方有些好转，在不重要的地方才有一点儿不好。”

过去，陈赓经常亲笔起草重要文件。凡是重要的作战命令，重要的经验总结，特别是按中共中央规定，定期给毛泽东的报告，他总是亲自动笔，不让秘书、参谋代劳。就是某些本来可由别人起草的重要文件，也常亲自拟定。在这方面，他的要求很严，对于别人起草的文件，每当他感到不如意而又缺乏修改基础时，他便亲自动手。他的手笔不但富有文采，书法也见功力。

以后回忆往事，傅涯很后悔，当时她被陈赓痴心要写这篇东西的热情所感染，一时竟然忘了他正处在重病当中，原是应当坚决劝说他暂时不要去写这篇非常吃力的总结的，应当等待来日健康情况好转后再写。

从此，陈赓真的自己动起笔来，夜以继日地写提纲，看材料，面前的稿纸仿佛打开了他智慧的闸门，使他浑身是劲，情绪高涨。他骄傲地感到，自己已经恢复了健康，解脱了世事的烦恼，完全融进了往日的战斗历程。

“第一章:《序言》；第二章:《作战准备》；第三章:《进攻》；第四章:《防御》；第五章:《追击》；第六章:《转移》……”他饶有兴趣地前后排列着章节。

由于思潮滚滚，他握笔的手有些颤抖。他开始写文章的《序言》部分了。

作战经验总结——序言部分

现代作战，火力发展，原子、导弹等新武器杀伤力大，破坏力强；战争爆发突然，防御上有困难；敌人装备好，机动性大，易占主动。在这种情况下作战，我们有很多困难，我们的国防工业和科学技术还不很发达，尖端尚未突破，对付导弹的防空体系还没有解决……因此：

第一，要加速发展国防工业和科学技术，尖端要尽快突破，国防工业体系也要搞起来，在和平时期，军事工厂要拿出一部分力量为国民经济服务；民用工厂也要做好战时动员的准备，一有战事，除去担负必要的民用生产以外，要能够迅速转变，投入国防生产。

第二，平时的建设、工业布局、指挥机关、营房、仓库等等，都不要集中在城市，或其他目标明显的地方。一定要分散、隐蔽、靠山、打洞、充分利用自然条件掩护，营房必须逐步离开明显的目标，转入分散隐蔽的地方。

第三，部队要结合训练工作，经常处于作战准备状态，必须要有值班部队，保持超人的机动性，一有情况就能迅速出动，他们的车辆要配齐，油料要保证。

第四，要根据国家工业化的发展情况，最大限度地实现军队机械化。除掉汽车、火车运输以外，还要发展空运，要订一个规划，根据工业发展情况，规定每年生产多少运输飞机、直升机，一天能空运多少部队等等，现在美国人很强调空运，我们也要早抓。

第五，对全国的道路、桥梁，要有调查，要有统计，要和地方配合，逐步加强桥梁的负荷能力，提高道路的通过能力。

重要的工厂、交通枢纽、大的桥梁、水库比如黄河大桥、长江大桥、三门峡水库等等。要有专门部队负责防空警戒，并且事先还要做好一旦遭到破坏时的抢救措施。

第六，在现在部队编制大，不灵活，要减少人员增强火力，现在的大团制不适宜，最好采用红军时代的小团制，一个小团编五个连，其中三个步兵连，一个坦克连，一个炮兵连，再加上一个其他勤务保障分队，一个师编制，三个步兵团，一个坦克团，一到两个炮兵团，一个高炮团，然后再按战役、战略任务组成军和集团军。

第七，在未来战争中，我们要争取有自己的原子弹、导弹，但是也要准备在没有原子、导弹条件下作战，无论武器怎么发展，我们过去的作战原则，比如作战的突然性，突然出现于敌人的侧翼、后方，歼灭战，不打无准备之仗，不打无把握之仗等等仍然要充分运用，我们的作战经验是最丰富的，战争时间长，规模大，和国内敌人打过，和国外敌人也打过，这些经验要好好总结，毛主席的军事思想就是这些经验的高度概括和总结，用毛主席的军事思想作指导，就一定打胜仗。

第八，在战术方面，要强调夜战、近战，过去作战历来是敌强我弱。夜战，敌人观察困难，有突然性。我们可以利用夜晚掩护接近敌人，发起攻击。敌人都不习惯夜战，害怕夜战，火力不能发扬，指挥紊乱，士兵恐慌，甚至开小差。因此，我们的训练工作要把夜战作为重点。近战也非常重要，要用迂回包围、分割、穿插、渗透等等战术动作，和敌人扭在一起，这种打法，不但原子弹、导弹用不上，飞机、大炮也用不上。只要能和敌人扭在一起，就对我有利。因为我们的士兵觉悟高、战斗力强。为了打近战，部队要有最大的机动力，一下子分散，一下子集中，一下子搞到前沿，一下子搞到翼侧。近战兵器也要注意发展，不断研究改进。

这一部分算是序言，主要的意思是，现代作战，毛主席的军事思想仍然有用，并且是非常有用。部队要按照毛主席的军事思想进行训练，进行战备。上面谈过的，有些军委已经作了决定，有些总参已经发了通知，可以不再提，但是这段序言，总的一个中心是要说明毛主席的军事思想的重要，以及毛主席的军事思想在未来战争中的指导作用。近战、夜战是非常重要的，我还想再补充一些内容。

陈赓坐在桌前，面对提纲苦思冥想，写得十分劳累，为了提神，他不得不喝浓茶，喝咖啡，整日沉浸在高度集中的思考中，有时思绪信马由缰，驰骋在他曾经战斗过的广阔天地里。

然而，这一重要使命恰如在他那宽阔的胸膛上压上了千斤重负，加速了他的病情发展，他感到心绞痛。

站在陈赓身边的张继才警卫副官劝他不要着急，休息一会儿。

陈赓说："我的时间可能不多了，让我多做些工作吧，你们和蒋医生不要把我管得太严了……"

当时，正值上海的三月天，阴雨连绵，气温偏低；白天最高气温也只有 10 摄氏度，到 3 月 14 日，最低气温降至 3 摄氏度。陈赓在桌前一坐几个小时，一直写到手脚冰凉，总算写完了《序言》部分。

暮色降临，傅涯为陈赓送来茶点，想让他休息一会儿，可陈赓从稿纸上抬起头来，大脑还沉浸在高度集中的思考中，竟迟迟认不出她来。傅涯心疼地看着丈夫，百感交集，他觉得丈夫再也不能这样劳累疲乏了。

"休息休息吧。"傅涯轻声说。

陈赓接过茶杯喝了一口，才算从《作战经验总结》中回到现实中来。可是，他想补充的作战经验还没有写，他的心里放不下这件事，于是他对傅涯说："我写自己的过去，不是为了炫耀自己，而是要为党和军队提供一点儿可借鉴的经验与教训。我如果做不完这件事，你要接着做下去。至少要把这些事讲给孩子们听，让他们了解爸爸。"

傅涯点点头，她知道丈夫认准的事，是一定要做的，于是她说："你放心吧，这也是我的责任。"

3 月 15 日清晨，傅涯又去徐汇区委工作。

傅涯走后，陈赓让秘书王勉给聂荣臻办公室打电话说："陈大将让报告聂帅，他的心电图检查正常，可回京正常工作了。"聂帅闻之非常高兴，那天午饭时，聂荣臻说话也多了。

陈赓又一整天都在忙着撰写《作战经验总结》的事。这时，记忆的闸门一经冲开，就像一匹无羁的战马奔驰，把他带回硝烟弥漫的战争年代，戎马倥偬的战斗经历，全都浮现脑际，思潮滚滚，难以平静。

连日以来，陈赓健康情况愈来愈加恶化，时常感到全身软弱无力动作艰难，轻度劳动也不能胜任。如像洗澡时挂衣服这样的小事都异常吃力，手臂往上举不行，向下伸也不行，稍稍活动就感到心慌、气短、出汗。

这天下午小知涯从托儿所回来，叫嚷着："热，爸爸给我脱衣服！"陈赓伸手拽住知涯的袖口，用力一猛，忽然觉得有一股滚烫的血流正从小儿子炽热的手里涌向他衰老的血管，就像一股沸腾的浪潮先是渗入他的胸膛，随之又涌向太阳穴。然而，冠状动脉内的粥样斑块造成了血管痉挛，严重的心绞痛，他顿时脸色苍白，大汗淋漓，颓然倒在沙发上。他下意识用手抚摸胸部，腰佝着，眼眶发潮望着知涯，轻轻说："快去叫你妈妈……"

警卫员立即从丁香花园打电话告诉傅涯："首长不舒服，请你早点儿回来。"往常傅涯回来很迟，都是晚上 9 点到家，这天她 5 点就从徐汇区区委机关动身，半个多钟头就回到华山路。

傅涯赶来时，陈赓的疼痛似乎已经过去，他脸上装出没事的样子，打起哈哈："欢迎，欢迎！"

傅涯心慌意乱，忙问："好些了么？"

"托福你呀！"陈赓点了点头，还开了个玩笑。

这短暂的不很剧烈的胸痛，可能是他这次心肌梗塞大发作前出现的征兆，但未引起身边医护人员的重视，傅涯也没在意。他这个病，自 1957 年 12 月间第一次发作以来，已经 3 年多了。此刻虽然已经十分沉重，平常时候仍和常人一样，不到发作的时候，纵然已经开始异常，别人还是不容易觉察。

陈赓自己感觉身体难受的时候，还乐观地对副官曹德广说："我是第三次过鬼门关了，这次如能闯过去，还能工作十年。"他还说："病如果治不好不要紧，让毛主席、周总理、总司令、总书记和各位老帅活着就好，他们比我重要。"

还嘱咐说："万一不行了，不要将噩耗告诉总司令、刘帅、贺帅……不要惊动他们。"

这时陈赓住在楼下，共有四个房间，东头是一间大客厅，西头是他的卧室，被中间的餐厅隔开；走廊北侧，还有卫生间和警卫副官、护士住的房间。他的卧室南侧有门到院里，门外是一条暖廊。从走廊进入室内，北墙是被床头柜隔开的一对钢丝床，陈赓躺在西面的床上，傅涯躺在东面的床上。陈赓感到胸部有种不可名状的难受，胸闷伴有呼吸困难，隐隐作痛。

到了深夜，陈赓还是久久不能入睡，在他那蒙着一层仿佛是月光的苍白的脸上，两只眼睛发出了光芒。在黑暗中，那光芒具有某种特别感人的力量。他侧身凝视着对面床上的妻子，深情地问："傅涯，你怎么不看看我？"

傅涯连忙伸手打开台灯，侧转身来，望着陈赓问："有事吗？"那灯光的出现，仿佛缓解了他的痛苦。看得出来，他此刻所涌现的激动心情，甚至可能比同傅涯第一次会面那天更加激动。他知道，剩下的时光已经不多了。他想说话，不停地说话，说出自己的感情和他所经受的一切……可此时此刻，在妻子温柔的目光中，他只轻轻地摆了摆手。可惜傅涯没有完全意识到……以后只要想到此情此景，傅涯总觉得无限遗憾。

傅涯对着陈赓望了一会儿，就劝慰他："不舒服就好好睡一觉，暂时别想写文章的事情了。"

陈赓苦笑着摇了摇头，又伸出右手晃了晃，然后指着脑袋惨然一笑："机器一开动，就停不下来了……"

"你累了，早些睡吧。"傅涯劝陈赓。这貌似平淡的一句话，隐含了多少揪心的担忧，多少牵肠挂肚的心疼，傅涯担心陈赓因失眠而劳累。

可是今晚陈赓想的，未必只是写文章的事，这些天的思潮起伏，写文章自然是个由头。由此而开始的苦思冥想，打破了内心的平静。记忆的波涛滚滚而来，时常引起心情的激动。这对他的病情产生直接的影响，成为这次发病的诱因。

陈赓这时胸部不可名状地难受，向左臂、背部和肩部放射，左胸的堵塞感和压迫感，使他还是难以入睡，可他却不忍心再次叫醒傅涯了。他在床上翻来覆去了好久，才渐渐睡去……

第二天黎明，天色阴暗，寒风吹得门窗发出怪叫。窗户蒙上一层水汽。6点多钟，陈赓被剧烈的胸痛惊醒，他的前额上面渗出了密密麻麻的细小汗珠，很明显，陈赓正在经历他平生最后的一次搏斗，他正在为自己的生存而挣扎。夜间蒋大夫已紧急采取措施用药，缓解心脏病发作。

此时，蒋大夫又赶快给华东医院打电话，请求紧急抢救。正巧这天是星期日，医院里的抢救队未能及时赶到。住在隔壁的粟裕的保健医生张愈跑过来帮忙。两位医生开始紧急抢救，可身边缺少抢救设备。

陈赓的胸痛仍在继续，他的头脑还是清醒的，他问身边的大夫："今天是不是应该打肝素啦？"打肝素是用以防止血栓的。在北京的时候，北京医院的大夫每周来注射两针，来到上海，还坚持着。

疼痛持续下来，长时间没有缓解，陈赓这天未能起床。8 点钟的时候，小知涯跑来叫爸爸起床吃饭，他望着天真的孩子，轻轻地摇摇头，知涯跑出去了，天真的知涯哪里知道爸爸已到生命垂危的紧急关头。

医院的医生还没有来。看到陈赓那痛苦的面容和额角的冷汗，傅涯拿来一片硝酸甘油，塞进他的嘴里，可是很快又被他吐了出来。谁也没注意那救命的小白药片已经从陈赓的嘴里滑落出来。剧烈的疼痛使陈赓的表情极度痛苦，因为心脏疼痛，他的衣服胸部已经被摸出了大窟窿。他大汗淋漓，在床上翻腾，拼尽最后一丝力气忍受疼痛的折磨。

傅涯紧紧握住他的手，焦急地望着他的眼睛。陈赓已经把牙咬得咯咯发响，使尽最后的力气挣扎着……

傅涯一直紧握陈赓的手，她的心开始滴血，眼泪也滚落下来，站在床前焦灼地望着丈夫。陈赓已经神志昏迷，病情正在一阵比一阵恶化。傅涯渐渐感到，陈赓的手慢慢变凉了，瞳孔逐渐扩散开来……

医院的大夫赶来了，医院的院长也赶来了。

打强心针，无效！

胸外心脏按压，无效！

做人工呼吸，无效！

进行穿刺，依然无效……

能使用的办法都用上了……全部无效。

陈赓痛苦地熬过了最后的时刻（后来遗体解剖时，心壁瘤——心肌梗塞后的淤血，淤了大约 10 毫米厚）。

"首长！"站在近旁的保健护士小崔看到陈赓的瞳孔放大，身体开始渗血，不禁失声痛哭。

"陈赓！……"傅涯声音颤抖，一声接一声地呼唤着，泪如泉涌。她依然紧紧地握住陈赓的手，那个拿起枪能百发百中的大手渐渐地变凉了；她依然深情地看着陈赓的眼睛，那双明亮、智慧的眼睛慢慢失去了光泽。他的表情从痛苦转为凝固的安详，他再也不能回答人们的呼唤了，傅涯仍紧紧地握着陈赓的手，她的脑海里一片空白，她不敢相信这是真的，她没有想到陈赓的病情会发展得这样快，这样突然，傅涯失声痛哭起来。

1961 年 3 月 16 日 8 时 45 分，陈赓的心脏停止了跳动。他去世后的第一天正好是他的阴历生日二月初一。他太累了，他静静地长眠了。这颗将星终于为中国人民的解放，为新中国的建设，释放了他全部的能量，而过于匆忙地陨落了。

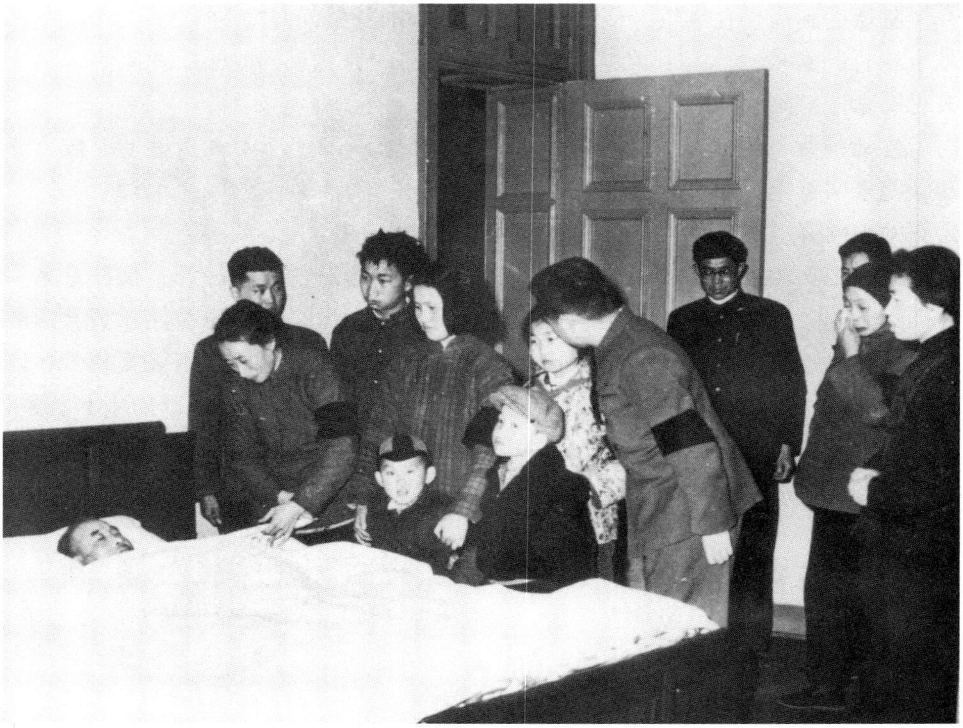

1961 年 3 月 16 日，家人与陈赓最后告别。

他传奇的一生，身经百战的常胜将军，却仅仅活了 58 岁。

四、活在人民心中

3 月 16 日上午，聂荣臻办公室接到王勉秘书伴着哭声的电话："陈大将凌晨心脏病突然发作，抢救无效，他走了……"

聂荣臻办公室主任范济生怀着悲痛的心情，向聂荣臻报告陈赓不幸的消息，聂荣臻突闻此噩耗，受到沉重打击，猛地站了起来，直瞪着悲痛的眼睛，说不出话来。心都碎了，心碎无声。他坐下来，双手拍着桌子沉痛地说："太突然了！太可惜了！太可惜了！不是昨天还说很好吗？"又说："如可赎兮，人百其身。"

陈赓去世的翌日，新华社发表了《中华人民共和国国防部讣告》：

新华社 16 日讯　中华人民共和国国防部讣告

中华人民共和国国防部悲痛地宣告：中国共产党中央委员会委员、中华人民共和国国防部副部长、中国人民解放军大将陈赓同志因患心脏病，医治无效，于 1961 年 3 月 16 日上午八时四十五分在上海逝世，享年 58 岁。

陈赓同志是中国共产党的优秀党员，是中国人民解放军杰出的指挥员，是中国人民的忠诚战士，是毛泽东同志的好学生。他于1922年参加中国共产党，入党后立即投入了长沙的学生救国运动；1924年入黄埔军官学校学习，并参加了革命的东征。在蒋介石叛变革命后，他参加了著名的“八一”南昌起义，以后又转到上海中央机关工作。1930年后，他便一直在中国工农红军中工作。在第二次国内革命战争时期，担任过红军的师长、红军学校校长；在举世闻名的二万五千里长征中，担任红军干部团团长；在红军长征到达陕北后，担任红军第一师的师长；抗日战争时期，担任过八路军一二九师的旅长和太岳军区司令员。1945年在中国共产党第七次全国代表大会上，当选为中央候补委员。在第三次国内革命战争时期，他担任过纵队司令员、兵团司令员和西南军区副司令员兼云南军区司令员。中华人民共和国成立后，他又满怀义愤地投入了伟大的抗美援朝战争，荣任中国人民志愿军副司令员。朝鲜停战协定签订后，陈赓同志回国，1954年被任为中国人民解放军副总参谋长；1956年在中国共产党第八次全国代表大会上，被选为中央委员。1959年被任为中华人民共和国国防部副部长。陈赓同志39年如一日，为了党和人民的事业，忠心耿耿，鞠躬尽瘁。他具有无产阶级的坚定性格，顽强不屈的革命魄力和共产党员的优良品质。在长期的革命战争中，为中国人民的解放事业建立了卓越的功勋。在社会主义革命、社会主义建设和我军的现代化、革命化建设中，都坚决地拥护和贯彻执行了党的路线、方针、政策，取得了卓越的成绩。陈赓同志的一生，是一个无产阶级革命战士的一生，他把自己的毕生精力献给了伟大的共产主义事业。为了悼念陈赓同志，我们号召：中国人民解放军的全体指战员，要学习陈赓同志的革命精神，在党中央和毛主席的领导下，团结一致，高举三面红旗，为加强我国的国防建设和社会主义建设，为反对美帝国主义的侵略，为解放台湾，为保卫世界和平而奋斗。

陈赓同志永垂不朽！

这一噩耗，对于熟悉陈赓的人打击太沉重了。住在丁香花园隔壁的粟裕最先得知，他听到消息，急忙就往陈赓住处赶，但已经晚了，他受此强烈刺激，加重了原来的病情，竟瘫在地上不能行动了。

在上海的李克农，前不久还和陈赓一起聚餐，老战友加老朋友有说有笑，情深意长。原来他两人计划把20世纪30年代中央特科的历史回忆写出来，以弥补中共党史中的这一段空白。现在，突然惊闻噩耗，简直不能相信这是事实，大睁着双眼，很久很久没有说话，接着就患了重病，一年后也告别了人世。

宋庆龄身边的工作人员听到这一噩耗，知道她与陈赓之间的深厚友谊，想尽办法先瞒住她，扣下了刊登讣告的报纸，并且把她的收音机制造了故障。可是后来她终于得知，情不自禁地扑倒在床上痛哭。

3月17日下午，当傅涯护送陈赓骨灰回到北京，就接到宋庆龄从上海发来的唁电。

新华社上海 17 日电　中华人民共和国副主席宋庆龄今天致电慰问陈赓同志的亲属，对陈赓同志的不幸逝世表示深切的哀悼。唁电说，陈赓同志为中国人民的解放事业献出了毕生的精力，立下了卓越的功勋。陈赓同志的躯体虽逝，而精神永存。

3 月 19 日，宋庆龄怀着极大的悲痛，写给廖梦醒一封英文信（以下为译文）：

最亲爱的辛西娅：[①]

尽管未能很快提笔写信，但我一直十分挂念你。我们的好同志和伟大的朋友陈赓突然去世，在如此巨大的损失之中，我真不知该如何安慰你。这个打击真是太大了，使我悲伤至极。我感到心力交瘁。为什么好人总是在英年谢世而去呢?

陈赓为我们共同的事业，鞠躬尽瘁，他在各个方面都堪称一个共产党人的楷模。

我难过万分，严重的失眠使我无法写长信。我想念你，并希望这些日子你不致比我更痛苦。善自珍重。一俟心境好些，我会给你写信的。

深深的爱和思念。

宋庆龄

3 月 19 日

远在南京的南京军区副司令员郭化若，闻讯于当天下午赶到上海，一进丁香花园就哭喊道：“陈赓同志，我来晚了！”他进到灵堂立即趴到陈赓身上大哭：“生我者父母，知我者陈赓啊！”在场的人无不怆然泪下。

忘不了，永远忘不了！郭化若对陈赓有过这样一段回忆：

1934 年 10 月长征开始。红军大学和其他几所学校组成了干部团，团长是陈赓，政委宋任穷。

10 月 18 日，我随干部团离开瑞金县九堡村，踏上了长征的漫漫征途。干部团编有 1、2、3 营和特科营、上干队。我编在团部，因为陈赓同志要我做参谋工作，每到一地号房子、找向导、写宿营报告，都是我的事。陈赓说：“你是一个方面军的代参谋长，被分配来做团参谋，委屈你了。”但我知道，这还是陈赓同志对我的信任，对我的器重。我这样一个被开除党籍的人，当时是没人管的。干部团的不少人自身难保，谁敢多接近我呢。出发前发放服装就把我拉了。我问陈赓同志能领衣服吗？陈赓同志说当然应该领，他亲自去帮我跑了一趟，但发放完了，没有了。我连一双布鞋都没有，请人做了一双麻草鞋……

---

① 辛西娅为廖梦醒的英文名。

> 长征初期，执行王明“左”倾冒险主义的党中央，对我这样的人是不信任的，像我、萧劲光、宋时轮等人的行动开头都受人监视。我记得一天下午快到黎平时，部队在行进中受阻，敌人在一个小山头上用轻机枪扫射。陈赓派一个参谋带一个营去把敌人轰走，未成功。他站在一个高坡上同宋任穷说：“要派一个最可靠的人去？”大家都没有回答，我就问：“我去行不行？”他马上回答：“那当然可以。”我便带着那个营再去，那个参谋也去了，他走在前面，敌人枪响后，我叫他卧倒，他仍前进，结果一发子弹将他的左腿穿了一个窟窿，只好叫人背他下去，我指挥大家利用地形地物隐蔽自己，并指定 1 个分队向敌侧后迂回，前后夹攻，没有怎么打枪，大家呐喊一阵，到黄昏时，敌人就退回去了。我们也不去追，撤回来继续赶路。这一仗之后，据说再没派人监视我了。
>
> 有人说：“长征全靠两条腿”，我的腿也靠不了，只能是“长征全靠一片心”。倘使当年便战死或者掉了队，那真是“一生真伪有谁知？”①

由于陈赓的信任和鼓励，郭化若跟着红军走完了长征，走向了胜利。最让他感动的是，当时陈赓自己也处在困难时期，郭化若清楚地记得：

> 其实开始时对陈赓也是不信任的，因他曾被捕，后经宋庆龄等营救出狱。跑回了苏区，但博古等对这段历史有怀疑，派人去查询，过了遵义，问题查清了，他才受到信任。

陈赓把自己因被捕逃出监狱，在长征初期没有党籍的经历告诉郭化若，鼓励他要相信党组织，一直到遵义会议，陈赓恢复了党籍。陈赓忍辱负重，还要帮助比他更困难的同志，郭化若此生此世也忘不了陈赓的恩情。

在陈赓逝世后几天，郭化若于 1961 年 3 月 20 日写信给傅涯回忆陈赓对他的帮助时说：“我是在黄埔时就对陈赓同志慕名的人，在长征中我追随他左右，他每于夜晚行军中总以客观主义的精神同我谈了许多有趣的故事和笑话，鼓励我们，使（让）我们忘记了长征的疲劳。他在我受了不白之冤时（遵义会议前），能洞察和了解我，敢于在战争中给我以负责的战斗任务，这种信任，给我以莫大的鼓舞和安慰，使我从他身上看到了党的公正和光明。”正是因为陈赓对郭化若的信任和帮助，郭化若在受党组织审查期间，率军打仗立下战功，得到了党的信任，后来成长为解放军的高级领导干部。所以，多少年来，郭化若一谈起陈赓就说：“陈赓同志是我们共产党最好的党员，是我们最好的同志，也是我最好的首长之一，我是永远不会忘记他的。”

3 月 19 日，首都各界人民和驻京陆、海、空三军的干部和战士，陆续来到首都中山公园中山堂，吊唁中国人民的忠诚战士陈赓大将。

陈赓的灵堂设在中山堂。灵堂正中悬挂着陈赓大将的遗像，遗像两旁垂着

---

①《郭化若回忆录》，军事科学出版社 1995 年版，第 99—100 页。

黑纱，下面布满了常青的盆松。遗像前面的灵台上，安置着陈赓的骨灰盒，上面覆盖着“八一”军旗。灵台两旁，摆着毛泽东、刘少奇、周恩来、朱德、陈云、林彪、邓小平等中共中央和国务院等国家领导人送来的花圈；灵堂内外，还布满了各机关团体送来的挽联和花圈。

中共中央各部门、国家机关各部门、各民主党派和人民团体的负责人和干部，人民解放军各总部和各军种、兵种、院校的干部和战士，北京市各界人民群众陆续来到中山堂。他们抬着花圈、戴着黑纱或白花，在哀乐声中来到陈赓同志的灵前志哀，悼念这位一生对党对人民忠心耿耿，把毕生精力献给伟大的共产主义事业的忠诚战士。

苏联、越南民主共和国、朝鲜民主主义人民共和国、德意志民主共和国等国家驻中国的大使、代办和外交官员，以及各国驻华武官，也先后到陈赓同志灵堂吊唁。

中共中央副主席、国务院总理周恩来，中共中央政治局委员、中华人民共和国副主席董必武，中共中央总书记、国务院副总理邓小平，中共中央政治局委员彭真、陈毅、刘伯承、李先念，中央政治局候补委员乌兰夫、陆定一、康生、薄一波，中共中央委员徐向前元帅，国务院副总理兼中国人民解放军总参谋长罗瑞卿大将，国务院副总理习仲勋，全国人民代表大会常务委员会副委员长郭沫若、陈叔通、林枫，国防委员会副主席张治中、傅作义等，先后在陈赓大将遗像前静默志哀。在离开灵堂的时候，还慰问了陈赓的家属。

这期间，中共中央副主席、全国人民代表大会常务委员会委员长朱德，贺龙、罗荣桓、聂荣臻，副委员长程潜、何香凝，也分别电唁陈赓的亲属，对陈赓的逝世，表示沉痛的哀悼。

陈赓病故时，周恩来正在广州，惊闻陈赓病逝的消息，十分悲痛。陈赓是周恩来在黄埔军校和上海地下斗争时期的得力助手。长征过草地时，周恩来身患重病，是陈赓和兵站部部长杨立三等用担架抬着他走过来的。周恩来是一个十分重感情的人，为了要参加陈赓的追悼会，亲自打电话报告中共中央，陈赓的追悼会请等他回京后再开。

周恩来还给陈锡联打电话说：“陈赓同志突然在上海病逝了，你们俩的关系很好，你来北京帮助料理一下丧事。”陈锡联和夫人王璇梅立即从沈阳赶到了北京。

3 月 25 日，首都各界在中山公园中山堂隆重公祭陈赓。周恩来经武汉准时赶回北京，下了飞机就直奔中山堂参加了公祭。

参加公祭的还有：邓小平、董必武、彭真、陈毅、郭沫若、刘伯承、李先念、乌兰夫、陆定一、康生、薄一波、徐向前、罗瑞卿、张治中、傅作义等党与国家领导人。陈赓的灵堂内放着常青盆松和鲜花。灵台上安置着陈赓的骨灰盒，上面覆盖着中国人民解放军“八一”军旗。灵台前面陈放着中国共产党中央委员会、国务院和国防部的花圈，两侧摆着毛泽东、刘少奇、周恩来、朱德、

1961 年 3 月 25 日，周恩来、徐向前在中山公园中山堂沉痛吊唁陈赓同志。

宋庆龄、陈云、林彪、邓小平、董必武等党和国家其他领导人敬献的花圈。灵堂内外还悬挂着许多缟素的挽联和挽幛。

公祭大会在下午三时三十分开始。乐队奏哀乐后，中共中央委员、国务院副总理、中国人民解放军总参谋长罗瑞卿大将致悼词。

悼词全文如下：

中国人民的优秀子弟，我们的亲密战友陈赓同志，因病不幸于 1961 年 3 月 16 日逝世。这是我党我军的重大损失。党和国家的领导人，我军全体指战员以至全国人民，都深感悲痛。

陈赓同志从 1922 年加入中国共产党起，直到逝世那天止，39 年来，把自己的全部精力，献给了中国人民解放事业和伟大的共产主义事业。1945 年，在党的七届全国代表大会上，他被选为中央候补委员；1956 年，在党的八届全国代表大会上，他被选为中央委员。陈赓同志从青年时代就献身于人民革命斗争。他入党不久，立即投入了长沙的学生爱国运动；在中国共产党领导的历次革命战争中，他一贯勇往直前，不怕任何困难，不计个人安危。他参加过大革命时期的东征战役和北伐战争；参加过著名的“八一”南昌起义；参加过第二次革命战争和举世闻名的二万五千里长征，历任中国工农红军的师长；红军学校校长，红军干部团团长。在抗日战争期间，担任八路军 129 师的旅长和太岳军区司令员。在第三次国内革命战争中，担任纵队司令员，兵团司令员，西南军区副司令员兼云南军区司令员和云南省主席。抗美援朝战争中，他又奔赴前线，荣任中国人民志愿军副司令员。朝鲜停战后，陈赓同志回国，先后被任命为中国人民解放军副总参谋长和中华人民共和国国防部副部长。陈赓同志的一生，是光荣的、革命的、战斗的一生。他忠心耿耿，为党为人民做出了卓越的贡献，立下了不朽的功勋。

陈赓同志，是中国共产党的优秀党员。在反革命的牢狱中，他表现了

1961 年 3 月 25 日，首都各界隆重公祭陈赓同志。

忠贞不屈和坚定顽强的无产阶级战士性格；在长期而艰难的战争岁月中，他表现了对革命事业的高度胜利信心和革命乐观主义精神。在中国革命的各个历史阶段，他始终坚定地站在革命立场上，高举毛泽东思想红旗，为维护和贯彻党的正确路线、方针、政策而奋斗不懈。陈赓同志的全部经历，表现了他是彻底的革命派，对无产阶级事业具有无限的忠诚。陈赓同志疾恶如仇，大公无私，待人热情诚恳，耿直谦虚。无论是在艰苦的战争岁月，还是在和平建设时期，他始终和人民群众、广大士兵同呼吸、共命运，表现了共产党员的高贵品德。

陈赓同志也是我军一位杰出的指挥员。抗日战争中，太岳地区反日伪"扫荡"的屡战屡捷，第三次国内革命战争中挺进豫西的巨大胜利，都显示了陈赓同志对毛泽东军事思想的深刻理解和卓越的军事天才，他对部队思想政治工作的重视，对群众路线的运用，对部队作风的培养，对士兵生活的关怀，都表现了他是毛泽东同志的好学生。

陈赓同志对中国人民解放事业不可磨灭的贡献，全党全军以至全国人民将永志不忘。陈赓同志所具有的无产阶级革命战士的高尚品德，永远值得我们学习，全军指战员，将化悲痛为力量，继承陈赓同志的革命精神，在中国共产党和毛泽东同志的领导下，更高地举起三面红旗，为建设和保卫我们伟大的社会主义祖国，为反对美帝国主义的侵略，为解放台湾，为保卫世界和平而奋斗！

安息吧，陈赓同志！[①]

公祭仪式结束后，在哀乐声中起灵。陈赓的骨灰盒移置北京西郊八宝山革命公墓。

事后，周恩来亲笔为陈赓的骨灰盒题写三张“陈赓同志之骨灰”供陈赓的夫人傅涯选用。当邓颖超将这三张题字送到傅涯手中时，傅涯感动得流下了热泪。

就在开追悼会这天，徐向前早早地就来到中山堂，他在休息室里辗转徘徊，满怀惋惜之情地说：“我真想不通，在延安时，冬天很冷，我穿皮袄，他还洗冷水浴。他身体那么好，怎么会走在我前面！”

聂荣臻直到晚年，一提起陈赓就油然生起痛惜怀念之情。他常说：“太可惜了，陈赓不满 60 岁就过早地走了，这是我们党的一大损失！”聂荣臻有时回忆起尖端武器初创时期的艰难时，他很自然地联想到陈赓，感慨地说：“陈赓是我们党内热心科学事业老同志之一，那时像陈赓这样知难而进的人是少了点儿！”

陈毅和陈赓有几十年的战友情。3 月 17 日陈赓的骨灰由上海专机运抵北京，陈毅亲自前往机场迎接陈赓的骨灰。

陈赓逝世的讣告向全国全世界公布后，倾注深情和思念的唁电、唁函立刻从世界各大洲和全国四面八方纷纷飞往北京。

当时董必武怀着极其悲痛的心情，写了一首挽诗：

悼陈赓同志

董必武

从军原是为人民，百战勋劳总不矜。
矫捷沉雄谁得似，骠骓差可望神鹰。
解放东江见大功，人思往事倍增惆。
木棉本是英雄树，花泣高枝雨亦红。
忆昔长征上干团，曾经履武并随肩。
羡君年富多材勇，国栋何期早作仙。
创建人民解放军，颇劳擘画显精神。
躬行实践真模范，忠荩流芳万古新。

陈赓去世一年后，叶剑英也赋诗一首，纪念陈赓。

怀念陈赓同志[②]

叶剑英

不计浮名不畏难，从无艰险落君前，

---

① 原载 1961 年 3 月 26 日《解放军报》。

② 本诗是叶剑英元帅 1962 年所赋《八一建军纪念日忆战烈——诗五首》中的一首。湖海：意指湖海之豪气。元龙：即三国魏国伏波将军陈登，字元龙。继祖先：意指陈赓与陈元龙同姓陈，继承了祖先的豪气。

平生嫉恶如仇寇，湖海元龙继祖先。

陈赓的亲属接到这样的悼文、挽联、挽诗和纪念诗词有几十首，已收入《陈赓大将诞辰一百周年纪念文集》。

几十年后，傅涯把陈赓用鲜血和生命写成的大量日记整理出来，由解放军出版社出版。让这一篇篇用血与火凝结而成的文章，在中国大地上留传下来。

陈赓去世的三天后，王震写给其在哈军工读书的两个儿子王军、王之一封信，信里全是对老战友陈赓的回忆，全文如下：

军军、之之：

先后收到了你们的信，我现已经可以比较自由行动了。昨天（十八日）我怀着沉重的心到了中山堂吊唁陈赓大将军，这位中国人民解放军的杰出指挥员逝世，是我们的很大损失。陈大将军不仅在中国人民几次革命战争中有着卓著的功勋，而且在建军上也有重大贡献，因此他是人民解放军公认的毛主席的优秀学生和好战士。陈大将军创办军事工程学院贡献了创造的组织才能，正确地具体地贯彻执行毛主席指示要尽快地建设一支现代化的革命军队，创办你们这所学校来培养又红又专的新一代军事人才。在这样的心情的时候，我勉励你们学习已故院长的革命精神，学习现代革命军人应具备的知识。我和陈大将军在离石的一个照片迟几天寄给你们一张。握手！

你们的爸爸

1961年3月19日

更重要的是，陈赓一直活在人们心中。陈赓去世20多年后的1984年，在北京召开六届人大二次会议和六届政协会议，全国政协常委、原哈军工教授、时任国防科技大学副校长的曹鹤荪，对记者谈道：哈军工初创时期，朝鲜战争还未结束，毛主席高瞻远瞩，把陈赓将军从战场上调回国来，负责创建哈军工。这说明党中央以战略眼光看到了现代科技和教育对于国防建设的作用。十年树人，“文革”前的哈军工毕业生，目前分布在国防科技工业战线，发挥着骨干作用。这就是说，“文革”前的教育投资，我们至今还在受益。

在谈到怎样才能把军队院校办得更好，培养出更多的优秀人才时，曹鹤荪教授深情地说：“每当谈到选拔优秀领导干部管教育，我总是特别怀念陈赓大将。他热心教育事业，关心科技人才，对知识分子虚怀若谷。他把好的楼房让给我们住，自己住普通平房。特别是他那种对工作狠抓落实的精神，非常令人感动。我想，现在军事院校的领导人，也要学习和发扬陈赓同志的这种可贵精神。”

邓小平到了晚年，也喜欢回忆战争年代的事情，有一次，邓小平给女儿毛毛讲了陈赓的故事，因为陈赓是刘邓手下的一员最出色的爱将，他胆识过人，为人豪爽，生性活泼，甚至有点儿调皮，深得刘邓赏识。刘邓多次让他独当一面，担当重任。邓小平对女儿说：

那些仗，打得快呀！原因是敌人跑得快。我们的追击，都是成排、成连、成团的跑路，否则追赶不上。我们的部队，分成了多少路呀？陈赓打得最远，占领了江西的全省。红军时期，蒋介石抓住了陈赓，后来因为念及陈赓在大革命时期曾救过蒋介石一命，就把陈赓放了。蒋介石放陈赓的时候，在南昌，有人说："欢迎你再来。"陈赓说："再来，我就带十万部队来！"结果，真的是陈赓带兵去占领了南昌。幸好我们当时没让陈赓打南京，让他直接往南边打去。否则，陈赓就实现不了他的诺言和愿望了！

一说起陈赓，邓小平十分骄傲，欣赏不已。[①]

陈赓已经离开人们40多年了，他一生功勋卓著，他为中国革命创造的英雄业绩、崇高品德、军事思想和传奇故事，将永远留在中国人民的记忆里，永远留驻在中国的大地上。

---

① 摘自1993年10月2日《解放军报》。

陈赓生平大事年表
（1903—1961）

1903 年　诞生

■ 2 月 27 日　生于湖南省湘乡县二都柳树铺羊吉安村（现为湖南省湘乡市龙洞乡泉湖村羊吉安）。

1909 年　6 岁

■ 就读于本乡私塾。

1912 年　9 岁

■ 进入邻近的七星桥谭家祠堂私塾就读。

1915 年　12 岁

■ 进湘乡县立东山高等小学堂学习。

1916 年　13 岁

■ 年底　投湘军鲁涤平部第六团第二营当兵，从军近五年，从 1916 年到 1920 年间，参加过讨伐吴佩孚、张敬尧、赵恒惕、“护法”之役、湘鄂之役等发生在湖南境内的战争。由二等兵依次升至上士。

1921 年　18 岁

■ 是年秋　脱离湘军到长沙，一面奉职于粤汉铁路，为湘局办事员。一面在工作之余继续求学，进过各种补习学校和业余中学。开始阅读《新青年》《社会进化论》等进步书刊。在长沙参加青年救国会等群众团体，积极从事反帝爱国运动，立志献身革命。

1922 年　19 岁

■ 曾进毛泽东倡导开办的湖南自修大学，和何叔衡、郭亮、徐特立领导下的革命团体有了较密切的接触，积极参加革命活动。加入中国社会主义青年团。

- 年底　成为中国共产党党员。入党后曾经武汉沿长江到上海并在国共两党合办的上海大学旁听。

1923 年　20 岁

- 2 月　参加湖南各界声援“二七”惨案的罢工和示威。
- 4 月　被选为湖南外交后援会执行委员。
- 6 月 1 日　日军屠杀长沙人民，造成“长沙惨案”。积极参加反日斗争并曾负伤。
- 年底　受党组织选派，在长沙秘密报考广州陆军讲武学校，录取后，即赴广州报到。

1924 年　21 岁

- 1 月　在广州作为旁听代表，出席中国国民党第一次全国代表大会。受到孙中山接见。
- 4 月　报考广州陆军军官学校——黄埔军校。
- 5 月　考进黄埔军校第一期，编入步科第三队。后担任黄埔军校中共第一个党支部候补干事。以后又任三队中共党支部书记。
- 10 月中旬　参加平定广州商团叛乱的战斗。
- 11 月底　从黄埔军校毕业，留校任第二期入伍生连连长、第三期本科副队长。积极参加了历次革命斗争。
- 在黄埔军校期间，结识廖仲恺、宋庆龄、周恩来、聂荣臻、叶剑英等人。

1925 年　22 岁

- 1 月　作为黄埔军校湖南学生的代表，列席中国国民党第二次全国代表大会。
- 1 月 18 日　在黄埔军校发起成立血花剧社。
- 2 月 1 日　参加发起成立“青年军人联合会”，出版刊物《青年军人》。
- 2 月至 3 月　随革命军第一次东征，讨伐广东军阀陈炯明，驱逐陈炯明部队到粤东，取得第一次东征的胜利。
- 5 月　奉命单独进广州，侦察反动军阀控制广州的敌情，参加平定军阀杨（希闵）、刘（震寰）叛乱。
- 6 月 23 日　英法帝国主义制造“沙基惨案”时，参加抗击英法侵略军的战斗。29 日开始的省港大罢工中，曾奉派参与组织与训练省港工人纠察队。

■ 8月20日　国民党左派领袖廖仲恺被右派暗杀，在周恩来直接领导下，积极捉拿凶手。

■ 10月　参加第二次东征讨伐广东军阀陈炯明。27日，陈炯明部主力在五华县华阳地区包围并直扑东征军总指挥兼第一军军长蒋介石的总指挥部，情势十分危急，陈赓掩护蒋迅速逃离险境。又冒险翻山越岭为蒋送信给160里以外的海丰地区东征军第一师的周恩来，派部队接蒋到第一师。

■ 11月　蒋介石调陈赓任他的侍从参谋。

1926年　23岁

■ 3月　任黄埔军校第四期步科七连连长。参与领导左派学生组成的“青年军人联合会”，参加“血花剧社”演出，跟右派组织“孙文主义学会”及其“白花剧社”进行了顽强的斗争。

■ 3月20日　国民党右派制造“3·20中山舰事件”。在周恩来领导下，同蒋介石面对面地进行斗争。

■ 5月　蒋介石向国民党二届二中全会提出“党务整理案”。此案通过后，蒋介石强迫黄埔军校国民党内共产党员退出共产党。共产党内的机会主义分子，竟然也劝共产党员退党，“作国民党左派”。陈赓坚决反对机会主义分子的蛊惑，打定主意终身作一个共产党员，毫不犹豫地公开了自己的共产党员身份，声明脱离国民党党籍。

■ 5月至7月　期间常到由毛泽东任所长的农民运动讲习所，听毛泽东、周恩来、萧楚女、林伯渠、彭湃、陈延年等人讲课。

■ 7月　广东国民革命军开始北伐，参加北伐誓师。

■ 9月　受中共中央派遣赴苏联学习政治保卫工作和群众武装暴动经验，留在苏联远东地区三个多月。

1927年　24岁

■ 2月　回到上海，参与上海工人第三次武装起义的准备工作。

■ 3月　经南昌到武汉，向中共中央报告蒋介石即将背叛革命的阴谋活动。担任国民革命军第八军（唐生智部）特务营营长。

■ 4月　出席在武汉举行的中国共产党第五次全国代表大会。“4·12”以后，在武汉发起成立黄埔同学讨蒋委员会，发表宣言，声讨蒋介石叛变革命的罪行。

■ 5月　与王根英在武汉结婚。

■ 7月15日　武汉的国民党叛变革命后，被迫离开特务营。

■ 7月下旬　随周恩来经九江到南昌，为南昌起义作准备。

- 8 月 1 日　参加南昌起义，与李立三共同负责政治保卫和接收银行。
- 8 月 24 日　南昌起义军南下途中，在贺龙的第二十军第三师第六团第一营任营长，在会昌战斗中左腿负重伤。
- 10 月　起义军撤离潮汕后，经香港转往上海，在中共党组织帮助下，进牛惠霖骨科医院治疗腿伤。

1928 年　25 岁

- 在上海中央特科工作，共四年，化名王庸，同国民党反动派进行隐蔽斗争。

1931 年　28 岁

- 6 月　由中央特科派往天津开展隐蔽斗争。
- 9 月　被派往鄂豫皖苏区，于十月初到达，任中国工农红军第四军第十三师三十八团团长。
- 11 月 7 日　红四方面军成立，被调任第十二师师长。
- 11 月至次年 6 月　率部参加鄂豫皖苏区第三次反围剿作战。
- 11 月 10 日至 12 月 22 日　率部参加黄安战役，担任主攻任务。攻占黄安县城，全歼敌第六十九师，俘敌师长赵冠英，歼敌 1.5 万人。

1932 年　29 岁

- 1 月 12 日至 2 月 2 日　参与商（城）潢（川）战役。率红十二师完成对敌包围，后又担负正面御敌任务，在豆腐店村地区打了漂亮的伏击战。
- 6 月 12 日至 16 日　参与潢（川）光（山）战役。率红十二师在双柳树全歼敌第 228 旅，击毙敌旅长范龙章。
- 6 月 25 日　率红十二师进行第四次反“围剿”的鸡公山攻击战，歼敌 1 个团。
- 9 月 1 日至 5 日　在新集西北扶山寨战斗中右腿负重伤。
- 10 月　红四方面军主力离开鄂豫皖苏区，行至豫南地区，离队潜往上海治伤。
- 11 月　到上海又进牛惠霖骨科医院治疗腿伤。
- 曾经过上海中央局向中央揭发张国焘的错误路线。并两次会见鲁迅，讲述鄂豫皖苏区军民的斗争事迹。

1933 年　30 岁

- 3 月 24 日　在上海被捕。

- 5月底　被营救从南京逃出，派往中央苏区，任红军第一步兵学校即彭杨步兵学校校长，为培养红军连、排级干部辛勤工作。

1934年　31岁

- 10月　随中央红军长征，任军委干部团团长（干部团由红军大学、彭杨步兵学校、公略步兵学校和特科学校合并组成），从瑞金出发参加长征，负责警卫中央机关的安全。

1935年　32岁

- 1月初　率干部团负责架设浮桥，红军突破乌江，保障全军渡江。
- 1月中旬　遵义会议期间，奉周恩来指示，率干部团担任会议警卫工作。会后，对他在上海工作和被捕的那段历史，经过审查，认为他对党忠诚，立场坚定，中央作出明确结论。
- 1月24日至28日　在贵州赤水土城镇，由于敌我兵力悬殊，在增援部队未到时，率干部团发起反冲击，连续击退四川军阀军队的猛烈进攻，保卫了中央首长的安全，受到毛泽东等领导人赞扬。
- 5月　率干部团袭占皎平渡，保障全军巧渡金沙江。
- 8月　军委干部团与红四方面军红军大学合并，调任红一军团工作。
- 9月　红一方面军主力和中共中央、中革军委直属部队改编为陕甘支队，任第13大队大队长。
- 10月　陕甘支队到达陕北。11月初与红十五军团会师，11月3日恢复红一方面军番号，任红一军团第十三团团长，参加红一方面军围攻直罗镇战役，率十三团担负主攻任务。此役共歼敌1个师又1个团。左手拇指负伤。
- 12月　任红一军团第一师师长。

1936年　33岁

- 2月20日至28日　率红一师东渡黄河参加红一方面军东征战役。先后进行了中阳县关上村进攻战、孝义县兑九峪反击战、吉县进攻战、晋西地区掩护红军主力渡（黄）河战斗等。与兄弟部队一起共歼山西军阀阎锡山部7个团，俘4000余人。
- 5月　参加西征战役。率红一师协同兄弟部队共同开辟了陕西、甘肃、宁夏的豫旺、同心、定边等广大新区。
- 10月　率部代表红一方面军先后与红四、红二方面军会师，实现了中国人民工农红军三大主力胜利会师。
- 11月　参加山城堡战役。率红一师担负主攻，迫使敌军全线后撤，停止进攻。此战结束了国共10年内战。

1937年　34岁

- 1月　入延安中国人民抗日红军大学第二期学习，进校后正值学校改名为“中国人民抗日军政大学”（简称“抗日军政大学”或“抗大”），任第一队队长（学员是红军军、师级干部）。
- 4月　奉命赴西安联络国民党军中的黄埔同学联合抗日。
- 5月　在延安接待国民党中央考察团来红军考察，促进国共联合抗日。
- 7月　调往红三十一军工作。
- 7月7日　卢沟桥事变发生，中国人民开始了伟大的抗日战争。
- 7月22日至25日　参加红军前敌总指挥部在银川西南之平羌堡召开的高级干部会议。
- 8月6日　红军前敌总指挥部命令红军集中于陕西三原地区待命。7日率红三十一军从驻地甘肃镇原县出发，下旬到达三原城西的石桥镇地区。
- 8月25日　第二次国共合作实现。中国工农红军主力改编为国民革命军第八路军（9月，改称第十八集团军，人们习惯仍称八路军）。任八路军第一二九师三八六旅旅长。
- 9月6日　第一二九师在陕西省三原县石桥镇召开抗日誓师大会，任阅兵总指挥。
- 9月至10月　率部渡过黄河开赴山西抗日前线，展开于正太铁路南侧。
- 10月16日　率部进抵平定以东地区，执行侧击西犯娘子关日军的任务。
- 10月21日　率部夜袭井陉、旧关间的长生口，歼灭日军一个工兵中队，一战而解友军的旧关之危。打响了第三八六旅对日作战第一仗。
- 10月26日　率部在娘子关以南七亘村设伏。歼灭日军第二十师团辎重部队，毙伤日军300余人，缴获骡马300余匹和大批军用物资。
- 10月28日　率部进行第二次七亘村伏击战，毙日军辎重部队100余人，缴获骡马数十匹。
- 11月2日　率部在山西省昔阳县黄崖底地区袭击日军，毙日军第一〇九师团一三五联队300余人，缴获骡马200余匹，枪100余支，电台1部。配合了太原保卫战。
- 11月7日　率部在山西昔阳县广阳地区，进行伏击战。毙伤日军250余人，缴获步枪20支，轻机枪1挺。
- 12月22日至26日　率部协同第三八五旅粉碎日军对山西省寿阳、榆次、太谷、昔阳、平定地区的六路围攻。

1938年 35岁

- 2月22日　率部在长生口设伏，围点打援，击毙日军警备队队长荒井丰吉以下130余人，击毁汽车5辆，缴获迫击炮3门、重机枪2挺、步枪50余支。
- 3月中旬　第一二九师刘伯承、邓小平、徐向前等遵八路军总部命令，决心在山西潞城神头岭设伏，制订伏击日军方案。3月16日，由陈赓与旅政委王新亭指挥第三八六旅七七一、七七二团及补充团在神头岭进行伏击战。此战共毙伤日军第一〇八师团篠尾部队、第十六师团林清部队的步、骑兵1500余人，生俘8人，击毙与缴获骡马600余匹，缴获长短枪550支。
- 3月31日　由一二九师副师长徐向前指挥第三八五旅七六九团与第三八六旅七七一、七七二团，进行响堂铺伏击战。陈赓于3月30日率第七七一、七七二团进至庙上村与马家峪一线隐蔽集结，3月31日伏击日军第十四师团山田辎重部队及2个汽车中队180辆汽车。此战结果共毙伤日军森木少佐以下400余人，俘虏3人，缴获迫击炮4门，重机枪2挺、轻机枪10余挺、长短枪130余支，击毁汽车181辆。（多出一辆是打敌援兵击毁的）
- 4月16日　指挥第七七一、七七二、七六九、六八九四个团进行山西武乡县长乐村地区追击战，获长乐村大捷。共毙伤俘日军第一〇八师团主力2200余人，毙日军战马约600匹。彻底粉碎日军的围攻。第七七二团团长叶成焕不幸牺牲。
- 4月中旬　日军第一〇八师团遭严重打击后，对晋东南进行“九路围攻”的日军纷纷回窜。陈赓率部乘胜追击逃敌，直抵石家庄附近。随即沿平汉线南下，转道清路沿线，给日军一个横扫，袭击了漳河以南、道清路以北地区的县城和车站。几个月中，在平汉线进行大破击八次、道清线七次。
- 5月　日军在道清线放毒瓦斯，曾在火线中毒。
- 7月至10月　转战于豫北道清铁路，配合友军武汉保卫战。
- 11月　转战于鲁西北与冀南各地，配合友邻，加强平原地区游击战争。
- 12月21日　率部进入平汉路东，协同兄弟部队转战冀鲁豫平原。

1939年 36岁

- 2月　率部在河北南部威县的香城固地区设伏进行诱敌战，全歼日军第十师团第四十联队1个加强中队，击毙日军大队长以下250多人，生俘8人，烧毁敌汽车9辆，缴获山炮1门，步兵炮2门，轻重机枪及步枪数十支。创平原地区诱伏战模范战例。

- 3月8日　王根英在河北南宫前后王家壮烈牺牲。
- 4月　回师晋东南，转战太行山区。
- 4月3日　率部与兄弟部队一起，在黎城县上赵村接受朱德总司令检阅。
- 7月8日　率部到榆社县云簇镇夜袭“扫荡”的日军，毙伤日军第一〇九师团第一〇七联队180余人，新一团团长丁思林不幸牺牲。
- 11月5日　第三八六旅七七二团袭击白晋路南关车站，歼敌100余人。

1940年　37岁

- 1月19日　奉命率三八六旅主力及八路军总部特务团进入太岳地区，与薄一波率领的决死一纵队会师，统一指挥该区八路军和决死队，巩固抗日根据地。
- 3月31日至4月2日　反“五路围攻”战斗，率第三八六旅歼日军500余人。
- 5月5日　率太岳区部队协同太行区部队发起白晋战役，至8日胜利结束，共歼日军350余人，破坏铁路百余里，毁大小桥梁50余座。
- 6月7日　第一二九师根据北方局黎城会议建军方针，进行整编，第三八六旅下辖第七七二团、第十六团（原新一团）、第十七团（原补充团）、第十八团（原第四团）成立太岳军区，兼任太岳军区司令员。
- 7月9日　奉令率部反击阎锡山军陈长捷部向太岳区安泽县晋家山的进犯，歼其2400余人。
- 8月至9月上旬　百团大战第一阶段，率领太岳军区部队破击正太铁路西段、横扫寿阳至榆次间100多里的铁路沿线，予敌以沉重打击。9月2日又率部在昔阳县卷峪沟地区，与由榆社、太谷等地出犯日军激战；9月6日在和顺县双峰歼日军1个大队。
- 9月23日至25日　率部强攻榆社县城，全歼守敌。敌在榆社放毒瓦斯，身临火线，曾经中毒。
- 9月30日　率部在榆社红崖头地区将由武乡东援之日军600余人包围。激战两日，歼敌300余人。
- 10月30日　率部协同兄弟部队在武乡关地垴地区将日军岗崎大队500余人包围。激战两日，歼敌400余人。在总攻时，协同友邻向关地垴阵地之日军连续进攻18次，反复肉搏多次，表现了前赴后继、英勇顽强的战斗气概。

1941年　38岁

- 1月　率第一二九师机动兵团，遂行机动作战任务，艰苦转战。1月27

日，率部在武乡县韩壁村地区，由于汉奸告密，被日军包围，在反袭击战斗中，旅政治部主任苏精诚不幸牺牲。

- 5月19日　奉命率部向洪洞北侧同蒲铁路侧击，以配合晋南友军作战。
- 8月　八路军总部命令：以第三八六旅、决死队第一纵队及第二一二旅组成太岳纵队，任纵队司令员（兼太岳军区司令员）。
- 8月6日　奉命组成太岳南进支队，开辟岳南抗日根据地。
- 9月22日至10月18日　日伪军3万余人，对太岳北部进行“铁壁合围”大扫荡。根据军区指示，率领太岳军民以游击战困扰敌人，将主力适时转到外线，乘敌疲惫懈怠，在安泽县疙瘩沟、沁源县将军沟，连续予敌以痛击。作战约一月，毙伤日伪军1360人，粉碎了敌人的扫荡。

1942年　39岁

- 率领太岳军区部队粉碎敌人多次“扫荡”。根据地度过最困难的两年，冬季又转到扩充发展的新时期。
- 10月　日军占沁源。11月起，指挥部队一部配合民兵围困沁源。1943年6月，亲自到沁源围困斗争前线视察，并向参加围困斗争的军民提出“一天杀一个鬼子”的战斗号召。9月，听取了围困斗争情况的汇报，并作了坚持围困斗争到底的指示。这次围困直至1945年4月11日，坚持战斗30个月，沁源宣告解放。延安《解放日报》曾于1944年1月17日发表社论：《向沁源军民致敬》。社论指出：“模范的沁源，坚强不屈的沁源，是太岳抗日民主根据地的一面旗帜，是敌后抗战中的模范典型之一。”

1943年　40岁

- 2月　与傅涯在河北涉县结婚。
- 10月至11月　率太岳军区部队，进行反“扫荡”战役，粉碎日军2万余兵力对太岳根据地进行规模最大最为残酷的秋季“铁滚扫荡”，奋战53天，歼日伪军3500余人。
- 10月24日　指示太岳军区第十六团，在临汾东北韩略村设伏，全歼日军“战地观光团”180余人，其中有旅团长1人，联队长6人。
- 11月　赴延安，入中共中央党校学习，参加整风运动。

1945年　42岁

- 4月至6月　出席中国共产党第七次全国代表大会，当选为中共中央候补委员。
- 8月10日　日本宣告无条件投降。25日，由延安飞抵太行，随即返回太岳军区，集合第三八六旅和决一旅部队，恢复建制。

- 9月7日 太岳区主力组成晋冀鲁豫野战军太岳纵队，任纵队司令员。
- 9月 率太岳纵队参加上党战役，攻克长子县城，共歼阎军1.4万人，活捉阎军第十九军军长史泽波，炮兵司令胡三余等将官多人。
- 10月17日 根据晋冀鲁豫军区命令，太岳纵队主力部队改编为晋冀鲁豫军区第四纵队，任纵队司令员。

1946年 43岁

- 2月初 在北平听取周恩来转达中共中央关于与国民党斗争采取“针锋相对，寸土必争”的方针。还见到原黄埔军校的国民党军队高级将领张治中、侯镜如等人。
- 2月14日 国民党阎锡山部第十三集团军总司令王靖国因进犯侯马战败，被迫与第四纵队司令员陈赓签订停战协定。
- 2月至6月 任军事调处执行部临汾、太原小组中共方面代表，维护停战协定。
- 6月下旬 受命率四纵并太岳军区武装一部，执行晋南方向作战任务，粉碎国民党军进攻。
- 7月13日至22日 国民党军胡宗南部大举进犯晋南，率部在闻喜、夏县地区进行闻夏战役。歼阎锡山部第三十一旅，并对第一六七旅以歼灭性打击。
- 8月9日至9月1日 斩断同蒲中段，歼阎军第三十九师、第六十九师等部1.2万余人，解放五座县城。9月3日，晋冀鲁豫军区政治部通令嘉奖太岳纵队在同蒲作战中英勇善战，纪律严明。
- 9月22日至24日 在临汾、浮山间歼蒋军胡宗南部精锐部队“天下第一军”第一旅（师）。共毙伤蒋军2000人，俘2500人，收复浮山。25日，中央军委向全军各部队首长发出《关于陈赓纵队作战胜利通报》，高度评价这次胜利的重要意义和陈赓卓越的军事指挥艺术；26日，延安《解放日报》发表《向太岳纵队致敬》社论；29日，晋冀鲁豫军区嘉奖太岳纵队临浮战役歼胡宗南部第一旅的胜利。以后刘伯承司令员在一次晋冀鲁豫边区级干部会议上所作关于自卫战争形势的报告中说：“同蒲打得很好，中央夸奖说是出乎意料之外。”
- 11月至次年1月 率部策应保卫延安，配合晋绥部队进军吕梁地区。11月24日至次年1月3日与王震、谢富治指挥四纵、太岳军区第二十四旅、第三五九旅、晋绥第四旅发起吕梁战役，解放城镇30余处，歼阎军1万余人。俘阎锡山部晋西地区总指挥上将杨澄源、参谋长少将胡芬珍等人。

1947 年 44 岁

- 1 月 17 日至 29 日 与王震、谢富治指挥汾（阳）孝（义）战役。歼敌 1.6 万余人。4 纵第 10 旅副旅长楚大明不幸牺牲。
- 3 月 18 日 中央军委命令第四纵队和太岳军区部队，迅速向禹门口、风陵渡方向进攻，打击进犯延安之敌的侧背。
- 4 月 4 日至 5 月 9 日 遵中央军委所指示的进攻目标，指挥晋南反攻战役。毙伤敌 4500 人，俘敌 1.03 万人，解放晋南 22 座县城及侯马、禹门口、风陵渡等重镇。创造了向黄河以南、以西进攻的有利条件。
- 7 月 前往陕西靖边县小河村出席中共中央扩大会议，受命南渡黄河，挺进豫西，既配合彭德怀西北野战军粉碎国民党军队对陕北的重点进攻，又配合刘邓大军挺进大别山，经略中原。
- 7 月 27 日 遵中央军委命令以第四纵队、第九纵队、第三十八军及太岳军区第二十二旅编成陈（赓）谢（富治）集团，并组成党的前敌委员会，陈为书记，谢为副书记。
- 8 月 11 日 陈谢集团分由太岳、太行开始向豫西挺进。
- 8 月 23 日 陈谢集团由平陆之茅津渡、垣曲至济源间的官渡、青河口强渡黄河天险，向豫陕鄂地区挺进。
- 9 月至 10 月 在潼（关）洛（阳）之间往返机动作战，至 10 月 14 日作战胜利结束，歼灭国民党军新编第一旅、第一三五旅、第二十七旅、第六十四旅等部，共 4 万余人。割断了国民党军胡宗南与顾祝同两集团的联系，并在伏牛山北麓实行展开，创建了豫陕鄂根据地。这一胜利既配合西北野战军粉碎国民党军的重点进攻，又和刘邓野战军主力与陈毅、粟裕率领的华东野战军在江淮河汉广大地区结成“品”字形阵势，互为犄角，机动歼敌。
- 9 月 13 日 中央军委电贺陈谢集团歼敌新一旅及攻克卢氏等城的胜利。
- 10 月 29 日 陈谢集团主力分路向豫西展开。
- 11 月 8 日 在豫西南召县南召店主持召开前委扩大会议，决定以一部兵力采取“牵牛战术”，把敌主力牵到西边，使其拖疲拖瘦，尔后寻机歼灭。主力向东沿平汉路西侧展开。这次会议对开创豫西根据地具有重要意义。
- 11 月初至 26 日 指挥伏牛山东麓战役。转战河南郏县、宝丰、禹县、临汝地区，共歼国民党军 1.2 万余人。
- 12 月 与陈（毅）粟（裕）大军密切协同，进行陇海、平汉两铁路大规模破击作战，大量歼灭国民党军队，在平汉路破击作战中，陈谢兵团歼敌 1 万余人。攻占舞阳、许昌、漯河、西平、临颍、遂平、驻马店等重要城镇 10 余座，破坏铁路 200 余公里。配合刘邓大军在大别山的反围攻斗争。

- 12 月 21 日　中共中央电贺平汉、陇海大捷。

1948 年　45 岁

- 1 月 5 日　率部在方城、叶县地区转入休整，开始进行新式整军运动。1 月 25 日在叶县之旧县镇召开兵团前委扩大会议，总结 5 个月来的工作，讨论根据地建设及新式整军等问题。
- 3 月 7 日至 14 日　率部与华东野战军陈（士榘）唐（亮）兵团协同，攻克古都洛阳。全歼国民党青年军第二〇六师等共 1.8 万人，俘该师中将师长邱行湘。17 日主动撤出。
- 3 月 15 日　中共中央电贺解放洛阳。
- 4 月 5 日　指挥第 2 次攻克洛阳。毙俘敌整编第四十七军 4600 余人，并击落敌机 1 架。洛阳从此获得解放。
- 5 月 2 日至 17 日　指挥宛西战役。毙伤敌 9700 人，俘敌 1.2 万人。
- 5 月　晋冀鲁豫野战军改称中原野战军。
- 5 月 25 日至 6 月 3 日　参加宛东战役。指挥中原野战军第二、第四纵队与华东野战军第十纵队和桐柏军区部队主力、豫西第七军分区组成西集团，同陈锡联指挥的东集团协同作战，此战役共歼国民党军 1.2 万余人。
- 6 月 12 日　中共中央电贺宛西、宛东、江汉三次大捷。
- 6 月　在平汉路附近阻击国民党军队，保障华东野战军主力遂行豫东战役。
- 10 月 22 日　率部协同兄弟部队解放郑州。
- 10 月 23 日　中共中央电贺郑州解放。
- 11 月至 12 月　率部参加淮海战役。先牵制国民党军邱清泉兵团，俘敌第四绥靖区副司令官米文和等，解放砀山县，攻占津浦铁路车站 10 余处，斩断津浦铁路。后在淮海战役第二阶段，率部在浍河阻击国民党军黄维兵团，指挥南坪集阻击战，双堆集地区围歼战，协同兄弟部队共歼黄维兵团 12 万人。

1949 年　46 岁

- 1 月 24 日　赴商丘参加中原局会议。
- 2 月 5 日　根据中共中央和中央军委关于统一全军编制及部队番号按序号排列的决定，中原野战军改称第二野战军。任第二野战军第四兵团司令员兼政治委员。辖第十三、第十四、第十五军。
- 2 月 11 日　中央军委决定刘（伯承）、邓（小平）、张（际春）、陈

（赓）4 人参加华东局为委员。

- 4 月 21 日　率部参加渡江战役，在九江以东的望江至马当间突破国民党军江防，渡过天险长江，尔后直插浙赣线，进入江西、福建。共毙伤国民党军 22300 人，俘 314500 人，起义 34830 人，投诚 67170 人。
- 5 月 22 日　指挥所部解放南昌。25 日，中央军委令第四兵团暂归第四野战军指挥，第五兵团的第十八军归第四兵团指挥。参与中南地区作战，配合第四野战军进军两广。
- 5 月 27 日　上海解放，中央宣布任命陈毅为上海市长；陈赓为上海市公安局长（未到职）。
- 6 月 22 日　赴南京参加第二野战军总前委会议。26 日到达上海，拜会了陈毅等上海市党政军领导人，看望了王根英的亲属。
- 7 月 1 日　参加上海人民隆重庆祝中国共产党诞生 28 周年，在庆祝大会上，会见了孙中山先生的夫人宋庆龄。会后宋设家宴招待陈赓。7 月上旬到南京，出席二野前委扩大会议。
- 7 月 17 日　毛泽东与中央军委指示，第四兵团及第十五兵团（2 个军）由陈赓率领，经赣州南雄、始兴南进，占领广州。
- 9 月 8 日　叶剑英、陈赓联名向中央军委及第四野战军总部电告《关于解放广东作战计划》。
- 9 月 14 日　在赣州协助叶剑英主持召开进军广州的作战会议。
- 9 月 24 日　指挥第四兵团由江西吉安地区向粤湘赣边开进。
- 9 月 28 日　叶剑英、陈赓联名下达《广州外围作战军令》。
- 10 月　指挥第四兵团协同第四野战军第十五兵团和两广纵队等发起广东战役，14 日解放广州。尔后转入追击，20 日至 26 日指挥所部在两阳（阳江、阳春）地区全歼广州逃敌国民党军余汉谋集团主力 4 万余人，胜利结束广东战役，并造成对国民党军队白崇禧集团之大迂回、大包围态势。
- 10 月 21 日　抵广州。
- 11 月 11 日　广州人民欢庆解放，举行 20 万人的盛大集会与游行。叶剑英、陈赓等检阅部队。
- 11 月至 12 月　指挥所属部队参加广西战役，协同第四野战军歼灭白崇禧集团主力，包括敌华中长官公署直属队和 3 个兵团部，12 个军，25 个整师，及另外 2 个兵团部、10 个师的大部共 16.79 万人，第四兵团在此战役中共歼 7 万余人。尔后第四兵团复归第二野战军指挥。

1950 年　47 岁

- 1 月 4 日　在广西南宁主持召开兵团党委扩大会议。随即发起滇南战役，解放云南全境。在兄弟部队协同下，全歼国民党军第八军、第二十六军共 2.7 万余人。俘虏国民党军陆军副总司令汤尧第八军军长曹天戈等。

- 1 月 20 日　在南宁会见越南民主共和国主席胡志明。
- 2 月 20 日　和宋任穷率部进驻昆明。
- 2 月 22 日　任西南军区副司令员，3 月兼任云南省人民政府主席，昆明市军事管制委员会主任。4 月兼任云南军区司令员。
- 3 月　指挥所部参加西昌战役，协同兄弟部队全歼西昌国民党守军。
- 7 月 7 日　中共中央应越共中央（曾称印度支那共产党；1951 年 2 月改为越南劳动党）之请，任命陈赓为中共中央代表前往越南，协助越方抗击法国殖民军，组织边界战役，打通中越两国交通线，统筹援越事宜。率工作组离开昆明赴越南。
- 7 月 26 日　到达越南北部太原地区印支共产党总书记、越南民主共和国主席胡志明住地，会见胡志明。
- 8 月 4 日　到越南人民军前线指挥部广渊，与越军总司令武元甲、总参谋长黄文泰等及韦国清率领的中国军事顾问团会合。8 月 20 日通过了战役计划。
- 9 月 15 日　边界战役部署完毕，率工作组到广西边境布局关。
- 9 月 16 日　边界战役开始，到 10 月 12 日结束，此役共歼俘法军 9 个营共 8000 人，缴获大批武器弹药，解放 5 座城市，13 个市镇。使越北边境的法军防御体系全线崩溃，从此中越的国际交通线畅通。
- 10 月 27 日至 30 日　向越军营以上干部讲话，总结边界战役经验及军队建设问题。
- 11 月 1 日　率工作组回国，离开越南人民军司令部。
- 11 月 4 日　抵达广西南宁。
- 11 月 29 日　抵达北京，向中央汇报援越情况。
- 12 月　赴朝鲜前线考察中国人民志愿军与美军作战情况。

1951 年　48 岁

- 1 月 25 日至 29 日　出席由志愿军司令员彭德怀主持的在朝鲜成川郡君子里中朝两军高干会。
- 3 月　任中国人民志愿军第三兵团司令员兼政治委员，率部入朝，途中腿伤复发，回京治疗，后赴大连继续治疗并疗养。
- 5 月 27 日　毛泽东接见彭德怀派回国内汇报工作的志愿军参谋长解方，陈赓在座。毛泽东指示，目前打美、英军只实行战术小包围，打小歼灭战，经过打小歼灭战逐步进到打大歼灭战。他还将打小歼灭战形象地比喻为“零敲牛皮糖”。

■ 6月1日　中央军委任命陈赓任志愿军第二副司令员，兼志愿军第三兵团司令员、政治委员，入朝协助彭德怀指挥作战。

■ 8月22日　抵达志愿军第三兵团司令部（驻地大水洞）。

■ 9月2日　抵达志愿军司令部（驻地在伊川西北的空寺洞）。

■ 9月4日至10日　参加志愿军党委扩大会议，会议明确提出了阵地战的作战指导方针和部署。

■ 9月15日　随志愿军司令部迁往平壤以东的桧仓。

■ 是年秋冬　志愿军司令员彭德怀等领导人决定总结抗美援朝初战经验，受命负责主持总结作战经验。

1952年　49岁

■ 2月下旬　短时间回国治病休养。

■ 3月27日　奉毛泽东和中央军委之命，离京重返志愿军司令部，代彭德怀主持志司工作。

■ 4月7日　中国人民志愿军司令员兼政治委员彭德怀启程回国治病休养（后留在国内主持中央军委日常工作）。志愿军的工作由陈赓负责。

■ 4月26日至5月1日　召开志愿军第一线兵团及军的参谋长会议，总结交流构筑坑道工事经验。

■ 6月6日至9日　与邓华副司令员共同主持召开志愿军兵团以上领导干部会议，研究作战方针、兵力部署以及纵深防御工事构筑等问题。这次会议对志愿军以后作战具有重要的指导意义。

■ 6月11日　中央军委电令调陈赓回国任职。

■ 6月13日　从志愿军司令部启程，14日到达平壤，受到朝鲜金日成首相的盛情招待。被朝鲜民主主义人民共和国最高人民会议常任委员会授予一级自由独立勋章。

■ 6月20日　回到北京。23日向毛泽东、朱德、周恩来等汇报朝鲜战况，受命创办军事工程学院。

■ 7月7日　中央军委决定，以第二高级步兵学校、华东军区军事科学研究室以及志愿军第3兵团（部分干部）作为组建军事工程学院的组织基础。

■ 7月11日　中央军委任命陈赓为军事工程学院院长。

■ 8月5日　陈赓率第二高级步兵学校副校长徐立行等同苏联专家小组到哈尔滨、长春、沈阳、大连、南京、上海等地考察选址，最后确定并报中央军委批准，军事工程学院建在哈尔滨并拟出了筹办方案。

■ 8月22日　成立军事工程学院筹委会，陈赓为主任，徐立行为副主任，委员有张述祖、李懋之、张衍、胡翔九、黄景文、赵子立、任新民、沈正功。

1953 年　50 岁

- 2 月 4 日至 7 日　出席政协第一届全国委员会第四次会议。
- 4 月 25 日　军事工程学院基建破土动工，陈赓铲了第一锹土，从此学院第一期 40 多万平方米建筑任务揭开了序幕。
- 7 月 1 日　军事工程学院政治部召开老教师座谈会，陈赓在会上讲共产党的光荣传统和党的基本知识，鼓励老教师自觉改造世界观，争取加入中国共产党。
- 8 月 6 日　彭德怀到军事工程学院视察，陈赓汇报筹建工作情况，并陪同看望老教师，巡视教授会。
- 8 月 26 日　毛泽东应陈赓请求为军事工程学院写“训词”，并为学院报纸题名“工学”两字。
- 9 月 1 日　军事工程学院正式成立。学院隆重举行授旗、阅兵式及第一期开学典礼。任军事工程学院院长兼政治委员。

1954 年　51 岁

- 2 月　周恩来在北京召开会议，研究解决军事工程学院师资不足问题，陈赓等参加会议并汇报情况，在周恩来的亲自过问下，学院从全国各地陆续调进一批专家教授。
- 4 月 14 日　主持军事工程学院党委扩大会议，传达中共中央七届四中全会精神和《关于增强党的团结的决议》，作会议总结。
- 6 月 1 日　参加军事工程学院生产实习工厂建成和试车典礼并讲话。陈赓重视理论联系实际，教学、科研与生产相结合。实习工厂厂房 8914 平方米，先后购置了 168 台套设备。
- 9 月 10 日　随彭德怀、刘伯承率领的中国军事代表团赴苏联访问，参观有原子弹爆炸的实兵对抗军事演习。演习讲评会后的宴会上，布尔加宁（苏联部长会议副主席兼国防部长）将飞行员投掷原子弹的一把钥匙赠给彭德怀。这次参观使陈赓萌生发展中国尖端武器事业的决心。
- 9 月 20 日　任第一届国防委员会委员。
- 10 月 31 日　中共中央、中央军委根据中央政治局的决定发出通知：任命陈赓为中国人民解放军副总参谋长。仍兼军事工程学院院长。
- 12 月 1 日　总参谋部发出通知：陈赓副总参谋长已到职工作，分工掌管总参谋部所属作战部、通信部、军事交通部和测绘局的工作，并指导军委海军司令部、公安部队司令部、工程兵部、军事建筑部和军械部的工作。

1955 年　52 岁

- 遵照中央军委指示　参与统帅部组织协调、指挥空海军及总参所属作战、情报、通信、气象等部门与攻打一江山岛的部队做好各项准备工作，1 月 17 日，经毛泽东、彭德怀决定，陈赓通知前指司令员张爱萍，18 日发起攻击。战斗取得了胜利，解放了一江山岛及附近岛屿。
- 1 月 25 日　率空军第一副司令员王秉璋、防空军副司令员成钧等 9 人代表团赴苏联伯力参加远东防空会议。
- 6 月 15 日　出席粟裕总参谋长主持召开研究拟制作战计划问题座谈会，陈赓作拟制作战计划要求的讲话。
- 6 月　军事工程学院制定出《军事工程学院科研工作条例》，进一步推动学院科研工作的开展。此后，陈赓曾向周恩来等领导人建议，努力争取留美的中国科学家和留学生，如钱学森等回国效力，促进国家科技事业的发展。
- 9 月 3 日　与黄克诚等陪同彭德怀到福建视察，勘察了沿海地区地形，听取陆军第二十八军、第三十一军汇报，11 日离厦门去广东。11 日至 24 日，与黄克诚陪同彭德怀在广州军区视察，先后视察了汕头、深圳、海南和珠海地区，听取军区及野战军领导汇报。
- 9 月 27 日　国务院总理周恩来发布命令，授予副总参谋长、军事工程学院院长陈赓以大将军衔，并授予一级八一勋章、一级独立自由勋章、一级解放勋章。
- 10 月 4 日至 11 日　出席中共七届六中全会。
- 11 月 3 日　总参谋部报经中央军委批准，在辽东半岛举行抗登陆战役演习开始，历时 12 天结束，叶剑英任总导演，陈赓等总部领导任副导演。演习课目为在使用原子、化学武器条件下的诸军兵种合成集团军抗登陆战役，由集团军、军两级首长司令部带部分实兵进行现地演习。刘少奇、周恩来、邓小平、彭德怀、贺龙、陈毅、聂荣臻等领导人观看演习。
- 11 月 25 日　陈赓一早从北京乘专机飞抵哈尔滨，欢迎并陪同 10 月刚从美国回国的钱学森到军事工程学院参观。在参观到学院的火箭试验装置时，陈赓问钱学森，我们“能不能自己造出火箭来？”钱学森很坚定地回答：“有什么不能的，外国人能造出来，我们中国人同样能造出来。”后来，钱学森说，我回国后第一个向我提出要发展导弹事业的就是陈赓大将。
- 12 月　陪同越南民主共和国副总理兼国防部长武元甲参观军事工程学

院。陈赓返京后，和住院治病的彭德怀在医院一起会见钱学森，探讨中国发展火箭导弹事业。

- 12 月底　受陈赓院长启发，军事工程学院任新民、周曼殊、金家骏三位火箭教授会专家向军委提出开展研制火箭的建议。彭德怀阅后即批给总参装备计划部万毅部长研究。

1956 年　53 岁

- 1 月 17 日　就作战部报告美军气球对中国进行高空侦察一事指示，今后凡进入我领空的美军气球应查明位置并坚决击落，不必请示。18 日签发总参关于组织防空兵力击落美军侦察气球的指示。
- 2 月中旬　总参作战部组织苏联及各人民民主国家驻华武官参观被击落的气球。
- 2 月初　叶剑英邀陈赓陪同宴请钱学森夫妇，席间主要谈的是中国如何发展导弹的问题。陈赓建议即去找总理一谈。于是三人去见周恩来。周总理听了汇报，很赞成，当即向钱学森说："请你尽快把你的想法写成书面意见给我，以便提交中央和军委讨论。"2 月 17 日，钱学森将他的关于《建立我国国防航空工业的意见书》呈交周总理。
- 3 月 6 日至 15 日　在京出席军委扩大会议。听取和讨论彭德怀《关于保卫祖国的战略方针和国防建设问题的报告》等。
- 3 月 31 日　中央军委第 62 次会议决定，粟裕因病休养半年，总参谋长工作由陈赓代理。
- 4 月　中共中央同意陈赓接受越南方面邀请，赴越帮助工作一个月，协助越方制订防御作战计划。
- 5 月 26 日　中央军委决定成立导弹研究院（即国防部第五研究院，简称五院）。此后，陈赓一直非常关心五院的组建工作。
- 5 月 28 日　向中共中央、中央军委书面报告在越南帮助工作的情况。
- 6 月 2 日　参加聂荣臻受周恩来委托召集的商讨为五院选调技术骨干的会议。
- 8 月 1 日　在京主持中国人民解放军建军 29 周年招待会，招待各国驻华武官及武官处工作人员。
- 8 月起　军事工程学院支援五院的专家任新民、梁守槃、庄逢甘等陆续报到，使五院很快集中起 30 多名专家，组成中国发展导弹事业的第一批骨干力量。
- 9 月　出席中国共产党第八次全国代表大会，当选为中共中央委员。
- 11 月 3 日、6 日　参加聂荣臻召集的讨论无线电电子学研究工作规划和导弹研制规划问题。

■ 11 月 20 日　中央军委通知，中共中央决定增补陈赓为中共中央军事委员会委员。

1957 年　54 岁

■ 2 月 28 日　与彭德怀、谭政一起到南京军事学院检查工作，于 3 月 3 日结束。

■ 3 月 5 日　与彭德怀、谭政一起在陈士榘等陪同下，视察南京军区。勘察了宁、沪、杭地区和舟山、嵊泗列岛的地形，检查了部分国防工事，就地研究了该方向的设防和战场建设等问题，视察于 4 月 12 日结束。

■ 4 月 24 日　参加聂荣臻召集的研究如何集中技术力量开展导弹研究与仿制等问题的会议。

■ 5 月　清华大学拟建新专业，缺少设备器材，陈赓大力支持。后成立自动化系，也是陈赓批准由国防科委资助的。

■ 8 月 24 日　中央军委批转陈赓 7 月到广州和福州两军区检查工作的报告。报告关于防空作战，提出明确在今后相当时期内，防空作战的主要对象是国民党军的飞机袭扰活动，担任防空任务的部队，必须树立积极主动的作战思想等。关于备战，提出海防部队应拟制并熟悉应付敌袭扰活动的各种作战方案，使部队和有关人员明确自己的任务和行动方法。

■ 9 月 3 日　与聂荣臻、黄克诚等研究军事工程学院增设系、科问题，确定：成立防原子、防化学、防细菌系，在空军工程系设立导弹专业。

■ 9 月 7 日至 10 月 15 日　随聂荣臻访问苏联，任中国政府代表团副团长，就引进原子能技术、导弹、飞机等问题与苏方谈判并签订国防新技术协定。

■ 10 月 25 日　与聂荣臻、宋任穷联名向毛泽东、周恩来、中共中央写报告，详细汇报中国政府代表团在莫斯科同苏联政府代表团就援助中国建立综合性的原子能工业，生产原子武器，火箭武器和航空技术装备等所进行的谈判的经过、结果和今后各有关部门为落实协定应分别做好的各项工作。10 月 31 日，中共中央政治局常务委员会吸收彭德怀、聂荣臻、陈赓、宋任穷参加讨论，并原则上同意这个报告。

■ 10 月 30 日　参加聂荣臻召集的会议，就新技术协定签订后所产生的新情况和新任务，导弹研究工作的领导机构的组织形式如何适应等问题进行研究。

■ 11 月 10 日、12 日　参加聂荣臻召集的研究新技术协定的执行中的问题。

■ 11 月 15 日至 12 月 2 日　总参谋部在上海组织课目为战争初期方面军

抗登陆战役的组织实施的高级干部集训，参加集训的有各总部、各军兵种、各军区，军队高级院校的首长，以及军事学院战役系学员，总共309人。陈赓任总导演，甘泗琪任副总导演。

- 12月9日　向中央军委报告，近几个月台湾蒋军飞机侵扰大陆散发传单，投“慰问品”，部队几次未能将其击落，其中11月20日夜，国民党军一架B-17G飞机，窜入福建、江西、湖南、湖北、河南、山西、河北等地区上空，飞行时间长达9小时13分。航空兵部队先后起飞18架次拦截，均未能击落。周恩来指示：我们应用一切方法将蒋机击落，不然影响太坏。彭德怀将陈赓的专题报告转呈中共中央。毛泽东于18日在报告上批：“彭德怀同志，非常必要，请你督促空军全力以赴，务歼入侵之敌。请考虑我空军1958年进入福建的问题。”
- 12月10日　参加聂荣臻召集研究五院1958年工作方针和任务的问题。其中确定哈军工、北航、北工等几个院校的有关专业的规划与协调问题，今后由五院统一协调安排。
- 12月18日　出席聂荣臻向中央军委汇报9月7日至10月15日中国政府代表团在莫斯科同苏联政府代表团就援助中国建立综合性的原子能工业，生产原子武器，火箭武器和航空技术装备等所进行的谈判的结果和今后军队及有关工业部门应做的各项工作。
- 12月19日　第一次大面积心肌梗塞发作。住北京医院治疗，全休4个月。

1958年　55岁

- 5月1日　国务院免去所任军事工程学院政治委员兼职，但仍任院长兼党委书记。
- 5月　在京出席军委扩大会议。会议检查与总结了新中国成立以来的军队工作，确定了今后的建军方针；讨论了国防建设问题，作出了相应的决议。
- 7月　医生同意去北戴河疗养。
- 8月14日　陪同朱德、邓小平、贺龙、罗荣桓、聂荣臻、胡乔木等到秦皇岛莲蓬山视察国防工程，并听取一九七师的战备汇报。
- 9月25日　第157次军委会议，讨论通过了聂荣臻代军委起草的给周恩来并毛泽东、中共中央关于将国防部航空工业委员会改组为国防部国防科学技术委员会（简称国防科委）的报告，建议由聂荣臻任主任，陈赓兼任副主任。
- 10月16日　中共中央同意中央军委9月25日关于成立国防科委的报告，并转发各省、市、自治区党委、中央各部委及军委各部门。

▩ 11 月 28 日至 12 月 10 日　在武昌出席中共八届六中全会。

▩ 12 月 29 日　写报告给聂荣臻，反映 12 月 24 日五院王诤、刘有光向他汇报五院的工作，报告针对存在问题提出，学习与独创问题，要防止和反对浮夸。对待苏联专家必须发挥他们的积极性。对于协调全国技术力量问题，现已十分迫切。各项尖端任务，要根据需要与可能，分别轻重缓急，不能齐头并进，失去重点。建议聂总回京后召集有关方面解决。

1959 年　56 岁

▩ 1 月 6 日　召集国防工业部的领导讨论生产试制与研究设计任务的安排。

▩ 1 月 9 日　在新技术座谈会上讲话说：研制新技术武器与常规武器要排排队，要有重点，要刷掉一批。

▩ 2 月　就军事工程学院专业设置和各军兵种高级技术院校建设问题，向中央军委提出建议。

▩ 2 月 15 日　军事工程学院导弹工程系成立。随后又成立原子工程系。

▩ 2 月 21 日　中国驻苏使馆商务参赞王历致函宋任穷，谈如何利用苏联杜布纳联合核子研究所的条件培养中国科技人才问题，宋将信转陈赓，陈赓阅后批，“请送彭总阅，我以为应该利用这一机构多抽派一些大学生去。”彭总即批：“同意，待聂总回京后，阅呈总理批办较为有效。”

▩ 3 月 3 日　通信兵首届积极分子代表大会在京召开。与彭德怀、彭绍辉、萧华等一起到会并讲话。

▩ 3 月 14 日　参加聂荣臻召开的会议，听取钱学森等关于五院科研、仿制任务和基建情况及存在问题的汇报。

▩ 3 月 25 日　与杨成武联名向军委写报告：为确保国庆十周年大典首都上空的安全，打击敌机届时可能的骚扰，拟采取的措施和建议。

▩ 3 月 26 日　与聂荣臻一起赴上海出席 4 月 2 日至 5 日举行的中共八届七中全会。

▩ 4 月 14 日　陪同聂荣臻视察南京军事学院，接见了高级系全体学员。4 月 15 日回到北京。

▩ 4 月 28 日　任第二届国防委员会委员。

▩ 5 月 3 日　刘少奇、周恩来指示聂荣臻召集会议，研究加强尖端科技，尤其是苏联援助的国防尖端技术的保密问题。陈赓及其他各有关部门领导 10 余人参加。

▩ 5 月 5 日　出席刘少奇主持召开的国防委员会全体会议。

▩ 5 月 9 日　为支持五院建设，根据五院建院两年经验，并参照苏联专家意见，同意五院党委拟出的编制方案。陈赓并提出七条意见，报黄克诚。黄阅后批“同意陈赓的意见。”

- 5 月 20 日　参加聂荣臻召集的会议，研究关于五院科研、仿制任务和向国外订购原材料、设备等问题。
- 6 月 4 日　第二次突发心肌梗塞。入北京医院住院治疗。经过一个多月的医治，病情好转。7 月 21 日，经医生同意，陈赓出院在家休养。
- 7 月 2 日至 8 月 16 日　在庐山举行政治局扩大会议和八届八中全会，陈赓因病未出席。
- 9 月 16 日　被任命为中华人民共和国国防部副部长。
- 9 月 26 日　中共中央通知，陈赓为中共中央军事委员会委员。
- 10 月 14 日　国防部部长林彪奉国务院总理命令免去陈赓的副总参谋长职务。
- 10 月 17 日　病中仍与聂荣臻等一起在北京南郊观看国产 1059 型地地导弹液体发动机地面试车，试车结果性能、数据完全符合技术条件要求。
- 10 月 30 日　在病中写报告给中央军委副主席林彪、贺龙、聂荣臻并报军委，汇报导弹研究、生产的情况，对军工生产管理体制提出了意见、建议。
- 11 月 19 日　写报告给中央军委副主席林（彪）、贺（龙）、聂（荣臻）并报军委，就关于调整军事工程学院任务提出建议。提出将学院的炮兵、装甲兵、工兵三个工程系分出，分别成立炮兵工程学院，装甲兵工程学院、工程兵工程学院；海、空军各建一所工程学院。中央军委第五次办公会议原则上同意这个建议，并提出分建、新建工作的指导方针是“尖端集中、常规分散”“双方兼顾，照顾尖端”。1960 年下半年开始，分建工作全面展开。
- 12 月　病中，陪同周恩来会见被特赦的黄埔军校同学杜聿明、宋希濂、王耀武、郑庭笈、杨伯涛、周振强等，叙旧望新。

1960 年　57 岁

- 1 月起　在广州疗养，期间参加 1 月 22 日至 2 月 27 日在广州召开的军委扩大会议。讨论战略方针与国防建设问题。
- 3 月 15 日　回湖南湘乡，看望故乡乡亲。
- 4 月 12 日　同贺龙、聂荣臻一起视察国防部五院 211 厂。
- 6 月 19 日　视察山西太原大众机械厂，并为工厂题词。
- 6 月 23 日　出席聂荣臻召集的会议，商谈国防工业体制调整和对待苏联的援助的方针等问题。

■ 6月29日　出席聂荣臻召集的座谈会，座谈国防工业体制问题。

■ 4月和10月　在病中与周恩来、张治中、邵力子、徐冰一起，两次会见杜聿明、宋希濂等黄埔军校同学，关注祖国统一大业。

■ 10月11日　同聂荣臻、罗瑞卿、刘亚楼、张爱萍、安东等一起听取宋任穷、刘杰关于二机部工作安排的汇报。

1961年　58岁

■ 1月14日至18日　在京出席中共八届九中全会。

■ 2月　赴上海疗养。住在华山路华东局招待所（原名“丁香花园”）。

■ 3月7日　带病开始撰写《作战经验总结》。原来计划共写六章:《序言》《作战准备》《进攻》《防御》《追击》《转移》。但在序言部分完成后，心脏病发作，竟至不起。

■ 3月16日　凌晨，大面积心肌梗塞第三次发作，抢救无效，8时45分在上海逝世。

■ 3月25日　首都各界在北京中山公园中山堂为陈赓逝世举行隆重公祭大会，周恩来从外地赶回北京参加公祭，总参谋长罗瑞卿致悼词，毛泽东、刘少奇、朱德、董必武、宋庆龄、邓小平等领导人送了花圈。公祭仪式结束后，陈赓的骨灰盒移至北京西郊八宝山革命公墓。

陈赓祖居图记

家父陈赓（一九〇三——一九六一），湖南省湘乡市龙洞乡泉湖村（旧称湘乡二都柳树铺羊吉安）人。村中陈家宅院为家曾祖父陈翼琼所有。家父即在此出生。

陈翼琼（一八四六——一九一六），字仑西，号培芝，官名翼怀。少时家境贫寒，十岁便为地主舅舅当长工。酷爱武术，臂力过人。地主嫌其饭量大，一日，恶言相诋："黄鼠狼变猫，变也不高！"曾祖父不堪其辱，愤而出走，投奔湘军，发誓要干出一番大事业。从军后，骁勇善战，历粤、闽、燕、辽，积功至官拜补用副将（相当於当今师长），赏换花翎，诰授"武显将军"。光绪乙未年（一八八五）防倭后解甲归田，在羊吉安置田产二百四十亩并修建一栋两进六间之宅院，是为"陈家宅院"。此后，日与鱼农为伍，热心公益慈善诸事。灾荒之年，不惜卖田贷粮与本乡饥民而不计其利。族中有窘於生计者贷以金，虽不偿亦不较也。老而无依者养之於家，直至安葬。乡里称其子孙之兴及曾祖父厚德之故。令二子努力读书，但不得从军，不得为官。曾祖母刘氏（一八五七——一八九五）。诰封淑人，生祖父陈道良（一八八二——一九四五），叔祖父陈道平（字碧纯，一八九二——一九二九）后去世。继曾祖母熊氏（一八七〇——一九三〇）重庆人，原为曾祖父军中一名骑士。美貌豪侠，雍容贤淑，精武艺善骑射。嫁与曾祖父后即按当地习俗改姓刘。继曾祖母刘，视儿孙若亲生，常於宅前教孙辈习武，深得后辈敬重。曾祖父、曾祖母相继去世后，祖父、叔祖父继承陈家宅院各半。叔祖父英年早逝，叔祖母出家为尼，其房产卖与同乡地主谭甲松。

祖父陈道良，字劭纯，禀承曾祖父正直、豪爽、乐善之性格，不求功名但事农桑，常解囊济贫助困，享誉乡梓。祖父身处乡里，心怀天下，对康梁变法、辛亥革命、讨袁义举、北伐战争、湖南农运等革新、革命之举，无不同情支持。祖母彭学娴（一八八三——一九四四），出身贫寒，勤劳贤慧，邻里呼之为"大好人"。生有六子六女，次子陈赓、四子陈亮、五子陈拔黄、六子陈问心及四婿谭政均投身革命，加入中国共产党。因受子婿牵累，祖父屡遭国民党迫害，曾两次入狱。为此，家中田产几乎消耗殆尽，仅剩宅前一亩三分水田。抗战爆发后，祖父变卖剩余家产，携全家老小外出躲避战火，受尽颠沛流离之苦，祖父、祖母在劳顿异常、贫病交加中相继去世。至此，陈家田地宅院尽属他人。

一九四九年，家乡进行土地改革，当地政府将陈家宅院重新分到家父及吾等同辈名下。家父闻之，当即去信辞谢。此后，该宅院曾先后分与贫苦农民居住，办合作社养猪场，建乡村小学。原房除一间厨房外，已荡然无存矣！原址现为多户民宅。

据六叔陈问心及同辈兄弟特一、民铎、知四、跃鹏等人回忆，由陈特一按比例画出旧时陈家宅院平面图，由陈知非用正等轴侧投影法画出立体图，为叔祖父去世后之景象。

陈家宅院以堂屋和倒厅为中轴线。堂屋内正中悬挂曾国藩手书“大树长荣”匾额，其下有供奉祖宗牌位之神龛。堂屋内高悬曾祖父所用之“陈”字大旗一面及八十斤大刀一把。倒厅正中悬挂曾国荃手书“功德无量”匾额，其下挂有“变”字中堂一轴，六叔言，为何书一“变”字，人皆不解。倒厅之左侧为祖父母卧室，右侧为谭甲松卧室，谭政年轻时曾在此住过。堂屋右侧曾是祖父为家父准备之结婚用房。

缅怀曾祖父陈翼琼、祖父陈道良、家父陈赓三代人，无不忧国忧民，追求真理，刚直豪爽，疾恶如仇，富贵不淫，高风亮节，吾等陈氏后人当铭记焉！

陈知非

一九九六年冬志於京华

注：本文经过陈特一、陈知建及于宁（人民日报副总编）、黄济人（重庆作家协会主席）、屈趁斯（重庆书法家协会副主席）修改润色，在此一并致谢！

陳廣祖居圖記

家父陳廣(一九○三—一九六二)，湖南省湘鄉市龍洞鄉泉塘村(舊稱湘鄉縣二都羊吉安)人。村中陳家宅院爲家曾祖父陳翼瓊所有。家父即在此出生。

陳翼瓊(一八四六—一九一六)，字命西，號培芝，官名翼恍。少時家境貧寒，十歲便爲其地主家當長工。酷愛武術，膂力過人。地主嫌其飯量大，一日忍之相詆：「黃鼠狼變貓，變也不高！」曾祖父不堪其辱，憤而出走，投奔湘軍，發誓要幹出一番大事業。從軍後，驍勇善戰，歷粵、閩、臺、遼，積功至官拜補用副將(相當於今師長)，賞換花翎，誥授「武顯將軍」。光緒乙未年(一八九五)功後復解甲歸田，在羊吉安置田二百四十畝，并修建一幢兩進六宵之宅院，是爲「陳家宅院」。此後，自是淡出行伍，熱心公益慈善諸事。災荒之年，不惜賣田貸糧與本鄉饑民而不計其利。族中有窘於生計者貸以金，雖不償亦不較也。老而無依者養之於家，直至安葬。鄉里稱其子孫之興乃曾祖父厚德之故。令二子努力讀書，但不得從軍，不得爲官。曾祖母劉氏(一八五七—一八九五)，誥封淑人，生祖父陳道良(一八八二—一九四五)、叔祖父陳道平(字碧純，一八九二—一九二九)後去逝。繼曾祖熊氏（一八七零——一九三零）重慶人，原為曾祖父軍中一名驍士，美貌豪俠，誰家賢淑，精武藝善騎射，嫁與曾祖父後即攜其地習以致賭嗜。雖曾祖母嗜，親見孫兒出生，尚於宅前教孫輩習武。深得後輩敬重。曾祖父、雖曾祖母相繼去世後，祖父、叔祖父雖承陳家宅院各半。叔祖父英年早逝，叔祖母生產而死，其房產賣與同鄉地主譚卯松。

祖父陳道良，字勁純。秉承曾祖父正直、豪爽、樂善之性格，不求功名但事農桑，常解囊濟貧助困，享譽鄉梓。祖父身處鄉里心懷天下，對康梁變法、辛亥革命、討袁義舉，北伐戰爭等革新革命之舉無不同情支持。祖母彭學娴（一八八三——一九四四），生子育女，勤勞賢慧，鄰里呼之為「大好人」。生有六子六女，次子陳瓚，四子陳亮，五子陳挺黃，六子陳同心，四婿譚政均投身革命，加入共產黨。因受子婿牽累，祖父屢遭國民黨迫害，曾兩次入獄。為此，家中田產幾乎消耗殆盡，僅剩宅前一畝三分水田。抗日戰爭爆發後，祖父變賣剩餘家產，攜全家老小外出躲避戰火，受盡顛沛流離之苦，祖父祖母生活艱苦異常，貧病交加中相繼去世。至此，陳家宅院盡屬他人。

一九四九年，家鄉進行土地改革，當地政府將陳家宅院重新分到家父及吾等同輩名下。家父本之當即去信答謝。此後，該宅院曾先後分與貧苦農民居住，辦合作社農機坊，建鄉村小學。原房除一間廚房外已蕩然無存矣，原址現為多戶民宅。

據六叔陳問以及同輩兄弟特一、民經、知四、躍鵬等人回憶，由陳特一據以繪畫出舊時陳家宅院平面圖，由陳知非用正等軸側投影法畫出立體圖，為叔祖父去世後之景象。

陳家宅院以堂屋和側廳為中軸綫，堂屋內正中懸挂曾國藩手書「大樹常榮」匾額，其下有供奉祖宗牌位之神龕。堂屋內高懸曾祖父所用之「陳」字大旗一面及八十斤大刀一把。側廳內正中懸挂曾國荃手書「功德無量」匾額，其下挂有「夔」字中堂一軸。六叔云，兩側各一「夔」字，人皆不解。側廳之左側為祖父、祖母之臥室，右側為譚尹松之臥室。譚氏年青時曾在此住過。堂屋右側曾是祖父為父親準備之結婚用房。

緬懷曾祖父陳翼瓊、祖父陳道良、父親陳廣三代人，無不憂國憂民，追求真理，剛直不阿，疾惡如仇，富貴不淫，高風亮節，吾等陳氏後人當銘記焉！

一九九六年冬誌於京華　陳知非

二零零二年初夏書於重慶　陳知建

后　记

1999年，中央军委关于撰写《陈赓传》的任务下达后，总装备部领导十分重视，政治部组建了《陈赓传》编写组。几年来，编写组先后访问过几十位陈赓当年的战友和部下，采访到许多鲜为人知的史实。在此期间，得到中央档案馆、解放军档案馆、总装档案馆、国防科技大学等单位的大力支持与协助，查阅了有关文献档案资料。尤其是得到陈赓夫人傅涯同志自始至终的关心与帮助，她不顾年迈体弱，多次向编写组人员介绍陈赓大将的重要经历，并将她珍藏了近半个世纪的陈赓的日记、笔记、信件、照片等宝贵历史资料提供给我们。陈赓的子女陈知建、陈知进等积极提供我们需要查找和核实的史料线索，还直接协助收集了许多重要的资料。曾任陈赓秘书的陈克勤和任金池，对本书的编写给予了许多帮助。这些都为我们编写《陈赓传》打下了坚实的基础。编写组对此表示深深的感谢。

陈赓大将一生为中国人民的解放事业，为中国人民解放军的创建和发展，为新中国的国防科技事业，作出了卓越的贡献。他还为中国共产党隐蔽战线、统一战线事业和对外军事斗争工作建立了不朽功勋。对于中国共产党这样一位富有传奇色彩的人物，按照历史本来面目秉笔直书，为其立传，昭示后人，这是我们多年的诚挚愿望。今年是陈赓大将诞辰100周年，我们将这部《陈赓传》奉献给广大读者，以表达我们对这位久经考验的忠诚的共产主义战士、中国人民解放军的卓越领导人、杰出的无产阶级革命家、军事家的深切怀念之情。

《陈赓传》结稿后，总装备部首长和编审委员会领导进行了认真审读。总装保密办公室对全书进行了保密审查，军事科学院对书稿在史实、表述、编校等方面存在的问题，提出了具体的修改意见。当代中国出版社的陈德仁、刘小晖也给予了具体指导和帮助，印刷工人加班加点赶制，在此谨表衷心感谢！

本书撰稿，苏策负责第一至二十八章，马京生负责第二十九至三十四章，沈文魁编写了大事年表，并同张鹏飞、韩效平、王兆琪、刘凤伍、王云泰一起进行了史料核实和书稿的加工修改工作。

由于我们掌握资料及水平所限，加之时间紧迫，书中难免出现差错和不当之处，敬请广大读者和专家批评指正。

《陈赓传》编写组

2003年2月